Sammlung

der

für die Königl. Preuß. Rheinprovinz
seit dem Jahre 1813
hinsichtlich der Rechts- und Gerichtsverfassung
ergangenen

Gesetze, Verordnungen,
Ministerial-Rescripte ꝛc.

Im Auftrage Eines Hohen Ministerii der Gesetzgebung und Justizverwaltung der Rheinprovinz
und
nach dem Ableben des Justizraths Lottner
herausgegeben
von

F. W. Leitner,
Königl. Hofrath.

Fünfter Band.

Berlin,
Sandersche Buchhandlung.
1838.

XX.

Nachträge

aus den Jahren

1817 bis 1835.

Gesetze, Verordnungen, Rescripte.

1271.

Bestrafung der in die hiesigen Lande wieder zurückkehrenden, über die Grenze gebrachten fremden Landstreicher.

Auf Ihren Bericht vom 26. Februar d. J. finde Ich es für nöthig, daß die gesetzlichen Vorschriften Theil 2. Titel 20 § 191. und folgende des Allgemeinen Landrechts, wegen Bestrafung fremder Landstreicher, wenn sie des Verbots und der Bestrafung ungeachtet, zurückkehren, ergänzt werden. Ich verordne daher, daß fremde Landstreicher, welche, mit Androhung zweijähriger Festungs- oder Zuchthausstrafe, über die Grenze gebracht, dennoch zurückkommen und zu zweijähriger Strafe verurtheilt werden, nach vollzogener zweijähriger Festungs- oder Zuchthausstrafe, im Falle des § 192. über die Grenze gebracht und ihnen zehnjährige Festungsstrafe auf den Fall der Rückkehr angekündigt werden soll. Lassen sie sich nichts desto weniger in den hiesigen Landen betreten, so haben sie zehnjährige Festungs- oder Zuchthausstrafe verwirkt. Wird am Ende dieser Strafzeit der Bestrafte abermals über die Grenze gebracht, so ist ihm lebenswierige Festungsstrafe anzukündigen und im Falle der abermaligen Rückkehr an ihm zu vollziehen. Zugleich autorisire ich Sie, den Justiz-Minister, dafür zu sorgen, daß die aus diesem Grunde bisher zu lebenswieriger Einsperrung bereits verurtheilten Landstreicher, nach Ablauf zehnjähriger Strafzeit, entlassen, und mit der Warnung lebenswieriger Einsperrung über die Grenze gebracht werden.

Berlin, den 28. Februar 1817.

An das Staats-Ministerium. gez. Friedrich Wilhelm.

1272.

Untersuchung und Bestrafung der Vergehungen der Landwehroffiziere und Wehrmänner.

Des Königs Majestät haben in der Instruction für die Inspecteure und Kommandeure der Landwehr vom 10. Dezember 1816 zur näheren Erläuterung und Ergänzung des §. 74. der Landwehr Ordnung in Betreff der Untersuchung und Bestrafung der Vergehungen der Landwehroffiziere und Wehrmänner Folgendes festzusetzen geruhet:

1. Alle Individuen der Landwehr, welche sich bei dem Staabe besoldet befinden, bleiben ohne Ausnahme in Criminal- und Injurien-Sachen der Militairgerichtsbarkeit unterworfen. Die übrigen beurlaubten Offiziere und Wehrmänner stehen dagegen unter den Civilgerichten und haben erstere den Gerichtsstand der Eximirten.
2. Von allen durch die Civilgerichte gegen Offiziere erkannten Strafen wird der betreffende Bataillons-Commandeur durch Mittheilung einer Abschrift des Erkenntnisses benachrichtigt.
3. Die gegen einen Offizier erkannte Geldstrafe wird ohne Weiteres vollzogen. Den zuerkannten Arrest erleidet derselbe in einem, seinem Verhältnisse und Gerichtsstande angemessenen Gefängnisse, oder, wo ein solches nicht vorhanden ist, in dem nächsten Militairarrest. Ist auf Festungsarrest erkannt worden; so wird die Abführung des verurtheilten Offiziers nach einer Festung durch den Bataillons-Commandeur veranstaltet.
4. In rein Militair-Disciplinar-Angelegenheiten ist der Landwehroffizier allein der Militairgerichtsbarkeit unterworfen.

   Bei Herausforderungen und Zweikämpfen soll zwar die Untersuchung von dem competenten Civilgericht geführt werden; die zum Spruch reifen Acten aber werden den Militairgerichten behufs des abzuhaltenden Kriegsgerichts übergeben.
5. Alle Vergehungen der Wehrmänner, welche in ihren bürgerlichen Verhältnissen und bei Ausübung der Gewerbe verübt worden, gehören vor die Civilgerichte.

   Es sind mithin davon ausgeschlossen und werden von den Militairgerichten untersucht und bestraft:

   a) die bei der Uebungszeit bei der versammelten Kompagnie oder Eskadron begangenen Vergehen,

b) alle militairische Dienstvergehen, die Landwehr mag zusammengezogen sein oder nicht. Dahin gehören:
1) Desertion oder Entweichung aus der Heimath, um sich dem Militairdienst zu entziehen;
2) Insubordination gegen Militair-Vorgesetzte in Dienstangelegenheiten. Die Cognition der Militairgerichte wird aber nur alsdann begründet, wenn das Insubordinationsvergehen durch eine Widersetzlichkeit gegen einen bestimmten durch außerordentliche Verhältnisse nöthig gewordenen Dienstbefehl begangen worden. Ein zufälliges Zusammentreffen in bürgerlichen Verhältnissen, wobei Beleidigungen oder Widersetzlichkeiten vorgefallen sind, ist dahin nicht zu rechnen.

6. Bei allen zur Untersuchung und Bestrafung der Civilgerichte gehörigen Vergehen der Landwehrmänner wird nach Vorschrift der allgemeinen Strafgesetze, jedoch mit Rücksicht auf die in den Kriegsartikeln bestimmten Arten der Strafen erkannt.

Die Civilgerichte können mithin
a) auf Geld-
b) auf Gefängniß- und
c) auf Festungsstrafe

erkennen, und bei den letztern beiden Strafarten auch auf körperliche Züchtigung, insofern solche durch die Kriegs-Artikel für gewisse Vergehen bestimmt ist und mit dem strengen Arrest und der Festungsstrafe gleichzeitig verhängt wird. In diesem Falle muß aber der Landwehrmann durch das Erkenntniß des Civilgerichts vorher in die zweite Klasse des Soldatenstandes versetzt worden sein, weil ohne diese Versetzung die körperliche Züchtigung nicht statt findet.

7. Ist auf Geldstrafe erkannt worden; so kann solche gegen den Landwehrmann ohne Weiteres vollstreckt werden. Den erkannten Arrest kann derselbe in einem jeden bürgerlichen Gefängniß seiner Heimath oder eines benachbarten Ortes erleiden, jedoch nicht in einem solchen, welches blos zur Aufbewahrung eigentlicher Verbrecher, als Diebe, Betrüger und dergl. bestimmt ist.

8. Die Kosten der Bewachung und des Unterhalts des Arrestaten, so wie alle sonstige bei Untersuchungen gegen Landwehrmänner vorfallende baare Auslagen, fallen beim Unvermögen des Angeschuldigten, oder bei dessen gänzlicher Freisprechung demjenigen zur Last, welchem die subsidiarische Verpflichtung zur Uebernehmung der Untersuchungskosten überhaupt obliegt.

9. Auch auf Zuchthausstrafe sind die Civilgerichte zu erkennen befugt. Ist aber darauf oder auf Festungsstrafe wirklich erkannt worden, so erleidet der Landwehrmann diese Strafe entweder als strengen Arrest in dem nächsten Militairgefängniß oder als Festuugsstrafe bei einer Strafsection. Die erkannte Strafe wird daher durch das Militairgericht in eine der zulässigen Strafarten verwandelt.

Bei einem Unteroffizier tritt entweder statt des strengen Arrestes ein verlängerter mittler Arrest ein, oder der Verbrecher wird nach Vorschrift der Kriegsartikel degradirt.

In allen Fällen, in welchen auf Zuchthaus- oder Festungsstrafe erkannt worden, wird also der verurtheilte Landwehrmann zur Vollziehung der Strafe an das nächste Militairgefängniß abgeliefert.

10. Die Verpflegung während der Arrestzeit geschieht auch hier auf Kosten des Verurtheilten oder desjenigen, der dazu subsidiarisch verpflichtet ist.

11. Sobald die Festungsstrafe über Ein Jahr dauert, kann der Verbrecher auch aus der Landwehr entfernt werden. Dieses geschieht indessen von Seiten des Militairgerichts.

12. Eine zuerkannte körperliche Züchtigung darf niemals öffentlich statt finden und wird durch den Kapitain oder Kommandeur der Compagnie dem Feldwebel oder einem Unteroffizier zur Vollziehung aufgetragen. Auf eine andere Art darf solche nie vollstreckt werden.

13. Wenn ein beurlaubter Wehrmann sich im Gesinde- oder Hofedienst der Grundherrschaft faul, unordentlich oder widerspenstig bezeigt, so stehet der Herrschaft das Recht zu, ohne Zuziehung des Gerichts denselben mit 24stündiger bis dreitägiger Gefängnißstrafe zu belegen. In Absicht des Gefängnisses, worin die Strafe vollstreckt werden soll, tritt die Vorschrift sub No. 7. ein. Wegen Bestrafung angesessener Wirthe, insofern sie sich im Dienste vergehen, hat es bei den Bestimmungen des § 232. und fernere Titel 7. Theil 2. des Allgemeinen Landrechts sein Bewenden.

In Beziehung auf die Festsetzung

ad No. 10. wird noch bemerkt, daß die Kosten der Verpflegung des Verurtheilten während der von der Militairbehörde zu bewirkenden Vollstreckung der Strafe, insofern der Verurtheilte selbst oder dessen gesetzlich dazu verpflichtete Verwandte diese Kosten herzugeben nicht im Stande sind, von den Militairbehörden beschafft werden und den Dominien und Städten nicht zur Last fallen können.

Den Gerichten liegt aber ob, in allen Fällen, in welchen der Verurtheilte oder dessen Verwandte die Kosten der Verpflegung während der Vollstreckung der Strafe zu zahlen im Stande sind, dafür zu sorgen, daß diese Kosten an diejenige Militairbehörde, welche die Strafe zu vollstrecken hat, auf die Dauer der Arrestzeit, oder bei Strafen, die länger als drei Monate dauern, alle Vierteljahr regelmäßig vorausbezahlt werden.

Der Betrag dieser Verpflegungskosten beläuft sich bei solchen Individuen, die zu Erleidung der Festungsstrafarbeit in Straffectionen eingetheilt sind, auf 3 Rthlr. 6 Gr. für einen Monat; bei denjenigen Individuen dagegen, welche mit bloßer Arreststrafe in den Militairgefängnissen belegt werden, auf 2 Gr. täglich.

Auch ist jederzeit dahin zu sehen, daß die Verurtheilten nicht ohne die nöthige und auf die Dauer der Strafzeit ausreichende Kleidungsstücke an die Militairbehörde abgeliefert werden.

Vorstehende sämmtliche Bestimmungen finden auf die zur Kriegsreserve gehörenden Soldaten und auf die Trainsoldaten ebenfalls Anwendung mit dem Unterschiede, daß diese Soldaten, als Truppentheile des stehenden Heeres, in Gemäßheit der Verordnungen vom 11. Dezember 1802 und 21. Februar 1817 von Untersuchungskosten frei sind.

Das Königliche Kammergericht (Ober=Landesgericht) hat sich hiernach in vorkommenden Fällen zu achten und die Untergerichte demgemäß anzuweisen.

Berlin, den 6. Mai 1817.

An das Königliche Kammergericht und sämmtliche Ober=Landesgerichte.

Der Justiz=Minister v. Kircheisen.

A. 3862.

cf. Rescr. v. 2. August 1824 Bd. II. pag. 513.
Rescr. v. 14. März 1835.

1273.

Bestrafung ausgewiesener fremder Landstreicher im Falle der Rückkehr.

a.

Der Justiz=Minister kann der von dem Criminal=Senat des Königlichen Ober=Landesgerichts, in dem, aus Veranlassung der Untersuchungssache wider den W., auf Erfordern erstatteten Bericht vom 30. v. M. geäußerten Meinung:

daß die nach §. 191. Titel 20. Theil 2. des Allgemeinen Landrechts statt findende Fortschaffung fremder Landstreicher, welche sich keines Verbrechens schuldig gemacht haben, über die Grenze und Androhung einer Strafe auf den Fall der Rückkehr nicht anders als auf den Grund eines richterlichen Erkenntnisses erfolgen könne,

nicht beitreten. Dergleichen Landstreicher gehören lediglich zur Disposition der Polizeibehörden, welche daher auch vor ihrer Fortschaffung über die Grenze die gesetzliche Androhung, welche noch keine wirkliche Strafverhängung ist, zu bewirken haben. Gegen diese Verfügungen stehet dem Bestraften nur der Weg der Beschwerde bei der unmittelbar vorgesetzten Behörde zu.

Wenn die angedrohte Strafe demnächst in dem Falle der Rückkehr vollstreckt und von dem Collegio darauf erkannt werden soll, so muß, wie sich von selbst verstehet, allerdings von demselben geprüft werden, ob die Strafandrohung zulässig gewesen, und ob in diesem Falle das ergangene Verbot von dem Angeschuldigten übertreten worden.

Der Criminal-Senat des Königlichen Ober-Landesgerichts hat sich daher künftig der Untersuchung und des Erkenntnisses in solchen Fällen zu enthalten und die demselben zu diesem Behuf von den Polizeibehörden übersendeten Verhandlungen, denselben zur eigenen weiteren Verfügung zurückzusenden.

Berlin, den 17. Mai 1817.

An den Criminal-Senat des Königl. Ober-Landesgerichts zu Halberstadt.

Der Justiz-Minister
v. Kircheisen.

A. 4155.

b.

Nach der Anzeige der Regierung zu Erfurt und nach den dem erstatteten Berichte beigefügten Erkenntnissen in der Untersuchungssache wider die unverehlichte M. und in der Untersuchungssache wider die unverehlichte E. ist sowohl von dem Criminal-Senate als auch von dem 2ten Senate des Königl. Ober-Landesgerichts angenommen worden:

daß, wenn auf die im § 192. Tit. 20. Th. 2. des Allgemeinen Landrechts bestimmte Strafe der verbotswidrigen Rückkehr in das Land erkannt werden solle, die im §. 194. loco cit. vorgeschriebene Warnung gerichtlich ertheilt sein müsse.

Diese schon durch die Verfügung an den Criminal-Senat des Ober-Landesgerichts zu Halberstadt vom 17. Mai 1817.
v. Kamptz Jahrbücher B. 9. S. 242.
verworfene Meinung ist offenbar ungegründet.

Denn die in dem §. 191. l. c. vorgeschriebene Wegschaffung eines fremden Landstreichers, dem kein sonstiges Verbrechen zur Last fällt und die dabei nöthige Bekanntmachung wegen der auf den Fall der Rückkehr ihm bevorstehenden Strafe ist ein Geschäft der Polizeibehörde und nicht des Gerichts. Das Amt des letzteren tritt erst alsdann ein, wenn die Rückkehr, des Verbotes ungeachtet, erfolgt und es darauf ankommt, nicht allein die Wahrheit des Facti der Rückkehr, sondern auch die Zulässigkeit der dem Rückkehrenden von der Polizeibehörde ertheilten Warnung zu prüfen. Nirgend aber ist vorgeschrieben, daß diese Warnung von dem Richter und in Gemäßheit eines richterlichen Erkenntnisses geschehen müsse. Was zur Unterstützung des angenommenen Grundsatzes in dem von dem Criminal-Senate an die Regierung zu Erfurt erlassenen Schreiben vom 15. October d. J. angeführt worden, ist von keiner Erheblichkeit. Der Bezug auf den §. 572. der Criminal-Ordnung paßt nicht, da in demselben ein auf Landesverweisung und das Verbot der Rückkehr ergangenes Erkenntniß voraus-gesetzt, nicht aber bestimmt wird, auch hier an diesem Orte gar nicht hat bestimmt werden können, daß in allen und jeden Fällen, mithin auch in solchen, wo von keinem Verbrechen, sondern nur von der Landstreicherei die Rede ist, über die Wegschaffung aus dem Lande und die dem Wegzuschaffenden dabei zu ertheilende Warnung von den Gerichten erkannt werden müsse. Daß den Verhandlungen der Polizeibehörde, nach welchen dergleichen Warnungen ertheilt werden, völliger Glauben beizulegen sei, und also das Factum dieser Warnung, sollte der Angeschuldigte solches läugnen, durch diese Verhandlungen erwiesen werde, ist keinem Zweifel unterworfen, da die Verhandlung in officio aufgenommen worden. Außerdem kann ja die Gewißheit, daß der über die Grenze gebrachte und wegen der Folgen der Rückkehr verwarnte Angeschuldigte mit diesen Folgen bekannt sei, auch auf andern Beweisen, als den polizeilichen Protocollen beruhen, und der in Bezug darauf in dem Schreiben vom 15 October pr. angeführte Grund ist also in keinem Falle durchgreifend.

Der Justiz-Minister zweifelt nicht daran, daß das Königl. Ober-Landesgericht in künftigen Fällen bei nochmaliger sorgfältiger Erwägung die angenommene Meinung wieder aufgeben und kein Bedenken finden werde, auf die im §. 192. l. c. des Allgemeinen Landrechts festgesetzte Strafe zu erkennen, ohne eine vorausgegangene gerichtliche Verwarnung jederzeit zu erfordern.

Berlin, den 6. Dezember 1822.

An das Königl. Ober-Landesgericht zu Naumburg. — Der Justiz-Minister.

A. 11,172.

1274.

Gebühren der Gerichtsschreiber und Gerichtsvollzieher in Holzdiebstahlssachen.

Gen. F. No. 1. (J. M. II.)

Die verschiedenen Anfragen und Bedenken in Betreff der Kosten wegen Aburtheilung der Holzdiebstähle, welche Sie, Herr General-Prokurator, in Ihrem Berichte vom 12. Dezember v. J. auseinandergesetzt und vorgetragen haben, erledigen sich sämmtlich dadurch, daß die Gerichtsschreiber- und Gerichtsvollzieher-Gebühren in den Rhein-Provinzen als Sporteln nach Vorschrift des §. 34. des Gesetzes vom 7. Juni 1821. wegen Untersuchung nnd Bestrafung des Holzdiebstahls nicht statt finden können.

Berlin, den 5. März 1824.

An den Königl. Herrn General-Prokurator zu Cöln. — Der Justiz-Minister.

cf. Rescr. v. 11. Juni 1836.

A. 12,174.

1275.

Gebühren der Gerichtsschreiber und Gerichtsvollzieher in einfachen Holzdiebstahls-Untersuchungs-Sachen.

Gen. F. No. 1. (J. M. II.)

Der Königlichen Hochlöblichen Regierung communicire ich auf die Anfrage vom 10. d. M.

wegen der Gebühren der Gerichtsschreiber und Gerichtsvollzieher in einfachen Holzdiebstahls-Untersuchungs-Sachen,

was dieserhalb unter dem 12. v. M.*) an den General-Pro-

*) Bd. 2. No. 622.

kurator bei dem Rheinischen Appellations-Gerichtshofe erlassen worden ist, und veranlasse dieselbe hiernach weder den Gerichtsschreibern noch den Gerichtsvollziehern in einfachen Holzdiebstahlssachen Gebühren zahlen zu lassen.

Berlin, den 28. Mai 1824.

An
Eine Königliche Hochlöbliche Regierung
2. Abtheilung zu Trier.

Der Justiz-Minister.

cf. Rescr. v. 11. Juni 1836.

A. 4966.

1276.

Stempel zu den Erkenntnissen der Polizeigerichte in einfachen Polizeisachen.

I.

Auf den Bericht vom 24. v. M. wird Ihnen eröffnet, daß der den Provinzial-Behörden in der Cirkular-Verfügung vom 4. April v. J. bekannt gemachte Beschluß des Königl. Staats-Ministerii, wegen der Stempelfreiheit der Straf-Resolute der Finanz- und Polizei-Behörden in unbedeutenden Sachen, auch auf die Erkenntnisse der Polizei-Gerichte in den Rhein-Provinzen bei einfachen Polizeisachen Anwendung findet, wie dies bereits der Düsseldorfer Regierung in der abschriftlich anliegenden Verfügung vom 4. Juli v. J. zu erkennen gegeben worden ist.

Berlin, den 4. Juni 1824.

An
des Königlichen Geheimen Ober-Finanzraths und Provinzial-Steuer-Directors
Herrn von Schütz Hochwohlgeboren
zu Cöln.

Finanz-Ministerium
v. Klewitz.

III. 11,414

II.

In dem zum Stempelgesetze vom 7. März v. J. gehörigen Tarif, ist bei dem Worte „Erkenntnisse“ Litt. A. f. zwar bestimmt, daß Straf-Resolute der Finanz- und Polizei-Behörden ohne Unterschied der festgesetzten Strafen, dem Stempel von 15 Sgr. unterworfen sein sollten. Da aber hierdurch in ganz geringfügigen Sachen ein Mißverhältniß zwischen der Strafe und dem Stempel herbeigeführt wird, so ist im Königlichen Staats-Ministerio der Beschluß gefaßt worden: daß dergleichen Straf-Resolute, für den Fall, daß die Strafe, den Werth des Konfiscats mit einbegriffen, Fünf Thaler und weniger in Gelde oder verhältnißmäßiges Gefängniß beträgt, von der Stempelpflichtigkeit ganz ausgeschlossen bleiben sollen.

Die Königliche Regierung wird hiervon benachrichtigt, auch angewiesen, davon die betreffenden Steuer- und Polizei-Behörden durch das Amtsblatt zur Nachachtung in Kenntniß zu setzen.

Berlin, den 4. April 1823.

An sämmtliche Königliche Regierungen. Finanz-Ministerium.

III. 6200.

1277.

Fälle in welchen die Gerichte auf den Verlust von Pensionen zu erkennen haben.

Wenn gleich den Beamten, in Beziehung auf ihre Pensionirung, die Reklamation mag die Berechtigung zum Genuß einer Pension oder den Betrag derselben betreffen, eine Berufung auf den Rechtsweg nicht gestattet, der Reklamant vielmehr nur berechtiget sein soll, sich im Wege des Rekurses gegen die Festsetzung der Verwaltungsbehörde an das Staatsministerium zu wenden, welches darüber zu entscheiden und bei den von Mir unmittelbar besetzten Stellen, zu Meiner Entscheidung zu berichten hat, so sollen doch folgende Fälle gerichtlich entschieden werden:

1. Wenn der pensionirte Beamte eines während seiner Amtsverwaltung begangenen Verbrechens überführt wird, welches die Strafe der Dienstentsetzung nach sich zieht. In diesem Falle soll die Pension verwürkt sein, und das Gericht, wenn solches nach seinem pflichtmäßigen Urtheil auf Kassation erkannt haben würde, auf den Verlust der Pension erkennen.
2. Wenn der pensionirte Beamte während des Pensionsgenusses ein gemeines Verbrechen begeht, welches, wenn es während des Dienstes verübt worden wäre, außer der Kriminalstrafe auch die Kassation zur Folge gehabt haben würde, soll derselbe auf die Dauer der Strafzeit der Pension verlustig sein und das Erkenntniß darauf gerichtet werden.

Ich beauftrage das Staats-Ministerium, diese Bestimmungen zur öffentlichen Kenntniß zu bringen.

Berlin, den 21. Mai 1825.

An das Staats-Ministerium. Friedrich Wilhelm.

1278.

Die Inventarisirung der Utensilien der Gerichte in den Rheinprovinzen betreffend.

Localien No. 14.

Da ich in Verfolg Ihres Berichtes vom 20. Mai d. J.
die Inventarisirung der Utensilien der Gerichte in den Rheinprovinzen betreffend,
mit der Königlichen Ober-Rechnungskammer in Communikation getreten bin, so werden Sie von derselben mit der nöthigen Anweisung versehen werden. Nach derselben sind auch die aus dem Büreau-Bedürfnißfonds angeschafften Inventarienstücke mit denen aus dem Fonds der Regierungen angeschafften Stücken in ein Inventarium aufzunehmen, und ist diesem gemäß zu verfahren.

Berlin, den 18. November 1825.

Der Justiz-Minister
v. Danckelman.

An
den Königlichen General-Prokurator
Herrn Ruppenthal zu Cöln.
A. 9662.

1279.

Führung von Inventarien über die Mobilien der Gerichte im ostrheinischen Theile des Landgerichts-Bezirks Coblenz.

Localien No. 14.

Auszug rc.

Dieses Attest in Hinsicht der jetzt ermittelten Inventarienstücke auszustellen, hat kein Bedenken, und der Königliche ostrheinische Senat hat den Justiz-Senat dazu anzuhalten, denselben auch anzuweisen, über die Mobilien gehörige Inventarien und Abgangs- und Zugangslisten führen zu lassen und die Controlle darüber zu übernehmen.

Berlin, den 17. Februar 1826.

Der Justiz-Minister
v. Danckelman.

An
den ostrheinischen Senat des Königl. Appellations-Gerichtshofes zu Cöln.
A. 1584.

1280.

Auslieferung ausländischer Verbrecher ohne höhere Authorisation, wenn sie der Brandstiftung beschuldigt sind.

Auslief. 33. J. M. II.

Die Circular-Verfügung vom 10. März 1826 *)
wegen Auslieferung ausländischer Verbrecher ohne höhere Authorisation,

wird hierdurch dahin ausgedehnt, daß es, wenn sich das Verbrechen auf Brandstiftungen bezieht, keiner Anfrage von Seiten der Königlichen Regierungen und Ober-Landesgerichte bei den unterzeichneten Ministerien, Behufs der Auslieferung der Verbrecher an die betreffende auswärtige Behörde, bedarf.

Berlin, den 25. November 1827.

Ministerium der auswärtigen Angelegenheiten
v. Schönberg.

Der Justiz-Minister
v. Danckelman.

An
sämmtliche Königl. Regierungen
und Ober-Landesgerichte.

cf. Rescr. v. 7. August 1835.

C. 5683.

1281.

Empfangs-Bescheinigung bei Insinuation diesseitiger gerichtlicher Verfügungen im Auslande betreffend.

(Gesetz-Sammlung pag. 85.)

Auf Ihren gemeinschaftlichen Antrag im Berichte vom 9. v. M., wegen der Empfangs-Bescheinigungen bei Insinuation diesseitiger gerichtlicher Verfügungen im Auslande, genehmige Ich die vom Justiz-Ministerium unter dem 22. August 1823 an die Gerichts-Behörden erlassene Circular-Verfügung dahin:

1. Daß bei den in Frankreich zu bewirkenden Insinuationen von Vorladungen und sonstigen Verfügungen zwar, wie bisher geschehen, Empfangs-Bescheinigungen zu verlangen, daß aber, wenn diese binnen einer angemessenen Frist nicht eingehen, die Anzeige der jedesmaligen dies-

*) Bd. 3. No. 809.

seitigen Gesandtschaft: das Insinuandum dem dortigen Ministerium der auswärtigen Angelegenheiten zugestellt zu haben, für hinreichend zu achten, um die Insinuation als vollständig anzunehmen und die rechtlichen Folgen derselben eintreten zu lassen;

2. daß bei den in Groß-Britannien zu bewirkenden Insinuationen, im Falle jemand die Ausstellung des Empfangscheins über die geschehene Insinuation verweigern sollte, die Bescheinigung der diesseitigen Gesandtschaft oder des diesseitigen Consulats über die Insinuation oder über die Absendung einer solchen Urkunde durch die Post an den Betheiligten, als gültig und genügend anzunehmen.

Ich bestimme zugleich

3. daß die Verfügung unter 1. auf das gesammte Ausland, wo die nemlichen Schwierigkeiten eintreten können, ausgedehnt und nur hinsichtlich der Bundesstaaten es bis zur erfolgten Revision der Prozeß-Ordnung bei den Vorschriften derselben im §. 11. Tit. VII. belassen werden soll.

Sie haben die Bekanntmachung dieser Vorschriften im gesetzlichen Wege zu verfügen.

Berlin, den 4. Juni 1828.

An die Staatsminister Grafen v. Bernstorff und Grafen v. Danckelman.

Friedrich Wilhelm.

cf. allerhöchste Kabinets-Ordre v. 21. Juni 1836.

1282.

Verwürkung des Militair-Gnadengehalts und Verlust des Civilversorgungsscheins Seitens der im Civildienste angestellten und wegen Verbrechens ihres Amts entsetzten Invaliden.

(Gesetz-Sammlung pag. 42.)

Ich genehmige auf den Bericht des Staats-Ministeriums vom 20. v. M. die Anträge desselben über die Verwürkung des Gnadengehalts eines im Civildienst angestellten Invaliden, der wegen begangener Verbrechen seines Amts verlustig erklärt wird, dahin, daß ein solcher Invalide, der eines, während seines Militairdienstes verübten Verbrechens, welches die Ausstoßung aus dem Soldatenstande zur Folge gehabt haben würde, in der wider ihn geführten gerichtlichen oder administrativen Untersuchung überführt worden, das Gnadengehalt verwürkt hat, derjenige Invalide aber, der außer dem ersten Fall wegen eines gemeinen oder Dienstverbrechens neben der Dienstentsetzung mit einer Freiheitsstrafe belegt wird, während der Dauer dieser Strafzeit das Gnadengehalt verliert, nach deren Ablauf aber wiederum zum Genusse desselben gelangen soll. Außer diesen beiden Fällen soll dem seiner Civilbesoldung verlustig gehenden Invaliden das Militair-Gnadengehalt unverkürzt gewährt werden, es mag während seiner Civilanstellung ganz oder theilweise geruhet haben. Wegen des Fonds, aus welchem das während des Civildienstes nicht gezahlte Militair-Gnadengehalt zu entrichten ist, genehmige Ich den Vorschlag, daß dasselbe nach den, im Allgemeinen dieserhalb bestehenden Bestimmungen, beziehungsweise auf den Militair- oder den Civil-Pensionsfonds, oder auf den Pensions-Aussterbefonds zu übernehmen sei; bin auch damit einverstanden, daß der Civilversorgungsschein des Invaliden, der die Entlassung aus dem Civildienste selbst verschuldet, an das Krieges-Ministerium zu übersenden, sonst aber ihm zurückzugeben ist. Ich überlasse dem Staats-Ministerium hiernach zu verfahren, auch demgemäß nach den einzelnen Ressorts die Bekanntmachung an die Verwaltungs-Behörden zu erlassen.

Berlin, den 17. März 1829.

An das Staats-Ministerium.

Friedrich Wilhelm.

1283.

Verfahren bei Verwandlung größerer Geldbußen in Gefängnißstrafe.

Das Justiz-Ministerium hat sich durch das Immediatgesuch des Destillateurs K. zu Z. vom 20. Januar d. J., über welches der erste Senat des Königl. Ober-Landesgerichts unter dem 4. v. M. Bericht erstattet hat, veranlaßt gefunden, bei des Königs Majestät auf Erlassung des noch nicht abgebüßten Ueberrests der statt einer Geldbuße von 224 Rthlr. sowohl gegen den Bittsteller als gegen den L. erkannten Gefängnißstrafe von 51 Wochen und 1 Tag anzutragen, da die in den Erkenntnissen gegen den Verurtheilten geschehene strenge Anwendung der Vorschrift des §. 88. Titel 20. Thl. 2. A. L. R., wonach fünf Thaler einer Gefängnißstrafe von acht Tagen in der Regel gleich geachtet werden sollen, sich der Natur der Sache nach nur bei Umwandlung kleinerer Geldbußen in Gefängnißstrafe rechtfertigen läßt, indem bei Verwandlung größerer Geldbußen, nach jenen sich stets gleichbleibenden Verhältniß, das Uebel, welches den Verbrecher durch die Verlängerung der Freiheitsstrafe sowohl in Rücksicht auf die Entbehrung der Freiheit, als auf seinen Nahrungszustand trifft, sich ungleich schneller steigert, als dasjenige, welches ihm durch die Erhöhung der Geldbuße zugefügt wird. Diese Ansicht liegt anch deutlich der Allerhöchsten Kabinetsordre vom 24. Februar 1812 zum Grunde, welche den nachtheiligen Folgen der Anwendung jenes Prinzips des §. 88. l. c. wenigstens dahin Grenzen gesetzt hat, daß niemals die, einer auch noch so großen Geldbuße zu substituirende, Freiheitsstrafe die Dauer von zehn Jahren übersteigen solle; auch gestattet d §. 88. l. c. selbst, indem er jenes Verhältniß von 5 Rthlr. zu 8 Tagen nur in der Regel beobachtet wissen will, die Anwendung des mildern Grundsatzes, daß bei zunehmender Größe der Geldbuße die ihr zu substituirende Gefängnißstrafe nicht nach einem sich gleichbleibenden, sondern nach einem allmählig abnehmenden Verhältniß zu bestimmen sei.

Seine Königliche Majestät haben mit diesen, von dem Justiz-Ministerium Ihnen vorgetragenen Bemerkungen in der abschriftlich anliegenden Kabinetsordre vom 5. d. M. Sich einverstanden zu erklären, und hiernach zugleich dem K., so wie dem L. den Ueberrest der gegen sie erkannten Gefängnißstrafe zu erlassen, geruht.

Demgemäß ist daher heute die abschriftlich hierbei folgende Verfügung an das Stadtgericht zu Z. erlassen worden.

Zugleich wird aber auch dem Königl. Ober-Landesgericht hierdurch anempfohlen, bei Abfassung der Straferkenntnisse künftig auf den oben entwickelten Grundsatz zu achten.

Die mit dem Berichte des Kollegii eingereichten Untersuchungs-Acten erfolgen hierbei zurück.

Berlin, den 8. April 1831.

Für den Justiz-Minister.
Vermöge Allerhöchsten Auftrages
v. Kamptz.

An
das Königl. Ober-Landesgericht zu Ratibor.
C. 2169.

Einverstanden mit den, in dem Bericht des Justiz-Ministerii vom 29. v. M. enthaltenen Bemerkungen über die Bestimmung der Freiheitsstrafe in abnehmendem Verhältniß gegen größere Geldbußen, will Ich dem K. zu Z., dessen Begnadigungs-Gesuch zurückerfolgt, so wie dem L. den Ueberrest der gegen sie erkannten Gefängnißstrafe erlassen.

Berlin, den 5. April 1831.

Friedrich Wilhelm.

An
das Justiz-Ministerium.

1284.

Verfahren der Gerichte, wenn ihnen Immediat- und andere Gesuche zur Bescheidung der Bittsteller zugefertigt werden.

Genes. No. 1.

Da Ober-Landesgerichte mehrmals die Bescheidung auf an sie zu diesem Zwecke remittirte unmittelbare Eingaben bei des Königs Majestät so lange ausgesetzt haben, daß die Bittsteller bei Allerhöchstdenenselben wiederholentlich eingekommen sind, so werden sämmtliche Provinzial- und übrigen Gerichtshöfe, so wie auch der Herr General-Prokurator am Appellationsgerichtshofe zu Cöln hierdurch angewiesen, die Bescheidungen auf die an sie zu diesem Zwecke vom Justiz-Ministerium remittirten Immediat-Eingaben vorzugsweise zu beschleunigen, und, wenn die definitive Bescheidung weitere Ermittelungen und Erörterungen erfordern sollte, die Bittsteller mindestens vorläufig zu bescheiden. Das Ministerium hat zu allen Gerichtsbehörden das Vertrauen, daß sie diesen Bescheidungen diejenige reife Erwägung, Gründlichkeit und Fassung geben werden, welche jede bei des Königs Majestät überreichte und von Allerhöchstdenenselben an Königliche Behörden remittirte Gesuche erfordern. Das Ministerium bemerkt bei dieser Veranlassung, daß es durchaus unzulässig ist, daß die Behörden, an welche Immediat-Vorstellungen remittirt werden, die Bittsteller, wie hin und wieder bemerkt worden, entweder wegen der in solchen Vorstellungen enthaltenen Ausdrücke und Aeußerungen, oder gar wegen Querulirens zur Ahndung oder Untersuchung ziehen, ohne daß darüber eine besondere Allerhöchste Bestimmung oder eine Verfügung des Ministeriums erfolgt ist. Eben dies tritt auch in Ansehung der beim Ministerium eingereichten und von demselben an die Gerichte übersandten Vorstellungen ein.

Hiernach haben sämmtliche Gerichtshöfe und die Königliche Generalprokuratur für die Rheinprovinz zu verfahren.

Berlin, den 9. Mai 1831.

Für den Justiz-Minister
vermöge Allerhöchsten Auftrages
gez. v. Kamptz.

Circular-Verordnung
an das Königliche Kammergericht und sämmtliche Ober-Landesgerichte, so wie an den Königl. General-Prokurator zu Cöln.

A. 5767.

1285.

Statut für die Handelskammer zu Düsseldorf. — Bestimmung über die Befugniß zur Wahl des Vorsitzenden und der Mitglieder der Handelskammern im Allgemeinen.

a.

Da Ich bei dem mit Ihrem Berichte vom 25. v. M. Mir vorgelegten Statut für die Handelskammer der Stadt Düsseldorf nichts zu erinnern gefunden habe, so lasse Ich Ihnen dasselbe von Mir vollzogen hierbei zurücksenden. Ich authorisire Sie zugleich in Beziehung auf Ihren bei Einreichung des Statuts für die Handelskammer in Elberfeld gemachten Antrag, die wegen der Wahl des Vorsitzenden und der Mitglieder der Handelskammern in dem Statut enthaltenen Bestimmungen §§. 2. 9—20. auch für die andern Handelskammern in den Rheinprovinzen anzuordnen.

Berlin, den 16. Juni 1831.

An Friedrich Wilhelm.

den Staatsminister v. Schuckmann.

A. 8215.

cf. Allerhöchste Kabinets-Ordre v. 21. Febr. 1836.

b.

Wir Friedrich Wilhelm, von Gottes Gnaden König von Preußen ꝛc. ꝛc.

Da die Verfassung des bisherigen Handlungsvorstandes der Stadt Düsseldorf als unzureichend zu der Erfüllung seiner Bestimmung, in deren ganzem Umfange, erkannt worden ist, so haben Wir, zu mehrerer Beförderung des Handels-Interesses dieser Stadt, die Einsetzung einer Handelskammer daselbst beschlossen, und verordnen deshalb auf den Antrag des Ministers des Innern für Handels- und Gewerbe-Angelegenheiten wie folgt:

§. 1. Der bisherige Handlungsvorstand der Stadt Düsseldorf wird nach der Bekanntmachung der gegenwärtigen Verordnung aufgelöst, und an dessen Stelle daselbst eine Handlungskammer errichtet.

§. 2. Die Handelskammer besteht aus sechs Mitgliedern. Sie wählt den Vorsitzenden alljährlich aus ihrer Mitte. Außerdem ist es dem Oberbürgermeister jederzeit überlassen, den Sitzungen beizuwohnen, und er führt alsdann darin den Vorsitz.

Wenn die Regierung es für angemessen erachtet, an den Berathungen über einzelne Gegenstände unmittelbaren Antheil zu nehmen, so ernennt sie dazu einen Kommissar, welcher in solchem Fall die Sitzungen anberaumt und darin den Vorsitz führt.

§. 3. Zum Mitgliede der Handelskammer kann nur berufen werden, wer dreißig Jahre und darüber alt ist, ein Handlungs- oder Fabrikgeschäft wenigstens fünf Jahre lang für eigene Rechnung persönlich und selbstständig betrieben, auch in dem Gemeinde-Bezirk von Düsseldorf seinen ordentlichen Wohnsitz und den Hauptsitz seines Gewerbes hat, und durchaus unbescholtenen Rufes ist.

§. 4. Die Bestimmung der Handelskammer ist, den Staatsbehörden ihre Wahrnehmungen über den Gang des Handels, des Manufactur Gewerbes und der Schifffahrt, und ihre Ansichten über die Mittel zur Beförderung der einen oder der anderen darzulegen, denselben die Hindernisse, welche der Erreichung dieses Zwecks entgegenstehen, bekannt zu machen, und ihnen die Auswege anzuzeigen, welche sich zur Hebung derselben darbieten. Auch kann ihr die Beaufsichtigung derjenigen öffentlichen Anstalten und Anordnungen übertragen werden, welche auf den Handel und die Schifffahrt Bezug haben.

§. 5. Die Beschlüsse der Handelskammer werden durch Stimmenmehrheit gefaßt; bei Gleichheit der Stimmen entscheidet die Stimme des Vorsitzenden.

Die Kammer berathschlagt gültig, wenn wenigstens vier ihrer Mitglieder gegenwärtig sind.

§. 6. Die Handelskammer ist befugt, in eiligen Fällen ihre Vorstellungen und Eingaben unmittelbar an die Ministerien zu richten, sie hat jedoch eine Abschrift derselben gleichzeitig an die Regierung einzureichen.

Ueber Gegenstände, welche ihr zur Begutachtung von der Regierung vorgelegt werden, berichtet sie an diese.

§. 7. Die Handelskammer erstattet alljährlich, im Monat Januar, einen Hauptbericht über die Lage und den Gang des Handels, der Fabriken und der Schifffahrt an das Ministerium des Innern für Handels- und Gewerbe-Angelegenheiten, und faßt darin ihre Wünsche und Anträge in dieser Beziehung zusammen.

§. 8. Die Handelskammer hat über die Qualifikation der Personen, welche zu vereideten Mäklern oder zu der Verwaltung öffentlicher Handels-, Fabrik- und Schifffahrts-Anstalten ernannt werden sollen, ihr Gutachten abzugeben.

§. 9. Für die erste Bildung der Handelskammer beruft der Ober-Bürgermeister zuvörderst durch Umlaufsschreiben diejenigen Einwohner des Gemeinde-Bezirks, welche eine Gewerbesteuer von wenigstens zwölf Thalern jährlich erlegen, zu einer Versammlung, um unter seinem Vorsitze die erforderlichen sechs Mitglieder der Handelskammer zu erwählen.

§. 10. Nach Eröffnung der Versammlung erwählt dieselbe zwei Stimmsammler und einen Protocollführer.

§. 11. Bevollmächtigungen zur Stimmgebung für Abwesende sind unzulässig.

§. 12. Jeder Stimmberechtigte hat die Befugniß, einen Kandidaten in Vorschlag zu bringen. Der Protocollführer stellt diese Vorschläge in ein Verzeichniß zusammen, welches zur Einsicht der Anwesenden vor der Wahl auf den Tisch des Wahlvorstandes niedergelegt wird.

§. 13. Die Wahl wird danach von den anwesenden Stimmberechtigten durch Geheimstimmung auf Stimmzetteln, nach absoluter Stimmenmehrheit vollzogen.

§. 14. Ergiebt die Wahl nicht für alle zu besetzende Stellen eine absolute Stimmenmehrheit, so werden für diese Stellen diejenigen, welche verhältnißmäßig die meisten Stimmen für sich vereinigt haben, wieder zur neuen Wahl gebracht, so lange bis alle Stellen durch absolute Stimmenmehrheit besetzt sind.

§. 15. Danach werden eben so viele Stellvertreter, als Mitglieder der Handelskammer in gleicher Weise erwählt.

Im Verhinderungsfalle eines Mitgliedes wird einer der Stellvertreter zu den Sitzungen berufen.

§. 16. Das Wahlprotocoll wird von dem Wahlvorstande und dem Protocollführer unterzeichnet und die Wahl dem Ministerium des Innern für Handels- und Gewerbe-Angelegenheiten zur Bestätigung vorgelegt.

§. 17. Die Handelskammer wird alle Jahr zu einem Drittheil erneuert, dergestalt, daß zwei Mitglieder und Stellvertreter austreten, und eben so viele in gleicher Art, wie oben §. 9—15. festgesetzt worden ist, wieder erwählt werden.

§. 18. Nach der ersten Wahl wird durch das Loos bestimmt, welche von den erwählten Mitgliedern der Kammer und Stellvertretern am Schlusse des ersten und zweiten Jahres austreten.

§. 19. Die austretenden Mitglieder und Stellvertreter können immer wieder erwählt werden.

§. 20. Solche Mitglieder der Handelskammer, welche ihren Wohnort oder den Hauptsitz ihres Geschäfts aus dem Gemeinde-Bezirk Düsseldorf verlegen, können an den Berathungen der Kammer nicht länger Antheil nehmen, und ihre Stellen werden als erledigt angesehen.

§. 21. Die Schreib- und Registraturgeschäfte der Handelskammer versieht ein Secretair, dessen Person und Besoldung von der Kammer in Vorschlag gebracht und von der Regierung bestätigt wird.

§. 22. Ueber die zur Bestreitung der Bedürfnisse der

Handelskammer erforderlichen Ausgaben entwirft dieselbe jährlich einen Etat, welcher durch die Regierung dem Minister des Innern für Handels- und Gewerbe-Angelegenheiten zur Genehmigung vorgelegt wird.

§. 23. Dies etatsmäßige Erforderniß wird auf die nach §. 9. stimmberechtigten Gewerbsgenossen nach dem Fuß der Gewerbesteuer angelegt und der Gemeindekasse zur Verausgabung auf die etatsmäßigen Anweisungen der Handelskammer und besonderen Verrechnung überwiesen.

§. 24. Die für die Sitzungen der Handelskammer, ihre Registratur und Kanzleiarbeiten erforderlichen Räume sind derselben in dem Rathhause anzuweisen.

§. 25. Die Ordnung der Geschäftsführung wird durch ein Regulativ festgesetzt, welches von der Handelskammer selbst nach ihrer Einführung unter dem Vorsitz des Ober-Bürgermeisters zu entwerfen und von der Regierung zu bestätigen ist.

Urkundlich haben Wir dieses Statut, welches durch das Amtsblatt*) zur öffentlichen Kunde zu bringen ist, durch Unsere eigenhändige Unterschrift und Beifügung Unseres Königlichen Insiegels vollzogen.

Berlin, den 23. Mai 1831.

Friedrich Wilhelm.
v. Schuckmann.

Statut
der Handelskammer für die
Stadt Düsseldorf.

1286.

Bestrafung der gleichzeitig mit einem anderen Verbrechen begangenen Holzdiebstähle.

Auf den Bericht des Königlichen Kammergerichts vom 18. April d. J.

betreffend die Auslegung der §§. 31. und 33. des Gesetzes vom 7. Juni 1821 wegen Bestrafung des Holzdiebstahls,

hat das Justiz-Ministerium, da auch die zu diesem Zweck besonders eingesehenen Acten des Königlichen Staatsraths keine nähere Auskunft darüber geben, welche Ansicht bei Abfassung jener Paragraphen vorgewaltet hat, die gutachtliche Aeußerung einiger andern Landes-Justiz-Kollegien erfordert. Nach den erstatteten Berichten ist nun, wenn auch in judicando die mildere Meinung den Vorzug erhalten, diese dennoch keinesweges als unzweifelhaft betrachtet worden.

---

*) conf. Düsseldorfer Amtsblatt pag. 357.

Das Justiz-Ministerium schließt sich indeß der, von dem Königlichen Kammergerichte selbst früher für die richtigere anerkannten, milderen Ansicht:

„daß nämlich der Holzdiebstahl, des denselben begleitenden Verbrechens ungeachtet, nur nach dem Gesetze vom „7. Juni 1821 mit einer Geldbuße zu ahnden sei,"

schon um deswillen an, weil die Holzentwendung an stehenden Bäumen im Walde einmal eine besonders ausgezeichnete, milder zu beurtheilende Art von Verbrechen ist, welche durch die Konkurrenz eines andern Verbrechens nicht aufhört, zu dieser Kathegorie zu gehören.

Was die Behörde anbelangt, die in der Sache zu entscheiden hat, und das einzuleitende Verfahren insbesondere, so ist es unzweifelhaft, daß hierüber die Natur des, den Holzdiebstahl begleitenden, Verbrechens entscheidet, und daß in dem Haupturtheile, in welchem die Strafe des, den Holzdiebstahl begleitenden, Verbrechens festgesetzt wird, über die Strafe des Holzdiebstahls zugleich mit zu erkennen ist.

Berlin, den 11. November 1831.

Für den Justiz-Minister
vermöge Allerhöchsten Auftrages
gez. v. Kamptz.

An
das Königl. Kammergericht
hierselbst.

A. 13538.

1287.

Verbot des Besuchs fremder Universitäten.

(Gesetz-Samml. pag. 35.)

Die verbrecherischen Vorgänge zu Frankfurt am Main haben außer Zweifel gesetzt, daß eine ruhestörende Faction auf die Unerfahrenheit der studirenden Jugend verderblich einwirkt und sie als Werkzeuge strafbarer Plane zu mißbrauchen, mit Erfolg bemüht ist. In Betracht der unverkennbaren Ursache dieser Erscheinung und da bei den wohlgeordneten Einrichtungen Meiner Landes-Universitäten ein Bedürfniß zur Benutzung fremder Lehranstalten nicht vorhanden ist, finde Ich Mich bewogen, Meine Verordnung vom 13. April 1810, durch welche Ich das früher bestandene Verbot des Besuchs fremder Universitäten aufgehoben habe, für sämmtliche Provinzen Meiner Monarchie so lange zu suspendiren, bis die Deutsche Bundesversammlung sich über eine Maaßregel vereinigt haben wird, das gemeinsame Vaterland vor den Gefahren eines Zustandes sicher zu stellen, der ein solches Attentat möglich gemacht und den Regierungen die besondere Verpflichtung auferlegt hat, die studirende Jugend, in ihrem und der Familien eigenem Interesse, vor aller, ihre ganze Zukunft gefährdenden Theilnahme an solchen Verbrechen, gewissenhaft sicher zu stellen. Welcher Inländer, Meinem Verbot entgegen, auf einer fremden Universität studirt, hat, ohne Rücksicht auf die Dauer seiner dortigen Studien, allen Anspruch auf ein öffentliches Amt, wohin auch die medizinische Praxis gezählt werden soll, für immer verwirkt. Denjenigen Landeskindern, welche bei der Bekanntmachnng Meines Befehls auf einer fremden Universität bereits studiren, soll solches während des laufenden Semesters gestattet sein, nach dessen Vollendung sie jedoch, bei Vermeidung der angedrohten Strafe, unverzüglich zurückkehren müssen. In Ansehung der Universitäten zu Erlangen, Heidelberg und Würzburg soll, da die Theilnahme einzelner Studenten derselben an dem frevelhaften Anschlage auf Frankfurt bereits ermittelt ist, das Verbot unbedingt in Kraft treten, zum Besuch der übrigen fremden Universitäten aber besondere Erlaubniß zu ertheilen, dem Minister der Unterrichts-Angelegenheiten für jetzt und bis zu weiterer Bestimmung nachgelassen sein. Das Staats-Ministerium hat diesen Befehl durch die Gesetz-Sammlung zur Allgemeinen Kenntniß zn bringen, auch jeder Minister und Verwaltungs-Chef in seinem Ressort für die Ausführung pflichtmäßig Sorge zu tragen.

Berlin, den 20. Mai 1833.

An — Friedrich Wilhelm.

das Staats-Ministerium.

Gen. U. 23.

1288.

Wegen der Dienst- und Bürger-Eide.

(Gesetz-Sammlung pag. 291.)

Auf den Bericht des Staats-Ministeriums vom 4. v. M. bestimme Ich, daß der Eid aller unmittelbaren und mittelbaren Civilbeamten des Staats (§. 68. Tit. 10. P. II. L. R.) in Zukunft dahin abgeleistet werden soll:

Ich N. N. schwöre zu Gott, dem Allmächtigen und Allwissenden, daß, nachdem ich zum .... des .... bestellt worden, Seiner Königlichen Majestät von Preußen, meinem allergnädigsten Herrn, ich unterthänig, treu und gehorsam sein, und alle mir vermöge meines Amts obliegende Pflichten nach meinem besten Wissen und

Gewissen genau erfüllen will, so wahr mir Gott helfe u. s. w.

In Beziehung auf die Dienst-Eide der mittelbaren Staatsdiener tritt diesem Formular unabgeändert diejenige Eidesnorm hinzu, mittelst welcher sie sich, den vorgeschriebenen Bestimmungen und den speciellen Verhältnissen gemäß, dem unmittelbaren Dienstherrn zu verpflichten haben. Zugleich verordne Ich, daß der Bürger-Eid dahin abgeleistet werden soll:

Ich N. N. schwöre zu Gott, dem Allmächtigen und Allwissenden, daß Seiner Königlichen Majestät von Preußen, meinem allergnädigsten Herrn, ich unterthänig, treu und gehorsam sein, meinen Vorgesetzten willige Folge leisten, meine Pflichten als Bürger gewissenhaft erfüllen und zum Wohl des Staats und der Gemeine, zu der ich gehöre, nach allen meinen Kräften mitwirken will, so wahr Gott mir helfe u. s. w.

Hiernach sind sämmtliche Dienst-Eide, so wie die in der Gesetz-Sammlung für 1831 S. 33 und 1832 S. 184 u. 187 angegebenen Eides-Formulare abzuändern. Vorstehende Bestimmung ist durch die Gesetz-Sammlung bekannt zu machen.

Berlin, den 5. November 1833.

An das Staats-Ministerium. Friedrich Wilhelm.

1289.

Zeugenvernehmung auf Requisition geistlicher Behörden.

Rheinpr. Gen. 108.

Auf den Bericht vom 2. März c., worin Ew. Hochwohlgeboren Ihre Bedenken gegen das Rescript vom 20. Januar d. J. *) in Betreff der ad requisitionem der geistlichen Behörden zu veranlassenden Zeugenvernehmungen vortragen, bemerke ich über diesen Gegenstand Folgendes.

Durch die Bulle: de salute animarum, welche, wie auch in Ihrem Berichte angenommen wird, für die Verhältnisse der katholischen Kirche in dem ganzen Umfange des Staats durch die Königliche Sanction vom 23. August 1821 maaßgebend geworden ist, sind die in der Bulle selbst näher bezeichneten Bisthümer wieder hergestellt, und zwar, wie es in dem Absatze: Singulis autem heißt, mit denjenigen Rechten: „deren

*) Bd. 4. No. 1150.

„sich andere Erz-Bischöfe und Bischöfe jener Gegenden recht-„mäßig erfreuen." Der Bischof aber ist in den geistlichen Angelegenheiten der Katholiken seiner Diöcese, wozu unzweifelhaft auch das Urtheil über die Nichtigkeit einer Ehe als Sacrament gehört, ihr ordentlicher Richter. Es kann hierüber kein weltliches Gericht erkennen, weil diese weder auf einen solchen Wirkungskreis, noch auf die betreffenden Gesetze hingewiesen, noch vom Landesherrn bevollmächt sind, und andererseits kann der Bischof sein Amt in Beziehung auf jene, ihm nach der Natur der Sache zustehenden, Entscheidungen so wenig ausüben, als die durchaus nöthige Disciplin unter den Clerikern seiner Diöcese handhaben, wenn nicht seinen Requisitionen hülfreiche Hand geleistet wird.

Von dem Umfang und von der Gattung der geistlichen Gerichtsbarkeit ist zur Zeit gar nicht die Rede, und bestimmt darüber auch die Verfügung vom 20. Januar d. J. überall gar nichts; dies bleibt vielmehr den noch schwebenden Verhandlungen über die organische Einrichtung der geistlichen Gerichte vorbehalten. Jene Gerichtsbarkeit besteht aber eo ipso dadurch, daß Bischöfe als Vorgesetzte der Katholiken ihrer Diöcesen vorhanden sind. Bei der Berathung über die Einrichtung der geistlichen Gerichte werden die in Ewr. Hochwohlgeboren Berichte vom 2. März c. aufgestellten Fälle, in denen eine Kollision zwischen der geistlichen und weltlichen Gerichtsbarkeit vorkommen kann, näher in Erwägung gezogen werden. Sollte bis dahin ein solcher Kollisionsfall sich ergeben, so bleibt nichts anderes übrig, als den einzelnen Fall zu erörtern und darüber zu beschließen. Jedenfalls müssen vorläufig die Behörden einander hülfreiche Hand leisten und auf Requisitionen der geistlichen Behörden sich denjenigen Vernehmungen unterziehen, welche zur Ausübung des geistlichen Richteramts in den dazu gehörigen Fällen für nöthig erachtet werden.

Berlin, den 21. März 1834.

Der Justiz-Minister
v. Kamptz.

An
den Landgerichts-Präsidenten Hrn. v. Oppen
und den Ober-Procurator Hrn. v. Collenbach
Hochwohlgeboren zu Cöln.

E. 734.

1290.

Bestrafung der Contraventionen gegen den Art. 68. des Rheinschifffahrts-Vertrages v. 31. März 1831.

(Aachener Amtsblatt pag. 22 de 1835.)

Im Artikel 68. des Rheinschifffahrts-Vertrages vom 31. März 1831 (Gesetz-Sammlung Jahrgang 1831 St. 10. pag. 115) ist bestimmt, daß zur Schonung des Leinpfades am Rheine, der daran stoßenden Gebäude und anderer Anlagen, bei dem Heraufziehen der Schiffe niemals mehr als 3 Pferde auf einem Stichseile gehen, und die Uebertreter dieses Verbots mit einer Polizeistrafe belegt werden sollen.

Mit höherer Genehmigung*) wird das Maaß dieser Strafe hierdurch von zehn Silbergroschen bis zu fünf Thalern bestimmt und zugleich festgesetzt, daß solche innerhalb der Königlichen Preußischen Rheinprovinz von denjenigen Behörden auszusprechen ist, welchen nach der Verfassung des Ortes, wo die Kontravention begangen, die Bestrafung der Polizeivergehen im Allgemeinen obliegt.

Koblenz, den 5. September 1834.

Der Ober-Präsident der Rheinprovinz
v. Bodelschwingh.

1291.

Bezeichnung der Grundstücke in öffentlichen Urkunden.

(Cölner Amtsblatt pag. 343.)

Nach einer Benachrichtigung von Seiten der Königlichen Provinzial-Steuer-Direction kommen noch oft zur Inscription in die Hypothekenbücher von Notarien aufgenommene Verkäufe, Schuldverschreibungen ꝛc. vor, worin die veräußerten oder verpfändeten Grundstücke mit der Flurabtheilung, Buchstaben und Nummer des Katasters nicht bezeichnet sind, wodurch der Zweck der erforderlichen genauen Erkennung der Grundstücke verfehlt wird. Ich sehe mich daher veranlaßt, die Notarien auf die pünktliche Befolgung der diesfälligen, in Gemäßheit des hohen Justiz-Ministerial-Rescripts vom 29. Mai 1820 **) unter dem 10. October 1820 an die Königlichen Ober-Prokuratoren erlassenen und mittelst Bekanntmachung in

---

*) cf. Bd. 4. No. 1214.
**) Bd. 2. No. 368.

den Amtsblättern unter dem 21. Mai 1828 in Erinnerung gebrachten Bestimmungen aufmerksam zu machen, und die Herren Ober-Prokuratoren anzuweisen, bei der jedesmaligen Revision der Notariats-Urkunden sich von deren Beobachtung zu versichern, und gegen diejenigen Beamten, welche solche außer Acht gelassen haben möchten, unnachsichtlich das Disciplinar-Verfahren einzuleiten.

Cöln, den 24. October 1834.

Der General-Prokurator
Biergans.

1292.

Vorschriften zur Förderung der Geschäfte bei den Hypotheken-Aemtern.

(Cölner Amtsblatt p. 6.)

a.

Von Seiten des Publikums sind mehrfach Beschwerden über verzögerte Abfertigung bei den Hypotheken-Aemtern geführt worden; in gleicher Art haben diese Behörden sich darüber beklagt, daß das Publikum nicht überall die gesetzlichen Vorschriften zur Richtschnur nehme, wodurch Zweifel, Rückfragen und Zeitverlust nothwendig erzeugt werden.

Der Geschäfts-Verkehr bei den Hypotheken-Aemtern hat sich seit der Errichtung dieses Instituts so sehr vermehrt, daß das beiderseitige Interesse dringend erfordert, alles dasjenige zu beseitigen, was dem regelmäßigen Geschäftsgange hinderlich und als eine Abweichung von den bestehenden gesetzlichen Vorschriften zu betrachten ist. Dadurch werden die Hypotheken-Beamten in den Stand gesetzt, ihre Dienstverrichtungen mehr zu fördern, und das Publikum wird schnellere Abfertigung erlangen und über Verzögerung selten mehr Klage zu führen haben.

Die Abweichungen von den gesetzlichen Vorschriften kommen hauptsächlich bei den Hypotheken-Eintragungs-Gesuchen vor: es ist deshalb das hierunter folgende Muster zu einem solchen Gesuche entworfen und mit den nöthig scheinenden erläuternden Anmerkungen versehen worden. Dem betheiligten Publikum wird die Beachtung desselben um so mehr empfohlen, als nur durch dessen Mitwirkung der beabsichtigte Zweck erreicht werden kann. Es soll indeß dadurch die Absicht derjenigen, welche durch eine umständlichere Abfassung der Eintragungs-Gesuche ihr Interesse besser zu wahren vermeinen, keinesweg beschränkt werden, jedoch wird erwartet, daß alles dasjenige, was überflüssig erscheint und was besonders Zweifel und Ungewißheit zu erregen geeignet ist, dabei möglichst vermieden werde.

Bei Requisition von Hypotheken-Auszügen sind diejenigen Personen, gegen welche der Auszug verlangt wird, vollständig und nach Vornamen, Familiennamen, Stand oder Gewerbe und Wohnort so zu bezeichnen, daß eine Verwechselung mit anderen Personen bei gehöriger Aufmerksamkeit nicht Statt finden kann. Wird ein Auszug über ein bezeichnetes Grundstück begehrt: so muß die Angabe desselben ebenfalls vollständig und in jeder Beziehung umfassend sein, und wenn etwa das Grundstück früher zu einem anderen Verbande gehörte, späterhin davon getrennt, eine eigene anderweite Bezeichnung erhalten, oder ein Neubau darauf errichtet worden, so muß solches ausdrücklich bemerkt werden.

Cöln, den 20. December 1834.

Der Geheime Ober-Finanz-Rath und Provinzial-Steuer-Direktor, v. Schütz.

b.

Hypotheken-Eintragungs-Gesuch a)

zum Vortheil von (Vorname, Familienname, Stand oder Gewerbe des Gläubigers) wohnhaft zu .... b), welcher Domicil bei (Bezeichnung des Vor- und Familiennamens, Gewerbes oder Standes und Wohnorts) wählt, c)

Gegen

(hier werden die Schuldner mit allen Vornamen, mit ihren

---

a) Wenn die Erneuerung einer früher eingetragenen Schuldforderung innerhalb der 10 Jahre von dem Tage der Einschreibung dieser Schuld verlangt wird, so wird anstatt des Wortes Eintragung geschrieben: Erneuerung der am .... Vol. bewirkten Eintragung.

b) Ist der Staat oder eine öffentliche Anstalt Gläubiger, so werden diese unter derjenigen Benennung aufgeführt, unter welcher solche jetzt in den öffentlichen Urkunden vorkommen und bestehen; die Angabe der Gesetze oder Verträge, vermöge welcher dieselben in die Rechte früherer Creditoren getreten sind, ist nur dann erforderlich, wenn die Einweisung in diese Rechte durch keine zur öffentlichen Kenntniß gekommene Verträge oder Verhandlungen Statt gehabt hat.

c) Das Domicil muß allemal bei einem, im Bereiche des Hypotheken-Amtes wohnenden, Individuo gewählt werden. Betrifft die Eintragung den Staat oder eine öffentliche Anstalt, so ist es angemessen, nicht den Namen, sondern die Stelle anzugeben, bei welcher das Domicil gewählt wird, z. B. bei dem Königl. Rentei-Amte in .... bei dem zeitigen Rendanten der .... Anstalt in .... u. s. w.

Familien- und beigelegten Namen und deren Wohnort, so wie solche in der Schuldurkunde eingetragen sind, mit der Angabe ihres Standes oder Gewerbes, ganz genau angegeben, und wenn mehrere Schuldner denselben Familiennamen führen, ist es nothwendig, nach jedem Vornamen auch den Familiennamen folgen zu lassen, indem die bloße Trennung der Vornamen durch einen Strich oder ein Komma leicht Veranlassung geben kann, daß mehrere einer Person beigelegte Vornamen für eben so viele Schuldner, oder umgekehrt, mehrere nach einander folgende Vornamen als einer Person angehörig betrachtet und eben so eingeschrieben werden, wodurch die Spur der übrigen Schuldner verloren gehen kann; bei Wittwen oder Frauen ist zugleich deren Familienname, so wie der Vor- und Familienname des verstorbenen resp. noch lebenden Gatten und dessen Stand oder Gewerbe anzugeben. Die etwa bestehenden Beinamen müssen ebenfalls mit aufgeführt werden.

Ist der Wohnort der Schuldner nicht in einer größern Stadt oder Gemeinde oder außerhalb des Hypotheken-Amts-Bezirks, so ist jedesmal die Bürgermeisterei, wozu der Wohnort gehört, im letztern Falle aber auch der Regierungs-Bezirk oder landräthliche Kreis anzugeben. Die Bezeichnung der Personen durch den jüngern oder ältern ist soviel als möglich durch andere zuverlässigere Bezeichnungen zu ersetzen, weil nach mehreren Jahren diese Eigenschaft zum Theil verloren geht und die also bezeichnete Person im Verlaufe der Zeit mit dieser Eigenschaft schwerlich mehr zu erfragen sein dürfte.) d)

---

d) Eintragungen, welche gegen eine bezeichnete Person mit dem Zusatze: deren Erben, Nachlassenschaft, Kinder u. s. w. genommen werden, haben ihre Wirkung nur auf die bezeichnete Person, welche in den, im Art. 2149 des bürgerlichen Gesetzbuches vorgesehenen Fällen auch nur allein anzuführen ist, indem ungenannte Personen in die Hypotheken-Register nicht eingetragen werden können.

Eben so wenig ist es zulässig, in den Hypotheken-Eintragungs-Gesuchen Namen zu substituiren, welche in den Schuldurkunden nicht vorkommen; eine solche Substitution, so wie die Aufnahme von Personen in den Eintragungs-Gesuchen, welche mit den übrigen Schuldnern zur Zahlung der Schuld nicht solidarisch verpflichtet oder dabei nicht betheiligt sind, muß als eine den wirklichen Debenten fremde Schuld angesehen werden, welche zur Erhebung besonderer Hypothekar-Gebühren und Honorarien berechtigt in eben dem Maaße, als wenn eine besondere Eintragung gegen einen jeden nicht solidarischen Schuldner requirirt würde. Die häufig vorkommende Bezeichnung der im Verlaufe der Zeit auf einander gefolgten Debenten der nämlichen Schuld-

Zufolge (Obligation, Urtheil, Rentverschreibung, Kaufact oder jeder andern in executorischer Form ergangenen Verhandlung oder eines älteren authentischen Titels) aufgenommen (erlassen) von dem e) am (Tag, Monat und Jahr der Urkunde). f)

---

forderung durch die Wörter modo, nunmehr, jetzt, gegenwärtig u. s. w. ist selbst mit Angabe und Vorlegung der Urkunden, wodurch die genannten Personen nach und nach Schuldner geworden sind, deshalb unangemessen, weil das Hypotheken-Amt nicht in Ungewißheit gelassen werden darf, gegen welchen Schuldner die Eintragung bewirkt werden soll. Ueberdies liegt es im Interesse des Publikums, daß die Hypotheken-Register nicht mit unnöthigen Namen und Eintragungen angefüllt werden, welche einestheils bei Ertheilung von Auszügen die Kosten vermehren, anderntheils hinsichtlich der Löschungen diejenigen Personen und Behörden, welche dieselben bewilligen, in die Nothwendigkeit versetzen, durch nachträgliche Verhandlungen auch die in der Einschreibung mit enthaltenen ältern Schuldner von der Hypothek befreien zu lassen. Ist jedoch dem Gläubiger daran gelegen, außer dem jetzigen Besitzer des Unterpfandes, beziehungsweise dem jetzigen Schuldner, noch den frühern Schuldner anzuführen, so kann dies in der Art geschehen, daß er nach dem gegenwärtigen Schuldner die Worte folgen läßt: als Nachfolger und Besitzer des Unterpfandes des (Bezeichnung des frühern Schuldners); es wird alsdann die Eintragung auch nur gegen den jetzigen Besitzer erfolgen.

Wenn der Stand, der Wohnort oder das Gewerbe gewechselt worden, oder wenn die Frau des Schuldners sich neuerdings verheirathet, so erfordert die Vorsicht, daß solches bemerkt werde, damit der Hypotheken-Bewahrer jederzeit das belastete Individuum möglichst erkennen kann.

Vorzüglich zu empfehlen ist übrigens, die Vornamen, Familiennamen und den Wohnort der Schuldner, entweder in lateinischer Schrift oder doch jedenfalls so deutlich zu schreiben, daß dadurch kein Irrthum oder Zweifel entstehen kann, indem die mangelhafte Bildung eines einzigen Buchstaben oft die Bezeichnung des Schuldners ganz verändern und bei der Ertheilung von Auszügen die Auslassung desselben znr Folge haben kann.

e) Hier wird der Familienname und Wohnort des Notars, oder das Gericht und dessen Sitz, oder endlich die öffentliche Behörde und deren Wohnsitz angeführt, welche die betreffende Urkunde aufgenommen oder das Urtheil erlassen hat.

f) Häufig wird der Kürze halber das Jahr durch die Buchstaben l. J. ohne Angabe der Jahreszahl bezeichnet oder auch gesagt: Gemäß Act vom heutigen Tage; es erscheint räthlicher, jedesmal Tag, Monat und Jahr, sey es auch nur in Ziffern, auszudrük-

Zur Sicherheit	Rthl. Sg. Pf.
1) der Hauptsumme von (wie in der Urkunde angegeben)	
2) des Zinsen-Rückstandes von	
3) der zweijährigen laufenden Zinsen zu . . . . Proc.	
4) der aufgelaufeuen (oder eventuellen) Kosten	
Zusammen (in Buchstaben geschrieben) g) . .	
einforderbar (mit oder ohne Zinsen zu . . . . Proc. die Hauptsumme h)	

auf nachbenannte in der Gemeinde N. N. (oder in dem Umfange der Gemeinden N. N., wenn die Grundstücke auf mehrere Gemarkungen sich ausdehnen) gelegenen Immobilien, nämlich:

---

ken, wogegen die Vornamen der Notarien und die nähere Bezeichnung ihres Wohnsitzes durch Angabe des Kreises, des Regierungsbezirkes, der Provinz, füglich wegbleiben können, wenn nicht etwa an dem nämlichen Orte oder in der Umgegend zwei Notarien denselben Namen führen.

Die Bemerkung der erfolgten Einregistrirung der öffentlichen Urkunden oder der Beifügung eines kassirten Stempelbogens zu denselben, oder auch, daß die betreffende Urkunde dem Hypotheken-Amte zur Einsicht vorgelegt worden, ist ganz überflüssig.

g) Ist der Gläubiger in dem Falle, von der Angabe sub 2, 3 und 4 zu abstrahiren, so darf er sich nur auf die Hauptsumme sub 1 beschränken; die Forderung mit den Accessorien ist in Preuß. Gelde auszuwerfen, wogegen das gleichzeitige Anführen des Schuldbetrags in andern Geldsorten ganz überflüssig erscheint, da durch die betreffende Urkunde das Verhältniß hierüber festgestellt ist.

h) Hier wird die in der Urkunde stipulirte Zeit zur Abtragung der Hauptsumme angegeben, und wenn wegen der Accessorien auch Hypothek verlangt wird, deren Erfallzeit ebenfalls angeführt, die verschiedenen Neben-Bedingungen, unter welchen die Hauptsumme noch einforderbar ist, werden jedoch mit Bezugnahme auf die Schuldurkunde selbst, da solche von der alleinigen Erfüllung der dem Schuldner auferlegten Verbindlichkeiten abhängig sind, wegbleiben können, so wie denn auch die Angabe der Münzsorten, des Münzfußes und der geldwerthen Papiere, in oder nach welchen oder ohne welche die Rückzahlung geleistet werden soll, ganz unnöthig ist, weil die Schuld-Urkunde das Vertrags-Verhältniß hierüber angiebt, und die Eintragung nur den kurzen, wesentlichen Inhalt derselben enthalten soll.

oder wenn eine General-Hypothek genommen wird: auf alle gegenwärtige und zukünftige Güter des Schuldners im Hypotheken-Amts-Bezirke von N. N. i)

Folgt hier die Unterschrift des Requirenten. k)

---

i) Die Angabe der Lage der Grundstücke durch die Bezeichnung der Gemeinden und der Gemarkung, wo solche gelegen sind, ist für die Eintragung sowohl als bei Ertheilung von Auszügen ein wesentliches Erforderniß, und kann durch die häufig vorkommende örtliche Benennung in dem (Namen der Gemeinde) Felde nicht ersetzt werden; eben so nöthig ist es, bei Unterpfänden von Häusern in größern Städten die frühern Nummern und Straßenbenennungen, wo solche gewechselt haben, anzugeben, damit das Unterpfand auch in den etwa früher bewirkten Eintragungen als das nämliche erkannt werden kann.

Zur Bedingung einer gesetzlichen Hypothek ist jedoch die genaue Bezeichnung aller verpfändeten Grundstücke nicht erforderlich, und es genügt, wenn die Gemeinde und der District, wo das Unterpfand gelegen, die Gattung und der Flächenraum der Immobilien angegeben wird, wie von den höhern Gerichtsbehörden mehrfach entschieden worden ist.

k) Das Gesetz schreibt weder Datum noch Unterschrift vor. Ersteres ist deshalb unnöthig, weil die Eintragung nur von dem Tage, wo sie wirklich erfolgt, ihre Wirkung erhält. Da die Abfassung der Eintragungsgesuche von jedem, dem die Urkunden anvertraut worden, bewirkt werden kann, so sind auch zu deren möglichsten Abkürzung die häufig vorkommenden Ausdrücke: Aus Auftrag des Creditors oder im Namen des Creditors u. s. w. wegzulassen. Die deutliche Unterschrift des Gläubigers oder des Abfassers des Eintragungs-Gesuches ist jedoch nothwendig, um die etwa vorkommenden Berichtigungen und Zusätze zu genehmigen, da solche ohnedies als nicht bestehend angesehen werden könnten.

Im Allgemeinen wird bemerkt, daß beide Exemplare des Eintragungsgesuches in allen Theilen gleichlautend abgefaßt und so deutlich geschrieben sein müssen, daß über die Namen und den übrigen Inhalt kein Zweifel bestehen kann. Der Hypotheken-Bewahrer hat die Wahl, welches von beiden Exemplaren er zurückbehalten will; bei vorkommenden Contestationen kann nur auf das von ihm zurückbehaltene Exemplar rekurrirt werden. Die Eintragungsgesuche mit den darin angeführten Urkunden müssen dem Hypotheken-Amte durch den Gläubiger oder durch eine dritte Person vorgelegt und gleichzeitig die Gebühren davon entrichtet werden. Der Hypotheken-Bewahrer ist in keinerlei Art verpflichtet, mit dem betheiligten Publikum Correspondenz zu führen oder solche von demselben anzunehmen.

1293.

Aufhebung des §. 10. des Stempelgesetzes vom 7. März 1822 und die anderweitige Bestimmung des bei Auseinandersetzungen zwischen mehreren Erben für die Uebernahme von Nachlaß-Gegenständen zu entrichtenden Werthstempels.

Zur Erledigung der bisherigen Zweifel bei Auslegung der Vorschriften des Stempelgesetzes vom 7. März 1822 über den Kauf aus Erbschaften, setze Ich mit Aufhebung des §. 10. nach dem Antrage des Staats-Ministeriums fest, daß, wenn unter mehreren Erben eine Auseinandersetzung erfolgt, jeder Erbe für die Gegenstände des Nachlasses, die ihm zu seinem ausschließenden Eigenthum angewiesen werden, den tarifmäßigen Kaufwerthstempel von denjenigen stempelpflichtigen Antheilen zu entrichten hat, die er aus dem gemeinschaftlichen Eigenthum von seinen Miterben erwirbt. Doch soll in diesem Falle von Erben, deren Erbtheile nach den Bestimmungen der Tarif-Position „Erbschaften litt. A. a. b. c." vom Erbschaftsstempel befreit sind, nur die Hälfte der tarifmäßigen Stempel-Abgabe erhoben werden. Wird ein zum Nachlasse gehörender Gegenstand, der nach Gesetzen oder Verfügungen des Erblassers weder getheilt, noch gemeinschaftlich besessen, noch veräußert werden darf, von einem dadurch berufenen Theilnehmer ausschließend übernommen, so ist Alles, was er in Folge jener Gesetze oder Verfügungen wegen dieser Uebernahme den andern Theilnehmern oder den Gläubigern des Nachlasses zu leisten hat, von der Stempelabgabe für Kauf- oder Tauschverträge völlig frei. Das Staats-Ministerium hat diesen Erlaß durch die Gesetz-Sammlung zur öffentlichen Kenntniß zu bringen.

Berlin, den 24. December 1834.

Friedrich Wilhelm.

An
das Staats-Ministerium.

Gen. S. 5.

cf. Rescr. vom 10. October 1836.

1294.

Stempelpflichtigkeit der Unterschrifts-Beglaubigungen.

(Cölner Amtsblatt pag. 14.)

Nach dem Tarif zum Stempelgesetz vom 7. März 1822 unterliegen die amtlichen Beglaubigungen von Unterschriften unter Privatdokumenten als Rekognitions-Atteste dem Stempel von 15 Sgr. Diese Bestimmung findet auch auf die amtlichen Beglaubigungen der Unterschriften der Taxatoren Anwendung, welche eine Taxe aufgenommen haben, selbst wenn diese Taxe selbst stempelfrei ist. Da gegen diese Vorschrift sehr häufig gefehlt wird, so finde ich mich veranlaßt, auf dieselbe aufmerksam zu machen.

Cöln, den 31. December 1834.

Der Geheime Ober-Finanz-Rath und Provinzial-Steuer-Director, v. Schütz.

1295.

Bekleidungskosten für die zur Festungsstrafe verurtheilten Landwehrmänner.

(Rheinpr. Gener. 51)

Auf das Schreiben Einer Königlichen Hochlöblichen Regierung vom 23. Oktober d. J.

betreffend die Kosten der Montirungsstücke für die zur Festungsstrafe verurtheilten Landwehrmänner, namentlich für den, in eine Strafsektion zu Cöln eingestellten Faßbinder N.

habe ich den abschriftlich anliegenden gutachtlichen Bericht des Königl. General-Prokurator zu Cöln vom 15 d. M. erfordert.

Da nach der übereinstimmenden Ausführung Einer Königl. Hochlöblichen Regierung und des General-Prokurators eine in der dortigen Gesetzgebung begründete Verpflichtung der Mutter des Sträflings N. zur Unterhaltung ihres Sohnes während der Strafzeit und zum Ersatze der bei dessen Strafantritte ihm verabreichten Kleidungsstücke, im Betrage von 10 Rthlr. 18 Sgr. 10 Pf., nicht vorliegt, so ist es den in den Rescripten vom 2. August und 8. November 1824, 18 März 1824 und 24. November 1826 (Lottner Sammlung Bd. II. S. 513, 514, 532, 580, Bd. III. S. 80) wiederholt ausgesprochenen, und nach der Bemerkung Einer Königl. Hochlöblichen Regierung im Eingange des Berichtes vom 23. Oktober d. J.

immer von dieser beobachteten Grundsätzen gemäß, daß diese Kosten auf den Kriminalfonds übernommen werden.

Es ist eine ganz falsche Voraussetzung, auf welcher der Antrag des Ober=Prokurators bei dem dortigen Königl. Landgerichte vom 28. Juli d. J. und der darauf basirte, nebst den andern Anlagen des Schreibens vom 23. Oktober d. J. hierbei zurückerfolgende Beschluß der Rathskammer des Landgerichts vom 6. August d. J. beruhet, daß nämlich durch die Rescripte vom 2. August 1824 eine unbedingte Verpflichtung der nächsten Verwandten eines unvermögenden Sträflings zur Tragung der Bekleidungskosten desselben angeordnet worden sei; denn das Circular=Rescript vom 2. August 1824 spricht in den §§. 16. und 17. nur von den gesetzlich subsidiarisch Verpflichteten, und das Zusendungs=Rescript vom gleichen Datum überweist, eben mit Rücksicht auf die abweichende rheinische Gesetzgebung, welche nach der richtigen Ausführung Einer Königl. Hochlöblichen Regierung und des General=Prokurators eine solche allgemeine Verpflichtung dritter Personen nicht kennt, die Untersuchungs= und Straf=Vollstreckungs=Kosten bei dem Unvermögen des Hauptverpflichteten geradezu dem Kriminalfonds. Mithin ist der Einspruch der Mutter des rc. N. gegen den auf einen Rathskammer=Beschluß erlassenen Zahlungs=Befehl wohl begründet.

Eine Königl. Hochlöbliche Regierung veranlasse ich daher hierdurch, unter Beiseitesetzung des Rathskammer=Beschlusses vom 6. August d. J., dem Antrage des General=Prokurators gemäß, von jedem weiteren Verfahren gegen die Mutter des rc. N. Abstand zu nehmen, und die in Rede stehenden Bekleidungskosten, im Betrage von 10 Rthlr. 18 Sgr. 10 Pf., auf den Kriminalfonds zu übernehmen.

Berlin, den 31. December 1834.

Der Justiz=Minister
v. Kamptz.

An
Eine Königl. Hochlöbl. Regierung
zu N.

Abschrift des vorstehenden Schreibens an den Herrn General=Prokurator.

Berlin, den 31. December 1834.

Der Justiz=Minister
v. Kamptz.

E. 3655.

XXI.

1835.

Gesetze, Verordnungen, Rescripte.

1296.

Anweisung der Justiz=Visitations=Kosten der Landgerichts=Präsidenten und Ober=Procuratoren auf den Fonds der 1000 Rthlr. Tit. VII. No. 2. des Etats des Appellationsgerichtshofes.

(Etat des Appellhofes zu Cöln.)

Ew. Hochwohlgeboren benachrichtige ich hiermit, daß auf dem Etat für den Königlichen Rheinischen Appellationsgerichtshof zu Cöln, Tit. VI. No. 2. Tausend Thaler für die durch die Landgerichts = Präsidenten und Ober = Procuratoren jährlich vorzunehmenden Justiz = Visitations = Reisen stehen. Ich fordere Sie daher auf, die Revidenten zu instruiren, daß sie diese Kosten bei Ew. Hochwohlgeboren liquidiren mögen, indem sie auf Ihren Antrag vom Ersten Präsidenten des Appellationsgerichtshofes auf die Regierungs = Haupt - Kasse zu Cöln angewiesen werden müssen.

Berlin, den 5. Januar 1835.

Der Justiz = Minister
v. Kamptz.

An
den Königlichen General = Procurator
Herrn Ober = Justizrath Biergans
Hochwohlgeboren zu Cöln.

E. 3357.

cf. Rescr. v. 9. Juni 1835.

1297.

Ueber Nichtigkeits-Beschwerden gegen Verfahren der Gerichte im Bezirke des Justiz-Senats zu Coblenz hat das Geheime Ober-Tribunal zu erkennen.

Crimin. 19. Vol. II.

a.

Da die Verordnung vom 14. Dezember 1833*) über das Rechtsmittel der Revision und Nichtigkeits-Beschwerde, wegen deren Anwendbarkeit im Bezirke des Königlichen Justiz-Senats zu Coblenz Derselbe unterm 18. v. M. berichtet hat, für alle Provinzen der Monarchie erlassen worden ist, in welchen die Allgemeine Gerichts-Ordnung Kraft hat, nach der Allerhöchsten Cabinets-Ordre vom 8. September 1832**) aber dem zweiten Abschnitte des Tit. 35. Thl. I. der Allgemeinen Gerichtsordnung in dem ostrheinischen Theile des dortigen Regierungs-Bezirks gesetzliche Kraft beigelegt worden ist: so muß auch über die Nichtigkeits-Beschwerden, welche gegen ein, nach der Vorschrift des gedachten Tit. 35, in jenem Distrikte eingeleitetes Verfahren angebracht werden, nach ausdrücklicher Vorschrift des §. 26. der Verordnung vom 14. Dezember 1833 von dem Königlichen Geheimen Ober-Tribunale erkannt werden. An diesen Gerichtshof sind daher die, mit dem Berichte vom 18. v. M. eingereichten und anbei zurückerfolgenden Akten in den fiskalischen Untersuchungen wider N. N. und Genossen zur Entscheidung über die, von der Königlichen Provinzial-Steuer-Direction zu Cöln angebrachten Nichtigkeits-Beschwerden einzusenden.

Berlin, den 5. Januar 1835.

An den Königlichen Justiz-Senat zu Coblenz.

Der Justiz-Minister
v. Kamptz.

E. 7.

b.

Abschrift der vorstehenden Verfügung dem Königlichen Geheimen Ober-Tribunal zur Nachricht.

Berlin, den 5. Januar 1835.

An das Königl. Geheime Ober-Tribunal.

Der Justiz-Minister
v. Kamptz.

E. 7.

*) Gesetz-Samml. pag. 302.
**) Sammlung Band 3. pag. 503.

1298.

Mittheilung des §. 14. des Militair-Pensions-Reglements, wegen Einziehung der Militair-Personen.

Mil. Just. Dpt. No. 18.

a.

Da in der Allerhöchsten Cabinets-Ordre vom 9. Dezemb. v. J. *), wegen des Gerichtsstandes der auf unbestimmte Zeit beurlaubten Unteroffiziere und Soldaten des stehenden Heeres, in Criminal- und Injuriensachen (Gesetz-Samml. von 1834 S. 182) auf den §. 14. des Militair-Pensions-Reglements Bezug genommen, dieser aber nicht öffentlich bekannt gemacht worden ist, so erhalten Ew. Hochwohlgeboren anliegend Abschrift jenes §. 14., um sämmtliche Gerichte der Rheinprovinz davon in Kenntniß zu setzen.

Berlin, den 5. Januar 1835.

An den Königl. General-Procurator Herrn Biergans zu Cöln.
E. 3586.

Der Justiz-Minister
v. Kamptz.

b.

(in simili, mutatis mutandis bis „jenes §. 14," um die Gerichte seines Departements davon in Kenntniß zu setzen.

Berlin, den 5. Januar 1835.

An den Königlichen Justiz-Senat zu Coblenz.
E. 3586.

Der Justiz-Minister
v. Kamptz

c.

Auszug
aus dem Militair-Pensions-Reglement.

§. 14.

Die Pension wird eingezogen:

1) wenn der Pensionair im Staats-Dienst wieder angestellt, imgleichen
2) wenn derselbe zu einer Criminalstrafe wegen Vergehen verurtheilt wird, welche, wenn sie während seiner Dienstzeit zur Sprache gekommen wären, die Cassation zur Folge gehabt hätten. In diesem Falle ist in dem Erkenntnisse der gänzliche Verlust der Pension auszusprechen.

---

*) Sammlung Band 4. pag. 185.

3) Wenn derselbe im Pensionsstande ein gemeines Vergehen verübt, wofür er im Dienste die Cassation verwirkt hätte, so ist auf den Verlust der Pension, nach der Größe des Vergehens, für immer oder für die Dauer der Strafe zu erkennen.

Gegeben Potsdam, den 13. Juni 1825.

Friedrich Wilhelm.
v. Hake.

1299.

Privat=Armen=Anstalten haben keine Ansprüche auf Sportel= und Stempelfreiheit.

Gener. 16.

a.

Auf den Bericht vom 24. Oktober v. J.,
betreffend die Ansprüche der Armenfonds auf Sportel= und Stempelfreiheit,

wird der Fürstlich Solms'schen Regierung zu Braunfels eröffnet, daß nach dem darüber von dem Königlichen Justiz=Senate zu Coblenz erstatteten Berichte das Fürstliche Justiz=Amt Greifenstein, wie es Derselben mittelst Schreiben vom 24. Oktober v. J. bemerklich gemacht, dem N.'schen Armen=Fonds die Stempel= und Sportelfreiheit um deshalb verweigert hat, weil der gedachte Fonds keine öffentliche, sondern nur eine Privat=Armen=Anstalt sei. In so fern dieses Verhältniß als richtig anzuerkenen ist, ist die Verweigerung der Stempel= und Sportelfreiheit begründet, weil nach der Allerhöchsten Cabinets=Ordre vom 16. Januar 1827 *) und dem, darin in Bezug genommenen §. 4. der Deklaration vom 27. Juli 1811 nur öffentliche Armen=Anstalten, welche als moralische Personen zu betrachten sind, Anspruch auf Stempelfreiheit haben, und ein Gesetz, durch welches allen Armenanstalten, auch den privaten, die Sportelfreiheit beigelegt worden, für die dortigen Landestheile nicht besteht.

Es kann daher der Fürstlich Solms'schen Regierung, wenn Dieselbe den N.'schen Armenfonds, der Meinung des Fürstlichen Justiz=Amts Greifenstein entgegen, für eine öffentliche Armenanstalt halten sollte, nur überlassen bleiben, dasselbe hierüber näher aufzuklären, und, wenn die von Ihr angeführten Gründe bei dem Justiz=Amte nicht die gehörige Berück=

---

*) cf. Cölner Amtsblatt pag. 115.

sichtigung finden sollten, sich an die vorgesetzte Instanz desselben zu wenden.

Berlin, den 9. Januar 1835.

An die Fürstlich Solms'sche Regierung zu Braunfels.

Der Justiz-Minister v. Kamptz.

E. 68.

b.

Abschrift dem Königlichen Justiz-Senat bei Rücksendung des, mittelst Berichts vom 27. v. M. eingereichten Berichts des Fürstlichen Justiz-Amts Greifenstein vom 17. v. M. zur Nachricht.

Berlin, den 9. Januar 1835.

An den Königlichen Justiz-Senat zu Coblenz.

Der Justiz-Minister v. Kamptz.

E. 68.

1300.

Insinuationen gerichtlicher Akte an außerhalb der Rhein-Provinzen wohnende Personen.

(Cölner Amtsblatt pag. 27)

Zufolge speziellen Befehls Sr. Exzellenz des Herrn Justiz-Ministers *) wird dem handelnden Publikum, zur Warnung vor unüberlegten Geschäften, hiermit in Erinnerung gebracht, daß mittelst der Ministerial-Verfügungen vom 28. September 1819 und 30. August 1827 (Lottners Sammlung der Gesetze und Verordnungen, Bd. I. S. 607 und Bd. III. S. 142) der Art. 420 der Civil-Prozeßordnung, wonach der Kläger die Wahl hat, den Beklagten entweder vor das Gericht des Wohnorts, oder vor dasjenige, in dessen Bezirke das Versprechen geschehen, und die Waare abgeliefert werden soll, oder vor dasjenige, in dessen Bezirke die Zahlung geschehen sollte, vorzuladen, auf die Bewohner derjenigen Theile der Preußischen Monarchie, wo die rheinische Prozeßordnung nicht eingeführt ist, keine Anwendung findet, da ein Theil der Unterthanen nicht nach Gesetzen, die ihnen fremd sind, behandelt werden kann; daß diesem nach keine Vorladung abwesender (außer der Provinz des rheinischen Rechts im Preußischen Staate wohnenden) Contrahenten vor das forum des Contracts geschehen kann, indem die Jurisdiction der Gerichte nur alsdann gegründet sein würde,

*) cf. Rescr. v. 9. Dezember 1834 in actis Handelsger. Gen. 2.

wenn der zu Belangende an dem Orte angetroffen wird, wo die übernommene Verbindlichkeit erfüllt werden soll, oder wenn hierüber nichts bestimmt ist, nur in so fern, als er sich an dem Orte befindet, wo der Vertrag verbindliche Kraft erhalten hat.

Jene Bestimmungen waren nur durch von Handelsgerichten erlassene Urtheile veranlaßt; da aber dieselben auf solche Fälle, worin die gewöhnlichen Gerichte gegen Unterthanen, welche in den altländischen Provinzen wohnen, zu erkennen competent sind, als z. B. in Real-Ansprüchen, wie eine solche Competenz auch den Unterthanen in jenen Provinzen nach der allgemeinen Gerichtsordnung gegen die Unterthanen der diesseitigen Provinzen zusteht, so war nur eine Bestimmung über die Frage nöthig:

> in welchen Formen eine Ladung an einen außerhalb der Rhein-Provinzen, in welchen die französische Gesetzgebung besteht, in einer andern Provinz wohnenden Preußischen Unterthan, diesem zugestellt werden soll?

Die Vorschrift der hiesigen Gerichtsordnung, welche die Ladung an einen Ausländer betrifft, konnte hier nicht zur Anwendung kommen, weil diese Gerichtsordnung in der alten Provinz, wo die Ladung insinuirt werden soll, gesetzlich nicht verbindlich war. Die Vorschrift der hiesigen Gerichtsordnung, betreffend die Ladungen an Ausländer, konnte hier eben wenig in Anwendung kommen, weil die in den altländischen Provinzen wohnenden Unterthanen hinsichtlich der Rhein-Provinzen als Ausländer nicht betrachtet werden können. Diese durch die eingetretene Veränderung in unserer Gesetzgebung entstandene Lücke ist durch die Verordnung der vormaligen Immediat-Justiz-Kommission vom 15. Februar 1817 *), ausgefüllt, wonach Insinuationen an einen in einer altländischen Preußischen Provinz wohnenden Unterthan durch die Parteien oder deren Anwälte dem öffentlichen Ministerium zugestellt werden sollen, damit dieses das altländische Gericht um Bewirkung der Insinuation im gesetzlichen Wege requirire, und zugleich um die Bescheinigung über die geschehene Insinuation ersuche, so daß eine solche Insinuation bei den hiesigen Gerichten keine Wirkung haben kann, so lange nicht die von dem altländischen Gerichte ausgegangene Bescheinigung über die geschehene Insinuation dem hiesigen Gerichte vorgelegt worden. Um der in der Ausführung Statt gefundenen Mißdeutung dieser Verordnung ein Ziel zu setzen, ist durch Rescript vom 30. August 1817 **) den Beamten des öffentlichen Ministeriums unbedingt

---

*) Band 1. No. 257.
**) Band 3. No. 813.

unterſagt worden, Inſinuationen dieſer Art das Viſa zu ertheilen.

Nach einer höhern Verfügung werden die altländiſchen Gerichte die Vollſtreckung dieſſeitiger Urtheile verweigern, ſobald ſie ſich überzeugen, daß die hieſigen Gerichte nach den Vorſchriften der Preußiſchen allgemeinen Gerichtsordnung zur Entſcheidung nicht competent waren. Daher iſt es ganz nutzlos, hier ein Urtheil zu erwirken, was da, wo es Wirkung haben ſoll, nicht anerkannt wird, und es iſt vergeblich, darauf verlorne Koſten zu verwenden.

In welcher Art die in Rede ſtehenden Inſinuationen dem öffentlichen Miniſterium zuzuſtellen ſind, darüber ſind die Anwälte mit Inſtructionen verſehen.

Cöln, den 9. Januar 1835.

Der General-Procurator
Biergans.

1301.

Appellation in Zucht-Polizeiſachen aus dem Kreiſe St. Wendel.

Lit. L. No. 6.

a.

In Verfolg der Verfügung vom 30. v. M. *) wird hierdurch beſtimmt, daß die Appellation in zuchtpolizeilichen Sachen an die Zuchtpolizei-Appellations-Kammer des Königlichen Landgerichts zu Trier gehen ſoll, und iſt hiernach zu verfahren und dies nachträglich bekannt zu machen.

Berlin, den 13. Januar 1835.

Der Juſtiz-Miniſter
v. Kamptz.

An
die Königliche Regierung zu St. Wendel.

An
das Königl. Kreisgericht und den Königl. Staats-Procurator zu St. Wendel.

An
den Königl. Landgerichts-Präſidenten Herrn Rive und den Königl. Ober-Procurator Herrn Heintzmann zu Trier.

E. 57.

---

*) Band 4. pag. 213.

b.

Abschrift der vorstehenden Verfügung dem Herrn ꝛc. Schwarz und Herrn ꝛc. Biergans.

Berlin, den 13. Januar 1335.

An den Herrn ꝛc. Schwarz und den Herrn ꝛc. Biergans zu Cöln.
E. 57.

Der Justiz-Minister
v. Kamptz.

1302.

Verfahren bei Dienst- und Insubordinationsfehlern der Beamten.

Offic. S. No. 41.

Auf Ew. Hochwohlgeboren Bericht über die Resultate Ihrer Rundreise bemerke ich Folgendes:

ꝛc. ꝛc.

12. Wenn sich Geritsschreiber Rechte gegen die Friedensrichter anmaßen, welche ihnen nicht zustehen, oder wenn sie gegen letztere die gehörige Subordination überschreiten, so sind dieselben mit Nachdruck und Strenge in ihre Schranken zurückzuführen und darin zu erhalten. Insubordination darf durchaus nicht geduldet werden und sind insonderheit die Landgerichts-Präsidenten so befugt als verpflichtet, darauf zu halten. Da in Ansehung der Dienstvergehen der Beamten die Preußischen Gesetze in der Rheinprovinz eingeführt sind, so ist in Fällen dieser Art nicht immer und schlechthin das förmliche Disciplinar-Verfahren des französischen Rechts erforderlich, sondern auch das Preußische zulässig, vermöge dessen das Königliche Landgericht und auch Ew. Hochwohlgeboren als Präsident desselben befugt sind, solche Dienst- und Insubordinationsfehler nach vorgängiger kurzer Verantwortung des Beamten mittelst Dekrets oder Präsidial-Verfügung in Ordnungsstrafe zu nehmen, gegen welche kein Rechtemittel, sondern lediglich der Recurs an das Ministerium zulässig ist.

ꝛc. ꝛc.

Berlin, den 13. Januar 1835.

An den Königl. Landgerichts-Präsidenten Herrn Rive, zu Trier.
E. 335.

Der Justiz-Minister
v. Kamptz.

1303.

Die Friedensrichter müssen ihren Urlaub beim Landgerichts-Präsidenten und Ober-Procurator nachsuchen.

Offic. S. No. 37.

Es haben sich hin und wieder einige Inconvenienzen daraus ergeben, daß die Friedensrichter ihren Urlaub nur von dem betreffenden Ober-Procurator und nicht auch zugleich von dem Landgerichts-Präsidenten nehmen. Dies erscheint auch wirklich der Stellung des Präsidenten, der dem Friedensrichter zunächst vorgesetzten Behörde, nicht angemessen und dem Dienste selbst nicht förderlich. Ew. Hochwohlgeboren veranlasse ich daher, die Friedensrichter anzuweisen, künftig den Urlaub von dem vorgesetzten Landgerichts-Präsidenten und dem Ober-Procurator zugleich und gemeinschaftlich zu nehmen.

Berlin, den 14. Januar 1835.

An den Königl. General-Procurator Herrn Biergans zu Cöln.

Der Justiz-Minister v. Kamptz.

E. 141.

1304.

Abstellung der Gebehochzeiten.

(Cölner Amtsblatt pag. 44 ff.)

Da nach Ihrem Berichte vom 24. v. M. die Stände der Kreise Duisburg, Lennep, Gummersbach, Wipperfürth und Altenkirchen im Anerkenntnisse des Bedürfnisses, den dort gebräuchlichen Gebehochzeiten und anderen den Wohlstand, die Sittlichkeit und die öffentliche Ordnung störenden Festlichkeiten durch gesetzliche Vorschrift entgegenzuwirken, die Einführung der zur Abstellung solcher Mißbräuche für die Provinz Westphalen erlassenen Verordnung vom 3. Mai 1829 nachgesucht haben, so will Ich derselben, auf dieses von Ihnen bevorwortete Gesuch der Stände, auch für die benannten fünf Kreise der Rhein-Provinz gesetzliche Kraft beilegen und Sie beauftragen, solche nebst gegenwärtiger Order durch die Amtsblätter der betheiligten Regierungen bekannt machen lassen.

Berlin, den 14. Januar 1835.

An den Staats-Minister des Innern und der Polizei, v. Rochow.

Friedrich Wilhelm.

Wir Friedrich Wilhelm, von Gottes Gnaden, König von Preußen 2c. 2c.

Da nach den Uns erstatteten Anzeigen in mehreren Gegenden der Provinz Westphalen die sogenannten Gebehochzeiten und ähnliche Schmausereien und Festlichkeiten ungeachtet mehrfacher, von den frühern Landesherrschaften dagegen erlassener Verbote, noch immer fortbestehen, solche aber wegen der mannigfachen, damit verbundenen Uegebührnisse und wegen des verderblichen Einflusses derselben auf Wohlstand und Sittlichkeit ferner nicht geduldet werden können, so verordnen Wir auf Antrag Unseres Staats-Ministerii und nach vernommenen Gutachten Unserer getreuen Provinzial-Stände hierdurch Folgendes:

1) die Gebehochzeiten und alle bei Kindtaufen, Hausbauten und andern Veranlassungen gewöhnliche Schmausereien und Festlichkeiten, zu welchen nahe und entfernte Bekannte eingeladen und bei welchen von den Eingeladenen Geschenke dargebracht, auch wohl hin und wieder aufgezeichnet oder vor den Gästen bekannt gemacht zu werden pflegen, sind, von der Publikation des gegenwärtigen Gesetzes an, überall verboten.

2) Bei Contraventionen gegen dieses Verbot ist

a. derjenige, welcher die Gebehochzeit oder eine ähnliche Schmauserei veranstaltet hat, mit
Fünf und zwanzig Thalern,

b. diejenige Person, welche die Gäste dazu eingeladen, mit
Zehn Thalern,

c. jeder Gast, welcher sich dabei eingefunden, mit
Drei Thalern,

d. diejenige Person, welche sich hat gebrauchen lassen, die Geschenke aufzuschreiben, oder zu verlesen, mit
Zehn Thalern,

endlich e. wenn die Schmauserei in einem Wirthshause gehalten worden ist, der Gastwirth mit
Fünf und zwanzig Thalern,

Geldstrafe, welche zur Armen-Kasse des Orts fließt, zu belegen.

Diejenigen, welche zur Entrichtung der Geldstrafen unvermögend sind, sollen mit verhältnißmäßiger Gefängnißstrafe belegt werden.

3) Innerhalb seines Hauses, oder eines dazu gemietheten Lokals, kann jeder Einwohner nach seinem Belieben Verwandte und Freunde bewirthen, und werden die in einigen frühern Verordnungen enthaltenen Bestimmungen über die Zahl der einzuladenden Personen hiermit aufgehoben. Es bleiben aber auch bei diesen Gelegenheiten alle mittelbare oder unmittelbare

Aufforderungen der Gäste zu Darreichung von Geschenken, nicht minder deren Aufzeichnung und Bekanntmachung, bei den unter 2) festgesetzten Strafen untersagt.

4) Auch bleibt bei allen diesen nach §. 3. erlaubten Feierlichkeiten jeder zeither mit den Gebehochzeiten verbunden gewesener Unfug, als: Schießen auf den Straßen und in den Höfen, das Niederreißen der Zäune und Hecken rc. und jede sonstige Störung der öffentlichen Ruhe verboten.

Wenn dergleichen vorfällt, so sollen Wirth, Gäste und andere Interessenten, gleich den Veranstaltern, Beförderern und Theilnehmern an Gebehochzeiten und ähnlichen verbotenen Schmausereien, mit den unter 2) bestimmten Strafen belegt werden, mit Vorbehalt der gesetzlichen höhern Strafen bei vorfallenden Vergehungen, und des Civil-Anspruchs der Beschädigten.

5) Ob eine veranstaltete Festlichkeit nach diesen allgemeinen Bestimmungen zu den verbotenen oder erlaubten gehöre, darüber sollen die Landräthe mit Vorbehalt des Rekurses oder der Berufung auf rechtliches Gehör unter Rücksicht auf die Lokal-Gebräuche erkennen und die Strafen festsetzen oder die Gerichtsbehörde zur Untersuchung und Entscheidung nach diesen Grundsätzen requiriren.

6) Die Ortsvorstände, so wie die Polizei-Behörden und Gensd'armen, welche erfahren, daß in ihrem Bezirke eine nach obigen Grundsätzen verbotene Schmauserei gehalten werden soll, sind verbunden, bei demjenigen, welcher sie veranstalten will, deshalb Erkundigungen einziehen und sie ihm im Voraus zu verbieten. Wird dieses Verbot nicht beachtet, so soll zwar zu Vermeidung von Excessen kein Versuch gemacht werden, die Gäste zu entfernen, und das Fest zu stören, jedoch sollen die besagten Behörden und Personen sofort nachher dem Landrathe zu weiterer Einleitung Anzeige erstatten. Wer die Erfüllung der ihm hierdurch aufgelegten Pflichten vernachlässigt, ist mit einer Ordnungsstrafe von

Zehn Thalern

zu belegen. Die unter 2) benannten Contravenienten werden aber deshalb von der ihnen angedrohten Strafe nicht befreit.

Hiernach haben alle Unsere Behörden und Unterthanen sich zu achten.

Gegeben Berlin, den 3. Mai 1829.

Friedrich Wilhelm.

(S. L.) Friedrich Wilhelm, Kronprinz.
v. Altenstein. v. Schuckmann.
Gr. v. Lottum. Gr. v. Bernstorff.
v. Hacke. Gr. v. Danckelman. v. Motz.

1305.

Verfahren, wenn der Candidat die Probe-Relationen für die dritte Prüfung beim Appellationshofe in Cöln anfertigt.

Referend. v. Cöln Vol. 15.

Ew. Hochwohlgeboren erhalten den unterm 1. d. M. eingereichten Bericht des Landgerichts-Präsidenten und Ober-Procurators zu N. vom 18. Dezember v. J. nebst dem Gesuche des Referendar N. vom 3. ej. um Zulassung zur dritten Prüfung und die denselben betreffenden Personal-Akten beikommend zurück. Da der Candidat in Folge seiner Erklärung, die Probe-Relationen an dem dortigen Appellationsgerichtshofe zu machen wünscht — ein Umstand, dessen der Bericht des Landgerichts-Präsidenten und Ober-Procurators zu N. nach §. 6. der Cirkularverfügung vom 31. März v J.*) ausdrücklich hätte erwähnen sollen; — so hätten Ew. Hochwohlgeboren nach §. 13. der Instruction vom 8. Februar v. J. **) sogleich das Weitere wegen Anfertigung von Censur jener Relationen verfügen sollen, indem erst bei dem günstigen Ausfalle der Censuren nach dem angeführten §. 6. die Präsentation des Candidaten durch Sie an das Justiz-Ministerium zur Ueberweisung an die Immediat-Justiz-Examinations-Commission erfolgen kann. Hiernach haben Ew. Hochwohlgeboren sowohl im vorliegenden, als in allen ähnlichen Fällen zu verfahren und wird nur vorläufig noch bemerkt, daß der N. gegen §. 27. des Regulativs vom 16. Februar 1832 ***) (§. 1. 8. der Instruction vom 8. Febr. 1834) es unterlassen hat, die Probeuntersuchungen zu bezeichnen.

Berlin, den 15. Januar 1835.

Der Justiz-Minister
v. Kamptz.

An
den ersten Präsidenten des Rheinischen Appellationsgerichtshofes Hrn. Schwarz und den Königl. General-Procurator Hrn. Biergans, zu Cöln.

E. 97.

---

*) Band 4. pag. 44.
**) Band 4. pag. 24.
***) Band 3. pag. 431.

1306.

Das Geheime Ober-Tribunal entscheidet über die Nichtigkeits-Beschwerde gegen Erkenntnisse in fiscalischen Untersuchungen wider rheinische Beamte.

Crimin. 19. Vol. II.

a.

Da der zweite Abschnitt des Tit. 35. Thl. I. der Allgemeinen Gerichts-Ordnung auch bei den fiscalischen Untersuchungen gegen rheinische Beamte angewandt werden muß, mithin dieser Abschnitt der Allgemeinen Gerichts-Ordnung auch in der Rheinprovinz Kraft hat, diese Vorschriften aber durch die Verordnung über das Rechtsmittel der Revision und der Nichtigkeits-Beschwerde vom 14. Dezember 1834 *) modificirt werden: so sind diese Modificationen auch in den, gegen rheinische Beamte wegen Dienstvergehen geführten fiscalischen Untersuchungen zur Anwendung zu bringen. Nach §. 26. der gedachten Verordnung aber ist die Entscheidung über alle, in Folge derselben angebrachten, Nichtigkeitsbeschwerden] ausschließlich dem Königlichen Geheimen Ober-Tribunal beigelegt, dasselbe ist daher auch competent, über die, in Gemäßheit jener Verordnung in der Rheinprovinz eingelegten Nichtigkeitbeschwerden zu erkennen.

Dies besagen nicht nur die Worte der Verordnung vom 14. Dezember 1833, sondern es gehet auch aus der, diesem Gesetze mit zum Grunde liegenden Absicht hervor, durch Vereinigung aller Nichtigkeitsbeschwerden bei **einem** obersten Gerichte Einheit in die Rechtsprinzipien zu bringen. Der nämliche Grund hat auch bei der Bestimmung der Allerhöchsten Cabinets-Ordre vom 25. März v. J. **) vorgewaltet, durch welche für die gegen Beamte geführten Criminal-Untersuchungen aus der ganzen Monarchie, folglich auch für diejenigen aus der Rheinprovinz, der Appellations-Senat des Königlichen Kammergerichts als letzte Instanz **bezeichnet wird.**

Das Königliche Geheime Ober-Tribunal hat sich daher, wenn in fiskalischen Untersuchungen, welche wegen Dienstvergehen gegen rheinische Beamte geführt worden sind, gegen ein Erkenntniß die Nichtigkeitsbeschwerde erhoben wird, der Entscheidung über dieses Rechtsmittel zu unterziehen.

---

*) Gesetz-Sammlung pag. 302.
**) Sammlung Band 4. pag. 43.

Demgemäß sind die rheinischen Justiz-Behörden angewiesen worden, in Fällen dieser Art, die Akten an das Collegium einzusenden.

Berlin, den 16. Januar 1835.

Die Justiz-Minister
v. Kamptz. Mühler.

An
das Königl. Geheime Ober-Tribunal.
E. 94.

b.

rc. rc.

Das Königliche Geheime Ober-Tribunal ist daher von dem Herrn Justiz-Minister Mühler und mir gemeinschaftlich aufgefordert worden, wenn in fiscalischen Untersuchungen, welche wegen Dienstvergehen gegen rheinische Beamte geführt worden, gegen ein Erkenntniß die Nichtigkeits-Beschwerde erhoben wird, sich der Entscheidung über dieses Rechtsmittel zu unterziehen.

Ew. Hochwohlgeboren veranlasse ich hierdurch, hiervon die rheinischen Justiz-Behörden in Kenntniß zu setzen.

Berlin, den 16. Januar 1835.

Der Justiz-Minister
v. Kamptz.

An
den Königlichen General-Procurator
Herrn Biergans, zu Cöln.
E. 94.

1307.

Gewerbbetrieb durch emanzipirte Minderjährige.

(Aachener Amtsblatt pag. 122)

Nach bestehender gesetzlicher Vorschrift (Art. 2. des Handelsgesetzbuchs) kann dem emanzipirten Minderjährigen die Befugniß zum Betrieb der Handelsgeschäfte erst mit vollendetem achtzehnten Lebensjahre ertheilt werden. Da nun Fälle vorgekommen sind, wo Minderjährige schon vor Erreichung des gesetzlich vorgeschriebenen Lebensalters sich mit dem Handelsbetrieb befaßt haben, das Gesetz aber eine ausdrückliche Strafbestimmung für solche Zuwiderhandlungen nicht enthält, so findet sich die unterzeichnete Behörde veranlaßt, hiermit zu bestimmen, daß jede derartige Zuwiderhandlung mit einer Geldstrafe von 1 bis 5 Thalern beahndet werden soll.

Sämmtliche Polizei=Behörden und Verwaltungs=Beamten werden demnach hiermit angewiesen, über jegliche Contravention der gedachten Art in vorschriftsmäßiger Weise Protokoll abzufassen und letzteres dem competenten Königlichen Polizeigericht zum weiteren Verfahren wider den Contravenienten einzureichen.

Aachen, den 23. Januar 1835.

Königliche Regierung, Abtheilung des Innern.

1308.

Vollstreckung der Gefängnißstrafe gegen Geistliche wegen nicht beizutreibender Geldbußen.

Kassen. S. 10.

Ew. Hochwohlgeboren eröffne ich auf den Bericht vom 30. v. M.

wegen der Einziehung der dem Vikar N. aufgelegten Geldbußen,

daß das Arrête vom 18. Nivôse Jahres XI, welches, wie der Ausdruck insaisisables zu erkennen giebt, überhaupt nur auf Civil=Ansprüche, nicht aber auf Geldstrafen zu beziehen ist, durch die Allerhöchste Cabinets=Ordre vom 23. Mai 1826 *) und durch den derselben beigefügten Anhangsparagraphen 161 zur Allgemeinen Gerichtsordnung (Gesetz=Samml. von 1826 S. 54) aufgehoben worden, und daher nicht ferner zur Anwendung kommen kann. Auch ist es völlig gleichgültig, ob das Einkommen des Vikars N. aus Staats=Kassen oder aus anderen Kassen gezahlt wird. Ew. Hochwohlgeboren haben Sich daher wegen Beitreibung der Geldbußen von resp. 20 und 15 Rthlr. an das Erzbischöfliche General=Vikariat zu wenden, zumal da Inhalts des ergangenen Erkenntnisses, die Vollstreckung der Gefängnißstrafe nur dann zulässig ist, wenn die Geldstrafe nicht gezahlt werden kann, und daher alle Mittel, diese Geldbuße aufzubringen, zu erschöpfen sind, ehe zur eventuellen Strafe geschritten werden kann.

Berlin, den 24. Januar 1835.

An den Königlichen Ober=Procurator Hrn. v. Collenbach, zu Cöln.

Der Justiz=Minister
v. Kamptz.

F. 82.

---

*) Samml. Band 3. pag. 31 sqq.

1309.

Das bloße Geständniß des Angeschuldigten genügt nicht zum vollen Beweis des Verbrechens.

Crimin. 8. Vol. II.

Extract.

Ich communicire Ihnen Abschrift des, über das, in dieser Sache von der Regel abweichende Verfahren des dortigen Assisenhofes erstatteten Gutachtens des Herrn General-Procurators am Königlichen Revisions- und Cassationshofe, welchem ich vollkommen beitrete und, wenn nicht so viele andere Gründe zur Strafmilderung hier vorgelegen hätten, so würde ich die nachträgliche Vernehmung der Zeugen verordnet haben. Es ist bekannten Rechtens und beruht in der Sache selbst, daß das bloße Geständniß des Angeschuldigten weder zum vollen Beweise eines Verbrechens noch zur Erkennung der vollen gesetzlichen Strafe genügt, so wie es auch klar vorliegt, wie nachtheilig und gefährlich es sein würde, wenn dies sich anders verhielte; abgesehen davon, daß bei einem solchen Verfahren der eigentliche Schuldige einen andern vorschieben kann, würde ein Unschuldiger nur zu leicht das Opfer der Uebereilung, der Ueberredung und des Mißverständnisses werden können. Der Herr General-Procurator Eichhorn bemerkt sehr mit Recht, daß wenn ein solches Verfahren schon in den weit sorgsamer und reiflicher handelnden diesseitigen und übrigen deutschen Gerichten unzulässig sei, dasselbe noch weit weniger in den Assisenhöfen zu dulden sei, indem das bloße Geständniß des Angeschuldigten den Geschwornen unmöglich die volle Ueberzeugung von der Existenz des Verbrechens, dem subjectiven Thatbestande, gewähren kann.

Berlin, den 24. Januar 1835.

An
den Königlichen Ober-Procurator
Herrn v. Ammon zu Düsseldorf.
F. 170.

Der Justiz-Minister
v. Kamptz.

1310.

Convention mit Belgien wegen gegenseitiger Aufhebung des Abschosses und Abfahrtsgeldes.

Lit. B. No. 3.

Ew. Hochwohlgeboren werden hierdurch davon benachrichtigt, daß einer Mittheilung des Königlichen Ministeriums der auswärtigen Angelegenheiten zufolge, das diesseitige Gouvernement sich gegen die, von der Königlich Belgischen Regierung zugesicherte Reciprocität verbindlich gemacht hat, die Bestimmungen der, mit den Niederlanden unterm 3. Juni 1817 abgeschlossenen, in der Gesetz-Sammlung für jenes Jahr S. 149 abgedruckten Convention, wegen gegenseitiger Aufhebung des Abschosses und Abfahrtsgeldes, auch ferner in Beziehung auf das Königreich Belgien zur Anwendung bringen zu lassen.

Ew. Hochwohlgeboren haben hiervon die rheinischen Justiz-Behörden in Kenntniß zu setzen.

Berlin, den 25. Januar 1835.

Der Justiz-Minister
v. Kamptz.

An
den Königlichen General-Procurator
Herrn Biergans zu Cöln.
E. 60.

1311.

Feststellung der Pensionen bei Stellen, deren Dienstleistungen in gemeinen Arbeiten oder mechanischen Verrichtungen bestehen.

Offic. S. No. 52.

Ich finde die in Meiner Ordre vom 30. October v. J. aus Veranlassung des anliegenden Berichts des Justiz-Ministers Mühler zur nähern Erwägung hingegebenen Frage:

ob nämlich nach §. 14. des Pensions-Reglements für die Civil-Staatsdiener vom 30. April 1825 *) die Pension bei Stellen, deren Dienstleistungen in gemeinen Arbeiten oder mechanischen Verrichtungen bestehen, von 60 Rthlr. bis 96 Rthlr. jährlich festzusetzen sind, ohne auf das Diensteinkommen Rücksicht zu nehmen, oder ob das Letztere so lange zum Grunde zu legen sei, als darnach der Pensionsbetrag das obige Minimum übersteigt,

durch die im Berichte des Staats-Ministeriums vom 9. d. M. enthaltenen Gründe vollkommen dahin erlediget, daß der Pensionssatz von 60 bis 96 Rthlr. nur als das Minimum betrachtet werden kann, und so lange das Einkommen grundsätzlich eine höhere Pension gewährt, auch diese nach jenem berechnet werden muß. Demgemäß kann es bei dem hiernach be-

---

*) Band 3. pag. 536.

reits in Anwendung gekommenen Verfahren auch ferner verbleiben.

Berlin, den 26. Januar 1835.

Friedrich Wilhelm.

An
das Staats-Ministerium.
D. 165.

1312.

Bei Versteigerungen von Mündelgütern können die Ankündigungen statt in den öffentlichen Anzeigern auch in die Zeitungen inserirt werden.

Gen. 125.

a.

Ew. Hochwohlgeboren empfangen hierbei beglaubigte Abschrift der Allerhöchsten Cabinets-Ordre vom 21. d. M.

betreffend die Befugniß der Vormünder, bei Versteigerung von Mündelgütern auf die Insertion der Ankündigungen in eine der Zeitungen des betreffenden Regierungs-Bezirks, statt in den öffentlichen Anzeiger anzutragen,

um dieselbe durch die rheinischen Amtsblätter*) bekannt zu machen.

Berlin, den 26. Januar 1835.

Der Justiz-Minister
v. Kamptz.

An
den Königlichen General-Procurator
Herrn Biergans zu Cöln.
E. 246.

b.

Da nach Ihrer Anzeige vom 3. d. M. die Kosten der durch Meine Ordre vom 4. Juli 1834**) No. 6. und 7. vorgeschriebenen Einrückung des Verkaufs der Mündelgüter in den öffentlichen Anzeiger des Regierungsbezirks die Kosten der Insertion in die Zeitungen an einigen Orten bedeutend übersteigen, so soll, um die Kosten möglichst zu beschränken, den Vormündern gestattet sein, auf die Insertion der Ankündigungen in eine der Zeitungen des betreffenden Regierungsbezirks statt in den öffentlichen Anzeiger anzutragen. Diese

---

*) Cölner Amtsblatt pag. 62.
**) Band 4. pag. 131.

Bestimmung ist durch die Amtblätter der Rheinprovinz bekannt zu machen.

Berlin, den 21. Januar 1835.

Friedrich Wilhelm.

An
den Staats- und Justiz-Minister
v. Kamptz.
E. 246.

1313.

Einsendung der Akten bei Ueberreichung der Erkenntnisse in fiscalischen Untersuchungen gegen Beamte, an das Justiz-Ministerium.

Offic. S. 41.

Auf den Bericht vom 19. v. M., mit welchem der Justiz-Senat zu Coblenz das in der fiscalischen Untersuchungssache wider den Amtsactuar N. erlassene Urtheil eingereicht hat, wird das Collegium aufgefordert, in künftigen Fällen die Untersuchungs-Akten, nach denen die Erkenntnisse geprüft werden müssen, immer mit einzusenden, auch den Tag der Publikation anzuzeigen, weil nach demselben die Frist zur Anmeldung des Rechtsmittels berechnet werden muß rc. rc.

Berlin, den 30. Januar 1835.

Der Justiz-Minister
v. Kamptz.

An
den Justiz-Senat zu Coblenz.
E. 162.

1314.

Einstellung der Gerichtssitzungen an den, nach der Festordnung vom 7. Mai 1826 bestehenden katholischen Feiertagen.

Gen. 112.

a.

Es ist mir zur Anzeige gebracht worden, daß die Abhaltung der Assisensitzung zu Düsseldorf am heiligen Dreikönigs-Tage dieses Jahres den Gerichts-Eingesessenen katholischen Glaubens zum besonderen Aergerniß gereicht habe. Da eine ähnliche Anzeige aus anderen Gegenden der Rheinprovinz noch nicht eingekommen, während die Allerhöchste Cabinets-Ordre vom 5. Juli 1832 *) (Gesetz-Samml. S. 197) wodurch bestimmt worden, welche katholische Feiertage als gesetzliche Feiertage zu betrachten seien, unbedenklich auch anderer Orten zur Anwendung gebracht ist, so setze ich jene Anzeige mit dem Umstande in Verbindung, daß in dem, auf der Ostseite des Rheines belegenen, Theile des Landgerichts-Bezirks Düsseldorf, wie mir von dem Landgerichts-Präsidenten und Ober-Procurator daselbst angezeigt worden, bis zu dem Erscheinen der Allerhöchsten Cabinets-Ordre vom 5. Juli 1832, noch mehrere katholische Feiertage als gesetzliche Festtage sich erhalten haben, so daß erst durch jene Verordnung eine Aenderung eintrat. Bei dieser Lage der Sache, und da es unangemessen ist, an Feiertagen, welche von dem größeren Theile der Bevölkerung wirklich als solche begangen werden, öffentliche, mit Aufsehen verknüpfte Sitzungen zu halten, veranlasse ich Ew. Hochwohlgeboren, die Mitglieder des Appellationshofes, welche den Auftrag zu den Assisen in Düsseldorf erhalten, dahin anzuweisen daß an den nach der Festordnung vom 7. Mai 1829 **) bestehenden katholischen Feiertagen keine Assisensitzungen angesetzt werden. Sehr dringende Fälle oder Verhandlungen, die auch jetzt an Sonntagen vorgenommen werden, z. B. wenn es darauf ankommt, eine am Sonnabend Abends unterbrochene Sitzung abzuschließen, sind hiervon, wie sich von selbst versteht, ausgenommen. Es ist überhaupt sehr wichtig, daß die Assisen und insonderheit die Präsidenten derselben alles vermeiden, was in religiöser Beziehung irgend ein Aergerniß veranlassen kann und sind im Gegentheil diese Gerichtshöfe recht eigentlich geeignet, religiöses Gefühl und Achtung für Religion und Kirche zu befördern.

Berlin, den 30. Januar 1835.

Der Justiz-Minister
v. Kamptz.

An
den Königl. Präsidenten des Appellations-Gerichts Herrn Schwarz
und den Königl. General-Procurator Herrn Biergans Hochwohlgeboren
zu Cöln.

E. 256.

b.

Aus dem in Abschrift anliegenden, an den Präsidenten des Appellationshofes ergangenen Rescripte werden Ew. Hoch-

---

*) Samml. Band 3. pag. 515.
**) Samml. Band 3. pag. 285.

wohlgeboren entnehmen, welche Verfügung in Folge einer mir über die Assisen in Düsseldorf zugekommenen Anzeige und mit Beziehung auf Ew. Hochwohlgeboren Bericht vom 29. Januar a. pr. getroffen worden.

In ähnlicher Weise, wie hinsichtlich der Assisen-Sitzungen angeordnet worden, ist es mit den Sitzungen in korrectionellen Strafsachen für die Zukunft zu halten, und muß überhaupt in der Rechtspflege alles dasjenige vermieden werden, was in religiöser Beziehung zum Aergernisse gereichen kann.

Berlin, den 30. Januar 1835.

Der Justiz-Minister
v. Kamptz.

An
den Königl. Landgerichts-Präsidenten
Herrn v. Voß
und den Königl. Ober-Procurator
Herrn v. Ammon Hochwohlgeboren
zu Düsseldorf.

E. 256.

1315.

Constituirung des fürstlichen Justiz-Amts Neuwied als Königliches Rhein-Zollgericht.

Gen. 142.

In Folge der stattgefundenen Constituirung des fürstlichen Justiz-Amts Neuwied als Königl. Rhein-Zollgericht hat der Herr Fürst zu Wied neuerdings darauf angetragen, daß dasselbe

1) in rheinzollgerichtlichen Angelegenheiten die Unterschrift:
„Fürstlich Wied'sches Justiz-Amt als committirtes Königliches Rhein-Zollgericht"
gebrauche,
2) ein dieser Unterschrift entsprechendes Siegel führe, und daß
3) die Kosten für den vermehrten Aufwand an Schreibmaterialien und sonstigen Kanzlei-Bedürfnissen auf besondere Liquidation aus Königlichen Kassen vergütet werden.

Da die Gewährung dieser Anträge keinem Bedenken unterliegt, so wird der Königliche Justiz-Senat angewiesen, demgemäß das Erforderliche zu veranlassen und das Fürstliche Justiz-Amt mit weiterer Instruction zu versehen, so wie auch die ad 3. gedachten Kosten demselben zu ersetzen.

Berlin, den 30. Januar 1835.

Der Justiz-Minister,
v. Kamptz.

An
den Königlichen Justiz-Senat
zu Coblenz.

E. 295.

1316.

Ueber Strafmilderungen, Disciplinar-Aufsicht über Beamte und Entscheidung der Cassations-Gesuche im ehemaligen Fürstenthum Lichtenberg.

Lit. L. No. 6.

a.

Mit Bezug auf die Verfügung vom 30. December v. J. *) wird hierdurch nachträglich Folgendes bestimmt:

1. Die Befugniß der Strafmilderung und des Straf-Erlasses, welche der zweiten Abtheilung der Herzoglich Coburgschen Regierung als Appellationsgericht zustand, hört nach Auflösung dieses Collegii um so mehr auf, als sie nach Sr. Majestät Anordnungen zu den Attributionen des Justiz-Ministeriums gehört.

2. Die Disciplinar-Aufsicht über die im vormaligen Fürstenthum Lichtenberg angestellten Justiz-Beamten, welche früher dem Appellationsgerichte zu St. Wendel zustand, geht auf das dortige Königliche Landgericht über.

3. Die Entscheidung über Cassations-Gesuche wider Erkenntnisse des Königl. Landgerichts zu St. Wendel und der Königlichen Friedensgerichte zu St. Wendel, Baumholder und Grumbach, welche früher dem Appellations- und resp. Landgerichte zu St. Wendel zustand, fällt dem Königl. Revisions- und Cassationshofe hierselbst zu, welchem bereits früher die zur Competenz des Revisionsgerichts zu Coburg gehörig gewesenen Sachen überwiesen sind.

---

*) Bd. 4. pag. 213.

Hiernach ist zu verfahren und die erforderliche Bekanntmachung *) nachträglich zu erlassen.

Berlin, den 3. Februar 1835.

An den Königl. Ersten Präsidenten des Appellationshofes Herrn Schwarz und den Königl. General-Procurator Herrn Biergans zu Cöln.

Desgleichen an den zeitigen Dirigenten des Königl. Landgerichts Herrn Göbel und den Königl. Staats-Procurator Herrn Diefenhard in St. Wendel.

Der Justiz-Minister
v. Kamptz.

E. 125.

b.

In dem vormaligen Fürstenthum Lichtenberg hat in Betreff der Cassationssachen die Einrichtung bestanden, daß über Cassations-Gesuche wider Erkenntnisse des Appellations-Gerichts zu St. Wendel das Revisionsgericht zu Coburg, über Cassationsgesuche wider Erkenntnisse des Landgerichts zu St. Wendel das dortige Appellationsgericht, und über Cassations-Gesuche wider Erkenntnisse der Friedensgerichte zu St. Wendel, Baumholder und Grumbach das Landgericht zu St. Wendel erkannt hat.

Da des Königs Majestät in der Allerhöchsten Cabinets-Ordre vom 24. December v. J. dem Königlichen Revisions- und Cassationshofe die Cassations-Instanz in den Lichtenberger Sachen bis zur definitiven Justiz-Organisation zu übertragen geruhet haben, so sind die betreffenden Gerichte in der abschriftlich anliegenden Verfügung angewiesen worden, auch diejenigen Cassations-Sachen an denselben abzugeben, in welchen früher das Appellations- und resp. Landgericht zu St. Wendel erkannt hat.

Ew. Hochwohlgeboren veranlasse ich mit Bezug auf die Verfügung vom 30. December v. J. **) diese Bestimmung nachträglich zur Kenntniß des Collegiums zu bringen.

Berlin, den 3. Februar 1835.

An den Königl. Chef-Präsidenten des Revisions- und Cassationshofes Herrn Sethe und den Königl. General-Procurator Herrn Eichhorn hier.

Der Justiz-Minister
v. Kamptz.

E. 125.

---

*) Siehe Cölner Amtsblatt pag. 60.

**) Bd. 4. pag. 213.

1317.

Anwendung des Kostendecrets vom 16. Februar 1807 bei Revision der von dem Vormunde zu legenden Uebersicht.

Gen. 72.

Auf Ew. Hochwohlgeboren Antrag in dem Berichte vom 20. v. M. genehmige ich, daß die Artikel 4. (nicht 1.) und 16. des Kostendecrets vom 16 Februar 1807 auch auf die Vorlegung und Revision der, von dem Vormunde zu legenden Uebersichten analogisch angewendet werden, welche durch die, das Vormundschaftswesen betreffende Instruction vom 16. August v. J. *) sub No. 8. vorgeschrieben sind.

Ich überlasse Ihnen, die gerichtlichen Behörden hiervon in Kenntniß zu setzen.

Berlin, den 6. Februar 1835.

Der Justiz-Minister
v. Kamptz.

An
den Königl. General-Procurator
Herrn Viergans zu Cöln.
E. 325.

cf. Trier Amtsblatt pag. 197.

1318.

Verfahren bei der Emancipation; Bestellung eines Curators.

Gen. 72.

Ew. Hochwohlgeboren Bericht vom 28. December v. J. über die Entscheidung des dortigen Königlichen Landgerichts in der M.'schen Emancipationssache giebt mir einen erfreulichen Beweis der lobenswerthen Aufmerksamkeit, welche Sie auf das Vormundschafts-Wesen verwenden.

Ich kann jedoch jene Entscheidung zu einer Kassation im Interesse des Gesetzes nicht angethan finden.

Denn was zuerst die Frage anlangt, ob der überlebende Ehegatte vor Erledigung der vormundschaftlichen Obliegenheiten zur Emancipation befugt sey? — so beantwortet sich diese Frage durch die ausdrückliche Vorschrift des Art. 477. des Ci-

---

*) Samml. Band 4. pag. 131.

vilgesetzbuchs. Hiernach hat der überlebende Ehegatte die Befugniß, die Emancipation durch einfache Erklärung vor dem Friedensrichter vorzunehmen, sobald das Kind 15 Jahr alt ist. Diese Erklärung ist an weiter keine Bedingung geknüpft, als an das 15jährige Alter des Kindes. Der Wille des Vaters oder der Mutter reicht hin — wie Locré V. 268. sagt — die Emancipation und damit das Aufhören der väterlichen Gewalt zu bewirken. Daraus, daß der Art. 480. l. c. vorschreibt, daß dem Emancipirten die Vormundschaftsrechnung gelegt werden soll, folgt nicht, daß, der Emancipations-Erklärung ungeachtet, die Vormundschaft noch so lange dauern muß, um jene Rechnungslegung vorzubereiten, weil dies dem Art. 477. l. c. zuwiderlaufen würde, nach welchem die Emancipation, und folglich das Aufhören der Vormundschaft, mit dem Augenblicke der Emancipations-Erklärung eintreten soll, und weil die Rechnungslegung sich auch sehr wohl bewerkstelligen läßt, ohne daß eine förmliche Vormundschafts-Verwaltung vorausgegangen ist, indem die Feststellung des Objects, worüber die Rechnung abzulegen ist, auch sehr füglich zwischen dem Emancipirten und dessen Curator einer Seits und dem Rechnungsleger anderer Seits geschehen kann.

Sodann geht aus dem Art. 477. l. c. zwar allerdings hervor, daß die Emancipations-Erklärung vor dem Friedensrichter des Domicils des Erklärenden erfolgen muß, und nicht vor jedem beliebigen Friedensrichter abgegeben werden kann; daraus folgt aber keineswegs, daß nicht in einzelnen Fällen wegen erheblicher Gründe ein anderer Friedensrichter, als der des Domicils, zur Aufnahme der Emancipations-Erklärung committirt werden könnte. Es muß in einem solchen Falle dann freilich dem committirten Richter zugleich in dem Commissorio aufgegeben werden, sobald er den Emancipationsact aufgenommen hat, den Friedensrichter des Domicils davon in Kenntniß zu setzen, damit dieser für die Bestellung des Curators Sorge tragen kann. An der Entscheidung des dortigen Königl. Landgerichts ist indessen auch nicht auszusetzen, daß sie diese Auflage dem committirten Friedensrichter nicht gemacht hat, weil sich dies von selbst versteht, und wenn der Friedensrichter es vernachlässigt haben sollte, das Königl. Landgericht ihn dazu würde angewiesen haben; in künftigen Fällen wird aber das öffentliche Ministerium diesem Mangel dadurch vorbeugen können, daß es ausdrücklich darauf anträgt, diese Anweisung in das Commissorium aufzunehmen.

Wenn ferner das Civilgesetzbuch nur in dreien Fällen die Homologation des Familienraths-Beschlusses von Seiten des Landgerichts erfordert, — nämlich beim Anlehen, bei Veräußerung der Immobilien und bei Vergleichen, — so kann daraus doch nicht gefolgert werden, daß in allen anderen Fällen die Mitwirkung des Landgerichts bei dem Vormundschaftswesen ausgeschlossen sei, über den Recurs gegen die Verfügung des Friedensrichters, welcher den Emancipationsact aufzunehmen verweigert hat, zu statuiren. Nach der allgemeinen Gerichtseinrichtung schon ist das Landgericht in allen nicht ausdrücklich ausgenommenen Fällen die vorgesetzte Instanz der Friedensgerichte, also auch in den Vormundschafts-Angelegenheiten; das Gesetz hat aber diese letzteren Angelegenheiten nicht nur nicht ausgenommen, sondern sogar dadurch, daß es die gedachten drei wichtigsten Fälle der Vormundschafts-Angelegenheiten ausdrücklich von der Genehmigung des Landgerichts abhängig machte, jene allgemeine gerichtliche Hierarchie auch hinsichtlich der Vormundschafts-Angelegenheiten bestätigt.

Endlich kann die Niederschlagung der Kosten, welche das Königliche Landgericht in seiner Entscheidung ausgesprochen hat, nicht mißbilligt werden, da Niemand vorhanden ist, dem die Kosten des Verfahrens mit Grunde hätten auferlegt werden können; es mußte diese Angelegenheit also nothwendig so behandelt werden, als sei es eine Armensache, und steht überhaupt einem Gerichtshofe das Recht zu, die Niederschlagung der Kosten in dazu geeigneten Fällen anzuordnen. Alle Fälle können im Gesetzbuch nicht vorgesehen, sondern müssen durch das Arbitrium des Gerichts ergänzt werden.

Wenn endlich Ew. Hochwohlgeboren am Schlusse Ihres Berichts annehmen, daß im vorliegenden Falle von der Bestellung eines Curators abstrahirt werden möge, so kann der Justiz-Minister dem nicht beitreten. Nach dem Civilgesetzbuche, namentlich nach dem Art. 480., muß jedem Emancipirten ein Curator vom Familienrathe bestellt werden, weil die Emancipation nur die väterliche Gewalt, keineswegs aber die Minderjährigkeit aufhebt, und der Emancipirte allein nur zu bloßen Verwaltungshandlungen (actes de pure administration) befugt ist, alle übrigen Angelegenheiten seines Vermögens aber nur unter Assistenz eines Curators vornehmen kann, ja ein Curator sogar dafür sorgen soll, daß eingezogene Capitalien wieder belegt werden (Art. 432.), weil mithin der Zustand eines Emancipirten zwischen der Minorität und der Majorität liegt (Locré V. 260.), und das Gesetz nicht gewollt hat, daß der Emancipirte in allen Stücken als Volljähriger behandelt werde. Der Friedensrichter des Domicils hat daher von Amtswegen dafür zu sorgen, daß, sobald die Emancipation erfolgt ist, der Familienrath zur Ernennung eines Curators schreite, denn ohne diesen Curator können die Vorschriften der Art. 480—484. l. c. nicht erfüllt werden, namentlich könnte, wenn nicht jedem Emancipirten sofort ein Curator bestellt würde, der Vorschrift des Art. 480. l. c. nicht nachgelebt werden, nach welcher jedem Emancipirten gleich nach der Emancipation unter Assistenz des Curators Rechnung gelegt werden soll.

Wenn dies alles schon nach französischem Rechte eintritt, so muß dies noch weit mehr der Fall sein, nachdem das Vormundschaftswesen den Grundsätzen der deutschen und insonderheit der preußischen Verfassung näher gebracht, daher, insofern dies der Fall gewesen ist, nach diesen, nicht aber nach französischen Grundsätzen beurtheilt und nicht durch letztere in seiner weiteren Ausbildung aufgehalten werden muß.

Berlin, den 6. Februar 1835.

Der Justiz=Minister
v. Kamptz.

An
den Königl. Ober=Procurator
Herrn Bessel zu Cleve.
E. 191.

1319.

Nichtanwendung der Instruction vom 28. Juni 1828 wegen des §. 30. des Stempelgesetzes vom 7. März 1822 im Bezirk des Justiz=Senats zu Coblenz.

Gen. 62. Vol. III.

Nach Inhalt des, nebst seiner Anlage abschriftlich mitfolgenden, Schreibens des Herrn Chefs des Königl. Finanz=Ministeriums vom 28. v. M. wird die, wegen Anwendung des §. 30. des Stempelgesetzes vom 7. März 1822 unterm 23. Juni 1828 *) den rheinischen Gerichten ertheilte Instruction auch in dem Bezirke des Königl. Justiz=Senats zu Coblenz zur Ausführung gebracht.

Diese Instruction ist jedoch lediglich in Berücksichtigung der Eigenthümlichkeiten der Justiz=Verfassung in denjenigen Theilen der Rheinprovinz, in denen die französische Gesetzgebung besteht, erlassen worden, und die Anwendung derselben in dem Bezirke des Justiz=Senats, wo zu einer Abweichung von dem, in dem Stempelgesetze vom 7. März 1822 §. 30.

*) Bd. 3. pag. 232.

und §. 32. vorgeschriebenen Verfahren kein Anlaß vorhanden ist, nicht beabsichtigt gewesen.

Die Einziehung und Verrechnung der Stempelstrafen ist daher, dem Antrage des Herrn Chefs des Finanz-Ministeriums gemäß, künftig nach den angeführten gesetzlichen Vorschriften zu bewirken; über den Zeitpunkt, von welchem ab diese veränderte Einrichtung in Ausführung kommen soll, hat der Justiz-Senat sich mit dem Königl. Provincial-Steuer-Director zu Cöln zu vereinigen, mit welchem auch wegen der, bei Verrechnung und Ablieferung der Strafgelder zu beobachtenden Geschäftsformen Rücksprache zu nehmen ist. Demnächst hat das Collegium die demselben untergeordneten Gerichte mit einer ausführlichen Anweisung zu versehen.

Berlin, den 6. Februar 1835.

Der Justiz-Minister
v. Kamptz.

An
den Königl. Justiz-Senat
zu Coblenz.

E. 355.

1320.

Verfahren bei Requisitionen altländischer Gerichte um executivische Einziehung rückständiger Gerichtskosten. Die damit beauftragten Gerichtsschreiber und Gerichts-Vollzieher beziehen hierfür Gebühren.

Gen. 76.

Da die Ausfertigungs- und Executions-Verrichtungen in der Rheinprovinz nur durch die Gerichtsschreiber und resp. Gerichtsvollzieher erfolgen können, diese Beamten aber, Ew. Hochwohlgeboren Berichte vom 12. November v. J. zufolge, nach der bestehenden Verfassung auch in fiskalischen Angelegenheiten zur Liquidirung der ausgesetzten Gebühren befugt sind, so haben sie allerdings auf Berichtigung dieser Gebühren auch dann Anspruch, wenn auf Veranlassung Königlicher Gerichts-Salarien-Kassen Kostenausstände von Bewohnern der Rheinprovinz executivisch eingezogen werden sollen, die vollstreckte Execution aber vergeblich gewesen ist. Diese Gebühren müssen in dergleichen Fällen bei den Salarien-Kassen der altländischen Gerichte auf den Fonds zu extraordinairen Ausgaben auf den Grund der, von den requirirten Ober-Procuratoren einzureichenden, von ihnen als wirklich verdient und als tarifmäßig bescheinigten Liquidationen angewiesen und verausgabt werden.

Um jedoch solche Ausgaben möglichst zu vermeiden, ist es angemessen, wenn bei solchen Requisitionen um executivische Einziehung rückständiger Gerichtskosten der betreffende Ober-Procurator jedesmal von dem requirirenden Gerichte ersucht wird, sich vor Veranlassung der wirklichen Execution von den Vermögens-Umständen und der Zahlungsfähigkeit des Schuldners zunächst durch Communication mit dem betreffenden Bürgermeister zu vergewissern, und im Falle des Unvermögens dem requirirenden Gerichte davon Anzeige zu machen.

Hiernach hat der Herr Justiz-Minister Mühler das Königliche Ober-Landesgericht zu Paderborn auf den Bericht vom 30. September v. J. aufgefordert, die Untergerichte des Departements mit Anweisung zu versehen. Ew. Hochwohlgeboren aber veranlasse ich hierdurch, die Königl. Ober-Procuratoren anzuweisen, bei Requisitionen altländischer Gerichte um executivische Einziehung rückständiger Gerichtskosten jedesmal zur Vermeidung unnöthiger Kosten zuvörderst die Zahlungsfähigkeit des Schuldners zu ermitteln zu suchen.

Berlin, den 7. Februar 1835.

Der Justiz-Minister
v. Kamptz.

An
den Königl. General-Procurator
Herrn Biergans zu Cöln.

E. 147.

1321.

Wer bei Streitigkeiten seinen Gegner mit dem Messer verwundet, hat eine Strafmilderung nicht zu erwarten.

Crim. 8. Vol. II.

Ew. Wohlgeboren empfangen die mittelst Berichts vom 31. v. M. eingereichten Untersuchungs-Akten wider den dort detinirten Tagelöhner N. und dessen Immediat-Begnadigungs-Gesuch vom 26. December v. J. hierbei zurück, um den Bittsteller abschläglich zu bescheiden.

Derselbe mag sich die zweijährige Gefängnißstrafe, die er durch sein rohes Betragen sich zugezogen hat, zur Warnung und Besserung dienen lassen. Zu Gunsten solcher Verbrecher, welche bei Streitigkeiten Messer zur Hand nehmen, werde ich niemals von der Allerhöchsten Autorisation, Strafen zu ermäßigen, Gebrauch machen, und eben so wenig die Milderung der erkannten Strafen bei des Königs Majestät befürworten,

5*

sondern vielmehr darauf halten, daß dieselben in ihrer ganzen Schwere von den Verurtheilten empfunden werden.

Berlin, den 8. Februar 1835.

An den Königl. Ober-Procurator Herrn Bessel zu Cleve.

Der Justiz-Minister v. Kamptz.

F. 343.

1322.

Feststellung der den versorgungsberechtigten Militair-Individuen, die in widerruflichen Civilämtern angestellt worden, aus Civilfonds zu gewährenden Competenz, wenn sie nach sechs Monaten ausscheiden.

Gen. P. No. 34. J. M. II.

a.

Extract.

Ew. Excellenz erlaubt die Abtheilung sich bei dieser Gelegenheit übrigens zugleich, die, Seitens des Herrn Kriegs-Ministers Excellenz dem Königlichen Ministerio des Innern für Handel und Gewerbe unterm 27. März 1834 mitgetheilte, entworfene Feststellung:

> der den versorgungsberechtigten Militair-Invaliden, die in widerruflichen Civilämtern angestellt worden, wenn sie nach sechs Monaten ausscheiden, in Gemäßheit der Bestimmungen des §. 2. des Civil-Pensions-Reglements vom 30. April 1825 *) und der Allerhöchsten Cabinets-Ordre vom 17. März 1829 **) nach ihren Militair-Verhältnissen aus Civilfonds zu gewährenden Competenz

zur geneigten Kenntnißnahme in der abschriftlichen Anlage ganz ergebenst zu communiciren.

Berlin, den 12. Februar 1835.

Kriegs-Ministerinm, Abtheilung für das Invaliden-Wesen.

Abtheilungs-Vorsteher gez. v. Delius.

krank.

An den Königl. wirkl. Geheimen Staats- und Justiz-Minister Herrn Mühler Excellenz.

I. 1110.

---

*) Bd. 3. pag. 536.

**) Bd. 5. pag. 15.

b.

Feststellung

der den versorgungsberechtigten Militair-Invaliden, die in widerruflichen Civilämtern angestellt werden, wenn sie nach 6 Monaten ausscheiden, in Gemäßheit der Bestimmungen des §. 2. des Civil-Pensions-Reglements vom 30. April 1825 und der Allerhöchsten Cabinets-Ordre vom 17. März 1829 nach ihren Militair-Verhältnissen aus Civilfonds zu gewährenden Competenz.

Es zerfallen dergleichen Invaliden in vier Klassen, nämlich

1. solche, welche zu einem Militair-Gnadengehalte anerkannt worden sind;
2. solche, die zur Aufnahme in ein Invalidenhaus oder in eine Invaliden-Compagnie anerkannt worden sind;
3. solche, welche mit dem Civil-Versorgungsschein als ganz invalide entlassen, ihre Versorgung in der Heimath abwarten;
4. solche, welche als Halbinvalide mit dem Civil-Versorgungs-Scheine betheilt, bis zur Anstellung im Civil bei den Garnison-Truppen verbleiben oder von letzteren beurlaubt sind.

Die zu gewährende Competenz der Invaliden der ersten Klasse ist der Betrag des ihnen zuerkannten Militair-Gnadengehalts.

Die Competenz der Invaliden der 2ten Klasse ist der Betrag des Gehalts, des Brod- und kleinen Montirungs-Geldes, und zwar:

a) für den dienstthuenden Feldwebel monatlich 6 Rtl. 10 Sg.
b) für den überzähligen Feldwebel . . . 5 — 10 —
c) für den Unteroffizier . . . . 4 — 10 —
d) für den Gemeinen . . . . 2 — 25 —

An diese Competenzen haben jedoch nur die, zu dieser Klasse gehörenden Invaliden ein Anrecht, welche die Entlassung aus dem Civildienste nicht durch strafbares Benehmen selbst verschulden, indem andernfalls:

a) dem Feldwebel nur 4 Rthlr.,
b) dem Unteroffizier . 3 Rthlr.,
c) dem Gemeinen . . 2 Rthlr.

monatlich competiren.

Die Competenz der Invaliden der 3ten und 4ten Klasse ist das chargenmäßige Militair-Gnadengehalt, und zwar:

a) für den Feldwebel monatlich . . 3 Rthlr.,
b) für den Unteroffizier . . . . . . 2 Rthlr.,
c) für den Gemeinen . . . . 1 Rthlr.

1323.

Verfahren der Assisenhöfe bei Anklagen wegen freiwilliger Tödtung oder körperlicher Verletzung.

Rheinpr. Crimin. No. 8.

a.

Der Königl. Revisions- und Kassationshof empfängt anliegend Abschrift der Allerhöchsten Cabinets-Ordre vom 7. d. M.,

betreffend die Befugniß der Assisenhöfe, die Geschwornen, welche auf die Anklage einer freiwilligen Tödtung oder körperlichen Verletzung den Angeklagten zwar der That, aber nicht der freiwilligen Verübung derselben für schuldig erklärt haben, über die Verschuldung des Angeklagten sofort anderweit zu befragen,

um darnach auch seiner Seits sich zu achten.

Berlin, den 13. Februar 1835.

An den Königl. Revisions- und Kassationshof.

Der Justiz-Minister v. Kamptz.

E. 463.

b.

Ew. Hochwohlgeboren empfangen anliegend beglaubte Abschrift der Allerhöchsten Cabinets-Ordre vom 7. d. M.

ꝛc. ꝛc.

um für die Einrückung dieser Allerhöchsten Ordre in die Amtsblätter der Rheinprovinz Sorge zu tragen, und auch darnach, jeder in Ihrem Ressort, die Präsidenten und die öffentlichen Ministerien anzuweisen. ꝛc.

Berlin, den 13. Februar 1835.

An den Herrn ersten Appellations-Gerichts-Präsidenten und den Herrn General-Procurator zu Cöln.

Der Justiz-Minister v. Kamptz.

E. 463.

c.

Auf Ihren Bericht vom 20. v. M. setze Ich zur Ergänzung einer mangelhaften Vorschrift der Rheinischen Strafgesetzgebung nach Ihrem Antrage fest: Wenn auf die Anklage einer freiwilligen Tödtung oder körperlichen Verletzung der Ausspruch der Geschwornen wider den Angeklagten dahin erfolgt, die That zwar begangen zu haben, aber nicht freiwillig, so soll dem Assisenhofe auf Antrag des öffentlichen Ministeriums gestattet sein, den Geschwornen sofort nach Abgabe dieser Erklärung die anderweitige Frage zu stellen: Ob dem Angeklagten die für unfreiwillig erklärte That aus einer der, im Artikel 319. des Strafgesetzbuchs aufgeführten Verschuldungen, zur Last falle. Wird diese Frage von den Geschwornen bejahet, so hat der Assisenhof nach Artikel 365. der Kriminal-Prozeß-Ordnung zu erkennen. Sie haben diese Bestimmung durch die Amtsblätter der Rheinprovinz bekannt zu machen, und die Gerichtshöfe und das öffentliche Ministerium erforderlichenfalls mit näherer Anweisung zu versehen.

Berlin, den 7. Februar 1835.

An den Staats- und Justiz-Minister v. Kamptz.

Friedrich Wilhelm.

cf. Cölner Amtsblatt pag. 77.

1324.

Strafvollstreckung von den in Privat-Waldungen begangenen Forstfreveln.

Crim. 7. Vol. II.

a.

Mit Bezug auf die, wegen Eintreibung der Forst-Strafgelder unterm 30. December 1832 *) an Ihren Amtsvorgänger erlassene Verfügung, empfangen Ew. Hochwohlgeboren anliegend Abschrift des Erlasses des Herrn Ministers des Innern und der Polizei an den Herrn Ober-Präsidenten v. Bodelschwingh zur Nachricht und zur weiteren Mittheilung an die Königlichen Ober-Procuratoren.

Berlin, den 13. Februar 1835.

An den Königl. General-Procurator Herrn Biergans zu Cöln.

Der Justiz-Minister v. Kamptz.

E. 335.

b.

Da sich bei der Ausführung der Allerhöchsten Cabinets-Ordre vom 14. September 1831 **) in Beziehung auf die von den Privat-Forstbesitzern wegen Vollstreckung der Erkenntnisse in Holzdiebstahlssachen zu verlangende Bescheinigung Schwierigkeiten erregen, welche erst durch die weitere Entwickelung der Gesetzgebung sich vollständig heben lassen werden, gleichwohl aber es wünschenswerth ist, so viel wie möglich dafür zu sorgen, daß dergleichen Contravenienten nicht straflos

*) Bd. 3. pag. 558.

**) Bd. 3. pag. 394.

bleiben, so wollen Ew. Hochwohlgeboren die Königlichen Regierungen der Rheinprovinz gefälligst anweisen, durch die Landräthe Erkundigung einzuziehen, ob auch die Forst-Eigenthümer für die Vollstreckung der Strafen sorgen, und eventuell von der ihnen durch die Königliche Cabinets-Ordre vom 28. April v. J. *) beigelegten Befugniß Gebrauch machen; übrigens mögen Sie auch dafür Sorge tragen, daß, wenn die beschädigten Wald-Eigenthümer den Sträflingen nicht Strafarbeit anzuweisen vermögten, den letzteren so viel als möglich öffentliche Arbeiten zugetheilt werden.

Berlin, den 17. Januar 1835.

Der Minister des Innern und der Polizei
v. Rochow.

An
den Königl. Ober-Präsidenten rc.
Hrn. v. Bodelschwingh Hochwohlgeboren zu Coblenz.

1325.

Unzulässigkeit des gerichtlichen Verfahrens gegen die von den Regierungen verhängten und beigetriebenen Ordnungsstrafen.

Rheinprov. No. 40.

Das von Ew. Hochwohlgeboren mittelst Berichts vom 27. December v. J. eingereichte Erkenntniß, welches von dem Königl. Landgerichte zu C. unterm 25. August v. J. in Oppositionssachen des Schatzmeisters der katholischen Kirchenfabrik zu K. gegen die Königliche Regierung zu C. und den Steuerempfänger L. daselbst auf den, von der Königl. Regierung erhobenen Competenz-Conflict erlassen worden ist, hat mich veranlaßt, mit dem Herrn Minister der geistlichen, Unterrichts- und Medicinal-Angelegenheiten zu communiciren. Derselbe ist mit mir darin einverstanden, daß ein gerichtliches Verfahren gegen die, von der Königl. Regierung zu C. wider den rc. S. verhängte und mittelst Execution beigetriebene Ordnungsstrafe nicht zulässig ist, weil nach dem Competenz-Reglement vom 20. Juli 1818 §. 18. und 19. **) die Regierungen zum Erlaß und zur Execution von Strafbefehlen befugt sind, in Fällen aber, wo den Regierungen die Execution vorbehalten ist, dem beschwerten Theile der Recurs an die Gerichte nicht gestattet ist.

---

*) Bd. 4. pag. 63.
**) Bd. 1. pag. 504.

Ew. Hochwohlgeboren veranlasse ich daher hierdurch, hiervon das Königl. Landgericht zu C. durch den dortigen Königl. Ober-Procurator in Kenntniß zu setzen, damit das gerichtliche Verfahren eingestellt werde.

Berlin, den 17. Februar 1835.

An den Königl. General-Procurator Herrn Biergans zu Cöln.

Der Justiz-Minister v. Kamptz.

E. 555.

1326.

Einwand der Verjährung oder Unvollständigkeit der Bescheinigungen begründen nicht die Zurückweisung der Gesuche um Zulassung zum Armen-Recht.

Gen. 115.

a.

Extract rc.

In dem vorliegenden Fall beruht es auf gerichtlicher Verhandlung, daß der N. von seinem ehemaligen Vormunde einen Rechnungs-Rückstand von 608 Rthlr. 36 Stüber zu fordern hat; das Königl. Landgericht hat demselben das Armenrecht abgeschlagen, weil

1. aus dem vom Supplikanten beigebrachten Armuthsatteste nicht der Betrag der Steuern ganz vollständig zu ersehen und Supplikant die vorschriftsmäßige Versicherung, in andern Gemeinden kein Grundvermögen zu besitzen, nicht abgegeben habe, und
2. seit der, am 20. September 1822 eingetretenen Volljährigkeit des Supplikanten die, Art. 475. des bürgerlichen Gesetzbuchs bestimmte zehnjährige Verjährungsfrist bereits am 13. Juni 1833, als derselbe sein Armenrechts-Gesuch eingereicht, abgelaufen sei.

Beide Gründe sind aber ganz ungenügend, das Verfahren des Königl. Landgerichts zu rechtfertigen. Denn so viel

ad 1. den ersten Grund betrifft, so gehört es ad nobile officium judicis, die Parteien, welche Bescheinigungen beizubringen haben, auf dasjenige aufmerksam zu machen, was an der Vollständigkeit der bisher beigebrachten Bescheinigung fehlt und an letzterer annoch zu ergänzen ist; dem Gericht steht also die Befugniß nicht zu, eine Armen-Partei wegen etwaniger Unvollständigkeit ihrer Bescheinigung mit der letzteren abzuweisen. Was aber

ad 2. den zweiten Grund betrifft, so kann derselbe das Verfahren des Königl. Landgerichts noch weit weniger rechtfertigen, da die Verjährung in facto ungegründet, in jure aber außerhalb der Competenz des Gerichtshofes lag. Es hat nämlich der Kläger nach Ausweis des Protokolls des Friedensgerichts zu H. vom 5. September 1832 auf die Erstattung des residii bereits damals, mithin vor Ablauf der Verjährungsfrist, gerichtlich geklagt und dadurch den Lauf der Verjährung unterbrochen. Wenn dies aber auch nicht wäre und die Verjährung wirklich stattfände, so schreibt doch der Artikel 2223. des bürgerlichen Gesetzbuchs auf das Bestimmteste vor, daß der Richter den Einwand der Verjährung niemals von Amtswegen beachten und ergänzen soll, und dies wohl am wenigsten in limine judicii geschehen darf, wo die Lage der Sache und die aus derselben sich füglich ergebenden mannigfaltigen Repliken zur Entkräftung der Einrede der Verjährung gar nicht übersehen werden können. Die aus dem Vortrage der, das Armenrecht suchenden, Partei anscheinend sich ergebende Verjährung darf daher dem Gericht niemals einen Grund zur Versagung des Armenrechts gewähren, sondern muß der Gegenpartei die Wahrnehmung der ihr daraus zustehenden Einreden überlassen bleiben.

Ich sehe mich zu dieser Eröffnung um so mehr veranlaßt, als nach Sr. Königlichen Majestät Allerhöchsten Intention und nach der Gerechtigkeit selbst den Armen die Justiz eben so gut wie den Reichen administrirt, und daher den erstern, wenn gleich der Mißbrauch des Armenrechts beschränkt ist, der Weg Rechtens schlechterdings nicht durch leichte und ungenügende Behandlung ihres Gesuchs um dasselbe weder überhaupt, noch am wenigsten durch Einreden, die überall nicht zu des Richters Berücksichtigung stehen, erschwert werden darf.

Das Armenrecht ist eine aus der deutschen und insonderheit aus der preußischen Justizverfassung in die rheinländische übertragene Einrichtung, die, insofern nicht Modifikationen ausdrücklich angeordnet sind, nach der ersteren beurtheilt werden muß.

Hiernach haben Ew. Hochwohlgeboren den Supplikanten unter Rückgabe der hierbei angeschlossenen Anlagen seiner Vorstellung über dasjenige, was er noch formaliter beizubringen hat, zu bescheiden und ihm zu eröffnen, daß es ihm überlassen bleibe, entweder das Gesuch um das Armenrecht bei dem Königlichen Landgericht zu vervollständigen, oder sich sofort an den höheren Richter zu wenden.

Dem Königl. Landgerichte haben Ew. Hochwohlgeboren diese Resolution mitzutheilen.

Berlin, den 20. Februar 1835.

An den Königl. Ober-Procurator zu N.

Der Justiz-Minister
v. Kamptz.

K. 498.

b.

Abschrift der vorstehenden Verfügung an den Herrn General-Procurator Biergans mit dem Anheimstellen, sie den übrigen Ober-Procuratoren mit dem Auftrage mitzutheilen, sie zur Kenntniß der Königlichen Landgerichte zu bringen.

Berlin, den 20. Februar 1835.

Der Justiz-Minister
v. Kamptz.

An
den Königl. General-Procurator
Herrn Biergans zu Cöln.
K. 498.

1327.

Verzichtleistung auf Bestrafung in Injurien-Sachen bei nicht schweren körperlichen Verletzungen.

Crim. 52.

a.

Ew. Hochwohlgeboren haben in dem Berichte vom 3. d. M. mehrere Bedenken zur Sprache gebracht, zu welchen die Allerhöchste Cabinets-Ordre vom 20. Dezember v. J. *), betreffend die Verzichtleistung auf Bestrafung in Injuriensachen, in der Rheinprovinz Veranlassung giebt.

Die vorgetragenen Zweifel erledigen sich jedoch dadurch, daß die Allerhöchste Cabinets-Ordre vom 20. Dezember v. J. die Vorschriften des §. 227. des Anhangs zur Allgemeinen Gerichtsordnung und der Allerhöchsten Cabinets-Ordre vom 28. August 1833 **) erweitert hat, folglich aus der altländischen Gesetzgebung zu interpretiren ist.

Was die einzelnen Bedenken betrifft, so muß

1. die Frage: was schwere körperliche Verletzung sei? aus dem Tit. 20. Thl. II. des Allgemeinen Landrechts beantwortet und erklärt werden. Jede Injurie, also auch die durch Mißhandlung zugefügte, läßt die Verzichtleistung zu, wenn nur dabei keine schwere körperliche Verletzung vorgefallen ist. Ob eine Mißhandlung zugleich Injurie sei, muß in jedem einzelnen Falle aus den Umständen beurtheilt werden.

2. Die Allerhöchste Cabinets-Ordre vom 20. Dezember v. J. ist auf alle Injurien anwendbar, mögen sie nur ver-

---

*) Band 4. pag. 204.
**) Band 4. pag. 172.

mittelst einer Privatklage, oder auch von Amts wegen gerügt werden können. Durch die Cabinets-Ordre ist also keinesweges die amtliche Verfolgung der Injurien, so weit diese nach der bisherigen Gesetzgebung statthaft gewesen, aufgehoben; noch weniger aber ist durch dieselbe in den Befugnissen des Beleidigten, Rechtsmittel gegen das ergangene Erkenntniß zu ergreifen, irgend etwas geändert, indem die Cabinets-Ordre darüber durchaus nichts disponirt.

Hinsichtlich der von Amtswegen zu verfolgenden Injurien wird jedoch an die, durch das Rescript vom 18. November 1825 genehmigte Instruction vom 31. Dezember desselben Jahres (Lottners Sammlung Th. II. S. 628) erinnert, nach welcher Injurien nur mit besonderer Beachtung der vorliegenden Umstände von Amts wegen gerügt werden sollen.

3. Die Allerhöchste Cabinets-Ordre ist auf alle Injurien anwendbar, welche das Allgemeine Landrecht als Injurien charakterisirt. In sofern daher unter den, in den Art. 367 und 373 des rheinischen Straf-Gesetzbuchs angegebenen Verläumdungen solche sind, die das Allgemeine Landrecht zu den Injurien rechnet, ist auch auf sie die Cabinets-Ordre anzuwenden.

4. In gleicher Art verhält es sich mit den Drohungen, von welchen Art. 305—308 des rheinischen Straf-Gesetzbuchs handeln.

5. Die Frage: wie es mit den anhängigen, bisher von Amts wegen geführten Untersuchungen wegen Injurien zu halten, wenn diese Vergehen nach der Allerhöchsten Cabinets-Ordre nicht mehr amtlich zu verfolgen seien? — erledigt sich durch die Bescheidung zu 2., wonach die amtliche Verfolgung, wie bis jetzt, so auch fernerhin statthaft ist.

6. Die Allerhöchste Cabinets-Ordre macht keinen Unterschied zwischen den, bei ihrer Publikation bereits anhängigen Injuriensachen und den später anhängig gemachten, und ist daher auf beiderlei Injuriensachen anzuwenden. Ist noch kein Erkenntniß ergangen, so muß der Verzichtleistende die bisherigen Kosten des Verfahrens tragen, worauf er daher bei seiner Verzichtleistung aufmerksam zu machen ist.

Ist schon ein Erkenntniß ergangen, so muß derjenige die Kosten tragen, dem sie durch dasselbe auferlegt worden, wie dies schon durch die Allerhöchste Cabinets-Ordre vom 28. August 1833 vorgeschrieben ist.

Auf diejenigen Injurien, welche mittelst Privatklage zur gerichtlichen Verhandlung gebracht worden, findet auch in Ansehung der Kosten alles Anwendung, was bei anderen Civilklagen Rechtens ist.

Ew. Hochwohlgeboren haben die Gerichte von dieser Verfügung in Kenntniß zu setzen.

Berlin, den 20. Februar 1835.

Der Justiz-Minister
v. Kamptz.

An
den Königlichen Ober-Procurator
Herrn v. Collenbach zu Cöln.
E. 564. 634. 639.

b.

Ew. Hochwohlgeboren erhalten anliegend Abschrift einer an den Königlichen Ober-Procurator zu Cöln heute erlassenen Verfügung wegen der Verzichtleistung auf Bestrafung in Injuriensachen, mit der Aufforderung, den Königlichen Appellationsgerichtshof hiervon in Kenntniß zu setzen.

Sämmtliche Königliche Ober-Procuratoren haben bereits Abschrift der Verfügung erhalten, um die Gerichte ihrer Sprengel davon in Kenntniß zu setzen.

Berlin, den 20. Februar 1835.

Der Justiz-Minister
v. Kamptz.

An
den Königlichen General-Procurator
Herrn Biergans zu Cöln.
E. 564. 634. 639.

1328.

Denuncianten-Antheil bei Chaussee- und Wege-Polizei-Contraventionen im Bergischen.

(Cölner Amtsblatt pag. 89.)

Auf Ihren Bericht vom 29. v. M. will Ich nach Ihrem Antrage die im §. 6. der Verordnung des ehemaligen Berg'schen General-Gouvernements vom 1. April 1814 *) enthaltene Bestimmung, nach welcher in Chaussee- und Wege-Polizei-Contraventionen jeder Denunciant den dritten Theil der Geldstrafe zu erhalten hat, für das ehemalige Großherzogthum Berg hierdurch aufheben, so daß zum Anspruche auf den Empfang eines Denuncianten-Antheils nur diejenigen Beamten berechtigt sein sollen, die in Meinen Erlassen vom 31. August 1812 und 28. Februar 1833 benannt sind. Sie haben diese

*) Band 1. pag. 55.

Bestimmung durch die betreffenden Amtsblätter bekannt zu machen.

Berlin, den 21. Febr. 1835.

Friedrich Wilhelm.

An
den Wirklichen Geheimen Rath Rother.

1329.

Anwendung sämmtlicher im westrheinischen Theile der Rheinprovinz geltenden Gesetze im ehemaligen Fürstenthum Lichtenberg.

Lit. L. No. 6.

Ew. Wohlgeboren eröffne ich auf den Bericht vom 30. v. M., die Auslegung des zur Ausführung der Allerhöchsten Cabinets-Ordre vom 24. Dezember v. J. unterm 30. desselben Monat erlassenen Regulativs *) betreffend, daß allerdings, außer der im ganzen westrheinischen Theile der Königlichen Rheinprovinz als gemeines Recht geltenden französischen Gesetzgebung, sämmtliche, seit der Vereinigung der Rheinprovinz mit der Preußischen Monarchie entweder für den ganzen Umfang derselben, oder für die Rheinprovinz insbesondere erlassenen Gesetze, Verordnungen und Vorschriften, so wie sie aus der Gesetzsammlung und der Lottnerschen Sammlung zu ersehen sind, auch in dem vormaligen Fürstenthum Lichtenberg zur Anwendung kommen sollen. Die Bestimmungen des Regulativs in §. 2. bis 5. sind um so weniger auf das Verfahren in einzelnen Sachen und die Bestrafung einzelner Verbrechen zu beschränken, als in der Allerhöchsten Cabinets-Ordre vom 24. Dezember v. J. ganz allgemein verordnet worden ist, daß die Lichtenbergschen Sachen nach den für den Revisions- und Appellationsgerichtshof geltenden Vorschriften behandelt werden sollen, woraus von selbst folgt, daß sämmtliche für den westrheinischen Theil der Königlichen Rheinprovinz geltenden Gesetze, mögen sie das Verfahren vor Gericht oder das materielle Recht betreffen, auch in dem vormaligen Fürstenthum Lichtenberg ohne alle Einschränkung eingeführt worden sind, und daß darin nur allein die unter der Herzoglich Sächsischen Souverainität erlassenen Gesetze eine Ausnahme machen.

Was die Competenz-Verhältnisse der Gerichte betrifft, so hat es bei denselben bis zur definitiven Organisation der Gerichtsbehörden insoweit sein Bewenden, als nicht in dem Re-

---

*) Band 4. pag. 213.

gulativ vom 30. Dezember v. J. und der Verfügung vom 3. d. M. *) ausdrücklich etwas anderes bestimmt worden ist. Hierbei versteht es sich indessen von selbst, daß in allen Sachen und bei allen Gerichten, ohne Ausnahme, dasjenige Verfahren statt finden muß, welches in gleichem Falle nach den oben erwähnten Gesetzen in dem westrheinischen Theile der Königlichen Rheinprovinz vorgeschrieben ist.

Hiernach haben Sie zu verfahren und auf die ergangenen Anfragen die Fragesteller zu bescheiden.

Berlin, den 22. Februar 1835.

Der Justiz-Minister
v. Kamptz.

An
den einstweiligen Dirigenten des Königl. Landgerichts Hrn. Göbel und den Königl. Staats-Procurator Hrn. Diefenhardt in St. Wendel.

E. 505.

1330.

Ob Gewerbetreibende für die von ihren Angehörigen begangenen Contraventionen gegen das Gewerbesteuer-Gesetz und das Hausir-Regulativ subsidiarisch verhaftet sind.

Gen. 134.

a.

In dem nebst den Akten beifolgenden Urtheile des Königlichen Revisionshofes vom 27. September v. J. ist der Schlächter M. für die von seiner Tochter gegen das Gewerbesteuer-Gesetz vom 30. Mai 1820 und gegen das Hausir-Regulativ vom 28. April 1824 begangenen Contravention verantwortlich erklärt, und deshalb verurtheilt worden, für die gegen die Tochter festgesetzte Steuer- und Geldstrafe von 48 Rthlr. subsidiarisch zu haften. Die subsidiarische Verpflichtung des Vaters wird daraus gefolgert, daß das specielle Gesetz, welches auf die Ausübung des Schlächter-Gewerbes Anwendung findet, das Gesetz vom 30. Mai 1820 wegen der Mahl- und Schlachtsteuer sei, daß dieses letztere Gesetz durch Verweisung im §. 17. lit. b. auf den §. 83. der Steuerordnung vom 8. Februar 1819 die subsidiarische Verhaftung der Gewerbetreibenden für ihre

*) Band 5. pag. 60.

Angehörigen ausspreche, und daß bei dem Vorhandensein einer solchen besondern, die Ausübung des Schlächtergewerbes betreffenden Gesetzes so wenig auf das allgemeine Gesetz wegen Entrichtung der Gewerbesteuer als auf das Hausir-Regulativ zurückgegangen werden könne. Diese Entscheidung ist jedoch den bestehenden Gesetzen nicht gemäß. Das Gesetz vom 30. Mai 1820 wegen der Mahl- und Schlachtsteuer enthält nur Vorschriften über die indirekte Steuer, welche in den einzelnen Fällen des Schlachtens und Mahlens, so wie von einzuführenden Schlacht- und Mahlwaaren zu entrichten ist. Von einem Vergehen gegen dieses Gesetz ist im vorliegenden Falle nicht die Rede, sondern von einem Gewerbesteuer-Vergehen, nämlich vom unbefugten Handel im Umherziehen mit Fleisch, wodurch das Gewerbesteuer-Gesetz vom 30. Mai 1820 und das Hausir-Regulativ vom 28. April 1824 verletzt ist. In diesen Gesetzen ist die subsidiarische Verpflichtung des Gewerbtreibenden für Vergehen seiner Angehörigen nicht vorgeschrieben und auf die §§. 293. und 294. des Allgemeinen Landrechts Thl. II. Tit. 20. kann nicht zurückgegangen werden, weil sie, wie der Zusammenhang ergiebt, sich nur auf Accise- und Zollverbrechen beziehen. In Uebereinstimmung mit dem Königlichen Finanz-Ministerium habe ich mich deshalb veranlaßt gesehen, über die Niederschlagung der gegen den Schlächter M. erkannten Strafe an des Königs Majestät Bericht zu erstatten, und Allerhöchstdieselben haben durch die abschriftlich beifolgende Allerhöchste Cabinets-Ordre vom 20. d. M. den 2c. M. von der gegen ihn ausgesprochenen subsidiarischen Verpflichtung entbunden, und zugleich auf die beifolgende Bittschrift der E. M. die wider dieselbe erkannte Strafe auf 10 Rthlr. oder vierzehntägiges Gefängniß zu ermäßigen geruhet. Hiernach ist das Weitere zu veranlassen und sowohl die Supplikantin, als deren Vater von der Allerhöchsten Entscheidung zu benachrichtigen.

Zugleich veranlasse ich Ew. Hochwohlgeboren, von den in dieser Verfügung ausgesprochenen Grundsätzen sämmtliche Ober-Procuratoren in Kenntniß zu setzen und zur Befolgung derselben anzuweisen.

Berlin, den 25. Februar 1835.

An den Königlichen General-Procurator Herrn Biergans zu Cöln.

Der Justiz-Minister v. Kamptz.

F. 487.

b.

Ew. Hochwohlgeboren erhalten beigehend eine Abschrift der, in der Untersuchungssache gegen den Schlächter M. an den Königl. General-Procurator zu Cöln erlassenen Verfügung vom heutigen Tage zur gleichmäßigen Nachachtung, mit der Anweisung, diese Verfügung zur Kenntniß des Königl. Revisions- und Cassationshofes zu bringen.

Berlin, den 25. Februar 1835.

Der Justiz-Minister
v. Kamptz.

An
den Königlichen General-Procurator
Herrn Eichhorn hier.
F. 487.

c.

Der ꝛc. ꝛc. erhält beigehend ꝛc. (wie vorstehend, bis: zur gleimäßigen Nachachtung)

Berlin, den 25. Februar 1835.

Der Justiz-Minister
v. Kamptz.

An
den Königlichen Justiz-Senat
zu Coblenz.
F. 487.

1331.

Kann der Verkäufer auf die Inscription der rückständigen Kaufgelder verzichten?

Gen. 1. Vol. II.

Der Bericht des General-Procurators Biergans vom 18. Oktober v. J., auf welchen sich der, unterm 17. d. M. von Ew. Excellenz mir gefälligst mitgetheilte und wieder beigefügte Bericht des Provinzial-Steuer-Directors zu Cöln vom 1. d. M. beziehet, enthält die Ansicht, daß der Verkäufer eines Grundstücks die Inscription des rückständigen Kaufgeldes nur dann hindern oder wieder aufheben könne, wenn er auf das, ihm wegen des rückständigen Kaufgeldes zustehende Privilegium selbst verzichtet, und damit habe ich mich in dem ergebensten Schreiben vom 7. November v. J. einverstanden erklärt.

Bei der Frage:

ob der Verkäufer auf die Inscription der rückständigen Kaufgelder verzichten könne?

ist die Einrichtung der französischen Hypothekenbücher wohl zu beachten. Danach giebt es Transscriptions-Register und Inscriptions-Register, erstere der Rubrica I., letztere dagegen der Rubr. II. und III. unseres altländischen Hypothekenbuchs vergleichbar. In die Transscriptions-Register werden die Contrakte eingetragen, welche eine Uebertragung des Grund-Eigenthums enthalten, in die Inscriptions-Register hingegen die Belastungen des Grund-Eigenthums. Der Art. 2103. des Civil-Gesetzbuchs giebt nun dem Verkäufer wegen des rückständigen Kaufgeldes auf das verkaufte Grundstück ein Privilegium, und der Art. 2108. bestimmt, daß der Verkäufer dieses Privilegium conservirt durch die Transscription des Kaufcontraktes, welche Transscription für ihn statt der Inscription dient, oder mit anderen Worten, welche Transscription so angesehen wird, als sei die, aus dem Kaufcontrakte hervorgehende, Forderung des rückständigen Kaufgeldes in das Inscriptions-Register eingetragen. Damit jedoch dritte Personen, welche sich mit dem neuen Ankäufer in Verträge einlassen, durch welche sie Ansprüche an das Grundstück erlangen, und welche, um die Belastungen dieses Grundstücks kennen zu lernen, sich nur einen Auszug aus dem Inscriptions-Register geben zu lassen brauchen, durch das, in dem Transscriptionsregister eingetragene, Privilegium des Verkäufers nicht gefährdet werden, ist den Hypothekenbewahrern durch den Art. 2108. zugleich vorgeschrieben, daß sie von Amtswegen jenes, in das Transscriptions-Register eingetragene und dadurch allein schon dem Verkäufer gesicherte Privilegium auch in das Inscriptions-Register eintragen sollen. Es ergiebt sich hieraus, daß die Eintragung des Privilegiums in das Transscriptions-Register zum Vortheile des Verkäufers, die Eintragung des Privilegiums in das Inscriptions-Register aber lediglich zum Vortheile dritter Personen geschieht. Daraus folgt, daß der Verkäufer auf die Eintragung in das Inscriptions-Register allein nicht verzichten kann, weil diese Inscription überhaupt nicht für ihn oder zu seinen Gunsten, sondern zum Vortheile der Gläubiger geschieht, die Verzichtleistung des Verkäufers also lediglich zum Nachtheile dritter Personen gereichen würde, indem dann der Verkäufer noch immer sein Privilegium, welches durch die Eintragung in das Transscriptions-Register ihm gesichert ist, zum Nachtheile Dritter würde ausüben können; es folgt ferner daraus, daß der Verkäufer auf die Eintragung seines Privilegiums in das Transscriptions-Register ebenfalls nicht verzichten, und dadurch die Eintragung desselben in das Inscriptions-Register hindern kann, weil die Uebertragung des Veräußerungs-Contrakts in das Transscriptions-Register allein schon das Privilegium conservirt, so lange das Privilegium aber besteht, dasselbe auch von Amts wegen in das Inscriptions-Register zur Belehrung der dritten Personen eingetragen werden muß; aus beiden Folgerungen ergiebt sich aber der Schluß, daß das Privilegium des Verkäufers in das Inscriptions-Register eingetragen werden muß, wenn nicht der Verkäufer auf das Privilegium selbst verzichtet, und daß eine Löschung des bereits eingetragenen Privilegiums nur dann erfolgen darf, wenn der Verkäufer auf das Privilegium selbst Verzicht leistet und auf den Grund dieser Verzichtleistung die Löschung bewilligt.

Wohl zu beachten ist übrigens hierbei noch, daß, wenn ein Darleiher des Geldes, welches der Ankäufer bezahlt hat, vorhanden ist, auch dieser in die Verzichtleistung des Privilegiums willigen muß, weil dieser Darleiher nach Art. 2108. gleiche Rechte mit dem Verkäufer hat.

Ew. Excellenz stelle ich hiernach die Bescheidung des Provinzial-Steuer-Directors zu Cöln ganz ergebenst anheim.

Berlin, den 27. Februar 1835.

An
des Königl. Wirklichen Geheimen Raths
und Chefs des Finanz-Ministeriums
Herrn Grafen v. Alvensleben
Excellenz.

Der Justiz-Minister
v. Kamptz.

E. 592.

cf. Cölner Amtsblatt pag. 226.

1332.

Die von der Königl. Belgischen Regierung gestattete Portofreiheit für die in Belgien zu insinuirenden gerichtlichen Akte betreffend.

Gen. No. 4.

a.

Nach dem abschriftlich anliegenden Schreiben des Königlichen Ministeriums der auswärtigen Angelegenheiten vom 26. d. M. ist der Correspondenz der Königlichen Gesandtschaft zu Brüssel mit den rheinischen Gerichts-Behörden in Betreff der in Belgien zu insinuirenden gerichtlichen Akte von Seiten der Belgischen Regierung die Portofreiheit unter der Bedingung zugestanden worden,

daß dergleichen Sendungen ausdrücklich mit der Bezeichnung „insinuations judiciaires" und der Signatur derjenigen Behörde versehen sein müssen, von welcher die Ausfertigung ausgeht.

Ew. Hochwohlgeboren veranlasse ich daher, mit Bezug auf die Verfügung vom 31. Januar 1834 *), bei Absendung von In-

*) Band 4. pag. 14.

sinuations=Akten an die Königliche Gesandtschaft zu Brüssel diese Förmlichkeit sowohl selbst zu beachten, als auch die Königlichen Ober=Procuratoren zu deren genauen Beobachtung anzuweisen.

Berlin, den 27. Februar 1835.

Der Justiz=Minister
v. Kamptz.

An
den Königl. General=Procurator
Herrn Biergans zu Cöln.
E. 713.

b.

Gleichlautend, nur ist statt des Schlußsatzes zu setzen:

Den Königlichen Justiz=Senat veranlasse ich daher, mit Bezug auf die Verfügung vom 31. Januar 1835, bei Absendung von Insinuations=Akten an die Königliche Gesandtschaft zu Brüssel diese Förmlichkeit künftig zu beachten.

Berlin, den 27. Februar 1835.

Der Justiz=Minister
v. Kamptz.

An
den Königlichen Justiz=Senat
zu Coblenz.
E. 713.

1333.

Competenz der Civilgerichte bei den von Landwehrmännern während der Uebungszeit begangenen gemeinen Verbrechen.

Gen. 51.

a.

Ew. Hochwohlgeboren empfangen anbei die Untersuchungs=Akten wider den Kaufmann T. zu M. und den K. zu L. nebst der Entscheidung des Königlichen Revisions= und Cassationshofes über das Cassationsgesuch des öffentlichen Ministeriums am Landgerichte zu Coblenz zur weiteren Veranlassung.

Zugleich erhalten Ew. Hochwohlgeboren beigehend Abschrift des unterm 12. November 1829 an den Criminal=Senat des Königlichen Ober=Landesgerichts zu Breslau erlassenen Rescripts, betreffend die Competenz der Civilgerichte bei den von Landwehrmännern während der Uebungszeit begangenen ge=

meinen Verbrechen, um nach den darin ausgesprochenen Grundsätzen, mit welchen der Herr Kriegs-Minister sich einverstanden erklärt hat, künftig zu verfahren, und diese Verfügung zur Kenntniß sämmtlicher Landgerichte und Ober-Procuratoren zu bringen.

Berlin, den 28. Februar 1835.

Der Justiz-Minister
v. Kamptz.

An
den Königlichen General-Procurator
Herrn Biergans zu Cöln.
F. 472.

b.

In der Untersuchungssache wider die Tagearbeiter R. und Const., in welcher zufolge des abschriftlich beiliegenden Schreibens des Königl. General-Auditoriats vom 3. hujus zwischen dem Königl. Ober-Landesgericht in Bezug auf die Frage:

ob die Untersuchung wider rc. W. vor das Militair-Gericht oder das Civil-Gericht gehöre?

eine Verschiedenheit der Ansichten statt findet, muß sich der Justiz-Minister für das Forum des Civil-Gerichts erklären.

Wenn schon überhaupt die Vorschriften wegen des Militair-Fori der beurlaubten Landwehrmänner eher einschränkend als ausdehnend zu erklären sind, so kann es keinem Bedenken unterworfen seyn, daß nach der Instruction vom 10. Dezember 1816 litt. a. und der Circular-Verfügung vom 2. August 1824 No. II. 2. a. *) die Untersuchung der, von einem Landwehrmann während der Uebungszeit begangenen gemeinen Verbrechen nur in sofern vor die Militairgerichte gehört, als das Verbrechen während der Uebungszeit nicht blos begangen, sondern auch entdeckt, und die Untersuchung deshalb gegen den Landwehrmann eingeleitet worden. Der W. ist nun zwar unmittelbar nach dem, an dem Hutmacher K. begangenen, Raube von dem Militairgerichte eingezogen, zur Eröffnung einer Untersuchung ist aber der vorhandene Verdacht nicht hinreichend befunden worden, und es ist dessen Entlassung erfolgt. Jetzt, nachdem der einzige Grund, aus welchem die Untersuchung durch die gesetzlichen Bestimmungen an das Militair-Gericht verwiesen worden, nämlich: daß sich der Inculpat im wirklichen Dienst befunden, aufgehört hat, tritt der Civil-Gerichtsstand als Regel wieder ein. Aber auch wenn angenommen werden könnte, daß früher die Untersuchung wider den rc. W. von dem Militairgericht schon eingeleitet gewesen sei, und es nur auf deren Fortsetzung ankomme, würde der Militairbehörde

*) Band 2. pag. 513.

die Befugniß zustehen, auf die Fortsetzung der Untersuchung wegen dieses gemeinen Verbrechens Verzicht zu leisten, und solche dem Civilgericht zu überlassen.

Der Criminal-Senat des Königlichen Ober-Landesgerichts hat sich daher der Abfassung des Erkenntnisses wider den ꝛc. W. zu unterziehen.

Berlin, den 12. November 1829.

Der Justiz-Minister

An
den Criminal-Senat des Königlichen
Ober-Landesgerichts zu Breslau.
C. 5822.

1334.

Befugniß des General-Procurators und der Ober-Procuratoren zur Anweisung der Kosten der Reparaturen an den Gerichts-Lokalien unter 20 Rthl.

Localien No. 6.

Mit Bezug auf das, die Kosten der Reparaturen an den Gerichts-Lokalien betreffende Rescript vom 20. September 1833 *) wird Ew. Hochwohlgeboren hierdurch eröffnet, daß die in dieser Verfügung bezeichneten geringeren Reparaturen — mit Ausnahme der durch die bloße Instandhaltung der Thüren, Fenster, Oefen ꝛc. verursachten, auch ferner aus dem Kanzleikostenfonds des betreffenden Gerichts zu entnehmenden Kosten, — aus dem, auf den Justiz-Verwaltungs-Etats der Regierungen stehenden Fonds zu kleinen Ausgaben der Gerichte, nicht aber, wie in dem angeführten Rescripte bestimmt worden, aus dem Kanzleikostenfonds zu bestreiten sind. Die desfallsigen Kosten können auf den Grund gehörig justificirter Liquidationen von Ew. Hochwohlgeboren und von den Ober-Procuratoren, insofern solche den Betrag von 20 Rthlr. nicht übersteigen, ohne Anfrage bei dem Justiz-Ministerium auf die gedachten Fonds zur Zahlung angewiesen werden; es wird aber erwartet, daß die Nothwendigkeit der vorzunehmenden Reparaturen sorgfältig geprüft und bei deren Ausführung eine strenge Oekonomie beobachtet werde, damit keine Ueberschreitung der gedachten Fonds entstehe.

Ew. Hochwohlgeboren werden veranlaßt, hiervon die Ober-Procuratoren zur Nachachtung in Kenntniß zu setzen und zu-

*) Sammlung Band 3. pag. 670.

gleich dem dortigen Ober-Procurator bemerklich zu machen, daß die in dem von ihm, in Gemeinschaft mit dem dortigen Landgerichts-Präsidenten erstatteten, urschriftlich beiliegenden Berichte vom 21. v. M. enthaltene Anfrage wegen der Kosten der Dachreparatur an dem Friedensgerichts-Local zu Königswinter hierdurch ihre Erledigung erhalte.

Berlin, den 5. März 1835.

An den Königlichen General-Procurator Herrn Geheimen Ober-Justizrath Biergans, Hochwohlgeboren, zu Cöln.

Der Justiz-Minister v. Kamptz.

E. 765.

1335.

Die Gerichtsschreiber und Gerichtsvollzieher müssen über die von ihnen abgehaltenen Versteigerungen Repertorien führen.

Gen. 65.

In dem, nebst Anlage abschriftlich mitfolgenden Schreiben vom 28. v. M. trägt der Herr Chef des Königlichen Finanz-Ministeriums darauf an, die Anordnung, durch welche die Gerichtsschreiber und Gerichtsvollzieher von der Verpflichtung entbunden worden, die Verhandlungen über die von ihnen abgehaltenen Versteigerungen aufzubewahren, zurückzunehmen, eventuell die genannten Beamten anzuweisen, über die Versteigerungen ein Repertorium zu führen.

Die Anordnung, wonach die Gerichtsschreiber und Gerichtsvollzieher die Verhandlungen über öffentliche Versteigerungen den Interessenten auf Erfordern zu verabfolgen haben, wird zwar aus den, in der Verfügung vom 22. Februar 1833 *) angeführten Gründen bis zur Emanirung einer anderweitigen gesetzlichen Bestimmung beibehalten werden müssen; dagegen finde ich es unbedenklich, daß den gedachten Beamten zur Pflicht gemacht werde, über die von ihnen abgehaltenen Versteigerungen ein eigenes Register zu führen und dieses den Stempelfiskalen auf Verlangen zur Einsicht vorzulegen. Die Gerichtsschreiber und Gerichtsvollzieher sind demnach zur Haltung eines solchen Registers anzuweisen, in welches sie nach der Zeitfolge und nach fortlaufenden Nummern eine jede Versteigerung, die Zeit, zu welcher sie statt gefunden, den Namen und Wohnort des Extrahenten, den Gegenstand,

*) Sammlung Band 3. pag. 585.

den Gesammtbetrag des Erlöses und den Betrag des zu den Verhandlungen verbrauchten Stempels einzutragen haben. Unrichtigkeiten bei Führung dieses Registers sind nach Bewandniß der Umstände im Wege der Disciplin oder der gerichtlichen Untersuchung zu rügen.

Ew. Hochwohlgeboren wollen zur Ausführung dieser Maaßregel das Weitere durch die Königlichen Ober-Procuratoren veranlassen.

Berlin, den 6. März 1835.

An den Königlichen General-Procurator Herrn Biergans zu Cöln.

Der Justiz-Minister v. Kamptz.

E. 743.

cf. Cölner Amtsblatt pag. 97.

1336.

Verfahren bei Requisitionen wegen Abnahme eines Eides von Seiten eines, in Frankreich oder in einem andern fremden Lande, wo das französische bürgerliche Gesetzbuch im Gebrauch ist, befindlichen Individuums.

Gen. 116.

a.

Das Königl. Ministerium der auswärtigen Angelegenheiten hat den Wunsch zu erkennen gegeben, daß in den Fällen, in welchen seine Vermittlung in Anspruch genommen wird, um die Ableistung eines Eides von Seiten eines, in Frankreich oder in einem andern fremden Lande, wo das französische bürgerliche Gesetzbuch im Gebrauche ist, befindlichen Individuums zu erlangen, zur schleunigern Förderung der Sachen eine französische Uebersetzung der, den jenseitigen Gerichtsbehörden mitzutheilenden Schriftstücke eingereicht werden möge.

Ew. Hochwohlgeboren wollen daher veranlassen, daß den zu jenem Zwecke an das genannte Ministerium gerichteten Anträgen die Urtheile, welche die Eidesleistung verordnen, künftig in einer beglaubten französischen Uebersetzung beigefügt werden.

Berlin, den 7. März 1835.

An den Königlichen General-Procurator Herrn Biergans zu Cöln.

Der Justiz-Minister v. Kamptz.

D. 92.

b.

Zufolge einer Mittheilung des Königlichen Ministeriums der auswärtigen Angelegenheiten ist in neuerer Zeit öfters die Vermittelung desselben von den diesseitigen Gerichts-Behörden in Anspruch genommen worden, um die Ableistung eines Eides von Seiten eines in Frankreich oder in einem anderen fremden Lande, wo das französische bürgerliche Gesetzbuch im Gebrauche ist, befindlichen Individuums zu erlangen, ohne daß dem diesfälligen Antrage das in Fällen dieser Art erforderliche Requisitionsschreiben an die ausländische Gerichts-Behörde beigefügt gewesen ist.

Zur Vermeidung der hieraus entstehenden zwecklosen und zeitraubenden Correspondenzen wird der Königliche Justiz-Senat angewiesen, den zu jenem Zwecke an das Königliche Ministerium der auswärtigen Angelegenheiten gerichteten Anträgen, außer der Eidesformel auch das Requisitionsschreiben an das Gericht, vor welchem der Eid abzuleisten ist, beizufügen. — Sollte letzteres nicht genau bekannt sein, so kann die Aufschrift in blanco gelassen und von den resp. Königlichen Gesandtschaften hinzugefügt werden. Das Requisitionsschreiben ist auf halbgebrochenen Bogen zu schreiben und auf der einen Seite eine französische Uebersetzung, welche auch von der Eidesformel einzureichen ist, beizusetzen.

Das Collegium hat hiernach die ihm untergeordneten Gerichte gleichfalls mit der erforderlichen Anweisung zu versehen.

Berlin, den 7. März 1835.

Der Justiz-Minister
v. Kamptz.

An
den Königlichen Justiz-Senat
zu Coblenz.

D. 92.

1337.

Gegenseitige Vertretung der Friedensrichter im Landgerichtsbezirk Elberfeld.

Friedensgerichte Gen. 2.

Die unterm 26. v. M. gemachten Vorschläge der gegenseitigen Vertretung der Friedensrichter zu

Elberfeld und Barmen,
Ronsdorf und Lennep,
Wermelskirchen und Solingen,
Mettmann und Velbert,
Opladen und Gerresheim,

werden hiermit genehmigt und haben Ew. Hochwohlgeboren demgemäß das Erforderliche zu verfügen.

Berlin, den 7. März 1835.

An den Königlichen General-Procurator Herrn Geheimen Ober-Justizrath Biergans, zu Cöln.

Der Justiz-Minister v. Kamptz.

E. 807.

cf. Düsseldorfer Amtsblatt pag. 198.

1338.

Abfassung der Assisen-Protokolle in den Sitzungen.

Crim. 21. Vol. II.

Da Fälle vorgekommen sind, daß die Protokolle über die Sitzungen der Assisenhöfe während der Audienz nur im Concepte angefertigt und erst später ins Reine geschrieben worden, so veranlasse ich Ew. Hochwohlgeboren, die Assisen-Präsidenten aufzufordern, dies nicht zu gestatten, sondern darauf zu halten, daß jene Protokolle in der Sitzung selbst abgefaßt und dem Präsidenten taglich zur Unterschrift vorgelegt werden. Ganz besonders nothwendig ist dies in den Fällen, in welchen die Angeklagten Geständnisse, welche sie früher abgelegt haben, zurücknehmen oder modificiren, oder wenn sie Geständnisse ablegen, die sie früher nicht gemacht haben; in dem einen, wie in dem andern Falle müssen die Zurücknahmen oder Modificationen früherer Geständnisse oder die neuabgelegten Geständnisse der Angeschuldigten sofort während der öffentlichen Sitzungen von den Assisen-Präsidenten den Gerichtsschreibern in Gegenwart des Angeklagten und seines Vertheidigers zur Niederschreibung in das Audienz-Protokoll laut in die Feder diktirt und sodann durch die Gerichtsschreiber vernehmlich vorgelesen und diese Vorlesung von letzteren beurkundet werden.

Indem ich dies Ew. Hochwohlgeboren auf den Bericht vom 24. v. M. eröffne beauftrage ich Sie, den ersten Herrn Präsidenten, diese Bestimmung den Appellationsgerichtsräthen zu ihrer Nachachtung als Assisen-Präsidenten bekannt zu machen.

Berlin, den 12. März 1835.

An den ersten Präsidenten des Königlichen Appellationsgerichtshofes Hrn. Schwarz und den Königl. General-Procurator Hrn. Biergans zu Cöln.

Der Justiz-Minister v. Kamptz.

E. 812.

1339.

Beitragspflichtigkeit der Gerichtsvollzieher zu den Unterstützungs-Vereinen für dieselben, und Verpflichtung der Vereine bei Versetzung von Gerichtsvollziehern.

Rh. Off. S. No. 27.

Bei Rücksendung der Anlagen des Berichts vom 27. v. M. eröffne ich Ew. Hochwohlgeboren, daß ich mit dem Beschlusse des Königl. Landgerichts vom 5. Januar d. J., wonach die Kasse des dortigen Gerichtsvollzieher-Unterstützungs-Vereins für verpflichtet angenommen worden, den Gerichtsvollzieher L. zu unterstützen, und mit den Gründen dieser Entscheidung ganz einverstanden bin.

In Beziehung auf die, von Ew. Hochwohlgeboren aufgestellten, Gegengründe muß ich Sie darauf aufmerksam machen, daß die Thatsache der erfolgten Versetzung des rc. L. von C. zur Dienstführung im Bezirke des Königl. Landgerichts schon der Unterstellung, derselbe sei bereits früher dienstunfähig geworden, entgegensteht, und daß die Beitragungspflichtigkeit des Gerichtsvollziehers zur Kasse des Unterstützungs-Vereins allerdings von der Zeit seiner Ernennung und resp. Versetzung (bei letzterer nach der näheren Bestimmung der Anweisung vom 10. Juni 1833) *) beginnt, ohne daß es darauf ankommt, wann er kraft seines Amtes nur einzelne Amtsverrichtungen zuerst vorgenommen hat, indem letztere nach §. 14. der Instruction vom 10. Juni 1833 nur in Ansehung eines verflossenen Jahres berücksichtigt werden, um seinen Beitrag für das kommende zu bestimmen.

Ew. Hochwohlgeboren haben hiernach wegen Ausführung des Beschlusses vom 5. Januar d. J. das Weitere zu veranlassen.

Berlin, den 13. März 1835.

Der Justiz-Minister
v. Kamptz.

An
den Königl. Ober-Procurator
Herrn v. Collenbach zu Cöln.
E. 843.

---

*) Bd. 3. pag. 637.

1340.

Desertion der Landwehrpflichtigen aus der Heimath.

Gener. 51.

Dem Criminal-Senate des Königl. Kammergerichts eröffne ich auf den unterm 26. v. M. erstatteten Bericht, mittelst dessen derselbe das in der Untersuchungssache wider den Tuchscheerer M. aus Aachen anderweitig abgefaßte Gutachten eingereicht hat, daß der Grundsatz:

daß die Verleitung eines Landwehrmannes zur Desertion nur dann stattfinde, wenn die Landwehr zusammengetreten und der Landwehrmann zu derselben, sei es bei ausbrechendem Kriege oder zum Behufe der jährlichen Uebungen, einberufen sei,

mit den bestehenden Gesetzen, und insbesondere mit der Allerhöchsten Instruction vom 10. December 1816 für die Inspecteure und Commandeure der Landwehr

cf. Rescripte vom 6. Mai 1817 *) und 2. August 1824 **) (Jahrbücher Bd. 9. S. 243 und Bd. 24. S. 159)

nicht übereinstimmt. Denn daselbst ist Abtheilung A. §. 27. lit. b. No. 1. unter den militairischen Dienstvergehen der nicht zusammengezogenen Landwehr ausdrücklich

die Desertion oder Entweichung aus der Heimath, um sich dem Militairdienste zu entziehen,

genannt.

cf. v. Rudloff Handbuch des Preußischen Militairrechts Thl. 2. §. 627.

Im Uebrigen benachrichtige ich den Criminal-Senat, daß der Ober-Procurator zu Aachen angewiesen worden ist, die für die Abfassung des Gutachtens liquidirten Gebühren im Betrage von 12 Rthlr. 7½ Sgr. demselben aus dem Vermögen des Inculpaten zu übersenden, und wenn letzterer unvermögend sein sollte, davon den Criminal-Senat Behufs Niederschlagung der Gebühren zu benachrichtigen.

Berlin, den 14. März 1835.

Der Justiz-Minister
v. Kamptz.

An
den Criminal-Senat des Königl.
Kammergerichts.

F. 615.

---

*) Band 5. pag. 4

**) Band 2. pag. 513.

1341.

Einreichung förmlicher Ausfertigungen von den in Untersuchungen wegen Majestäts-Verbrechen ergangenen Erkenntnisse.

Crim. 19. Vol. II.

a.

In mehreren Fällen sind neuerdings dem Justiz-Ministerium Untersuchungs-Akten wegen Verbrechens der beleidigten Majestät eingesandt worden, in welchen die abgefaßten Straf-Erkenntnisse sich nur im Concepte befunden haben. Da jedoch zufolge Allgemeinen Landrechts Thl. II. Tit. 20. §. 201. alle über das Verbrechen der beleidigten Majestät abgefaßten Straf-Erkenntnisse Seiner Majestät dem Könige zur Allerhöchsten Bestätigung vorgelegt werden müssen, so veranlasse ich Ew. Hochwohlgeboren (den Königl. Justiz-Senat), darauf zu halten, daß jedesmal eine Ausfertigung solcher Erkenntnisse den Akten beigefügt werde. Bei freisprechenden Urtheilen bedarf es der Ausfertigung nicht.

Berlin, den 14. März 1835.

Der Justiz-Minister
v. Kamptz.

An
den Königl. Herrn Ober-Procurator zu Aachen, Cleve, Coblenz, Cöln, Düsseldorf, Elberfeld, Trier
und
den Königl. Justiz-Senat zu Coblenz.
E. 909.

b.

Abschrift vorstehender Verfügung dem Herrn General-Procurator am rheinischen Appellationshofe zur Nachricht.

Berlin, den 14. März 1335.

Der Justiz-Minister
v. Kamptz.

An
den Königl. General-Procurator am rheinischen Appellationshofe Herrn Biergans zu Cöln.
E. 909.

1342.

Befugniß des öffentlichen Ministeriums zur Bekanntmachung der Abwesenheits-Erklärungen durch die Amtsblätter.

Gen. 68.

a.

Bei Rücksendung des unterm 21. v. M. eingereichten präparatorischen Bescheides des Königl. Landgerichts daselbst vom 13. v. M., die Abwesenheits-Erklärung des David Heitz betreffend, werden Ew. Wohlgeboren, in Gemäßheit der deshalb, schon seit dem Jahre 1816 in der Rheinprovinz bestehenden, Einrichtung hierdurch autorisirt, nicht allein in dem vorliegenden, sondern in allen künftigen Fällen die im Art. 118. des bürgerlichen Gesetzbuchs vorgeschriebene Bekanntmachung in dem dortigen Amtsblatte, so wie nöthigenfalls in den Amts- und sonstigen öffentlichen Blättern derjenigen Provinz, welche dem Lande, aus dem die letzten Nachrichten von dem Verschollenen erhalten sind, am nächsten ist, unmittelbar und ohne Berichtserstattung an das Justiz-Ministerium zu veranlassen.

Berlin, den 20. März 1835.

An den Königl. Staats-Procurator Herrn Diefenhardt zu St. Wendel.

Der Justiz-Minister
v. Kamptz.

E. 827.

b.

Der Herr Ober-Landesgerichts-Präsident Sethe erhält hierneben zwei von dem Regierungs-Chef-Präsidenten v. Reiman hier eingesendete, zur öffentlichen Bekanntmachung bestimmte Verordnungen der Kreisgerichte zu Cöln und zu Aachen, mit der Anweisung, die General-Staats-Procuratoren im Namen des Chefs der Justiz ein für allemal zu den vorgeschriebenen Bekanntmachungen in den dortigen Amtsblättern, so wie nöthigenfalls in den öffentlichen Blättern derjenigen Provinz, welche dem Lande, aus dem die letzten Nachrichten von dem Verschollenen erhalten sind, am nächsten ist, zu authorisiren.

Berlin, den 27. Juni 1816.

An den Königl. Ober-Landesgerichts-Präsidenten Herrn Sethe zu Düsseldorf.

Der Justiz-Minister
v. Kircheisen.

A. 5223.

1343.

Concurrenz der gerichtlichen und Verwaltungs-Behörden bei Disposition über Strafgefangene.

Crim. 5. Vol. V.

In Betreff der, wegen der Disposition über die Strafgefangenen in der Rheinprovinz zwischen den Beamten des öffentlichen Ministeriums und den Verwaltungs-Behörden entstandenen Differenzien, worüber Ew. Hochwohlgeboren unterm 27. September v. J. berichtet haben, bin ich mit dem Herrn Minister des Innern und der Polizei in Correspondenz getreten, deren Resultat eine Vereinigung über die nachfolgenden Grundsätze gewesen ist:

„1. Die Verwaltungs-Behörde bestimmt die Strafanstalten, in welchen die verschiedenen Gattungen der Freiheitsstrafen zu vollstrecken sind, und macht dieselben, so wie die dabei eintretenden Veränderungen, dem öffentlichen Ministerium bekannt."

„2. Das öffentliche Ministerium erläßt hiernach in den einzelnen Fällen der Strafvollstreckungen die Befehle wegen Ablieferung der Verurtheilten."

„3. Die Translokation der Sträflinge in andere Anstalten gehört zum Ressort der Verwaltungs-Behörde."

„4. Die Verwaltungs-Behörde benachrichtigt jedoch den betreffenden Ober-Procurator vorher von einem solchen Beschlusse, damit derselbe im Stande ist, etwanige im Interesse der Strafrechtspflege begründete Einwendungen dagegen der Verwaltung anzuzeigen, deren Erledigung in Ermangelung eines Einverständnisses durch die resp. Ministerien erfolgt."

„5. Anträge des öffentlichen Ministeriums auf Translokation aus gleichen Gründen sind auf gleiche Weise anzubringen und zu erledigen."

„6. Von dem Zeitpunkte ab, wo die Ablieferung und Aufnahme von Sträflingen in eine Strafanstalt erfolgt ist, bleibt die weitere Disposition über dieselben, die Anordnung ihrer Beschäftigung, die Disciplin u. s. w., lediglich den Verwaltungs-Behörden überlassen, welche dieserhalb allein ihren vorgesetzten Dienstbehörden verantwortlich sind."

Glaubt jedoch das öffentliche Ministerium, daß eine Strafvollstreckung nicht vorschriftsmäßig erfolge, z. B. weil die Aufbewahrung des Sträflings in einer ungeeigneten Anstalt oder über das Strafmaaß hinaus geschehe, oder weil die Entlassung zu früh eintrete, so bleibt demselben unbenommen, auf dem oben bezeichneten Wege (zu 4. und 5.) der Requisition und resp. Beschwerde, und zwar nur auf diesem, einzuschreiten.

Ew. Hochwohlgeboren werden hierdurch aufgefordert, sich selbst überall künftig nach diesen Grundsätzen zu richten und auch sämmtliche Ober-Procuratoren zu deren Befolgung anzuweisen. Eine gleiche Anweisung wird von Seiten des Herrn Ministers des Innern und der Polizei an den Herrn Ober-Präsidenten v. Bodelschwingh zur Instruirung der rheinischen Regierungen ergehen.

Berlin, den 20. März 1835.

Der Justiz-Minister
v. Kamptz.

An
den Königl. General-Procurator
Herrn Biergans zu Cöln.
E. 873. 892.

1344.

Vorschriften zur Verminderung der Portoauslagen bei Insinuation gerichtlicher Urkunden an Ausländer.

Gen. 116.

Extract.

Das Königl. Ministerium der auswärtigen Angelegenheiten hat sich in dem abschriftlich mitfolgenden Schreiben vom 17. d. M. über die Nichtbeachtung der Verfügung vom 28. Februar 1832 *) beschwert, nach welcher zur Verminderung der Portoauslagen bei den, durch diplomatische Vermittelung an Ausländer zu bewirkenden Insinuationen gerichtlicher Urkunden

1. die Gerichtsvollzieher sowohl die Insinuations-Urkunde, als die Beilagen so eng zu schreiben haben, wie dies in der Sporteltaxe vorgeschrieben ist;
2. dieselben, wenn die Insinuations-Urkunde, wie es in der Regel der Fall sein wird, auf der gestempelten Hälfte des Stempelbogens Platz hat, den leeren halben Bogen abtrennen, und
3. die Beilagen, sofern sie in Abschriften bestehen, jedenfalls auf Briefpapier schreiben sollen.

*) Bd. 3. pag. 449.

Hiernach sehe ich mich veranlaßt, Ew. Hochwohlgeboren zu veranlassen, die Königlichen Ober-Procuratoren zur genauen Beachtung jener Vorschriften anzuweisen.

Berlin, den 20. März 1835.

Der Justiz-Minister
v. Kamptz.

An
den Königl. General-Procurator
Herrn Biergans zu Cöln.
E. 948.

1345.

Verwaltung des öffentlichen Ministerii bei den Polizeigerichten durch Referendarien.

Rh. Offic. S. No. 7.

Der im Berichte vom 10. d. M. gemachte Antrag, zur Verwaltung des öffentlichen Ministeriums am Polizeigerichte zu Metternich die beim Landgerichte zu Coblenz angestellten Referendarien zu deputiren, wird hiermit genehmiget und wird Ew. Hochwohlgeboren das Weitere überlassen.

Berlin, den 21. März 1835.

Der Justiz-Minister
v. Kamptz.

An
den Königlichen General-Procurator
Herrn Geheimen Ober-Justizrath
Biergans in Cöln.
E. 981.

1346.

Publikations-Patent, den Beschluß der Deutschen Bundesversammlung vom 13. November 1834 hinsichtlich der Auslegung des Art. XII. der Deutschen Bundesakte betreffend.

Gen. B. 17.

In der 39sten vorjährigen Sitzung der Deutschen Bundesversammlung laut ihres Protokolls vom 13. November, haben sich sämmtliche Regierungen des Bundes, Behufs der Deklaration der im Art. XII. der Deutschen Bundesakte enthaltenen Bestimmung wegen Verschickung der Akten auf eine Deutsche Fakultät oder an einen Schöppenstuhl, mittelst einhelligen Beschlusses zu der folgenden erklärenden Bestimmung vereinigt:

„Da sich ergeben hat, daß die, im Art. XII. der Bundesakte enthaltene Bestimmung wegen Verschickung der „Akten auf eine Deutsche Fakultät oder einen Schöppenstuhl zur Abfassung des Endurtheils, zum Theil „auch auf Polizei- und Kriminal-Erkenntnisse ausgedehnt worden ist, eine solche Ausdehnung aber nicht „in dem Sinne jenes Artikels liegt, so erklärt die Bundesversammlung, daß der gedachte Art. XII. der Bundesakte nur auf Civilstreitigkeiten Anwendung zu finden habe."

Dem Allerhöchsten Befehle Seiner Majestät des Königs zufolge, wird diese Bestimmung, als eine weitere Entwickelung eines in der Deutschen Bundesakte bereits enthaltenen Grundsatzes mit der, im Sinne derselben ergangenen Verfügung:

daß die Juristenfakultäten der Universitäten in den Königlichen Staaten, wenn ihnen Akten zur Abfassung von Erkenntnissen in Polizei- und Kriminalsachen aus andern Deutschen Bundesstaaten zugeschickt werden, sich der Abfassung solcher Erkenntnisse zu enthalten und dergleichen Akten ohne Weiteres wieder zurückzusenden haben,

von dem Staatsministerium sämmtlichen Landesbehörden und Unterthanen in den zum Deutschen Bunde gehörigen Provinzen der Monarchie hierdurch zur Kenntniß gebracht.

Berlin, den 31. März 1835.

Königliches Staats-Ministerium.

Friedrich Wilhelm, Kronprinz.

Frh. v. Altenstein. Graf v. Lottum. Frh. v. Brenn. v. Kamptz. Mühler. Ancillon. v. Witzleben. v. Rochow. Graf v. Alvensleben.

1347.

Diensteid der Beamten betreffend.

Rh. Offic. S. No. 38.

a.

Des Königs Majestät haben durch die abschriftlich beigefügte Allerhöchste Cabinets-Ordre vom 10. Februar d. J. zur Erläuterung der Allerhöchsten Cabinets-Ordre vom 5. November 1833 *) (Gesetz-Samml. S. 291) festzusetzen geruhet,

daß der Königliche Beamte, der entweder in seinem bisherigen Ressort eine anderweitige Amtswirksamkeit er-

---

*) Band 5. pag. 24.

hält, oder zu einem anderen Verwaltungszweige übergeht, auf den, früher von ihm geleisteten, Diensteid zu verweisen ist, dabei aber schriftlich oder zum Protokoll zu erklären hat, daß er sich bei Uebernahme des neuen, speciell zu benennenden, Amtes durch den zuvor abgeleisteten Eid für alle seine neuen Amtsverhältnisse eidlich verpflichtet erachte.

Ew. Hochwohlgeboren haben sämmtliche dortige Gerichts-Behörden von dieser Allerhöchsten Bestimmung in Kenntniß zu setzen.

Berlin, den 4. April 1835.

Der Justiz-Minister
v. Kamptz.

An
den Königl. General-Procurator
Herrn Biergans zu Cöln.
D. 365.

cf. Coblenzer Amtsblatt pag. 213.

b.

Gleichlautend, nur ist statt des Schlusses zu sagen:

Der Königliche Justiz-Senat hat sämmtliche Gerichts-Behörden seines Departements von dieser Allerhöchsten Bestimmung in Kenntniß zu setzen.

Berlin, den 4. April 1835.

Der Justiz-Minister
v. Kamptz.

An
den Königlichen Justiz-Senat
zu Coblenz.
D. 365.

1348.

Verhängung von Ordnungsstrafen durch Friedensrichter gegen säumige Vormünder. — Einreichung des Inventars oder Vermögens-Verzeichnisses. — Reisekosten der Friedensrichter und Gerichtsschreiber in Vormundschaftssachen.

Rh. Gener. No. 72.

a.

Um die Zweifel zu beseitigen, welche nach Ew. Hochwohlgeboren gutachtlichen Berichte vom 16. Februar d. J. bei Ausführung der Allerhöchsten, das rheinische Vormundschaftswesen betreffenden, Ordre vom 4. Juli v. J. *) und meiner zur Aus-

*) Bd. 4. pag. 130.

führung derselben unterm 16. August v. J. *) erlassenen Instruction entstanden sind, namentlich darüber: ob ein Vormund zur Erfüllung seiner Pflichten durch Ordnungsstrafen angehalten werden könne, — habe ich mich veranlaßt gesehen, am 13. v. M. Sr. Majestät, unter Ueberreichung meiner Instruction vom 16. August v. J, Vortrag zu halten.

Durch die in beglaubter Abschrift anliegende Allerhöchste Ordre vom 5. d. M. haben nun Se. Majestät zu bestimmen geruhet, daß der Friedensrichter einen Vormund, der seine Pflichten nicht erfüllt, durch Ordnungsstrafen dazu anhalten und gegen ihn die Vorschrift des rheinischen Civilgesetzbuchs Art. 413. in Anwendung bringen darf, bevor er in Gemäßheit der No. 11. der Instruction vom 16. August v. J. auf seine Entlassung bei dem Familienrathe anträgt.

Ew. Hochwohlgeboren beauftrage ich daher, diese Allerhöchste Ordre durch die Amtsblätter der rheinischen Regierungen bekannt zu machen.

Bei dieser Gelegenheit bemerke ich zugleich zur Erledigung der Bedenken, welche einigen Friedensrichtern bei Regulirung des Vormundschaftswesens aufgestoßen sind, und worüber Ew. Hochwohlgeboren sich in dem Berichte vom 16. Februar d. J. bereits gutachtlich geäußert haben:

1. Jeder verwaltende Vormund, ohne Unterschied, ob er tutor legitimus oder dativus ist, muß das Inventar oder Vermögens-Verzeichniß einreichen.

Die No. III. der Allerhöchsten Ordre vom 4. Juli und die Instruction vom 16. August v. J. verpflichten auch die Aeltern des Pflegebefohlenen, wenn sie die Vormundschaft über denselben führen, zur Einreichung des Inventars oder Vermögens-Verzeichnisses, und dies gilt nach No. 14. der Instruction auch für den Fall der unter den Aeltern bestandenen Gütergemeinschaft, mag diese unter dem älteren oder erst unter französischem Rechte eingegangen sein.

2. Die Aeltern, welche die Vormundschaft über ihr Kind führen, sind zur Einreichung einer Verwaltungs-Uebersicht nicht verbunden.

Dies ist durch Art. 470. des Civilgesetzbuchs ausdrücklich bestimmt, und weder durch die Allerhöchste Ordre vom 4. Juli v. J., noch durch die Instruction vom 16. August v. J. abgeändert.

3. Das Inventar oder Vermögens-Verzeichniß muß auch dann angefertigt und eingereicht werden, wenn der Erb-

*) Bd. 4. pag. 134.

lasser die Errichtung des Inventars oder Vermögens-Verzeichnisses, sei es unter der Herrschaft des französischen Civilgesetzbuchs, oder unter irgend einer anderen Gesetzgebung, erlassen hat.

Der Art. 451. des Civilgesetzbuchs sowohl, als auch die Allerhöchste Ordre vom 4. Juli v. J. legen jedem Vormunde ohne allen Unterschied die Anfertigung und Einreichung eines Inventars auf, mag der Erblasser von Errichtung und Offenlegung des Inventars dispensirt haben oder nicht. Diese Vorschrift gehört zu denjenigen, welche die öffentliche Ordnung betreffen, ist also mit dem Augenblicke ihrer Publication in allen vorkommenden Fällen zur Anwendung zu bringen, ohne daß auf das, was früher Rechtens war, oder was an anderen Orten Rechtens ist, gesehen werden darf.

4. An Reisekosten können die Friedensrichter und Gerichtsschreiber in Vormundschaftssachen, ohne Unterschied, ob die Vormundschaft zu den zahlbaren gehört oder nicht, diejenigen Sätze liquidiren, welche die Art. 8. und 12. des Decrets vom 16. Februar 1807 bestimmen; die Liquidationen müssen aber den Königlichen Ober-Procuratoren zur Festsetzung vorgelegt werden.

Bei den Festsetzungen haben die Königlichen Ober-Procuratoren darauf mit zu sehen, ob die Reisen überhaupt nothwendig, und ob die angegebene Zeit dazu erforderlich gewesen.

5. Ob den Friedensrichtern eine Entschädigung dafür zu gewähren, daß sie jetzt die Vormundschaften, welche keinen Revenüen-Ueberschuß gewähren, unentgeldlich bearbeiten müssen, darüber bleibt die Entscheidung vorbehalten.

Erst nach Verlauf einiger Jahre läßt sich übersehen, ob die Friedensgerichte in der That einen Verlust an Emolumenten erlitten haben; erst nach Verlauf dieser Zeit läßt sich also beurtheilen, ob sie auf Entschädigung Anspruch haben.

Um im Stande zu sein, zu beurtheilen, ob auch die Allerhöchste Ordre vom 4. Juli v. J. gehörig in Ausführung gebracht werde, wünsche ich einige von den nächsten Vormundschafts-Tabellen einzusehen. Ich fordere daher Sie, Herr General-Procurator, auf, eine von den nächsten Vormundschafts-Tabellen, welche die Friedensrichter bei den Königlichen Ober-Procuratoren einzureichen haben, aus jedem Landgerichts-Bezirke zwei, und zwar die eine aus dem Stadt-Canton, worin das Landgericht seinen Sitz hat, die andere aber aus einem Land-Canton, mit Ihren etwaigen Bemerkungen vorzulegen.

Ew. Hochwohlgeboren veranlasse ich hierdurch, von dem Inhalte der gegenwärtigen Verfügung sämmtliche rheinische

Gerichtsbehörden in Kenntniß zu setzen und die etwa erforderlichen Anordnungen zur Ausführung derselben zu treffen.

Berlin, den 10. April 1835.

An den Königlichen ersten Präsidenten Herrn Schwarz und den Königl. General-Procurator Herrn Biergans zu Cöln.

Der Justiz-Minister v. Kamptz.

E. 1174.

b.

Auf Ihren Bericht vom 13. v. M. setze Ich nach Ihrem Antrage fest, daß der Friedensrichter einen Vormund, der seine Pflichten nicht erfüllt, durch Ordnungsstrafen dazu anhalten und gegen ihn die Vorschrift des Rheinischen Gesetzbuchs Art. 413. in Anwendung bringen darf, bevor er auf seine Entlassung bei dem Familienrath anträgt. Ich überlasse Ihnen, diese Bestimmung durch die Amtsbätter der Rheinischen Regierungen bekannt zu machen.

Berlin, den 5. April 1835.

An den Staats- und Justiz-Minister v. Kamptz.

Friedrich Wilhelm.

cf. Cölner Amtsblatt pag. 127.
cf. Trier Amtsblatt pag. 222.

1349.

Grundsätze, nach welchen bei Zulassung zum Armenrechte von verschiedenen fremden Staaten verfahren wird.

Gen. Lit. R. No. 5.

a.

Den sämmtlichen Königl. Gerichtsbehörden wird das abschriftlich nebst Anlagen beiliegende Schreiben des Königlichen Ministeriums der auswärtigen Angelegenheiten vom 30. v. M.,

das Armenrecht bei den Gerichten verschiedener fremder Staaten betreffend,

hierdurch zur Kenntnißnahme mitgetheilt.

Berlin, den 10. April 1835.

An sämmtliche Königl. Gerichtsbehörden.

Der Justiz-Minister Mühler.

E. 1145.

b.

Die häufigen Anträge, welche von unbemittelten diesseitigen Unterthanen bei dem unterzeichneten Ministerium zu dem Behufe gemacht worden, ihnen zum Betriebe von Rechtssachen in Rußland behülflich zu sein, haben Veranlassung gegeben, darüber Erkundigungen einziehen zu lassen, ob nach der Russischen Gerichtsverfassung in Beziehung auf die von Privat-Personen bei Russischen Gerichten zu betreibenden Rechtssachen ein Armenrecht anerkannt wird, und ob, so wie unter welchen Bedingungen, auch Ausländer zum Armenrechte verstattet werden.

Nach den dem unterzeichneten Ministerium darauf gegenwärtig zugegangenen Anzeigen der Königlichen Gesandtschaft zu St. Petersburg, so wie des Königlichen General-Consuls zu Riga, findet in dem eigentlichen Rußland, wo die Russische Gerichtsverfassung gilt, ein Armenrecht nicht Statt, wohl aber in Kur-, Lief- und Esthland, in welchen Provinzen auch Ausländer gleich den Eingebornen zum Armenrechte verstattet werden.

Da es auch für Ew. Excellenzen nicht ohne Interesse sein dürfte, von den diesfälligen Bestimmungen näher unterrichtet zu werden, so beehrt sich das unterzeichnete Ministerium, Denenselben Abschrift des dieserhalb von dem Königl. General-Consul zu Riga erstatteten Berichts, so wie eines von der Königlichen Gesandtschaft zu St. Petersburg eingereichten Promemoria eines dortigen Rechtsverständigen zur gefälligen Kenntnißnahme ganz ergebenst mitzutheilen, indem es zugleich eine Zusammenstellung der in Beziehung auf einige andere fremde Staaten hier vorhandenen Nachrichten über den fraglichen Gegenstand hierbeifügt.

Berlin, den 30. März 1835.

Ministerium der auswärtigen Angelegenheiten.
gez. Eichhorn.

An
die Königl. Geheimen Staats- und Justiz-Minister Herrn v. Kamptz und Herrn Mühler Excellenzen.

c.

An Ein Königlich hohes Ministerium des Auswärtigen.

In Rücksicht der von Einem Königl. hohen Ministerium unter dem 13. d. verlangten Auskunft, betreffend das Verfahren der Gerichtsbehörden in Armensachen, sowohl in den Ostsee-Provinzen als dem eigentlichen Rußland, habe ich die Ehre zu erwiedern:

Das Verfahren in Cur-, Lief- und Esthland ist durch Gesetz und Praxis festgestellt. Sobald ein In- oder Ausländer eidlich darthut und durch ein von zwei glaubwürdigen Zeugen an Eidesstatt ausgestelltes Zeugniß beweist, daß er weder an beweglichem noch unbeweglichem Vermögen 300 Silber-Rubel besitze, wird ihm außer der kostenfreien Verhandlung der Sache, mit Ausnahme von Stempelpapier, auch noch ein Advokat zur Seite gegeben, der ex officio die Rechte der Armenparten zu vertreten hat.

Ist der processirende Armenpart abwesend, so müssen die vorbemerkten Beweise zur Begründung des Anspruchs auf Armenrecht von der Gerichtsbehörde, wo der Armenpart wohnhaft, als wahr anerkannt und bescheinigt werden.

Ist der Gegenstand des Processes größer als der Werth von 300 Silberrubeln und der Arme obsiegend, so ist dieser verpflichtet, die Gerichtskosten nachzuzahlen.

Im eigentlichen Rußland giebt es keine Gerichtskosten und keine Advokaten; ein Jeder reicht seine Klage auf gesetzlichem Stempelpapier selbst ein, und empfängt ein Urtheil ohne Kosten. Ist er mit der Entscheidung der Behörden nicht zufrieden, da dort, wie in den Ostsee-Provinzen, zwei Instanzen, alsdann steht ihm die Appellation an den Senat in St. Petersburg offen.

Ueber die Rechtsverhältnisse in Finnland und Polen bin ich diesen Augenblick nicht im Stande, eine Auskunft zu ertheilen.

Ich habe die Ehre zu sein

Eines Königlich hohen Ministeriums
ganz ergebener
Wöhrmann.

Riga, den 19. November / 1. December 1834.

d.

Im eigentlichen Rußland, d. h. dem größeren Theil des Reiches, wo die russische Gerichtsverfassung gilt, findet kein Armenrecht statt und kann auch keins ertheilt werden, weil erstens die Justiz daselbst unentgeldlich administrirt wird, insofern von jeher keinerlei Gebühren oder Accidenzien statuirt waren, von den einzigen zum Besten der Krone verordneten Expensen aber, nämlich dem Gebrauch des Stempelpapiers und den sogenannten Poschlinen (Abgabe für Klage und Appellation) die Armen keineswegs eximirt sind. Nur die Erlegung des Appellationsschillings (in erster Instanz 25 Rubel, in zweiter Instanz 200 Rubel) wird denselben gegen einen Revers über ihr Unvermögen erlassen. Zweitens, weil es daselbst auch weder einen Advokatenstand, noch auch sonst amtspflichtige

Personen giebt, denen das Patrocinium für Arme ex officio übertragen werden könnte.

Anders ist es in den acquirirten Provinzen, die ihre privilegirte Verfassung beibehalten haben und wo es Jurisprudenz, Accidenzien und recipirte Advokaten giebt. Daselbst wird denen, die eidlich und mit einem Atteſtate bezeugen, daß sie nicht 150 Rthlr. im Vermögen haben, das Armenrecht verwilligt, nämlich ein mandatarius ex officio zugeordnet mit Befreiung von sämmtlichen gerichtlichen Unkosten, ausgenommen jedoch auch hier den Gebrauch des Stempelpapiers, als welcher in Privatsachen in keinem Fall erlassen wird.

e.

Zusammenstellung

der Nachrichten, welche in Beziehung auf die Grundsätze, nach denen in den unten benannten Staaten rücksichtlich der Zulassung zum Armenrechte verfahren wird, vorhanden sind.

Hamburg.

Der Staat bezieht alle Sporteln, die Advokaten nur ihre Deserviten. Dem Armen wird die Erlangung des Armenrechts von allen Seiten erleichtert. Die Gerichte sind mit Ertheilung desselben so bereitwillig, daß man Fälle weiß, wo namentlich Prätoren aus ihrer eigenen Börse die Citationskosten schenkten. Die Advokaten sind gesetzlich nicht gezwungen, Armensachen zu übernehmen, allein es hat noch keiner Armen-Partei gefehlt, selbst unter mehreren Advokaten, die dazu bereit waren, auszuwählen.

Mecklenburg-Schwerin.

Armen-Parteien (d. h. solche, die vom competenten Richter oder auch wohl Prediger einen Schein beibringen, daß sie einen Sachwalt zu honoriren nicht vermögend sind) genießen Stempel- und Gebühren-Freiheit, und sind die Advokaten verpflichtet, ihre Sachen gegen Erstattung des Verlags vor den Landesgerichten unentgeldlich zu führen.

Spanien.

Verhaltungsregeln für Ausländer:

a) sind die Ausländer den Einheimischen gleichgestellt;

b) haben die Ausländer mit den Einheimischen gleiche Rechte, und ist von der fueros der Ersteren schon früher die Rede gewesen;

c) muß derselbe, so wie jeder Spanier, mit einem Passe von den resp. Autoritäten seines Vaterlandes versehen sein;
d) hierüber sind Decrete vorhanden, welche sich sehr bestimmt über die Rechte, welche ein Ausländer zu genießen, und über die Pflichten, die er zu erfüllen hat, aussprechen, und sind dieselben in der Novisime Recopilacion enthalten.

Toscana.

On fait une distinction entre les pauvres et les plus pauvres ou misérables. Les premiers payent la moitié, les autres rien. Pauvre est celui, qui ne peut vivre aisément; misérable, qui ne possède rien.

Sardinien.

Die Armen-Advokaten führen gratis die Civil- wie die Criminal-Processe der Armen, dürfen auch, bei Verlust eines Jahrgehalts, keine Geschenke empfangen, den Fall abgerechnet, wo Arme nach kostenlosem Gewinn ihrer Sache solches freiwillig böten. Die Armen-Eigenschaft, wenn sie nicht schon notorisch ist, beweiset sich aus Attesten der Richter und Syndici der Geburts- oder Wohnorte der Individuen. Es bedarf der Gutheißung des Armen-Advokaten, damit ein das Armenvorrecht genießender Proceß angefangen oder ausgehalten werden dürfe, und müssen solche Processe so viel als möglich summarisch, ohne Aktenförmlichkeiten, wo aber Proceduren förmlicher nothwendig sind, vorzugsweise bald erledigt werden.

Die Oberrichter und Richter haben die geeignetesten Advokaten umsichtig zur Gratisführung vorkommender Armenprocesse anzuhalten, und auf deren gewissenhafte Leitung vorzugsweise zu wachen.

Les pauvres sont admis à plaider gratuitement. Il y a près de tous les Sénats ainsi que près le principaux Tribunaux de Préfecture un Bureau de l'Avocat et de Procureur des pauvres. Ces fonctionnaires ainsi que leur substituts sont particnlièrement destinés à suivre les procès des pauvres, et à intervenir dans tous ces procès criminels pour la défense des accusés.

Schweiz.

Nach der in der Schweiz bestehenden Gerichtsverfassung wird in vorkommenden Armensachen aus der Zahl der bei dem betreffenden Gerichte fungirenden Advokaten der Reihe nach einer zur Führung der Sache bestellt.

Auch Ausländer werden zum Armenrechte verstattet, insofern die heimathliche Regierung des Betheiligten die Reciprocität gewährt.

1350.

Aufhebung des Art. 174. der Straf-Prozeßordnung und Anwendung des Art. 203. in einfachen Polizeisachen.

Rh. Kassen-S. No. 8. Vol. II.

a.

Bei Rücksendung der Anlagen des Berichts vom 10. Januar d. J.,

betreffend die Insinuation appellabler polizeigerichtlicher Urtheile an die Verurtheilten,

empfangen Ew. Hochwohlgeboren beigehend Abschrift der Allerhöchsten Cabinets-Ordre vom 1. d. M. wegen Aufhebung des Art. 174. der rheinischen Strafprozeßordnung und Anwendung des Art. 203. in einfachen Polizeisachen, mit dem Auftrage, nach deren Erscheinung in der Gesetzsammlung, durch sämmtliche Amtsblätter der Provinz eine Bekanntmachung *) zu erlassen, durch welche das Publikum über die Abänderung der bisherigen Vorschriften wegen der Formen und Fristen der Appellation in einfachen Polizeisachen näher belehrt wird.

Berlin, den 11. April 1835.

Der Justiz-Minister
v. Kamptz.

An
den Königlichen General-Procurator
Herrn Biergans, zu Cöln.
E. 1133.

b.

Auf Ihren Bericht vom 16. v. M. bestimme Ich unter Aufhebung des Art. 174. der Rheinischen Straf-Prozeßordnung, daß die Vorschrift des Art. 203. für die Formen und Fristen der Appellation in Zuchtpolizeisachen künftig auch in einfachen Polizeisachen zur Anwendung kommen soll. Diese Bestimmung ist durch die Gesetzsammlung bekannt zu machen.

Berlin, den 1. April 1835.

Friedrich Wilhelm.

An
die Staats- und Justiz-Minister
v. Kamptz und Mühler.
E. 1133.

---

*) Siehe Bekanntmachung des General-Procurators zu Cöln vom 29. April 1835.
Rheinisches Archiv Bd. 23. pag. 38. Abth. 2.
Cölner Amtsblatt pag. 129.

1351.

Ueber den Gebrauch beschnittenen Stempelpapiers zu gerichtlichen und notariellen Verhandlungen.

Gen. No. 62.

a.

Es scheint nicht unzweckmäßig neben dem unbeschnittenen auch beschnittenes Stempelpapier nach der Wahl des Käufers zu debitiren, worüber eine nähere Erörterung jetzt veranlaßt wird.

Ew. Excellenzen ersuche ich ganz ergebenst mich gefälligst zu benachrichtigen, ob etwa in rechtlicher Beziehung dem Debit beschnittenen Stempelpapiers für den Gebrauch gerichtlicher Verhandlungen ein Bedenken entgegensteht.

Berlin, den 13. April 1835.

Finanz-Ministerium.
(gez.) v. Alvensleben.

An
die Königl. Wirklichen Geheimen
Staats- und Justiz-Minister
Hrn. v. Kamptz und Hrn. Mühler
Excellenzien.

E. 1280.

b.

Ew. Excellenz beehren wir uns auf das gefällige Schreiben vom 13. d. M. (III. 7954) ganz ergebenst zu erwiedern, daß dem Gebrauche beschnittenen Stempelpapiers zu gerichtlichen und notariellen Verhandlungen nach unserm Dafürhalten kein Bedenken entgegensteht.

Berlin, den 24. April 1835.

(gez.) v. Kamptz. (gez.) Mühler.

An
des Königl. Wirklichen Geheimen Raths
Herrn Grafen v. Alvensleben
Excellenz.

I. 1565. — E. 1280.

1352.

Den gänzlichen Verlust des Gnadengehalts der Militair-Invaliden, die eines vor oder nach ihrer Entlassung aus dem Militairdienste begangenen Verbrechens überführt werden, welches während ihres Militairdienstes die Ausstoßung aus dem Soldatenstande zur Folge gehabt haben würde, betreffend.

Milit. Justiz-Dept. 25.

Nach dem in Meiner Verordnung vom 9. Dezember 1834 *) schon ausgesprochenen Grundsatze bestimme Ich auf Ihren Bericht vom 27. v. M., daß der gänzliche Verlust des Gnadengehalts der Militair-Invaliden in jedem Falle eintreten soll, wo Militair-Invaliden eines vor oder nach ihrer Entlassung aus dem Militairdienste begangenen Verbrechens, welches während ihres Militairdienstes die Ausstoßung aus dem Soldatenstande zur Folge gehabt haben würde, überführt sind. Diese allgemeine Vorschrift ist auch auf die im Civildienst angestellten Militair-Invaliden anzuwenden, und hiernach Meine Verordnung vom 17. März 1829 **) für declarirt zu achten. Von den Gerichtshöfen ist, den vorstehenden Bestimmungen gemäß, auf den Verlust des Gnadengehalts ausdrücklich zu erkennen, und diese Verordnung durch die Gesetzsammlung zur öffentlichen Kenntniß zu bringen.

Berlin, den 25. April 1835.

Friedrich Wilhelm.

An
die Staats-Minister v. Kamptz, Mühler
und General-Lieutnant v. Witzleben.

---

*) Samml. Band 4. pag. 185.

**) Samml. Band 5. pag. 15.

1353.

Kompetenz der Dienst- und Gerichtsbehörden zur Untersuchung der von Staatsbeamten verübten Ehrenkränkungen.

Gen. J. 6.

a.

Wir Friedrich Wilhelm, von Gottes Gnaden, König von Preußen rc. rc.

Um die Zweifel zu erledigen, welche über die Kompetenz der Dienst- und Gerichtsbehörden zur Untersuchung und Bestrafung der von Staatsbeamten verübten Ehrenkränkungen erhoben sind, verordnen Wir auf den Antrag Unseres Staats-Ministeriums und nach erfordertem Gutachten Unseres Staatsraths, für den ganzen Umfang Unserer Monarchie, wie folgt:

§. 1. Wer gegen einen Staatsbeamten Beschwerde darüber erheben will, daß derselbe sich aus Veranlassung seiner amtlichen Wirksamkeit einer Ehrenkränkung schuldig gemacht habe, hat seinen Antrag bei der Dienstbehörde des Angeschuldigten anzubringen.

§. 2. Die Dienstbehörde hat die Verpflichtung, zu prüfen: ob der Angeschuldigte bei den angezeigten Handlungen oder Aeußerungen innerhalb seiner Amtsbefugnisse geblieben sei, oder dieselben überschritten habe.

§. 3. Entscheidet die Dienstbehörde, daß der Angeschuldigte seine Amtsbefugnisse nicht überschritten habe, so findet gegen diese Entscheidung nur ein Rekurs Statt, welcher binnen vier Wochen nach der Behändigung der Entscheidung bei der höhern Dienstbehörde anzubringen ist.

§. 4. Erklären die Dienstbehörden den Angeschuldigten für straffällig, so liegt denselben ob, die Strafe zu bestimmen, oder die gerichtliche Untersuchung zu veranlassen.

Die Bestimmung der Strafe erfolgt durch die Dienstbehörden:

a) wenn die angezeigte Ehrenkränkung nicht von der Beschaffenheit ist, daß sie sich nach Vorschrift des §. 216. des Anhanges zur Allgemeinen Gerichtsordnung zu einer fiskalischen Untersuchung eignet, oder

b) wenn der Beleidigte erklärt hat, daß er die ihm widerfahrene Ehrenkränkung nur von der Dienstbehörde gerügt wissen wolle.

Außer diesen beiden Fällen hat die Dienstbehörde die Sache zur gerichtlichen Untersuchung abzugeben.

§. 5. Hält der Beleidigte die von der Dienstbehörde festgesetzte Strafe für zu gelinde, so hat er die Wahl, entweder bei der höheren Dienstbehörde den Rekurs zur Verschärfung der Strafe zu erheben, oder auf gerichtliches Verfahren und Erkenntniß anzutragen. Verfolgt er seine Beschwerde bei der höheren Dienstbehörde, so ist der Antrag auf gerichtliche Untersuchung nicht ferner zulässig. Trägt er aber auf gerichtliches Verfahren an, so wird die Sache vorschriftmäßig eingeleitet. Erfolgt jedoch durch das rechtskräftige Erkenntniß keine härtere Strafe als die von der Dienstbehörde abgemessene, so fallen den Provocanten sämmtliche Kosten des gerichtlichen Verfahrens zur Last.

§. 6. Der Antrag bei der Dienstbehörde eines Beamten auf dessen Bestrafung wegen verübter Ehrenkränkungen hemmt deren Verjährung.

§. 7. Alle bisherigen Vorschriften, so weit sie dem gegenwärtigen Gesetz entgegenstehen, werden durch obige Bestimmungen aufgehoben.

§. 8. Wegen der von Staatsbeamten ohne Beziehung auf ihr Amt zugefügten Ehrenkränkungen bleibt es bei den bisherigen gesetzlichen Vorschriften.

Urkundlich unter Unserer Allerhöchsteigenhändigen Unterschrift und beigedrucktem Königlichen Insiegel.

Gegeben, Berlin, den 25. April 1835.

Friedrich Wilhelm.

(L. S.) Carl, Herzog zu Mecklenburg.

v. Kamptz. Mühler. v. Rochow.

Beglaubigt. Friese.

b.

§. 216.

des Anhanges zur Allgemeinen Gerichtsordnung.

In Injuriensachen wird das Verfahren erster Instanz nicht nach den hier ertheilten Vorschriften eingeleitet; es soll vielmehr jederzeit nach den §§. 4.—7. Titel 26. Theil 1. verfahren werden, und davon nur alsdann eine Ausnahme statt finden, wenn eine Verwundung erfolgt ist, oder Personen, welche durch Geburt oder Rang eine vorzügliche Achtung zu fordern berechtigt sind, gröblich beleidigt worden, in welchen Fällen der zweite Abschnitt Titel 35. Theil 1. zur Richtschnur dient.

1354.

Die Bestellung des Kammergerichts zum ausschließenden Gerichtshofe der Monarchie wegen aller und jeder Verbrechen und Vergehungen wider die Verfassung, die öffentliche Ordnung und die Ruhe, sowohl der sämmtlichen Staaten des Königreichs als auch der übrigen Staaten des deutschen Bundes; betreffend.

Gen. P. No. 1.

In Folge des Beschlusses der deutschen Bundesversammlung vom 20. Juni 1833, wodurch zur Ermittelung des wider die öffenlliche Ordnung in Deutschland gerichteten hochverrätherischen Unternehmens, insbesondere des am 3. April desselben Jahres zu Frankfurt am Main verübten Attentats, gerichtliche Untersuchungen in den Staaten des deutschen Bundes verfügt wurden, habe Ich bereits durch Meine Ordre vom 6. Juli 1833 das Kammergericht zu Berlin, unter der obern formellen Leitung einer aus Ihnen gebildeten Ministerialkommission, mit der Führung aller Untersuchungen beauftragt, die in Meinen Staaten wider die Theilnehmer an diesen hochverrätherischen Unternehmungen einzuleiten sind. Da jedoch der Zweck der Untersuchungen nicht bloß auf die Ermittelung der Strafbarkeit einzelner Verbrecher und ihrer Theilnehmer, sondern zugleich auf die Verfolgung aller Spuren gerichtet ist, auf welchen man erwarten darf, die Verzweigungen einer weit verbreiteten Verbindung wider die bestehende gesellschaftliche Ordnung nicht allein in den Staaten des deutschen Bundes, sondern auch, hinsichtlich ihres Einflusses auf Deutschland, in den benachbarten Ländern zu entdecken, und da dieserhalb eine Einheit des Verfahrens wesentlich erforderlich ist, so habe Ich auf Ihre hierüber an Mich erstatteten Berichte und nach Ihren Anträgen beschlossen, das Kammergericht für den ganzen Umfang Meiner Monarchie zum ausschließenden Gerichtshofe wegen aller und jeder Verbrechen und Vergehungen wider die Verfassung und wider die öffentliche Ordnung und Ruhe, sowohl Meiner sämmtlichen Staaten, als auch der übrigen Staaten des deutschen Bundes bis auf Weiteres zu bestellen, und demselben mit Aufhebung des anderweitigen persönlichen Gerichtsstandes der Beschuldigten, sowohl die Untersuchungen als auch die Abfassung der Erkenntnisse zu überweisen. Es soll dahin zunächst das Verbrechen des Hochverraths nach den

Bestimmungen des Landrechts Th. II. Tit. 20. §§. 92. — 99. einschließlich der §§. 163. — 165. und 185. gerechnet werden. Was die übrigen im §. 91. bezeichneten, im dritten, vierten und fünften Abschnitte des vorgenannten landrechtlichen Titels abgehandelten Staatsverbrechen betrifft, so sollen selbige zwar der Kompetenz der ordentlichen Gerichte verbleiben, diese jedoch verpflichtet sein, in jedem Falle, in welchem ihnen nicht klar vorliegt, daß das Verbrechen oder Vergehen in keiner Verbindung mit den, dem Ressort des Kammergerichts überwiesenen hochverrätherischen Unternehmungen und Attentaten stehe, der Ministerialkommission Anzeige zu machen, damit selbige nach Vernehmung des Kammergerichts beschließe, ob Untersuchung und Erkenntniß dem ordentlichen Gerichte vorzubehalten oder dem Kammergerichte zu überlassen sei. Insbesondere soll dieses in allen Fällen der Landesverrätherei, welche auch im Friedenszustande sich ereignen können, und wegen der Verbrechen gegen die innere Ruhe und Sicherheit des Staats, namentlich wenn sie zu den, in §§. 151 — 155. und 157. bezeichneten strafbaren Handlungen gehören, stattfinden. In Rücksicht auf die Anwendbarkeit der in Bezug genommenen Bestimmungen des Landrechts auf die Einwohner der Provinzen, in welchen dasselbe noch nicht eingeführt ist, verweise Ich auf Meine durch die Gesetz-Sammlung bekannt gemachten Ordres vom 6. März *) und 5. September 1821. Sie haben die Bekanntmachung Meiner gegenwärtigen Ordre durch die Gesetzsammlung zu veranlassen und die Gerichtshöfe mit der erforderlichen Anweisung **) zu versehen.

Berlin, den 25. April 1835.

An die Minister der Justiz und den Minister des Innern und der Polizei.

Friedrich Wilhelm.

1355.

Strafresolute gegen Justizbeamte wegen der von ihnen bei ihrer Dienstverwaltung begangenen Stempel-Contraventionen gehen von der vorgesetzten Dienstbehörde als Contravenienten aus.

Rh. Gen. 62. Vol. III.

a.

Bei Rücksendung der, mittelst Berichts vom 18. v. M. eingereichten Untersuchungs-Akten wider den dortigen Gerichts-

*) Band 2. No. 404.

**) Band 5. No. 1363. und No. 1367.

vollzieher S. und der andern Anlagen Ihres Berichts wird Ew. Hochwohlgeboren eröffnet, daß Ihre Ansicht,

daß in Folge des Rescripts vom 3. Oktober v. J. *) das Straf-Resolut der correctionellen Kammer des Königlichen Landgerichts vom 16 Oktober 1833 als nicht ergangen anzusehen, und die erste Civilkammer zur Abfassung eines anderweitigen Resoluts befugt und verbunden gewesen sei,

dem Sinne des gedachten Rescripts völlig entspricht.

Die Straf-Resolute, welche gegen Justiz-Beamte wegen der von ihnen bei ihrer Dienstverwaltung begangenen Stempel Contraventionen von den Gerichten, als vorgesetzte Dienstbehörden, nach Vorschrift des Stempelgesetzes vom 7. März 1822 §. 30. abgefaßt werden, sind keine Urtheile, sondern nur gewöhnliche Decrete im Sinne der Preußischen Justiz-Verfassung. Dies ergiebt sich aus dem §. 31. l. c., wonach gegen dergleichen Resolute, wenn die Strafe 10 Rthlr. übersteigt, die Berufung auf richterliche Entscheidung statt findet. Wenn daher ein solches Resolut von einem Gerichte, welches nicht die Dienstbehörde des Contravenienten ist, erlassen worden, so tritt dasselbe, sobald die Incompetenz des Gerichts in dieser Beziehung im verfassungsmäßigen Wege ausgesprochen worden, von selbst außer Kraft, und bedarf es dazu nicht der förmlichen Aufhebung desselben auf den Grund eines dieserhalb eingelegten Rechtsmittels. Die Entscheidung darüber, ob das Gericht, von welchem das Resolut abgefaßt worden, die betreffende Dienstbehörde sei, steht dem Justiz-Minister zu, welcher auch unbedenklich befugt ist, eine Straf-Verfügung, die von der nicht competenten gerichtlichen Dienstbehörde erlassen ist, wieder aufzuheben. Zur Vermeidung fernerer Weiterungen wird das oben erwähnte Straf-Resolut der correctionellen Kammer des Königlichen Landgerichts hierdurch ausdrücklich für aufgehoben erklärt, Ew. Hochwohlgeboren aber werden angewiesen, unter Mittheilung dieses Rescripts die Abfassung eines anderweitigen Straf-Resoluts bei der ersten Civil-Kammer in Antrag zu bringen.

Berlin, den 28. April 1835.

Der Justiz-Minister
v. Kamptz.

An
den Königlichen Ober-Procurator
Hrn. v. Collenbach, zu Cöln.

E. 1100.

---

*) Bd. 4 pag 154.

b.

Abschrift dieser Verfügung dem (tit.) zur Nachricht.

Berlin, den 28. April 1835.

Der Justiz-Minister
v. Kamptz.

An
den Königlichen General-Procurator
Herrn Biergans zu Cöln.

E. 1100.

1356.

Befugniß der Militair-Vorgesetzten und Militairgerichte zu Verhaftungen.

Rh. Gen. No. 51.

Ew. Hochwohlgeboren eröffne ich auf Ihren Bericht vom 6. d. M., daß die Militair-Vorgesetzte und die Militairgerichte verfassungsmäßig allerdings befugt sind, die zu ihrer Competenz gehörigen Verhaftungen nach ihrer Wahl entweder selbst durch ihre Militairorgane, oder durch Requisition der Civilbehörden vollstrecken zu lassen. Daß in dem letzteren Falle die Requisition mittelbar durch den Ober-Procurator erfolge, ist keinesweges erforderlich. Wenn dies in Rücksicht auf die Civil-Behörden vorgeschrieben ist; so liegt dies in der Verfassung derselben, nach welcher sie selbst keine Verhaftungen zu vollstrecken befugt sind und das öffentliche Ministerium bei ihnen fungirt. Ganz anders verhält es sich rücksichtlich der Militair-Behörden, welche das selbstständige Recht haben, innerhalb ihrer Competenz Verhaftungen zu verfügen und zu vollstrecken und ganz außer dem Bereiche der Wirksamkeit und der Attributionen des öffentlichen Ministeriums stehen, und welche daher an dessen Mitwirkung gar nicht gebunden, wogegen die, für die Rechtspflege der Civil-Gerichte, als Hülfsbeamte derselben, dem öffentlichen Ministerium untergeordneten Behörden, nach der gegenseitigen Verpflichtung aller Königlichen Behörden, competenten Requisitionen zu genügen, verbunden sind, dieselben, wenn sie von Militairbehörden ausgehen, zu erfüllen. Die Requisition durch das öffentliche Ministerium würde aber auch oft mit bedeutendem Aufenthalt der Sache verbunden, und daher nicht blos nutzlos, sondern auch nachtheilig sein und die Militairbehörden nöthigen, Verhaftungen unmittelbar durch Militair vollstrecken zu lassen.

rc. rc.

Berlin, den 28. April 1835.

An den Königl. General=Procurator Hrn. Geheimen Ober=Justizrath Biergans zu Cöln.

Der Justiz=Minister v. Kamptz.

E. 1274.

1357.

Friedensrichter erhalten in Forstfrevelfällen, wo sie sich für incompetent erklären, keine Remuneration.

Rh. Crim. 7. Vol. II.

a.

Auf den Bericht vom 1. v. M. eröffne ich Ew. Hochwohlgeboren, daß in denjenigen Forstfrevelfällen, in welchen der Forstrichter sich für incompetent erklärt, die demselben durch die Allerhöchste Cabinets=Ordre vom 15. August 1829 *) zugebilligte Remuneration von $2\frac{1}{2}$ Sgr. von ihm nicht gefordert werden kann, weil der, in dem Rescripte vom 12. November 1829 **) sub No. 3. berührte Fall bei einer Incompetenz des Richters, gleichviel, wie diese ausgesprochen wird, nicht vorhanden ist. Hiernach haben Ew. Hochwohlgeboren das Schreiben der dortigen Königlichen Regierung vom 24. März d. J. zu beantworten. Die Anlage Ihres Berichts erfolgt anbei zurück.

Berlin, den 1. Mai 1835.

An den Königlichen Ober=Procurator Herrn v. Collenbach zu Cöln.

Der Justiz=Minister v. Kamptz.

E. 1238.

b.

Abschrift der Resolution dem Königlichen General=Procurator Herrn Biergans.

Berlin, den 1. Mai 1835.

An den Königlichen General=Procurator Herrn Biergans zu Cöln.

Der Justiz=Minister v. Kamptz.

E. 1238.

---

*) Band 3. pag. 308.

**) Band 3. pag. 307.

1358.

Anwendung der Bestimmungen des A. L.-R. bei Münzverbrechen in der Rheinprovinz.

Rh. Crim. 37.

a.

Ew. Hochwohlgeboren erhalten hierbei Abschrift der Allerhöchsten Cabinets-Ordre vom 18. April d. J., durch welche des Königs Majestät zu befehlen geruhet haben, daß die in den alten Provinzen wegen der Münzverbrechen geltenden Strafgesetze auch in der Rheinprovinz zur Anwendung kommen sollen. Ew. Hochwohlgeboren veranlasse ich, die Allerhöchste Ordre, sobald dieselbe durch die Gesetz-Sammlung publicirt sein wird, nebst den darin in Bezug genommenen Gesetzen,

1) dem §. 252. bis 267. und 1381. bis 1383. des 20sten Titels des zweiten Theils des Allgemeinen Landrechts,
2) dem Gesetze über Münzverbrechen vom 8. April 1823 (Gesetz-Sammlung von 1823. S. 43).
3) dem §. II. der Allerhöchsten Cabinets-Ordre vom 21. Dezember 1824, wegen Einführung der Kassen-Anweisungen (Gesetz-Sammlung von 1824. S. 239).
4) dem §. 10. der Verordnung vom 4. Februar 1806, wegen der Tresorscheine, welcher in beglaubter Abschrift beigefügt ist,

durch sämmtliche Amtsblätter der Rheinprovinz zur allgemeinen Kenntniß zu bringen.

Das in der Ediktensammlung B. 12. S. 755 abgedruckte Publikandum vom 20. September 1806, wegen Bestrafung der Münzverbrechen ist von der Publikation ausgeschlossen, weil es auch in den alten Provinzen keine gesetzliche Kraft erlangt hat.

Bei dem Gesetze vom 24. Februar 1830 (Gesetz-Sammlung S. 21) über die Bestrafung der wissentlichen Verausgabung falscher als ächt empfangener Kassen-Anweisungen, welches durch die Allerhöchste Cabinets-Ordre nicht aufgehoben ist, behält es übrigens nach wie vor sein Bewenden.

Sollten Verbrechen zur gerichtlichen Cognition kommen, welche unter die publicirten Strafgesetze fallen und sich vor Publikation der Allerhöchsten Cabinets-Ordre ereignet haben, so sind die milderen Strafgesetze zur Anwendung zu bringen.

Zugleich mache ich Ew. Hochwohlgeboren darauf aufmerksam, daß die Vorschriften der französischen Gesetzgebung, nach welchen die correctionellen Gerichte nicht auf Zuchthausstrafe erkennen können, und der geringste Grad der Zuchthaus- und Zwangsarbeitsstrafe 5 Jahre beträgt, durch die Allerhöchste Ordre in mehreren Fällen modificirt sind.

Hiernach haben Ew. Hochwohlgeboren sämmtliche Ober-Procuratoren und den Staats-Procurator zu St. Wendel mit Anweisung zu versehen.

Berlin, den 2. Mai 1835.

An den Königl. General-Procurator Herrn Biergans zu Cöln.
D. 439.

Der Justiz-Minister
v. Kamptz.

cf Cölner Amtsblatt pag. 177 ꝛc.

b.

Da nach dem Berichte vom 31. v. M. darüber Zweifel entstanden sind, ob durch den §. 11. Meiner Ordre vom 21. Dezember 1824, die, wegen Verfälschung der Tresorscheine erlassenen Strafbestimmungen in Bezug auf die Verfälschung der Kassen-Anweisungen in die Rheinprovinz eingeführt werden, Ich überhaupt aber angemessen finde, daß hinsichtlich der Münzverbrechen als Verbrechen gegen den Staat, in dem ganzen Umfange der Monarchie gleiche Strafgesetze gelten, so bestimme ich auf den Antrag des Staats-Ministeriums: daß die §§. 252 bis 267. und 1381. bis 1383. des 20sten Titels des zweiten Theils des Allgemeinen Landrechts, und das Gesetz über Münzverbrechen vom 8. April 1823, nebst dem durch den §. 11. Meiner Ordre vom 21. Dezember 1824 auf die Kassen-Anweisungen für anwendbar erklärten §. 10. der Verordnung v. 4. Februar 1806, wegen der Tresorscheine auch in denjenigen Provinzen der Monarchie, in welche das Allgem. Landrecht bisher nicht eingeführt worden, zur Anwendung kommen sollen. In demjenigen Theile der Rheinprovinz, in welchem das französische Recht gegenwärtig noch Gültigkeit hat; ist jedoch statt des Staupenschlags auf Ausstellung am Pranger zu erkennen, und wird die Entscheidung in den Fällen der §§. 254. bis 260. 267. 1381. bis 1383. den Assisengerichten, in den Fällen der §§. 252. 253. 261. bis 266. den correctionellen Gerichten unter Beobachtung Meiner Ordre vom 14. April 1830 *) beigelegt. Ich beauftrage die Justiz-Minister, wegen Ausführung dieser Ordre, welche durch die Gesetz-Sammlung öffentlich bekannt zu machen ist, die Gerichtsbehörden in den betreffenden Landestheilen mit den erforderlichen Anweisungen zu versehen.

Berlin, den 18. April 1835. Friedrich Wilhelm.

An das Staats-Ministerium.

---

*) Bd. 3. No 923.

c.

Auszug aus dem Allgemeinen Landrechte Titel 20. Theil 2.

§. 252. Wer eigenmächtig unter landesherrlichem Gepräge Münzen zum Cours im Publico gießt oder schlägt, hat nach Verhältniß der ausgeprägten Quantität zwei- bis dreijährige Festungsstrafe, nebst einer fiskalischen Geldbuße bis zum zehnfachen Betrage des gezogenen Vortheils verwirkt.

§. 253. Die Hälfte dieser Strafe trifft denjenigen, welcher zu solchem eigenmächtigen Münzen auswärtiges Gepräge mißbraucht.

§. 254. Wer aber unter landesherrlichem oder einem andern, im Lande gesetzmäßig cursirenden, Stempel nicht nur eigenmächtig Münzen prägt oder gießt, sondern auch zugleich deren inneren Gehalt verfälscht und dadurch das Publikum betrügt, hat vier- bis zehnjährige Festungsstrafe verwirkt.

§. 255. Außerdem muß er eine fiscalische Geldbuße, welche dem zehnfachen Betrage des verursachten Schadens, so weit als selbiger ausgemittelt werden kann, gleich kommt, aus seinem Vermögen entrichten.

§. 256. Sind durch dieses Verbrechen beträchtliche Summen falscher Münzen ins Publikum gebracht, und dadurch dem Handel und Credit der Unterthanen des Staats ein erheblicher Schaden zugefügt worden, so soll die Strafe bis zu Staupenschlag und lebenswieriger Festungsarbeit geschärft werden.

§. 257. Münzbediente, welche den Gehalt der von ihnen oder unter ihrer Aufsicht geprägten Gelder verringern, und dadurch nicht nur den Landesherrn, sondern auch das Publikum vervortheilen, sollen mit eben der Strafe (§. 256.) belegt werden.

§. 258. Hat Jemand unter fremden, im Lande nicht cursirenden, Stempel falsche geringhaltige Münzen ausgeprägt, so trifft ihn drei- bis sechsjährige Festungsstrafe.

§. 259. Wer falsche Münzen geprägt, aber noch nicht in das Publikum verbreitet hat, den trifft die Hälfte der, nach der übrigen Beschaffenheit seines Verbrechens verwirkten Strafe.

§. 260. Wer aber dem falschen Münzer zur Verbreitung der von ihm geprägten Gelder ins Publikum aus Eigennutz oder sonst vorsätzlich Hülfe geleistet hat, der soll dem Thäter gleich bestraft werden.

§. 261. Wem falsche Münzsorten zu Händen kommen, oder wer sonst von deren Umlaufe zuverlässige Nachricht erhält, der ist zur unverzüglichen Anzeige davon an die Obrigkeit verbunden.

§. 262. Wer nicht nur diese Anzeige unterläßt, sondern

auch die ihm zu Händen gekommenen falschen Münzsorten wissentlich weiter ausgiebt, der soll um den vierfachen Betrag derselben und überdies mit einer Geldbuße von fünf bis funfzig Thalern, oder mit Gefängniß auf acht Tage bis sechs Wochen bestraft werden.

§. 263. Wer die im Lande gangbaren Münzsorten beschneidet, abfeilt, oder durch andere Künste den Gehalt schmälert, der soll den zehnfachen Betrag des sich dadurch verschafften unrechtmäßigen Gewinnes zur Strafkasse erlegen, und nach Verhältniß des angerichteten Schadens zwei- bis vierjährige Zuchthausstrafe leiden.

§. 264. Ist er ein Jude, so wird er, noch außer der Strafe, des ihm vom Staate bisher gegönnten Schutzes verlustig.

§. 265. Wer zum Nachtheile und wider ein Verbot des Staats landesherrliche Münzsorten einschmelzt, wird um den vierfachen Betrag des dabei gesuchten Gewinnes fiscalisch bestraft.

§. 266. Wer verrufene Scheide- oder andere schlechte Münzsorten aus Gewinnsucht in das Land einführt und verbreitet, der soll mit Confiscation derselben und dem Ersatze des doppelten Betrages der eingebrachten Summe bestraft werden.

§. 267. Wer Banknoten, Pfandbriefe oder Actien, welche unter landesherrlicher Autorität zum öffentlichen Umlaufe bestimmt sind, verfälscht oder nachmacht, oder dergleichen verfälschte Papiere im Publico wissentlich verbreiten hilft, soll gleich demjenigen, welcher falsches Geld unter landesherrlichem Gepräge gemünzt oder verbreitet hat, bestraft werden.

§. 1381. Wie diejenigen zu bestrafen sind, welche Banknoten, Pfandbriefe und andere zum allgemeinen Umlaufe im Publico öffentlich bestimmte Papiere verfälschen oder nachahmen, ist §. 267. sqq. verordnet.

§. 1382. Wer auswärtige Banknoten, Pfandbriefe oder andere dergleichen zum allgemeinen Umlaufe bestimmte Papiere verfälscht oder nachmacht, soll drei- bis sechsjährige Zuchthaus- oder Festungsstrafe leiden.

§. 1383. Haben jedoch dergleichen Papiere innerhalb Landes keinen Umlauf, so findet nur die Hälfte dieser Strafe (§. 1832.) statt.

d.

Gesetz in Betreff einiger Münzverbrechen. Vom 8. April 1823.

Wir Friedrich Wilhelm, von Gottes Gnaden König von Preußen rc. rc., haben zur Ergänzung der allgemeinen, die

Münzverbrechen betreffenden, Gesetze einige neue Bestimmungen für nöthig befunden, und verordnen daher für diejenigen Provinzen und Landestheile, worin das Allgemeine Landrecht gesetzliche Kraft hat, nach erfordertem Gutachten Unseres Staatsraths wie folgt:

§. 1. Wer unter Unserm landesherrlichen Stempel eigenmächtig Münzen verfertigt oder dazu Hülfe leistet, soll lediglich nach den in Unsern Gesetzen bestimmten Strafen auch dann beurtheilt werden, wenn diese Handlung im Auslande verübt worden ist, und zwar ohne Unterschied, ob er selbst Unser Unterthan oder ein Ausländer ist.

§. 2. Dieselbe Bestimmung soll auch bei der Nachahmung oder Verfälschung des Papiergeldes und aller übrigen Papiere eintreten, welche von Uns zu öffentlichem Umlauf bestimmt sind.

§. 3. Wer nachgemachte oder verfälschte Münzen oder im §. 2. gedachte Papiere in Unsere Staaten wissentlich und aus gewinnsüchtiger Absicht einführt, soll mit denselben Strafen belegt werden, welche auf die Verfertigung derselben angedroht sind. (Allgem. Landrecht Thl. II. Tit. 20. §§. 252. bis 254. u. f. §. 267. §§. 1381. bis 1383.)

Diese Strafe tritt ein, sobald die unächten Münzen oder Papiere (§. 2.) über die Gränze eingebracht sind, ohne Unterschied, ob sie bereits ausgegeben worden oder nicht.

§. 4. Auch soll derjenige mit einer gleichen Strafe belegt werden, welcher wissentlich und aus gewinnsüchtiger Absicht dergleichen Preußische Münzen oder Papiere (§. 2.) verbreitet, ohne Unterschied, ob es im In- oder Auslande, desgleichen ob es von einem In- oder Ausländer geschehen.

§. 5. Wenn zwar unächte Münzen oder Papiere (§. 2.) über die Gränze eingebracht sind, nach dem richterlichen Ermessen aber nicht anzunehmen ist, daß solches wissentlich und in gewinnsüchtiger Absicht geschehen, so trifft den Einbringer zwar keine weitere Strafe, die unächten Münzen aber und Papiere, welche sich noch bei ihm befinden, werden konfiszirt.

§. 6. Jede nachgemachte oder verfälschte Münze, so wie jedes dergleichen, öffentlichen Cours habendes Papier (§. 2.), welche oder welches in Unsern Staaten gefunden wird, soll von der Polizei-Behörde sogleich in Beschlag genommen und vernichtet werden.

§. 7. Jeder Inhaber von dergleichen Münze oder Papier (§. 6.) hat die Verpflichtung, solche oder selbiges an die Polizei-Obrigkeit des Orts unverzüglich abzuliefern, wenn er von der Unächtheit Wissenschaft erlangt. Hat er dieses freiwillig gethan, so wird ihm der Metallwerth der Münze vergütet, insofern er keiner Theilnahme an dem Münzverbrechen verdächtig ist.

§. 8. Die Unterlassung dieser Ablieferung (§. 7.) zieht zwar keine besondere Strafe nach sich, macht aber den Betreffenden wegen des daraus entstandenen Schadens verantwortlich.

§. 9. Den §. 267. in Verbindung mit §. 1381. und §. 1382. des 20. Titels des 2. Theils des Allgem. Landrechts bestimmen Wir näher dahin, daß die Strafe des §. 267. nicht bloß bei den darin beispielsweise genannten Arten von Papieren, sondern auch bei allen andern zur Anwendung kommen soll, welche von Uns zum öffentlichen Umlauf bestimmt sind.

Urkundlich haben Wir dieses Gesetz Allerhöchsteigenhändig vollzogen und mit Unserm Königlichen Insiegel versehen lassen.

So geschehen Berlin, den 8. April 1823.

(L. S.) Friedrich Wilhelm.

v. Altenstein.

Beglaubigt: Friese.

e.

Auszug aus der Allerhöchsten Cabinets-Ordre vom 21. Dezember 1824.

II.

Alle gesetzliche Bestimmungen, welche in Ansehung der Tresor- und Thalerscheine, so wie der Kassenbillets Lit. A. bestehen, finden auf die Kassen-Anweisungen Anwendung, insofern sie durch gegenwärtige Verordnung nicht aufgehoben oder abgeändert werden.

f.

Extract aus der Verordnung vom 4. Februar 1806.

§. 10.

Wer Tresorscheine verfälscht oder nachmacht, an der Verfälschung Theil nimmt, verfälschte oder nachgemachte Tresorscheine ins Publikum wissentlich bringt oder bringen hilft, soll mit eben der Strafe belegt werden, welche nach Vorschrift des Allgemeinen Landrechts Theil 2. Tit. 20. §. 254. u. f. gegen falsche Münzer geordnet ist.

1359.

Gensd'armes und Soldaten, wenn sie von Amtswegen vor Gericht auftreten, nehmen die Kopfbedeckung nicht ab.

Rheinpr. Crimin. No. 21. Vol. II.

Aus Veranlassung Ew. Hochwohlgeboren des ersten Herrn Präsidenten Berichts vom 12. März d. J., das äußere Erscheinen der Gensdarmes und Soldaten in den Gerichtssitzungen betreffend, bin ich über diesen Gegenstand mit des Herrn Kriegsministers Excellenz in nähere Berathung getreten und übersende Ew. Hochwohlgeboren anliegend Abschrift des sich auf denselben Gegenstand beziehenden Schreibens desselben vom 26. v. M., mit dem Eröffnen, daß es bei den darin angegebenen Verhältnissen aus den dafür angeführten Gründen bei dem bisherigen Gebrauche, wonach Gensd'armes und Soldaten, welche von Amtswegen auftreten, bei gerichtlichen Vereidigungen die Kopfbedeckung nicht abnehmen, auch ferner verbleiben muß. Ew. Hochwohlgeboren veranlasse ich, hiervon den Assisen-Präsidenten und den Ober-Procuratoren Kenntniß zu geben.

Berlin, den 2. Mai 1835.

Der Justiz-Minister
v. Kamptz.

An
den ersten Präsidenten des Königl. Appellationsgerichtshofes Herrn Schwarz
und an den Königl. General-Procurator
Herrn Biergans zu Cöln.

E. 1450.

1360.

Verfahren bei Gesuchen um Ertheilung der Anstellungs-Fähigkeit.

Rh. Offic. S. No. 14.

Da die Grundsätze in Betreff der Anstellungsfähigkeit im Subalterndienste gesetzlich feststehen, so kann Ich die vielen Gesuche, die Anstellungsfähigkeit durch specielle Ordres festzustellen, in der Regel nur als Mittel ansehen, diese Gesetze zu umgehen und die durch das Gesetz Berechtigten in ihren Versorgungs-Ansprüchen zu beschränken. Es werden daher Immediat-Gesuche dieser Art künftig an die Ministerien und

Chefs der Verwaltungen remittirt werden, um die Bittsteller entweder nach den bestehenden gesetzlichen Grundsätzen mit ihren Ansprüchen zurückzuweisen, oder wenn die Prüfung ergeben sollte, daß die Umstände eine Ausnahme motiviren, diesen Fall zu Meiner Entscheidung zu bringen und mit gehörigen Gründen zu unterstützen. Ich setze dabei voraus, daß über die Gründe der Ausnahme eine Vereinigung im Staats-Ministerio erfolgen und dabei der Grundsatz im Auge werde behalten werden, daß nur in dringenden Fällen die Ausnahme von der Regel zur Genehmigung bei Mir in Antrag gebracht werden dürfe.

Berlin, den 4. Mai 1835.

Friedrich Wilhelm.

An
das Staats-Ministerium.
D. 1097.

1361

Verhängung der Ordnungsstrafen gegen Pfarrer, welche das, mit Hinterlassung von Minorennen, erfolgte Absterben von Personen den Friedensrichtern nicht anzeigen.

Rh. Gen. 72.

a.

Bei Rücksendung der Anlagen des Berichts vom 25. v. M. wird Ew. Wohlgeboren, im Einverständnisse mit dem Herrn Minister der geistlichen, Unterrichts- und Medicinal-Angelegenheiten und in Verfolg des Rescripts vom 3. v. M., nunmehr eröffnet, daß die Ordnungsstrafe, welche nach der Allerhöchsten Cabinets-Ordre vom 4. Juli v. J. *) gegen diejenigen Pfarrer eintritt, welche die Todesfälle von, mit Hinterlassung minderjähriger Kinder, verstorbenen Personen den Friedensrichtern nicht anzeigen, nicht von den Friedensrichtern verhängt werden kann, sondern von den Königlichen Regierungen festgesetzt und eingezogen werden muß, daß daher die Friedensrichter, wenn der Fall einer zu verhängenden Ordnungsstrafe eintritt, den Königlichen Ober-Procuratoren davon Anzeige zu machen, und diese die betreffende Königliche Regierung um deren Festsetzung und Einziehung zu requiriren haben.

---

*) Band 4. pag. 130.

Hiernach ist auch das gerichtliche Verfahren, welches in Folge der von dem dortigen Friedensrichter gegen mehrere Pfarrer daselbst festgesetzten Ordnungsstrafen Behufs der Aufhebung dieser Strafverfügung von den Pfarrern anhängig gemacht worden, einzustellen, und haben Ew. Wohlgeboren demgemäß das Weitere zu veranlassen und sämmtliche Friedensrichter des dortigen Landgerichts-Bezirks mit Anweisung zu versehen.

Berlin, den 8. Mai 1835.

Der Justiz-Minister
v. Kamptz.

An
den Königlichen Ober-Procurator
Herrn Packenius zu Aachen.
E. 1542.

b.

Abschrift dieser Verfügung dem Königl. General-Procurator mit der Auflage, sämmtliche übrige Friedensrichter durch die Königlichen Ober-Procuratoren davon in Kenntniß zu setzen, daß die gegen die Pfarrer zu verhängenden Ordnungsstrafen nicht von den Friedensrichtern, sondern nur von den Königl. Regierungen festgesetzt und eingezogen werden können.

Berlin, den 8. Mai 1835.

Der Justiz-Minister
v. Kamptz.

An
den Königl. General-Procurator
Herrn Biergans zu Cöln.
E. 1542.

1362.

Befugniß der Landgerichte, mit den Regierungen über das den Forststrafarbeitern aufzuerlegende Arbeitsmaaß zu concurriren.

Rh. Crim. 7. Vol. II.

a.

Bei Rücksendung des, mittelst Berichts vom 22. v. M. eingereichten Regulativs über das den Forststrafarbeitern für den Tag aufzuerlegende Arbeitsmaaß wird Ew. Hochwohlgeboren eröffnet, daß die rheinischen Landgerichte, wenn gleich ihnen der Rang und Charakter der Landes-Justiz-Collegien nicht ausdrücklich beigelegt worden, doch in Bezug auf die von diesen und den Regierungen in Gemäßheit der Allerhöchsten Cabinets-Ordre vom 28. April v. J. *) (Gesetz-Sammlung von 1834, S. 67) wegen der, der Forstarbeit zu substituirenden Arbeiten zu erlassenden Bestimmungen unbedenklich Landes-Justiz-Collegien sind. Das Königliche Landgericht ist daher zur Prüfung und Mitvollziehung des, ihm von der dortigen Königlichen Regierung mitgetheilten, Regulativs vollkommen befugt. Ew. Hochwohlgeboren Ansicht, daß es nicht zweckmäßig erscheine, für jeden Regierungsbezirk besonders ein solches Regulativ zu erlassen, kann nicht beigetreten werden, indem es bei den qu. Bestimmungen sehr auf örtliche Verhältnisse ankommt, welche nicht gehörig berücksichtigt werden können, wenn diese Bestimmungen für noch größere Distrikte gleichförmig getroffen würden. Auch geht die Absicht des Gesetzes vom 7. Juni 1821 §. 5., so wie der Allerhöchsten Cabinets-Ordre vom 28. April v. J. No. 5. unzweifelhaft auf Erlassung eines eigenen Regulativs für jeden Regierungsbezirk.

Berlin, den 9. Mai 1835.

Der Justiz-Minister
v. Kamptz.

An
den Königl. Landgerichts-Präsidenten
Herrn Wurzer
und an den Königl Ober-Procurator
Herrn v. Elfers zu Coblenz.
E. 1475.

b.

Abschrift dieser Verfügung dem Königl. General-Procurator zur Nachricht.

Berlin, den 9. Mai 1835.

Der Justiz-Minister
v. Kamptz.

An
den Königlichen General-Procurator
Herrn Biergans zu Cöln.
E. 1475.

1363.

Bestellung des Kammergerichts zum ausschließlichen Gerichtshofe bei politischen Verbrechen.

Gen. P. No. 1.

Wenn die in No. 7. der diesjährigen Gesetzsammlung abgedruckte Allerhöchste Cabinets-Ordre**) wegen Bestellung des

*) Bd. 4. pag. 63.
**) Band 5. pag. 112.

Kammergerichts zum ausschließlichen Gerichtshofe wegen politischer Verbrechen und Vergehen den Departements-Ministern aufgiebt, die Gerichtshöfe mit der erforderlichen Anweisung zu versehen, so habe ich zu den Gerichtshöfen in der Rheinprovinz das Vertrauen, daß es derselben fürs erste nicht bedürfen wird, sondern sie dieselbe in dem deutlichen Inhalt des gedachten Gesetzes und in ihrem eigenen Pflichtgefühl finden werden. Es liegt klar vor, daß die darin vorgeschriebene Anfrage bei der, aus den beiden Justiz-Ministern und dem Herrn Minister des Innern und der Polizei bestehenden, Ministerial-Commission nur in denjenigen Fällen erforderlich ist, in welchen politische Tendenzen oder hoch- und landesverrätherische Absichten und Zwecke mit vorliegen oder wahrscheinlich sind. Die Berichte an die Ministerial-Commission, welchen die Akten beizufügen sind, sind an die Ministerial-Commission zu erstatten, jedoch mit der Bemerkung auf der Adresse, daß sie bei mir abzugeben sind.

Ew. Hochwohlgeboren veranlasse ich, dies zur Kenntniß der Herren Ober-Procuratoren und durch dieselben der Königlichen Gerichtshöfe zu bringen.

Berlin, den 9. Mai 1835.

Der Justiz-Minister
v. Kamptz.

An
den Königlichen General-Procurator
Herrn Biergans Hochwohlgeboren
zu Cöln.

E. 1563.

1364.

Form des Verfahrens bei Verzichtleistung von Injurien.

Rh. Crimin. No. 52.

a.

Wenn Ew. Hochwohlgeboren in dem Berichte vom 28. v. M. Ihre Ansichten über die Auslegung der Allerhöchsten Ordre vom 20. December v. J. *) dahin entwickeln, daß dieselbe nur eigentliche Injurien, welche mit oder ohne Thätlichkeiten verübt werden, keinesweges aber Mißhandlungen oder Verwundungen zum Gegenstande haben, die aus Muthwillen, Bosheit, Rache oder zur Erreichung sonstiger Zwecke verübt worden, so haben Sie dadurch den Sinn der gedachten Aller-

*) Band 4. pag. 204.

höchsten Cabinetsordre vollständig und erschöpfend ausgesprochen, und kann ich daher diesen Ansichten, welche auch mit dem Rescripte vom 20. Februar d. J. *) übereinstimmen, nur vollkommen beipflichten.

Wenn dieser Sinn der, in der Allerhöchsten Cabinetsordre enthaltenen, Vorschrift festgehalten wird, so kann über deren Anwendung überall kein Zweifel eintreten. Eben so wenig können bei consequenter Durchführung dieses Sinnes der obgedachten Allerhöchsten Cabinetsordre über das dabei zu beobachtende Verfahren Bedenken entstehen, welche nicht sofort durch dies Gesetz und durch die rheinische Gerichtsverfassung ganz von selbst sich erledigten. Hiernach erledigen die von einigen Ober-Procuratoren vorgelegten Anfragen sich folgendermaßen:

I. Bei der Frage: wer über die Verzichtleistung des Beleidigten entscheidet, ist nach der Natur der Sache und der rheinischen Gerichtsverfassung ein Unterschied zu machen, ob schon definitiv über die Anschuldigung erkannt worden ist oder nicht.

Ist noch nicht definitiv erkannt, so treten folgende Fälle ein:

1) Die Sache ist noch in der vorbereitenden Untersuchung begriffen. Alsdann entscheidet die Rathskammer über die Verzichtleistung durch einfachen Rathskammer-Beschluß.

2) Die Sache ist schon an das Zuchtpolizeigericht verwiesen. Hier ergiebt sich von selbst, daß wenn die Verzichtleistung vor der öffentlichen Sitzung angebracht wird, darüber das Zuchtpolizeigericht durch einfachen, im Berathungszimmer abzufassenden, Rathskammer-Beschluß entscheidet. Wird die Verzichtleistung aber erst in der öffentlichen Sitzung angebracht, so entscheidet darüber das Zuchtpolizeigericht entweder vor Verhandlung der Sache selbst durch einfachen Beschluß, oder nach Verhandlung der Sache, wenn über die Verzichtleistung und deren Zulässigkeit ein erheblicher Zweifel sich ergeben sollte, durch das förmliche Erkenntniß. Ist das Gericht vor Verhandlung der Hauptsache selbst der Ansicht, daß eine Verzichtleistung nicht statthaft sei, so wird es, um mit Erwägung aller Umstände über die Verzichtleistung entscheiden zu können, das Gesuch nicht sogleich zurückweisen, sondern die Verhandlung der Hauptsache erst vornehmen, und sodann in dem Erkenntnisse über die Hauptsache auch zugleich über die Statthaftigkeit der Verzichtleistung entscheiden.

3) Die Sache schwebt in der Appellations-Instanz. Hier ist eben so zu verfahren, wie sub 2. erwähnt worden.

4) Die Sache ist an den Anklage-Senat verwiesen, oder

*) Band 5. pag. 75.

dieser durch eine eingelegte Opposition gegen einen Beschluß der Rathskammer mit der Sache befaßt. Alsdann entscheidet der Anklage-Senat durch einfachen Beschluß über die Verzichtleistung.

5) Die Sache ist bereits an den Assisenhof verwiesen. Wenn in diesem nur selten eintretenden Fall die Verzichtleistung vor der öffentlichen Sitzung angebracht worden, so entscheidet der Assisenhof durch einfachen Beschluß und vertritt hierbei, wenn der Assisen-Präsident noch nicht an Ort und Stelle sein sollte, der Landgerichts-Präsident dessen Stelle. Wird die Verzichtleistung aber in der öffentlichen Sitzung erst vorgebracht, so ist, wie sub 2. erwähnt worden, zu verfahren.

Ist hingegen schon definitiv über die Anschuldigung erkannt, so entscheidet, wenn die Sache in der Cassations-Recurs-Instanz schwebt, der Revisions- und Cassationshof, wenn aber kein Cassations-Recurs ergriffen oder von dem Revisions- und Cassationshof bereits erkannt worden, die Rathskammer desjenigen Gerichts, welches in erster Instanz erkannt hat, über die Verzichtleistung durch einfachen Beschluß.

II. Die Frage: ob und welche Rechtsmittel gegen die Entscheidungen über eine Verzichtleistung zulässig seien, erledigt sich nach dem sub I. Angeführten von selbst. Ist nämlich durch einfachen Beschluß über die Verzichtleistung entschieden, so findet gegen einen solchen Beschluß nur der Recurs im Wege der Beschwerde an die, der entscheidenden Behörde vorgesetzte Instanz statt. Ist aber durch förmliches Erkenntniß über die Verzichtleistung entschieden, so finden gegen ein solches Erkenntniß die gewöhnlichen Rechtsmittel statt. Der Recurs sowohl als das Rechtsmittel steht übrigens sowohl dem Angeschuldigten als dem Verzichtleistenden, und in den Fällen der Unanwendbarkeit der Allerhöchsten Cabinetsordre vom 20. Dezember v. J. auf den vorliegenden Fall oder der Unzulänglichkeit der Verzichtleistung, auch dem öffentlichen Ministerium zu.

III. Ueber die Frage: in welcher Form die Verzichtleistung abzugeben sei, kann kein gegründetes Bedenken obwalten, wenn man nur im Auge behält, daß die Allerhöchste Ordre vom 20. Dezember v. J. im Sinne und Geiste der altländischen Gesetzgebung zu interpretiren ist, und nach derselben es nur darauf ankommt, daß dem Richter die Verzichtleistung glaubhaft vorgebracht werde. Dies kann sowohl durch eine gerichtliche als auch notarielle, oder auch nur der Unterschrift nach beglaubigte oder vor einem gerichtlichen Polizeibeamten zu Protokoll abgegebene Erklärung geschehen.

Die Verzichtleistung ist übrigens in allen Fällen, wenn sie nicht in öffentlicher Gerichtssitzung angebracht wird, bei dem öffentlichen Ministerium zu übergeben, damit dieses sie mit seinem Antrage dem Gerichte vorlegen könne.

IV. Die Frage: wer im Falle der Verzichtleistung die Kosten zu tragen habe, ist bereits durch das Rescript vom 20. Februar d. J.*) erledigt, worauf daher hier nur verwiesen werden kann. Hienach hat, wenn noch nicht erkannt ist, der Verzichtleistende, wenn aber bereits erkannt ist, der in dem Urtheile zu den Kosten Verurtheilte die Kosten zu tragen. Letzteres ist durch die Allerhöchste Ordre vom 28. August 1833**) ganz ausdrücklich bestimmt; daß aber der Verzichtleistende in den Fällen, in welchen über die Kosten noch nicht erkannt worden, die Kosten zu tragen habe, ist in den älteren Provinzen außer Zweifel, und folgt schon daraus, daß der Verzichtleistende es ist, der den Lauf der Untersuchung gehemmt und über die Kosten nicht erkannt wissen will, daß auch er es daher sein muß, der die Kosten trägt. Die Allerhöchste Cabinetsordre hat diesen solchergestalt gebildeten Grundsatz der altländischen Gesetzgebung auf die Rheinprovinz übertragen und muß derselbe in eben dem Maaße zur Anwendung kommen, da in ihrer Gerichtsverfassung überall kein specieller Grund seiner vollen Anwendbarkeit entgegensteht. Umsichtige Richter, Notare und Beamte der gerichtlichen Polizei werden überdem bei der Aufnahme der Verzichtleistungen erforderlichen Falls diesen Punkt berücksichtigen.

Schließlich bedarf es wohl nicht erst der ausdrücklichen Bestimmung, daß, wenn eine Injuriensache bei einem Polizeigerichte schwebt, die Verzichtleistung auch bei dem Polizeirichter anzubringen, und von diesem darüber entweder durch einfachen Beschluß oder durch Erkenntniß, je nachdem die Verzichtleistung vor oder in der zur Verhandlung der Hauptsache selbst anberaumten Sitzung angebracht wird, zu entscheiden ist.

Ew. Hochwohlgeboren beauftrage ich hierdurch, nicht nur die Ober-Procuratoren, welche hierüber Anfragen gestellt haben, auf die im Original anbei zurückerfolgenden Berichte vom 12., 18. und 27. März d. J. hienach zu bescheiden, sondern auch den Königlichen Appellationshof und sämmtliche Gerichte durch die Königlichen Ober-Procuratoren davon in Kenntniß zu setzen.

Berlin, den 15. Mai 1835.

Der Justiz-Minister
v. Kamptz.

An
den Königl. General-Procurator
Herrn Biergans zu Cöln.
E. 1567.

---

*) Band 5. pag. 75.
**) Band 4. pag. 172.

b.

Ew. Hochwohlgeboren erhalten anliegend Abschrift einer heute an den Königlichen General-Procurator zu Cöln erlassenen Verfügung in Betreff der Ausführung der, die Verzichtleistung bei Injurien betreffenden Allerhöchsten Ordre vom 20. Dezember v. J., um den Königlichen Revisions- und Cassationshof davon in Kenntniß zu setzen.

Berlin, den 15. Mai 1835.

Der Justiz-Minister
v. Kamptz.

An
den Königlichen General-Procurator
Herrn Eichhorn hier.
E. 1567.

1365.

Bestreitung und Anweisung der Kosten geringer Reparaturen an den Gerichtslocalien aus den Fonds zu kleinen Ausgaben der Gerichte.

Localien No. 6.

Mit Bezug auf das die Kosten der Reparaturen an den Gerichtslocalien betreffende Rescript vom 20. September 1833*) wird dem Königlichen Justiz-Senat hierdurch eröffnet, daß die in dieser Verfügung bezeichneten geringeren Reparaturen, — mit Ausnahme der, durch die bloße Instandhaltung der Thüren, Fenster, Oefen u. s. w. verursachten, auch ferner aus dem Kanzleikosten-Fonds des betreffenden Gerichts zu entnehmenden Kosten — aus dem auf den Justiz-Verwaltungs-Etats der Königlichen Regierungen stehenden Fonds zu kleinen Ausgaben der Gerichte, nicht aber, wie in dem angeführten Rescripte bestimmt worden, aus dem Kanzleikosten-Fonds zu bestreiten sind. Die diesfälligen Kosten können auf den Grund gehörig justificirter Liquidationen, insofern solche den Betrag von 20 Rthlr. nicht übersteigen, von dem Königlichen Justiz-Senate ohne Anfrage bei dem Justiz-Ministerium auf den gedachten Fonds für kleine Ausgaben zur Zahlung angewiesen werden; es wird aber erwartet, daß die Nothwendigkeit der vorzunehmenden Reparaturen sorgfältig geprüft, und bei deren Ausführung eine strenge Oekonomie beobachtet werde, damit keine Ueberschreitung jenes Fonds entstehe.

*) Band 3. pag. 670.

Der Königliche Justiz-Senat hat hiervon die Untergerichte zur Nachachtung in Kenntniß zu setzen.

Berlin, den 15. Mai 1835.

Der Justiz-Minister
v. Kamptz.

An
den Königl. Justiz-Senat
zu Coblenz.

E. 1675.

1366.

Neueste Bestimmungen, die Aufnahme in die Königliche allgemeine Wittwen-Verpflegungs-Anstalt betreffend.

(Cölner Amtsblatt pag. 187.)

1. In Gemäßheit der Allerhöchsten Königl. Cabinets-Ordre vom 27. Februar 1831 und der darauf von den Königl. Ministerien des Innern und der Finanzen erlassenen Bestimmungen sind nur noch einzig diejenigen Civil-Beamten mit ihren Ehegattinnen aufnahmsfähig, welchen durch frühere Cabinets-Ordres der Beitritt zur Pflicht gemacht worden ist.

   Als solche sind anzusehen:

   a) die im unmittelbaren Staatsdienste definitiv (nicht provisorisch oder auf Kündigung) angestellten Civil-Beamten, insofern ihr jährliches fixirtes Einkommen über 250 Rthlr. beträgt;

   b) alle als wirkliche Seelsorger fungirende Geistliche, ohne Unterschied, ob sie auf Königlichen oder andern Patronaten angestellt sind, und

   c) alle an höhern Schulanstalten (nicht an bloßen Elementar-Schulen) wirklich angestellte Lehrer, die nicht zur Klasse der Hülfs- oder Elementar-Lehrer gehören, ohne Rücksicht auf die Höhe ihres Dienst-Einkommens; alle diese drei Klassen jedoch mit der in dem Reglement vom 28. Dezember 1775 §. 3. und 4. angegebenen Ausschließung wegen der Alters-Verhältnisse und wegen Ermangelung vorschriftsmäßiger Gesundheits-Atteste.

2. Betreffend die Festsetzung des Betrages der zu versichernden Pension, so ist solche nicht Sache der unterzeichneten General-Direction, sondern der dem Interessenten vorgesetz-

ten Dienstbehörde, und kann daher nur hier im allgemeinen bemerkt werden, daß nach den höhern Orts erlassenen Bestimmungen, die Pension mindestens dem 5ten Theile ihres Dienst-Einkommens gleich sein muß, wobei jedoch zu berücksichtigen, daß die Versicherungen nur von 25 Rthlr. bis 500 Rthlr. incl. immer mit 25 Rthlr. steigend Statt finden können.

3. Wegen der Qualifications-Atteste bleiben die Bestimmungen des Reglements vom 28 Dezember 1775 §. 7. und 9. unverändert; insofern jedoch nach dem Range oder nach den notorischen Verhältnissen des Aufzunehmenden nicht als unbezweifelt angenommen werden kann, daß derselbe zu den unter 1. benannten receptionsfähigen Beamten gehört, hat derselbe noch ein Attest seiner vorgesetzten Dienst-Behörde hierüber beizubringen.

4. Auch hinsichtlich der von den Aufzunehmenden zu leistenden Zahlungen bleiben die Bestimmungen des Reglements vom 28. Dezember 1775 und der Bekanntmachungen von 1782 und 1783 im Uebrigen in Kraft, nur ist die Erlegung von Antrittsgeldern, sowohl baar als durch Wechsel abgeschaft, jedoch werden den reglementsmäßigen Beitragssätzen die Zinsen zu 5 Proc. von dem statutenmäßigen Betrage des Antrittsgeldes hinzugerechnet, auch sind nach selbigen die Retardatzinsen zu 4 Proc. zu berechnen, welche von denjenigen entrichtet werden müssen, die später als ein Jahr nach ihrer Verheirathung beitreten.

5. Wenn übrigens ein noch im wirklichen Staatsdienste stehender oder ein bereits pensionirter Beamter die Pension heruntersetzen will, so ist zwar eine solche Heruntersetzung erlaubt, sie kann jedoch nur bis auf den 5ten Theil des Dienst-Einkommens, welches er dermalen bezieht, oder vor der Pensionirung zuletzt bezogen hat, geschehen, und ist deshalb ein Attest der vorgesetzten Behörde über den Betrag dieses Einkommens nöthig. Es ist aber auch im allgemeinen zu jeder Herabsetzung, so wie auch zu dem freiwilligen gänzlichen Ausscheiden — welches allen, die nicht zu den unter 1. benannten noch receptionsfähigen Beamten gehören, nachgelassen ist — die Billigung der Ehegattin erforderlich, dergestalt, daß letztere in einer gerichtlich ausgefertigten Urkunde, mit Zuziehung der gesetzlich vorgeschriebenen Rechtsbeistände erklärt, wie sie, nachdem ihr die Folgen ihrer Handlung gehörig bekannt gemacht worden, zur Heruntersetzung der Pension auf — Rthlr. — oder resp. zur gänzlichen Aufhebung der Association ihre Zustimmung gebe,

welche Erklärung sodann nebst dem Receptionsscheine einzureichen ist.

Berlin, den 18. Mai 1835.

General-Direction der Königl. Preuß. allgemeinen Wittwen-Verpflegungs-Anstalt.
v. Bredow. Graf v. d. Schulenberg.

1367.

Verhalten der Gerichte bei Verbrechen und Vergehungen wider die Verfassung des Staats und wider die öffentliche Ordnung und Ruhe.

Gen. P. No. 1.

a.

Des Königs Majestät haben in der Allerhöchsten Cabinets-Ordre vom 25. v. M. *) (Gesetz-Sammlung S. 47) das Königliche Kammergericht zum ausschließlichen Gerichtshofe der Monarchie wegen aller und jeder Verbrechen und Vergehungen wider die Verfassung und wider die öffentliche Ordnung und Ruhe, sowohl ihrer sämmtlichen Provinzen als auch der übrigen Staaten des deutschen Bundes, mit Aufhebung des anderweitigen persönlichen Gerichtsstandes der Beschuldigten bis auf Weiteres zu bestellen geruhet.

In der, unterm 9. d. M. **) an Sie, Herr General-Procurator, erlassenen Verfügung habe ich bereits die Ueberzeugung ausgesprochen, daß die rheinischen Gerichtsbehörden auch ohne besondere Instruction das Richtige finden und den Allerhöchsten Bestimmungen genügen würden. Ich habe zu denselben das Vertrauen, daß sie ohne Verzug den Requisitionen des Kammergerichts und den Anweisungen der Ministerial-Commission Folge leisten und Gerüchte und Anzeigen wegen solcher Verbrechen, die nach Inhalt der Ordre zunächst und ausschließlich zur Competenz des Kammergerichts gehören, zur Kenntniß der Ministerial-Commission unter meiner Adresse bringen werden.

Indessen ist es nöthig, noch einige nähere Bestimmungen zn erlassen, um möglichen Mißverständnissen zu begegnen, welche

---

*) Bd. 5. pag. 112.
**) Bd. 5. pag. 126.

den Gang der Untersuchungen hemmen und die Erfolge derselben vereiteln könnten.

Demzufolge eröffne ich Ihnen, daß auch außer dem Falle des Hochverraths, jederzeit an die Ministerial-Commission zu berichten und deren Anweisung zu gewärtigen ist, wenn entweder über die Competenz in Betreff derjenigen Untersuchungen Zweifel entstehen, welche den ordentlichen Gerichten vorbehalten sind, oder eine Landesverrätherei vorliegt, welche auch im Friedenszustande sich ereignen kann oder Verbrechen wider die innere Ruhe und Sicherheit des Staats und namentlich solche zur Sprache kommen, welche zu den, im Allgemeinen Landrechte in §. 151.—155. und in §. 167. Tit. 20. Th. II. bezeichneten, strafbaren Handlungen gehören. Es ist in allen diesen Fällen vollständige Anzeige zu machen und die Anweisung der Ministerial-Commission über die Führung der Untersuchung zu gewärtigen.

Was die vor Erlaß der Ordre eröffneten, auf das Verbrechen des Hochverraths bezüglichen und in Gemäßheit der Bestimmungen des Allgemeinen Landrechts in §. 92.—99. in §. 163.—165. und in §. 185. Tit. 20. Th. II. eingeleiteten Untersuchungen betrifft, so ist nach Inhalt der Ordre in Verbindung mit den Allerhöchsten Bestimmungen vom 6. März *) und 5. September 1821 (Gesetz-Sammlung von 1821 S. 30 und 156) das Kammergericht nunmehr allein zur Fortführung der Untersuchung und Abfassung des Erkenntnisses competent. Es ist deshalb in diesen Sachen unter Einreichung der Akten an die Ministerial-Commission zu berichten, damit hiernächst in den geschlossenen Untersuchungen die Akten an das Kammergericht zur Abfassung des Erkenntnisses abgegeben, in den nicht geschlossenen aber wegen der zweckmäßigen Fortführung der Untersuchung, entweder durch das Kammergericht selbst oder commissarisch durch die ordentlichen Gerichte, das Nöthige verfügt werden kann.

Betreffen die vor Erlaß der Ordre eröffneten Untersuchungen nicht die zur ausschließlichen Competenz des Kammergerichts gehörigen, sondern andere in der Cabinets-Ordre erwähnte, der Competenz der ordentlichen Gerichte verbehaltene Staatsverbrechen, so sind die Untersuchungen von den ordentlichen Gerichten zwar fortzuführen; allein es ist über die Lage der Sache, jedenfalls vor Abfassung des Erkenntnisses, an die Ministerial-Commission zu berichten.

---

*) Bd. 2. pag. 94.

Hiernach haben Sie zu verfahren und die nöthigen Anweisungen an die Landgerichts-Präsidenten und die Beamten des öffentlichen Ministeriums zu erlassen.

Berlin, den 23. Mai 1835.

Der Justiz-Minister
v. Kamptz.

An
den ersten Präsidenten des Königlichen Appellationsgerichtshofes Hrn. Schwarz und den Königl. General-Procurator Hrn. Biergans zu Cöln.

E. 1483.

b.

Des Königs Majestät haben in der Allerhöchsten Cabinets-Ordre vom 25. v. M. (Gesetz-Sammlung S. 47) das Königliche Kammergericht zum ausschließlichen Gerichtshofe der Monarchie wegen aller und jeder Verbrechen und Vergehungen wider die Verfassung und wider die öffentliche Ordnung und Ruhe, sowohl der sämmtlichen Staaten des Königreichs, als auch der übrigen Staaten des deutschen Bundes, mit Aufhebung des anderweitigen persönlichen Gerichtsstandes der Beschuldigten bis auf Weiteres zu bestellen geruhet.

Der Königliche Justiz-Senat wird die, in der Allerhöchsten Ordre enthaltenen näheren Bestimmungen überall sich zur Richtschnur dienen lassen, den Anweisungen der Ministerial-Commission und den Requisitionen des Kammergerichts Folge leisten und Gerüchte und Anzeigen wegen solcher Verbrechen, die nun zur Competenz des Kammergerichts gehören, zur Kenntniß der Ministerial-Commission, unter meiner Adresse, bringen.

Auch außer dem Falle des Hochverraths ist jederzeit an die Ministerial-Commission zu berichten und deren Anweisung zu gewärtigen, wenn entweder über die Competenz in Betreff derjenigen Untersuchungen Zweifel entstehen, welche den ordentlichen Gerichten vorbehalten sind, oder eine Landes-Verrätherei vorliegt, welche auch im Friedenszustande sich ereignen kann, oder Verbrechen wider die innere Ruhe und Sicherheit des Staats und namentlich solche zur Sprache kommen, welche zu den, im Allgemeinen Landrechte in §. 151.—155. und in §. 167. Tit. 20. Th. II. bezeichneten, strafbaren Handlungen gehören. Es ist in allen diesen Fällen vollständige Anzeige zu machen und die Anweisung der Ministerial-Commission über die Führung der Untersuchung zu gewärtigen. (Inseratur das Folgende aus dem Rescripte an ꝛc. Schwarz und ꝛc. Biergans bis zum letzten Absatz vor dem Schluß, wo es dann weiter heißt:

Hiernach hat der Königliche Justiz-Senat zu verfahren und die Untergerichte des Bezirks zu instruiren.

Berlin, den 23. Mai 1835.

Der Justiz-Minister
v. Kamptz.

An
den Königlichen Justiz-Senat
zu Coblenz.

E. 1483.

1368.

Feststellung eines gleichmäßigen Gebührensatzes bei allen Eintragungen hypothekarischer Schuldforderungen.

Rh. Gen. I. Vol. II.

a.

Ew. Hochwohlgeboren empfangen beikommend Abschrift der Allerhöchsten Cabinets-Ordre vom 13. d. M.

betreffend die Feststellung eines gleichmäßigen Gebührensatzes bei allen Eintragungen hypothekarischer Schuldforderungen in der Rheinprovinz,

um davon vorläufig Kenntniß zu nehmen. Der Provinzial-Steuer-Director daselbst wird die Bekanntmachung dieser Allerhöchsten Ordre durch die Amtsblätter veranlassen.

Berlin, den 23. Mai 1835.

Der Justiz-Minister
v. Kamptz.

An
den Königl. General-Procurator
Herrn Biergans zu Cöln.

E. 1609.

b.

Auf Ihren Antrag vom 27. v. M. genehmige Ich, daß mit Beseitigung des Unterschiedes, der im Art. 20 des französischen Gesetzes vom 21. Ventose VII. und im Art. 22 des Bergschen Decrets vom 3. November 1809 bei Erhebung der, in der Rheinprovinz für die Eintragung hypothekarischer Schuldforderungen statt findenden Gebühren gemacht wird, der Gebührensatz bei allen solchen Eintragungen auf Eins von jedem

Tausend des Kapitals festgestellt werde. Sie haben diese Bestimmung durch die Amtsblätter *) bekannt zu machen.

Berlin, den 13. Mai 1835.

Friedrich Wilhelm.

An
den Staats- und Justiz-Minister
v. Kamptz
und den Wirklichen Geheimen Rath
Grafen v. Alvensleben.
E. 1609.

1369.

Stempel zu den Quittungen über das aus verschiedenen Kassen bezogene Gehalt.

Rh. Gener. 62. Vol. III.

Zur Controlle darüber, daß dem §. 8. des Stempelgesetzes gemäß der Stempel zu Quittungen über Civil-Besoldungen nach dem jährlichen Betrage der Zahlungen verwendet werde, ist den Provinzial-Steuer-Directoren von dem Königlichen Finanz-Ministerium mittelst, den Haupt-Zoll- und Haupt-Steuer-Aemtern mitzutheilenden, Cirkulars vom 11. d. M. in dem nachbezeichneten Verhältnisse folgendes Verfahren zur Beobachtung vorgeschrieben worden.

Wenn ein Beamter in den Fall kommt, während des Laufes eines Jahres sein Gehalt aus verschiedenen Kassen zu beziehen, dergestalt, daß er für jede dieser Kassen eine besondere Quittung gegen Rücknahme der monatlichen oder vierteljährlichen Interims-Quittung auszustellen hat, so ist die erstere dieser Quittungen ungestempelt auszustellen, bei der letzteren hingegen ist neben dem Betrage, über welchen am Schlusse des Jahres quittirt wird, zugleich der Betrag anzumerken, über den die erste Quittung ausgestellt worden, und nach der Summe des daraus sich ergebenden Jahres-Betrages der Stempel zur letzten Quittung zu verwenden.

Wenn also z. B. ein Beamter in der ersten Zeit des Jahres ein Dienst-Einkommen von 600 Rthlr. jährlich bezogen hat, später aber versetzt und in ein Dienst-Einkommen von 800 Rthlr. eingerückt ist und das erstere bis ult. Juni, das letztere aber vom 1. Juli bis letzten Dezember aus einer anderen Kasse bezogen hat, so wird er die Quittung über die

---

*) cf. Cölner Amtsblatt pag. 165.

im ersten Halbjahre erhaltenen 300 Rthlr. der betreffenden Kasse auf Freipapier ausstellen, zu der, der zweiten Kasse über 400 Rthlr. zu ertheilenden Quittung aber den, nach dem Jahresbetrage von 700 Rthlr. zu berechnenden Stempel zu verwenden haben und von ihm unter der letztern zu bemerken sein:

Erhalten 300 Rthlr. aus der Kasse N. N.
400 Rthlr. = = = N. N.
überhaupt . . 700 Rthlr. wonach der Stempel berechnet ist.

Die Königliche Ober-Rechnungs-Kammer wird bei den Rechnungs-Revisionen darauf halten, daß hiernach verfahren werde.

Ew. Hochwohlgeboren haben diese, in vorkommenden Fällen auch von den Justiz-Beamten genau zu beobachtende Verfügung zur Kenntniß des Königlichen Appellationshofes zu bringen und deren weitere Bekanntmachung durch die Königlichen Ober-Procuratoren zu veranlassen.

Berlin, den 23. Mai 1835.

Der Justiz-Minister
v. Kamptz.

An
den Königlichen General-Procurator
Herrn Biergans zu Cöln.
E. 1702.

1370.

Die Gerichtsvollzieher in Elberfeld beziehen die höheren Sätze der Gebühren-Taxe.

Rh. Offic.-S. No. 27. Vol. IV.

a.

Bei Erlassung der Gebühren-Taxe für die Gerichtsvollzieher der Rheinprovinz vom 10. Juni 1833 *) hat die Absicht vorgewaltet, die an den Sitzen der Landgerichte fungirenden Gerichtsvollzieher durch Erhöhung des Tarifsatzes in Civilsachen für ihre größeren Bedürfnisse schadlos zu halten. Mit der Errichtung des Königlichen Landgerichts zu Elberfeld ist daher auch für die an diesem Orte fungirenden Gerichtsvollzieher ein Grund zur Erhöhung der Taxe eingetreten, und da rücksichtlich der Erhöhungsgründe Elberfeld mehr mit Cöln, Aachen und Düsseldorf, als mit den übrigen Landgerichtssitzen zu äqui-

*) Bd. 3. pag. 641.

pariren ist, so wird es auf Ew. Hochwohlgeboren Bericht vom 24. v. M. hiermit gestattet, daß die No. 74. und 76. des vierten Abschnitts der genannten Gebühren-Taxe auch zum Vortheile der in Elberfeld angestellten Gerichtsvollzieher zur Anwendung komme. Hiernach haben Ew. Hochwohlgeboren dieselben auf ihr wieder beigefügtes Gesuch vom 8. März d. J. zu bescheiden und den Inhalt der gegenwärtigen Verfügung durch die Amtsblätter der Königlichen Regierung zu Düsseldorf zur öffentlichen Kenntniß zu bringen.

Berlin, den 28. Mai 1835.

Der Justiz-Minister
v. Kamptz.

An
den Königl. Landgerichts-Präsidenten
Herrn Hoffmann
und den Königl. Ober-Procurator
Herrn Wingender zu Elberfeld.
E. 1750.

cf. Düsseldorfer Amtsblatt pag. 279.

b.

Abschrift dieses Rescripts dem Königlichen General-Procurator Herrn Biergans zur Nachricht.

Berlin, den 28. Mai 1835.

Der Justiz-Minister
v. Kamptz.

An
den Königlichen General-Procurator
Herrn Biergans zu Cöln.
E. 1750.

1371.

Beschäftigung der Referendarien bei den Militairgerichten.

Mil. Just. Dept. No. 12.

Des Königs Majestät haben in einer unterm 22. Februar d. J. an das Militair-Justiz-Departement erlassenen Allerhöchsten Cabinets-Ordre zu genehmigen geruhet, daß an denjenigen Orten, wo Militairgerichte sich befinden, in ähnlicher Art, wie gegenwärtig die Referendarien zu ihrer Ausbildung im Criminalfache auf drei Monate zu den Untersuchungs-Aemtern deputirt werden, einige von ihnen auf ihren Wunsch bei den Militairgerichten beschäftigt werden und der Nachweis einer solchen dreimonatlichen Beschäftigung bei einem Militairgerichte dem Inquiriren bei einem Civilgerichte gleich geachtet werden soll.

Das Königliche General=Auditoriat ist von dem Königlichen Militair=Justiz=Departement angewiesen worden, Ew. Hochwohlgeboren diejenigen Militairgerichte in der Rheinprovinz zu bezeichnen, an welche Referendarien deputirt werden können.

Ew. Hochwohlgeboren haben die Königlichen Landgerichte und diese die Referendarien der Rheinprovinz hiervon in Kenntniß zu setzen, damit diejenigen von letzteren, welche es wünschen, zur Beschäftigung bei den Militairgerichten deputirt werden können. Es versteht sich jedoch von selbst, daß wenn die Königlichen Landgerichts=Präsidenten die Beschäftigung bei einem Militairgerichte der Individualität eines einzelnen Referendars für nicht zuträglich erachten, sie dessen Gesuch um eine solche Beschäftigung abzuschlagen befugt sind.

Zugleich wird Ew. Hochwohlgeboren zur Nachricht gegeben, daß nach Allerhöchster Anordnung den Auditeuren eine freiwillige Beschäftigung bei den Civilgerichten nicht gestattet werden soll.

Berlin, den 29. Mai 1835.

Der Justiz=Minister
v. Kamptz.

An
den Königl. General=Procurator
Hrn. Geheimen Ober=Justizrath
Biergans zu Cöln.
E. 1725.

1372.

Gesetz wegen Bestrafung der unbefugten Anfertigung öffentlicher Siegel, Stempel u. s. w.

Gen. S. 19.

Wir Friedrich Wilhelm, von Gottes Gnaden, König von Preußen ꝛc. ꝛc.
thun kund und fügen hiermit zu wissen:

Da die Vorschriften des Allgemeinen Landrechts Theil II. Tit. 20. §§. 268. unh 269. wegen Bestrafung der unbefugten Anfertigung öffentlicher Stempel, Siegel u. s. w. nicht umfassend genug befunden worden, und die Strafgesetze derjenigen Landestheile, in welchen das Allgemeine Landrecht noch nicht eingeführt ist, einer entsprechenden Bestimmung hierüber ermangeln, so verordnen Wir auf den Antrag Unseres Staats=

Ministeriums und nach erfordertem Gutachten Unseres Staatsraths für den ganzen Umfang Unserer Monarchie, wie folgt:

§. 1. Ohne schriftliche Anweisung der Behörde darf Niemand nachstehende Gegenstände anfertigen, oder verabfolgen lassen:

1) Stempel oder Formen, welche zur Anfertigung von Metallgeld,
2) Stiche, Platten, Stempel oder Formen, welche zur Anfertigung von Papiergeld oder Stempelpapier bestimmt sind, oder dazu gemißbraucht werden können,
3) Stiche, Platten, Stempel oder andere Formen, welche zu den von einer öffentlichen Behörde unter ihrer Firma auszustellenden Schuldscheinen, Zins-Koupons, Quittungen, Anweisungen, Bescheinigungen, Steuerzetteln oder andern dergleichen Urkunden dienen können,
4) öffentliche Siegel oder Stempel, welche zur Beglaubigung öffentlicher Urkunden, so wie des Maaßes und Gewichtes, oder zur amtlichen Bezeichnung oder amtlichen Verschließung gewisser Sachen und Waaren dienen können.

§. 2. Eben so wenig darf Jemand, ohne eine schriftliche Anweisung der Behörde, den Abdruck der vorstehend bezeichneten Stiche, Platten, Stempel oder Formen, oder irgend einen Druck von Formularen zu den daselbst bezeichneten Urkunden unternehmen oder Abdrücke verabfolgen lassen.

Das Imprimatur des Censors gereicht dem Uebertreter zu keiner Entschuldigung.

§. 3. Die schriftliche Anweisung zur Anfertigung, zum Druck oder zur Verabfolgung der in den §§. 1. und 2. bezeichneten Gegenstände zum Gebrauch für Unsere unmittelbaren Behörden, kann nur von den oberen Militair- und Civilbehörden in den Provinzen, oder ihren vorgesetzten höheren Behörden ertheilt werden; im Militair jedoch auch von den Gouvernements, Kommandanturen, Regimentskommandeurs und Vorstehern der Militairverwaltungs-Behörden für die Gegenstände ihres Geschäftsbereichs.

§. 4. Wer den obigen Verboten, §. 1. und 2., zuwiderhandelt, wird, insofern damit nicht ein schwereres Verbrechen verbunden ist, mit dreimonatlichem bis zweijährigem Gefängnisse oder Festungsarreste bestraft, und soll dabei auf die durch das Vergehen für den Staat oder das Publikum entstandene Gefahr besonders Rücksicht genommen werden.

§. 5. Die Anwendung dieser Strafen wird dadurch nicht ausgeschlossen, daß bei der Anfertigung von Siegeln, Stempeln,

Platten, Formen u. s. w. die Merkmale, durch welche die Eigenschaft derselben als öffentliche Siegel, Stempel u. s. w. bedingt ist, abgeändert worden, insofern die Abänderung von der Art ist, daß sie nur bei besonderer sachkundiger Aufmerksamkeit wahrgenommen werden kann.

Urkundlich unter Unserer Höchsteigenhändigen Unterschrift und beigedrucktem Königlichen Insiegel.

Gegeben Berlin, den 6. Juni 1835.

Friedrich Wilhelm.
(L. S.) Carl, Herzog zu Mecklenburg,
v. Kamptz. Mühler. Graf v. Alvensleben.
Beglaubigt: Friese.

1373.

Anweisung der durch Justiz=Visitations=Reisen entstandenen Kosten.

Etats No. 3.

Ew. Hochwohlgeboren erhalten auf Ihren Bericht vom 21. v. M. beigehend eine Abschrift der an den Herrn General=Procurator Biergans unterm 5. Januar c.*) wegen der den Landgerichts=Präsidenten und Ober=Procuratoren bei vorzunehmenden Justiz=Visitations=Reisen zu erstattenden Kosten, erlassenen Verfügung mit dem Bemerken, daß es zum Zweck der verordneten Anweisung der Reisekosten und Diäten bei Visitations=Reisen genügt, wenn Sie nach vorgängiger Prüfung und etwaiger Rectifikation der Ansätze, die Ihnen vorgelegte Liquidation mittelst einfachen Requisitionsschreibens an die Regierung zu Cöln unter Erwähnung des Betrages, auf welchen Ew. Hochwohlgeboren sie festgesetzt, übersenden, und dieselbe ersuchen, diesen Betrag aus dem Etatsquantum der 1000 Rthl. zu bezahlen. Einer Exekutorischerklärung der Liquidation bedarf es nicht.

Berlin, den 9. Juni 1835.

Der Justiz=Minister
v. Kamptz.

An
den Königlichen Ersten Präsidenten des Appellationsgerichtshofes Hrn. Schwarz
zu Cöln.

E. 1728.

---

*) Band 5. pag. 39.

1374.

Befreiung der Notarien, Gerichtsschreiber und Gerichtsvollzieher von der Gewerbesteuer für übernommene Versteigerungen und Commissionsgeschäfte.

Rh. Offic. S. 30.

a.

Ew. Hochwohlgeboren erhalten in der abschriftlichen Anlage die Verfügung des Herrn Ministers des Innern für Gewerbe-Angelegenheiten und des Herrn Chefs des Finanz-Ministeriums vom 3. d. M., wonach die Notarien, Gerichtsschreiber und Gerichtsvollzieher für Versteigerungen aller Art und für Commissions-Geschäfte nicht ferner zur Gewerbesteuer herangezogen werden sollen, zur Nachricht.

Berlin, den 10. Juni 1835.

In Abwesenheit des Herrn Justiz-Ministers
v. Kamptz Excellenz.

Der Justiz-Minister
Mühler.

An
den Königl. General-Procurator
Hrn. Biergans zu Cöln.
E. 1921.

b.

Die Berichte der Königl. Regierung vom 9. September, 24. Oktober v. und 24. Februar und 7. April d. J., deren Anlagen hierbei zurückerfolgen, wegen der Gewerbesteuerpflichtigkeit der Notarien, Gerichtsschreiber und Gerichtsvollzieher für Auktionen, welche sie im Auftrage von Privatpersonen übernehmen, sind mit Rücksicht auf die rheinische Gerichtsverfassung näher erwogen worden, und es ist nunmehr dahin entschieden, daß bei gedachten Beamten das Abhalten von Versteigerungen aller Art als gewerbsteuerpflichtig nicht anzusehen ist.

Was aber die Frage wegen der Gewerbsteuerpflichtigkeit der Notarien, Gerichtsschreiber und Gerichtsvollzieher für das Verrichten von Commissionsgeschäften betrifft, so erledigt sich solche dadurch, daß diese Beamten dergleichen Geschäfte nicht gewerbsmäßig betreiben dürfen, ohne ein Amtsvergehen zu begehen, bei welchem von einer Besteuerung nicht die Rede sein kann.

Es sind also die Notarien, Gerichtsschreiber und Gerichtsvollzieher vom 1. Januar d. J. an nicht ferner zur Gewerbesteuer heranzuziehen, diejenige aber, welche aus früherer Zeit in einzelnen Fällen etwa unberichtigt geblieben sein möchte, ist als niedergeschlagen nachzuweisen.

Berlin, den 3. Juni 1835.

Freiherr v. Brenn. Graf v. Alvensleben.

An
die Königliche Regierung
zu Düsseldorf.

Abschrift zur Nachricht und Achtung.

Berlin, den 3. Juni 1835.

Freiherr v. Brenn. Graf v. Alvensleben.

An
die Königliche Regierung
zu Aachen,
Coblenz,
Cöln,
Trier.

1375.

Siegel des Fürstlich Wiedschen Justizamtes zu Neuwied als committirtes Königlich Preußisches Rheinzollgericht.

Rh. Gen. 142.

Dem Königl. Justiz=Senat eröffne ich auf den Bericht vom 22. v. M., daß das Fürstlich Wiedsche Justizamt zu Neuwied sich bei seinen rheinzollgerichtlichen Geschäften seines gewöhnlichen Siegels, jedoch mit der Umschrift:

„Fürstlich Wiedsches Justizamt zu Neuwied als committirtes Königlich Preußisches Rheinzollgericht"

zu bedienen hat.

Der Königliche Justiz=Senat hat ein solches anfertigen zu lassen und dem Justizamt zum Gebrauch zuzusenden, demnächst aber die Liquidation der hierfür gemachten Auslagen einzureichen. Wegen Vergütung der Büreaukosten wird demnächst Verfügung ergehen, indem deshalb zuvor mit dem Königlichen Finanz=Ministerium communicirt worden ist.

Berlin, den 10. Juni 1835.

Der Justiz=Minister
v. Kamptz.

An
den Königlichen Justiz=Senat
zu Coblenz.

E. 1854.

1376.

Die Referendarien haben sich des Studiums des Römischen Rechts zu befleißigen.

Rh. Offic.=S. No. 7. Vol. II.

So erfreulich auch die Resultate der hiesigen Prüfungen der Referendarien aus der Rheinprovinz sind, so ist doch hin und wieder eine gründliche Kenntniß des Römischen Rechts vermißt worden. Diese Kenntniß ist aber die Grundlage und Bedingung jeder rechtswissenschaftlichen Bildung, und ohne dieselbe kann derjenige, der die vollständigste Kenntniß der französischen Gesetzgebung besitzt, eben so wenig ein gründlicher Rechtsgelehrter sein, als derjenige, der nur allein das Allgemeine Landrecht, wenn gleich auf das vollständigste, kennt. Ew. Hochwohlgeboren ersuche ich, die Präsidenten und Räthe der Königlichen Landgerichte und die Beamten des öffentlichen Ministeriums aufzufordern, die in der praktischen Vorbereitung stehenden jungen Rechtsgelehrten hierauf bei jeder Veranlassung aufmerksam zu machen und hierzu auch die Mitglieder der dortigen Prüfungs=Commission zu veranlassen.

Berlin, den 13. Juni 1835.

Der Justiz=Minister
v. Kamptz.

An
den ersten Präsidenten des Königlichen Appellationsgerichtshofes Hrn. Schwarz und den Königl. General=Procurator Herrn Biergans zu Cöln.

E. 1946.

1377.

Gesetz wegen des Außer= und Wiederin=Kurssetzens der auf jeden Inhaber lautenden Papiere.

Gen. P. 4.

Wir Friedrich Wilhelm, von Gottes Gnaden König von Preußen ꝛc. ꝛc.

Um die Schwierigkeiten zu beseitigen, welche bei den unter öffentlicher Autorität auf jeden Inhaber ausgefertigten Papieren durch die nach §§. 47. und 48. Titel 15. Theil I. des Allgemeinen Landrechts zulässigen Außerkurssetzungen für die Institute herbeigeführt werden, denen die Zinsenzahlung oder planmäßige Tilgung obliegt, verordnen Wir, auf den Antrag Unseres Staatsministeriums und nach erfordertem Gutachten

Unseres Staatsraths, für sämmtliche Provinzen Unserer Monarchie, wie folgt:

§. 1. Vermerke, wodurch auf jeden Inhaber lautende, unter öffentlicher Autorität ausgefertigte, Papiere von Privatpersonen bisher außer Kurs gesetzt worden sind, oder künftig außer Kurs gesetzt werden, sollen für das Institut, welchem die Zinsenzahlung oder planmäßige Tilgung obliegt, keine bindende Kraft haben.

In Ansehung der Wirkung derselben gegen andere Besitzer verbleibt es bei den Vorschriften des Allgemeinen Landrechts Theil I. Titel 15. §. 47. u. ff.

§. 2. Wird der Verlust eines außer Kurs gesetzten Papiers von demjenigen, zu dessen Vortheil dasselbe außer Kurs gesetzt worden, dem Institute angezeigt, und enthält diese Anzeige außer der Bezeichnung des Papiers nach Buchstaben, Nummer und Geldbetrag, bei Pfandbriefen auch mit Benennung des Gutes, zugleich den Inhalt des Vermerks, so soll das Institut das Papier, wenn es von einem späteren Inhaber vorgelegt wird, anhalten und den Anzeigenden hiervon benachrichtigen, welchem die weitere Verfolgung seines Rechts gegen den Präsentanten überlassen bleibt.

Das Institut ist befugt, das Papier zum gerichtlichen Depositum abzugeben.

§. 3. Eben so soll auch dasjenige Papier (sei es mit oder ohne Vermerk) angehalten werden, worauf ein Gericht aus irgend einem Grunde bei dem Institut Beschlag gelegt hat. In diesem Fall geschiehet die Benachrichtigung und Ablieferung an das Beschlag legende Gericht.

§. 4. Wenn bei Pfandbriefen, welche mit einem Privatvermerke (§. 1.) versehen sind, das Institut die amtliche Versicherung ertheilt, daß bis zur erfolgten Einlösung des Papiers weder eine Anzeige des Verlustes noch eine Beschlagnahme geschehen ist, so soll die Löschung des der Hypothekenbehörde eingereichten Pfandbriefes auf den Antrag des Instituts ohne Weiteres erfolgen. Auch die Eintragung eines umgefertigten Pfandbriefes soll erfolgen, wenn das Institut darauf anträgt und die Versicherung ertheilt, daß bis zur Einreichung des Papiers weder eine Anzeige des Verlustes, noch eine Beschlagnahme geschehen ist.

§. 5. In Ansehung der Außerkurssetzungen, welche durch die Institute selbst oder eine andere öffentliche Behörde geschehen, wird durch das gegenwärtige Gesetz nichts geändert.

§. 6. Eben so bleibt es bei den bisherigen gesetzlichen Vorschriften über die Pflichten, welche die Institute schon wegen der bloßen Anzeige des Verlustes eines Papiers, ohne

Rücksicht auf einen in demselben angebrachten Vermerk, zu beobachten haben.

§. 7. Bei Papieren, wozu besondere Zinskoupons ausgefertigt werden, wird selbst durch die mit einer für das Institut bindenden Kraft erfolgte Außerkurssetzung die Zahlung der Zinsen auf die bereits ausgegebenen Koupons nicht gehindert; die Ausreichung neuer Koupons aber unterbleibt, sobald eine Anzeige des Verlustes oder eine Beschlagnahme geschehen ist.

§. 8. Bei Papieren, wozu keine Koupons, sondern abgesonderte Zinsen-Rekognitionen, Zinsenscheine oder dergleichen ausgefertigt werden, müssen diese Rekognitionen oder Scheine rc. in dem Fall der §§. 2. und 3. von dem Institut angehalten werden, eben so, wie dies mit den Papieren selbst sein würde, zu denen sie gehören. Bis zur Anzeige oder Beschlagnahme aber erfolgt die Zahlung der Zinsen an jeden Präsentanten.

§. 9. Bei Papieren, wozu weder Koupons (§. 7.) noch Zinsen-Rekognitionen (§. 8.) ausgefertigt werden, erfolgt die Zinsenzahlung an jeden Präsentanten, so lange nicht eine Anzeige des Verlustes oder eine Beschlagnahme stattgefunden hat.

Urkundlich unter Unserer Allerhöchsteigenhändigen Unterschrift und beigedrucktem Königlichen Insiegel.

Gegeben Berlin, den 16. Juni 1835.

(L. S.) Friedrich Wilhelm.

Carl, Herzog zu Mecklenburg.

v. Kamptz. Mühler. Graf v. Alvensleben.

Beglaubigt: Friese.

1378.

Gerichtsschreiber und Gerichtsvollzieher dürfen Verkäufe von Holz auf dem Stamme und von Frucht auf dem Halme nicht abhalten, erstere auch keine Verpachtungen oder Vermiethungen von Grundstücken öffentlich vornehmen.

(Cölner Amtsblatt pag. 181.)

Die Befugniß der Gerichtsschreiber und Gerichtsvollzieher, öffentliche Mobiliar-Verkäufe zu halten, gründet sich auf die nämlichen gesetzlichen Vorschriften. Sie beschränkt sich auf solche Gegenstände, welche im gesetzlichen Sinne zu den Mobilien zu rechnen sind, und darf nicht auf Holz auf dem Stamme und Frucht auf dem Halme ausgedehnt werden; daher ist den Gerichtsvollziehern in der, von dem Hohen Justiz-

Ministerium genehmigten, näheren Anweisung der General-Prokuratur vom 22. October 1833 *) zur Ausführung der Instruction vom 10. Juni 1833 **), das Amt der Gerichtsvollzieher und deren Gebühren betreffend, noch besonders das Abhalten von dergleichen Verkäufen untersagt worden, und selbstredend trifft dieses Verbot auch die Gerichtsschreiber.

Da in der letztern Zeit Friedensgerichtsschreiber hin und wieder öffentliche Verkäufe von Holz auf dem Stamme und von Früchten auf dem Halme zu halten sich angemaaßt haben, so mache ich auf die Unzulässigkeit dieses Verfahrens und zugleich darauf aufmerksam, daß der Gerichtsschreiber eben so wenig befugt ist, öffentliche Verpachtungen oder Vermiethungen von Grundstücken vorzunehmen, wozu sich auch welche befugt gehalten haben.

Cöln, den 18. Juni 1835.

Der Ober-Procurator
v. Collenbach.

1379.

Bestrafung eines Verbrechers, welcher wegen früherer Verbrechen bereits zu einer lebenswierigen Freiheitsstrafe verurtheilt ist.

Gen. L. 4. (J. M. II.)

Auf Ihren Bericht vom 30. v. M. bestimme Ich für alle Provinzen der Monarchie, daß gegen einen zu lebenswieriger Freiheitsstrafe verurtheilten Verbrecher, der sich von neuem einer mit Freiheitsstrafe gesetzlich bedrohten sträflichen Handlung schuldig macht, auf verhältnißmäßige körperliche Züchtigung, einsames Gefängniß oder Entziehung gestatteter Bequemlichkeiten erkannt werden soll. In der Regel soll bei allen zu öffentlichen Arbeiten lebenslänglich verurtheilten Gefangenen körperliche Züchtigung, und bei lebenswierigen Arrestanten, wenn die Strafe des Zuchthauses oder der Festungsarbeit gesetzlich nicht Anwendung findet, einsames Gefängniß oder Entziehung gewohnter Bequemlichkeiten eintreten. Sie haben diesen Erlaß durch die Gesetzsammlung zu publiciren.

Berlin, den 20. Juni 1835.

Friedrich Wilhelm.

An
die Staatsminister v. Kamptz und Mühler.

---

*) Band 3. No. 1131.
**) Band 3. No. 1106.

1380.

Die Verjährung der Holzdiebstähle betreffend.

(Gesetz-Sammlung pag. 135.)

Da das Gesetz vom 7. Juni 1821 *) wegen Untersuchung und Bestrafung der Holzdiebstähle keine Vorschriften über die Verjährung derselben enthält, und die Bestimmungen der allgemeinen Gesetze über die Verjährungsfristen strafbarer Handlungen nicht anwendbar erscheinen, so verordne Ich nach dem Antrage der betheiligten Verwaltungsbehörden, daß im ganzen Umfange der Monarchie eine Untersuchung wegen Holzdiebstahls nicht weiter eingeleitet werden soll, wenn seit dem Tage der begangenen That bis zum Eingange der Anzeige an das Gericht sechs Monate verflossen sind. In den Fällen der §§. 30—33. des Gesetzes vom 7. Juni 1821 verbleibt es bei demselben. Das Staatsministerium hat diesen Erlaß durch die Gesetzsammlung bekannt zu machen.

Berlin, den 20. Juni 1835.

Friedrich Wilhelm.

An
das Staatsministerium.

1381.

Bestrafung der Schulversäumnisse auf administrativen Wege.

Rheinprov. Gen. No. 41.

Um die Hindernisse zu beseitigen, welche sich der Erreichung des Zwecks Meiner Bestimmungen über die Schulpflichtigkeit in denjenigen Theilen der Rheinprovinz entgegengestellt haben, in welcher die polizeirichterliche Gewalt zu den Attributionen der Gerichte gehört, bestimme Ich auf den von Ihnen bevorworteten Antrag der Provinzial-Behörden:

1. Die Uebertretungen Meiner in Betreff des regelmäßigen Schulbesuchs für die Rheinprovinz erlassenen Ordre vom 14. Mai 1825 **) Art. 1., 2. und 3. sollen von jetzt an überall nicht im polizeigerichtlichen, sondern lediglich im administrativen Wege durch die Bürgermeister, Landräthe und die Regierungen untersucht und bestraft werden.
2. Das Strafverfahren wird auf die Liste veranlaßt, welche über die nicht vorschriftsmäßig entschuldigten Schulver-

*) Band 2. pag. 117.
**) Band 2. pag. 590.

säumnisse von den Lehrern angefertigt, von dem Ortsschulvorstande attestirt und von den Bürgermeistern am Schlusse jedes Monats einzureichen ist.

3. Die Polizeiverwaltungs-Behörden sind befugt, gegen die schuldigen Eltern und deren gesetzliche Vertreter eine Strafe von 1 Sgr. bis 1 Rthlr., der nach Befinden der Umstände eine Gefängnißstrafe bis zu 24 Stunden substituirt werden kann, zu erkennen und zu vollstrecken.
4. Die vorstehenden Bestimmungen finden auch auf die Vernachlässigung des von den Geistlichen den schulpflichtigen Kindern zu ertheilenden Religionsunterrichts ihre Anwendung.

Ich trage Ihnen auf, diese Bestimmungen durch die Gesetzsammlung zur allgemeinen Kenntniß zu bringen, und die zur Aufrechthaltung derselben etwa erforderlichen besonderen Instructionen *) zu erlassen.

Berlin, den 20. Juni 1835.

An die Staatsminister Freiherr v. Altenstein und v. Kamptz.

Friedrich Wilhelm.

E. 2035.

1382.

Verfahren zur Beseitigung der Monita der Ober-Rechnungskammer bei streitig gewordenen Dienst-Emolumenten.

Rh. Off. S. No. 59.

a.

Ew. Hochwohlgeboren empfangen beikommend Abschrift der Allerhöchsten Cabinetsordre vom 12. April d. J.,

betreffend das Verfahren zur Beseitigung der Monita der Ober-Rechnungskammer in Beziehung auf streitig gewordene Dienst-Emolumente der Beamten,

zur Kenntnißnahme und Bekanntmachung an die rheinischen Gerichtsbehörden.

Berlin, den 21. Juni 1835.

In Abwesenheit des Herrn Justiz-Ministers v. Kamptz Excellenz der Justiz-Minister Mühler.

An den Königl. General-Procurator Herrn Biergans zu Cöln.

D. 715.

---

*) cf. Düsseldorfer Amtsblatt de 1836. pag. 287.

b.

Ich bin mit dem Mir von dem Staats-Ministerium in dem Berichte vom 28. v. M. vorgeschlagenen Verfahren zur Beseitigung der Monita der Ober-Rechnungskammer in Beziehung auf streitig gewordene Dienst-Emolumente der Beamten aus den angeführten Gründen völlig einverstanden und bestimme demgemäß, daß jeder Beamte, welcher sich durch eine Festsetzung der Ober-Rechnungskammer in seinem rechtmäßigen Diensteinkommen verkürzt glaubt, und dagegen nach Meiner Ordre vom 7. Juli 1830 *) die Entscheidung des Staats-Ministeriums in Anspruch nimmt, seine Reclamation innerhalb einer, von der Ober-Rechnungskammer zu bestimmenden Frist bei der obersten Verwaltungs-Behörde seiner Stelle einzureichen, und dieselbe hiernächst diese Angelegenheit zur Entscheidung des Staats-Ministeriums vorzubereiten hat. Sobald eine solche Reclamation bei der obersten Verwaltungs-Behörde eingeht, hat diese zu prüfen, ob sie den Erinnerungen der Ober-Rechnungskammer beitreten zu müssen glaubt oder nicht. Im letztern Fall muß sie sich mit der Ober-Rechnungskammer in Communication setzen, und wird dadurch die Differenz nicht erledigt, so ist darüber zu Meiner Entscheidung zu berichten. Tritt dagegen die verwaltende Behörde der Ansicht der Ober-Rechnungskammer bei, so muß wegen des Anspruchs des Beamten zum Protokoll verhandelt werden. Er hat seine Forderung und das Fundament derselben genau zu bezeichnen, und müssen ihm demnächst die Gründe vorgehalten werden, aus denen seine Ansprüche zu bestreiten sind, und er schließlich seine Gegenerklärung abgeben. Gehen die solchergestalt instruirten Verhandlungen nun bei dem Staats-Ministerium ein, so kann dasselbe sofort die Entscheidung darüber ertheilen, und alle Zwischen-Verfügungen, welche sonst erforderlich werden, um sich die Gewißheit zu verschaffen, daß alle Gründe und Gegengründe erschöpft worden, werden vermieden.

Berlin, den 12. April 1835.

Friedrich Wilhelm.

An
das Staats-Ministerium.
D 715.

---

*) Bd. 3. No. 943.

1383.

Ob zur Bestrafung der ausgewiesenen Vagabunden für den Fall der Rückkehr die polizeiliche Verwarnung vor derselben genüge.

Rh. Crim. No. 17.

Die Königliche Regierung daselbst hat das von dem dortigen Königlichen Landgerichte in der Untersuchungssache wider den französischen Geistlichen St. unterm 24. März d. J. erlassene freisprechende Urtheil zur Kenntniß des Justiz-Ministeriums und des Ministeriums des Innern und der Polizei gebracht.

Im Einverständnisse mit dem letzteren eröffne ich Ew. Hochwohlgeboren, unter Rücksendung der mittelst Berichts vom 26. April d. J. eingesandten Untersuchungs-Akten gegen den 2c. St., daß der, von dem Königl. Landgerichte in dem Erkenntnisse angenommene, Grundsatz:

> daß gegen einen, aus den hiesigen Landen ausgewiesenen, Vagabunden die im §. 192. Tit. 20. Theil II. des Allgemeinen Landrechts verordnete Strafe nur dann erkannt werden könne, wenn die, im §. 191. a. a. O. vorgeschriebene, Verwarnung zum gerichtlichen Protokolle erfolgt sei, daß eine polizeiliche Verwarnung aber nicht ausreiche,

durch die Gesetze nicht gerechtfertigt wird. Nirgends wird die gerichtliche Verwarnung erfordert, und es ist deshalb auch, wie dies die Rescripte vom 17. Mai 1817 und 6. Dezember 1822 (Jahrbücher Bd. 9. S. 242 und Bd. 20. S. 297) näher ergeben, stets angenommen worden, daß die polizeiliche Verwarnung genüge. Wenn aber das Königliche Landgericht sogar den polizeilichen Protokollen die volle Beweiskraft abspricht, so steht dies mit den Vorschriften der Criminal-Ordnung §. 382. und der Allgemeinen Gerichtsordnung Th. I. Tit. 10. §. 123. und §. 129. in directem Widerspruche.

Aus dem Berichte der Königl. Regierung und den Untersuchungs-Akten habe ich übrigens ersehen, daß Ew. Hochwohlgeboren die Ansicht des Königl. Landgerichts keinesweges theilen, und veranlasse ich Sie, diese Verfügung, nebst den Rescripten vom 17. Mai 1817 und 6. Dezember 1822 *), zur

*) Bd. 5. No. 1273. a. und b.

Kenntniß der korrektionellen Appellations-Kammer des Königl. Landgerichts zu bringen.

Berlin, den 26. Juni 1835.

In Abwesenheit des Herrn Justiz-Ministers v. Kamptz Excellenz
der Justiz-Minister
Mühler.

An
den Königl. Ober-Procurator Herrn
Geheimen Justizrath Heintzmann
zu Trier.

E. 2019.

1384.

Vertretung der Hypotheken-Bewahrer in Abwesenheits- oder Verhinderungsfällen.

Gen. No. 1. Vol. II.

Auf die Vorstellung vom 26. v. M. eröffnen wir Ihnen, daß es, wegen der beantragten Anordnung einer legalen Vertretung der Hypotheken-Bewahrer in Abwesenheits- oder Verhinderungsfällen bei der, unterm 4. März d. J. Ihnen von dem Herrn General-Director der Steuern ertheilten Bescheidung bewenden muß. Nach der klaren Bestimmung des Artikels 12. des Gesetzes vom 21. Ventose VII. tritt, in Ermangelung des Enregistrements-Verifikateurs oder Inspectors, die Stellvertretung durch Supernumerarien aus der Steuerpartthie ein, und diese legale Vertretung muß jetzt immer stattfinden, weil jene Stellen mit dem Enregistrementswesen selbst untergegangen sind und ihre Herstellung im bloßen Interesse des Hypothekenwesens nicht erfolgen kann. Durch die neuerlich stattgehabte Ernennung der tüchtigsten Gehülfen der rheinischen Hypotheken-Bewahrer zu Supernumerarien ist auch dem Einwande vollkommen begegnet, daß die zur Stellvertretung berufenen Supernumerarien mit dem Hypothekenwesen unbekannt wären, der fernere aber, daß, im Fall des Regresses der Hypotheken-Bewahrer, von diesen nichts erhalten werde, kann um so weniger berücksichtigt werden, da auch zu französischer Zeit hinsichtlich der Supernumerarien keine Verfügung bestanden hat, wonach nur reiche Personen zu solchen Stellen gelangen sollten. Uebrigens ist es nur Sache der Hypotheken-Bewahrer selbst, sich tüchtige und wohlhabende Gehülfen zu ihrem Geschäfte auszubilden, deren Ernennung zu Supernumerarien keinen Anstand finden wird.

Die Stellvertretung durch Justizbeamte aber kann nicht veranlaßt werden, da die Zahl derselben durch das Bedürfniß bestimmt worden ist, und eben deshalb Stockungen oder Collisionen zwischen den verschiedenen Amtspflichten unvermeidlich sein würden, wenn jene Stellvertretung zugelassen werden würde.

Berlin, den 30. Juni 1835.

Justiz-Ministerium. Mühler.

Finanz-Ministerium. v. Alvensleben.

An den Hypotheken-Bewahrer Herrn v. Solemacher zu Coblenz.

E. 1856.

1385.

Instruction über das Verfahren bei Kompetenz-Konflikten zwischen den Gerichten und Verwaltungs-Behörden in denjenigen Landestheilen, in welchen das Allgemeine Landrecht und das gemeine Recht gelten.

Rheinpr. Gener. No. 132.

Da das durch die Allerhöchste Cabinetsordre vom 30. Juni 1828 *) (Gesetzsamml. S. 86) bei Kompetenz-Konflikten zwischen den Gerichten und den Verwaltungs-Behörden angeordnete Verfahren nicht immer gehörig beobachtet wird, indem einerseits die Verwaltungs-Behörden keinen bestimmten, auf Einleitung des Konflikts-Verfahrens ausdrücklich gerichteten Antrag aufstellen, und denselben in der Regel nicht zeitig genug, oft erst in der letzten Instanz anbringen, andererseits auch die Gerichte die Entscheidung des Konflikts in der vorgeschriebenen Art nicht sofort einholen, so finden sich die unterzeichneten Ministerien zur Abhülfe der hierdurch herbeigeführten Uebelstände veranlaßt, Folgendes für diejenigen Ländertheile zu verordnen, in welchen das Allgemeine Landrecht und das gemeine Recht gelten.

§. 1. Die Gerichte sind schuldig, die bei Einleitung einer Klage über deren Statthaftigkeit vorzunehmende Prüfung zunächst darauf zu richten, ob die darin angeregte Streitsache zum Rechtswege geeignet, oder nach den gesetzlichen Vorschriften davon ausgeschlossen sei.

---

*) Bd. 3. pag. 240.

§. 2. Findet der Rechtsweg nicht Statt, so muß der Kläger zurückgewiesen und über die Gründe, welche der Einleitung des Prozesses entgegenstehen, beschieden werden.

Hält das Gericht den Rechtsweg für zulässig, so muß der Betrieb des Prozesses so lange fortgesetzt werden, bis die Verwaltungsbehörde den Konflikt (§§. 3. und 4.) erhebt.

§. 3. Die Verwaltungs- oder die fiskalische Behörde hat ihrerseits, sobald sie durch die Vorladung zur Beantwortung der Klage, durch Litisdenunciation, Adcitation oder sonst Kenntniß von einem ihr Ressort betreffenden Prozeß erhält, ebenfalls zu prüfen, ob nach den bestehenden gesetzlichen Vorschriften der Rechtsweg zulässig oder ausgeschlossen sei.

Im letzteren Falle hat sie ohne Verzug und wo möglich noch vor der nächsten Prozeß-Verhandlung den Konflikt zu erheben und hierüber einen motivirten Beschluß abzufassen.

§. 4. Die Erhebung des Konflikts erfolgt durch ein, an den Prozeßrichter zu richtendes, Schreiben, welches enthalten muß:

1. Die bestimmte Erklärung, daß in der vorliegenden Sache der Rechtsweg nicht stattfinde, und deshalb in Gemäßheit der Allerhöchsten Cabinetsordre vom 30. Juni 1828 der Konflikt erhoben werde.
2. Den Antrag, das Rechtsverfahren bis zur Entscheidung des Konflikts einzustellen.

Diesem Schreiben wird der abgefaßte motivirte Beschluß in einer besondern Ausfertigung beigefügt.

§. 5. Sobald die Verwaltungs- oder fiskalische Behörde den Konflikt auf die in den §§. 3. und 4. bezeichnete Weise erhebt, darf sie bis zur Entscheidung desselben sich auch nicht eventuell auf die Klage einlassen.

§. 6. Wenn die bei dem Prozeß betheiligte Verwaltungs- oder fiskalische Stelle eine Unterbehörde ist, so hat dieselbe zuvor die Ermächtigung zur Erhebung des Konflikts bei der ihr vorgesetzten Verwaltungsbehörde nachzusuchen.

§. 7. Sobald der Konflikt auf die vorgeschriebene Weise erhoben worden, stellt der Prozeßrichter das Rechtsverfahren einstweilen ein, benachrichtigt hiervon beide Theile und berichtet über den Konflikt an den Justiz-Minister mit Einreichung der Akten.

§. 8. Schwebt der Prozeß bei einem Untergerichte, so erstattet dasselbe den Bericht an das vorgesetzte Landes-Justiz-Collegium, welches ihn unter Beifügung seines Gutachtens dem Justiz-Minister überreicht.

§. 9. Die Verwaltungs-Behörde erstattet, nachdem sie den Konflikt erhoben hat (§§. 4., 6., 7.), ihrerseits Bericht an das vorgesetzte Verwaltungs-Ministerium mit Einreichung der Klage und ihrer Beilagen.

Berlin, den 1. Juli 1835.

v. Altenstein. v. Brenn. v. Kamptz. Mühler. v. Witzleben.
v. Ladenberg. v. Alvensleben. Rother.

Für den Minister des Innern und der Polizei
Köhler.

E. 3824.

1386.

Die Vermögensverzeichnisse in Vormundschaftssachen müssen nach den für die Inventare vorgeschriebenen Formen aufgenommen werden.

Rh. Gen. No. 72.

Auf den Bericht vom 6. v. M.,

die Auslegung einer Bestimmung der Instruction wegen des Vormundschaftswesens vom 16. August v. J. *) betreffend,

wird Ew. Hochwohlgeboren eröffnet, daß Ihre Ansicht,

wonach das, in Gemäßheit der No. 6. jener Instruction von einem Notar aufzunehmende Verzeichniß mit allen für die Inventare vorgeschriebenen Formen aufgenommen werden muß,

die richtige ist, und Ihre, in diesem Sinne an den, von einer andern Ansicht ausgehenden, Friedensrichter erlassene Verfügung daher nur gebilligt werden kann.

Berlin, den 3. Juli 1835.

In Abwesenheit des Herrn Justiz-Ministers v. Kamptz Excellenz
der Justiz-Minister
Mühler.

An
den Königl. Ober-Procurator Herrn
Geheimen Justizrath Heintzmann
zu Trier.

E. 2075.

cf. Trier Amtsblatt pag. 453.

---

*) Band 4. pag. 134.

1387.

Feststellung der Diäten und Reisekosten der Justizbeamten für commissarische Aufträge der Regierungen nach der Verordnung vom 28. Juni 1825.

Rh. Offic. S. No. 6.

In Folge eines Moniti der Königlichen Ober-Rechnungs-Kammer hat sich die Frage erhoben:

> ob nach dem Decrete vom 18. Juni 1811 oder aber nach der Allerhöchsten Verordnung vom 28. Juni 1825 die Diäten und Reisekosten der zur Ausführung commissarischer Aufträge der Regierungen gesetzlich verpflichteten Justizbeamten, bei derartiger Ausführung überhaupt, und namentlich in Disciplinar-Untersuchungen gegen Verwaltungsbeamte zu liquidiren und festzusetzen seien?

Im Einverständnisse mit den Königlichen Ministerien der geistlichen, Unterrichts- und Medicinal-Angelegenheiten, des Innern und der Polizei, und der Finanzen eröffne ich Ew. Hochwohlgeboren, daß in solchen Fällen nur die Allerhöchste Verordnung vom 28. Juni 1825 den Liquidationen und Festsetzungen zu Grunde gelegt werden kann.

Das Decret vom 18. Juni 1811 betrifft nur die Regulirung des Criminal-Justiz-Kostenwesens, ausschließlich derjenigen durch die Justizverwaltung veranlaßten Kosten, welche das Decret selbst den Criminalkosten gleichstellet. Es betrifft daher solche Kosten nicht, die durch Administrativbehörden innerhalb ihres Ressorts veranlaßt werden, und deshalb kann es auch darauf nicht angewendet werden. Zu der letzteren Kostengattung gehören aber selbstredend die, welche bei Ausführung der Aufträge der Regierungen entstehen, selbst wenn diese Ausführung durch Justizbeamte geschiehet, weil dadurch das Geschäft kein der Justizverwaltung angehöriges wird, vielmehr dabei die Justizbeamten selbst nur Commissarien der Regierung sind. Fällt aber die Anwendbarkeit des Decrets auf solche Fälle hinweg, so tritt von selbst die der Allerhöchsten Verordnung vom 28. Juni 1825 ein, weil diese in ihrer Allgemeinheit auch jene Fälle mitbegreift und ein specieller Tarif für derartige Geschäfte nicht bestehet.

Ew. Hochwohlgeboren veranlasse ich, diesem gemäß die betreffenden Gerichtsbehörden der Rheinprovinz zu instruiren.

Berlin den 5. Juli 1835.

In Abwesenheit des Herrn Justiz-Ministers v. Kamptz Excellenz.

Der Justiz-Minister
Mühler.

An
den Königlichen General-Procurator am Rheinischen Appellationsgerichtshofe Herrn Geheimen Ober-Justizrath Biergans zu Cöln.

E. 2085.

cf. Cölner Amtsblatt pag. 208.

1388.

Instruktion für die Grenz-Aufsichts-Beamten über den Waffengebrauch.

Durch das Gesetz vom 28. Juni 1834 sind über das Recht der Grenz-Aufsichts-Beamten zum Waffengebrauche folgende von ihnen bei Ausübung ihres Dienstes zu beobachtende Bestimmungen getroffen worden:

§. 1. Die Grenz-Aufsichts-Beamten sind bei Ausübung ihres Dienstes im Grenz-Bezirke von den ihnen anvertrauten Waffen Gebrauch zu machen befugt:

a) wenn ein Angriff auf ihre Person erfolgt, oder wenn sie mit einem solchen Angriffe bedrohet werden;

b) wenn diejenigen, welche Fuhrwerke oder Schiffs-Gefäße führen, Sachen transportiren oder Gepäck bei sich haben, sich ihrer Anhaltung, der Visitation und Beschlagnahme ihrer Effekten, Waaren und Transportmittel, der Abführung zum nächsten Zoll-Amte oder zur Obrigkeit des nächsten Orts, oder der Ergreifung bei versuchter Flucht, thätlich oder durch gefährliche Drohungen widersetzen.

Der Gebrauch der Waffen darf aber nicht weiter ausgedehnt werden, als es zur Abwehrung des Angriffs und zur Ueberwindung des Widerstandes nothwendig ist. Der Gebrauch der Schußwaffe findet nur alsdann statt, wenn der Angriff oder die Widersetzlichkeit entweder mit Waffen oder andern gefährlichen Werkzeugen, oder aber von einer Mehrheit, welche stärker ist, als die Zahl der zur Stelle anwesenden Grenz-Aufsichts-Beamten, unternommen oder angedrohet wird. Der Androhung eines solchen Angriffs wird es gleich geachtet, wenn die angehaltenen Personen ihre Waffen oder andere gefährliche Werkzeuge nach erfolgter Aufforderung nicht sofort ablegen, oder wenn sie solche demnächst wieder aufnehmen.

§. 2. Die Grenz-Aufsichts-Beamten können ferner bei Ausübung ihres Dienstes der Waffen und namentlich der Schußwaffen, sich bedienen:

a) wenn im Grenz-Bezirke, außerhalb eines bewohnten Orts und außerhalb der Landstraße, mehr wie zwei Personen als Fußgänger, Reiter, oder als Begleiter von Lastfuhrwerken und Lastthieren zur Nachtzeit (d. h. eine Stunde nach Sonnenuntergang bis eine Stunde vor Sonnenaufgang) oder mit Gepäck oder Ladung auch zur Tageszeit betroffen werden, und auf einen zweimaligen Anruf, wobei der anrufende sich als Grenz-Aufsichts-Beamten zu erkennen gegeben hat, nicht anhalten, sich vielmehr einzeln oder sämmtlich entfernen; und

b) wenn im Grenz-Bezirke Schiffer, welche zur Nachtzeit oder mit verdeckten oder beladenen Schiffs-Gefäßen zur Tageszeit, in der Fahrt angetroffen werden, auf einen solchen Anruf nicht anhalten, oder nicht wenigstens ihre Bereitwilligkeit zum Anhalten durch die That unzweideutig zu erkennen geben, sondern sich vielmehr zu entfernen suchen.

Der Gebrauch der Schußwaffen ist jedoch in den vorstehend unter a) und b) bezeichneten Fällen den Beamten nur dann erlaubt, wenn wenigstens zwei von ihnen zur Wahrnehmung des Dienstes auf einem Posten zusammen sind.

§. 3. Die nach §. 13. der Zoll-Ordnung vom 26. Mai 1818 zur Unterstützung der Grenz-Besetzung verpflichteten Polizei- und Forst-Beamten sind nur dann, wenn sie mit den Grenz-Aufsichts-Beamten gemeinschaftlich handeln, in solchem Falle aber eben so wie diese, die Waffen zu gebrauchen, befugt.

§. 4. Die Beamten müssen, wenn sie sich der Waffen bedienen, in Uniform oder mit einem amtlichen Abzeichen versehen seyn.

§. 5. Sie sind nach Anwendung der Schußwaffen sogleich nachzuforschen schuldig, ob Jemand verletzt worden, so weit es ohne Gefahr für ihre Person geschehen kann.

§. 6. Im Fall einer Verletzung haben sie dem Verletzten Beistand zu leisten und dessen Fortschaffung zum nächsten Ort zu veranlassen, wo die Polizei-Behörde für ärztliche Hülfe und für die nöthige Bewachung Sorge zu tragen hat.

Die Kurkosten sind erforderlichen Falls aus der Steuerkasse vorzuschießen, welche den Ersatz von dem Verletzten und den Theilnehmern der Contravention, oder von den Beamten, je nachdem die Anwendung der Waffen gerechtfertigt befunden worden ist oder nicht, verlangen kann.

Damit diese Bestimmungen den beabsichtigten Zwecken gemäß und überall gleichmäßig zur Ausführung kommen, werden nachstehende nähere Anweisungen ertheilt, welche gleich den obigen Gesetzesbestimmungen ein jeder Grenz-Aufsichts-Beamter sich genau einzuprägen und stets zu vergegenwärtigen hat.

Allgemeine Vorschriften.

Art. I.

Unter den Grenz-Aufsichts-Beamten versteht das Gesetz nicht blos die für den Grenz-Bewachungsdienst bleibend angestellten Beamten, sondern auch alle andere Zoll- und Steuerbeamte, welche in Folge besondern Auftrages den Grenz-Bewachungsdienst zu verrichten haben.

Art. II.

Die Grenz-Aufsichts-Beamten sind überhaupt nur dann, wenn sie den Bewachungsdienst im Grenzbezirke ausüben, sich der Waffen zu bedienen befugt.

Art. III.

Sie dürfen nur diejenigen Waffen führen und gebrauchen, welche ihnen vom Staate geliefert werden, oder deren eigene Beschaffung ihnen ausdrücklich gestattet worden, und die Schußwaffen nur mit der vorschriftsmäßigen Munition laden. Wer sich anderer Waffen bedient, oder diejenigen Schußwaffen, welche geführt werden können, anders als vorgeschrieben ladet, hat jedenfalls Disciplinarstrafe verwirkt, und bleibt außerdem für allen Nachtheil, der daraus entsteht, verantwortlich.

Art. IV.

Beim Gebrauch der Waffen müssen die Grenz-Aufsichts-Beamten sich stets vergegenwärtigen, daß solcher nur so weit statt finden soll, als die Erfüllung des bestimmten Zwecks, den Schleichhändler bei thätlichem Widerstande unschädlich, oder ihm das Entfliehen unmöglich zu machen, es erfordert; die Waffen sind daher so zu gebrauchen, daß lebensgefährliche Verwundungen so viel als möglich vermieden werden.

Bei dem Gebrauch der Schußwaffen ist die größte Vorsicht anzuwenden, damit durch das Schießen nicht dritte Personen verletzt werden, welche ohne Theilnahme an einer Contravention 2c. sich in der Schußlinie oder in deren Nähe befinden. In dieser Hinsicht ist besonders dann Aufmerksamkeit nöthig, wenn nach einer Richtung geschossen wird, wo sich eine Landstraße, oder ein bewohntes Gebäude befindet. Auch ist der Gebrauch der Schußwaffe überhaupt in der Nähe von Gebäuden zur Verhütung von Feuersgefahr möglichst zu vermeiden.

Besondere Vorschriften.

Art. V.

zu §. 1. des Gesetzes.

In Bezug auf die Anwendung der Waffen zur Abwehrung eines Angriffs und zur Ueberwindung eines thätlichen Widerstandes macht es keinen Unterschied, ob der Vorfall am Tage oder zur Nachtzeit sich ereignet und ob mehrere Grenz-Aufsichts-Beamten oder nur Einer zur Stelle sind.

Art. VI.

zu. §. 1. litt. a.

Wenn wegen Bedrohung mit einem Angriffe von den Waffen Gebrauch gemacht werden soll, so muß die Bedrohung von der Art und von solchen Umständen begleitet seyn, daß an ihrer Ausführung nicht gezweifelt werden kann.

Art. VII.

zu §. 1. litt. b.

Beleidigungen ohne thätliche oder von gefährlichen Drohungen begleitete Widersetzlichkeit berechtigen nicht zum Waffengebrauche. Beamte, welche durch ungebührliches Betragen zu Widersetzlichkeiten selbst Anlaß gegeben und in Folge hiervon sich der Waffen bedient haben, haben strenge Ahndung zu gewärtigen.

Art. VIII.

zu §. 2.

Damit der Grenzschutz durch den Waffengebrauch in vollem Umfange gehandhabt werden könne, müssen zur Nachtzeit bei Ausübung des Grenz-Aufsichtsdienstes stets wenigstens zwei Beamte auf einem Posten beisammen seyn und darf der Dienst nur dann einzeln ausgeführt werden, wenn solches von den Vorgesetzten aus besonderen Gründen ausnahmsweise ausdrücklich angeordnet ist. Wer dieser Bestimmung zuwider handelt, ist, wenn ihm auch sonst nichts zur Last fällt, nach den Umständen mit Disciplinarstrafe zu belegen.

Art. IX.

Der Beamte, welcher einzeln den Grenz-Aufsichtsdienst verrichtet, es mag dieses am Tage oder in Folge besonderer Anweisung seiner Vorgesetzten bei Nachtzeit geschehen, darf in den §. 2. litt. a. und b. des Gesetzes vorgesehenen Fällen sich niemals der Schußwaffen bedienen; es ist ihm jedoch gestattet, Signal-Schüsse zu geben, welche immer in die Höhe gerichtet seyn müssen, so daß Niemand dadurch beschädigt werden kann.

Art. X.

Am Tage darf in den Fällen des §. 2. des Gesetzes von den Waffen nur dann Gebrauch gemacht werden, wenn die Personen Gepäck oder Ladung haben und die Schiffsgefäße beladen oder verdeckt sind; zur Nachtzeit kommt es auf diesen Umstand nicht an.

Art. XI.

Die Grenz-Aufsichts-Beamten haben sich beim Anrufen stets der Worte: „Halt! Grenz-Beamte" zu bedienen.

Art. XII.

Die Schußwaffen dürfen gegen diejenigen, welche diesem Rufe (Art. XI.) nicht folgen, erst dann angewendet werden, wenn die Aufsichts-Beamten überzeugt sind, daß, — was vorzugsweise bei Terrain-Hindernissen oder stürmischer Witterung und insbesondere hinsichtlich der Schiffer sorgfältiger Erwägung bedarf, — ihr Ruf wirklich gehört und verstanden ist; dies ist namentlich dann anzunehmen, wenn die Schleichhändler auf den Anruf entfliehen.

Art. XIII.

zu §. 2. litt. a

Unter Landstraße werden nicht allein Zollstraßen, sondern überhaupt alle diejenigen öffentlichen Wege verstanden, welche im Sinne der Wegegesetze als Landstraßen anzusehen sind. Ein Verzeichniß derselben für den Bezirk, worin der Aufsichtsbeamte stationirt ist, und für die benachbarten Bezirke wird auf jeder Station niedergelegt werden, und hat sich jeder Beamte Abschrift dieses Verzeichnisses zu nehmen.

Art. XIV.

Wenn Reiter oder Fuhrwerke betroffen werden, so sind, um das Entweichen zu verhindern, die Schußwaffen, soweit deren Gebrauch gesetzlich gestattet ist, zunächst gegen die Thiere zu richten. Bei Fuhrwerken ist, wo die Umstände es gestatten, das Abhauen der Stränge als Mittel zur Verhinderung des Entfliehens zu benutzen.

Art. XV.

zu § 2. litt. b.

Der Anruf der Schiffe ist nach §. 12^{e} der Zollordnung auf solche Schiffe beschränkt, welche weniger als 5 Lasten

Tragfähigkeit haben, und gegen Schiffe auf Grenzflüssen (d. h. solchen, welche die Landesgrenze bilden) ist der Gebrauch der Waffen nur dann erlaubt, wenn dieselben am diesseitigen Ufer schon angelegt haben, oder anzulegen im Begriffe sind, und auf den Ruf der Grenz-Aufsichts-Beamten nicht halten bleiben, oder an das Ufer nicht zurückkehren wollen.

In Betreff derjenigen Flußstrecken, die zwar die Landesgrenze bilden, die aber in den Grenzbezirk des deutschen Zollverbandes fallen, werden besondere Bestimmungen erfolgen.

Art. XVI.
zu §. 4.

Das Tragen eines amtlichen Abzeichens ohne Uniform darf nur bei denjenigen Beamten statt finden, welche bei der Grenz-Aufsicht Hülfe leisten und keine Uniform besitzen; die übrigen Beamten müssen bei Verrichtung des Grenz-Bewachungsdienstes stets in Uniform seyn.

Art. XVII.
zu §. 5.

Die Grenz-Aufsichts-Beamten haben, so oft sie von den Schußwaffen Gebrauch gemacht haben, selbst dann, wenn eine Verletzung unzweifelhaft nicht erfolgt ist, solches entweder in den Tagebüchern, Dienstkarten oder Orderbüchern bei dem Vermerk über die Ausführung des Dienstes zu verzeichnen oder dem vorgesetzten Ober-Controleur besonders schriftlich anzuzeigen, damit dieser in den Stand gesetzt werde, geeigneten Falls zu untersuchen, ob Veranlassung zum Gebrauch der Schußwaffen vorhanden gewesen, und die Vorschriften der gegenwärtigen Instruktion gehörig beobachtet worden sind.

Art. XVIII.
zu §. 6.

Die Verbindlichkeit der Grenz-Aufsichts-Beamten, dem Verletzten Beistand zu leisten, erstreckt sich auf alle Fälle ohne Unterschied, ob die Verletzung durch Anwendung der Schußwaffen oder auf andere Art, und ob sie von einem Grenz-Aufsichts-Beamten oder von einem Andern zugefügt worden ist. — Für die Leistung des nöthigen Beistandes und die Benachrichtigung der Polizeibehörde ist außer dem Beamten, durch welchen die Verletzung geschehen ist, auch derjenige, welcher die Patrouille angeführt oder den Posten befehligt hat, bei strenger Strafe verantwortlich. — Bis dahin, daß die sogleich zu benachrichtigende Polizeibehörde die Sorge für den Verletzten übernommen hat, müssen die Grenz-Aufsichts-Beamten denselben bewachen.

Schluß-Vorschrift.

Art. XIX.

Die Grenz-Aufsichts-Beamten müssen bei Anwendung der Waffen eben so sehr mit Besonnenheit und Umsicht, als mit Kraft und Unerschrockenheit handeln. — Diejenigen, welche hierdurch in schwierigen Fällen das in sie gesetzte Vertrauen rechtfertigen, können auf den Schutz der Gesetze und die Fürsorge ihrer Vorgesetzten rechnen; dagegen werden diejenigen, welche beim Waffengebrauche ihre Befugnisse überschreiten, ohne Nachsicht zur Untersuchung gezogen und, in Gemäßheit des §. 14. des Gesetzes, wegen Verletzung der Amtspflichten und wegen Tödtung oder körperlicher Verletzung bestraft werden.

Berlin, den 6. Juli 1835.

Finanz-Ministerium.
Graf v. Alvensleben.

1389.

Beibringung von Auszügen aus der Mutterrolle bei hypothekarischen Schuldverschreibungen.

(Cölner Amtsblatt pag. 204)

So sehr es dem allgemeinen Interesse entsprechen mag, wenn nicht allein bei Verträgen über Eigenthums-Veränderungen, sondern auch bei hypothekarischen Schuld-Verschreibungen die Auszüge aus der Mutterrolle jedesmal vorgelegt, und hiernach in den aufzunehmenden Urkunden die zu veräußernden oder zu verpfändenden Grundstücke bezeichnet werden, so hat sich jedoch ergeben, daß die Kosten der aufzunehmenden hypothekarischen Schuld-Verschreibungen hierdurch vermehrt werden, weil nur die bei Verträgen über Eigenthums-Veränderungen vorzulegenden Auszüge aus der Mutterrolle von der Stempelpflichtigkeit befreit sind.

Unter diesen Umständen muß ich es der Willkür und dem Gutfinden der Contrahenten lediglich überlassen, ob sie bei hypothekarischen Schuld-Verschreibungen ihrem Interesse es angemessen finden, zur gehörigen Versicherung des Besitzstandes und zur richtigen Bezeichnung der zur Hypothek zu stellenden Grundstücke einen Auszug aus der Mutterrolle zu gesinnen, und dem instrumentirenden Notar vorzulegen oder nicht.

In Ansehung der Verträge über Eigenthums-Veränderungen behält es jedoch bei der früheren Bestimmung sein Bewenden, wonach bei Aufnahme solcher Verträge die gedachten

Auszüge dem instrumentirenden Beamten jedesmal vorgelegt, und hiernach die betreffenden Grundstücke bezeichnet werden müssen.

Mit Bezug auf meine Bekanntmachung vom 24. October v. J. *) wird diese abändernde Bestimmung unter der Aufforderung an alle Notarien, in vorkommenden Fällen sich hiernach zu achten, hiermit bekannt gemacht.

Cöln, den 11. Juli 1835.

Der General-Procurator
Biergans.

1390.

Erläuterung des §. 8. litt. b. der Verordnung vom 17. April 1830 über den Besitz der Jagdgerechtigkeit vor dem Jahre 1798 in den Provinzen des linken Rheinufers.

Rh. Gen. 48.

Durch die Verordnung vom 17. April 1830 **) §. 8. lit. b. ist die Ausübung der Jagd in den am linken Rheinufer belegenen Landestheilen den Grundeigenthümern auf ihren eigenthümlichen Besitzungen, auf welchen sie selbst oder ihre Vorfahren aus derselben Familie vor dem Jahre 1798 die Jagdgerechtigkeit gehabt haben, so lange vorbehalten worden, als dasselbe Grundstück im Besitz dieser Familie bleibt. Da sich jedoch ermittelt hat, daß, wenn gleich die Französischen Gesetze vom 11. August 1789 und 30. April 1790 wegen Aufhebung der Jagdgerechtigkeit, durch das Reglement vom 26. März 1798 in dem größeren Theile der Rheinprovinz eingeführt worden sind, doch in einem kleinen Theile derselben diese Einführung schon vor dem Jahre 1798 statt gefunden hat, und hierdurch Anlaß zu dem Zweifel gegeben ist, ob es lediglich auf das Jahr 1798 ankomme, so erkläre Ich hierdurch auf den Antrag des Staats-Ministeriums, daß im §. 8. litt. b. der Verordnung vom 17. April 1830 unter dem Besitze der Jagdgerechtigkeit vor dem Jahre 1798 in allen Theilen der Rheinprovinz der Zeitpunkt verstanden wird, welcher der Aufhebung der Jagdgerechtigkeit durch die Einführung der erwähnten Französischen Gesetze unmittelbar vorausgegangen ist. Das Staats-Mini-

*) Bd. 5. No. 1291.
**) Bd. 3. pag. 330.

sterium hat diesen Befehl durch die Gesetz-Sammlung zur öffentlichen Kenntniß zu bringen.

Teplitz, den 14. Juli 1835.

Friedrich Wilhelm.

An
das Staats-Ministerium.

1391.

Verpflichtung und Beeidigung solcher Personen, welche ohne Civil-Officianten zu seyn, mit der Beaufsichtigung oder Verwaltung irgend eines Staats-Eigenthums beauftragt sind.

Offic. S. No. 57.

Extract.

Nach einer Mittheilung des Königlichen Staats-Ministeriums haben des Königs Majestät zufolge Allerhöchster Cabinets-Ordre vom 16 v. M. zwar gegen das Allerhöchstdenenselben eingereichte Hauptverzeichniß derjenigen Gattungen von Personen, welche nicht zu einer der verschiedenen Klassen der Civil-Officianten gezählt werden, aber mit der Beaufsichtigung oder Verwaltung irgend eines Staats-Eigenthums beschäftigt, und nach den Anordnungen der Behörden in Eid und Pflicht genommen worden, nichts zu erinnern gefunden, jedoch dabei zu bestimmen geruhet,

daß bei keiner andern, in dieses Verzeichniß nicht aufgenommenen Klasse von Personen dieser Art, die Personen mögen jetzt schon angestellt seyn, oder erst künftig angestellt werden, die Eidesleistung ohne Allerhöchste vorgängige Genehmigung erfolgen, und eben so wenig eine schon jetzt der Eidesleistung unterworfene Klasse ohne Allerhöchste Genehmigung von derselben entbunden werden soll.

Indem Ew. Hochwohlgeboren hiervon benachrichtigt werden, veranlasse ich Sie, diese Allerhöchste Bestimmung zur Kenntniß der dortigen Gerichtsbehörden zu bringen.

Berlin, den 15. Juli 1835.

In Abwesenheit des Herrn Justiz-Ministers v. Kamptz Excellenz.

Der Justiz-Minister
Mühler.

An
den Königlichen General-Procurator
Herrn Biergans zu Cöln.

D. 794.

1392.

Erklärung wegen gegenseitiger Aufhebung des Abschosses und Abfahrtsgeldes zwischen sämmtlichen Königlich Preußischen Staaten einerseits, und den Kaiserlich Oesterreichischen Staaten, mit Ausnahme von Ungarn und Siebenbürgen, andererseits.

Gen. O. No. 3.

Nachdem Seine Königliche Majestät von Preußen und Seine Kaiserliche Majestät von Oesterreich übereingekommen sind, die zwischen Ihren gegenseitigen zum Deutschen Bunde gehörigen Landen sowohl, als zwischen sämmtlichen Preußischen Staaten und dem Lombardisch-Venetianischen Königreiche bestehende Vermögens-Freizügigkeit in der Art auszudehnen, daß zwischen sämmtlichen Preußischen Staaten einerseits, und sämmtlichen Oesterreichischen Staaten, mit Ausnahme von Ungarn und Siebenbürgen, andererseits, der Abschoß und das Abfahrtsgeld gegenseitig aufgehoben seyn sollen, so wird zur näheren Bestimmung dieses Uebereinkommens hiermit im Namen Seiner Majestät des Königs von Preußen Folgendes erklärt:

Artikel 1.

Bei keinem Vermögens-Ausgang aus den sämmtlichen Königlich Preußischen Staaten, in die zur Kaiserlich Oesterreichischen Monarchie gehörenden Staaten, mit Ausnahme von Ungarn und Siebenbürgen, so wie aus den Kaiserlich Oesterreichischen Staaten, mit Ausnahme von Ungarn und Siebenbürgen, in die Königlich Preußischen Staaten, es mag solcher Ausgang durch Auswanderung oder Erbschaft, Legat, Brautschatz, Schenkung, oder auf andere Art erfolgen, soll irgend ein Abfahrtsgeld (census emigrationis) oder Abschoß (gabella hereditaria) erhoben werden.

Von dieser Bestimmung bleiben jedoch diejenigen allgemeinen Abgaben ausgenommen, welche bei einem Erbschaftsanfalle, Legat, Verkaufe u. s. w. ohne Unterschied, ob das Vermögen im Lande bleibt oder hinausgezogen wird, ob der neue Erwerber ein Inländer oder ein Fremder ist, bisher in den beiderseitigen Landen haben entrichtet werden müssen, wie z. B. Erbschaftssteuer, Stempelgebühren und dergleichen.

Artikel 2.

Die im Vorstehenden bestimmte Freizügigkeit soll sich sowohl auf diejenige Abgabe an Abschoß und Abfahrtsgeld, welche in die Landesherrlichen Kassen fließt, als auf diejenigen erstrecken, welche etwa Privatpersonen, Kommunen oder öffentlichen Stiftungen zufallen möchten.

Artikel 3.

Die Bestimmungen der Artikel 1. und 2. erstrecken sich auf alle jetzt anhängige und auf alle künftige Fälle. Unter die anhängigen Fälle werden alle diejenigen begriffen, in welchen am Tage der Auswechselung gegenwärtiger Ministerial-Erklärung der Abschoß oder das Abfahrtsgeld noch nicht wirklich bezahlt war.

Artikel 4.

Die im Vorstehenden bestimmte Freizügigkeit soll sich nur auf das Vermögen beziehen. Es bleiben demnach ungeachtet dieses Uebereinkommens diejenigen Königlichen Preußischen und Kaiserlich Oesterreichischen Gesetze in ihrer Kraft bestehen, welche die Person des Auswandernden, seine persönlichen Pflichten, und namentlich seine Verpflichtungen zum Kriegsdienste, betreffen.

Es wird auch für die Zukunft, was die Gesetzgebung in Betreff der persönlichen Pflichten des Auswandernden, namentlich seine Verbindlichkeit zum Kriegsdienste anbelangt, keine der beiderseitigen Regierungen in der Gesetzgebung beschränkt.

Artikel 5.

Gegenwärtige, im Namen Seiner Königlichen Majestät von Preußen in hergebrachter Form ausgefertigte, Erklärung soll nach Auswechselung einer entsprechenden Erklärung der Kaiserlich Oesterreichischen Regierung Kraft und Wirksamkeit in sämmtlichen Königlich Preußischen Staaten haben.

Berlin, den 24. Juli 1835.

(L. S.)

Königlich Preußisches Ministerium der auswärtigen Angelegenheiten. Ancillon.

Vorstehende Erklärung wird hierdurch mit dem Bemerken zur öffentlichen Kenntniß gebracht, daß dieselbe am 16. v. M. gegen eine gleichlautende Kaiserlich Oesterreichische Erklärung ausgewechselt worden ist.

Berlin, den 8. September 1835.

Ancillon.

1393.

Patent, wegen Einführung derjenigen Gesetze, Verordnungen und Bestimmungen, welche im Regierungsbezirk Trier seit dem 5. April 1835 Gültigkeit erlangt haben, in den Kreis St. Wendel.

Gen. L. No. 6.

Wir Friedrich Wilhelm, von Gottes Gnaden, König von Preußen ꝛc. ꝛc.

Um in dem durch Unsere Ordre vom 25. März d. J. *) dem Regierungsbezirke Trier einverleibten Kreise St. Wendel die Gesetzgebung und Verfassung mit derjenigen des genannten Bezirks möglichst in Uebereinstimmung zu bringen, haben Wir beschlossen und verordnen, wie folgt:

§. 1. Alle seit dem 5. April 1815 ergangenen Gesetze, Verordnungen und Bestimmungen, welche in den, Kraft Unsers Patents von demselben Tage **) in Besitz genommenen Landestheilen des Regierungsbezirks Trier Gesetzeskraft haben, werden hierdurch mit derselben Wirkung vom 1. September d. J. ab auch im Kreise St. Wendel eingeführt, und dagegen sowohl die unter der Herzoglich Sachsen-Coburgschen Regierung, als auch die unter der Oesterreich-Baierischen Verwaltung vom 5. April 1815 bis zum 1. Juli 1816 erlassenen Gesetze, Verordnungen und Bestimmungen aufgehoben.

Wegen Einführung der die Regulirung des Abgabenwesens, so wie der die allgemeine Verpflichtung zum Kriegsdienste betreffenden Gesetze haben Wir besondere Verfügungen getroffen, auf welche hier Bezug genommen wird.

§. 2. Damit die im Kreise St. Wendel neu eingeführten gesetzlichen Vorschriften zur Kenntniß der Eingesessenen gelangen, soll jeder Bürgermeisterei ein Exemplar der Gesetz-Sammlung Unserer Staaten für die Jahre 1815 bis 1834 einschließlich und ein vollständiges Exemplar des Amtsblattes der Regierung zu Trier zugefertigt, und im Geschäftslokal des Bürgermeisters zu Jedermanns Einsicht offen gelegt werden.

§. 3. Insofern es zur Ausführung der hierdurch publizirten Gesetze, Verordnungen und Bestimmungen noch besonderer Anordnungen bedarf, werden die betreffenden Minister

---

*) Gesetz-Samml. pag. 43.

**) Bd. 1. pag. 201.

und Verwaltungs-Chefs hierdurch ermächtigt und angewiesen, dieselben zu erlassen.

Urkundlich unter Unserer Höchsteigenhändigen Unterschrift und beigedrucktem Königlichen Insiegel.

Gegeben, Berlin, den 30. Juli 1835.

(L. S.) Friedrich Wilhelm.

Friedrich Wilhelm, Kronprinz.

Frh. v. Altenstein. Gr. v. Lottum. Frh. v. Brenn. Mühler. Ancillon. Für den Kriegsminister: v. Schöler. Gr. v. Alvensleben.

1394.

Executive Beitreibung der rückständigen Schulgelder ꝛc. im administrativen Wege.

Rh. Gener. 41.

a.

Ew. Hochwohlgeboren erhalten beigehend beglaubte Abschrift der Allerhöchsten Cabinets-Ordre vom 18. d. M.

betreffend die rückständigen Schulgelder und sonstigen Schulabgaben in der Rheinprovinz und deren executivische Beitreibung im administrativen Wege

zur Nachricht und Achtung.

Berlin, den 31. Juli 1835.

Der Minister der geistlichen ꝛc. Angelegenheiten
v. Altenstein.

In Abwesenheit des Hrn. Justiz-Ministers v. Kamptz Excellenz.
Der Justiz-Minister
Mühler.

An
den ersten Präsidenten des Königl. Appellationsgerichtshofes Herrn Schwarz und an den Königl. General-Procurator Herrn Biergans zu Cöln, so wie an sämmtliche Landgerichts-Präsidenten und Ober-Procuratoren.

E. 2303.

b.

Ich bin aus den in Ihrem Bericht vom 24. v. M. angeführten Gründen damit einverstanden, daß auch in der Rheinprovinz die rückständigen Schulgelder und alle andere, auf allgemeinen Einrichtungsplänen beruhenden Schulabgaben, nach vorgängiger Festsetzung durch den Schulvorstand und den Bürgermeister, im administrativen Wege executiv beigetrieben werden. Sie haben diese Bestimmung durch die betreffenden Amtsblätter *) bekannt zu machen, und die Regierungen und Gerichte mit der erforderlichen Anweisung zu versehen.

Teplitz, den 18. Juli 1835.

Friedrich Wilhelm.

An
die Staats-Minister Freiherr v. Altenstein
und v. Kamptz.

E. 2303.

1395.

Declaration des Ausdrucks: Departements-Chef in der Cabinetsordre vom 25. März 1834 bei Einlegung des Aggravations-Rechtsmittels in Untersuchungen gegen Beamte.

Rh. Crim. 19. Vol. II.

a.

Ew. Hochwohlgeboren eröffne ich auf Ihre Anfrage in dem Berichte vom 14. d. M., daß bei der Frage, wem die Befugniß zur Einlegung des Rechtsmittels der Aggravation in Untersuchungssachen gegen Beamte zustehe, der Fall einer fiskalischen Untersuchung von dem der Criminal-Untersuchung zu trennen ist.

Für jenen bestimmen der §. 98. Thl. 1. Titel 35. der Prozeßordnung und die Allerhöchste Cabinetsordre (Lottner Bd. 3. Seite 676) und ertheilen die Befugniß zur Einlegung des Rechtsmittels der nächst vorgesetzten Dienstbehörde; nur das Verfahren, wie es die Gerichtsordnung vorzeichnet, hat die durch die Allerhöchste Cabinetsordre vom 25. März 1834 **) bestimmten Modificationen erlitten.

Für den Fall einer eingeleiteten Criminal-Untersuchung legt die eben angegebene Allerhöchste Cabinetsordre dagegen die Befugniß zum Aggravations-Rechtsmittel dem Departements-Chef bei, worunter außer den Ministern und Directoren der Abtheilungen in den Ministerien auch diejenigen obersten Behörden, welche eine selbstständige Verwaltung haben, z. B. der General-Postmeister, zu verstehen sind.

---

*) cf. Cölner Amtsblatt pag. 255.
**) Band 4. pag. 43.

Hieraus ergiebt sich, daß bei der Einleitung von Untersuchungen, die nach den altländischen Gesetzen zu führen sind, strenge auf die Fälle zu achten ist, in welchen nur eine fiscalische oder in welchen eine Criminal-Untersuchung stattfindet, und hat hierauf namentlich das öffentliche Ministerium bei Abgabe der Anzeigen mit seinem Antrage an das Untersuchungsamt Rücksicht zu nehmen. Das Rescript vom 27. Dezember 1834 (Lottner Band 4. Seite 206) hat übrigens nichts dem Entgegenstehendes bestimmt, da es nicht dem öffentlichen Ministerio die Einlegung des Aggravations-Rechtsmittels in Criminalsachen beigelegt, sondern nur an die Zulässigkeit dieses Rechtsmittels in Criminalsachen gegen Beamte erinnert hat. Hiernach versteht es sich von selbst, daß in den Fällen, wo von dem Rechtsmittel in solchen Sachen Gebrauch gemacht werden kann, schleunigst eine Abschrift des Urtheils an den betreffenden Departements-Chef eingereicht werden muß.

Ew. Hochwohlgeboren veranlasse ich, diese Verfügung selbst auf das Genaueste zu befolgen, und zugleich auch dasselbe dem Königl. Landgerichte mitzutheilen.

Berlin, den 31. Juli 1835.

In Abwesenheit des Herrn Justiz-Ministers v. Kamptz Excellenz
der Justiz-Minister
Mühler.

An
den Königl. Ober-Procurator Herrn
Geheimen Justizrath Heintzmann
zu Trier.

E. 2319.

b.

Abschrift vorstehender Verfügung erhalten Ew. Hochwohlgeboren zur Nachricht und Mittheilung an die übrigen Ober-Procuratoren der Rheinprovinz.

Berlin, den 31. Juli 1835.

In Abwesenheit des Herrn Justiz-Ministers v. Kamptz Excellenz
der Justiz-Minister
Mühler.

An
den Königl. General-Procurator
Herrn Biergans zu Cöln.

E. 2319.

1396.

Form der Requisitionen an Königlich Französische Gerichtsbehörden zum Behuf von Eides-Abnahmen oder Vornahme anderer Prozeßhandlungen.

Rh. Gen. No. 116.

Nach einer Mittheilung des Königlichen Ministeriums der auswärtigen Angelegenheiten vom 26. v. M. halten die französischen Gerichtsbehörden, welche Requisitionen anderer, namentlich auswärtiger, Gerichte durch Abnahme eines Eides oder Vornahme anderer Prozeßhandlungen erledigen, es für nothwendig und wünschen, daß die diesfällige Requisition, auch wenn sie nach den Bestimmungen der dortigen Prozeßordnung in dem Urtheile selbst enthalten ist, nach deren Erledigung in der vorgelegten Ausfertigung bei dem requirirten Gerichte verbleibe, weil sie diesem zur Legitimation diene. Da diesem Wunsche nichts entgegensteht, so wird demselben künftig entsprochen werden müssen, und veranlasse ich Ew. Hochwohlgeboren daher, die Königlichen Ober-Procuratoren hiervon zur weiteren Mittheilung an die Anwälte zu benachrichtigen.

Berlin, den 1. August 1835.

In Abwesenheit des Herrn Justiz-Ministers v. Kamptz Excellenz
der Justiz-Minister
Mühler.

An
den Königlichen General-Procurator
Herrn Biergans, zu Cöln.
E. 2312.

1397.

Verhütung des unerlaubten Handels mit Gemeindebedarfs-Kohlen im Saarbrückenschen.

Rheinpr. Gen. No. 119.

a.

Ew. Hochwohlgeboren übersende ich anbei eine beglaubte Abschrift der Allerhöchsten Cabinetsordre vom 14. Juli d. J. wegen des unerlaubten Handels mit den Gemeindebedarfs-Kohlen im Bezirke des Bergamts Saarbrücken mit dem Eröffnen, daß wegen deren Bekanntmachung durch das Amtsblatt der Regierung zu Trier und wegen deren Ausführung, so weit diese die Bergbehörden betrifft, von dem Königlichen Finanz-Ministerium bereits die nöthige Verfügung erlassen worden ist. Die getroffene Maaßregel hat darin ihren Grund, weil der in der Allerhöchsten Cabinetsordre erwähnte unerlaubte Handel durch die Kohlentransportführer damit gewöhnlich verdeckt worden ist, daß sie behaupteten, die von ihnen geladenen Kohlen kämen aus dem Auslande, namentlich aus St. Ingbert, wo nicht, wie im Preußischen, besondere Frachtscheine unentgeldlich ertheilt werden, so daß sie über ihre Behauptung keine Legitimation bei sich hätten. Die Verpflichtung hierzu ist ihnen nunmehr bei Strafe auferlegt worden, und so werden die Transportführer, welche wirklich ausländische Kohlen laden, sich mit Legitimations-Scheinen versehen, andere aber durch die Strafe selbst davon abgehalten werden, sich in einen derartigen unerlaubten Handel einzulassen.

Aus diesem Gesichtspunkte ist die Allerhöchste Cabinetsordre vom 14. v. M. zu betrachten und anzuwenden, und wird nur noch bemerkt, daß, da das Maximum der Strafe 5 Rthlr. beträgt, die Aburtheilung über dies Vergehen ohnehin schon zur Competenz der Zuchtpolizeigerichte gehören würde, daß aber dies um so mehr eintritt, als die Allerhöchste Cabinetsordre noch ausdrücklich diese Competenz begründet. Ew. Hochwohlgeboren überlasse ich hiernach die weitere, an den Ober-Procurator zu Trier Behufs Mittheilung an die Zuchtpolizeigerichte zu Trier und Saarbrücken zu erlassende Verfügung.

Berlin, den 3. August 1835.

In Abwesenheit des Herrn Justiz-Ministers v. Kamptz Excellenz
der Justiz-Minister
Mühler.

An
den Königlichen General-Procurator
Herrn Biergans zu Cöln.
E. 2304.

b.

Zur Verhütung des unerlaubten Handels, welcher nach Ihrem Berichte vom 18. Juni c. im Bezirke des Bergamts Saarbrücken mit den Steinkohlen, die den Gemeinen lediglich zum eigenen Verbrauche gegen Erstattung der Förderungskosten aus den landesherrlichen Gruben überlassen werden, getrieben wird, und nach Meiner besonderen Bestimmung den Verlust der Vergünstigung nach sich zieht, setze Ich auf Ihren Antrag fest, daß die Führer eines jeden Steinkohlen-Transports in den Kreisen Saarbrücken, Saarlouis und Ottweiler sich durch einen Frachtschein oder Ladezettel, der von dem Kohlenmesser oder Schichtmeister der Grube, auf welcher die Steinkohlen geladen worden, ausgefertigt und nur für die darin bestimmte Zeit gültig ist, auf Erfordern gegen die Berg-Polizei- und Zoll-Beamten, bei Vermeidung einer Polizeistrafe von zwei bis fünf Thalern, zu legitimiren schuldig sein sollen. Sie haben diese Bestimmung durch das Amtsblatt der Regierung zu Trier *) bekannt zu machen, und zum Behufe der Ausführung das Bergamt, so wie die Zuchtpolizei-Gerichts-Behörden mit erforderlicher Anweisung zu versehen.

Teplitz, den 14. Juli 1835.

Friedrich Wilhelm.

An
den Staats- und Justiz-Minister v. Kamptz
und den wirklichen Geheimen Rath
Grafen v. Alvensleben.

E. 2304.

1398.

Verfahren, wenn ein in Frankreich nicht naturalisirter Ausländer sich dort verheirathen will.

Rh. Gen. 93.

a.

In einigen deutschen Staaten, namentlich im Königreiche Baiern (Königlich Baiersche Verordnung vom 12. Juli 1808), besteht das Gesetz, daß die von Unterthanen im Auslande geschlossenen Ehen bei der Rückkehr derselben in die Heimath nur dann als gültig angesehen werden sollen, wenn zu der Eingehung der Ehe von derjenigen inländischen Behörde die Einwilligung ertheilt worden ist, welche solche zu der Verheirathung im Vaterlande zu ertheilen haben würde. Um den Nachtheilen vorzubeugen, denen sich in Folge dessen hin und wieder Französische Unterthanen ausgesetzt gesehen haben, welche in Frankreich mit den Unterthanen solcher deutschen Staaten Ehen eingegangen sind, ist im März 1831 von Seiten des Königlichen Französischen Justiz-Ministeriums ein Circulare an die General-Procuratoren zur Mittheilung an die Civilstands-Beamten und Staats-Procuratoren erlassen worden, wonach jeder in Frankreich nicht naturalisirte Ausländer, der sich in Frankreich verheirathen will, gehalten sein soll, vor Abschließung der Ehe durch ein Certificat der Obrigkeit seines Geburtsortes oder seines letzten Wohnsitzes im Vaterlande nachzuweisen, daß er nach dortigem Gesetz zur Eingehung einer Ehe mit der bestimmten Person, welche er zu heirathen

*) cf. Trier Amtsblatt pag. 319.

beabsichtigt, berechtigt sei, oder daß einer solchen Verheirathung nichts im Wege stehe. (Certificat d'aptitude.)

Zugleich ist hinsichts des Aufgebots festgesetzt:

1. Daß das Aufgebot majorenner Ausländer, welche noch nicht länger als sechs Monate ihren Wohnsitz in Frankreich aufgeschlagen haben, auch an deren letztem Wohnorte im Auslande erfolgen müsse.
2. Daß selbst Französische Unterthanen, insofern sie in Beziehung auf Eingehung einer Ehe unter der Gewalt von Personen stehen, welche im Auslande wohnen, gehalten sind, auch an dem Wohnorte der letztern sich aufbieten zu lassen.
3. Daß die Form des Aufgebotes sich nach den Gesetzen des Orts, wo dasselbe geschieht, richten, und deren Genügung durch eine Bescheinigung der Ortsobrigkeit dargethan werden solle.

Indem ich Ew. Hochwohlgeboren hiervon in Kenntniß setze und Abschrift des Circulars des Französischen Justiz-Ministeriums mittheile, fordere ich Sie auf, dasselbe zur Kenntniß der Ober-Procuratoren zu bringen, von welchen in den vorkommenden Fällen die certificats d'aptitude zu ertheilen sind. Die diesseitigen Unterthanen sind bereits in Folge des Rescripts vom 22. October 1821 *) durch eine in sämmtlichen Regierungs-Amtsblättern erlassene Bekanntmachung auf jene oben erwähnte Baiersche Verordnung aufmerksam gemacht worden.

Berlin, den 4. August 1835.

In Abwesenheit des Herrn Justiz-Ministers v. Kamptz Excellenz
der Justiz-Minister
Mühler.

An
den Königl. General-Procurator
Herrn Biergans zu Cöln.
E. 2140.

b.

Monsieur le Procureur général, dans plusieurs états limitrophes ou voisins de la France, la loi defend aux Rêgnicoles de se marier en pays étrangers sans une autorisation du gouvernement, sous peine de la nullité de leur mariage.

Il résulte de là, que lorsque les habitans de ce pays, attirés en France par l'activité de l'industrie, ou par la richesse du sol, y ont épousé des françaises sans avoir obtenu cette autorisation, s'ils veulent ensuite retourner dans leur patrie,

*) Band 2. pag. 184.

leurs femmes et leurs enfans s'en voient repoussés comme illégitimes.

Un tel état de choses impose au gouvernement français le devoir, de recourir à quelques précautions, propres à assurer la validité de ces mariages, contractes de bonne foi par des femmes, qui après l'accomplissement de toutes les formalités requises par les lois françaises, ont dû compter sur la protection de ces lois.

Le moyen le plus efficace me parait être, d'exiger de tout étranger non naturalise, qui voudra desormais se marier en France, la justification par un certificat des autorites du lieu de sa naissance, ou de son dernier domicile dans sa patrie, qu'il est apte, d'après les lois, qui régissent sa capacité, à contracter mariage avec la personne, qu'il se propose d'épouser.

En cas de contestation les tribunaux compétens seront appelés à statuer.

Je profite de cette occasion, pour vous faire observer, que, au terme de l'art. 167. du code civil, les étrangers majeurs, qui n'ont pas acquis de domicile en France par une résidence de plus de six mois, sont tenus, de faire faire à leur dernier domicile à l'étranger les publications préalables à la célebration de leur mariage.

Que les français meme, qui se trouve relativement au mariage sous la puissance de personnes domiciliées en pays étrangers, doivent faire faire à ce domicile les publications prescrites par l'art. 168.

Qu'enfin ces publications doivent avoir lieu suivant les formes usitées dans chaque pays, et que leur accomplissement doit ètre constaté par un acte emané des autorités locales.

Ainsi l'a décidé le 30. Décembre 1823 le comité de législation du conseil d'état, dont l'avis me parait entièrement conforme au texte et à l'esprit de la loi.

Je vous invite en conséquence, à donner, par l'intermidiaire de vos substitus, des instructions en ce sens à tous les officiers de l'état civil de votre ressort.

Vous voudrez bien m'accuser réception des présentes aussitôt que vous vous serez assuré qu'il en auront tous en connaissance.

Recevez etc. etc.

Le Garde des Sceaux de France
Ministre secrète d'état du département de la Justice
(signé) Merilhon.

1399.

Befugniß des General-Procurators zur Auslieferung fremder Verbrecher.

Auslieferungen No. 29. Vol. IV.

Ew. Hochwohlgeboren eröffne ich auf Ihren Bericht vom 27. v. M.,

die Auslieferung von Verbrechern auf ausländische Requisition betreffend,

daß nach der Verfügung vom 24. Juli 1827 (Lottner's Sammlung rc. Bd. 3. S. 136—138) das Rescript vom 10. März 1826 (ibidem) auch in dortiger Provinz eingeführt und dem General-Procurator zu Cöln die Ausübung der Befugnisse in Bezug auf Auslieferung übertragen ist, welche in den älteren Provinzen den Ober-Landesgerichten zustehen. Obwohl das Rescript vom 23. November 1827 *) nicht auch noch besonders den Rheinischen Justizbehörden zur Beachtung mitgetheilt ist, so versteht sich doch dessen dortige Anwendbarkeit von selbst, da es in den Jahrbüchern abgedruckt ist, und die Ergänzung einer dort schon anwendbaren Verfügung enthält.

Berlin, den 7. August 1835.

In Abwesenheit des Herrn Justiz-Ministers v. Kamptz Excellenz
der Justiz-Minister
Mühler.

An
den Königl. Ober-Procurator Herrn
Geheimen Justizrath Heintzmann
zu Trier.

E. 2384.

1400.

Der Strafe des Schwertes ist die des Beiles substituirt.

Rh. Crim. No. 4.

Die Fürstlich Wiedsche Regierung erhält beigehend die mittelst Berichts vom 21sten vorigen Monats eingereichten Untersuchungs-Akten gegen die E. A. und den A. A., das Urtheil, die Correlation und den Akten-Extract mit dem Eröffnen zurück, daß in Gemäßheit der Allerhöchsten Cabinetsordre vom 19. Juni 1811 (Gesetzsammlung de 1811 Seite 199) der

*) Band 5. No. 1280.

erkannten Strafe des Schwertes die Strafe des Beils substituirt worden ist.

Berlin, den 10. August 1835.

In Abwesenheit des Herrn Justiz-Ministers v. Kamptz Excellenz
der Justiz-Minister
Mühler.

An
die Fürstlich Wiedsche Regierung,
Abtheilung für Justizsachen,
zu Neuwied.

F. 1846.

1401.

Ueberlassung der als herrenlos entdeckten Grundeigenthums-Parzellen an die betreffenden Gemeinden in den westlichen Provinzen.

(Cölner Amtsblatt de 1835 pag. 379.)

a.

Aus den in Ihrem Berichte vom 21. v. M. auseinandergesetzten Gründen genehmige Ich, daß die Parzellen, die sich bei den Kataster-Vermessungen in den westlichen Provinzen und der dadurch bewirkten Aufnahme des Grundeigenthums als herrenlos entdecken, mit allen Vortheilen und Lasten den Gemeinden, in deren Feldmark sie liegen, überlassen werden, wenn solche sie unter dieser Bedingung annehmen wollen.

Berlin, den 14. März 1825.

Friedrich Wilhelm.

An
den Staats- und Finanz-Minister
v. Klewitz.

b.

In Folge eines Allerhöchsten Befehls vom 17. Juni d. J. bringen wir im Auftrage des Königl. Finanz-Ministeriums die vorstehende Allerhöchste Cabinetsordre vom 14. März 1825 hiermit zur öffentlichen Kenntniß.

Cöln, den 13. August 1835.

Königliche Regierung.

1402.

Das Porto für Uebersendung der Gebühren der Referendariats-Prüfung müssen die Referendarien zahlen.

Rh. Offic.-S. No. 7. Vol. II.

Indem ich Ew. Hochwohlgeboren die Anlagen Ihres Berichtes vom 23. v. M. hierbei zurücksende, erwiedere ich Ihnen zugleich, daß ich mich nicht veranlaßt sehen kann, die Portofreiheit für die Gebühren bei Referendariats-Prüfungen in Anspruch zu nehmen, da die Uebersendung derselben nicht im Interesse des Dienstes, sondern in dem der Examinanden als Schuldner geschiehet. Diesen liegt es eben deshalb auch ob, das geringfügige Porto für die Uebersendung dieser Gebühren noch außer diesen selbst zu entrichten, und mag allenfalls der Obergerichtsschreiber bei Empfang der Zahlung auch gleich das Porto der Einsendung sich entrichten lassen.

Hiernach überlasse ich Ihnen, den Ober-Procurator zu Trier auf den Bericht vom 16. v. M. zu bescheiden.

Berlin, den 14. August 1835.

In Abwesenheit des Herrn Justiz-Ministers v. Kamptz Excellenz
der Justiz-Minister
Mühler.

An
den Königl. General-Procurator
Hrn. Geheimen Ober-Justizrath
Biergans zu Cöln.

E. 2374.

1403.

Verordnung zur Aufrechthaltung der öffentlichen Ordnung und der dem Gesetze schuldigen Achtung.

T. No. 5.

Wir Friedrich Wilhelm, von Gottes Gnaden, König von Preußen 2c. 2c.

haben Uns veranlaßt gefunden, zur Aufrechthaltung der öffentlichen Ordnung und der dem Gesetz schuldigen Achtung, die Vorschriften des Allgemeinen Landrechts im 4ten Abschnitt des 20sten Titels 2ten Theils über die Verbrechen gegen die innere Ruhe und Sicherheit des Staats und alle in Beziehung hierauf ergangene spätere Bestimmungen, namentlich die Verordnung vom 30. Dezember 1798 Abschnitt 1. von Verhütung der Tumulte und Bestrafung der Urheber und Theilnehmer derselben, in Erinnerung zu bringen, und deren genaue Befolgung den Einwohnern sämmtlicher Provinzen Unserer Monarchie und allen Unsern Civil- und Militairbehörden unnachsichtlich einzuschärfen, zugleich aber zur Ergänzung und näheren Bestimmung der bestehenden Gesetze, nach vorgängiger Berathung in Unserm Staats-Ministerium, zu verordnen, was folgt:

§. 1. Die Strafe muthwilliger Buben, welche auf Straßen und an öffentlichen Orten Unruhe erregen oder grobe Unsittlichkeiten begehen, bestimmt der §. 183. Tit. 20. Thl. II. des Allgemeinen Landrechts. Wird Unfug dieser Art, wohin auch Aufregung durch Geschrei und Pfeifen zu rechnen, bei Gelegenheit eines Auflaufs verübt, so soll in der Regel körperliche Züchtigung und jedenfalls Freiheitsstrafe oder Strafarbeit eintreten. Die Strafe kann nach Bewandniß der Umstände auf wiederholte strenge Züchtigung und auf Gefängniß-, Arbeits- oder Zuchthausstrafe bis zu sechs Monaten festgesetzt werden.

§. 2. Machen andere Personen sich dergleichen Unfugs schuldig, so finden die vorstehenden Vorschriften auch auf sie ihre Anwendung.

§. 3. Befinden sich Ausländer unter den Frevlern, so werden dieselben nach ausgestandener Strafe, wie fremde Landstreicher, nach §. 195. Tit. 20. Thl. 2. des Allgemeinen Landrechts behandelt.

§. 4. Werden bei einem Zusammenlauf von Menschen gefährliche Drohungen gegen eine obrigkeitliche Person ausgestoßen, oder Mißhandlungen derselben oder auch nur eines, zur Stillung des Auflaufs herbeigeeilten, Kommunal- oder Polizeibeamten, eines Gensdarmen oder einer Militairperson verübt, oder sieht sich die Orts- oder Polizei-Obrigkeit genöthigt, den Beistand der bewaffneten Macht in Anspruch zu nehmen, und geht der Haufe auf die dritte Aufforderung der bewaffneten Macht (§. 8. der Verordnung vom 30. Dezember 1798) nicht sogleich auseinander, so finden die Strafbestimmungen der §§. 168. bis 175. Titel 20. Thl. II. des Allgemeinen Landrechts und der §§. 8. bis 11. und 15. dieser Verordnung ihre Anwendung.

§. 5. Die im §. 8. der Verordnung angedrohte Strafe gegen einen jeden, der den Aufforderungen der bewaffneten Macht nicht augenblickliche Folge leistet und sich nicht sogleich hinwegbegiebt, wird auf drei bis sechs Monate Gefängniß oder

Strafarbeit bestimmt. Sie wird verdoppelt, wenn bei dem Auflauf jemand an seinem Leibe oder Vermögen beschädigt worden ist.

§. 6. Die im §. 9. der Verordnung enthaltene Bestimmung wird auf alle diejenigen angewendet, welche Waffen oder andere gefährliche Werkzeuge gebraucht, oder mit Steinen und andern Gegenständen geworfen haben, oder bei denen Waffen, gefährliche Werkzeuge, Steine oder andere, zum Werfen bestimmte, Gegenstände vorgefunden worden. Das geringste Strafmaaß wird auf dreijährige Zuchthaus- oder Festungsstrafe bestimmt.

§. 7. Erfolgt eine thätliche Widersetzlichkeit gegen obrigkeitliche Personen oder Wachen, welche zur Stillung des Auflaufs herbeieilen, oder eine thätliche Behandlung oder Verwundung derselben, so wird die Strafe verdoppelt und kann zufolge §. 10. der Verordnung dem Befinden nach bis zur Todesstrafe erhöht werden. Von der hier und in den vorhergehenden §§. genannten Verordnung vom 30. Dezember 1798 ist der Auszug beigefügt.

§. 8. Wenn bei einem Auflauf die bewaffnete Macht einschreitet, um den zusammengelaufenen Haufen auseinander zu treiben und die Ruhe wiederherzustellen, so befiehlt der die Mannschaft kommandirende Officier oder Unterofficier dem Haufen, auseinander zu gehen, und erzwingt, wenn auf die zweite Wiederholung seinem Gebot oder dem durch Trommelschlag oder Trompetenschall gegebenen Zeichen nicht sofort genügt wird, durch Waffengebrauch den schuldigen Gehorsam.

§. 9. Wird der bewaffneten Macht thätlicher Widerstand entgegengesetzt, oder sogar ein Angriff auf dieselbe mit Waffen oder andern gefährlichen Werkzeugen unternommen, wird mit Steinen oder andern Gegenständen nach derselben geworfen, so ist die bewaffnete Macht, auf Anordnung ihres Befehlshabers, von der Schußwaffe Gebrauch zu machen befugt.

§. 10. Der Thatbestand wird durch eine amtliche Darstellung des Befehlshabers festgestellt.

Es hat derselbe darin über folgende Gegenstände Auskunft zu ertheilen:

über die Veranlassung seines Einschreitens, über den an den Haufen erlassenen Befehl, ob er ihn zu wiederholen genöthiget gewesen und die Wirkung desselben; ob eine thätliche Widersetzlichkeit stattgefunden, worin sie bestanden, ob von Seiten der Aufrührer ein Angriff mit Waffen oder andern Werkzeugen erfolgt ist, ob mit

Steinen oder andern Gegenständen geworfen worden; ob und welchen Gebrauch er von den Waffen, insbesondere von der Schußwaffe, gemacht, und wie er den Auflauf gedämpft hat; endlich ob und was für Beschädigungen an Personen oder Sachen erfolgt sind.

Sind mehrere Befehlshaber in Thätigkeit gewesen, so geht die Darstellung von dem obersten von ihnen aus, die Berichte der übrigen werden beigelegt, insoweit dieselben der Zeit oder dem Orte nach selbstständig gehandelt haben. Die nähere Bezeichnung der Beschädigungen an Personen und Sachen, so weit es nöthig ist, erfolgt von der Polizeibehörde, wird dem Befehlshaber zugestellt und bildet einen Theil seiner Darstellung.

§. 11. Für Beschädigungen an Sachen, welche bei solchen Gelegenheiten vorfallen, haften nicht nur die Urheber derselben, sondern auch alle diejenigen solidarisch:

a) welche sich bei einem Auflaufe irgend eine gesetzwidrige Handlung haben zu Schulden kommen lassen, und
b) alle Zuschauer, welche sich an dem Orte des Auflaufs befunden und nach dem Einschreiten der Orts- oder Polizeibehörde nicht sogleich entfernt haben. Keine Entschuldigung eines Zuschauers wird beachtet, wenn seine Anwesenheit noch bei dem Einschreiten der bewaffneten Macht stattgefunden hat.

Denen, die sich nur in dem letzteren Falle befunden haben, bleibt der Regreß an diejenigen vorbehalten, die sich mit ihnen in demselben Falle befinden, zu gleichen Theilen, an die Urheber und die Theilnehmer des Verbrechens aber für den ganzen von ihnen gezahlten Betrag.

§. 12. Die Untersuchung wegen dieser Verbrechen soll in einem abgekürzten Verfahren erfolgen.

Wir behalten Uns den Erlaß einer besondern Verordnung darüber vor.

Urkundlich unter Unserer Höchsteigenhändigen Unterschrift und beigedrucktem Königlichen Insiegel.

Gegeben Berlin, den 17. August 1835.

(L. S.) Friedrich Wilhelm.

Frh. v. Altenstein. Graf v. Lottum. Mühler. Ancillon.
v. Witzleben. v. Rochow. Graf v. Alvensleben.

Anhang
zu der Verordnung vom 17. August 1835.

Auszug
aus der Verordnung vom 30. Dezember 1798.

Erster Abschnitt.
Von Verhütung der Tumulte und Bestrafung der Urheber und Theilnehmer.

Es ist von Uns bemerkt worden, daß die bisherigen Gesetze keine hinreichenden Vorschriften enthalten, um einen entstehenden Tumult gleich im Anfange zu unterdrücken, da doch nach der Erfahrung dergleichen Volksaufläufe oft wider den Willen derjenigen, welche sie veranlasset, das größeste Unheil stiften können. Nach Unserer landesväterlichen Vorsorge für die Erhaltung der allgemeinen Ruhe und Sicherheit Unserer Unterthanen finden Wir daher nöthig, über diesen Gegenstand folgende Vorschriften zu ertheilen.

§. 1. Bei entstehendem Tumulte ist jeder Hauswirth, oder derjenige, der seine Stelle versieht, sobald er von dem Auflaufe Nachricht erhält, verpflichtet, sein Haus zu verschließen, und so lange der Auflauf nicht gestillet ist, solchen im Hause befindlichen Personen den Ausgang zu verwehren, von welchen zu besorgen ist, daß sie aus Neugier oder böser Absicht den versammelten Volkshaufen vermehren könnten. Sämmtliche Bewohner des Hauses sind verpflichtet, durch Befolgung der in den nachstehenden §§. 2. 3. enthaltenen Vorschriften dem Hauswirth hierin zu assistiren und ihn in den Stand zu setzen, dieser Obliegenheit zu genügen, wobei jederzeit dafür gesorgt werden muß, daß den nach Hause Zurückkehrenden der Eingang nicht verwehrt werde.

§. 2. Gleichmäßig sind Eltern, Schullehrer und Herrschaften verbunden, ihre Kinder, Zöglinge und Gesinde zurückzuhalten, und ihnen unter keinerlei Vorwand zu gestatten, die Volksmenge durch ihr Hinzutreten zu vergrößern.

§. 3. Die Entrepreneurs von Fabriken, die Gewerksmeister, insbesondere diejenigen, welche Spinnereien halten, sind schuldig, solche Vorkehrungen zu treffen, daß ihre Arbeiter, Gesellen, Lehrlinge und Taglöhner verhindert werden, sich aus den Werkstätten und Wohnungen zu entfernen.

§. 4. Sollten sich Miethsleute, Gesellen, Lehrlinge oder Dienstboten den Anordnungen der Hauswirthe, Meister oder Herrschaften widersetzen, und des Verbots ungeachtet sich zur Zeit eines Tumults von ihren Wohnungen oder Werkstätten ohne rechtliche Veranlassung entfernen, so sollen sie deshalb auf erfolgende Anzeige von der Obrigkeit gebührend bestraft werden; so wie denn auch diejenigen, welche die nach §§. 1—3. zu treffenden Vorkehrungen unterlassen, deshalb zur Verantwortung gezogen werden sollen, wenn der Auflauf durch solche Personen vergrößert worden, welche sie hätten abhalten können und sollen.

§. 5. Alle diejenigen, welche Wein, Branntwein, Liqueurs, Bier oder andere Getränke feil haben, ferner diejenigen, welche Tanzböden halten, müssen bei entstehendem Tumulte ihre Läden, Keller und Wohnungen sogleich verschließen, und sie nicht eher wieder öffnen, bis der Auflauf ganz gedämpft ist. In der Nähe des Tumults dürfen dergleichen Getränke unter keinerlei Vorwand an irgend jemanden gereicht werden, und selbst in den vom Tumulte entfernten Gegenden dürfen während der Dauer desselben nur an solche Personen Getränke überlassen werden, von welchen man gewiß überzeugt ist, daß sie an dem Tumulte keinen Theil nehmen. Wer diese Vorschrift übertritt, hat nachdrückliche Geld- oder Leibesstrafe zu gewärtigen.

§. 6. Bei jedem entstehenden Auflaufe müssen die sich in der Nähe befindenden Polizeibeamte ohne Zeitverlust hineilen, die Veranlassung desselben untersuchen, die etwanigen Ruhestörer festhalten und dem versammelten Haufen ernstlich andeuten, sogleich ruhig auseinander zu gehen. Bleibt dieses ohne Wirkung, so müssen sie bei der nächsten Wache die nöthige Hülfe suchen und zugleich besorgen, daß sowohl der Gouverneur oder andere Militair-Chefs der Stadt, als auch der Polizeidirektor von dem Vorfalle schleunig benachrichtigt werden. Sie vereinigen sich inzwischen mit der Wache, um allem Unfug vorzubeugen und den Auflauf zu unterdrücken; sie treffen auch die nöthige Veranstaltung, daß diejenigen, welche aus Neugier oder andern Absichten den unruhigen Haufen vergrößern wollen, gewarnt, und durch Besetzung aller Zugänge zurückgehalten werden.

§. 7. Die Militair-Behörden sind durch eine besondere Instruction angewiesen, wie sie sich bei solchen Vorfallen zu verhalten haben. Sie werden jedesmal der Polizei zur Unterdrückung entstehender Tumulte schleunigen und kräftigen Beistand leisten, allenfalls die Wachen verdoppeln, sie mit scharfen Patronen versehen, und wenn gelindere Mittel nicht wirksam sein sollten, Gewalt brauchen. Es ist auch verfügt, daß diejenigen, welche bei entstehendem Tumulte in der Gegend desselben auf den Straßen angetroffen werden, und nach der an sie ergehenden Warnung sich nicht sogleich ruhig hinwegbegeben, aufgegriffen und zum Arrest gebracht werden sollen.

Werden diese nachher auch keiner strafbaren Absicht überführt, so haben sie doch für ihren Ungehorsam verhältnißmäßige Geld- oder Leibesstrafe verwirkt.

§. 8. Der kommandirende Offizier oder Unteroffizier des zur Dämpfung des Tumults abgeordneteu Kommando soll jedesmal den versammelten Haufen mit lauter Stimme auffordern, ruhig zu seyn, und sogleich auseinander zu gehen. Dieser Zuruf muß zweimal wiederholt werden. Sollte der versammelte Volkshaufen so zahlreich seyn, daß der Zuruf nicht auf eine vernehmliche Art geschehen könnte, so soll durch Trommelschlag oder Trompetenschall das Zeichen der Entfernung gegeben werden. Ein jeder, der dieser Aufforderung nicht augenblickliche Folge leistet, und sich sogleich hinwegbegiebt, hat die Vermuthung strafbarer Absichten gegen sich, und soll, wenn er seine Unschuld nicht darthun kann, als ein Aufrührer dem Befinden nach mit Gefängniß-, Zuchthaus- oder Festungsstrafe belegt werden.

§. 9. Ist bei einem Tumulte Gewalt verübt, und jemand an seinem Leibe oder Gütern beschädigt worden, so sollen diejenigen, welche den Tumult veranlaßt, so wie auch diejenigen, welche Gewaltthätigkeiten verübt haben, mit harter Festungs- oder Zuchthausstrafe belegt, auch letztere durch körperliche Züchtigungen geschärft werden.

§. 10. Den obrigkeitlichen Personen und Wachen, welche zur Stillung eines Tumultes herbeieilen, muß ein jeder Folge leisten, und sich aller Verunglimpfung derselben bei harter Leibesstrafe enthalten. Sollten Widersetzlichkeiten, thätliche Behandlungen oder Verwundungen erfolgen, so müssen die im vorigen §. geordneten Strafen verdoppelt, und dem Befinden nach bis zur Lebensstrafe erhöhet werden.

§. 11. Die Anstifter eines Auflaufs, der auch nur aus bloßem Leichtsinn erregt worden, haben wegen der Gefahr, worin ihre Mitbürger gesetzt sind, jedesmal verhältnißmäßige Gefängniß-, Zuchthaus- oder Festungsstrafe verwirkt, welche nach Beschaffenheit der Umstände, besonders der größeren oder geringeren Gefahr, vom Richter zu bestimmen ist.

§. 12. Muthwillige Buben, welche auf den Straßen oder sonst Unruhe erregen, oder grobe Unsittlichkeiten verüben, welche einen Zusammenlauf des Volks veranlassen könnten, haben verhältnißmäßiges Gefängniß, körperliche Züchtigung oder Zuchthausstrafe zu erwarten.

§. 13. Der Polizeibehörde des Orts übertragen Wir die erste vorläufige Untersuchung gegen die Anstifter eines Tumults, ohne Unterschied des Standes oder der sonstigen Exemtion, nur allein die Militairpersonen ausgenommen. Diese Polizeibehörde soll auch befugt seyn, daß Erkenntniß abzufassen und zu vollstrecken, wenn nur eine polizeimäßige Strafe von 14tägigem oder geringerem Gefängnisse stattfindet, und in solchen Fällen gebühret die etwanige Entscheidung in zweiter Instanz demjenigen Richter, welcher dieser Polizeibehörde unmittelbar vorgesetzt ist.

§. 14. Ergiebt sich bei der vorläufigen Untersuchung, daß gegen den einen oder den andern der Angeschuldigten eine härtere Strafe statt finden werde, so gehört in Absicht derselben die Fortsetzung der Untersuchung und die Abfassung des Erkenntnisses dem Landes-Justizkollegio der Provinz, und diesem muß die Polizeibehörde ohne Zeitverlust alle erforderlichen Nachrichten mittheilen. Wir machen Unsern Landes-Justizkollegien hiermit zur besondern Pflicht, genau dahin zu sehen, daß in solchen Fällen die Untersuchung möglichst beschleunigt, durch Fristgesuche zur Einbringung der Defensionen nicht aufgehalten, sondern diejenigen, welche die Vertheidigungsschriften anfertigen sollen, mit Strenge angehalten werden, Arbeiten dieser Art unverzüglich vorzunehmen. Hiernächst muß aber auch das Erkenntniß sonder Zeitverlust abgefasset, und in jedem Falle bei Unserm Justizdepartement, und durch dieses bei Unsrer Höchsten Person zur Bestätigung eingereicht werden, welches auch geschehen muß, wenn in zweiter Instanz auf Milderung der Strafe angetragen wird.

§. 15. In den Straf-Erkenntnissen muß vorzuglich auf die mehrere oder mindere Beharrlichkeit im Ungehorsam gegen obrigkeitliche Verfügungen, und hauptsächlich auf die größere oder geringere Gefahr gesehen werden, welche durch den Tumult entstanden ist, oder leicht hätte entstehen können. Dem richterlichen Ermessen bleibt daher überlassen, nach Befinden auch auf außerordentliche Strafen zu erkennen, von welchen sich nach den Zeitumständen der wirksamste Eindruck erwarten läßt.

u. s. w.

Berlin, den 30. Dezember 1798.

Friedrich Wilhelm.

(L. S.)

Goldbeck.

1404.

Zu den von den Friedensrichtern in der Rheinprovinz über abgeschlossene Vergleiche aufgenommenen Verhandlungen ist kein Stempel zu verwenden.

Rheinpr. Gener. 62.

Wir Friedrich Wilhelm, von Gottes Gnaden, König von Preußen ꝛc.

haben nach dem Antrage Unseres Staats-Ministeriums, in besonderer Berücksichtigung der Uns vorgetragenen Wünsche Unserer getreuen Stände der Rheinprovinz und in der Absicht, die Vergleiche bei den Sühnversuchen durch die Friedensgerichte zu befördern, beschlossen und verordnen,

daß, vorbehaltlich der Bestimmungen auf die von Uns angeordnete Revision des Stempelgesetzes, zu den Verhandlungen, welche in Gemäßheit des Artikels 54. der Rheinischen Prozeßordnung von den Friedensrichtern der Rheinprovinz über die bei Sühneversuchen zu Stande gekommenen Vergleiche aufgenommen werden, und den darüber zu ertheilenden Ausfertigungen kein Stempel zu verwenden sei.

Urkundlich unter Unserer Allerhöchsteigenhändigen Unterschrift und beigedrucktem Königlichen Insiegel.

Berlin, den 17. August 1835.

(L. S.) Friedrich Wilhelm.

Frh. v. Altenstein. Gr. v. Lottum. v. Kamptz.
Mühler. Ancillon. Für den Kriegsminister:
v. Schöler. Gr. v. Alvensleben.

1405.

Bestrafung der Absicht, Mißvergnügen im Staate zu erregen.

Crim. 19.

Aus dem vorliegenden Erkenntniß wider den ꝛc. B. habe ich ersehen, daß der Appellationsgerichtshof von dem Gesichtspunkte ausgegangen ist, daß der §. 151. Theil 2. Titel 20. des Allgemeinen Landrechts nur dann eintrete, wenn eine Aeußerung Unzufriedenheit erregt habe. Diese Auslegung ist aber dem Gesetze nicht angemessen und unrichtig. Sie ist zwar vor mehreren Jahren von einem Gerichtshofe in den alten Provinzen gemacht, indeß damals nicht allein gemißbilligt, sondern auch daraus Veranlassung genommen worden, den wahren Sinn jenes Paragraphen durch das Censur-Edict vom 18. October 1819 §. XVI. No. 2. außer allen Zweifel zu setzen.

Ew. Hochwohlgeboren haben dies zur Kenntniß des Appellationsgerichtshofes zubringen.

Berlin, den 19. August 1835.

Der Justiz-Minister
v. Kamptz.

An
den Königlichen General-Procurator
Herrn Biergans zu Cöln.

E. 2448.

1406.

Zollvereinigung mit dem Großherzogthum Baden.

Gen. H. No. 1.

In dem Artikel 20. des durch das 17. Stück der diesjährigen Gesetz-Sammlung publicirten Zollvereinigungsvertrags mit dem Großherzogthum Baden vom 12. Mai d. J. ist des Großherzogs Königliche Hoheit dem zwischen den bisherigen Vereinsgliedern unter dem 11. Mai 1833 abgeschlossenen Zoll-Kartel beigetreten, und demgemäß verabredet worden, daß während in Baden dieses Kartel publicirt werden soll, die übrigen Vereinsglieder die erforderlichen Anordnungen treffen werden, damit auch in ihren Landen demselben in den gegenseitigen Verhältnissen mit Baden überall Anwendung gegeben werde.

Da nun nach einer Benachrichtigung des Königlichen Ministeriums der auswärtigen Angelegenheiten, in Baden bereits vom 10. d. M. an das Zoll-Kartel in Kraft gesetzt worden ist, so veranlasse ich Ew. Hochwohlgeboren, für die Befolgung des Artikels 20. des Vertrages vom 12. Mai d. J. Sorge zu tragen.

Berlin, den 20. August 1835.

Der Justiz-Minister
v. Kamptz.

An
den Königlichen General-Procurator
beim Revisions- und Cassationshofe
Herrn Eichhorn hier.

in simili, mutatis mutandis.

An
den Königlichen General-Procurator
beim Appellationsgerichtshofe Herrn
Biergans zu Cöln
und
An
den Königl. Justiz-Senat zu Coblenz.
E. 2451.

1407.

Kostenfreiheit bei Todeserklärung der aus den Kriegen von 1806—1815 nicht zurückgekehrten Personen.

Rh. Gener. 68.

Unter Rücksendung der mit Ihrem Berichte vom 13. v. M. eingereichten Anlagen eröffne ich Ew. Hochwohlgeboren, daß es kein Bedenken hat, daß, wie Sie mit Recht annehmen, sich die im §. 5. des Gesetzes vom 2. August 1828 *) bestimmte Kostenfreiheit nicht nur auf das Erkenntniß, sondern auch auf alle vor und nach demselben wegen der Todes-Erklärung erforderlich gewesenen gerichtlichen Verhandlungen und Verfügungen erstreckt.

Hiernach haben Ew. Hochwohlgeboren den Präsidenten und Ober-Procurator, beim Königlichen Landgerichte zu Trier zu bescheiden.

Berlin, den 24. August 1835.

Der Justiz-Minister
v. Kamptz.

An
den Königl. General-Procurator
Herrn Biergans zu Cöln.
E. 2287.

cf. Trier Amtsblatt pag. 465.

*) Bd. 3. pag. 243.

1408.

Friedensrichter erhalten keine Gebühren in den auf andere Weise als durch Erkenntniß erledigten Forstfrevel-Sachen.

Rh. Crimin. 7. Vol. II.

Die Königliche Ober-Rechnungs-Kammer hat in dem abschriftlich beiliegenden Schreiben vom 4. d. M. angezeigt, daß der Ober-Procurator, Geheime Justizrath Heintzmann, zufolge des in Abschrift angeschlossenen Schreibens an die Königliche Regierung zu Trier vom 24. April d. J. Anstand genommen habe, die Friedensgerichte mit einer Anweisung zu versehen, wonach die, durch die Allerhöchste Cabinets Ordre vom 15. August 1829 *) für jede abgemachte Forstdefraudations-Sache bewilligte, Gebühr von 2 1/2 Sgr. nicht liquidirt werden dürfe, wenn die Sache nicht durch Erkenntniß beendigt, sondern an eine andere Behörde verwiesen worden, oder, weil die Angeschuldigten verstorben oder nicht auszumitteln gewesen sind, auf sich beruhen geblieben ist. In Uebereinstimmung mit der von dem Herrn Justiz-Minister Mühler und dem verstorbenen Finanz-Minister Maassen ausgesprochenen Ansicht, finde ich es unbedenklich, daß in jenen Fällen die Liquidation der gedachten Gebühr unzulässig sei. Ew. Hochwohlgeboren wollen demnach die Friedensgerichte durch die Ober-Procuratoren anweisen lassen, sich bei dem Ansatze der obigen Gebühr auf diejenigen Sachen zu beschränken, welche von ihnen durch Erkenntniß beendigt worden sind.

Berlin, den 24. August 1835.

Der Justiz-Minister
v. Kamptz.

An
den Königlichen General-Procurator
Herrn Biergans zu Cöln.

E. 2429.

---

*) Band 3. pag. 308.

1409.

Verfahren bei einsamen Einsperrungen der Gefangenen. — Unterschied zwischen abgesonderten Detentionen und isolirten Einsperrungen.

Rh. Crimin. No. 53.

Extract.

Da sich aus dem von Ew. Hochwohlgeboren unterm 10. d. M. erstatteten Berichte, betreffend die einsamen Einsperrungen mehrerer Untersuchungsgefangenen, ergeben hat, daß ꝛc., so beauftrage ich Ew. Hochwohlgeboren in Verfolg Ihrer dieserhalb schon unterm 6. Juni d. J. erlassenen so zweckmäßigen Special-Anordnung, die sämmtlichen Ober-Procuratoren anzuweisen:

1) unverzüglich dem vorgesetzten Beamten des Arresthauses aufzugeben, eine einsame Einsperrung eines Gefangenen schlechthin nicht anders, als auf schriftliche Anweisung der betreffenden gerichtlichen Behörde, in welcher die Dauer derselben bestimmt ist, zu verfügen, und diese Verfügung mit den nöthigen Bemerkungen über die Vollstreckung derselben zu den Akten zu nehmen, damit in jedem einzelnen Falle gehörig controlirt werden kann, ob die einsame Einsperrung competenterweise verfügt und dabei vorschriftsmäßig verfahren worden sey;

2) diese Anordnung zur Kenntniß und Nachachtung der Instructionsrichter zu bringen, und haben auch diese auf die Befolgung derselben, wenn Contraventionen zu ihrer Kenntniß kommen sollten, zu achten;

3) auf die genaueste Befolgung dieser Vorschrift zu halten und bei Inspection der Untersuchungs-Gefängnisse und sonst Rücksicht zu nehmen, jede Contravention derselben zur Rüge und Bestrafung zu bringen und sie mir anzuzeigen, und endlich

4) diese Verfügung zur Kenntniß des Königlichen Landgerichts zu bringen. Demnächst haben Ew. Hochwohlgeboren den Herrn ersten Präsidenten des Appellationsgerichtshofes zu ersuchen, die Assisen-Präsidenten zu beauftragen, bei Visitation der Untersuchungs-Gefängnisse, auf die Befolgung dieser Anordnung zu achten und darüber ihre an das Justiz-Ministerium zu erstattenden Berichte mit zu richten und in denselben zugleich das von dem Ober-Inspector des Arresthauses

ihnen einzureichende specielle Verzeichniß der seit der letzten Assise statt gehabten einsamen Einsperrungen einzureichen, welches Verzeichniß den Namen und das Verbrechen des einsam eingesperrten Gefangenen, die Dauer dieser Einsperrung und den Namen des dieselbe verfügenden richterlichen Beamten enthalten muß.

Aus Veranlassung der Eingangs gedachten Fälle wird noch darauf aufmerksam gemacht, daß abgesonderte Detentionen von isolirten Einsperrungen durchaus verschieden sind. Erstere unterscheidet sich von der Detention mehrerer Untersuchungs-Gefangenen in der Behandlung nur durch die abgesonderte Detention, erfordert aber eine gleiche Beschaffenheit des Lokals und der Behandlung, wie bei den anderen Untersuchungsgefangenen, und gehört zwar lediglich zu den Befugnissen des Untersuchungsrichters, steht aber bei Einlieferung eines Untersuchungs-Gefangenen vorläufig auch dem öffentlichen Ministerium frei. Auf diese bezieht sich vorliegendes Rescript nicht. Damit darf aber die als Straf- oder Zwangsmittel zulässige einsame Einsperrung, von welcher hier nur die Rede ist, nicht verwechselt werden und sind zu den letzteren die hier gedachten Erfordernisse nöthig, und deshalb dazu eigene Lokalien zu bestimmen.

Berlin, den 25. August 1835.

Der Justiz-Minister
v. Kamptz.

An
den Königl. General-Procurator
Hrn. Biergans zu Cöln.

E. 2591.

(cf. Rescr. v. 8. April 1836.)

1410.

Bestrafung der Beleidigungen und Widersetzlichkeiten gegen Gensdarmen und Wachen.

Rh. Crim. No. 19.

a.

Ew. Hochwohlgeboren erhalten beigehend die Untersuchungs-Akten wider die verehelichte W. und das in dieser Sache ergangene Urtheil des Königlichen Revisions- und Kassationshofes vom 8. d. M., in welchem der gedachte Gerichtshof in Uebereinstimmung mit dem an den Ober-Procurator, Geheimen Justizrath Heintzmann unterm 10. Juni d. J. erlassenen, abschriftlich beigefügten, Rescripte angenommen hat, daß Beleidigungen und Widersetzlichkeiten gegen Gensdarmen und Wachen nach der Allgemeinen Preußischen Criminal-Ordnung zur Untersuchung zu ziehen und nach Vorschrift des §. 166. des 20sten Titels des zweiten Theils Allgemeinen Landrechts zu bestrafen sind.

Hiernach haben Ew. Hochwohlgeboren das Weitere zu veranlassen.

Berlin, den 26. August 1835.

Der Justiz-Minister
v. Kamptz.

An
den Königl. General-Procurator
Herrn Biergans zu Cöln.

F. 2015.

b.

Ew. Hochwohlgeboren erwiedere ich auf den Bericht vom 11. Mai d. J., betreffend die Untersuchungen wegen Beleidigungen und Widersetzlichkeiten gegen Wachen, daß die in dem Urtheile vom 29. April d. J. in der Untersuchungssache wider den Zimmermann B. von dem Rheinischen Appellationsgerichtshofe zu Cöln emittirte Meinung, nach welcher wegen Beleidigung und Widersetzlichkeit gegen die Gensdarmerie und Wachen nicht das Untersuchungsverfahren der allgemeinen Criminal-Ordnung vom 11. Dezember 1805 Statt finden könne, und die Bestrafung nicht nach dem 20. Tit. Thl. II. des Allgemeinen Landrechts erfolgen dürfe, nicht gebilligt werden kann. Wenn auch der Appellationshof die Bestimmungen der §§. 612. 628. 643. 644. 646. 647. daselbst nicht für in den Rheinprovinzen publizirt erachtete, so mußte er eben deshalb die jedesfalls publizirten §§. 166. und 209. für anwendbar erachten, da sie die Regeln geben, von welchen die §§. 646. — 648. nur Abweichnngen sind, deren Wegfallen die Regel herstellt. Noch weniger ist aber die Verweisung des zweiten Beschuldigungspunktes, bei welchem der Appellhof selbst die Anwendbarkeit der Strafbestimmungen des angeführten Titels anerkannt hat, zu dem Zuchtpolizeiverfahren gerechtfertigt, da die Allerhöchsten Cabinets-Ordres vom 6. März 1821 *) und 2. August 1834 **) unbedingt in derartigen Sachen das Verfahren nach der französischen Criminal-Prozeßordnung ausschließen.

Nach der gegenwärtigen Lage der Sache wird indessen für den vorliegenden Fall, der von Ew. Hochwohlgeboren beabsich-

*) Bd. 2. pag. 95.
**) Bd. 4. pag. 150.

tigte Weg allein nur eingeschlagen werden können, und überlasse ich Ihnen demnach die weitere Einleitung.

Berlin, den 10. Juni 1835.

Die Justiz-Minister
v. Kamptz. Mühler

An
den Königl. Ober-Procurator
Herrn Geheimen Justizrath
Heintzmann zu Trier.
E. 1737.

1411.

Vorschriften, nach welchen die wider einen schon zu lebenswieriger Freiheitsstrafe verurtheilten Verbrecher zu erkennende körperliche Züchtigung festzusetzen und zu vollziehen ist.

Rh. Crim. 8. Vol. II.

Ew. Hochwohlgeboren eröffne ich auf den unterm 25. v. M. erstatteten Bericht

die Bestrafung eines Verbrechers, welcher schon früher zu einer lebenswierigen Freiheitsstrafe verurtheilt ist, betreffend,

daß, da in der Rheinprovinz, obwohl in derselben die körperliche Züchtigung als Strafart keinesweges unbekannt, vielmehr für einzelne Verhältnisse, z. B. in den militairischen Straf-Sectionen, in den Strafanstalten u. a. m. ausdrücklich gesetzlich vorgeschrieben ist, dennoch über die Vollziehung derselben keine allgemeine Bestimmungen existiren. Es ist daher im Allgemeinen bei der Vollstreckung der körperlichen Züchtigung nach den Vorschriften der Circular-Verordnung vom 26. Februar 1799 §. 4.—8. und der Criminal-Ordnung vom 11. Dezember 1805 §. 553. zu verfahren; jedoch, da hier von der Bestrafung eines bereits zu lebenslänglicher Freiheitsstrafe verurtheilten Verbrechers die Rede, die körperliche Züchtigung in der Strafanstalt, zu welcher der Verbrecher gehört, und zwar zu desto größerer Abschreckung der anderen Sträflinge in deren Gegenwart zu vollziehen. So viel das Maaß dieser Züchtigung betrifft, so werden nach der bei den altländischen Gerichten bestehenden Praxis selten mehr als 60 Hiebe, und zwar jedesmal 30 an zwei auf einander folgenden Tagen zuerkannt; es ist vor allen Dingen aber bei der Vollstreckung auf die individuelle Beschaffenheit des Sträflings und auf das wohlerwogene Gutachten des Arztes Rücksicht und darauf Bedacht zu nehmen, daß die Strafe der Gesundheit des Sträflings unnachtheilig sei.

Berlin, den 28. August 1835.

Der Justiz-Minister
v. Kamptz.

An
den Königl. General-Procurator
Herrn Biergans zu Cöln.

E. 2472.

1412.

Verfahren bei Verzichtleistung auf Bestrafung der Injurien vor Eröffnung der Assisensitzung.

Rh. Crim. 52.

Das in Ew. Hochwohlgeboren Berichte vom 12. Juni d. J. geäußerte Bedenken gegen das Verfahren bei einer Verzichtleistung auf die Injurienstrafe vor anberaumter öffentlicher Sitzung eines Assisenhofes kann das Justiz-Ministerium nicht theilen. Es läßt sich nämlich nicht behaupten, daß vor Eröffnung der Assisensitzungen keine Assisenhöfe existiren; die Thätigkeit des Assisenhofes, und namentlich des Präsidenten desselben beginnt vielmehr schon mit dem Augenblicke, wo der Assisen-Präsident in Gemäßheit der Artikeln 252. und 253. der Straf-Prozeßordnung ernannt worden ist, indem von diesem Augenblicke an derselbe als Präsident des Assisenhofes die Befugniß und die Pflicht hat, den Angeschuldigten zu vernehmen und die Geschwornen durchs Loos zu ziehen und einzuberufen; ja es ist sogar im Artikel 266. 261. der Strafprozeßordnung bestimmt, daß die Vernehmung des Angeschuldigten durch den Assisen-Präsidenten vor der Eröffnung der Assisensitzung in der Regel geschehen soll. Von dem Augenblicke der Ernennung des Assisen-Präsidenten an, ist also der Assisenhof selbst als constituirt zu betrachten, indem das Gesetz selbst die übrigen Mitglieder desselben durch die Artikel 252. und 253. a. a. O. bestimmt, diese mithin nicht erst noch zu ernennen sind. Da nun in Verhinderungsfällen der Assisen-Präsident durch den Präsidenten des Landgerichts gesetzlich vertreten wird, so folgt, daß, wenn an den Assisenhof eine Verzichtleistung auf die Injurienstrafe noch vor dem Zeitpunkte gebracht wird, wo der Assisen-Präsident sich schon am Orte der zu haltenden Assisen befindet, seine vices bei der über jene

Verzichtleistung statt findenden Berathung und Entscheidung des Assisenhofes durch den Landgerichts-Präsidenten vertreten werden müssen.

Ew. Hochwohlgeboren beauftrage ich, hiernach das Weitere zu veranlassen.

Berlin, den 28. August 1835.

Der Justiz-Minister
v. Kamptz.

An
den Königlichen General-Procurator
Herrn Biergans zu Cöln.

K. 2040.

1413.

Rechtzeitige Insinuation der Vorladungen an die Regierungen in fiskalischen Prozessen.

Rh. Gen. 23.

Es ist von den Königlichen Ministerien des Innern und der Polizei und der Finanzen der Uebelstand zur Sprache gebracht worden, daß die Königlichen Regierungen die ihnen in Gemäßheit der Anweisung des Königlichen Staats-Ministeriums vom 20. Juli 1818 (Lottner Bd. 1. S. 504) §. 22. 23. und 24. zu behändigenden Ladungen, — sei es, daß dadurch eine Instanz eingeleitet oder daß dadurch das Erscheinen zum Zwecke irgend einer gerichtlichen Verhandlung bezweckt wird, — entweder erst nach den zum Erscheinen anberaumten Tagen oder doch zu kurze Zeit vor diesem Termine erhielten, als daß eine gehörige Vertretung des Königlichen Fiskus noch möglich sei. Um den dem Königlichen Fiskus hieraus offensichtlich entstehenden Nachtheilen für die Zukunft vorzubeugen, ist auf Ew. Hochwohlgeboren, diesen Gegenstand betreffenden Bericht vom 7. v. M. bestimmt, daß von jetzt an in den fiskalischen Civilprozessen weder ein Contumacial-Verfahren noch ein Contumacial-Urtheil gegen den Königlichen Fiskus eher statt finden und resp. erlassen werden soll, als acht Tage nach der dem Regierungs-Präsidenten oder resp. dem Ober-Bergamts-Director in Gemäßheit der vorgedachten Paragraphen geschehenen Behändigung der Ladung, über welche Behändigung die genannten Präsidenten und Directoren sofort nach derselben die vorgeschriebene Bescheinigung den Königlichen Staats-Anwälten zugehen lassen werden.

Ew. Hochwohlgeboren haben diese Anordnung durch die Amtsblätter zur Kenntniß der rheinischen Gerichte und der bei denselben fungirenden Anwälte zu bringen.

Berlin, den 28. August 1835.

Der Justiz-Minister
v. Kamptz.

An
den Königlichen General-Procurator
Herrn Biergans zu Cöln.

E. 2193.

cf. Cölner Amtsblatt pag. 294.

1414.

Einführung der seit dem 5. April 1815 ergangenen Gesetze rc., welche im Regierungsbezirk Trier Gesetzeskraft haben, in den Kreis St. Wendel und Aufhebung der unter der Oesterreich-Bairischen Verwaltung vom 5. April 1815 bis zum 1. Juli 1816 erlassenen Gesetze rc.

Gener. L. No. 6.

Des Königs Majestät haben mittelst Patents vom 30. v. M.*) (Gesetz-Sammlung v. 1835 S. 141) Allerhöchst zu bestimmen geruhet, daß alle seit dem 5. April 1815 ergangenen Gesetze, Verordnungen und Bestimmungen, welche in den Landestheilen des Regierungsbezirks Trier Gesetzeskraft haben, mit derselben Wirkung vom 1. September d. J. ab auch im Kreise St. Wendel gelten und dagegen sowohl die unter der Herzoglich Sachsen-Coburgschen Regierung, als auch die unter der Oesterreich-Bairischen Verwaltung vom 5. April 1815 bis zum 1. Juli 1816 erlassenen Gesetze, Verordnungen und Bestimmungen aufgehoben sein sollen.

Bereits unterm 30. Dezember v. J. **), bei Uebersendung der Allerhöchsten Cabinets-Ordre vom 24. desselben Monats, sind die Königlichen Gerichts-Behörden von St. Wendel auf die Eigenthümlichkeiten des im westrheinischen Theile der Königlichen Rheinprovinz geltenden Rechts aufmerksam gemacht und denselben die Quellen bezeichnet worden, aus welchen sie eine genauere Kenntniß dieses Rechts schöpfen können.

---

*) Bd. 5. pag. 170.
**) Bd. 4. pag. 213 u. 215.

Es bedarf also der Ertheilung nochmaliger Instructionen nicht; es werden die Gerichte von selbst das Richtige erkennen und die neu eingeführten Gesetze auf die vorkommenden Fälle gehörig anwenden. Das Justiz-Ministerium beschränkt sich darauf, auf das Gesetz vom 7. Juni 1821 *) (Gesetz-Samml. von 1821 S. 101) aufmerksam zu machen, welches nunmehr auch in dem Kreise St. Wendel gilt und durch welches die Kompetenz und das Verfahren vor den Friedensgerichten bestimmt worden ist. Sie werden veranlassen, daß überall nach Vorschrift dieses Gesetzes verfahren wird, und haben zu diesem Behufe an die Friedensrichter zu St. Wendel, Baumholder und Grumbach das Nöthige zu erlassen und dies auch durch das Kreisblatt bekannt zu machen.

Berlin, den 31. August 1835.

Der Justiz-Minister
v. Kamptz.

An
den einstweiligen Dirigenten des Königl. Landgerichts, Herrn Göbel
und den Königl. Staats-Procurator, Herrn Diefenhard, zu St. Wendel.
E. 2619.

1415.

Der §. 19. des Holzdiebstahlsgesetzes vom 7. Juni 1821 findet auf den vierten Holzdiebstahl keine Anwendung, — Zulassung des Beweises der Unschuld. —

Rep. Rheinpr. Crim. No. 7.

Ew. Hochwohlgeboren erhalten beigehend die mittelst Berichts vom 12. v. M. eingereichten Untersuchungsakten gegen den Tagelöhner H. und dessen Immediat-Begnadigungs-Gesuch vom 26. Juni c. zurück.

Wenn der §. 19 des Holzdiebstahlsgesetzes vom 7. Juni 1821 **) verordnet, daß der Angeschuldigte an dem anstehenden Gerichtstage seine Unschuld durch Zeugen, die er entweder freiwillig gestellt oder deren Vorladung er vorher bei dem Richter ausgewirkt hat, nachweisen müsse, so bezieht sich diese Vorschrift nur auf den ersten, zweiten und dritten Holzdiebstahl. Bei dem vierten Holzdiebstahle tritt nach der ausdrücklichen

---

*) Samml. Band 2. pag. 115.
**) Samml. Band 2. pag. 117.

Vorschrift der §§. 30. und 33. das gewöhnliche correctionelle Verfahren ein, und es kann daher der §. 19. auf den vierten Holzdiebstahl nicht Anwendung finden.

In Criminalsachen darf überhaupt der Beweis der Unschuld des Angeklagten in keiner Hinsicht verschränkt werden, und wenn auch der Bittsteller Inhalts der Akten bei seiner Vernehmung in der Sitzung auf Beweiszeugen für seine Unschuld sich nicht berufen hat, so muß er doch jetzt noch, da er seine Unschuld behauptet, mit dem Beweise derselben zugelassen werden.

Berlin, den 1. September 1835.

Der Justiz-Minister
v. Kamptz.

An
den Königlichen Ober-Procurator
Hrn. Geh. Justizrath Heintzmann
zu Trier.

F. 2093.

1416.

Den Anträgen auf Auslieferung von Verbrechern aus Frankreich muß ein Verhaftungsbefehl (mandat d'arrêt) beigefügt seyn.

Auslieferungen No. 1. Vol. IV.

Es ist die Frage zur Sprache gekommen, ob Auslieferungs-Anträge, welche in Criminalsachen beim französischen Gouvernement gemacht werden, um gewährt zu werden von einem diesseits erlassenen Verhaftsbefehle (mandat d'arrèt) nothwendig begleitet sein müßten, oder ob dazu schon ein Vorführungsbefehl (mandat d'amener) genüge?

Nach einem Schreiben des Königlichen Ministeriums der auswärtigen Angelegenheiten vom 17. v. M. hat die desfalls mit dem französischen Ministerium der auswärtigen Angelegenheiten gepflogene Correspondenz ergeben, daß ein bloßes mandat d'amener zur Begründung eines Auslieferungs-Antrages in Frankreich als genügend nicht betrachtet wird, weil es häufig auf eine bloße noch nicht näher erörterte Beschuldigung erlassen werden kann, die französische Regierung aber nur dann Auslieferungen bewilligt, wenn der Beweis, daß eine gerichtliche Procedur gegen den Reclamirten begonnen hat und dringende Verdachtsgründe gegen ihn vorhanden sind, durch einen Verhaftsbefehl, oder einen Akt von gleicher Wirkung, namentlich durch eine Leibverhaft-Ordonanz, einen Anklage-Akt oder ein Contumacial-Verdammungs-Urtheil geliefert wird.

Hiervon werden Ew. Hochwohlgeboren zur weiteren Benachrichtigung der Ober-Procuratoren und der Instructions-Richter in Kenntniß gesetzt.

Berlin, den 3. September 1835.

Der Justiz-Minister
v. Kamptz.

An
den Königl. General-Procurator
Herrn Biergans zu Cöln.
E. 2517.

1417.

Anwendung der Cabinets-Ordre vom 8. März 1826, wegen Reisekosten-Entschädigung der Beamten bei Versetzungen.

Rh. Offic.-Sach. No. 14.

a.

Ew. Hochwohlgeboren erhalten beigehend eine beglaubte Abschrift der Allerhöchsten Cabinets-Ordre vom 8. März 1826
die Entschädigung der Staats-Beamten bei Versetzungen für die Umzugs- und Reisekosten betreffend,
um in der Folge bei Anfertigung der Liquidationen von Umzugskosten im Falle der Versetzung von Beamten, die Bestimmungen derselben zur Richtschnur zu nehmen, so wie auch zu diesem Behufe den Ober-Procuratoren der Landgerichte eine Abschrift der Allerhöchsten Bestimmung mitzutheilen.

Berlin, den 3. September 1835.

Der Justiz-Minister
v. Kamptz.

An
den Königlichen General-Procurator
Herrn Biergans zu Cöln.
E. 2739.

b.

Da es bisher noch an ausreichenden Bestimmungen gefehlt hat, nach welchen die Staatsbeamten bei Versetzungen für die Umzugs- und Reisekosten zu entschädigen sind; so finde Ich es sehr zweckmäßig, daß das Staats-Ministerium nach dem Berichte vom 18. v. M. zur Vermeidung einzelner Anträge auf allgemeine künftig zur Richtschnur zu nehmende Regeln bedacht gewesen ist. Mit den darauf gerichteten Vorschlägen, daß nämlich für die allgemeinen Kosten, als Emballage und Beschädigung ꝛc. der Mobilien ein angemessener Betrag vorher abgerechnet und die Steigerung nach Entfernungen nur auf den Transport und die Reisekosten der Familie gerichtet werde, bin ich völlig einverstanden und bestimme demgemäß, daß bei Versetzung der Beamten folgende Entschädigungen bewilligt werden können.

I. An Beamte mit Familien und zwar:

1) den Präsidenten

a) auf allgemeine Kosten . . . . . 200 Rthlr.

b) an Transport und Reisekosten für 10 Meilen jedesmal 30 Rthlr., also bis 100 Meilen . . . . 300 —

2) den Vice-Präsidenten

zu a) . . . . 120 —

= b) für 10 Meilen 18 Rthlr., also bis 100 Meilen . . . . 180 —

3) den Räthen

zu a) . . . . 80 —

= b) für 10 Meilen 12 Rthlr., also bis 100 Meilen . . . . 120 —

4) den Büreau-Vorstehern

zu a) . . . . 60 —

= b) für 10 Meilen 9 Rthlr., also bis 100 Meilen . . . . 90 —

5) den Subalternen

zu a) . . . . 30 —

= b) für 10 Meilen 4 Rthlr., also bis 100 Meilen . . . . 40 —

Bei etwaiger weitern Entfernung kann die Vergütung nach den Sätzen zu 6 und 10 Meilen gesteigert, die dazwischen liegende Meilenzahl aber so abgestuft werden, daß bis 5 Meilen nur die Hälfte, über 5 Meilen aber das Ganze gewährt wird.

II. Beamte, welche keine Familie haben, erhalten überall nur die Hälfte der obigen Sätze, und

III. sollen die Entschädigungen in der Regel nur dann statt finden, wenn mit der Versetzung keine Verbesserung im Diensteinkommen verbunden ist, in dem Fall jedoch bis zur Hälfte der obigen Sätze bewilligt werden können, wenn die Verbesserung nur geringe ist, und durch deren einjährigen Betrag die Versetzungskosten nicht gedeckt werden,

IV. bei Versetzungen, welche auf eigenes Ansuchen der Beamten geschehen, sollen ohne Meine ausdrückliche Genehmigung keine Entschädigungen bewilligt werden.

Nach diesen Bestimmungen sind nicht nur die Entschädigungen der Beamten für Umzugs- und Transportkosten, so wie für Reisekosten ihrer Familie bei Versetzungen künftig zu normiren und aus dem allgemeinen Extraordinario der General-Staats-Kasse zu zahlen, sondern auch die Entschädigungen, welche den, in Folge der neuen Organisation der Regierungen, ernannten Präsidenten und Vice-Präsidenten, und von einer Regierung zur andern versetzten ältern Präsidenten, mit Vorbehalt Meiner Genehmigung und der eventuellen Erstattung als Vorschuß, bereits bewilligt worden sind, definitiv festzusetzen und anzuweisen.

Berlin, den 8. März 1826.

Friedrich Wilhelm.

An
das Staats-Ministerium.

1418.

Vormundschaftswesen.

Schemata zu den Vormundschaftsregistern, zu den Todesanzeigen, zu den Registern für Notarien zur Eintragung der Inventarisationen. — Geschäfte der Friedensgerichtsschreiber und Gerichtsvollzieher in Vormundschaftssachen. — Vermögensverzeichnisse oder Inventarien. — Kosten. Gebühren. Prozentgelder. Emancipationen.

Rh. Gen. 72.

Extract.

Der Bericht des Königl. Ober-Procurators v. Collenbach vom 6. v. M. und die demselben beigefügten, anbei zurückerfolgenden Vormundschaftsregister, welche Ew. Hochwohlgeboren mittelst Berichts vom 11. v. M. eingereicht haben, geben einen sehr erfreulichen Beweis von der Thätigkeit des Königl. Ober-Procurators und der meisten Königl. Friedensgerichte im Landgerichts-Bezirke Cöln bei Beaufsichtigung und Bearbeitung der Vormundschafts-Angelegenheiten, einer Thätigkeit, welche augenscheinlich schon die ersprießlichsten Folgen für das Wohl der Pflegebefohlenen gehabt hat, und welche bei längerer Fortdauer noch immer wohlthätiger wirken wird.

Auf die von dem Königl. Ober-Procurator in dem Berichte vom 6. v. M. vorgetragenen Anträge und Anfragen eröffne ich Ew. Hochwohlgeboren nunmehr Folgendes:

1. Die von dem Königl. Ober-Procurator durch die sehr umsichtige Instruction vom 4. September v. J. vorgeschriebenen Schemata *) zu den Vormundschaftsregistern, zu den Todesanzeigen und zu den Registern für die Notarien zur Eintragung der Inventarisationen in Vormundschaftssachen, sind durchaus zweckmäßig eingerichtet. Ew. Hochwohlgeboren haben daher darauf zu halten, daß sie in sämmtlichen Landgerichts-Bezirken angewendet werden. In dem Vormundschaftsregister ist jedoch in die Colonne 2.[b.] statt des Alters der Pflegebefohlenen, der Tag und das Jahr der Geburt derselben einzutragen, weil sich daraus alsdann von selbst ergiebt, wann die Großjährigkeit eintritt, ohne daß es darüber — wie es nach den vorliegenden Registern bisher geschehen — einer Anzeige des Vormundes oder einer sonstigen Ermittelung bedarf.

2. Zu den Bestellungen in Vormundschafts-Angelegenheiten, namentlich zu den Berufungen der Familienraths-Mitglieder, der Vormünder und Nebenvormünder vor den Richter und deren Monirung bei eintretender Saumseligkeit, können die Friedensrichter sich unbedenklich der Gerichtsvollzieher bedienen, da es nur nachtheilig und hemmend sein würde, wenn in allen Fällen förmliche Vorladungen erlassen und insinuirt werden sollten. Bei der Bereitwilligkeit, welche nach dem Berichte vom 6. v. M. die meisten Gerichtsvollzieher hiebei schon bezeigt haben, halte ich es nicht für erforderlich, denselben jene Bestellungen noch ausdrücklich zur Pflicht zu machen; sollte aber irgend ein Gerichtsvollzieher sich weigern, jene Bestellungen zu besorgen, so erwarte ich darüber sofortige Anzeige.

3. Obgleich sich in der Regel die Nebenvormünder bei der jetzigen besseren amtlichen Beaufsichtigung des Vormundschaftswesens mehr als je entbehrlich darstellen, so dürfte es doch nicht rathsam sein, schon jetzt auf eine Aenderung des Art. 420. des Civilgesetzbuchs einzugehen, sondern vielmehr erst noch die Erfahrungen einiger Zeit benutzt werden müssen.

---

*) Als Anlage abgedruckt.

4. Die Friedensgerichtsschreiber haben ganz unbedenklich die Verpflichtung, in den Vormundschaftssachen die Correspondenz zu expediren, die Vormundschafts-Akten anzulegen und fortzuführen, den Friedensrichtern bei den Eintragungen in die Register beizustehen, und überhaupt den Richtern bei diesem Geschäfte alle diejenige Hülfe zu leisten, welche das Amt eines Gerichtsschreibers mit sich bringt. Könnte diese Verpflichtung nach der rheinischen Gerichtsverfassung irgend einem Zweifel unterliegen, so würde ein solcher Zweifel dadurch völlig beseitigt werden, daß bei der jetzigen Verwaltung des Vormundschaftswesens hauptsächlich die altländischen Grundsätze zur Richtschnur dienen, daß nach diesen aber jene Verpflichtung der Secretaire ganz unzweifelhaft ist.

5. Bei der Revision und Feststellung der periodischen Verwaltungs-Uebersichten, wenn diese nicht etwa im Familienrathe geschieht, bedarf es der Zuziehung des Gerichtsschreibers nicht, der Richter allein kann sie unbedenklich vornehmen.

6. Durch die Instruction vom 16. August v. J.*) No. 14. ist schon vorgeschrieben, daß auch alsdann, wenn die Eltern der Pflegebefohlenen in Gütergemeinschaft gestanden haben, ein Vermögens-Verzeichniß oder Inventar aufgenommen und eingereicht werden muß. In den an Ew. Hochwohlgeboren und den ersten Präsidenten des Appellationshofes gerichteten Rescripten vom 23. Januar **) und 10. April d. J.***) habe ich mich ausführlich über die Gründe zu dieser Vorschrift ausgesprochen. Wenn nun ungeachtet jener ausdrücklichen Vorschrift hin und wieder die Einforderung eines Vermögens-Verzeichnisses oder Inventars aus dem Grunde unterlassen worden ist (z. B. in dem Vormundschaftsregister zu Königswinter No. 14. 90. 133. 138. 150. 318. 322. 345. 353. 366. 370. 371.), weil die Eltern in Gütergemeinschaft gelebt haben, so ist nunmehr mit allem Nachdruck darauf zu halten, daß jene Vorschrift allenthalben befolgt wird.

7. Wenn eine Vormundschaft theilweise kostenfrei behandelt worden, wenn nämlich nur eine theilweise Berichtigung der Kosten aus den jährlichen Ueberschüssen während ihrer Dauer stattgefunden hat, so können nach Beendigung der Vormundschaft die $1\frac{1}{2}$ p. C. Pauschquantum in Ansatz gebracht, es müssen aber davon die bereits berichtigten Kosten abgezogen, und es darf nur der Rest eingezogen werden.

---

*) Band 4. pag. 134.
**) Band 5. pag. 52.
***) Band 5. pag. 99.

8. Um eine verwickelte und fast nicht auszuführende Berechnung der Prozentgelder unter verschiedenen in demselben Amte gewesenen Friedensrichtern und Gerichtsschreibern zu vermeiden, sind diese Prozentgelder von denjenigen Beamten zu beziehen, welche bei Beendigung der Vormundschaft gerade das Amt verwalten. Wenn auch hienach die gerade im Amte befindlichen Beamten zuweilen Gebühren für Amtsverrichtungen, welche ihre Vorgänger vorgenommen haben, beziehen werden, so werden diese Beamten doch auch auf der anderen Seite manche Amtsverrichtungen vornehmen, wofür ihre Nachfolger im Amte erst die Gebühren beziehen. Eines wird sich mit dem anderen compensiren; es wird mithin durch diese Anordnung in der That keinem jener Beamten zu nahe getreten.

9. Die Beschwerde, daß, wenn ein überlebender Ehegatte vorhanden, dem der Nießbrauch an dem Vermögen der Kinder zustehe, der Richter, da keine periodische Rechnungslage stattfinde, in der Unmöglichkeit sei, zu arbitriren, ob Kosten genommen werden könnten oder bis zum Ende der Vormundschaft gestundet werden müßten, erledigt sich dadurch, daß nach den Grundsätzen der altländischen Vormundschafts-Verwaltung — worauf es hier doch vorzugsweise ankommt — diejenigen auf die, den Pupillen bewilligte, Sportelfreiheit in der Regel nicht Anspruch machen können, welchen der Nießbrauch von dem Vermögen der unter Vormundschaft stehenden Pupillen, mit der Verpflichtung zur Alimentation derselben, zukommt (cf. Jahrbücher Band 8. Seite 277), und hievon nur dann eine Ausnahme eintritt, wenn sämmtliche Nießbrauchs-Einkünfte auch zu den Unterhaltungs- und Erziehungskosten erforderlich sind (cf. Jahrbücher Bd. 38. S. 400). Hienach werden die Kosten der Vormundschafts-Verwaltung von demjenigen eingefordert, dem der Nießbrauch an dem Vermögen des Pflegebefohlenen zusteht (insofern nicht im Voraus schon abzusehen ist, daß die Unterhaltungskosten mehr erfordern, als die Nießbrauchs-Revenüen einbringen); behauptet alsdann der Nießbraucher, daß von den Nießbrauchs-Revenüen nach Bestreitung der Unterhaltungs- und Erziehungskosten nichts überschieße, so hat der Richter nach den ihm angegebenen und nachgewiesenen Umständen zu ermessen, ob die Vormundschafts-Verwaltungskosten bis zum Ende der Vormundschaft gestundet werden sollen.

Diesem steht das französische Recht nicht nur nicht entgegen, sondern die Art. 385. und 608. des Civilgesetzbuchs bestätigen dasselbe vielmehr.

10. Wenn nach Verlauf einiger Jahre eine Balance gezogen wird zwischen dem, was die Friedensrichter und Gerichtsschreiber an Vormundschafts-Emolumenten jetzt verdienen, und dem, was sie bis zur Publikation der Allerhöchsten Ordre vom 4. Juli v. J. *) verdient haben, so wird sich finden, daß sie seit Erscheinung der letztern mehr verdienen als früher. Von einer Entschädigung für erlittenen Verlust wird also keine Rede sein können. Sollte aber dennoch einer oder der andere der gedachten Beamten künftig eine solche Entschädigung in Anspruch nehmen wollen, so bleibt es ihm überlassen, die Beläge für seinen Anspruch sich schon jetzt zu sammeln und allenfalls ein besonderes Register über die wirklich eingenommenen Emolumente zu führen.

11. Die Bestimmungen des Art. 4. und 16. des Decrets vom 16. Februar 1807 sind auch auf die von den Eltern vorgenommenen Emancipationen anzuwenden; auch bei solchen Emancipationen können daher, wie bei den durch den Familienrath vorgenommenen Emancipationen, die Gebühren einer Citation in Ansatz gebracht werden.

12. Die eingereichten Vormundschaftsregister bestätigen die Bemerkung des Königl. Ober-Procurators v. Collenbach, daß jetzt die Emancipationen so häufig vorkommen und wahrscheinlich deshalb vorgenommen werden, um sich der obervormundschaftlichen Aufsicht zu entziehen.

Die Emancipirenden scheinen in dem Glauben zu stehen, daß mit der Emancipation der Emancipirte vollkommen selbstständig werde und jede fernere Einwirkung des Vormundschaftsgerichts aufhöre. Dies ist aber nicht der Fall, worüber sich ausführlicher in dem Rescripte vom 6. Februar d. J. **) (Jahrbücher Bd. 45. S. 299) auszusprechen der Justiz-Minister veranlaßt gesehen hat.

Wenn nun die Friedensrichter bei Anträgen auf Emancipation denjenigen, welche emancipiren wollen, die gesetzlichen Wirkungen der Emancipation gehörig auseinandersetzen, so werden höchst wahrscheinlich viele Emancipationen, welche sonst vorgenommen worden wären, unterbleiben. Der Erfolg solcher Auseinandersetzungen muß wenigstens erst abgewartet werden, ehe der Antrag auf Aenderung der bisherigen Gesetzgebung in weitere Erwägung gezogen werden kann.

13. Wenn — wie der Bericht vom 6. v. M. anführt — die durch No. III. der Allerhöchsten Ordre vom 4. Juli v. J.

---

*) Bd. 4. pag. 130.
**) Bd. 5. pag. 62.

beigelegte Befugniß zur Einreichung eines Nachlaß-Verzeichnisses bisher den Nachtheil herbeigeführt hat, daß mehrere absichtliche und irrthümliche Verdunkelungen des Vermögenszustandes der Pflegebefohlenen vorgekommen sind, so dürfte an solchen Verdunkelungen weniger das Privat-Verzeichniß, als das Verfahren bei Anfertigung und Prüfung des Verzeichnisses Schuld haben. Das Verzeichniß muß alle Gegenstände des Nachlasses eben so vollständig enthalten, als das notarielle Inventar, und der einzige Unterschied zwischen beiden besteht nur darin, daß jenes von einer Privatperson, dieses aber von einem öffentlichen Beamten aufgenommen wird. So wie bei jenem, so sind auch bei diesem absichtliche oder irrthümliche Auslassungen möglich, gegen solche Auslassung aber schützt bei beiden die sorgfältige Prüfung des Friedensrichters und des versammelten Familienraths, so wie allenfalls die eidliche Bekräftigung. Wo diese Garantien nicht schützen, wird auch ein notarielles Inventar den Nachtheil nicht abwenden; denn der Notar kennt auch den Nachlaß nicht aus eigener Wissenschaft, muß auch sich denselben erst von demjenigen anzeigen lassen, der ihn in Händen hat; will dieser also etwas verheimlichen oder unterschlagen, und fürchtet dieser den Meineid nicht, so gewährt das notarielle Inventar nicht mehr Sicherheit, als das Privat-Verzeichniß.

Wenn nur die Friedensrichter bei Anfertigung und Ueberreichung der Vermögens-Verzeichnisse die Partheien über das, wie das Verzeichniß aufgenommen werden und was dasselbe enthalten muß, gehörig belehren, wenn sie ihnen dabei zu Gemüthe führen, daß die eidliche Bekräftigung gefordert werden kann, so werden auch die Nachtheile verschwinden, welche sich bisher bei den Verzeichnissen gezeigt haben mögen. rc. rc.

Ew. Hochwohlgeboren werden nun hiernach an den dortigen Königl. Ober-Procurator weitere Verfügung ergehen lassen, und diejenigen Bestimmungen, welche für alle Friedensgerichte der Rheinprovinz zur Norm dienen, denselben durch die betreffenden Königl. Ober-Procuratoren bekannt machen.

Berlin, den 4. September 1835.

Der Justiz-Minister
v. Kamptz.

An
den Königl. General-Procurator
Herrn Biergans zu Cöln.

E. 2480.

Schem

zum Anzeige-Register der Sterbefäl

1. Laufende No.	2. Datum der Anzeige des Todesfalls.	3. Datum des Todesfalls.	4. Namen und Eigenschaft desjenigen, der die Anzeige gemacht.	5. Des Verstorbenen		
				Namen	Gewerbe	Wohnort

Schen

zu einem Register für die Notarien zur Eintragu

1. Laufende No.	2. Datum der Requisition.	3. Namen und Eigenschaft des Requirenten.	4. Namen, Gewerbe und Wohnort des Verstorbenen.	5. Der zu bevormundenden Kinder		
				Namen	Alter Jahre	Wohnort

Schen

zum Vormundschaf

1. Laufende No.	2. Der zu bevormundenden Personen			3. Ob vorhanden ist		4. Namen, Gewerbe und Wohnort.	
	a. Namen.	b. Datum der Geburt	c. Wohnort.	a. ein überlebender Ehegatte.	b. ein Vermögen über 100 Rthlr.	a. des Haupt-Vormundes.	b. des Neben-Vormundes.

A.

o Vormundschaften anzuordnen sind.

6. Der zu bevormundenden Kinder			7.
Namen	Alter Jahre	Wohnort	Bemerkungen.

B.

c Inventarisationen in Vormundschaftssachen.

6. Datum der Aufnahme des Inventars.	7. Datum der Abgabe des Inventars an den Vormund respective den Friedensrichter.	8. Bemerkungen.

C.

gister.

5. ...tum ...er ...ord... ...ng.	6. Namen, des zur Inventarisirung bezeichneten Notars resp. Datum der Aufgabe an den Vormund zur Einreichung des Vermögens-Verzeichnisses.	7. Datum der Einreichung des Inventars resp. Vermögens-Verzeichnisses.	8. Datum des Familienraths-beschlusses über die Vermögens-verwaltung.	9. Bemerkungen über die fortgesetzte Behandlung und Verwaltung der Vormundschaftssachen.

1419.

Es ist unzulässig, Eltern, welche die Vormundschaft über ihre Kinder führen, die Normen zu ihrer vormundschaftlichen Verwaltung durch den Familienrath vorschreiben zu lassen.

Rh. Gener. No. 72.

Ew. Wohlgeboren erhalten anliegend Abschrift einer Eingabe des Kaufmanns N. zu N. vom 31. v. M., worin derselbe sich darüber beschwert, daß ihm als Vormund seiner Kinder angesonnen worden, in einem zusammen zu berufenden Familienrathe die Normen zu seiner vormundschaftlichen Verwaltung sich feststellen zu lassen, und Vermögens-Uebersichten zu gewissen Zeiten einzureichen.

Schon in dem untern 10. April d. J. *) an den ersten Präsidenten und an den General-Prokorator beim Königlichen Appellationshofe zu Cöln ergangenen Rescripte ist bestimmt, daß die Eltern, welche die Vormundschaft über ihre Kinder führen, zur Einreichung einer Verwaltungs-Uebersicht nicht verbunden sind, weil sie der Art. 470. des Civilgesetzbuches davon ausdrücklich befreie, und diese Befreiung weder durch die Allerhöchste Ordre vom 4. Juli v. J. **), noch durch die Instruction vom 16. August v. J. ***) aufgehoben worden sei.

Sind die Eltern aber von Vorlegung der Verwaltungs-Uebersichten befreiet, so würde es von keinem Nutzen sein, ihnen durch den Familienrath die Normen für ihre Verwaltung vorschreiben zu lassen, weil der Familienrath ja beim Mangel der Verwaltungs-Uebersichten doch nicht prüfen könnte, ob die von ihm vorgeschriebenen Normen vom Vormunde befolgt worden. Schon aus diesem Grunde muß daher in den Fällen, in welchen Verwaltungs-Uebersichten nicht einzureichen sind, davon abstrahirt werden, dem Vormunde die Normen zu seiner Verwaltung durch den Familienrath vorschreiben zu lassen; aber auch der Art. 454. des Civilgesetzbuchs nimmt ganz ausdrücklich die Vormundschaften der Eltern von der Verpflichtung, sich die Verwaltungs-Normen vorschreiben zu lassen, aus.

Insofern daher nicht eine ganz besondere Veranlassung zu der Maaßregel, worüber der Kaufmann N. sich beschwert,

---

*) Bd. 5 pag. 99.
**) Bd. 4. pag. 130.
***) Bd. 4. pag. 134.

vorhanden gewesen sein möchte, worüber ich in diesem Falle baldigem Berichte entgegensehen würde, veranlasse ich Ew. Wohlgeboren, geeignete Verfügung zur Abhülfe der Beschwerde zu erlassen.

Wenn übrigens der Königliche Friedensrichter bei Einreichung und Prüfung des vom Vormunde angefertigten Vermögens-Verzeichnisses etwa Bedenken gegen die Richtigkeit dieses Verzeichnisses gehabt und die Zusammenberufung des Familienraths zu dem Ende angeordnet haben möchte, um sich von der Richtigkeit des Vermögens-Verzeichnisses zu vergewissern, so ist die zu diesem Zwecke geschehene Zusammenberufung des Familienraths ganz gesetzlich, und würde daher der Vormund ohne Grund sich über eine solche Maaßregel beschweren.

Schließlich bemerke ich, daß dem Beschwerdeführer Abschrift dieser Verfügung zur Nachricht zugefertigt worden ist.

Berlin, den 8. September 1835.

Der Justiz-Minister
v. Kamptz.

An
den Königl. Ober-Procurator
Herrn Bessel zu Cleve.
E. 2781.

1420.

Grenzlinie zwischen Disciplinar- und förmlichem Untersuchungs-Verfahren gegen Beamte.

Rh. Crim. 19. Vol. II.

a.

Die correctionelle Appellations-Kammer des Königl. Landgerichts zu C. empfängt die, mittelst Berichts vom 11. v. M. eingereichten Untersuchungs-Akten wider den Friedensrichter B. zu M. nebst den anderen Anlagen beikommend zurück.

Bei Entscheidung der, in dieser Untersuchungssache von derselben vorgetragenen, Zweifel ist der Umstand maaßgebend, daß Disciplinar- und andere Untersuchungs-Sachen bezüglich auf die Vergehen, die sie begründen, insofern neben einander stehen, daß in den bei weitem meisten Fällen dasjenige, was zu einer Disciplinar-Untersuchung Veranlassung giebt, auch zur Begründung einer förmlichen Untersuchung dienen kann, und daher die Frage: ob die eine oder die andere einzuleiten sei? von dem, durch die Schwere der Beschuldigung und die Größe der darauf nach dem Allgemeinen Landrechte verhängten Strafe geleiteten Ermessen der Aufsichtsbehörde abhängt. Denn daraus ergiebt sich, daß, wenn einmal eine förmliche Untersuchung gegen einen Beamten eingeleitet worden, der Einwand, daß eine solche unzulässig gewesen und die correctionelle Appellations-Kammer incompetent zur Abfassung des Erkenntnisses sei, nicht als begründet angenommen werden kann, vielmehr in Gemäßheit des §. 478. der Criminal-Ordnung in der Hauptsache erkannt werden muß. Gegen ꝛc. B. ist nun wirklich eine förmliche Criminal-Untersuchung eröffnet und diese bis zum Schlusse durchgeführt, und daher muß nothwendig auch in den Formen der Criminal-Ordnung vom 11. Dezember 1805 über die Hauptsache entschieden, und also die Einreichung der Vertheidigungsschrift zur Hauptsache in der jetzigen Lage der Sache aufgegeben werden. Dem steht das Rescript vom 27. Dezember 1834 No. 4. *) nicht entgegen, indem die darin enthaltene Bestimmung, wie sich aus No. 3. ergiebt, nur von dem Falle spricht, wenn noch res integra, d. h. noch nicht speciell gegen den inculpirten Beamten die Untersuchung eingeleitet worden ist.

Was die Grenzlinie zwischen dem Disciplinar- und dem förmlichen Untersuchungs-Verfahren betrifft, so läßt sich zwar diese nach dem oben Gesagten nicht strenge ziehen, indessen ist in keinem der, das Disciplinar-Verfahren gegen Justizbeamte in der Rheinprovinz regulirenden, Gesetze eine Freiheits- oder noch härtere Strafe zum Gegenstande eines Disciplinar-Urtheils gemacht, und daraus ergiebt sich also der Satz, daß, wenn nach dem Allgemeinen Landrechte das gegen einen Beamten zur Sprache gekommene Dienstvergehen eine solche Strafe nach sich ziehen würde, ein bloßes Disciplinar-Verfahren nicht stattfinden kann.

Rücksichtlich der richterlichen Beamten ist außerdem nach Art. 49., 50. und 56. des Gesetzes vom 20. April 1810 das Erkenntniß auf Dienstentsetzung dem französischen Disciplinar-Gerichte entzogen, und in den Fällen, wo das Allgemeine Landrecht Degradation oder Amtsentsetzung gegen richterliche Beamte verhängt, muß daher ebenfalls ein förmliches Untersuchungsverfahren stattfinden, so wie denn auf der anderen Seite selbst im Disciplinarwege eine Suspension richterlicher Beamten nicht mehr verhängt werden kann, da das Allgemeine Landrecht eine solche Maaßregel als Strafe nicht kennt. Geldstrafen können auch gegen richterliche Beamte im Disciplinarwege festgesetzt werden. Rücksichtlich der Gerichtsschreiber und Gerichtsvollzieher, der Notare und Advokat-Anwälte bedarf es nach der Allerhöchsten Cabinetsordre vom 21.

---

*) Bd. 4. pag. 206.

Juli 1826 *), der Notariats-Ordnuug vom 25. April 1822 **) und den Decreten vom 30. März 1808 und 14. Dezember 1810 auch zum Zwecke der Festsetzung der Strafe der Dienstentsetzung keiner förmlichen Untersuchung, sondern dieselbe kann auch ferner wie bisher im Disciplinarwege erkannt werden. In Ansehung der Civilstands-Beamten und so weit es deren delicta propria betrifft, muß es bei den Bestimmungen des Civilgesetzbuchs und den diese ergänzenden Gesetzen sein Bewenden behalten, weil das Landrecht diese Vergehen nicht kennt und nicht vorsieht.

Hiernach hat die correctionelle Appellations-Kammer das Weitere in der Untersuchungssache wider rc. B. zu veranlassen.

Berlin, den 10. September 1835.

An die correctionelle Appellations-Kammer des Königl. Landgerichts zu C.

Der Justiz-Minister v. Kamptz.

E. 2594.

b.

Abschrift dieser Verfügung erhalten Ew. Hochwohlgeboren zur Nachricht und Mittheilung an die Rheinischen Gerichtsbehörden.

Berlin, den 10. September 1835.

An den Königl. General-Procurator Herrn Geheimen Ober-Justizrath Biergans zu Cöln.

Der Justiz-Minister v. Kamptz.

E. 2594.

1421.

Vormundschaftswesen.

Stundung der Gebühren der Anwälte, Gerichtsvollzieher und Notarien. — Gebühren der Taxatoren. — Entschädigung der Familienraths-Mitglieder. — Berechnung, Beziehung und Vertheilung der Prozentgelder. — Festsetzung und Einziehung der Kosten.

Rh. Gen. No. 72.

Ew. Hochwohlgeboren sende ich anliegend die mittelst Berichts vom 20. v. M. eingereichten Vormundschafts-Tabellen

*) Bd. 3. pag. 59.

**) Bd. 2. pag. 245.

der Friedensgerichte zu Cleve und Dülken zurück, und eröffne Ihnen auf die beiden mit eingereichten Berichte des Königl. Ober-Procurators zu Cleve vom 11. und 14. v. M. Nachstehendes:

1. Es muß bei den von dem Königl. Ober-Procurator zu Cöln eingeführten und von Ihnen sämmtlichen Ober-Procuratoren empfohlenen Formularen *) zu den Vormundschafts-Registern verbleiben, da dieselben zweckmäßig sind und eine leichte Uebersicht über das Vormundschaftswesen gewähren.

2. Auf den Antrag, hinsichts des Kostenwesens die frühere Einrichtung wieder herzustellen, kann nicht eingegangen werden, da durch die Allerhöchste Ordre vom 4. Juli 1834 **) ausdrücklich bestimmt worden ist, daß die Vormundschaftssachen auch in der Rheinprovinz in eben der Art sportel- und stempelpflichtig oder frei bearbeitet werden sollen, wie dies in den älteren Provinzen der Fall ist, und kein zureichender Grund vorhanden ist, diese Bestimmung wieder aufzuheben.

3. Wenn eine Vormundschaft einstweilen kostenfrei bearbeitet wird, so müssen auch die Gerichtsvollzieher und Anwälte sich gefallen lassen, daß ihre Gebühren einstweilen gestundet werden, da sie verpflichtet sind, in Armensachen sogar ganz unentgeldlich zu dienen. Haben sie bei ihren Verrichtungen baare Auslagen gehabt, so müssen ihnen diese allerdings sogleich erstattet werden.

Die Notarien sind zwar durch die bisherigen Gesetze zu einer unentgeldlichen Dienstleistung in Armensachen nicht verpflichtet gewesen; der Umstand aber, daß bisher dem Justiz-Minister noch kein Fall zur Kenntniß gekommen ist, in welchem ein Notar in Vormundschaftssachen seine einstweilig unentgeldliche Hülfeleistung bei Regulirung einer Vormundschaft verweigert hätte, berechtigt zu der Annahme, daß die Notarien mit Uneigennützigkeit gern die Hände zur Beförderung des Wohls der Minderjährigen bieten, und daß deshalb es unnöthig ist, ihnen zur Pflicht zu machen, in kostenfrei verwalteten Vormundschaftssachen sich die Stundung ihrer Gebühren gefallen zu lassen.

4. Die Gebühren der Taxatoren, welche bei Anfertigung eines Inventars oder Vermögens-Verzeichnisses zugezogen werden, sind baare Auslagen, müssen daher auch bei den kostenfrei bearbeiteten Vormundschaftssachen sogleich bezahlt werden. Eben so verhält es sich mit den Entschädigungen, welche den

---

*) cf. Rescript vom 4. September 1835.
**) Band 4. pag. 130.

Familienraths-Mitgliedern gewährt werden, vorausgesetzt, daß eine solche Entschädigung überhaupt gesetzlich ist.

5. Durch das Rescript vom 4. d. M. *) womit die Cölnischen Vormundschafts-Tabellen zurückgesandt worden sind, ist schon bestimmt, unter welchen Maaßgaben auch bei älterlichen Vormundschaften Kosten eingezogen werden können. Dadurch wird die Bemerkung beseitigt, daß die Friedensrichter bei den älterlichen Vormundschaften eine Berichtigung der Kosten aus den Revenüen-Ueberschüssen niemals zu bewirken im Stande seien.

6. Die Anfrage: nach welchem Maaßstabe die 1 1/2 p. C. am Ende einer Vormundschaft bei denjenigen Vormundschaften zu berechnen seien, bei welchen keine Rechnungsablage statt gefunden hat, erledigt sich dadurch, daß der Friedensrichter bei allen Vormundschaften entweder die Rechnungen oder doch das Inventar vor sich liegen hat. Liegen ihm nun bei Berechnung der 1 1/2 p. C. keine Rechnungen vor, welche er zum Maaßstabe nehmen könnte, so legt er bei seiner Berechnung der Procentgelder den Vermögenszustand zum Grunde, den ihm das Inventar oder Vermögensverzeichniß nachweiset. Behauptet alsdann der, von dem diese Procentgelder gefordert werden, daß das Vermögen geringer sei, so hat derselbe den Nachweis dieser Behauptung zu führen.

7. Auf die Anfrage: wer die Kosten festzusetzen habe — kann nur die einfache Bescheidung erfolgen, daß sie diejenige Behörde festsetzt, welche diese Kosten auch bis zur Publikation der Allerhöchsten Ordre vom 4. Juli v. J. festgesetzt hat, worüber nie Zweifel gewesen ist. Bei einer solchen Festsetzung dienen dann entweder die Vormundschafts-Rechnungen, oder die Inventare und Vermögensverzeichnisse zum Maaßstabe.

8. Das Bedenken darüber, wer die Procentgelder zu beziehen habe — ist bereits durch das Rescript vom 4. d. M. beseitigt; danach bezieht derjenige Beamte die Procentgelder, der gerade im Amte ist.

9. Auf die Prozentgelder hat nur der Friedensrichter und der Gerichtsschreiber Anspruch; die Gebühren der Anwälte, Notarien, Gerichtsvollzieher und sonstigen Personen, welche Dienste geleistet haben, sind außer den Procentgeldern noch zu berichtigen. Die Vertheilung der Procentgelder unter den Friedensrichter und den Gerichtsschreiber geschieht nach dem Verhältniß, welches das Decret vom 16. Februar 1807 feststellt, nämlich

---

*) Bd. 5 pag. 204.

so, daß der Friedensrichter 3/5, der Gerichtsschreiber aber 2/5 von den Procenten bezieht.

10. Die Einziehung der Kosten geschieht auf die nämliche Weise, wie sie bis zur Publikation der Allerhöchsten Ordre vom 4. Juli v. J. geschah; hierüber aber war bisher nie ein Zweifel.

Hinsichtlich der eingereichten Tabellen kann ich mich im Allgemeinen auf dasjenige beziehen, was in dem Rescripte vom 4. d. M. über die Einrichtung und Vollständigkeit der Vormundschafts-Register erwähnt worden ist.

Ew. Hochwohlgeboren veranlasse ich nunmehr hierdurch, das Weitere in der Sache zu verfügen und darauf zu halten, daß auch die vor der Allerhöchsten Ordre vom 4. Juli v. J. eingeleiteten Vormundschaften, über welche die eingereichten Tabellen keine Auskunft geben, nach den jetzt bestehenden Vorschriften gehörig geführt werden.

Berlin, den 11. September 1835.

Der Justiz-Minister
v. Kamptz.

An
den Königl. General-Procurator
Herrn Biergans zu Cöln.

E. 2654.

1422.

Die Büreaukosten der Landgerichte werden in Quartalraten pränumerando gezahlt.

Rh. Kassen-Sachen No. 12.

Einer Königlich Hochlöblichen Regierung eröffne ich auf die Anfrage in dem Schreiben vom 3. d. M., daß die Zahlung der in dem Verwaltungs-Etat des dortigen Landgerichts sub Tit. IV. an Büreaukosten ausgesetzten 1430 Rthlr. auf die bloße Quittung des Landgerichts-Präsidenten und des Ober-Procurators in vierteljährlichen Raten pränumerando geleistet werden kann.

Berlin, den 11. September 1835.

Der Justiz-Minister
v. Kamptz.

An
Eine Königl. Hochlöbliche Regierung
zu Trier.

E. 2805.

1423.

Gebühren für die auf Verlangen der Rheinzollgerichtsfiskale gefertigten Akte und ertheilten Urtels-Ausfertigungen.

Rh. Gen. 142.

a.

Auf die Anfrage vom 25. v. M. eröffne ich Ew. Hochwohlgeboren, daß die Gebühren

1) für die von den Gerichtsvollziehern im Auftrage der Rheinzollgerichtsfiskale gefertigten Akte, und
2) für die von letzteren verlangten Urtheils-Ausfertigungen, welche gleich den Gebühren unter 1) nicht sowohl die Natur von Sporteln, als von Auslage haben,

in gewöhnlicher Weise auf den Criminalfonds anzuweisen sind, wonach Sie das Weitere zu veranlassen haben.

Berlin, den 16. September 1835.

An den Königl. Ober-Procurator Herrn v. Olfers zu Coblenz.

Der Justiz-Minister v. Kamptz.

E. 2767.

b.

Abschrift dieser Verfügung dem Herrn General-Procurator zur Nachricht.

Berlin, den 16. September 1835.

An den Königl. General-Procurator Herrn Biergans, zu Cöln.

Der Justiz-Minister v. Kamptz.

E. 2767.

cf. Cölner Amtsblatt von 1836 pag. 314.

1424.

Mittheilung der Criminal-Erkenntnisse gegen Königliche Beamte an die betreffenden Ministerien, Verwaltungs-Chefs und Regierungen.

Rh. Crim. 19. Vol. II.

Nach der Allerhöchsten Cabinets-Ordre vom 25. März 1834 *) (Gesetz-Samml. S. 63) wegen des Aggravations-

*) Bd. 4. pag. 43.

Rechtsmittels bei allen gegen Civilbeamte eingeleiteten Criminal-Untersuchungen, muß die Eröffnung des Urtheils dem Departements-Chef des angeschuldigten Beamten erfolgen. Es sind daher die Duplikate der gegen Königliche Beamte irgend einer Kathegorie ergehenden Criminal- und fiskalischen Erkenntnisse mit den Urtels-Gründen sofort dem betreffenden Königlichen Ministerium oder Verwaltungs-Chef durch die Post mitzutheilen und ist die im §. 1. der gedachten Allerhöchsten Ordre erwähnte dreimonatliche Frist vom Tage der nach dem Postenlaufe berechneten Behändigung an zu rechnen.

Durch diese Anordnung aber ist die, im §. 252. des Anhangs zur Allgemeinen Gerichtsordnung theilweise aufgenommene, Bestimmung des §. 47. der Verordnung vom 26. Dezember 1808,

> wonach bei allen gegen die, den Regierungen untergeordneten, Officianten eingeleiteten Untersuchungen die ergangenen Erkenntnisse den Regierungen von Amtswegen mitzutheilen sind

nicht aufgehoben; vielmehr muß, außer der Eröffnung des Urtheils an den Departements-Chef des angeschuldigten Beamten, die Mittheilung des Erkenntnisses auch an die betreffende Regierung in den, durch die Verordnung vom 26. Dezember 1808 bezeichneten, Fällen erfolgen.

Ew. Hochwohlgeboren veranlasse ich hierdurch, dies zur Kenntniß und Nachachtung der Gerichte zu bringen.

Berlin, den 17. September 1835.

der Justiz-Minister
v. Kamptz.

An
den Königl. General-Procurator
Herrn Biergans zu Cöln.
E. 2899.

1425.

Bestimmungen wegen der Feiertage der evangelischen Gemeinden der Rheinprovinz.

Rh. Gen. No. 112.
(Coblenzer Amtsblatt No. 51.)

Des Königs Majestät haben in Betreff der Feiertage der evangelischen Gemeinden der Rheinprovinz durch Allerhöchste Cabinets-Ordre vom 8. v. M. zu bestimmen geruht, daß

1. nur ein Bußtag stattfinden und derselbe am Mittwoch nach Jubilate gefeiert werden,

2. die Feier des grünen Donnerstags den Gemeinden nach der örtlichen Observanz überlassen bleiben,
3. die dritten hohen Festtage zu Weihnachten, Ostern und Pfingsten überall wegfallen, die Feste der heiligen drei Könige, Mariä Verkündigung, Petri und Pauli, Kirchweihe und Michaelis aber da, wo sie bisher kirchlich gefeiert worden sind, mit der Beschränkung beibehalten werden sollen, daß der öffentliche Gottesdienst nur Einmal, es sey Vor- oder Nachmittags verrichtet werde, und die Enthaltung von Berufsarbeiten an diesen Tagen jedem Mitgliede der Gemeine überlassen bleibe.

Vorstehende Allerhöchste Bestimmung wird hiermit zur öffentlichen Kunde gebracht, und haben sämmtliche Pfarrer deren Inhalt genau zu beachten.

Coblenz, den 21. September 1835.

Der Ober-Präsident der Rheinprovinz
gez. v. Bodelschwingh.

1426.

Die mit der Ausstoßung aus dem Militairstande verbundene Unfähigkeit zum Erwerb des Bürgerrechts und Grundeigenthums betreffend.

Rh. Gener. No. 51.

Ew. Hochwohlgeboren veranlasse ich auf Ihren Bericht vom 6. Mai d. J. in Gemäßheit des Antrags des Königlichen Kriegs-Ministeriums

betreffend die mit der Ausstoßung aus dem Militairstande verbundene Unfähigkeit zum Erwerb des Bürgerrechts, und des Grundeigenthums, so wie die Vollstreckung der desfalsigen Straferkenntnisse,

die Königlichen Ober-Procuratoren auf die Befolgung des §. 35. der Instruction für die Landwehr-Inspecteure vom 10. Dezember 1810 aufmerksam zu machen.

Berlin, den 25. September 1835.

Der Justiz-Minister
v. Kamptz.

An
den Königlichen General-Procurator
Herrn Biergans zu Cöln.

E. 2779.

1427.

Reglement, die Einsetzung und Organisation des Königl. Landgerichts zu Saarbrücken betreffend.

(in actis Landgericht Saarbrücken.)

In Folge der Allerhöchsten Cabinets-Ordre vom 21. Januar d. J., durch welche Seine Majestät der König geruhet haben, die Errichtung eines neuen Landgerichtes in der Rheinprovinz mit dem Sitze zu Saarbrücken anzuordnen und dem unterzeichneten Justiz-Minister die weiteren diesfälligen Verfügungen zu überlassen, werden nachstehende Bestimmungen zur Nachachtung bekannt gemacht.

1. Der Bezirk des Landgerichts zu Saarbrücken wird durch die Kreise Saarbrücken, Ottweiler, Saarlouis und St. Wendel gebildet.

2. Mit dem Tage der Eröffnung des Landgerichts zu Saarbrücken hört das bisherige Landgericht zu St. Wendel auf, und von demselben Zeitpunkte an hört die Gerichtsbarkeit des Landgerichts und Handelsgerichts zu Trier in dem Bezirke des neuen Landgerichts auf, mit Vorbehalt jedoch der unten wegen der rechtshängigen Sachen zu treffenden nähern Bestimmungen.

3. Die gesammte Gerichtsbarkeit des Landgerichts zu St. Wendel und des Land- und Handelsgerichts zu Trier über den Gerichtssprengel des Landgerichts zu Saarbrücken geht auf letzteres über, welchem daher in Civil- und Strafsachen, so wie in jeder andern Beziehung alle Rechte und Attributionen der übrigen Landgerichte der Rheinprovinz beigelegt werden.

4. Die Eröffnung des Landgerichts zu Saarbrücken soll am 2. November d. J. durch den besonders committirten Königlichen Landgerichts-Präsidenten erfolgen.

5. Alle von diesem Tage an anhängig zu machenden Sachen, welche zur Competenz des Landgerichts zu Saarbrücken gehören, können nur bei diesem angebracht und müssen von dem Landgerichte und Handelsgerichte zu Trier, wenn sie dort anhängig gemacht werden sollten, an jenes verwiesen werden. Es haben daher auch die bisher dem Landgerichte zu St. Wendel und dem zu Trier untergeordneten Beamten und Behörden, deren Sitz im Gerichtssprengel des Landgerichts zu Saarbrücken belegen ist, ihre Berichte und amtlichen Anträge lediglich an das letztere oder an den Königlichen Ober-Procurator bei demselben zu richten.

6. Sämmtliche bei dem Landesgerichte zu St. Wendel anhängigen Civil-Prozesse werden ohne neue Vorladung der Partheien beim Landgerichte zu Saarbrücken fortgesetzt.

7. Ein Gleiches gilt auch von den beim Landgerichte oder dem Handelsgerichte zu Trier angebrachten Civilsachen aus dem Bezirke des Landgerichts zu Saarbrücken, in welchen noch nicht contradictorische Anträge genommen worden sind, mit der Maaßgabe jedoch, daß diejenige Parthei, welche ihre Rechtssache am Landgericht zu Saarbrücken fortsetzen will, die übrigen Partheien hiervon unter Bestellung eines Anwaltes mit der Aufforderung zu benachrichtigen hat, auch ihrer Seits einen Anwalt bei diesem Landgerichte zu bestellen, und daß erst mit dem Ablauf der, von dem Tage der Zustellung dieser Benachrichtigung zu berechnenden, Ladungsfrist die Sache zur weiteren Verhandlung kommen kann.

Appellationssachen, Oppositionen und Einreden wider Subhastionen werden nach eben diesen Grundsätzen beurtheilt und wird insbesondere noch bestimmt, daß die in den Artikeln 157. und 162. der Civilprozeßordnung erwähnten achttägigen Fristen, wenn sie nicht zur Zeit der Eröffnung des Landgerichts zu Saarbrücken bereits abgelaufen sind, erst von dem Tage an ihren Anfang nehmen sollen, an welchem der succumbirenden Parthei in Person oder in ihrem Domicile eine neue Anwalts-Bestellung ihres Gegners und zwar im Falle des Art. 157. mit gleichzeitiger Zustellung einer Abschrift des Urtheils insinuirt worden ist.

Sachen, in welchen bereits contradictorische Anträge zur Hauptsache bei dem Landgerichte oder dem Handelsgerichte zu Trier genommen worden, verbleiben an dem Gerichte, bei welchem sie anhängig sind.

8. Mit dem Tage der Auflösung des Landgerichts zu St. Wendel hört auch das dortige Untersuchungsamt auf, und das zu Saarbrücken übernimmt die Functionen desselben.

9. Die nach preußischen Gesetzen zu untersuchenden und zu entscheidenden Strafsachen aus dem Bezirke des Landgerichts zu Saarbrücken, welche beim Landgerichte zu Trier vorliegen, werden an jenes abgegeben, insofern nicht die Relationen bereits abgefaßt und dem Präsidenten eingereicht sind.

10. Sämmtliche zur Zeit der Eröffnung des Landgerichts zu Saarbrücken bei dem zu Trier anhängigen correctionellen Disciplinar- und Criminal-Sachen aus dem Bezirk des erstern, in welchen in jenem Zeitpunkt bei den correctionellen und Disciplinarsachen die Ladung, bei den Criminalsachen das Anklage-Urtheil noch nicht ergangen ist, werden am Landge-

richte oder Assisenhofe zu Saarbrücken verhandelt und entschieden.

11. In Ansehung des Uebergangs der Archive zu Trier und St. Wendel an das Landgericht zu Saarbrücken, so wie hinsichtlich der Geschwornenlisten für den Assisenhof zu Saarbrücken ist besonders verfügt worden.

Berlin, den 25. September 1835.

Der Justiz-Minister
v. Kamptz.

E. 2987.

cf. Trier Amtsblatt pag. 417.

1428.

Modification des §. 4. No. 5. der Subhastions-Ordnung vom 1. August 1822.

Rh. Gener. 35.

Aus dem Berichte vom 27. Juni c. habe ich ersehen, daß bei den in Folge des Rescripts vom 7. Januar c. veranlaßten Ermittelungen sich ein Mißbrauch der Vorschriften des Art. 2123. des Civil-Gesetzbuchs und des 7ten der Civil-Prozeßordnung zum Drucke der Schuldner, besonders der kleinen Grundbesitzer bei geringen Schuldbeträgen, so wie zur Umgehung des Juden-Decrets vom 17. März 1808 nicht herausgestellt hat. — Ew. Hochwohlgeboren sind hiernach der Meinung, daß zu einer Abänderung der gedachten Vorschriften kein practisches Bedürfniß vorhanden sei und zur Beseitigung der in dem obigen Rescripte bemerklich gemachten Uebelstände nur erforderlich sei, daß

1) unter Modificirung der Bestimmung im §. 4. No. 5. der Subhastionsordnung vom 1. August 1822 *), dem Schuldner und den eingetragenen Gläubigern die Anbringung von Erinnerungen gegen die von dem Extrahenten der Subhastion aufgestellten Bedingungen gestattet und der Commissarius ermächtigt werde, darüber in dem Licitations-Termine noch vor dem Ausgebote durch einen der Berufung nicht unterworfenen Beschluß zu entscheiden und die Bedingungen festzustellen, und

2) eine Bekanntmachung erlassen werde, daß der Schuldner unter den Inscriptions-Kosten für die Fertigung der Eintragungs-Scheine andere Gebühren, als Schreibgebühren mit

*) Band 2. pag. 280.

5 Sgr. für beide Exemplare, zu entrichten nicht verpflichtet sei, jedoch mit Ausnahme der Fälle, in denen die Anfertigung durch Notarien bereits bewirkt worden ist.

Hiermit bin ich vollkommen einverstanden. Demgemäß ist zu 1) eine entsprechende gesetzliche Bestimmung in Antrag gebracht worden, und zu 2) werden Sie, Herr General-Procurator, autorisirt, die Bekanntmachung durch die Amtsblätter zu erlassen.

Die Anlagen des Berichts erfolgen hierbei zurück.

Berlin, den 28. September 1835.

Der Justiz-Minister
v. Kamptz.

An
den Königlichen Ersten Präsidenten des Appellhofes Herrn Schwarz
und an den Königl. General-Procurator Herrn Biergans zu Cöln.

E. 2163.

cf. Cölner Amtsblatt pag. 314.

1429.

Die in Strafsachen wegen excès de pouvoir ausgesprochene Kassation eines Urtels kömmt dem Verurtheilten sowohl in Bezug auf Strafe als Kosten zu Statten.

Rh. Crim. 8. Vol. II.

Ew. Hochwohlgeboren erhalten unter Bezugnahme auf Ihren Bericht vom 14. April d. J. beigehend die Untersuchungs-Akten wider den M. aus Volsdorf und das Urtel des Königlichen Revisions- und Kassations-Hofes in dieser Sache vom 19. v. M. zur weiteren Veranlassung.

Da, wie vielfältig schon entschieden worden ist, die auf Veranlassung des Ministerii in Strafsachen wegen excès de pouvoir ausgesprochene Kassation eines Urtheils auch dem Verurtheilten zu Statten kommt, so kann die Einziehung der Strafe von 2 Rthlr. und der Kosten gegen den M. nicht mehr Statt finden, indem diese Einziehung nur auf Grund des kassirten Contumacial-Urtheils vom 7. Oktober v. J., welches einen excès de pouvoir enthält, geschehen könnte, weil das, die eingelegte Opposition verwerfende, Urtheil vom 13. Januar d. J. über die Hauptsache nicht entschieden hat und nicht entscheiden konnte. Ew. Hochwohlgeboren haben daher hiervon die dortige Königliche Regierung Behufs Niederschlagung der Strafe und Kosten zu benachrichtigen.

Berlin, den 1. Oktober 1835.

Der Justiz-Minister
v. Kamptz.

An
den Königlichen Ober-Procurator
Herrn v. Collenbach, zu Cöln.
F. 2326.

1430.

Der Friedensrichter hat sich von der Richtigkeit des bei Vormundschaften eingereichten Inventars oder Vermögensverzeichnisses event. durch Vernehmung des Familienraths zu überzeugen.

Rh. Gener. 72.

a.

In dem über das Gesuch des Kaufmanns N. zu N. unterm 18. v. M. erstatteten Berichte haben Ew. Wohlgeboren die Zweifel vorgetragen, zu welchen Sie die Instruction vom 16. August v. J. *) in Betreff der Versammlungen des Familienraths bei Vormundschaften veranlaßt. Diese Bedenken werden in Nachstehendem ihre Erledigung finden.

Nach dem Allgemeinen Landrechte muß der Richter dafür sorgen, daß ein vollständiges Verzeichniß von dem Nachlasse, an welchem Pflegebefohlene Theil haben, aufgenommen wird; deshalb muß ihm auch selbst das Privatverzeichniß vorgelegt werden, und in gewissen Fällen hat er sogar die Befugniß, selbst da, wo es erlaubt ist, ein versiegeltes Inventar oder Verzeichniß einzureichen, dasselbe zu erbrechen und einzusehen. Daraus geht hervor, daß es des Altpreußischen Richters Pflicht ist, zu prüfen, ob das Inventar oder Verzeichniß vollständig ist. Wie er sich diese Ueberzeugung verschaffen will, ist nicht bestimmt vorgeschrieben, konnte aber auch nicht ausdrücklich angegeben werden, da hier alles von den Umständen abhängt.

Wird dies auf die rheinische Vormundschafts-Verwaltung angewendet, so folgt, daß es die Pflicht des Friedensrichters ist, sich von der Richtigkeit des Inventars oder Verzeichnisses zu überzeugen. In den meisten Fällen wird er diese Ueberzeugung aus seiner eigenen Kenntniß von dem Zustande des Nachlasses und aus den Erklärungen des Nebenvormundes schon gewinnen; wenn dies aber nicht der Fall sein sollte, so

*) Band 4. pag. 134.

steht ihm unbedenklich die Befugniß zu, den Familienrath über die Richtigkeit des Inventars oder Verzeichnisses zu vernehmen. Was namentlich aber den Fall anlangt, wenn eine Handlung, die noch fortgesetzt wird, zum Nachlasse gehört, so soll nach dem Preußischen Rechte der Richter dafür sorgen, daß das Innere der Handlung durch das Inventar zum Nachtheile der Pflegebefohlenen nicht öffentlich kund werde; der Friedensrichter wird daher in der Regel sich damit zu begnügen haben, daß er mit Zuziehung des Nebenvormundes das Handlungs-Inventar oder Verzeichniß mit Zuhülfenahme der Handlungsbücher genau prüft, und nur dann, wenn sich bei dieser Prüfung erhebliche Bedenken gegen die Richtigkeit der Bücher zeigen, wird der Familien-Rath über das eingereichte Inventar oder Verzeichniß zu vernehmen sein.

Berlin, den 2. Oktober 1835.

An den Königlichen Ober-Procurator Herrn Bessel zu Cleve.
E. 2989.

Der Justiz-Minister
v. Kamptz.

b.

Abschrift dieser Verfügung dem Herrn General-Procurator zur Belehrung der übrigen Ober-Procuratoren.

Berlin, den 2. Oktober 1835.

An den Königl. General-Procurator Herrn Biergans zu Cöln.
E. 2989.

Der Justiz-Minister
v. Kamptz.

1431.

Regulirung des Vormundschaftswesens im Fürstenthum Lichtenberg.

Rh. Gener. 72.

Ew. Hochwohlgeboren wird hierdurch anempfohlen, darauf zu halten, daß das Vormundschaftswesen auch in den zum Fürstenthume Lichtenberg gehörigen Ortschaften nach der Allerhöchsten Cabinets-Ordre vom 4. Juli v. J. *) regulirt werde.

Berlin, den 2. Oktober 1835.

An den Königlichen General-Procurator Herrn Biergans zu Cöln.
E. 3094.

Der Justiz-Minister
v. Kamptz.

---

*) Samml. Band 4. pag. 130 sqq.

1432.

Beurlaubung der zu Landtags-Abgeordneten gewählten Beamten.

Rh. Offic.-S. No. 37.

Da nach dem Allerhöchsten Willen Sr. Majestät des Königs einem zum Landtags-Abgeordneten gewählten Beamten der Urlaub zur Theilnahme am Landtage nur aus erheblichen Gründen verweigert werden soll, so werden Ew. Hochwohlgeboren hierdurch aufgefordert, in vorkommenden dringenden Fällen, welche die Verweigerung des Urlaubs eines zum Landtags-Abgeordneten gewählten dortigen Justiz-Beamten nothwendig machen, darüber unter Darlegung der Gründe an mich zu berichten, und meine Entscheidung wegen der Verweigerung des Urlaubs einzuholen.

Berlin, den 2. Oktober 1835.

Der Justiz-Minister
v. Kamptz.

An
den Königlichen General-Procurator
Herrn Biergans zu Cöln.

in simili, mutatis mutandis.

An
den Königlichen Justiz-Senat
zu Coblenz.

D. 1072.

1433.

Die Milderung einer Strafe hebt auch die mit der ursprünglichen Verurtheilung verbundenen Folgen auf.

Rh. Crim. 8. Vol. II.

a.

Auf den über den Schreiner M. A. zu U. unterm 12. August d. J. erstatteten Bericht benachrichtige ich Ew. Hochwohlgeboren, daß des Königs Majestät mittelst Allerhöchster Cabinets-Ordre vom 23. v. M. demselben die Schließung der Ehe gestattet, die Aufhebung der verhängten Polizei-Aufsicht aber abgeschlagen haben.

Hiernach haben Ew. Hochwohlgeboren den rc. A. auf dessen anbei zurückerfolgendes Immediat-Gesuch vom 1. Juli d. J. zu bescheiden.

Uebrigens beruhet die Verfügung des Procurators N. vom 19. Juni d. J.

daß der A., da er zu lebenswieriger Zwangsarbeit verurtheilt worden, und diese nach dem Art. 18. des rheinischen Strafgesetzbuchs den bürgerlichen Tod zur Folge habe, in Gemäßheit der ausdrücklichen Bestimmung des Art. 25. des Civilgesetzbuchs eine Ehe nicht eingehen könne, daß auch die von des Königs Majestät ausgesprochene Begnadigung sich nicht auf die Aufhebung der Folgen seiner Verurtheilung erstrecke,

auf einem doppelten Irrthume.

Denn einmal ist die von dem dortigen Assisenhofe vom 8. Dezember 1823 gegen den A. ausgesprochene lebenswierige Zwangsarbeit durch die Allerhöchste Cabinets-Ordre vom 26. März 1824 aufgehoben und in lebenswierige Zuchthausstrafe mit der Maaßgabe verwandelt worden, daß nach Ablauf von 10 Jahren über den Verurtheilten zur weiteren landesherrlichen Bestimmung Bericht erstattet werden solle. Nach den Vorschriften des Art. 18. des Strafgesetzbuchs und Art. 24. des Civilgesetzbuchs hat aber nur die lebenswierige Zwangsarbeit, nicht auch die lebenswierige Zuchthausstrafe den bürgerlichen Tod zur Folge, so daß also, da die lebenswierige Zwangsarbeit die erforderliche Königliche Bestätigung nicht erhalten hat, der bürgerliche Tod im vorliegenden Falle gar nicht eingetreten ist.

Zweitens ist es unrichtig, wenn in jener Verfügung gesagt worden, daß die dem A. gewordene Allerhöchste Begnadigung sich nicht auf die Aufhebung der Folgen seiner Verurtheilung erstrecke. Durch die Allerhöchste Cabinets-Ordre vom 5. Juni 1834 ist die Begnadigung des A. unbedingt ausgesprochen. Die Königliche Gnade kommt dem Begnadigten in ihrem ganzen Umfange zu Statten, und so wie sie die Dauer der Strafe ermäßigt, so hebt sie dadurch auch zugleich die an die lebenswierige Haft gebundenen Folgen von dem Augenblicke an, wo sie ertheilt wird, auf. Wenn daher auch im vorliegenden Falle gegen den A. der bürgerliche Tod eingetreten wäre, so würde derselbe jedenfalls durch die Allerhöchste Cabinets-Ordre vom 5. Juni v. J. aufgehoben sein.

Von dieser Verfügung haben Ew. Hochwohlgeboren den Procurator N. in Kenntniß zu setzen.

Berlin, den 3. Oktober 1835.

Der Justiz-Minister
v. Kamptz.

An
den Königlichen Ober-Procurator
Herrn v. Olfers zu Coblenz.

F. 2343.

b.

Abschrift dieses Rescripts dem Königlichen Herrn General-Procurator zur Nachricht.

Berlin, den 3. Oktober 1835.

Der Justiz-Minister
v. Kamptz.

An
den Königlichen General-Procurator
Herrn Biergans zu Cöln.

F. 2343.

1434.

Rangverhältniß der Kammer-Präsidenten bei den Rheinischen Landgerichten.

Offic.-S. 34.

Ew. Hochwohlgeboren erwiedere ich auf Ihre Vorstellung vom 17. v. M. daß, da die Landgerichtsräthe nach der jetzt noch bestehenden Rangverfassung, den Rang unmittelbar nach den Ober-Landesgerichts-Räthen, diese aber den Rang der Ober-Appellationsgerichts-Räthe, die Kammer-Präsidenten aber ebenfalls einen höhern Rang wie die Landgerichts-Räthe haben, von selbst folgt, daß Sie mit der definitiven Ernennung zum Kammer-Präsidenten den Rang eines Ober-Landesgerichts-Raths erhalten haben, und daher in dem Königlichen Appellationsgerichtshofe den Sitz und Rang nach dem Datum der Allerhöchsten Ernennung zum beständigen Kammer-Präsidenten, mithin vom 9. Oktober 1831 einnehmen, wogegen auf Ihre Ernennung zum commissarischen Kammer-Präsidenten nicht Rücksicht genommen werden kann, da diese Anstellung eine blos commissarische, dazu auf ein Jahr beschränkte, gewesen ist, welche überall keinen Rang und Titel gewährt.

Dem Herrn ersten Präsidenten und dem Herrn General-Procurator ist Abschrift dieser Resolution mitgetheilt.

Berlin, den 3. Oktober 1835.

Der Justiz-Minister
v. Kamptz.

An
den Königl. Appellationsgerichts-Rath
Herrn N. zu Cöln.

K. 2965.

1435.

Vereinfachung der Immobiliar-Versteigerungen im Theilungs-, Fallissements- und Güterabtretungs-Verfahren, so wie in Erbschaftsfällen.

Rh. Gen. 78.

a.

Ew. Hochwohlgeboren empfangen beikommend Abschrift der Allerhöchsten Cabinets-Ordre vom 29. v. M.

die Vereinfachung der Immobiliar-Versteigerungen im Theilungs-, Fallissements- und Güterabtretungs-Verfahren, so wie in Erbschaftsfällen betreffend,

um dieselbe in die rheinischen Amtsblätter einrücken zu lassen.

Berlin, den 6. Oktober 1835.

Der Justiz-Minister
v. Kamptz.

An
den ersten Präsidenten des Königlichen Appellationsgerichtshofes Hrn. Schwarz und an den Königlichen General-Procurator Hrn. Biergans zu Cöln.

E. 3109.

b.

Zur Vereinfachung der Immobiliar-Versteigerungen im Theilungs-, Fallissements- und Güterabtretungs-Verfahren, so wie in Erbschaftsfällen, bestimme Ich für diejenigen Theile der Rheinprovinz, in welchen die französische bürgerliche Prozeßordnung noch gilt, auf Ihre Anträge vom 2. d. M. folgendes:

1. Sämmtliche präparatorische Immobiliar-Versteigerungen, welche bisher im Theilungs-, Fallissements- und Güterabtretungs-Verfahren, so wie auf den Antrag von Benefizial-Erben und Curatoren vakanter Erbschaften, Statt fanden, werden hiermit abgeschafft, und es sind nur definitive Verkäufe zulässig.
2. Sobald die zur Einleitung der Versteigerung erforderlichen Verhandlungen, und insbesondere die betreffenden Urtheile und Kaufbedingungen, in gesetzlicher Form vorgelegt sind, wird der Ort, der Tag und die Stunde des vorzunehmenden Verkaufs bestimmt.

3. Dieser Verkauf wird durch Ankündigungen bekannt gemacht, bei deren Abfassung die Vorschriften der rheinischen Civil-Prozeßordnung zu beobachten sind.

4. Die öffentliche Bekanntmachung dieser Ankündigung, der Verkauf und der Zuschlag, geschehen nach den Vorschriften, welche in Meiner, die Veräußerung der Mündelgüter betreffenden Ordre, vom 4. Juli v. J. *) unter No. 5. bis 11. einschließlich ertheilt worden sind. Dem Extrahenten der Versteigerung steht jedoch frei, statt der Bekanntmachung durch die Amtsblätter, die Bekanntmachung durch eine Zeitung des betreffenden Regierungs-Bezirks, in Antrag zu bringen.

5. Ist zur Zeit der Publikation der gegenwärtigen Ordre der Verkauf zwar bereits verordnet, die Ankündigung der präparatorischen Versteigerung aber noch nicht bekannt gemacht, so geschieht die Bekanntmachung der Versteigerung, der Verkauf und der Zuschlag, nach den durch die gegenwärtige Ordre vorgeschriebenen Bestimmungen. Ist hingegen die Ankündigung der präparatorischen Versteigerung bereits bekannt gemacht, so wird das Verkaufs-Verfahren nach den Vorschriften der rheinischen Civil-Prozeßordnung, jedoch mit Beobachtung der in der vorgedachten Ordre vom 4. Juli v. J., unter No. 9. 10. und 11. gegebenen Bestimmungen, fortgesetzt und vollendet.

6. Uebrigens behält es, in so weit die gegenwärtigen Vorschriften nicht entgegenstehen, bei den Bestimmungen der rheinischen Gesetze, insbesondere auch bei jenen, welche die Zulässigkeit eines Uebergebots, nach erfolgtem Zuschlage zum Gegenstande haben, sein Bewenden. Diese Ordre ist durch die Amtsblätter der Rheinprovinz bekannt zu machen.

Teplitz, den 29. September 1835.

Friedrich Wilhelm.

An
die Staats- und Justiz-Minister
v. Kamptz und Mühler.

cf. Cölner Amtsblatt pag. 327.

---

*) Sammlung Band 4. pag. 131.

1436.

Die Cabinets-Ordre vom 20. Dezember 1834 wegen Verzichtleistung bei Injurien findet auf Widersetzlichkeit gegen Abgeordnete der Obrigkeit nicht Anwendung.

Rh. Crim. 52.

a.

Da die Allerhöchste Cabinets-Ordre vom 20. Dezember 1834 *), wie Ew. Hochwohlgeboren in dem Berichte vom 26. v. M. richtig annehmen, allerdings nicht auf Widersetzlichkeiten gegen Abgeordnete der Obrigkeit Anwendung findet, so haben Sie dem W. B. zu S. auf sein, nebst den Untersuchungs-Akten anbei zurückerfolgendes Immediatbegnadigungsgesuch vom 15. August d. J. zu eröffnen, daß dasselbe von des Königs Majestät nicht gewährt worden sei.

Berlin, den 9. Oktober 1835.

Der Justiz-Minister
v. Kamptz.

An
den Königlichen Ober-Procurator
Herrn Bessel zu Cleve.

F. 2412.

b.

Abschrift dieses Rescripts dem Königlichen Herrn General-Procurator zur Nachricht.

Berlin, den 9. Oktober 1835.

Der Justiz-Minister
v. Kamptz.

An
den Königl. General-Procurator
Herrn Biergans zu Cöln.

F. 2412.

---

*) Band 4. pag. 204.

1437.

Anweisung für die Friedensrichter über die Behandlung des Vormundschaftswesens in Folge der Allerhöchsten Cabinetsordre vom 4. Juli 1834.

Rh. Gen. 72. Vol. I.

(Cölner Amtsblatt pag. 329.)

Nachdem das Vormundschaftswesen in den Rheinprovinzen durch die Allerhöchste Cabinetsordre vom 4. Juli v. J. *) näher regulirt worden ist, und die Bearbeitung desselben sowohl durch die Ministerial-Instruction vom 16. August v. J. **), als auch durch mehrere Rescripte eine feste, der Wichtigkeit des Gegenstandes angemessene, Richtung erhalten hat, so haben des Herrn Justiz-Ministers Excellenz mich beauftragt, die durch jene Allerhöchste Ordre, so wie durch die bezogene Ministerial-Instruction und sonstige Rescripte getroffenen Verfügungen zusammen zu fassen, damit solche den Friedensrichtern zum Anhalt dienen mögen.

Zur Erledigung dieses Auftrages werden folgende Bestimmungen hiermit ausgehoben.

§ 1. Damit die Bevormundung in keinem Falle, wo sie gesetzlich geschehen muß, unterbleibe, sind sowohl der Ortspfarrer als die Civilstands-Beamten den Sterbfall eines Jeden, der minderjährige Kinder hinterläßt, unverzüglich und längstens binnen Acht Tagen, nachdem der Sterbfall zu ihrer Kenntniß gekommen ist, dem betreffenden Friedensrichter bei Ordnungsstrafe anzuzeigen verpflichtet.

Eben so sind auch die in dem Friedensgerichtsbezirk wohnenden nächsten Verwandten bis zum vierten Grade einschließlich verbunden, binnen gleicher Frist eben diese Anzeige entweder dem Friedensrichter oder ihrem Bürgermeister zu machen, und sind dieselben für die aus der vernachlässigten Anzeige entstandenen Nachtheile verhaftet.

§. 2. Die Ordnungsstrafe gegen die Pfarrer wegen unterlassener Anzeige werden von den Königlichen Regierungen festgesetzt und eingezogen. Die Friedensrichter haben daher die Unterlassung einer solchen Anzeige dem Königl. Ober-Procurator zu berichten, und dieser hat sodann die betreffende Königliche Regierung wegen Festsetzung und Einziehung der Ordnungsstrafe zu requiriren.

---

*) Band 4. pag 131.
**) Band 4. pag. 134.

Analogisch muß dieser, durch das Ministerial-Rescript vom 8. Mai d. J. *) ausgesprochene Grundsatz auch auf Civilstandsbeamte Anwendung finden, da nach dem Beschlusse des Vollziehungs-Directoriums vom 22. Prairial V. die Verpflichtung zu einer solchen Anzeige stets als eine Obliegenheit betrachtet worden ist, welche der Administrativ-Polizei angehört.

§. 3. Der Friedensrichter führt über die Sterbefälle, welche durch die Anzeige des Ortspfarrers, Civilstandsbeamten oder der Verwandten, so wie auch auf andere Art zu seiner Kenntniß gelangen und wodurch eine Bevormundung nothwendig wird, ein besonderes Register nach einem, zu diesem Ende bereits mitgetheilten Formular, trägt in dasselbe die Anzeige ein und giebt diese sodann, mit seinem Visa versehen, dem Anzeiger auf Verlangen zu seiner Legitimation zurück.

§. 4. Spätestens acht Tage, nachdem ein solcher Sterbefall zur Kenntniß des Friedensrichters gekommen ist, muß dieser zum Zwecke der Ernennung eines Vormundes und Nebenvormundes, oder im Falle einer gesetzlichen oder testamentarischen Vormundschaft nur des Letztern, einen Familienrath zusammenberufen.

§. 5. Nach erfolgter Bevormundung bezeichnet der Friedensrichter zugleich einen Notar zur Aufnahme eines Inventars, es sei denn, daß der Verstorbene einen Ehegatten oder nach Abzug aller Schulden ein reines Vermögen hinterlassen hat, welches nach einem ungefähren Ueberschlage die Summe von 100 Thalern nicht übersteigt, indem es in diesen beiden Fällen der Aufnahme eines notariellen Inventars nicht bedarf, sondern genügt, daß von dem Vormunde in Gegenwart des Nebenvormundes ein Privatverzeichniß des Nachlasses angefertiget und von beiden unterzeichnet, sodann auch nöthigenfalls eidlich bekräftiget wird.

In welchen Fällen eine solche eidliche Bekräftigung des Privatverzeichnisses, die mittelst Ableistung eines religiösen Eides geschieht, zu erfordern ist, bleibt zwar dem durch die obwaltenden Umstände geleiteten Ermessen der Friedensrichter überlassen, die jedoch einen sichern Anhalt für ihr Ermessen in den §§. 389—393. Tit. 18. Thl. II. des Allg. Landrechts finden und sich gegen Verantwortung sichern, wenn sie diese Eides-Abnahme nie unterlassen, sobald Jemand, der bei der Sache interessirt ist, solche fordert.

§. 6. Zur Vollständigkeit eines Inventars oder Privatverzeichnisses ist es erforderlich, daß darin alle im Nachlasse vorgefundenen Gegenstände, folglich auch die dazu gehörigen Immobilien, Activforderungen, Renten rc. aufgeführt, zugleich

---

*) Band 3. No. 1361.

aber auch die vorhandenen Passivforderungen verzeichnet werden, so daß sich aus der am Schlusse des Inventars oder Verzeichnisses zu ziehenden Uebersicht der Activa und Passiva der reine Nachlaß oder Vermögensbestand entnehmen läßt.

Um den Werth der inventarisirten Gegenstände in dem Inventar oder Privatverzeichnisse auszuwerfen, bedarf es jedoch bei Immobilien der Abschätzung nicht, sondern es wird solcher durch die Erwerbpreise, Pacht- und sonstigen Erträge bestimmt, wo hingegen in Ansehung der Mobilien eine Abschätzung durch Sachverständige erforderlich ist.

Uebrigens wird als Muster zu einem Inventar oder Privatverzeichnisse das Formular empfohlen, welches sich in der Preußischen Allg. Gerichtsordnung Thl. II. S. 101—106 befindet.

§. 7. Die hin und wieder mißbräuchlich bestandene Praxis, daß es bei einer zwischen Eheleuten stattgehabten Gütergemeinschaft eines Inventars nicht bedürfe, ist aufgehoben und dagegen bestimmt, daß das Inventar oder Vermögensverzeichniß in allen Fällen, ohne Unterschied, ob Gütergemeinschaft stattgefunden hat oder nicht, aufgenommen werden soll. Es gilt dieses namentlich bei Auflösung derjenigen Ehen, die unter der Herrschaft der Bergischen Statutarrechte eingegangen sind, da die Aufnahme eines Inventars oder Privatverzeichnisses zur vormundschaftlichen Ordnung gehört und dem überlebenden Ehegatten und seinen Rechten überall nicht präjudizirt, vielmehr hierdurch das ihm anheimfallende Mobiliarvermögen erst recht eigentlich constatirt, und versteht es sich von selbst, daß diese dem überlebenden Ehegatten anerfallenen Mobilien von der vormundschaftlichen Verwaltung ausgeschlossen sind.

§. 8. Selbst in dem Falle, wenn der Erblasser die Errichtung eines Inventars oder Privatverzeichnisses erlassen oder sogar verboten hat, darf die Aufnahme und Errichtung desselben nicht unterbleiben, gleichviel, ob die Erlassung oder das Verbot unter der Herrschaft der früheren oder der jetzigen Gesetzgebung stattgefunden hat indem jeder Vormund ohne Ausnahme, mithin auch der Vater und die Mutter, welche die Vormundschaft über ihre Kinder führen, ein Inventar oder Privatverzeichniß zu errichten verbunden sind, uud dieser der öffentlichen Ordnung angehörigen Verpflichtung gültiger Weise nicht enthoben werden kann.

§. 9. Zur gehörigen Controllirung der Aufnahme notarieller Inventarien sind die Notarien verpflichtet, ein besonderes Register zur Eintragung der Inventarisationen in Vormundschaftssachen zu führen und mit dem Schlusse eines jeden Quartals dem betreffenden Friedensrichter vorzulegen. Hat der Notar bei Einreichung dieses Registers ein ihm aufgetragenes Inventar noch nicht aufgenommen, so muß er den

Grund der Verzögerung darin vermerken. Findet der Friedensrichter, daß dem Notar hierunter eine Schuld zur Last fällt, so hat Ersterer dieses dem Königl. Ober-Procurator zur geneigten Einschreitung anzuzeigen, liegt aber die Schuld an dem Vormund, so fordert der Friedensrichter ihn auf, seiner Pflicht zu genügen, und trägt, wenn er dieses zu thun verabsäumt und Ordnungsstrafen nicht zum Ziele führen, bei dem Familienrathe auf seine Entlassung an.

Ist das von dem Notar aufzunehmende Inventarium in dem vorgedachten Quartalverzeichnisse gar nicht aufgeführt, so hat der Friedensrichter zu untersuchen, ob Ersterem der Auftrag zur Aufnahme desselben wirklich ertheilt worden ist, und nach Ergebniß, wie im vorhergehenden Falle, entweder gegen den Notar oder den säumigen Vormund zu verfahren.

§. 10. Wenn der Vormund in den Fällen, in welchen das Vermögensverzeichniß von ihm angefertigt werden muß, dasselbe nicht binnen vier Wochen nach angetretener Vormundschaft eingereicht hat, so muß der Friedensrichter dieses Verzeichniß durch einen von ihm zu bezeichnenden Notar in Gegenwart des Nebenvormundes auf Kosten des Vormundes aufnehmen lassen.

§. 11. Der Friedensrichter versammelt innerhalb acht Tagen, nachdem das Inventar oder Vermögensverzeichniß bei ihm eingereicht ist, abermals einen Familienrath, um nach Art. 452. u. f. des bürgerlichen Gesetzbuches, mit Rücksicht auf den Vermögensstand und die übrigen Verhältnisse der Minderjährigen, die Verwaltungsnormen genau festzusetzen und zugleich zu bestimmen, ob die in dem Art. 470. l. c. erwähnte Vermögensübersicht dem Beivormunde jährlich oder nach andern, jedoch nicht über zwei Jahre auszudehnenden, Perioden vorzulegen sei.

Der Beschluß des Familienrathes wird dem Vormunde abschriftlich mitgetheilt.

§. 12. Die in dem Artikel 470. des bürgerlichen Gesetzbuches vorgeschriebene Vermögensübersicht muß in der bestimmten Frist dem Nebenvormunde in Gegenwart des Friedensrichters vorgelegt werden. Sie muß enthalten die Angabe a) des Vermögens, b) der Schulden, c) der Einnahme, d) der Ausgaben mit Belägen, und e) dessen, was nach Abzug der Ausgaben für den Mündel noch übrig bleibt. Ueber diese Vorlegung der Vermögensübersicht und die von dem Friedensrichter und dem Nebenvormunde dagegen gemachten Bemerkungen und Erinnerungen ist ein Protokoll aufzunehmen, welches die Ergebnisse der einzelnen Punkte der Uebersicht und den von dem Friedensrichter zu ziehenden Abschluß derselben enthalten muß.

Die abgeschlossene Uebersicht wird mit den von dem Friedensrichter zu visirenden Belägen dem Vormunde zurückgegeben und ist dem Nebenvormunde auf dessen Verlangen abschriftlich mitzutheilen.

Nur die Eltern, welche die Vormundschaft über ihr Kind führen, sind zur Einreichung der vorgedachten Verwaltungs-Uebersicht nicht verbunden, indem hierunter die Bestimmung des Art. 470. l. c. keine Abänderung erlitten hat.

Uebrigens bedarf es bei der Revision und Feststellung dieser periodischen Verwaltungs-Uebersichten, wenn solche nicht etwa im Familienrathe geschieht, der Zuziehung des Gerichtsschreibers nicht, indem der Friedensrichter allein solche unbedenklich vornehmen kann.

§. 13. Ergiebt sich aus der vorgedachten Uebersicht, daß dem Vormunde ein Passiv-Rezeß verbleibt, so hat der Friedensrichter ihm aufzugeben, diesen Abschluß der zunächst aufzustellenden Uebersicht zum Grunde zu legen und die Verwendung des zu capitalisirenden Passiv-Rezesses nachzuweisen. Der Vormund ist gehalten, alle einzelnen revidirten Verwaltungsübersichten aufzubewahren und die zuletzt abgeschlossene stets mit der neuen wieder vorzulegen.

§. 14. Vormünder, welche ihre Pflichten nicht erfüllen, darf der Friedensrichter durch Ordnungsstrafen dazu anhalten, und gegen dieselben die Vorschrift des Rheinischen Gesetzbuches Art. 413. in Anwendung bringen, bevor er ihre Entlassung bei dem Familienrathe in Antrag bringt. Auch ist der Nebenvormund in einem solchen Falle zu einem gleichen Antrage berechtigt.

§. 15. Eine Veränderung in dem Wohnorte der Pflegebefohlnen oder ihrer Eltern bewirkt der Regel nach keine Veränderung in der Direction der Vormundschaft, und nur dann, wenn das Beste der Pflegebefohlnen es erfordert, ist eine Ausnahme zulässig. Wenn daher eine bereits anhängige Vormundschaft wegen Veränderung des Wohnortes an das Gericht dieses neuen Wohnortes abgegeben werden soll, so hat der Friedensrichter einen Beschluß des Familienrathes darüber zu veranlassen, welcher prüfen muß, ob das Beste des Pflegebefohlnen die Abgabe erfordert.

§. 16. Die von dem Königl. Ober-Procurator hieselbst vorgeschriebenen Schemata zu den Vormundschaftsregistern, zu den Todesanzeigen und zu den Registern der Notarien zur Eintragung der Inventarisationen in Vormundschaftssachen*), welche ich unterm 23. Dezember v. J. den Königlichen Ober-Procuratoren in den übrigen Landgerichtsbezirken mitgetheilt

*) Bd. 5. pag. 210.

habe, sollen in dem Amtsbereiche sämmtlicher Königl. Landgerichte angewendet werden. In dem Vormundschaftsregister ist jedoch in die Colonne 2. b. statt des Alters der Pflegebefohlnen der Tag und das Jahr der Geburt derselben einzutragen, weil sich daraus alsdann von selbst ergiebt, wann die Großjährigkeit eintritt, ohne daß es hierüber einer Anzeige des Vormundes oder einer sonstigen Ermittelung bedarf.

In das Vormundschaftsregister muß jede Vormundschaft, sobald sie eingeleitet wird, eingetragen werden, und sind die einzelnen Colonnen sodann successive auszufüllen, sobald die darin bezeichnete Verrichtung vorgenommen worden ist. In die letzte Colonne wird jedes wichtige Moment, welches während des Laufes der Vormundschaft vorkommt, eingetragen, so daß auf diese Weise der Friedensrichter und der ihn beaufsichtigende Ober-Procurator in den Stand gesetzt ist, bei bloßer Ansicht des Registers jede einzelne Vormundschaft zu übersehen und zu ermessen, was etwa darin annoch zu thun ist.

Sodann ist in dem Anzeige-Register der Vermerk hinzufügen, unter welcher Nummer der Fall im Vormundschaftsregister eingetragen worden ist, damit der Friedensrichter bei Durchsicht des Erstern sich sogleich vergewissern kann, ob die Vormundschaft bereits eingeleitet worden ist oder nicht.

§. 17. Die Friedensgerichtsschreiber haben die Verpflichtung, den Friedensrichtern bei der Eintragung in die Register beizustehen, die Correspondenz in den Vormundschaftssachen zu expediren, die Vormundschaftsakten anzulegen und fortzuführen, so wie überhaupt dem Richter bei diesem Geschäfte alle diejenige Hülfe zu leisten, welche das Amt eines Gerichtsschreibers mit sich bringt.

§. 18. Den Friedensrichtern liegt es ob, ernstlich bemüht zu sein, den Mündeln alle nicht durchaus nothwendige Kosten zu ersparen, widrigenfalls Erstere zum Ersatze derselben aus eigenen Mitteln auf amtlichem Wege werden angehalten werden. Beifällig ist es in dieser Beziehung aufgenommen worden, daß zu den Bestellungen in Vormundschafts-Angelegenheiten, namentlich zu den Berufungen der Familienrathsmitglieder, der Vormünder und Nebenvormünder vor den Richter und deren Monirung, die Gerichtsvollzieher benutzt worden sind, da es nur nachtheilig und hemmend sein würde, wenn in allen Fällen förmliche Vorladungen erlassen und insinuirt werden sollten.

§. 19. Die Notarien sind zwar durch die bisherigen Gesetze zu einer unentgeldlichen Dienstleistung in Armensachen nicht verpflichtet gewesen. Da indessen noch kein Fall zur Kenntniß gekommen ist, in welchem ein Notar in Vormundschaftssachen seine einstweilig unentgeldliche Hülfeleistung bei

Regulirung einer Vormundschaft verweigert hätte, so berechtigt dieses zu der Annahme, daß die Notarien mit Uneigennützigkeit gern die Hände zur Beförderung des Wohls der Minderjährigen bieten werden, ohne daß es einer gesetzlichen Verpflichtung bedarf, in kostenfrei verwalteten Vormundschaftssachen sich die Stundung ihrer Gebühren gefallen zu lassen.

§. 20. Da die Vormundschaftssachen auch in den Rheinprovinzen von den Königlichen Gerichten in eben der Art sportel- und stempelpflichtig oder frei bearbeitet werden sollen, wie dies in den älteren Provinzen der Fall ist, so kommen hiebei nach der allgemeinen Gebührentaxe vom Jahre 1815 (Beilage zu dem 15. Stück der Gesetzsammlung) folgende Grundsätze in Anwendung:

a) wenn am Schlusse der Jahresrechnung von den in diesem Jahre eingegangenen Revenüen nach Abzug aller bestrittenen oder noch zu bestreitenden Ausgaben ein Ueberschuß bleibt, so werden davon zuvörderst die Stempel-, Schreib- und Insinuations-Gebühren berichtigt und von dem alsdann etwa noch bleibenden Reste die gesetzmäßigen Taxen, jedoch nur bis auf die Hälfte des zuletzt gedachten Ueberschusses, genommen.

b) Ist eine Vormundschaft nach diesen Grundsätzen ganz frei bearbeitet worden, so wird am Schlusse derselben statt der Sporteln $1\frac{1}{2}$ Procent des alsdann vorhandenen schuldenfreien Vermögens, insofern es in unbeweglichen Gütern, liquiden sichern Kapitalien und baarem Gelde, mit Ausschluß des übrigen beweglichen Vermögens, besteht, eingezogen.

c) Sollte hiebei sich jedoch ergeben, daß das bei Beendigung der Vormundschaft zu nehmende $1\frac{1}{2}$ Procent mehr beträgt, als die Kosten betragen haben würden, wenn die Vormundschaft nicht als arm behandelt worden wäre, so sind nur letztere nach zu liquidiren und in Abzug zu bringen.

d) Behält es in Ansehung der Stempelgebühren bei den Bestimmungen des Gesetzes wegen der Stempelsteuer vom 7. März 1822 sein Bewenden, welches im §. 3. verordnet, daß Verhandlungen in Vormundschaften stempelfrei sind, sofern der Bevormundete aus eigenen Einkünften unterhalten werden muß, und diese nach Abzug der Verpflegungs- und Erziehungskosten keinen Ueberschuß gewähren.

§. 21. Wenn nach der im vorhergehenden §. Litt. a. erwähnten Bestimmung eine Vormundschaft theilweise kostenfrei behandelt worden ist, wenn nämlich nur eine theilweise Berichtigung der Kosten aus den jährlichen Ueberschüssen während ihrer Dauer stattgefunden hat, so können nach Beendigung der Vormundschaft die 1½ Procent Pauschquantum in Ansatz gebracht werden. Es sind hiervon jedoch die bereits berichtigten Kosten abzuziehen, so daß nur der Rest eingezogen wird.

§. 22. Um eine verwickelte und fast nicht auszuführende Berechnung der Procentgelder unter verschiedenen, in demselben Amte gewesenen, Friedensrichtern und Gerichtsschreibern zu vermeiden, sind diese Procentgelder von denjenigen Beamten zu beziehen, welche bei Beendigung der Vormundschaft gerade das Amt verwalten. Wenn auch hiernach die gerade fungirenden Beamten zuweilen Gebühren für Amtsverrichtungen, welche ihre Vorgänger vorgenommen haben, beziehen werden, so werden diese Beamten doch auch auf der andern Seite manche Amtsverrichtungen vornehmen, wofür ihre Nachfolger im Amte erst die Gebühren erheben.

Die Vertheilung der Procentgelder unter den Friedensrichter und den Gerichtsschreiber geschieht übrigens nach dem in dem Dekret vom 16. Februar 1807 aufgestellten Verhältnisse, so daß der Friedensrichter 3/5, der Gerichtsschreiber aber nur 2/5 dieser Procentgelder erhält.

§. 23. In Ansehung derjenigen Vormundschaften, wobei keine Rechnungs-Ablage stattgefunden hat, wird bei Berechnung der Procentgelder der Vermögenszustand zum Grunde gelegt, den das Inventar oder Vermögensverzeichniß nachweiset. Behauptet alsdann derjenige, von dem diese Procentgelder gefordert werden, daß das Vermögen geringer sei, so hat derselbe den Nachweis dieser Behauptung zu führen.

§. 24. Anlangend die Vormundschaften, wobei ein überlebender Ehegatte vorhanden ist, welchem der Nießbrauch an dem Vermögen der Kinder zusteht, so wird in Ansehung der Kosten nach den Grundsätzen der altländischen Vormundschaftsverwaltung verfahren, wonach diejenigen auf die, den Pupillen bewilligte, Sportelfreiheit in der Regel nicht Anspruch machen können, welchen der Nießbrauch von dem Vermögen der, unter Vormundschaft stehenden, Pupillen mit der Verpflichtung zur Alimentation derselben zukommt (cf. Jahrbücher Bd. 8. S. 277), und wovon nur dann eine Ausnahme eintritt, wenn sämmtliche Nießbrauchs-Einkünfte auch zu den Unterhaltungs- und Erziehungskosten erforderlich sind (conf. Jahrbücher Bd. 38. S. 400). *)

Hiernach werden die Kosten der Vormundschaftsverwaltung von denjenigen eingefordert, denen der Nießbrauch an dem Vermögen des Pflegebefohlnen zusteht, insofern nicht im Voraus schon abzusehen ist, daß die Unterhaltungskosten mehr

*) cf. Rescript vom 9. Februar 1836.

erfordern, als die Nießbrauchs-Revenüen einbringen. Behauptet alsdann der Nießbraucher, daß von den Nießbrauchs-Revenüen nach Bestreitung der Unterhaltungs- und Erziehungskosten nichts überschieße, so hat der Richter nach den ihm angegebenen und nachgewiesenen Umständen zu ermessen, ob die Vormundschaftsverwaltungskosten bis zum Ende der Vormundschaft gestundet werden sollen *).

§. 25. An Reisekosten können die Friedensrichter und Gerichtsschreiber in Vormundschaftsachen ohne Unterschied, ob die Vormundschaft zu den zahlbaren gehört oder nicht, diejenigen Sätze liquidiren, welche die Art. 8. und 12. des Decrets vom 16. Februar 1807 bestimmen.

Die Liquidationen müssen aber den Königl. Ober-Procuratoren zur Festsetzung vorgelegt werden, und haben diese darauf mitzusehen, ob die Reisen überhaupt nothwendig und ob die angegebene Zeit dazu erforderlich gewesen.

Auch die Gebühren der Taxatoren, welche bei Anfertigung eines Inventars oder Vermögensverzeichnisses zugezogen werden, sind baare Auslagen, und müssen daher auch bei den kostenfrei bearbeiteten Vormundschaftssachen sogleich bezahlt werden.

§. 26. Wenn eine Vormundschaft einstweilen kostenfrei bearbeitet wird, so müssen auch die Anwälte und Gerichtsvollzieher sich gefallen lassen, daß ihre Gebühren einstweilen gestundet werden, da sie verpflichtet sind, in Armensachen ganz unentgeldlich zu dienen. Haben sie bei ihren Verrichtungen indessen baare Auslagen gehabt, so sind diese allerdings sogleich zu erstatten.

§. 27. Die Bestimmungen der Art. 4. und 16. des Decrets vom 16. Februar 1807 sind auch auf die Verlegung und Revision der Uebersichten, welche durch die Instruction vom 16. August v. J. sub No. 8. vorgeschrieben sind, so wie auf die von den Eltern vorgenommenen Emancipationen anzuwenden, und können daher bei dergleichen Emancipationen, wie bei jenen, welche durch den Familienrath geschehen, die Gebühren einer Vacation in Ansatz gebracht werden.

Da indessen aus den eingereichten Vormundschaftsregistern sich ergeben hat, daß dermalen Emancipationen sehr häufig vorkommen und, dem Anschein nach, von den Emancipirenden in dem Glauben vorgenommen werden, daß mit der Emancipation der Emancipirte vollkommen selbstständig werde und jede fernere Einwirkung des vormundschaftlichen Gerichts aufhöre, dies aber nicht der Fall ist, worüber des Herrn Justiz-Ministers Excellenz in dem Rescripte vom 6. Februar d. J. **) (Jahrbücher Bd. 45. S. 299) ausführlicher sich auszusprechen

*) cf. Rescript vom 9. Februar 1836.

**) Band 5. pag. 62.

Veranlassung genommen haben, so werden höchst wahrscheinlich viele Emancipationen, welche sonst vorgenommen worden wären, unterbleiben und die damit verbundenen Kosten erspart werden, wenn die Friedensrichter bei Anträgen auf Emancipationen denjenigen, welche emancipiren wollen, die gesetzlichen Wirkungen gehörig auseinandersetzen.

§. 28. Die Festsetzung und Einziehung der Kosten in Vormundschaftssachen geschieht auf die nämliche Weise, wie solche bis zur Publication der Allerhöchsten Ordre vom 4. Juli v. J. geschehen ist. Bei der Festsetzung dienen entweder die Vormundschaftsrechnungen oder die Inventarien und Vermögensverzeichnisse zum Maaßstabe.

§. 29. Müssen über jede Vormundschaft besondere Akten ordnungsmäßig angelegt werden, so daß sich daraus Alles, was seit der Einleitung derselben geschehen ist, auf das Vollständigste ersehen läßt.

Uebrigens kann ich den friedensrichterlichen Beamten die sorgfältigste Bearbeitung des Vormundschaftswesens, als einen der wichtigsten Zweige ihrer Geschäftsführung, worauf des Herrn Justiz-Ministers Excellenz ihr ganz besonderes Augenmerk gerichtet haben, nicht genug empfehlen, veranlasse dieselben sohin, diesen Gegenstand ihres amtlichen Wirkens, so viel es nur immer geschehen kann, zu fördern, und wird es mir angenehm sein, wenn das Ergebniß der jährlichen Revisionen den Anforderungen entspricht, welche der Staat und das Wohl der Minderjährigen in dieser Beziehung zu machen berechtigt sind.

Cöln, den 10. October 1835.

Der General-Procurator
Biergans.

cf. Bd. 5. pag. 252.

1438.

Der Landrath ertheilt das Exequatur zur Beitreibung rückständiger Schulabgaben.

Rh. Gener. 41.

Es sind wegen der zu beobachtenden Formen bei der, in Gemäßheit der Allerhöchsten Cabinetsordre vom 18. Juli c. *) nachgelassenen executiven Beitreibung der rückständigen Schulgelder und sonstigen Schulabgaben im administrativen Wege Zweifel darüber entstanden, wer das Exequatur zu ertheilen habe. Der Königlichen Regierung wird daher hierdurch von den unterzeichneten Ministerien eröffnet, daß es am angemessensten

*) Band 5. pag. 171.

erscheint, wenn der betreffende Landrath das Exequatur zur Beitreibung solcher Schulabgaben-Rückstände ertheilt, da er die Verhältnisse am vollständigsten übersieht und die vollgültigste Gewähr für die Ordnung giebt. Die ꝛc. Regierung hat hiernach das weiter Erforderliche zu veranlassen.

Berlin, den 15. October 1835.

Ministerium der geistlichen, Unterrichts- und Medicinal-Angelegenheiten.
v. Altenstein.

Justiz-Ministerium.
v. Kamptz.

An
die Königliche Regierung
zu Düsseldorf,
Cöln,
Aachen,
Trier.

F. 3280.

cf. Cölner Amtsblatt pag. 350.

1439.

Den Gerichtsschreibern und Gerichtsvollziehern des linken Rheinufers steht die Versteigerung der Früchte auf dem Halme und des Holzes auf dem Stamme nicht zu.

Rh. Gen. No. 65.

Die Befugniß, welche Sie in der Eingabe vom 12. August d. J. als Beamte in Ansehung der öffentlichen Versteigerung von Früchten auf dem Halme und von Holz auf dem Stamme in Anspruch nehmen, kann Ihnen nicht zugestanden werden. Denn was zunächst die Berufung auf Präjudicien französischer Gerichtshöfe über die Frage betrifft, ob die Gerichtsschreiber und Gerichtsvollzieher dergleichen Versteigerungen bewirken können? — so ist die Jurisprudenz in Frankreich von jeher darüber schwankend gewesen, und hat sich noch durch das Cassations-Urtheil vom 8. April 1829 (Dalloz Journal des audiences, 1829 p. 213) gegen jene Befugniß ausgesprochen. Die Jurisprudenz kann aber überhaupt da nicht entscheiden, wo sie den Gesetzen entgegen ist. Nach den Directorial-Beschlüssen vom 12. Fructidor IV. (Rudler Bd. 5. S. 116) und 27. Nivôse V. (ibid. Bd. 10. Heft 2. S. 90), so wie nach dem Consular-Beschlusse vom 22. Pluviôse VII. (ibid. Heft 1. S. 84) steht nur die Befugniß zu Mobiliar-Versteigerungen den Greffiers und Huissiers als Beamten zu. Zu den Mobilien gehören aber Früchte auf dem Halme und Holz auf dem Stamme weder nach gemeinem noch nach französischem Rechte, und folglich cessirt in Bezug auf diese Gegenstände jene Befugniß bei den Greffiers und Huissiers, während sie in Bezug auf die Notare stehen bleibt, da diese von Amtswegen befugt sind, alle Arten von Contracten aufzunehmen, was bei den Gerichtsschreibern und Gerichtsvollziehern nicht der Fall ist. Ob die Versteigerung der fraglichen Gegenstände mit der der Mobilien gleich versteuert gewesen ist oder nicht, ändert nichts in Ansehung der Competenz; es erhellet aber, daß der Grund, welcher bei Mobiliar- und nicht bei Immobiliar-Versteigerungen die Nothwendigkeit der Concurrenz von Beamten herbeigeführt hat, auf die Versteigerung der Früchte auf dem Halme und des Holzes auf dem Stamme nicht paßt, indem er in der Unmöglichkeit liegt, bei Versteigerung von Mobilien durch Privatpersonen die Erhebung der Enregistrements-Abgabe zu sichern, da die Steuerbeamten selten von solcher Versteigerung etwas erfahren würden, während der Wechsel in den Besitz-Verhältnissen bei Immobilien, und ebenso bei Früchten auf dem Halme und Holz auf dem Stamme, ihrer Wahrnehmung nie entgehen kann. Die Verfügung des bergischen Decrets vom 28. Januar 1813 kann zu einer entgegengesetzten Entscheidung nicht führen, da dieses Decret, wie das darauf bezügliche Rescript vom 7. Juli 1826 *), nur die ehemals bergischen Lande betrifft, und aus denselben die französischen Gesetze nicht interpretirt werden können. Ueberdem ist die Folgerung des Königl. Ober-Procurators zu Cöln in der von ihm erlassenen Bekanntmachung vom 18. Juni d. J. **), welche er aus der näheren Anweisung des General-Procurators am rheinischen Appellationshofe vom 22. October 1833 ***) zur Instruction vom 10. Juni 1833 †) entnimmt, völlig begründet, und durch diese Anweisung die Verfügung vom 7. Juli 1826 in so weit geändert.

Berlin, den 23. October 1835.

Der Justiz-Minister
v. Kamptz.

An
die Friedensgerichtsschreiber
Herren N. N.
E. 3134.

---

*) Band 3. pag. 56.
**) Band 5. pag. 148.
***) Band 3. pag. 678.
†) Band 3. pag. 637.

1440.

Wegen Anwendung der §§. 646. — 648. Tit. 20. Thl. II. des Allgemeinen Landrechts in der Rheinprovinz.

Rh. Crim. 19. Vol. II.

Da Widersetzungen gegen die Wachen und Beleidigungen der im Dienste begriffenen Militairpersonen zu den Handlungen gehören, durch welche die öffentliche Ordnung gestört wird, so hätte es sich von selbst verstanden, daß meine Erlasse vom 6. März 1821 *) und 2. August 1834 **) auch auf die, in den §§. 646. bis 648. Tit. 20. Theil II. des Landrechts in der Lehre von Injurien abgehandelten, Vergehungen in der Rheinprovinz zur Anwendung kommen. Da jedoch nach Ihrem Berichte vom 10. d. M. ein Rheinisches Gericht Bedenken hierüber erregt hat, so will Ich auf Ihren Antrag zur Belehrung der dortigen Gerichte hierdurch noch besonders erklären, daß auch in den Fällen der §§. 646. — 648. Tit 20. Th. II. des Landrechts nach den Vorschriften desselben erkannt, und bei der Untersuchung nach den Bestimmungen der Criminal-Ordnung vom 11. Dezember 1805 verfahren werden soll. Sie haben diesen Erlaß durch die Gesetz-Sammlung bekannt zu machen.

Berlin, den 25. Oktober 1835.

An die Staats- und Justiz-Minister v. Kamptz und Mühler.

Friedrich Wilhelm.

1441.

Die Grundrenten in der Rheinprovinz betreffend.

Rh. Gen. No. 96.

Zur Sicherung des Rechtszustandes in denjenigen Theilen der Rheinprovinz, in welchen die französischen Gesetze vom 25. August 1792 und 17./18. Juli 1793 und das deklarirende Decret vom 9. Vendemiaire Jahres XIII. (1. Oktober 1804) über die Aufhebung der Grundrenten Gültigkeit haben, bestimme Ich auf den Antrag des Staats-Ministeriums: daß bei denjenigen Renten, welche von den Schuldnern bis zum 1. April 1834 oder in einem späteren Termine entrichtet worden und

*) Band 2. pag. 95.
**) Band 4. pag. 150.

zwar ohne Unterschied, ob sie zu den, im Art. 1 des Decrets vom 9. Vendemiaire XIII. aufgeführten Abgaben gehören, oder nicht, eine Vermuthung für den fundalen oder gutsherrlichen Ursprung derselben nicht ferner statt finden soll, vielmehr diejenigen Schuldner, welche eine solche Entstehung behaupten, den Beweis dieser Behauptung nach den allgemeinen Regeln über die Beweislast und ohne Rücksicht auf die darüber in dem erwähnten Decrete enthaltenen Festsetzungen zu führen schuldig sind. Diese Bestimmung, welche durch die Gesetz-Sammlung bekannt zu machen ist, findet jedoch auf die bereits anhängigen Prozesse keine Anwendung, indem diese nach den bisherigen Gesetzen zu entscheiden sind.

Berlin, den 29. Oktober 1835.

An das Staats-Ministerium.

Friedrich Wilhelm.

1442.

Auf den Berichten und Akten, welche solche Untersuchungen betreffen, in welchen der Angeschuldigte sich in Haft befindet, ist das Wort „verhaftet" zu setzen.

Rh. Crim. 8. Vol. II.

Damit die Untersuchungssachen, in welchen Angeschuldigte sich in Haft befinden, von den Behörden vorzugsweise befördert werden, ist von den Beamten des öffentlichen Ministeriums und den gerichtlichen Behörden jedesmal auf dem Rande der ersten Seite aller ihrer Berichte, Schreiben und Verfügungen, welche eine solche Untersuchungssache betreffen, das Wort „verhaftet," so in die Augen fallend zu setzen, daß es sogleich bemerkt wird.

Ew. Hochwohlgeboren haben dieses Rescript durch die Amtsblätter zur Nachachtung für die Justiz-Beamten bekannt zu machen, hiernach auch die sämmtlichen Ober-Procuratoren mit Anweisung besonders zu versehen.

Berlin, den 30. Oktober 1835.

Der Justiz-Minister
v. Kamptz.

An
den Königl. General-Procurator
Hrn. Biergans zu Cöln.
E. 3398.

cf. Cölner Amtsblatt pag. 356

1443.

Ausschließung des Rechtsweges über Erbschaftsstempelgefälle.

Rheinprovinz No. 40.

Auf den Bericht vom 2. d. M.
betreffend den, von der dortigen Provinzial-Steuer-Direction in Sachen der Gebrüder H. gegen das Haupt-Steuer-Amt zu Wes.l erhobenen Competenz-Conflict,
wird Ew. Hochwohlgeboren, im Einverständniß mit dem Königlichen Finanz-Ministerium, bei Rücksendung der Anlagen eröffnet, daß über die Frage: ob der, bei der ursprünglichen Festsetzung zu wenig berechnete, Erbschaftsstempel nachträglich zu fordern sei? — ein Prozeß-Verfahren zwischen dem Fiskus und dem Steuerschuldigen nicht Statt finden kann, mithin die vorliegende Sache zur gerichtlichen Competenz nicht gehört. Ew. Hochwohlgeboren haben daher das Landgericht zu Cleve zur definitiven Einstellung des eingeleiteten Verfahrens anzuweisen.

Berlin, den 30. Oktober 1835.

Der Justiz-Minister
v. Kamptz.

An
den Königlichen General-Procurator
Herrn Biergans zu Cöln.

E. 3377.

1444.

Bestrafung der bei Gelegenheit eines Holzdiebstahls begangenen Widersetzlichkeit gegen Beamte.

Rheinpr. Crim. No. 7.

a.

Wie Ew. Excellenz aus den anliegenden Verhandlungen zu ersehen geruhen wollen, wurde der W. L. aus W. im Landgerichtsbezirke Coblenz wegen Holzdiebstahls und Widersetzlichkeit gegen den, denselben constatirenden Forstbeamten vor das Forstgericht zu Coblenz gestellt, welches die Sache aber am 6. Dezember v. J. vor das Zuchtpolizeigericht verwies. Diese Hinverweisung war in dem §. 31. des Gesetzes vom 7. Juni 1821 *) begründet. Die Sache kam nun an das Königliche Landgericht zu Coblenz, wo die Untersuchung nach den Vorschriften der Preußischen Criminal-Ordnung fortgesetzt, und von der correctionellen Appellationskammer am 27. Mai c. der Beschuldigte zwar wegen der Widersetzlichkeit in eine vierzehntägige Gefängnißstrafe und in die Kosten verurtheilt, jedoch über den Holzdiebstahl von dem Gerichte nicht erkannt wurde.

Das öffentliche Ministerium hat nicht die Befugniß gegen dieses Erkenntniß irgend ein Rechtsmittel einzuwenden. Der Holzdiebstahl hätte aber als mit der Widersetzlichkeit connex zugleich mit dieser bestraft werden müssen. Die diesfällige Remedur liegt in den Attributionen des Chefs der Justiz.

Ew. Excellenz erleuchtetem Ermessen unterwerfe ich demnach ehrerbietigst die hochgeneigte Beschlußnahme.

Cöln, den 12. October 1835.

Der General-Procurator
Biergans.

An
des Königl. Wirklichen Geheimen
Staats- und Justiz-Ministers,
Herrn v. Kamptz Excellenz
zu Berlin.

b.

Ew. Hochwohlgeboren erhalten die mittelst Berichts vom 12. d. M. eingereichten Untersuchungsakten gegen den W. L. mit dem Eröffnen beigehend zurück, daß im vorliegenden Falle die correctionelle Appellationskammer des Königlichen Landgerichts zu Coblenz auch über den Holzdiebstahl hätte erkennen müssen, wie dies schon das Rescript vom 11. Novbr. 1831 **) (Jahrbücher Bd. 38. S. 430) anerkennt. Es sind daher die die Akten bei dieser wieder zum Spruch vorzulegen, um nachträglich auch über den Holzdiebstahl zu entscheiden.

Berlin, den 30. Oktober 1835.

Der Justiz-Minister
v. Kamptz.

An
den Königlichen General-Procurator
Herrn Biergans zu Cöln.

F. 2093.

---

*) Band 2. pag. 117.
**) Band 5. No. 1286.

1445.

Vereinigung der Friedensgerichte Saarbrücken und Duttweiler zu einem Friedensgerichte in St. Johann.

Rheinisches Archiv. Bd. 23. Abth. 2. S. 81.

In Folge Befehls Seiner Excellenz des Herrn Justiz-Ministers bringen wir hiermit zur öffentlichen Kenntniß, daß auf Grund der Allerhöchsten Cabinets-Ordre vom 24. November v. J. die beiden Friedensgerichte von Saarbrücken und Duttweiler im Landgerichts-Bezirke Saarbrücken vom 1. Dezember d. J. an vereinigt werden, und das so vereinigte Friedensgericht seinen Sitz zu St. Johann haben wird.

Cöln, den 30. Oktober 1835.

Der Erste Präsident
Schwarz.

Der General-Procurator
Biergans.

1446.

Contraventionen gegen den §. 88. der Steuer-Ordnung vom 8. Februar 1819 werden nach der preußischen Criminal-Ordnung untersucht.

Rh. Crim. 19. Vol. II.

Unter Rücksendung der mittelst Berichts vom 28. v. M. eingereichten Untersuchungs-Akten gegen die Ehefrau des Bäckers F. eröffne ich Ew. Hochwohlgeboren, daß die Bestimmung des §. 88. der Steuerordnung vom 8. Februar 1819 (Gesetz-Sammlung von 1819 S. 115) nur eine Ergänzung der §§. 368.—377. Th. II. Tit. 20. des Allgemeinen Landrechts und der Cabinets-Ordre vom 27. März 1801 (Rabe's Sammlung Bd. 6. S. 473) ist. Es findet daher auf jene, das Allgemeine Landrecht ergänzenden und erläuternden, Bestimmungen das Gesetz vom 6. März 1821 *), nach welchem die Untersuchung nach den Vorschriften der preußischen Criminal-Ordnung vom 11. Dezember 1805 zu führen ist, allerdings Anwendung. Ew. Hochwohlgeboren haben daher die Akten wieder zum Spruch bei der correctionellen Appellations-Kammer vorlegen zu lassen,

*) Band 2. pag. 95.

deren Competenz zur Entscheidung sich hieraus von selbst ergiebt und hiermit ausdrücklich bestimmt wird.

Berlin, den 30. Oktober 1835.

An den Königl. Ober-Procurator Herrn Geheimen Justizrath Heintzmann zu Trier.

Der Justiz-Minister v. Kamptz.

F. 2537.

1447.

Wegen des den, mit dem Range eines Raths zu begnadigenden, Advocaten und Notarien zu verleihenden Justizraths-Titels.

Lit. T. No. 1.

Auf Ihren gemeinschaftlichen Antrag in dem Berichte vom 12. v. M. bestimme Ich hierdurch Folgendes:

1. In allen Provinzen Meiner Monarchie soll künftig den, mit dem Range eines Raths zu begnadigenden Justiz-Commissarien, Advokaten und Notarien der Titel: „Justizrath" beigelegt werden. Auch die bereits mit dem Titel: „Justiz-Commissionsrath" begnadigten Justiz-Commissarien und Notarien sollen fortan in allen öffentlichen Verhandlungen als „Justizräthe" bezeichnet werden und den, den Titular-Justizräthen im Rang-Reglement vom 7. Februar 1817 ertheilten Rang haben.

   ꝛc. ꝛc.

Sie haben diesen Meinen Befehl durch die Gesetz-Sammlung bekannt zu machen.

Berlin, den 1. November 1835.

An die Staats- und Justiz-Minister v. Kamptz und Mühler.

Friedrich Wilhelm.

E. 3419.

1448.

Die Stempelfreiheit der Sühne-Verhandlungen tritt erst ein, wenn die Sühne wirklich erfolgt ist.

Rh. Gen. 62. Vol. III.

Durch die Allerhöchste Verordnung vom 17. August d. J. *) ist den Verhandlungen, welche nach den, im Art. 48. u. folg.

*) Bd. 5. pag. 189.

der Civil-Prozeßordnung wegen des Sühne-Versuchs bei Prozessen ertheilten Vorschriften vor den Friedensgerichten aufgenommen werden, die Stempelfreiheit nur dann bewilligt worden, wenn ein Vergleich wirklich zu Stande kommt. Hierdurch ist zugleich die Stempelpflichtigkeit der vor den Friedensgerichten aufgenommenen Nichtvergleichs-Akte entschieden und der Anstand beseitigt, weshalb das hierüber unter dem 5. März 1832 ergangene Rescript vorläufig unausgeführt geblieben ist. Ew. Hochwohlgeboren werden daher nach dem Antrage des Herrn Chefs des Finanz-Ministeriums beauftragt, die dortigen Justiz-Behörden zur Befolgung jenes Rescripts, welches schon in der Lottnerschen Sammlung Bd. III. S. 453 abgedruckt ist, durch eine in die Amtsblätter einzurückende Bekanntmachung aufzufordern.

Berlin, den 6. November 1835.

Der Justiz-Minister
v. Kamptz.

An
den Königl. General-Procurator
und Geheimen Ober-Justizrath
Herrn Biergans zu Cöln.

E. 3392.

cf. Cölner Amtsblatt pag. 360.

1449.

Vormundschaftswesen.

Anfertigung eines Namensverzeichnisses zu den Registern der Friedensgerichte.

Rh. Gen. 72.

Auf den Bericht vom 10. v. M.
die Verwaltung des Vormundschaftswesens betreffend,
eröffne ich Ew. Hochwohlgeboren, daß die Bestimmung des Rescripts vom 25. September d. J.

„daß Sie Sich Selbst mit den Vormundschafts-Tabellen die Originale der Revisions-Protokolle der Ober-Procuratoren zur Super-Revision vorlegen lassen sollen,"

keinesweges beabsichtigt, daß Ihnen die Vormundschafts-Register mit den Revisions-Protokollen vorgelegt werden sollen. Ew. Hochwohlgeboren haben daher ganz im Sinne jenes Rescript gehandelt, wenn Sie die Vorlegung der Vormundschafts-Register den Ober-Procuratoren nicht zur Pflicht gemacht, sondern Sich nur vorbehalten haben, ein oder anderes dieser Register einzufordern.

Was die eingesandte Anweisung *) für die Friedensrichter anlangt, so hätte im §. 6. nach dem Rescripte vom 11. September d. J. **) noch des Katasters als Mittels zur Angabe des Werths der Immobilien erwähnt werden können. Der §. 11. kann wegen seiner allgemeinen Fassung, wonach in allen Fällen ohne Unterschied die Nothwendigkeit einer zweiten Familienraths-Versammlung anzunehmen steht, leicht zu Mißdeutungen Anlaß geben; es wird deshalb wohl zweckmäßig sein, den wesentlichen Inhalt des an den Ober-Procurator zu Cleve unter dem 2. v. M. †) ergangenen und Ew. Hochwohlgeboren mitgetheilten Rescripts den sämmtlichen Friedensrichtern noch bekannt zu machen. Dem §. 16. endlich hätte noch die Bestimmung des Rescripts vom 4. September d. J. ††) hinzugefügt werden können, wonach jedem Register ein Namensverzeichniß angehängt werden muß.

Ew. Hochwohlgeboren überlasse ich, bei einer passenden Gelegenheit den Friedensrichtern dies zur Vervollständigung der Anweisung bekannt zu machen.

Berlin, den 6. November 1835.

Der Justiz-Minister
v. Kamptz.

An
den Königl. General-Procurator
Herrn Biergans zu Cöln.

E. 3415.

1450.

Bei Bekanntmachung der Extracte der Criminal-Urtheile ist die eingetretene Strafermäßigung nicht mit zu publiciren.

Rh. Crim. 8. II.

Es ist die Bemerkung gemacht worden, daß in die, zur öffentlichen Bekanntmachung bestimmten, Extracte der Criminal-Urtheile (Art. 36. der Criminal-Prozeß-Ordnung) auch die Strafermäßigung an einigen Orten aufgenommen wird, welche in Gemäßheit der Allerhöchsten Cabinets-Ordre vom

*) Bd. 5. pag. 234.
**) Bd. 5. pag. 215.
†) Bd. 5. pag. 226.
††) Bd. 5. pag. 204.

17. November 1825 *) bewilligt wird. Da dies weder vorgeschrieben, noch dem Zwecke, welcher bei diesen Ermäßigungen vorwaltet, entsprechend ist, so veranlasse ich Ew. Hochwohlgeboren, diesen Mißbrauch durch entsprechende Anweisung der Ober-Procuratoren abzustellen.

Berlin, den 6. November 1835.

Der Justiz-Minister
v. Kamptz

An
den Königlichen General-Procurator
Herrn Geheimen Ober-Justizrath
Biergans zu Cöln.
E. 3465.

1451.

Verfahren bei Entlassung der zugleich im Schulamte angestellten Glöckner, Organisten und Küster.

(Cölner Amtsblatt pag. 379.)

Da nach Ihrem Bericht vom 19. v. M. der 33. Artikel des am linken Rheinufer gültigen Decrets über die Kirchen-Fabriken vom 30. Dezember 1809, der die Anstellung und Entlassung der Glöckner, Organisten und Küster betrifft, da, wo mit dem Kirchendienste der Schuldienst verbunden ist, in der Anwendung besondere Schwierigkeiten findet und sich nicht überall mit den, über die Entlassung der Schullehrer bestehenden, Vorschriften vereinigen läßt, so bestimme Ich auf Ihren Antrag:

1. Die Trennung des bisher verbundenen Kirchen- und Schulamts ist zwar nach Möglichkeit zu veranlassen; sie soll aber nur da ausgeführt werden, wo ein gültiger, von der betreffenden Regierung, nach vorhergegangener Prüfung der Leistungsfähigkeit, genehmigter Gemeinde-Beschluß dem Schullehrer ein, von dem Kirchendienste unabhängendes, ausreichendes Einkommen sichert.
2. Der Art. 33. des Decrets vom 30. Dezember 1809 findet ferner, sowohl was die Anstellung, als was die Entlassung betrifft, nur auf Kirchendiener Anwendung, die nicht zugleich Schullehrer sind.
3. So lange eine Verbindung des Kirchendienstes mit dem Schuldienste besteht, soll die Entlassung des Beamten, in seiner Eigenschaft sowohl eines Kirchendieners als ei-

*) Bd. 2. pag. 619.

nes Schullehrers nur auf den Grund einer förmlichen Untersuchung in Gemäßheit Meiner Ordre vom 12. April 1822 *) das Verfahren bei Amtsentsetzung der Geistlichen und Schullehrer betreffend, erfolgen, und bei nachgewiesener Unwürdigkeit zu einem der vereinigten Aemter jederzeit auch die Entlassung von dem andern festgesetzt werden.

Ich trage Ihnen auf, diese Bestimmung durch die Amtsblätter der betreffenden Regierungen zur allgemeinen Kenntniß zu bringen.

Berlin, den 8. November 1835.

Friedrich Wilhelm.

An
den Staats-Minister Freiherrn v. Altenstein.

1452.

Aufbringung der Alimentations-Kosten für Festungs-Arrestanten, wenn die Untersuchung nach der Preußischen Criminal-Ordnung geführt worden ist.

Rh. Kassen-Sachen No. 8. Vol. II.

a.

Einer Königlich Hochlöblichen Regierung eröffne ich auf den Bericht vom 8. September d. J.

die Beitreibung der von dem ehemaligen Steuer-Einnehmer C. zu K. zu erstattenden Festungs-Verpflegungskosten betreffend,

bei Rücksendung der Akten, daß nach der rheinischen Verfassung dem Verurtheilten während seiner Einsperrung in einer Strafanstalt keine Verpflegungskosten zur Last fallen, vielmehr nach Art. 3. No. 9. des Decrets vom 18. Juni 1811 der Staat diese Kosten ohne allen Regreß zu zahlen hat. Diese verfassungsmäßige Bestimmung ist daher durch das, in Lottners Sammlung Bd. II. S. 566 abgedruckte, Ministerial-Rescript vom 14. Februar 1825 auch auf diejenigen Untersuchungen, welche nach der Criminal-Ordnung vom 11. Dezember 1805 geführt werden, um so mehr für anwendbar erklärt, als in der Rheinprovinz die Verpflegungkosten für Gefangene durch eine namhafte allgemeine Steuer aufgebracht werden.

---

*) Gesetz-Samml. pag. 105.

Die Art und Weise übrigens, wie die Kosten gegen einen Verurtheilten festzusetzen sind, bestimmt der Art. 163. des Decrets vom 18. Juni 1811.

Berlin, den 12. November 1835.

Der Justiz-Minister
v. Kamptz.

An
Eine Königlich Hochlöbliche Regierung
zu Düsseldorf.
E. 3446.

b.

Abschrift vorstehender Verfügung erhalten Ew. Hochwohlgeboren auf den Bericht vom 18. v. M. zur Nachricht.

Berlin, den 12. November 1835.

Der Justiz-Minister
v. Kamptz.

An
den Königl. General-Procurator
Herrn Biergans zu Cöln.
E. 3446.

1453.

Bestellung eines Sachwalters für auswärtige Partheien bei Prozessen, welche vor den Untergerichten im ostrheinischen Theile des Regierungs-Bezirks Coblenz zu verhandeln sind, und Erstattung der desfalsigen Gebühren durch den succumbirenden Theil.

Coblenz Depart. No. 21.

Der Königliche Justiz-Senat erhält die mittelst Berichts vom 1. September d. J. eingereichten Akten des Stadtgerichts zu Wetzlar in Sachen des rc. B. gegen den rc. K. mit dem Eröffnen zurück, daß nach der Anzeige des rc. B. vom 30. v. M. das Stadtgericht zu Wetzlar demselben den Justiz-Commissarius H. als Sachwalter in seiner obgedachten Prozeßsache vorgeschlagen und er dem Letztern den von diesem geforderten Vorschuß von 3 Rthlr. zu zahlen Anstand genommen habe, indem der Justiz-Commissarius H. ihm bemerklich gemacht, daß das gedachte Königliche Stadtgericht die aufgewendet werdenden Anwaltsgebühren, nach der bestehenden Praxis, von dem Gegner des rc. B. nicht ersetzen lassen könne. Es ist allerdings gegründet, daß da die in den Untergerichten des Justiz-Senats-Bezirks schwebenden Prozesse von den Partheien selbst geführt und dazu Advokaten nicht zugelassen werden sollen, die unterliegende Parthei nicht verpflichtet ist, dem Gegentheil, der dennoch einen Advokaten angenommen hat, die dadurch verursachten Kosten, und insonderheit das Honorar desselben zu erstatten, wie dies auch der §. 5. der Anordnung des ehemaligen ostrheinischen Senats vom 29. Februar 1828 *) in Erinnerung bringt. Allein dies kann nicht auf den Fall erstreckt werden, daß eine, in bedeutender Entfernung vom Sitze des Gerichts wohnende, Parthei zur Abwartung eines gerichtlichen Termins einen Anwalt bestellt, und durch denselben in dem Termine ihre Gerechtsame wahrnimmt, da einer solchen entfernten Parthei nicht anzumuthen ist, den Termin persönlich zu beziehen, und wenn sie dies thäte, dies der unterliegenden, mithin auch zur Erstattung der Reisekosten verbundenen Gegenparthei noch kostbarer sein würde, so muß der succumbirende Theil diese Termins-Gebühren des Advokaten dem obliegenden allerdings erstatten. Der Königliche Justiz-Senat hat hiernach seine Untergerichte mit dem Bemerken anzuweisen, daß wenn an dem Gerichtsorte Advokaten nicht wohnen, von Gerichtswegen darauf so viel als möglich Bedacht zu nehmen ist, daß den Partheien diese Advokatur-Gebühren möglichst erspart werden, welches dadurch am zweckmäßigsten geschieht, daß Ihnen im Anfange des Prozesses Personen am Orte benannt werden, aus welchen sie eine mit Vollmacht zur Wahrnehmung ihrer Rechte in den Terminen beauftragen können, oder daß denselben freigestellt wird, ihre Erklärungen schriftlich, allein ausführlich und mit allen Beweismitteln versehen, abzugeben. Die Verhältnisse der einzelnen Prozesse werden den aufmerksamen Richter am vollständigsten die zweckmäßigsten Mittel finden lassen.

Berlin, den 12. November 1835.

Der Justiz-Minister
v. Kamptz.

An
den Königl. Justiz-Senat
zu Coblenz.

E. 3457.

1454.

Bewilligung der höheren Sätze der Gebührentaxe für die Gerichsvollzieher in Saarbrücken.

Rh. Offic.-Sach. No. 27. Vol. III.

Auf Ew. Hochwohlgeboren Antrag in dem Berichte vom 5. d. M. genehmige ich, daß der §. 75. der Gebühren-Taxe

*) Bd. 3. pag. 197.

für die rheinischen Gerichtsvollzieher *) auch zu Gunsten der in Saarbrücken angestellten Gerichtsvollzieher zur Anwendung gebracht werde. Ew. Hochwohlgeboren haben hiernach das Weitere zu veranlassen.

Berlin, den 14. November 1835.

An den Königl. Landgerichts-Präsidenten Herrn Bessel und den Königl. Ober-Procurator Herrn Deuster zu Saarbrücken.

Der Justiz-Minister
v. Kamptz.

E. 3574.

cf. Trier Amtsblatt pag. 508.

1455.

Reisekosten der friedensrichterlichen Beamten in Armen-Vormundschafts-Sachen sind aus dem Criminalfonds zu zahlen.

Rh. Gen. 72.

a.

Eine Königlich Hochlöbliche Regierung benachrichtige ich auf das Schreiben vom 27. v. M., daß die Reisekosten der Friedensrichter und Gerichtsschreiber in Armen-Vormundschafts-Sachen, als baare Auslagen, aus dem Criminalfonds zu zahlen sind.

Berlin, den 20. November 1835.

Der Justiz-Minister
v. Kamptz.

An Eine Königl. Hochlöbliche Regierung zu Coblenz.

E. 3556.

b.

Abschrift dieser Verfügnng dem Königlichen Herrn General-Procurator zur Nachachtung und Bekanntmachung an sämmtliche Königliche Ober-Procuratoren.

Berlin, den 20. November 1835.

Der Justiz-Minister
v. Kamptz.

An den Königl. General-Procurator Herrn Biergans zu Cöln.

E. 3556.

---

*) Bd. 3. pag. 641.

1456.

Beaufsichtigung der Rheinzollgerichte.

Rh. Gen. 142.

Da die Rheinzollgerichte, deren Beaufsichtigung in dem Berichte vom 7. d. M. von Ew. Hochwohlgeboren zur Sprache gebracht wird, nach §. 82. und 85. der Rheinschifffahrts-Akte vom 31. März 1831 und der Verordnung vom 30. Juni 1834*) als Gerichte desjenigen Landesherrn zu betrachten sind, in dessen Gebiete sie ihren Sitz haben, so sind sie, was die Aufsicht und Controlle ihrer Geschäftsführung betrifft, dadurch von selbst auch den Vorschriften unterworfen, welche für andere Gerichte derselben Gattung, also insbesondere für die Friedens- und Polizeigerichte bestehen. Zu diesen Vorschriften aber gehören die wegen Führung der Repertorien und haben Ew. Hochwohlgeboren daher die betreffenden Ober-Procuratoren anzuweisen, den in ihren Bezirken liegenden Rheinzollgerichten die erforderliche Belehrung dieserhalb zu ertheilen und auf die Beobachtung dieser Anordnung zu wachen. Uebrigens müssen über die Verhandlungen der Rheinzollgerichte besondere Repertorien geführt werden, da die zufällige Vereinigung der Friedens- und Rheinzollgerichte beide nicht identificirt, sie vielmehr als verschiedene Gerichte zu betrachten sind.

Berlin, den 20. November 1835.

Der Justiz-Minister
v. Kamptz.

An
den Königl. General-Procurator
Herrn Geheimen Ober-Justizrath
Biergans zu Cöln.
E. 3565.

1457.

Beiträge zum Bibliothek-Fonds Seitens neuernannter Advocat-Anwälte, welche vorher nicht Advokaten gewesen.

Bibliotheken No. 3.

Auf den Bericht vom 9. d. M. wird Ew. Hochwohlgeboren eröffnet, daß der Advokat-Anwalt J. daselbst allerdings noch den Bibliotheken Beitrag von 5 Rthlr. Gold zur Kasse

---

*) Band 4. pag. 98.

des Königlichen Landgerichts zu zahlen hat, indem er, wenn er erst zum Advokaten und später zum Advokat-Anwalt ernannt worden wäre, sowohl bei dem Königl. Appellations-Gerichtshofe, als auch bei dem Königl. Landgerichte jedesmal 5 Rthlr. Gold als Bibliotheken-Beitrag hätte erlegen müssen, er dadurch aber, daß ihm aus besonderen Rücksichten beide Qualitäten gleichzeitig beigelegt worden, sich als von Entrichtung jener doppelten Gebühren befreit, nicht betrachten kann.

Hiernach haben Ew. Hochwohlgeboren den rc. J. zu bescheiden.

Berlin, den 20. November 1835.

Der Justiz-Minister
v. Kamptz.

An
den Landgerichts-Präsidenten und
den Ober-Procurator zu Aachen.
E. 3612.

1458.

Regulativ wegen Errichtung und Verwaltung des Fabrikengerichts für den Kreis Gladbach.

Rheinpr. Gener. No. 52.

a.

Ew. Hochwohlgeboren empfangen anliegend beglaubigte Abschrift der Allerhöchsten Cabinetsordre vom 14 d. M. wegen Errichtung und Verwaltung des Fabrikengerichts für den Kreis Gladbach, und des Allerhöchst vollzogenen Regulativs für dasselbe vom nämlichen Tage, um gemeinschaftlich mit der Königl. Regierung zu Düsseldorf das Regulativ durch sämmtliche rheinische Amtsblätter *) bekannt zu machen, und Behufs der Bildung und Einsetzung des Fabrikengerichts das Erforderliche ungesäumt zu veranlassen.

Berlin, den 20. November 1835.

Der Minister des Innern für Gewerbe-Angelegenheiten.
Freiherr v. Brenn.

Der Justiz-Minister
v. Kamptz.

Der Wirkliche Geheime Rath
Rother.

An
den Königl. General-Procurator
und Geheimen Ober-Justizrath,
Herrn Biergans zu Cöln.
E. 3605.

---

*) Cölner Amtsblatt de 1836 pag 33.

b.

Ich sende Ihnen das mit Ihrem Bericht vom 20. v. M. Mir eingereichte Regulativ wegen Errichtung und Verwaltung des Fabrikengerichts für den Kreis Gladbach vollzogen hiebei zurück und autorisire Sie, das Gericht sofort einzusetzen, mit der Maaßgabe, daß die Verwaltungskosten von den Interessenten aufgebracht werden, wie es im §. 35. des Regulativs bestimmt worden ist.

Berlin, den 14. November 1835.

Friedrich Wilhelm.

An
die Staats-Minister Freiherr v. Brenn
und v. Kamptz
und an den Wirklichen Geheimen Rath
Rother.

c.

Regulativ
über die Errichtung und Verwaltung des Fabrikengerichts für den Kreis Gladbach.

§. 1. Es soll ein Fabrikengericht für den Kreis Gladbach errichtet werden, dessen Wirksamkeit sich auf sämmtliche Fabrikationszweige und Handwerke, und auf alle im ganzen Umfang des Kreises darin beschäftigte Gewerbetreibende erstreckt.

§. 2. Das Fabrikengericht erhält seinen Sitz in Gladbach; es sollen aber zugleich in Gladbach, Rheydt und Vierssen für die unten (§. 3.) bestimmten Bezirke besondere Vergleichskammern bestehen, welche die gütliche Beilegung der, zur Competenz des Fabrikengerichts gehörigen, darin entstehenden Streitigkeiten zu ermitteln, die hierdurch nicht zu erledigenden Streitigkeiten aber zur Entscheidung an das Fabrikengericht selbst zu bringen haben.

§. 3. Die Bezirke der einzelnen Vergleichskammern werden dahin bestimmt, daß zum Bezirk der Vergleichskammern

1. zu Gladbach: der Stadtbezirk Gladbach, nebst den Gemeinden Obergeburt, Oberniedergeburt und Unterniedergeburt, ferner Dahlen, Corschenbroich, Kleinenbroich, Neersen und Schiefbahn,
2. zu Rheydt: die Gemeinde Rheydt, sammt den Gemeinden Odenkirchen, Schelsen und Liedberg,
3. zu Vierssen: der Gemeindebezirk Vierssen

gehören soll.

§. 4. Das Fabrikengericht soll aus dreizehn Mitgliedern, die ihr Amt unentgeldlich verrichten, bestehen, und zwar aus sieben Fabrikherren, welche selbst Handel treiben,

und

aus sechs Werkmeistern, Fabrikarbeitern oder Handwerkern, welche mindestens drei Thaler Klassensteuer jährlich entrichten.

Sie sind mit Vorbehalt der Bestätigung durch die Regierung zu Düsseldorf, nach den unten folgenden Vorschriften, von den Gewerbtreibenden selbst zu wählen, mit der Maaßgabe, daß

a) aus dem Bezirk der Vergleichskammer zu Gladbach (§. 3. No. 1.)
fünf Mitglieder, nämlich drei Fabrikherren und zwei Werkmeister, Fabrikarbeiter oder Handwerker,

b) aus dem Bezirk der Vergleichskammer zu Rheydt (§. 3. No. 2.)
vier Mitglieder, nämlich zwei Fabrikherren und zwei Werkmeister, Fabrikarbeiter oder Handwerker,

c) aus dem Bezirk der Vergleichskammer zu Vierssen (§. 3. No. 3.)
vier Mitglieder, nämlich zwei Fabrikherren und zwei Werkmeister, Fabrikarbeiter oder Handwerker

erwählt werden müssen.

§. 5. Die Mitglieder des Fabrikengerichts bilden zugleich die Vergleichskammern, dergestalt, daß die aus jedem einzelnen Bezirk erwählten Mitglieder die Verrichtungen der Vergleichskammer für diesen Bezirk abwechselnd zu versehen haben.

§. 6. Außer den ordentlichen Mitgliedern sind sechs Stellvertreter, und zwar aus jedem der obigen drei Bezirke

ein Fabrikherr, welcher selbst Handel treibt,

und

ein Werkmeister, Fabrikarbeiter oder Handwerker, welcher mindestens drei Thaler Klassensteuer jährlich entrichtet,

zu bestellen, welche ihr Amt gleichfalls unentgeldlich verrichten, und gleichmäßig, mit Vorbehalt der Bestätigung durch die Regierung zu Düsseldorf, von den Gewerbtreibenden selbst gewählt werden.

§. 7. Die Wahl der Mitglieder und Stellvertreter geschieht in jedem der drei Bezirke (§. 3.) besonders, dergestalt, daß die daraus zu wählende Anzahl (§. 4. 6.) von den, jedem einzelnen Bezirk angehörigen Stimmberechtigten gewählt wird.

§. 8. Stimmberechtigt sind alle in diesem Bezirk wohnhafte Fabrikherren und alle in demselben ihr Gewerbe treibende Werkmeister, Fabrikarbeiter oder Handwerker, welche mindestens drei Thaler Klassensteuer jährlich entrichten. Ausgeschlossen von der Stimmberechtigung bleiben jedoch diejenigen, welche

1) wegen Fallissements zu einer Strafe verurtheilt,

oder

2) durch ein Strafurtheil der, im Art. 42. des Strafgesetzbuchs bezeichneten bürgerlichen Rechte verlustig erklärt sind, so lange sie nicht rehabilitirt worden, oder, Falls die Aberkennung der bürgerlichen Rechte auf einen bestimmten Zeitraum sich beschränkt, dieser Zeitraum noch nicht abgelaufen ist.

§. 9. Zu Mitgliedern wählbar sind alle handeltreibende Fabrikanten und alle mindestens drei Thaler Klassensteuer jährlich entrichtende Werkmeister, Fabrikarbeiter oder Handwerker, welche

1) in dem Bezirk, wo die Wahl geschieht, wohnhaft sind und dort ihr Gewerbe treiben, sofern sie
2) eben dies Gewerbe schon sechs Jahre lang betrieben auch
3) das 30ste Lebensjahr zurückgelegt haben.

Diejenigen unter ihnen, welche nach §. 8. von der Stimmberechtigung ausgeschlossen sind, dürfen jedoch nicht gewählt werden.

§. 10. Damit indessen die verschiedenen Fabrikationszweige und Handwerke in dem Fabrikengericht angemessen vertreten werden, wird die Verwaltung für Handel, Fabrikation und Bauwesen die Gewerbsklassen, aus welchen die Mitglieder desselben zu wählen sind, so wie die Zahl der aus jeder Klasse zu wählenden Mitglieder von drei zu drei Jahren bestimmen.

§. 11. Die Wählbarkeit der Stellvertreter bestimmt sich nach eben den Erfordernissen (§. 9.), wie die der Mitglieder, mit der Maaßgabe, daß in jedem der drei Bezirke nur solche gewählt werden dürfen, welche an dessen Hauptorte selbst (resp. in Gladbach, Rheydt oder Vierssen) ihren Wohnsitz haben.

§. 12. Die Wahl erfolgt in jedem Bezirk auf Anordnung des Landraths, und unter dem Vorsitze desselben oder eines von ihm damit beauftragten Beamten, nach Vorschrift der Art. 13 und 19. des Decrets vom 11. Juni 1809 und der nachfolgenden weiteren Bestimmungen.

§. 13. Jeder Stimmberechtigte kann nur in Person und nicht durch Bevollmächtigte bei der Wahl mitwirken, und nur in demjenigen Bezirk stimmen, in welchem er seinen Wohnsitz und den Hauptsitz seines Gewerbes hat, wenn er auch in mehreren Bezirken gewerbliche Anlagen besitzen möchte.

§. 14. Jeder Stimmberechtigte hat die Befugniß, einen Kandidaten in Vorschlag zu bringen.

Der von dem Vorsitzenden zu bestellende Protocollführer trägt diese Vorschläge in ein Verzeichniß zusammen, welches zur Einsicht der Anwesenden vor der Wahl auf den Tisch des Wahlvorstandes niedergelegt wird.

§. 15. Die Wahl wird sodann von den anwesenden

Stimmberechtigten durch Geheimstimmung auf Stimmzetteln nach absoluter Stimmenmehrheit vollzogen.

§. 16. Ergiebt die Wahl nicht für alle zu besetzende Stellen eine absolute Stimmenmehrheit, so werden für jede noch zu besetzende Stelle die beiden Kandidaten, welche verhältnißmäßig die meisten Stimmen erhalten haben, zur neuen Wahl gebracht, so lange bis sämmtliche Mitglieder und Stellvertreter mit absoluter Stimmenmehrheit gewählt sind.

§. 17. Die Wahlverhandlung wird hiernächst zur Bestätigung der Gewählten an die Regierung zu Düsseldorf eingesandt, welche auch etwanige Streitigkeiten über die Wählbarkeit und Stimmenberechtigung, so wie über die Gültigkeit der Wahlen, mit Vorbehalt des Recurses an die Verwaltung für Handel, Fabrikation und Bauwesen, entscheidet.

§. 18. Nach erfolgter Bestätigung werden die Gewählten auf die nämliche Art, wie die Mitglieder der Handelsgerichte, in Gemäßheit der Vorschrift vom 5. November 1833 (Gesetzsammlung für 1833, Seite 291) eidlich verpflichtet und in ihre Verrichtungen eingeführt.

§. 19. Ueber die Einsetzung des Fabrikengerichts wird eine Verhandlung aufgenommen, und eine Ausfertigung derselben in der Kreisregistratur hintergelegt, eine zweite an die Regierung zu Düsseldorf, eine dritte an das Handelsgericht zu Crefeld und eine vierte an den General-Procurator des Appellationshofes zu Cöln eingesandt.

§. 20. Das Fabrikengericht hat, in Gemäßheit der Bestimmungen des Decrets vom 11. Juni 1809, einen auf Kündigung anzustellenden Secretair nach absoluter Stimmenmehrheit in Vorschlag zu bringen.

Derselbe darf nicht selbst Mitglied des Gerichts oder Stellvertreter sein; er muß die nöthige Geschäftskenntniß besitzen, zum Civilstaatsdienste berechtigt und befähigt sein, und vorzugsweise aus den geprüften Gerichtsschreiber-Kandidaten erwählt werden.

§. 21 Die Wahl des Secretairs bedarf der Bestätigung durch die Regierung zu Düsseldorf, nach deren Ertheilung er nach Maaßgabe des §. 18. und der Vorschrift vom 5. November 1833 durch das Fabrikengericht eidlich zu verpflichten ist.

§ 22. Der Secretair bezieht für die ihm obliegenden Verrichtungen die in dem Decret vom 11. Juni 1809 bestimmten Gebühren; es kann jedoch den Umständen nach demselben außerdem noch eine stehende Remuneration von dem Fabrikengericht mit Zustimmung der Regierung zugestanden werden.

§. 23. Der Secretair kann, bei etwa eintretender Anhäufung der Geschäfte, von dem Gericht angehalten werden, einen Schreibgehülfen auf seine Kosten zu halten, dessen Person von ihm in Vorschlag gebracht wird, welcher jedoch vor seinem Diensteintritt die Bestätigung des Gerichts erhalten, und danach von letzterem eidlich verpflichtet werden muß.

§. 24. Die Amtsdauer der ordentlichen Mitglieder des Fabrikengerichts beschränkt sich auf drei Jahre.

Nach dem ersten Jahre tritt einer der Fabrikherren und einer der Werkmeister, Fabrikarbeiter oder Handwerker aus jedem der Bezirke Gladbach und Rheydt aus; die Personen, welche ausscheiden sollen, werden durch das Loos bestimmt.

Nach dem zweiten Jahre tritt in gleicher Art ein Fabrikherr und ein Werkmeister, Fabrikarbeiter oder Handwerker der ersten Wahl aus jedem der Bezirke Gladbach und Vierssen aus.

Nach dem dritten Jahre treten die fünf von der ersten Wahl übrig gebliebenen Mitglieder, nämlich ein Fabrikherr aus dem Bezirk Gladbach und ein Fabrikherr und ein Werkmeister, Fabrikarbeiter oder Handwerker aus jedem der Bezirke Rheydt und Vierssen aus.

§. 25. Diejenigen Stellen, welche auf diese Weise durch den ordentlichen Dienstaustritt oder durch sonstigen Abgang zur Erledigung kommen, werden vor dem Jahresschlusse durch neue Wahl nach den obigen Bestimmungen wieder besetzt, mit dem Unterschiede, daß die Verzeichnisse der Stimmberechtigten zu diesen neuen Wahlen nach den Bestimmungen des Art. 24. des Decrets vom 11. Juni 1809, mittelst Offenlegung derselben im Geschäftslocal des Bürgermeisters und Eintragung der Stimmfähigen, auf deren Anmeldung, aufgenommen werden, welche zu dem Ende sich über Entrichtung der Klassensteuer zu dem oben bestimmten Betrag auszuweisen haben.

§. 26. Die Wiedererwählung für die außerordentlicher Weise erledigten Stellen geschieht nur für die Zeit, welche den Abgehenden an ihrer Amtsdauer noch übrig war.

§. 27. Die austretenden Mitglieder des Gerichts sind jederzeit wieder wählbar.

§. 28. Die Amtsdauer der Stellvertreter ist nicht beschränkt; es findet daher eine neue Wahl nur dann statt, wenn durch Tod, Entlassung, Entsetzung, Entsagung, Eintritt der Unfähigkeit zum Richteramt (§. 8. 9.) oder durch Erwählung zum ordentlichen Mitgliede des Gerichts, ein Stellvertreter abgegangen ist.

Dem ihm übertragenen Amte darf der Stellvertreter nicht entsagen, wenn er dieses Amt nicht schon sechs Jahre lang verwaltet hat.

§. 29. Nach erfolgter Bestätigung der Wahl von der Regierung zu Düsseldorf geschieht die Verpflichtung und Einführung der Neuerwählten in ihre Verrichtungen nach den Bestimmungen der §§. 17. und 18. des gegenwärtigen Regulativs.

§. 30. Die Competenz und die Amtsverrichtungen des Fabrikengerichts, so wie das Verfahren bei demselben, imgleichen die Wirksamkeit der Vergleichskammern bestimmen sich nach den hinsichtlich der Räthe der Gewerbverständigen in der Rheinprovinz bestehenden, oder in der Folge ergehenden allgemeinen Vorschriften.

§. 31. Die Ordnung der Sitzungen und der Geschäftsführung in dem Fabrikengericht, wie in den einzelnen Vergleichskammern, ist durch ein Regulativ näher zu bestimmen, welches von dem Fabrikengericht nach seiner Einsetzung zu entwerfen und der Regierung zu Düsseldorf zur Bestätigung einzusenden ist.

Jedenfalls muß das Fabrikengericht in jedem Monat, und jede Vergleichskammer in jeder Woche einmal zusammentreten.

§. 32. Es bleibt dem Fabrikengericht und den Vergleichskammern überlassen, in einzelnen Fällen auch andere Gewerbtreibende zu den Sitzungen zu berufen, um das Gutachten derselben zu vernehmen, ohne denselben jedoch ein Stimmrecht verstatten zu dürfen.

§. 33. Das Local für die Sitzungen und die Geschäftsführung des Fabrikengerichts, so wie für die Vergleichskammer zu Gladbach, ist nebst der Heizung von der Gemeinde Gladbach unentgeldlich zu beschaffen; und eben so ist das Local für die Vergleichskammer zu Rheydt und die zu Vierssen und die Heizung desselben resp. von der Gemeinde Rheydt und der Gemeinde Vierssen unentgeldlich zu gewähren.

§. 34. Die Kosten für Schreibmaterialien und die vorkommenden Schreibereien hat der Secretair aus eigenen Mitteln zu bestreiten.

§. 35. Die sonst noch für Erleuchtung, Bedienung ꝛc. des Fabrikengerichts und der Vergleichskammern erforderlichen Kosten, so wie die dem Secretair außer den Gebühren etwa zu bewilligende bleibende Remuneration (§. 22.) sind von den Gewerbtreibenden selbst aufzubringen. Ueber die Art der Vertheilung des aufzubringenden Bedarfs auf die einzelnen Interessenten bleibt die weitere Bestimmung der Verwaltung für Handel, Fabrikation und Bauwesen vorbehalten.

§. 36. Die bei dem Fabrikengericht eingehenden Strafgelder sollen zu Belohnungen und Ermunterungen des Gewerbfleißes in dem Kreise Gladbach verwendet werden. Das Fabrikengericht hat jährlich einen Nachweis über dieselben, nebst seinem Gutachten über deren Verwendung, bei der Regierung zu Düsseldorf einzureichen, auf deren Vorschlag die weitere

Verfügung durch die Verwaltung für Handel, Fabrikation und Bauwesen erfolgen wird.

Urkundlich unter Unserer Allerhöchsteigenhändigen Unterschrift und beigedrucktem Königlichen Insiegel.

So geschehen Berlin, den 14. November 1835.

(L. S.) Friedrich Wilhelm.

v. Brenn. v. Kamptz. Rother.

Regulativ
über die Errichtung und Verwaltung
des Fabrikengerichts für den
Kreis Gladbach.

1459.

Diäten der Beamten im Ostrheinischen Theile des Regierungs-Bezirks Coblenz.

Coblenz. Depart. No. 21.

Auf die Vorstellung vom 18. August d. J. wird Ihnen eröffnet, daß die Verfügungen der Fürstlichen Regierung zu Neuwied vom 15. April und des Königlichen Justiz-Senats zu Coblenz vom 21. Juni v. J. wegen Berechnung der Diäten nur gebilligt werden können, da ein Beamter für den Diäten-Satz eines Tages ohne Rücksicht auf eine bestimmte Stundenzahl den ganzen Tag dem ihm aufgetragenen Geschäfte, wenn dieses nicht in kürzerer Zeit beendigt werden kann, zu widmen verpflichtet ist. Dies ist ein allgemeiner Grundsatz, welcher in der Sportel-Taxe für die altländischen Gerichte Abschnitt IV. sub voce „Commissions-Gebühren" ausdrücklich festgestellt, und von welchem in den dortigen Taxordnungen keine Ausnahme gemacht ist. Die abweichende Bestimmung der Notariats-Ordnung vom 25. April 1822 *) beruht auf den Eigenthümlichkeiten der westrheinischen Verfassung, und gestattet keine analoge Anwendung auf die ostrheinischen Gerichte. — Ihr Antrag wegen näherer Bestimmung der auf den einfachen Diäten-Satz zu rechnenden Arbeitsstunden und des bei einer längeren Arbeitszeit zu berechnenden Diäten-Betrages erhält dadurch von selbst seine Erledigung.

Berlin, den 20. November 1835.

An den Justiz-Amts-Secretair Herrn Dr. Schmitthenner zu Asbach.
E. 3602.

Der Justiz-Minister
v. Kamptz.

*) Band 2. No. 484.

1460.

Gegenseitige Vertretung der Friedensrichter im Landgerichts-Bezirk von Saarbrücken.

Rhpr. Friedensger. Gen. No. 2.

Die unterm 12. d. M. gemachten Vorschläge der Vertretung der Friedensrichter im Landgerichts-Bezirke von Saarbrücken wird folgendermaaßen genehmigt:

1) der Friedensrichter von St. Johann von jenem zu Ottweiler,

2) der Friedensrichter von Ottweiler von jenem zu St. Wendel,

3) der Friedensrichter von St Wendel von jenem zu Ottweiler,

4) der Friedensrichter von Baumholder von jenem zu Grumbach,

5) der Friedensrichter von Grumbach von jenem zu Baumholder,

6) der Friedensrichter zu Lebach von jenem zu Tholey,

7) der Friedensrichter zu Tholey von jenem zu Lebach,

8) der Friedensrichter zu Saarlouis von jenem zu Wallerfangen, unb

9) der Friedensrichter zu Wallerfangen von jenem zu Saarlouis.

Ew. Hochwohlgeboren haben demgemäß das weiter Erforderliche zu verfügen.

Berlin, den 21. November 1835.

Der Justiz-Minister
v. Kamptz.

An
den Königl. General-Procurator
Herrn Geheimen Ober-Justizrath
Biergans zu Cöln.

E. 3649.

cf. Trier Amtsblatt pag. 520.

1461.

Wegen der Gebühren für die in rheinischen Untersuchungssachen von einem Landes-Justiz-Collegio der alten Provinzen erstatteten Gutachten.

Rh. Kassensachen No. 8. Vol. II.

Auf Ew. Hochwohlgeboren Bericht vom 5. d. M. ist die Frage: ob in den rheinischen Untersuchungssachen, welche dem Criminal-Senate des Königl. Kammergerichts zum Gutachten überwiesen werden, die Liquidation von Gebühren zulässig sei? einer näheren Prüfung unterworfen worden. Nach der rheinischen Justiz-Verfassung dürfen in Untersuchungssachen, diese mögen nach den Vorschriften der rheinischen Straf-Prozeß-Ordnung oder der Criminal-Ordnung vom Jahre 1805 geführt werden, der Angeschuldigte mag vermögend sein oder nicht, Urtelsgebühren oder andere, diesen gleich zu achtende Gebühren niemals von dem, in die Kosten verurtheilten Angeschuldigten erhoben werden, weil die Provinz für die Kosten der Justizverwaltung eine additionelle Steuer von 72000 Rthl. zahlt. Es würden daher die Gebühren für die von dem Criminal-Senate des Königlichen Kammergerichts erstatteten Gutachten nur auf Königliche Fonds angewiesen werden können; diese Fonds sind aber, eben weil Gebühren der Art nicht gezahlt werden, nicht vorhanden; denn der Criminalfonds für die Rheinprovinz ist von dem der alten Provinzen nicht wesentlich unterschieden, und kann in Bezug auf den Criminal-Senat des Königlichen Kammergerichts nicht anders betrachtet werden, als der Criminalfonds eines altländischen Ober-Landesgerichts. Da nun nach dem Rescripte vom 7. September 1825 die Liquidation von Gebühren für Gutachten, welche in Sachen aus anderen Ober-Landesgerichts-Bezirken erstattet werden, unzulässig ist, wenn diese Gebühren dem Criminalfonds zur Last fallen würden, so finde ich mich außer Stande, dem Criminal-Senate des Königlichen Kammergerichts die in Frage stehenden Gebühren anzuweisen. Auf das Verfahren in den Neufchateller Sachen kann hier nicht exemplificirt werden, da hierbei ganz verschiedene, sehr eigenthümliche Verhältnisse eintreten.

Berlin, den 23. November 1835.

der Justiz-Minister
v. Kamptz.

An
den Königl. Kammergerichts-Vice-Präsidenten
Herrn v. Bülow, Hochwohlgeboren
hier.

I. 2689.

1462.

In welchen Fällen der theilweise Verkauf des, einzelnen Gemeindegliedern aus Communal-Waldungen angewiesenen Brandholzes nicht verboten ist.

Rheinpr. Crim. No. 7.

a.

Unter Remission der Original-Anlagen des Hohen Erlasses vom 2. Februar d. J. B. No. 219. beehre ich mich, Ew. Excellenz über die Legalität der Strafbestimmungen gegen den Verkauf des, einzelnen Gemeindegliedern aus den Communal-Waldungen angewiesenen Brandholzes, nachdem von den Königlichen Regierungen die nöthigen Notizen eingegangen, Folgendes ganz gehorsamst zu berichten.

Durch die Verordnung des General-Regierungs-Commissars Jeaubon St. André vom 17. Ventose X. (8. März 1802) ist im §. 17. der Verkauf des, den Berechtigten verabreichten Holzes bei Vermeidung der Bestrafung als Diebstahl und des Ausschlusses vom Holzbezuge verboten worden. Obwohl diese Bestimmung zunächst nur für die Nationalwaldungen erlassen worden ist, so ist doch, da dieses Verbot kein neues, sondern nur eine Wiederholung dessen war, was in gleicher Weise bereits frühere Verordnungen im alten Frankreich für alle Holzberechtigungen ausgesprochen hatten, ein gleiches Verfahren selbst von den Gerichten allgemein für zulässig anerkannt worden, wie solches sich insbesondere aus einem Urtheile des Cassationshofes zu Paris vom 13. Oktober 1809 ergiebt, in welchem die Frage: ob die brennholzberechtigten Gemeinde-Einwohner das ihnen angewiesene Brennholz veräußern dürfen, verneinend entschieden worden ist. (Vide Hermens Handbuch der Forst-, Jagd- und Fischerei-Gesetzgebung pag. 556).

Für das rechte Moselufer bestimmt noch insbesondere die Verordnung der Oesterreich-Baierischen Commission vom 30. Juli 1814 *) im §. 84., daß Holzberechtigte oder solche Unterthanen, denen aus besonderer Rücksicht Holz zu einem Behufe bewilligt und angewiesen worden ist, als Frevler angesehen und den doppelten Werth als Strafe bezahlen sollen, wenn sie das Berechtigungs- oder sonst bewilligte Holz verkaufen.

Die Verordnung vom 24. Dezbr. 1816 **), über die Verwaltung der, den Gemeinden und öffentlichen Anstalten gehö-

---

*) Band 1. pag. 247.
**) Band 1. pag. 439.

rigen Forsten hat in dieser Beziehung keine Veränderung bewirkt, vielmehr den polizeilichen Schutz der Gemeindeforsten und die Wirksamkeit der darauf bezüglichen Gesetze und Verordnungen bestehen lassen; sie bestimmt im §. 4. ausdrücklich, daß die Forsten unter der Oberaufsicht der Regierungen gleich jeder anderen Gattung des Gemeinde-Vermögens den öffentlichen Zwecken des Gemeindewesens erhalten werden sollen.

Von diesen Prämissen ausgehend haben diejenigen Regierungen, in deren Bezirken der Bestand der Gemeindewaldungen eine erhebliche Natural-Holzabgabe an die Gemeindeglieder zuläßt (Aachen, Trier, Coblenz), jenes Verbot der Veräußerung gehandhabt, insbesondere hat die Regierung zu Aachen unterm 4. Dezember 1818 eine desfalsige Verfügung erlassen, und für den Bezirk der Regierung zu Coblenz ist im §. 35. der Instruction zur Verwaltung der Communal und Instituten-Waldungen bestimmt worden, daß Gemeindeglieder, Waldwärter und alle übrige Angestellte, welche Loos- oder Natural-Besoldungsholz beziehen, das Recht auf zwei Jahre neben den sonst bestehenden Strafen verlieren, wenn sie ihren Antheil an Auswärtige oder an andere Gemeindeglieder verkaufen.

Diesemnach dürfte die Legalität der Strafbestimmungen gegen den Verkauf der, aus Gemeindewaldungen verabreichten Holzloose angenommen werden können. Aber auch abgesehen hiervon, wird es, in Erwägung, daß die Feststellung der Benutzungsweise des Gemeinde-Eigenthums die Befugniß in sich schließt, die Benutzung an angemessene Bedingungen zu knüpfen, keinem rechtlichen Zweifel unterworfen werden können, durch Beschlüsse der Gemeinderäthe mit Genehmigung der Regierung die Verwendung der Holzloose für den Zweck, zu welchem sie verabreicht worden, in der Art zu sichern, daß jede dem Zwecke widersprechende Verwendung den temporellen Ausschluß von der Perception zur Folge habe; diese Ausschließung wird indessen nicht der richterlichen Cognition zu unterwerfen, sondern im administrativen Wege durchzuführen sein. — Eine unzulässige Beschränkung der Disposition des Holzempfängers über sein erworbenes Eigenthum dürfte hierin nicht gefunden werden können, da der Erwerb an eine Bedingung geknüpft worden, deren Nichterfüllung das Erwerbsrecht selbst temporell aufhebt.

Daß die hier in Frage stehenden, den Verkauf der verabreichten Holzloose beschränkenden, Strafbestimmungen für die Conservation der Waldungen der Regel nach sehr wesentlich sind, und den Holzentwendungen entgegen wirken, ist evident, indem die ärmeren Berechtigten durch die Veräußerung ihres Winterholzbedarfs factisch genöthigt werden, Ersatz aus den Waldungen zu entwenden; es ist aber in dieser Beziehung nur die Anwendung einer Polizeistrafe und nicht die temporelle Ausschließung von der Theilnahme an der Holzberechtigung zu empfehlen, indem letztere den Reiz zur Holzentwendung eben so steigert, als der Verkauf des eigenen Holzes.

Auch ist ein strenges Festhalten an dem Verbote des Verkaufes nur in den Fällen nothwendig und gerechtfertigt, wo das verabreichte Holzquantum den Bedarf der geringsten Haushaltung in der Gemeinde nicht übersteigt, während in den Fällen, wo die Vermögens-Verhältnisse der Gemeinden die Abgabe eines größeren Holzquanti zulassen, oder wo die Eingesessenen sich zu wohlfeileren Preisen ein anderes Brennmaterial beschaffen können, es schon aus staatsökonomischen Rücksichten angemessen erscheint, den Verkauf auf besonderen Antrag der Interessenten von Jahr zu Jahr nachzugeben, bis veränderte Verhältnisse ein Zurückgehen auf die ursprünglichen Strafbestimmungen nothwendig machen, weil bei dem immer steigenden Holzmangel und dem starken Bedarf der Eisenwerke es nicht zu rechtfertigen sein würde, die Eingesessenen indirect zu zwingen, ein Material zu consumiren, dessen sie nicht bedürfen, oder wofür sie wohlfeileren Ersatz zu beschaffen vermögen.

In den meisten Fällen wird dieser Schwierigkeit dadurch vorzubeugen sein, daß nicht mehr Holz unter die Gemeindeglieder in natura vertheilt wird, als der Geringste unter ihnen bedarf, während man den etwaigen Ueberrest des Ertrages der Gemeindewaldungen versteigert und aus dem Erlös die Communalbedürfnisse deckt.

Schließlich erlaube ich mir ganz gehorsamst zu bemerken, daß die Angabe des Königlichen Ober-Procurators zu Aachen in dem Berichte vom 20. Dezember pr., wonach den Einwohnern von Ripsdorf das Brennholz jährlich in einem freigebigen, die theilweise Veräußerung zulassenden Maaße verabreicht werde, mit dem Berichte der Königlichen Regierung zu Aachen im Widerspruche steht, Inhalts dessen die Einwohner aus dem Gemeindewalde nie mehr Brennholz erhalten haben, als das Bedürfniß der geringsten Hausbewohner erforderte, weshalb für den vorliegenden speciellen Fall eine dringende Veranlassung zur Niederschlagung der erkannten Strafen nicht vorhanden zu sein scheint.

Coblenz, den 10. Juni 1835.

Der Ober-Präsident der Rheinprovinz
v. Bodelschwingh.

An
den Königl. Geheimen Staats- und
Minister des Innern und der Polizei
Hrn. v. Rochow Excellenz, zu Berlin.

b.

Auf Ew. Hochwohlgeboren Bericht vom 10. Juni d. J.
die Strafbestimmungen wider den Verkauf des, einzelnen Gemeine-Mitgliedern aus den Communal-Forsten angewiesenen Brandholzes betreffend,

erwiedere ich, daß zu den Holzberechtigungen, deren in gedachtem Bericht erwähnt wird und in Rücksicht welcher in früheren Zeiten in Frankreich die Veräußerung des, auf den Grund derselben verabreichten Holzes verboten war, die Perzeption von Loosholz aus Gemeine-Waldungen durch die Mitglieder der Gemeine, als solche, nicht zu zählen ist, und daß auf diese Perzeption daher weder die diesfälligen Verordnungen im alten Frankreich — insofern deren vorhanden waren — noch die Verordnung des Regierungs-Commissars zu Mainz vom 9. Prairial X bezogen werden können.

Diesem nach ist sowohl die auf letztgedachte Verordnung begründete Verfügung der Regierung zu Aachen vom 4. Dezember 1818, durch welche der Verkauf der, aus Gemeine-Waldungen verabreichten Holzloose verboten wird, als die, dasselbe Verbot aussprechende Bestimmung im §. 35. der Instruktion der Regierung zu Coblenz über Administration der Communal- und Instituten-Waldungen unzulässig, weil die Ausdehnung des Verbots des Verkaufs auf die Fälle der Benutzung der Communal-Waldungen durch die Mitglieder der Commune selbst des gesetzlichen Fundaments entbehrt, oder doch ein solches bis jetzt zur Begründung jener Ausdehnung nicht beigebracht ist.

Wenn auch die Feststellung der Benutzungsweise des Gemeine-Eigenthums durch den Gemeinerath die Befugniß in sich schließt, die Benutzung angemessenen Bedingungen zu unterwerfen, so dürfen diese doch nicht von der Art sein, daß sie die Einzelnen in einem an sich erlaubten Gebrauche des ihnen einmal überwiesenen Privat-Eigenthums beschränken.

Ob die in Rede stehenden Strafbestimmungen zur Conservation der Waldungen wesentlich gereichen, darauf kann es, in Ermangelung einer gesetzlichen Begründung dieser Bestimmungen zwar überhaupt nicht ankommen. Uebrigens aber scheinen sie sich auch aus diesem Gesichtspunkt nicht einmal sehr zu empfehlen, da der Schutz der Waldungen immer hauptsächlich durch eine tüchtige Aufsicht erreicht werden muß. Bei Holzberechtigungen findet das Verbot des Verkaufs seine Hauptbedeutung darin, daß in der Regel der Bedarf das Maaß der Berechtigung, zu dessen Gewährung der Verpflichtete verbunden ist, abgiebt. Diese Rücksicht tritt aber bei Fällen der vorliegenden Art nicht ein.

Nicht minder endlich spricht schon die von Ew. Hochwohlgeboren selbst anerkannte Nothwendigkeit, Ausnahmen von dem in Rede stehenden Verbot zuzulassen, vermöge der auf diese Weise entstehenden Schwierigkeit in der Ausführung, gegen die Rathsamkeit der Maaßregel. —

Hiernach ersuche ich Ew. Hochwohlgeboren, die vorberegte Verfügung der Regierung zu Aachen vom 4. Dezember 1818 abzuändern, den §. 35. der Instruction der Regierung zu Coblenz aber bei der anderweit bereits angeordneten Umarbeitung dieser Instruction in selbige nicht wieder aufnehmen zu lassen.

Berlin, den 10. September 1835.

Der Minister des Innern und der Polizei.
In dessen Auftrag
Köhler.

An
den Königl. Ober-Präsidenten der Rheinprovinz Hrn. v. Bodelschwingh Hochwohlgeboren, zu Coblenz.

c.

Ew. Wohlgeboren empfangen auf den, über das Gnadengesuch des W. S. und Genossen zu Ripsdorf unter dem 20. Dezember v. J. erstatteten Bericht, dessen sämmtliche Anlagen hierbei zurück erfolgen, anliegend Abschrift des, von Seiten des Königlichen Ministeriums des Innern und der Polizei am 10. September d. J. an den Herrn Ober-Präsidenten der Rheinprovinz ergangenen, Erlasses.

Da hiernach der Verkauf des, den Einsassen zu Ripsdorf angewiesenen, Brandholzes für die Zukunft nicht mehr als verboten anzusehen ist, und der gedachte Erlaß einem neuerem Gesetze gleichsteht, welches eine früher verbotene Handlung für erlaubt erklärt, so wird die, von dem Forstpolizeigerichte zu Blankenhaim im Jahre 1833 gegen 18 Eingesessene zu Ripsdorf erkannte Strafe hiermit niedergeschlagen, wonach Ew. Wohlgeboren das Weitere zu veranlassen haben.

Berlin, den 24. November 1835.

Der Justiz-Minister
v. Kamptz.

An
den Königlichen Ober-Procurator Herrn Packenius zu Aachen.

K. 2958.

1463.

Die Stadt Saarbrücken wird hinsichtlich der Anzahl der in derselben fungirenden Notarien zu den größeren Städten gerechnet.

Rh. Offic.=Sachen No. 30.

Da die Stadt Saarbrücken gegenwärtig Sitz eines Landgerichts ist, und in den Verfügungen vom 7. Mai 1824 *) und 7. Februar 1825 **) anerkannt worden, daß die Städte, in welchen sich die Sitze der Landgerichte befinden, zu den größeren Städten zu rechnen sind, so hat es kein Bedenken, daß auch Saarbrücken in diese Kathegorie jetzt eintritt, welches Ew. Hochwohlgeboren auf die Anfrage vom 10. d. M. eröffnet wird.

Berlin, den 27. November 1835.

Der Justiz=Minister
v. Kamptz.

An
den Königlichen General=Procurator
Herrn Geheimen Ober=Justizrath
Biergans in Cöln.
E. 3647.

1464.

Form der Advokaten=Matrikel.

Rh. Offic.=S. No. 33. Vol. II.

Ew. Hochwohlgeboren veranlasse ich auf Ihren Bericht vom 10. v. M., künftig in dem Verzeichnisse der, bei dem Appellationsgerichtshofe zu Cöln immatriculirten Advokaten diejenigen Personen, welche nur Advokaten, von denen zu trennen, welche zugleich Anwälte oder nur Anwälte sind.

Berlin, den 27. November 1835.

Der Justiz=Minister
v. Kamptz.

An
den Königl. General=Procurator
Herrn Biergans zu Cöln.
E. 3407.

*) Band 2. pag. 491.
**) Band 2. pag. 566.

1465.

Erlaß der der Geldbuße substituirten Gefängnißstrafe.

Rh. Kassen-Sachen No. 10.

Unter Rücksendung der mittelst Berichts vom 12. d. M. eingereichten Untersuchungs-Akten eröffne ich Ew. Hochwohlgeboren, daß in Gemäßheit Allerhöchster Vollmacht, dem ꝛc. Q. die wider ihn außer der fünfjährigen Freiheitsstrafe erkannte Geldbuße von 500 Franken, da eine solche Nebenstrafe in Fällen, wo sie wegen Unvermögens in eine Gefängnißstrafe zu verwandlen ist, wenig angemessen erscheint, erlassen worden ist. Hiernach fällt die an die Stelle jener Geldbuße tretende, zusätzliche Gefängnißstrafe fort. Ew. Hochwohlgeboren wollen hiervon den ꝛc. Q. auf sein beifolgendes Immediat-Begnadigungs-Gesuch vom 20. v. M. benachrichtigen und das Weitere veranlassen.

Berlin, den 27. November 1835.

Der Justiz-Minister
v. Kamptz.

An
den Königlichen Ober-Procurator
Herrn v. Ammon zu Düsseldorf.
F. 2831.

1466.

Aussetzung der Strafvollstreckung gegen säugende Mütter bis zur Entwöhnung ihrer Kinder.

Rh. Crim. No. 8. Vol. II.

Ew. Hochwohlgeboren eröffne ich auf Ihren, in Betreff der Aufschiebung der Strafe der Ehefrau S. unterm 20. d. M. erstatteten Bericht, daß es in keiner Rücksicht angemessen ist, eine Mutter mit ihrem säugenden Kinde in eine Strafbesserungs-Anstalt zu bringen, und die Strafvollziehung an die Ehefrau S. daher vor der Entwöhnung ihres Kindes nicht statt finden darf.

Berlin, den 28. November 1835.

Der Justiz-Minister
v. Kamptz.

An
den Königl. Ober-Procurator
Hrn. v. Collenbach, zu Cöln.
F. 2870.

1467.

Die an des Königs Majestät gerichteten Begnadigungsgesuche dürfen bei dem Justiz-Minister nicht eingereicht werden.

Rh. Crimin. 8. Vol. II.

Da seit einiger Zeit die an des Königs Majestät gerichteten Begnadigungsgesuche dortiger Strafgefangenen unter meiner Adresse bei mir eingehen, und dadurch Aufenthalt bewirkt wird, so veranlasse ich Ew. Wohlgeboren, dieses Verfahren abzustellen.

Berlin, den 30. November 1835.

Der Justiz-Minister
v. Kamptz.

An
den Director der Königl. Strafanstalt
Herrn Semper, zu Werden.
E. 3765.

1468.

Der überlebende Ehegatte, welcher sich unter dem Jülich-Bergschen Landrecht verheirathet hat, muß bei Inventarisiruug des Vermögens seiner Kinder, die Mobilien ins Inventar mit aufnehmen.

Rh. Gen. 72.

a.

Die in Ihrer Vorstellung vom 12. v. M. vorgetragene Anfrage:

> ob der überlebende Ehegatte, welcher sich mit seinem verstorbenen Ehegatten unter dem Jülich-Bergschen Landrecht verheirathet hat, verpflichtet sei, bei der Inventarisirung des Vermögens seiner Kinder auch die Mobilien im Inventar mit aufzuführen?

kann nur bejaend beantwortet werden. Nach dem Tode eines solchen Ehegatten ist das ganze, bisher in der Gütergemeinschaft gewesene Vermögen zwischen dem überlebenden Ehegatten und den Kindern dergestalt zu vertheilen, daß dem Ueberlebenden die Mobilien, den Kindern aber die Immobilien nun eigenthümlich zustehen. Es liegt aber von selbst vor, daß um eine solche Theilung anlegen zu können, es erforderlich ist, das ganze, bisher gemeinschaftlich gewesene Vermögen aller zur Theilung kommenden Gegenstände zu übersehen und daher, weil eine Theilung eines Vermögens nicht anders denkbar ist, als wenn man dieses Vermögen kennt, diese Kenntniß aber durch das Inventar verschafft wird, zu verzeichnen.

Außerdem ist die Aufzählung der Mobilien und Immobilien im Inventar auch deshalb von großer Wichtigkeit, weil es nach Cap. 95 des Jülich-Bergschen Landrechts nicht so leicht ist, zu bestimmen, welche Gegenstände zu den Mobilien und welche zu den Immobilien zu rechnen seien, es daher bei der Sorge für die minderjährigen Kinder dem überlebenden Ehegatten nicht überlassen werden kann, diese Bestimmung einseitig vorzunehmen und den Kindern nur das zuzuweisen, was nach seiner Ansicht nicht zu den Mobilien gehört. Die obervormundschaftliche Sorge für die Kinder erheischt vielmehr, daß das Vormundschaftsgericht sich den ganzen statum bonorum vorlegen lasse, um auch seinerseits prüfen zu können, ob der Ueberlebende, nicht etwa Gegenstände, welche zu den Mobilien nicht zu rechnen sind, sich als sein Eigenthum beigelegt habe. Es ergiebt sich hieraus die Nothwendigkeit, über die durch den Bruch des Ehebetts an den überlebenden Ehegatten verfallenen Mobilien ein Inventarium aufzunehmen, welches in dieser Beziehung nicht sowohl als Inventarium des Vermögens der Kinder, als vielmehr über die Nachlassenschaft des verstorbenen Ehegatten anzusehen ist.

Wenn der überlebende Ehegatte jetzt, wo er das Inventar vorlegen soll, auch nicht mehr im Besitze des gemeinschaftlich gewesenen Vermögens ist, sondern dasselbe veräußert hat, so hindert dies noch nicht, jenes Vermögen im Inventar mit der Bemerkung, daß und welche Stücke davon nicht mehr vorhanden, aufzuführen; dies muß aber geschehen, weil das Inventar seiner Natur nach ein Verzeichniß derjenigen Vermögensstücke ist, welche beim Tode des vorverstorbenen Ehegatten vorhanden waren. Findet sich alsdann, daß der Ueberlebende Vermögensstücke, welche ihm nicht gehörten, veräußert hat, so muß er den Kindern deren Werth ersetzen.

Berlin, den 4. Dezember 1835.

Der Justiz-Minister
v. Kamptz.

An
den Königl. Notar Hrn. Friedrichs
zu Lindlar.

E. 3750.

b.

Abschrift vorstehender Verfügung dem Königlichen General-Procurator Herrn Biergans zu Cöln, um die Königlichen

Friedensgerichte durch die Königlichen Ober-Procuratoren davon in Kenntniß zu setzen.

Berlin, den 4. December 1835.

Der Justiz-Minister
v. Kamptz.

An
den Königlichen General-Procurator
Herrn Biergans zu Cöln.
E. 3750.

cf. Trier Amtsblatt 1836. pag. 26.

1469.

Gegenseitige Stellvertretung der Friedensrichter im Landgerichtsbezirk Trier.

Friedensger. Gen. 2.

Auf Ew. Hochwohlgeboren Bericht vom 23. v. M. wird der Friedensrichter zu Wadern im Landgerichtsbezirke Trier als Stellvertreter des Friedensrichters von Merzig hierdurch angeordnet, wonach das Weitere zu verfügen ist.

Berlin, den 4. Dezember 1835.

Der Justiz-Minister
v. Kamptz.

An
den Königl. General-Procurator
Hrn. Geheimen Ober-Justizrath
Biergans zu Cöln.
E. 3780.

cf. Trier Amtsblatt pag. 535.

1470.

Die vor den Assisen geschwebten Verhandlungen sollen durch die Zeitungen nicht veröffentlicht werden.

Crim. No. 15.

Die in den letzten vierzehn Tagen erschienene Düsseldorfer Zeitung enthält einen stehenden Artikel über die Verhandlungen der dortigen Assisen, der in jeder Beziehung höchst unzweckmäßig ist, und daher nicht gestattet werden kann, weshalb das Nähere bereits in separato verfügt ist. Es sind in demselben die Verhandlungen über Verletzungen der Schaamhaftigkeit, die kein Gegenstand der Publicität sein sollen, über Abtreibung der Leibesfrucht und Giftmorde, deren nähere Bekanntmachung die Schamhaftigkeit verletzt und gefährlich sein kann, angeführt. Es sind darin alle vor die Assisen gestellten Angeklagten nach Vor= und Zunahmen, Stand, Geburts= und Wohnort und Alter, mit Hinzufügung des ihnen zur Last gelegten Verbrechens, selbst diejenigen, welche vom Assisenhofe freigesprochen werden, auf das genaueste angeführt. Dies ist eine nicht zu duldende Erschwerung ihrer Lage und eine Ungerechtigkeit. Selbst gegen den verurtheilten Verbrecher ist dies eine Ungerechtigkeit, weil die öffentliche Bekanntmachung des Urtheils nur in den gesetzlich bestimmten Fällen und an den, in den Gesetzen vorgeschriebenen Orten, nicht aber durch politische oder andere Zeitungen erfolgen kann. Vollends ungerecht und verletzend ist dies aber rücksichtlich der unschuldig befundenen, freigesprochenen Angeklagten. Wenn aber ein unglücklicher Verdacht sie in den Anklagezustand gebracht hat, so ist dies für sie schon eine unglückliche Lage. Wenn sie von demselben sich gereinigt und ihn beseitigt haben und demgemäß freigesprochen sind, so würde es Inconsequenz und zwecklose Härte sein, dies durch die öffentlichen Zeitungen bekannt zu machen und dadurch den auf ihnen gelasteten Verdacht in dem ganzen Bereich des Debits der Zeitungen bekannt zu machen und auf eine Reihe von Jahren dem Andenken des Publikums aufzubewahren. Dies Verfahren ist durch die Gesetzgebung nicht gebilligt; die Censurgesetze gestatten keine der Ehre und dem Fortkommen eines Unschuldigen nachtheilige und ihn und seine Angehörigen kränkende und verletzende Artikel. Die Beamten und Verhandlungen der Justiz dürfen zu einer solchen Publicität nicht gemißbraucht werden und nicht Nachrichten über unmoralische Handlungen ins Publikum bringen, deren gedruckten Darstellungen Censur und Polizei den Debit versagen würden. Ich habe daher die behufige Einleitung rücksichtlich des Verbots des Abdrucks solcher unangemessener, ganz zweckloser Darstellungen der Assisenverhandlungen getroffen, darf aber nicht gestatten, daß dazu von Seiten der Justiz selbst Vorschub geschehe. Ew. Hochwohlgeboren ersuche ich daher, die zu Assisen=Präsidenten abgeordneten Appellationsräthe aufzufordern, diese Artikel nicht zu gestatten, und ihnen das Imprimatur und jede Materialien zu verweigern, so wie die Ober=Procuratoren anzuweisen sind, eben dieses in ihrem Ressort zu beobachten und diejenigen Justiz=Beamten, welche sich zu so fuglosen Mittheilungen hergeben, nach kurzer Vernehmung und Constatirung des Falls, mir anzuzeigen.

Berlin, den 4. Dezember 1835.

Der Justiz=Minister
v. Kamptz.

An
den Königlichen Ersten Präsidenten des Appellationshofes Herrn Schwarz und an den Königl. General=Procurator Herrn Biergans zu Cöln.

E. 3789.

1471.

Verfahren, wenn aus dem Freistaate New=York fremde Verbrecher ausgeliefert werden sollen.

Auslieferungen No. 6.

a.

In einem, von dem Königlichen Geschäftsträger bei den Nord=Amerikanischen Freistaaten aus Veranlassung eines speciellen Falles erstatteten und von dem Königlichen Ministerium der auswärtigen Angelegenheiten mir mitgetheilten Berichte sind die Erfordernisse näher angegeben, durch welche in dem Staate New=York, dem einzigen Staate der Union, in welchem die Auslieferung auswärtiger Verbrecher überhaupt gesetzlich zulässig ist, die Erlassung eines Verhaftsbefehls in solchen Requisitionsfällen bedingt wird. Es muß nämlich die Requisition um Auslieferung eines, in jenem Freistaate befindlichen fremden Verbrechers jedesmal mit solchen Documenten, gerichtlichen Verhandlungen u. s. w. begleitet werden, welche den Gouverneur desselben moralisch von der Schuld des Verfolgten überzeugen können, und es müssen dergleichen Documente auf die in den revidirten Statuten des Staats New=York vorgeschriebene, in der Anlage näher angegebene Art beglaubigt sein. Ew. Hochwohlgeboren haben auf die gehörige Berücksichtigung dieser Erfordernisse in vorkommenden Fällen zu achten.

Berlin, den 4. Dezember 1835.

Der Justiz=Minister
v. Kamptz.

An
den Königlichen General=Procurator und Geheimen Ober=Justizrath Herrn Biergans zu Cöln.

E. 3729.

b.

Revidirte Statuten des Staats New-York.

Thl. 13. Kap. 7. Tit. 3.

§. 25. In allen Fällen, wo gesetzlich das beschworene Zeugniß einer in einem anderen Staat der vereinigten Staaten, oder in einem fremden Lande, wohnenden Person erfordert wird, oder in gerichtlichen Verhandlungen in diesem Staat zugelassen werden kann, muß dasselbe, um vorgelesen werden zu können, auf folgende Weise authentisirt werden.

1. Es muß von irgend einem Richter eines Gerichtshofes, welcher ein Siegel hat, attestirt werden, daß es vor ihm aufgenommen und unterschrieben ist, unter Angabe des Orts und der Zeit der Aufnahme.
2. Die Echtheit der Unterschrift eines solchen Richters, die Existenz des Gerichtshofes, und die Thatsache, daß ein solcher Richter ein Mitglied desselben ist, müssen von dem Gerichtsschreiber unter dem Siegel des Gerichts attestirt werden.

§. 26. Die Urkunden und gerichtlichen Verhandlungen irgend eines Gerichts in einem fremden Lande, sollen in den Gerichten dieses Staats als Beweismittel zugelassen werden, wenn dieselben, wie folgt, authentisirt sind.

1. Durch das Attest des Gerichtsschreibers unter Beifügung des Gerichtssiegels, oder durch das Attest des Beamten, welcher dergleichen Urkunden gesetzlich in seiner Gewahrsam hat, unter Beifügung seines Amtssiegels,
2. durch das Certifikat des Präsidenten oder vorsitzenden Beamten eines solchen Gerichtshofes, daß die Person, welche die Urkunden attestirt hat, der Gerichtsschreiber, oder derjenige Beamte ist, welcher eine solche Urkunde gesetzlich in seinem Gewahrsam haben muß, und in beiden Fällen, daß die Unterschrift dieser Person echt ist, und
3. durch das Certifikat des Staatssecretairs oder andern Beamten des Gouvernements, unter dessen Autorität ein solches Gericht gehalten wird, welcher die Gewahrsam des großen oder Hauptsiegels jenes Gouvernements hat, des Inhalts, daß ein solches Gericht gehörig constituirt ist, unter allgemeiner Angabe der Natur seiner Jurisdiction und unter Beglaubigung der Unterschrift des Gerichtsschreibers oder desjenigen Beamten, welcher die Urkunde in seinem Gewahrsam hat, wie auch unter Beglaubigung der Unterschrift des Präsidenten oder vorsitzenden Beamten.

§. 27. Abschriften solcher Urkunden und Verhandlungen in den Gerichten eines fremden Landes können auch als Beweismittel zugelassen werden, wenn gehörig bewiesen wird,

1) daß die vorgelegte Abschrift von den Zeugen mit dem Original verglichen und eine genaue Abschrift des ganzen Originals ist,

2) daß das Original in dem Gewahrsam des Gerichtsschreibers oder desjenigen Beamten war, welcher es gesetzlich unter seiner Aufsicht hat, und

3) daß eine solche Abschrift gehörig durch ein Siegel attestirt worden ist, von welchem bewiesen werden muß, daß es das Siegel des Gerichts ist, in welchem sich eine solche Urkunde oder Verhandlung befindet.

§. 28. Die vorstehenden Paragraphen sollen die Beweiskraft irgend einer Urkunde oder gerichtlichen Verhandlung irgend eines fremden Gerichts, nach den Regeln des Common low, auf irgend eine andere, als die hier vorgeschriebene Weise, nicht ausschließen, auch sollen sie nicht so ausgelegt werden, als wenn sie die Wirkung irgend einer nach Vorschrift derselben authentisirten Urkunde oder gerichtlichen Verhandlung aussprächen.

1472.

Dem Herrn Fürsten zu Wied steht es frei, seine Prozesse durch einen Fürstlichen Beamten unter Benennung „Kammer-Anwalt" führen zu lassen.

Standesherrn Spec. 32.

Extract.

Wenn gleich das, nach der Anlage des Berichts vom 23. October d. J. von der Fürstlich Wiedschen Regierung zu Neu-Wied in Bezug genommene Circular-Rescript vom 17. August 1832, wonach Prozeßschriften nur von den dazu öffentlich bestellten Anwälten angenommen werden sollen, in Ansehung der Privatpartheien auf guten Gründen und allgemeinem Gerichtsgebrauche beruht, so ist doch zu dessen Anwendung auf die Prozesse der Fürstlich Wiedschen Rentkammer kein Grund vorhanden, vielmehr steht es dem Herrn Fürsten zu Wied frei, diese Prozesse, so wie überhaupt die des Fürstlichen Hauses, durch einen der Fürstlichen Beamten unter der Benennnug

„Kammer-Anwalt" führen zu lassen, ohne daß es der Bestellung eines besonderen Anwalts bedarf.

Berlin, den 5. Dezember 1835.

Der Justiz-Minister
v. Kamptz

An
den Königlichen Justiz-Senat
zu Coblenz.

E. 3819.

1473.

Ueber die Form der Publication der Local-Polizei-Verordnungen.

Rh. Crim. 54.

Ew. Hochwohlgeboren erhalten beigehend ein Heft Voracten in der polizeilichen Untersuchungssache gegen den Handelsmann G. und das Urtheil des Königl. Revisions- und Kassationshofes in dieser Sache vom 28. v. M. zur weiteren Veranlassung. Da seit einiger Zeit die Polizeigerichte in so vielen Fällen alle erdenkliche Zweifel wider die Gültigkeit und Rechtsbeständigkeit von Local-Polizei-Vorschriften gehäuft und Contravenienten derselben freigesprochen haben, dadurch aber das Ansehen der Local-Obrigkeiten und die polizeiliche Ordnung untergraben wird, so dürfte es wohl angemessen sein, die Polizeirichter hierauf aufmerksam zu machen. Insonderheit fangen Polizeirichter seit einiger Zeit an, die Gültigkeit der Polizeivorschriften wegen vermeintlich nicht genügender Publikation derselben in Zweifel zu ziehen und zu bemängeln. Die Gesetze schreiben für die Art und Weise der Publikation solcher Vorschriften keine Form vor, sondern belassen es vielmehr bei der an jedem Orte hergebrachten. Es liegt aber von selbst vor, daß an jedem Orte eine solche Form üblich und hergebracht ist. Bei dieser muß es bis auf anderweitige Bestimmung verbleiben und die in dieser Form bekannt gemachte Local-Polizei-Verordnung für gehörig promulgirt angenommen werden, ohne daß dem Polizeirichter gestattet sein darf, das Gegentheil anzunehmen, weil diese Publikation ihm nicht angemessen und genügend erscheint, und mit seiner Theorie über zweckmäßige Publikation nicht übereinstimmt. Wenn er sie fehlerhaft findet, so steht ihm frei, Behufs der Einführung einer anderen, Vorschläge zu machen; es ist aber unzulässig, wenn er sie bis zur anderweitigen Bestimmung als bindend nicht ansieht.

Berlin, den 6. Dezember 1835.

Der Justiz-Minister
v. Kamptz.

An
den Königl. General-Procurator
Herrn Biergans zu Cöln.

F. 2927.

cf. Trier Amtsblatt de 1836 pag. 45.

1474.

Aus welchen Fonds die Alimente für die wegen Theilnahme an geheimen politischen Verbindungen zu Festungsstrafen Verurtheilten zu berichtigen sind.

Rh. Kassensachen No. 8.

Einer Königl. Hochlöblichen Regierung eröffne ich auf den Bericht vom 23. v. M., daß die Kosten der Alimentation des, wegen Theilnahme an geheimen politischen Verbindungen zur Untersuchung gezogenen und zum Antritte der Strafe nach der Festung Magdeburg abgeführten, von dort aber nach der Festung Ehrenbreitstein versetzten Studenten H. nach dem Rescripte der Ministerien der Justiz, des Innern und der Finanzen vom 27. Juni 1823 (Jahrbücher Bd. 22. S. 113) aus dem Extraordinarium der Regierungs-Hauptkasse zu zahlen sind, und Wohldieselbe zufolge des in spezieller Beziehung auf die Rheinprovinz ergangenen Rescripts vom 6. Dezember 1824 (Lottner's Sammlung Bd. II. S. 536) darüber an das Königl. Finanz-Ministerium zur Genehmigung Anzeige zu machen hat.

Berlin, den 8. Dezember 1835.

Der Justiz-Minister
v. Kamptz.

An
Eine Königl. Hochlöbl. Regierung
zu Coblenz.

E. 3794.

1475.

Wegen der von den Gerichtsschreibern und Gerichtsvollziehern bei ihren Criminal-Kosten-Liquidationen in Bezug auf die Gebühren in einfachen Holzdiebstahlssachen abzugebenden Erklärungen.

Rh. Kassensachen No. 8.

Bereits im Jahre 1833 hat die Königl. Ober-Rechnungs-Kammer den Antrag formirt, die betreffenden Gerichtsschreiber und Gerichtsvollzieher anzuhalten, unter ihren Criminal-Kosten-Liquidationen zu versichern,

daß darin keine Gebühren in einfachen Holzdiebstahlssachen enthalten,

und die Gerichtsvollzieher noch insbesondere,

daß unter den von ihnen berechneten Rollen-Gebühren keine für das erste Blatt der, mit Gerichtsvollzieher-Akten zuzustellenden, Abschriften berechnet seien.

Diesem Antrage ist damals nicht stattgegeben worden. Derselbe ist jetzt jedoch wiederholt und zugleich durch Vorlegung von Kosten-Liquidationen jener Beamten nachgewiesen worden, daß in Folge eines frühern Monitums der Königl. Ober-Rechnungs-Kammer in den Landgerichtsbezirken Aachen, Düsseldorf, Cöln und Coblenz die verlangten Versicherungen wirklich abgegeben, und nur in den Landgerichtsbezirken Trier und Cleve versagt würden.

Unter diesen Umständen, da die meisten rheinischen Gerichtsbehörden keinen Anstand genommen haben, dergleichen Versicherungen vorzuschreiben, worüber sie übrigens allerdings erst hätten anfragen sollen, da ferner eine Gleichförmigkeit des Verfahrens bei diesen Liquidationen nothwendig ist, wird hiermit allgemein festgesetzt, daß den allgemeinen Versicherungen der Richtigkeit, welche die liquidirenden Polizei-Gerichtsschreiber und die Gerichtsvollzieher unter ihre Liquidationen in Strafsachen zu setzen haben, noch die obigen resp. Versicherungen hinzugefügt werden sollen, und haben Ew. Hochwohlgeboren hiernach die Ober-Procuratoren und durch dieselben die gedachten Beamten, resp. die Land- und Polizeigerichte mit der erforderlichen Anweisung zu versehen.

Berlin, den 9. Dezember 1835.

An den Königlichen General-Procurator Herrn Biergans zu Cöln.

Der Justiz-Minister
v. Kamptz.

E. 3700.

cf. Cölner Amtsblatt de 1836 pag. 11.

1476.

Die Advocat-Anwälte und das Friedensgericht zu Düsseldorf können die höhere Gebühren-Taxe im Sinne des Art. 2. des Decrets vom 16. Februar 1807 anwenden.

Rh. Off. S. No. 33.

Auf Ew. Hochwohlgeboren Bericht vom 4. d. M. genehmige ich, daß bei der nachgewiesenen Bevölkerung der städtischen Sammtgemeinde Düsseldorf über 30,000 Seelen die dortigen Advokat-Anwälte, so wie das Königl. Friedensgericht daselbst von nun an die höhere Gebührentaxe im Sinne des Art. 2. des Decrets vom 16. Februar 1807 anwenden können, und beauftrage Sie, hiernach das Erforderliche zu verfügen.

Berlin, den 10. Dezember 1835.

Der Justiz-Minister
v. Kamptz.

An
den Königlichen Landgerichts-Präsidenten Herrn v. Voß und den Königl. Ober-Procurator Herrn v. Ammon
zu Düsseldorf.

E. 3859.

1477.

Die Einrede des Ablaufs der Appellationsfrist ist in Untersuchungssachen ex officio nicht geltend zu machen.

Rh. Crim. No. 8.

Ew. Hochwohlgeboren erhalten die mittelst Berichts vom 28. v. M. eingereichten Untersuchungs-Akten gegen den ꝛc. K. beigehend zurück.

Da der ꝛc. K. über den in Frage stehenden, ihm angeschuldigten, Diebstahl noch überall gar nicht vernommen und mit seiner Vertheidigung gehört, und überdem auch die Appellation bereits vom Königl. Landgerichte angenommen worden und in appellatorio die Verhandlungen angefangen haben, so ist es um so weniger zulässig, die Einrede des Ablaufs der Appellationsfrist ex officio geltend zu machen, als hier überall nicht von den Rechten eines Dritten, sondern lediglich von dem öffentlichen Interesse die Rede ist, dieses aber die möglichste

Ermittelung der Unschuld und Freisprechung eines Unschuldigen nicht allein eben so sehr, als die Bestrafung des Schuldigen fordert, sondern noch erstere weit mehr als die letztere berücksichtigen muß. Es ist daher mit der Verhandlung in appellatorio fortzufahren und demnächst zu erkennen.

Ihrem weiteren Berichte darüber sehe ich seiner Zeit entgegen.

Berlin, den 11. Dezember 1835.

Der Justiz-Minister
v. Kamptz.

An
den Königlichen Ober-Procurator
Herrn v. Ammon zu Düsseldorf.
F. 2957.

1478.

Den Obergerichtsschreibern und Gerichtsschreibern bei den Landgerichten wird der Character als Ober-Secretaire und resp. Secretaire beigelegt.

Rh. Offic.-S. No. 13.

Ew. Hochwohlgeboren werden benachrichtigt, daß in den neuen Etats für das Jahr 1836 den bei den Königl. Landgerichten angestellten Ober-Gerichtsschreibern und Gerichtsschreibern der Character als Ober-Secretaire und resp. Secretaire beigelegt und den Landgerichts-Präsidenten und Ober-Procuratoren heute der Auftrag ertheilt worden ist, das Landgericht und die betreffenden Beamten davon in Kenntniß zu setzen.

Berlin, den 17. Dezember 1835.

Der Justiz-Minister
v. Kamptz.

An
den ersten Präsidenten des Königlichen Appellationsgerichtshofes Hrn. Schwarz und an den Königlichen General-Procurator Hrn. Biergans zu Cöln.
E. 3911.

1479.

Die von Ausländern zu schließenden Ehen betreffend.

Rh. Gen. No. 93.

In dem Berichte vom 29. October d. J.,
die von Ausländern zu schließenden Ehen betreffend,
haben Ew. Hochwohlgeboren Zweifel dagegen erhoben, ob die

Königlich Baiersche Verordnung vom 12. Juli 1808 alle von Baierschen Unterthanen ohne Erlaubniß der inländischen Polizei-Obrigkeit im Auslande eingegangenen Ehen in der That für ungültig erkläre, oder ob nicht vielmehr bloß diejenigen Ehen für ungültig erklärt werden, welche zur Umgehung der Landesgesetze außerhalb Landes geschlossen sind. Dieser Zweifel erledigt sich vollkommen durch das Gesetz selbst, von welchem ich hierbei eine vollständige Abschrift beifüge, und wonach demselben der erste Sinn beigelegt werden muß. Inhalts der Akten des Justiz-Ministeriums sind auch in den Jahren 1819 und 1827 zwei Fälle vorgekommen, in welchen jene Verordnung gegen Baiersche Unterthanen, die sich in den diesseitigen Staaten niedergelassen und hierselbst verheirathet hatten, als sie nach Verlauf mehrerer Jahre in ihr Vaterland zurückkehrten, von der Baierschen Regierung zur Anwendung gebracht worden ist, und die aus den diesseitigen Staaten gebürtigen Ehefrauen aus Baiern zurückgewiesen worden sind. Der erste Fall hat die bereits in dem frühern Rescripte vom 4. August d. J. erwähnte Bekanntmachung vom 22. October 1821 (Lottner's Sammlung Bd. II. S. 184) veranlaßt.

Aehnliche Verordnungen, wie im Königreiche Baiern, existiren nach einer Mittheilung des Königlichen Ministeriums der auswärtigen Angelegenheiten in mehreren andern Deutschen Staaten.

Im Königreiche Würtemberg besteht bereits seit dem Jahre 1808 eine Verordnung, welche jede außerhalb Landes erfolgte Trauung eines Würtembergischen Unterthans, insofern nicht die landesherrliche Erlaubniß hierzu nachgesucht und ertheilt worden ist, für ungültig und eine solche Ehe für nichtig erklärt. Die diesseitigen Provinzial-Regierungen sind unter dem 25. Januar 1830 durch eine Circular-Verfügung der Königlichen Ministerien der geistlichen 2c. Angelegenheiten und des Innern und der Polizei beauftragt worden, diese Bestimmung der Würtembergischen Gesetzgebung zur öffentlichen Kenntniß zu bringen.

In dem Großherzogthum Baden hat die von einem Großherzoglichen Unterthan, ohne Genehmigung der competenten Behörde, im Auslande eingegangene Ehe ebenfalls keine gesetzliche Gültigkeit, und ebenso sind in den Kaiserlich Oesterreichischen Staaten die von den Oesterreichischen Militairs ohne vorhergegangene förmliche Erlaubniß des betreffenden Chefs, so wie die von den Kriegsgefangenen und Deserteurs im Auslande geschlossenen Ehen durchaus ungültig und nichtig.

Auch in Kurhessen wird, so viel hier bekannt ist, die von einem Kurfürstlichen Unterthan ohne landesherrliche Erlaubniß mit einer Ausländerin geschlossene Ehe für ungültig erachtet, und in den Herzogthümern Nassau und Anhalt ist den Militairpflichtigen bis zu einem bestimmten Alter die Verheirathung entweder ganz untersagt, oder nur unter gewissen Umständen mit Genehmigung der competenten Behörde gestattet.

Die Fürstlich Waldecksche Regierung hat mittelst einer Verordnung vom 14. November 1826 allen ihren Unterthanen verboten, sich im Auslande, oder durch einen auswärtigen Geistlichen im Fürstenthume selbst, kopuliren zu lassen, bevor sie nicht hierzu die Genehmigung des Consistoriums nachgesucht und erhalten haben.

Im Großherzogthum Oldenburg endlich verbietet eine Verordnung vom 29. März 1833 gleichfalls in gewissen Fällen die Eingehung der Ehe eines Unterthans im Auslande, ohne jedoch die wider dieses Gesetz im Auslande geschlossenen Ehen für ungültig zu erklären. Das letztere Gesetz ist durch die Amtsblätter in Folge der Ministerial-Verfügung vom 12. Dezember 1833 zur öffentlichen Kenntniß gebracht.

Berlin, den 18. Dezember 1835.

Der Justiz-Minister
v. Kamptz.

An
den Königl. General-Procurator
und Geheimen Ober-Justizrath
Herrn Biergans zu Cöln.

E. 3884.

Königlich Baiersche Verordnung vom 12. Juli 1808, die Beförderung der Heirathen auf dem Lande betreffend.

(Baiersches Regierungs-Blatt von 1808 Band 2. No. 34. Seite 1505—1510.)

Wir Maximilian Joseph, von Gottes Gnaden König von Baiern ꝛc. ꝛc.

Während dem Laufe Unserer Regierungsjahre haben Wir Uns eben so sehr von der Unzweckmäßigkeit der bestehenden Strafverordnungen gegen die Heirathen Unserer Unterthanen außer Landes, als von den nachtheiligen Wirkungen jener einschränkenden Verfügungen überzeugt, wodurch die Heirathen im Lande mehr, als es die nothwendige Vorsorge der Polizei erfordert, erschwert wurden.

Damit nun einerseits jene Lücke der Gesetzgebung auf eine der Beförderung des Wohlstandes Unserer Unterthanen entsprechende Weise ergänzt, und andererseits die schädlichen Hindernisse wirksam gehoben werden, welche bisher in mehreren

Theilen Unseres Reiches die unteren Klassen des Volks in dem Gebrauche ihrer bürgerlichen Freiheit beschränkt haben, ist Unsere Sorge dahin gegangen, mit Aufhebung der diesfalls verschieden bestehenden Zwangs-Gesetze, solche Bestimmungen zu treffen, wodurch sich die Ansprüche der Einzelnen mit dem Wohl der Gesammtheit am angemessensten vereinigen können.

Diesem nach haben Wir für Unsere sämmtliche Staaten, nach eingeholtem Gutachten der Landesstellen, auf den Vortrag Unserer einschlägigen Ministerien, nachfolgendes zu verordnen beschlossen:

1) Die Gesetze, wodurch zu den Heirathen unangesessener Leute auf dem Lande die Einwilligung der Gemeinden als nothwendig erklärt wurde, werden aufgehoben. Es wird auch nicht erfordert, daß die Gemeinden mit ihrer Erinnerung in diesen Fällen vernommen werden.

2) Außer der in den bürgerlichen Gesetzen verordneten Einwilligung der Eltern und Vormünder ist zur Verehelichung nur die Bewilligung der ordentlichen Polizei-Obrigkeit des Ortes nothwendig, wo die Heirathenden mit hinreichender Aussicht auf ihre Nahrung den Wohnsitz nehmen.

3) Wenn eine Obrigkeit unbekannten, fremden, unangesessenen Leuten, welche sich weder bisher in dem Gerichtsbezirke oder Orte aufgehalten haben, noch ihre künftige Nahrung an dem Orte der Verheirathung wahrscheinlich machen können, die Heiraths-Bewilligung ertheilt, so fällt ihr der Unterhalt einer solchen Familie, wenn sie sich nicht selbst ernähren kann, zur Last.

4) Uebrigens soll die Bewilligung der Heirath von der Local-Polizei-Obrigkeit den Unterthans-Söhnen und Töchtern, welche ihr von Seite ihrer Sittlichkeit und Arbeitsamkeit selbst bekannt sind oder darüber zureichende Beweise darbringen, bei vorhandener Einwilligung der Eltern oder Vormünder nicht erschwert und nur alsdann verweigert werden, wenn

a) entweder nach ärztlichem Gutachten körperliche Unfähigkeit zur Ehe oder zur Arbeit vorhanden ist, oder

b) wenn ein Theil solche Verbrechen begangen hat, woraus Gefahr für den Familienstand oder die bürgerliche Gesellschaft zu besorgen ist, oder

c) wenn ein Theil durch unstätes Leben, Liederlichkeit und Müßiggang, sich selbst als ein nutzloses Mitglied des Staats dargestellt hat.

5) Wenn über die Ertheilung oder Nichtertheilung einer Heirathsbewilligung eine Beschwerde entsteht, so kömmt dem betreffenden General-Kreis-Kommissariate, nach Vernehmung der Local-Polizei-Obrigkeit, die Entscheidung zu.

6) Für die Heirathsbewilligung dürfen, bei Strafe des doppelten Ersatzes für den Local-Armenfonds, unter keinerlei Vorwand oder Benennung irgend andere Gebühren gefordert oder genommen werden, als in der bestehenden Taxordnung vorgeschrieben ist oder vorgeschrieben werden wird.

7) Mit der Heirathsbewilligung dürfen auch keine andere beschwerliche Bedingnisse, insbesondere keine Bedingnisse der persönlichen Dienstleistung oder Frohnen, verbunden werden.

8) Die Obrigkeiten sollen solchen verheiratheten, unangesessenen Leuten alle Unterstützung gewähren, und sie von keinem Orte vertreiben, wo sie Herberge finden, sich durch Arbeit ordentlich ernähren und nichts verbrechen.

9) Sie sollen ihnen ferner die Mittel zur Ansässigmachung erleichtern, und zu solchem Ende sowohl den Hausbau bei einer Gemeinde, wo sie hinlängliche Arbeit oder Gründe zur eigenen Kultur finden, ohne Schwierigkeit gestatten, als auch öde Gründe, auf deren Kultur die Gemeinden durch Fortsetzung der Weidenschaften verzichten, nach Vorschrift der Kulturgesetze auf Begehren zur Kultur einräumen, und sie bei den Gewerben schützen, wozu sie auf dem durch die Verordnungen der Gewerbpolizei vorgeschriebenen Wege die Befugniß erlangt haben.

10) Durch diese Verordnung über die Heirathen arbeitsamer Unterthanssöhne auf dem Lande sollen jedoch die besonderen Vorsichtsmaaßregeln und Verfügungen nicht aufgehoben sein, welche in Bezug auf die größeren Städte und ihre Vorstädte, zur Abwendung des Aufenthalts und der Verehelichung zu vieler unangesessener, gewerbloser Leute schon getroffen sind, oder noch zu treffen für nothwendig gefunden werden.

11) Auch sind hierdurch die in Hinsicht auf die Militairpflichtigkeit und das Conscriptions-Wesen ertheilten und noch zu ertheilenden Vorschriften und Verordnungen keineswegs abgeändert.

12) In eben dem Maaße, als durch gegenwartige Verordnung die Heirathen auf dem Lande erleichtert werden, sind aber auch die Obrigkeiten verbunden, ihre Aufmerksamkeit und Thätigkeit in dem Vollzuge der gegen den Bettel und über die Armenverpflegung erlassenen Verordnungen zu vermehren.

13) Wer sich auf dem Bettel oder Müßiggang betreten läßt, unterliegt allenthalben der polizeilichen Bestrafung. Diejenigen, welche im Bettel herumziehen, sollen, so wie diejenigen, welche zur Arbeit unfähig geworden sind, ohne Rücksicht, wo sie geheirathet haben, an den Ort ihrer Ansässigkeit oder ihres Wohnsitzes, oder in der Ermangelung an den Geburtsort zurückgebracht werden. Wenn die beiden Ehegatten verschiedene Geburtsorte haben, ist der Geburtsort des Mannes zu wählen.

14) Die Armenverpflegung muß in einem jeden Landgerichte und Amte nach den organischen Gesetzen, welche unterm 23. November 1804 für die Provinz Baiern (Regierungsblatt vom Jahre 1804, XLVIII. Stück, S. 991—998) und unterm 22. Februar d. J. für Unser gesammtes Reich (Regierungsblatt vom Jahre 1808, XII. Stück, S. 593—602) verordnet worden sind, eingerichtet und hergestellt werden. Die Landgerichte, welche solches unterlassen, machen sich wegen Vernachlässigung ihrer Amtspflichten verantwortlich.

15) Zu den für die Armenverpflegung bestimmten Konkurrenzen sind die unangesessenen Unterthanen verhältnißmäßig beizutragen ebenfalls verbunden.

16) Da Wir durch gegenwärtige Verordnung alle zulässigen Verheirathungen im Lande möglichst begünstigen, so bleibt es den Unterthanen streng verboten, Ehen außer Landes einzugehen.

Alle außer Landes geschlossene Ehen sollen als ungültig angesehen werden.

17) Wer sich dieses Verbots ungeachtet außer Landes trauen läßt, soll bei seiner Rückkehr, neben den Wirkungen der Ungültigkeit seiner eingegangenen Ehe, noch mit einer Gefängnißstrafe von einem Monate belegt werden, wovon er die Kosten zu bezahlen oder abzudienen hat.

18) Gegenwärtige Verordnung, welche Wir durch das allgemeine Regierungsblatt bekannt machen lassen, soll allenthalben auf die gewöhnliche Weise publizirt, und durch die Pfarrer in den Kirchen von den Kanzeln verkündet werden.

München, den 12. Juli 1808.

Max Joseph.
Freiherr v. Montgelas.
Auf Königlichen Allerhöchsten Befehl
v. Krempelhuber.

1480.

Ueber die in Civildiensten angestellten Militair-Personen, müssen alljährlich Nachweisungen eingesandt werden.

Rh. Offic.-S. No. 54.

Da nach einem Staats-Ministerial-Beschlusse dem Kriegs-Ministerium eine Nachweisung der im Civildienste angestellten, zur Civilversorgung berechtigten, Militairpersonen jährlich mitgetheilt werden soll, so veranlasse ich Ew. Hochwohlgeboren, die Nachweisung der im Laufe dieses Jahres als Gerichtsschreiber oder Gerichtsvollzieher angestellten ehemaligen Militairpersonen, welche als Invaliden oder als neun Jahre im Dienste gewesene Unteroffiziere auf Versorgung Anspruch haben, bis zum Ablaufe des nächsten Monats, eine gleiche Nachweisung auch künftig in jedem Jahre vor Ende des Januars einzureichen.

Berlin, den 21. Dezember 1835.

An den Königl. General-Procurator Herrn Biergans zu Cöln.

Der Justiz-Minister v. Kamptz.

E. 3921.

1481.

Verfahren bei Rückzahlung der von den Notarien des vormaligen Fürstenthums Lichtenberg erlegten Amts-Cautionen.

Rh. Offic.-Sach. No. 35.

Auf die Anfrage vom 24. v. M. eröffne ich Ew. Hochwohlgeboren, daß über die Form, welche zu beobachten, um die Rückzahlung der, von den Notarien im Fürstenthume Lichtenberg erlegten, Amts-Cautionen zulässig zu machen, mit dem Herzoge von Sachsen-Koburg-Gotha keine besonderen Verabredungen getroffen, und daher die in den übrigen Theilen der Rheinprovinz dieserhalb bestehenden Vorschriften zu beobachten sind.

Berlin, den 24. Dezember 1835.

An den Königlichen General-Prokurator Herrn Biergans zu Cöln.

Der Justiz-Minister v. Kamptz.

E. 3990.

1482.

Die Cautionsleistung Seitens der Gerichtsvollzieher aus dem Kreise St. Wendel betreffend.

Rh. Offic.-Sach. No. 35.

Auf den Bericht vom 3. d. M.,
die Cautionsleistung Seitens der Gerichtsvollzieher aus dem Kreise St. Wendel betreffend,
wird Ew. Hochwohlgeboren Nachstehendes eröffnet.

Die Frage: ob Beamte, welche an sich nach der Allerhöchsten Cabinets-Ordre vom 11. Februar 1822 *) cautionspflichtig sind, wenn sie das Amt, auf dem ihre Cautionspflicht ruhet, bereits vor der Publikation der gedachten Allerhöchsten Cabinets-Ordre und zu einer Zeit erlangt haben, zu welcher jene Cautionspflicht noch nicht bestand, zu nachträglicher Cautionsbestellung angehalten werden können? — ist schon früher erhoben und durch die Allerhöchste Cabinets-Ordre vom 25. August 1832 und den Staats-Ministerial-Beschluß vom 14. März 1833 negativ entschieden worden. Da nun auch im Kreise St. Wendel erst durch das Allerhöchste Patent vom 30. Juli d. J. **) für die dortigen Gerichtsvollzieher die Verpflichtung entstanden ist, Caution zu bestellen, so tritt für die bereits nach früherer Verfassung befreit gebliebenen, im Amte befindlichen Gerichtsvollzieher in jenem Bezirke dieselbe Ausnahme ein, welche durch die Allerhöchste Cabinets-Ordre vom 25. August 1832 allgemein sanctionirt worden, und kann daher von ihnen die nachträgliche Cautionsleistung nicht gefordert werden. Hiernach wollen Ew. Hochwohlgeboren den Ober-Procurator zu Saarbrücken auf den Bericht vom 27. v. M. bescheiden.

Berlin, den 25. Dezember 1835.

Der Justiz-Minister
v. Kamptz.

An
den Königlichen General-Procurator
und Geheimen Ober-Justizrath
Herrn Biergans zu Cöln.

E. 3891.

1483.

Streitigkeiten über Schutzbauten an nicht schiffbaren Flüssen und Kanälen und Aufbringung der dazu erforderlichen Kosten gehören nicht zur Competenz der Gerichte.

Rheinprovinz Gen. No. 40.

Auf den bei Verhinderung des Königlichen Ober-Procurators unter dem 6. v. M. von Ew. Wohlgeboren erstatteten Bericht bin ich wegen des von der dortigen Königlichen Regie-

*) Bd. 3. pag. 482.
**) Bd. 5. pag. 170.

rung in der Klagesache des J. und Genossen gegen den Bürgermeister P. zu W. erhobenen Competenz-Conflicts mit dem Herrn Minister des Innern für Gewerbe-Angelegenheiten und mit dem Herrn Chef der Verwaltung für Handel, Fabrikation und Bauwesen in Correspondenz getreten. Dieselben sind mit mir einverstanden, daß in der fraglichen Sache ein gerichtliches Verfahren nach den §§. 8. und 10. des Ressortsreglements vom 20. Juli 1818 nicht für zulässig zu achten ist, indem der §. 10. bei dem darin aufgeführten Beispiele das Gesetz vom 14 Floréal XI, wonach die Bestimmung über die Schutzbauten an nicht schiffbaren Flüssen und Kanälen und über die Aufbringung der dazu erforderlichen Kosten, so wie die Entscheidung der hierbei entstehenden Streitigkeiten, lediglich zur Competenz der Verwaltungsbehörden gehört, unzweifelhaft vor Augen hat, nach dem angeführten Gesetze auch die Veranschlagung jener Kosten nach dem Grundsteuerfuße für zulässig zu achten ist und der allegirte §. 8. hinsichtlich aller, nach dem Steuerfuße aufzubringender Beiträge den Rechtsweg ausschließt. Ew. Wohlgeboren werden daher beauftragt, das Königl. Landgericht hiervon in Kenntniß zu setzen und zur Aufhebung des in Rede stehenden Prozesses zu veranlassen.

Die Anlagen des Berichts vom 6. v. M. erfolgen hierbei zurück.

Berlin, den 26. Dezember 1835.

Der Justiz-Minister
v. Kamptz.

An
den Hrn. Ersten Procurator zu Aachen.

E. 3987.

1484.

Berichtigung von Untersuchungskosten aus dem Nachlaß verstorbener Personen.

Rh. Crim. No. 8.

Ew. Hochwohlgeboren erhalten anliegend die Urschrift des Immediat-Gesuchs der E.schen Eheleute vom 12. d. M., nebst Beilage, um die Bittsteller zu bescheiden, daß dasselbe von des Königs Majestät nicht bewilligt worden, daß sie übrigens — wie unzweifelhaft der Fall sein wird — darin irrten, wenn sie meinten, die Kosten der gegen den verstorbenen E. geführten Untersuchung würden von ihnen gefordert, da solche aus dem Nachlasse des letzteren zu berichtigen seien, als Nachlaß aber sich nur der nach Berichtigung der passiva verbleibende Ueberrest darstelle.

Berlin, den 30. Dezember 1835.

Der Justiz-Minister
v. Kamptz.

An
den Herrn Ober-Procurator
zu Coblenz.
F. 3088.

1485.

Von welchem Zeitpunkte an die Collocationssachen vom Landgericht zu Düsseldorf an das neu errichtete Landgericht zu Elberfeld übergehen — und über das Verfahren in Collocationssachen im Allgemeinen.

Landger. Elberfeld No. 1.

Die Frage, welche in der, mittelst Ew. Hochwohlgeboren Berichts vom 4. d. M. eingereichten Denkschrift der dortigen Advokat-Anwälte vom 7. d. M. aufgeworfen ist,

> ob und in welchem Zeitpunkte diejenigen Collocationssachen, in welchen die Aufforderung zur Production schon zur Zeit der Eröffnung des Königlichen Landgerichts zu Elberfeld und vor das Königliche Landgericht zu Düsseldorf geschehen war, wenn sie ihrem Gegenstande nach an sich vor das erstere gehören würden, an dasselbe übergehen?

läßt sich nur dann richtig entscheiden, wenn man auf das Wesen des Collocations-Verfahrens zurückgehet, und dies wird deutlicher, wenn man dieses Verfahren mit der, im gewöhnlichen Prozeßverfahren nach Art. 775. der Prozeßordnung vorkommenden Entscheidung über die Collocation vergleicht.

In den letzteren Fällen nämlich, in welchen, wo dies zulässig ist, im Wege einer gewöhnlichen Klage das Collocations-Verfahren eingeleitet wird, bleibt, der Bestimmung des §. 10. des Reglements vom 15. Oktober 1834 *) gemäß, die Competenz des Königlichen Landgerichts zu Düsseldorf begründet, sobald einmal in der Sitzung contradictorische Anträge zur Hauptsache genommen sind. Solche Anträge enthalten nun dem Wesen nach nur die Angabe der Forderung, die Bezugnahme auf und die Deduction aus den Beweisstücken, und das Ver-

*) Band 4. pag. 158.

langen, nützlich collocirt zu werden. Sie sind daher im Grunde Productions-Acte im Sinne des Art. 754. der Prozeß-Ordnung, auf Grund deren die Feststellung und Rang-Anweisung vom Richter geschieht.

In dem gewöhnlichen Rangordnungs-Verfahren tritt der Commissar an die Stelle des Gerichts; vor ihm müssen nach Art. 754. die Partheien durch Anwälte erscheinen und in dem acte de produit ganz dasselbe thun, was sie nach dem Ebengesagten in andern Fällen vor dem Gerichte thun; der Commissar hat über die Rangordnung selbst, wenn schon in den actes de produit ein bestimmter Rang vor andern Gläubigern verlangt wird, zu entscheiden, vorbehaltlich der Critik seiner Entscheidung durch das Gericht, dem er angehört, wenn die Partheien es verlangen; er trifft nach Art. 759. 767. der Prozeßordnung die definitive Entscheidung über mehrere Punkte, welche reine Privatrechte und an sich richterlicher Entscheidung unterworfen sind.

Wenn dem nun aber so ist, so ergiebt sich daraus, daß schon durch die Production vor dem Richter-Commissar die durch Entscheidung zu beseitigenden contradictorischen Anträge genommen werden, und mit dem Zeitpunkte also, in welchem die Production geschieht, hört die Collocationssache in Gemäßheit des §. 10. des Reglements 15. Oktober 1834 auf, dem Uebergange an das Königliche Landgericht zu Elberfeld unterworfen zu sein, sobald jener Zeitpunkt dem der Eröffnung dieses Landgerichts vorausging. Die Hinterlegung des provisorischen Status auf der greffe kann eben so wenig den Zeitpunkt bilden, welcher den Uebergang erst ausschließt, als dies bei dem prozeßualischen Verfahren das Urtheil thut; das Nehmen contradictorischer Anträge über eine erhobene Contestation ebenfalls nicht, weil dies nur Fortsetzung des nach dem Vorgesagten schon begonnenen contradictorischen Verfahrens ist, wie dies die französische Doctrin und Jurisprudenz dadurch anerkennt, daß sie gegen ein Urtheil, bei welchem in solchen Fällen eine oder die andere der Partheien keine besonderen Anträge genommen, dennoch die Opposition nicht zuläßt, weil das Contestations-Verfahren in vielen Collocationssachen gar nicht vorkommt, und weil, wo es vorkommt, dasselbe in der Regel nur einzelne Punkte des Status, nicht aber das ganze Collocations-Verfahren betrifft, daher über die Competenz hinsichtlich des letztern nie entscheiden kann.

Dieses Resultat muß auch als nothwendig erscheinen, wenn man es rein von der practischen Seite betrachtet. Denn das Verfahren bis zur Entwerfung des definitiven Status bewegt sich in einer Reihe von Fristen, die zum Nachtheile der Interessenten noch mehr abgekürzt werden würden, als sie es an sich schon sind, wenn man den Uebergang des Verfahrens an ein anderes Gericht gestatten wollte; wollte man aber durch besondere Bestimmung die Fristen ausdehnen, so würden doch die Kosten des Verfahrens durch die dann nothwendig werdenden neuen Sommationen ohne Grund bedeutend vermehrt werden. Das Verfahren über die Contestationen selbst kann, auch wenn die Sache noch nicht zur Sitzung gediehen ist, eben so wenig an ein anderes Gericht füglich übergehen, als das, bei welchem der Commissar fungirt, weil es der Regel nach gegen die von diesem bei Entwerfung des Status angenommenen Grundsätze gerichtet ist, und ihm das Mittel gewährt werden muß, seine Entscheidung näher zu begründen, als es sich in dem Status thun läßt.

Nach diesen Prämissen muß also das Verfahren in den, von den dortigen Advokat-Anwälten angegebenen Fällen dem Königlichen Landgerichte zu Düsseldorf verbleiben. Sobald aber dies der Fall ist, folgt daraus auch von selbst, daß neue noch zulässige Productionen zu demselben Verfahren ebenfalls bei diesem Landgerichte anzubringen und zu verhandeln sind, weil dasselbe für das ganze Verfahren und mithin auch für dessen einzelne Theile competent ist. Es kann also nicht gebilligt werden, wenn, wie in der Vorstellung der dortigen Advokat-Anwälte vom 7. v. M. behauptet worden, das Königliche Landgericht zu Düsseldorf solche Productionen unter Rückbehaltung der Collocationssache selbst an das Königliche Landgericht zu Elberfeld verwiesen haben sollte.

Hiernach wollen Ew. Hochwohlgeboren die dortigen Advokat-Anwälte auf ihre zurückerfolgende Vorstellung bescheiden.

Berlin, den 30. Dezember 1835.

Der Justiz-Minister
v. Kamptz.

An
den Königl. Landgerichts-Präsidenten
Herrn Hoffmann
und an den Königl. Ober-Procurator
Herrn Wingender zu Elberfeld.

E. 3896.

1486.

Aussetzung der Strafvollstreckung bei Begnadigungs-, Strafverwandelungs- oder andern Milderungsgesuchen.

Rh. Criminalia No. 8.

Es sind kürzlich mehrmals Fälle vorgekommen, in welchen von den Beamten des öffentlichen Ministeriums Straferkenntnisse vollzogen worden, obwohl die Verurtheilten auf eingelegte Begnadigungs- oder Milderungsgesuche sich beriefen, oder erklärten, daß sie dieselben einzulegen Willens seien. Dies Verfahren ist unstatthaft, da keine Behörde und kein Beamter befugt ist, dem Königlichen Begnadigungs- oder Milderungsrecht vorzugreifen und rücksichtlich des ministeriellen Milderungs- oder Verwandlungsrechts sich dieses zu erlauben und eben so wenig das jedem Unterthanen zustehende Recht, an seinen Landesherrn sich zu wenden, irgend zu beschränken.

Ew. Hochwohlgeboren beauftrage ich daher, sämmtliche Ober-Procuratoren anzuweisen, jedesmal wenn ein Begnadigungs-, Verwandlungs- oder anderes Milderungsgesuch bei des Königs Majestät oder bei dem Justiz-Ministerium angebracht und diese Anbringung dem öffentlichen Ministerium durch den Verurtheilten angezeigt oder durch den Berichtsbefehl bekannt geworden ist, der Vollstreckung der Strafe bis zum Eingang der Resolution auf jenes Gesuch Anstand zu geben.

Wenn Gründe vorhanden sind, die Wahrheit dieser Anzeige zu bezweifeln, so ist das öffentliche Ministerium befugt, die Bescheinigung der Absendung des Gesuchs durch Postschein, Vernehmung des Concipienten oder sonst zu erfordern und, sollte diese nicht zu ermitteln sein, darüber bei dem Justiz-Ministerium anzufragen.

Wenn der Verurtheilte nur die Absicht, ein solches Gesuch anzubringen, anführt, so muß die Strafvollstreckung zwar ebenfalls ausgesetzt werden, das öffentliche Ministerium hat ihm aber eine kurze Frist zu bestimmen, binnen welcher derselbe die Absendung des Gesuchs zu bescheinigen hat.

Diese Bestimmungen treten jedoch weder bei Verurtheilten ein, welche schon während der Untersuchung sich in Haft befanden, noch bei bereits abgeschlagenen und nur wiederholten Begnadigungs- und Milderungsgesuchen, insofern diese nicht durch einen erheblichen neuen Grund unterstützt oder auf vorher noch nicht nachgesuchte Strafverwandlung gerichtet sind.

Berlin, den 31. Dezember 1835.

Der Justiz-Minister
v. Kamptz.

An
den Königlichen General-Procurator
Herrn Biergans zu Cöln.
D. 1545.

XXII.

1836.

Gesetze, Verordnungen, Rescripte.

1487.

Ausschließung der Oeffentlichkeit in solchen Sachen, bei deren öffentlichen Verhandlung Nachtheil für die Sittlichkeit u. s. w. zu befürchten ist.

Rh. Crim. No. 15.

a.

Es sind mehrmals Mißbräuche der Publicität in den von derselben ausgeschlossenen Untersuchungen bemerkt worden, welche füglich zu vermeiden gewesen wären, wenn die darüber unterm 31. Januar 1822 *) von des Königs Majestät erlassene Verordnung nicht nach ihrem Buchstaben, sondern nach ihrer hinreichend ausgesprochenen Absicht befolgt oder wenigstens über etwanige Zweifel angefragt worden und nicht dagegen die Ansicht, daß in dubio die Oeffentlichkeit aufrecht zu erhalten sei, hin und wieder nur zu deutlich hervorgetreten wäre. Ich habe mich daher veranlaßt sehen müssen, des Königs Majestät hierüber Vortrag zu halten und übersende Ew. Hochwohlgeboren hierbei beglaubte Abschrift der darauf unterm 4. d. M. erlassenen Allerhöchsten Ordre, mit dem Auftrage, dieselbe bald möglichst durch die sämmtlichen Amtsblätter bekannt machen zu lassen und das öffentliche Ministerium zur genauesten Handhabung derselben anzuweisen. Die Rheinischen Gerichtshöfe haben vermöge dieser Allerhöchsten Ordre nicht bloß die Befugniß, sondern auch die Pflicht, ohne Beschränkung auf gewisse Artikel des Strafgesetzbuchs die Publicität des gerichtlichen Verfahrens in allen Fällen auszuschließen, in welchen sie der Sitt-

*) Bd. 2. pag. 209.

lichkeit nachtheilig, und in welchen die öffentliche Verhandlung aus der Beschaffenheit des Verbrechens oder aus dabei concurrirenden Handlungen Nachtheil oder Gefahr für die Sittlichkeit, Bekanntschaft mit unsittlichen Handlungen und Verirrungen des sittlichen Gefühls zu befürchten sind. Die Rheinischen Gerichte sind daher zur Beförderung einer Absicht berufen, welche des Königs Majestät Allerhöchstselbst Ihre landesväterliche nennen; dies giebt die hinreichende Gewähr, daß sie dem Allerhöchsten Vertrauen zu entsprechen, sich treu und gewissenhaft bestreben werden; sie haben diese Befugniß ohne Beschränkung auf eine Nomenklatur von Verbrechen in Vertrauen auf ihr unbefangenes, gewissenhaftes und richtiges Urtheil in einem Grundsatz erhalten, der sie um so mehr in den Stand setzt, die Allerhöchste Absicht erfüllen zu können, als es nunmehr der Angabe spezieller Motive nicht bedarf. Es ergiebt sich von selbst, daß die Untersuchungen und das Verfahren nicht allein, wie bisher in den §§. 330.—340. des Strafgesetzbuchs, sondern auch wegen aller andern Verbrechen, Vergehen und Handlungen, aus deren öffentlichen Verhandlung die obgedachten Nachtheile und Besorgnisse entstehen können, von der Oeffentlichkeit ausgeschlossen werden müssen; es gehören dahin nicht bloß die Untersuchungen wider die wegen solcher Handlungen selbst vor Gericht gestellten Angeschuldigten, z. B. in dem Fall des §. 317. des Strafgesetzbuchs, sondern auch Untersuchungen wegen anderer Vergehungen, in welchen grobe Unsittlichkeiten, unzüchtiger Lebenswandel, oder andere die Schamhaftigkeit verletzende, Handlungen zur Erörterung kommen und aus deren öffentlicher Verhandlung der grelle, die Würde und Bestimmung der Gerichtshöfe herabwürdigende, Widerspruch entstehen würde, daß durch sie dasjenige öffentlich verbreitet würde, vor welchem Polizei und Censur das Volk und Schuldisciplin die Jugend sorgsam bewahren.

Es liegt ebenso von selbst vor, daß die Friedensgerichte in den zu ihrer Competenz gehörigen Fällen nach eben diesen Vorschriften zu verfahren haben und daher hiernach anzuweisen sind. Es gehört hierhin insonderheit auch die Beschlagnahme unsittlicher Schriften, Kupferstiche und anderer bildlicher Darstellungen und die Verhandlung über dieselbe. Es würde widersinnig sein, Gegenstände, welche der öffentlichen Kenntniß entzogen werden sollen, durch den Richter selbst zu derselben zu bringen. Verhandlungen über solche Gegenstände sollen von nun an weder in den Lokalien noch in den Stunden der gewöhnlichen Sitzungen des Friedensgerichts Statt finden.

Auch über die Mißbräuche und das zweckwidrige Verfahren, welches hin und wieder bei der Ausschließung der Oeffentlichkeit in den obgedachten Fällen statt gefunden, habe ich Sr.

Majestät nähern Bericht erstattet und bin durch die Allerhöchste Cabinets-Ordre vom 4. d. M. angewiesen, darüber die Gerichtshöfe mit näherer Vorschrift zu versehen. Wenn gleich darüber das Weitere bis dahin, daß das nunmehrige Verfahren zu näheren Erfahrungen Gelegenheit gegeben hat, ausgesetzt bleibt, so liegen doch Mißbräuche vor, welche schon jetzt abgestellt werden müssen. Dahin gehört:

1) das Sr. Majestät dem Könige unter den gedachten Mängeln besonders vorgetragene und mit dem Zweck der Ausschließung der Oeffentlichkeit unvereinbarliche Verfahren, daß eine solche, zu dieser Ausschließung bestimmte, Sache zu einer öffentlichen Sitzung angekündigt und erst in dieser bekannt gemacht wird, daß sie nicht öffentlich verhandelt werden solle und das Publikum sich daher zu entfernen habe. Dies Verfahren fällt daher jetzt um so mehr weg, als es der Begründung jener Ausschließung auf einen der, in der Verordnung vom 31. Januar 1822 angeführten §§. des Strafgesetzbuchs nicht mehr, und dem Publikum gegenüber, überall nicht bedarf. Es sind daher künftig die Thüren des Gerichtssaals mit einem kurzen Anschlage, daß die Sitzung jetzt nicht öffentlich sei, zu schließen und, wenn bereits Zuschauer in der Audienz versammelt sind, dieselben vor der Einführung des Angeklagten in der Audienz mündlich einzuladen, sich zu entfernen, weil die bevorstehende Sache nicht öffentlich werde verhandelt werden; dem Angeschuldigten ist jedoch der, über die Ausschließung der Oeffentlichkeit gefaßte, Beschluß zu publiziren;

2) der Umstand, daß dem Publikum das Verbrechen, dessen Untersuchung von der Oeffentlichkeit ausgeschlossen ist, nahmhaft gemacht und angedeutet wird, wodurch grade bei dem Theile des Publikums, für welchen besonders gesorgt werden soll, die Aufmerksamkeit besonders aufgeregt wird. Dies Verfahren ist daher zu vermeiden und endlich

3) das schon mehrmals gemißbilligte, aber dennoch nicht allenthalben abgestellte Verfahren, daß das in der Untersuchungssache selbst beschlossene Erkenntniß nach Wiederöffnung der Thüren im Angesicht des wieder eingetretenen Publikums öffentlich publizirt und dadurch dem letzteren nähere Kenntniß der Sache gegeben wird. Dies, schon mit der Verordnung vom 31. Januar 1822 in gradem Widerspruch stehende, mißbräuchliche Verfahren ist schlechterdings abzustellen, und genügt es, die wiedereingetretene Oeffentlichkeit der Sitzung durch die Wiederöffnung der Gerichtsthüren und Abnahme des oben un-

ter No. 1. gedachten Anschlags an denselben zu erkennen zu geben

Ew. Hochwohlgeboren haben dieses Rescript nicht allein den Ober-Procuratoren abschriftlich mitzutheilen, sondern auch gleichzeitig mit der Allerhöchsten Cabinets-Ordre vom 4. d. M. durch die Rheinischen Amtsblätter bekannt zu machen; das öffentliche Ministerium hat auf gemäße Befolgung dieser Vorschriften zu halten, und die Fälle, in welchen sie nicht beobachtet werden, Ew. Hochwohlgeboren anzuzeigen, welchemnächst Sie dieselben unter Mittheilung Ihrer Ansicht zu meiner Kenntniß zu bringen haben.

Berlin, den 8. Januar 1836.

Der Justiz-Minister
v. Kamptz.

An
den Königl. General-Procurator
und Geheimen Ober-Justizrath,
Herrn Biergans zu Cöln.

E. 36.

b.

Ich eröffne Ihnen auf Ihren unterm 27. November v. J. erstatteten Bericht, daß es bei Erlassung Meiner Bestimmung vom 31. Januar 1822 *) Meine Absicht allerdings gewesen ist, die Oeffentlichkeit der Verhandlung in allen Fällen auszuschließen, in welchen sie der Sittlichkeit nachtheilig werden könnte. Diese Ausschließung kann daher nicht auf die, in der gedachten Anordnung namentlich angeführten Artikel 330.—340. des Strafgesetzbuchs beschränkt werden, sondern muß überhaupt in allen Fällen eintreten, in welchen bei deren öffentlicher Verhandlung aus der Beschaffenheit des Verbrechens oder aus dabei concurrirenden Handlungen Nachtheil oder Gefahr für die Sittlichkeit, Bekanntschaft mit unsittlichen Handlungen, und Verirrungen des sittlichen Gefühls zu befürchten sind. Sie haben diese, zur Abstellung des Mißverständnisses Meiner landesväterlichen Absicht erlassene, Bestimmung durch die Rheinischen Amtsblätter bekannt zu machen und die Gerichtshöfe darüber, so wie über die mißbräuchliche Publicität bei der Ausschließung der Oeffentlichkeit solcher Fälle, mit näherer Vorschrift zu versehen.

Berlin, den 4. Januar 1836.

Friedrich Wilhelm.

An
den Staats- und Justiz-Minister
v. Kamptz.

E. 36.

cf. Cölner Amtsblatt pag. 26.

---

*) Bd. 2. pag. 209.

1488.

Wegen der Dienstwohnungen der Justiz-Beamten im ostrheinischen Theile des Regierungsbezirks Coblenz, deren Uebergabe und Reparatur.

Localien No. 24.

Durch das Regulativ vom 18. Oktober 1822*) sind die Reparatur-Kosten bestimmt worden, welche von den Inhabern der Dienstwohnungen getragen werden müssen. Um zu verhüten, daß diese Kosten bei dem Wechsel der Inhaber von Dienstwohnungen, die bei den meisten Justiz-Aemtern im Bezirke des Königlichen Justiz-Senats vorhanden sind, aus Veranlassung einer nicht ordnungsmäßig bewirkten Uebergabe oder wegen Vernachlässigung einer rechtzeitigen Ausführung der nothwendigen Reparaturen der Staats-Kasse zur Last bleiben, werden folgende Bestimmungen getroffen:

1. Sobald eine Dienstwohnung an einen andern Inhaber übergeht, muß eine förmliche Uebergabe derselben erfolgen und diese durch einen, von dem Königlichen Justiz-Senate zu ernennenden, Commissarius in Gemeinschaft mit dem deshalb zu requirirenden Districts-Baubeamten bewirkt werden.

2. Das erste Mal, wo eine Dienstwohnung auf die unter No. 1. erwähnte Art übergeben wird, ist von derselben durch den Baubeamten ein genaues Inventarium aufzunehmen, welches bei dem Kollegium aufbewahrt und den später vorkommenden Uebergaben der nämlichen Wohnung zum Grunde gelegt wird.

   Es muß demnach der an den Baubeamten ergehenden Requisition das betreffende Inventarium gleich beigefügt werden.

3. Bei jeder Uebergabe ist von den Uebergabe-Commissarien eine von dem abziehenden Beamten oder den Erben des letzten Wohnungs-Inhabers und dem anziehenden Beamten zu vollziehende Verhandlung aufzunehmen und gleich nach erfolgter Uebergabe nebst dem Inventarium an den Königlichen Justiz-Senat zu befördern. Dabei hat der Baubeamte zugleich anzugeben, welche Instandsetzungen auf Kosten des abgehenden Beamten oder der Erben desselben erforderlich sind.

---

*) Bd. 2. pag. 336.

4. Wenn in einzelnen Fällen eine Wohnung nicht gleich wieder bezogen wird, sondern eine Zeit lang unbewohnt bleibt, so findet die Uebergabe in der Art statt, daß der künftige Wohnungs-Inhaber dabei durch einen Andern, von dem Königlichen Justiz-Senate zu bestimmenden, Beamten vertreten wird. Wird die Wohnung demnächst bezogen, so hat der ebenerwähnte Beamte der diesfälligen Uebergabe ebenfalls beizuwohnen.
5. Der Königliche Justiz-Senat hat dafür zu sorgen, daß die von dem Baubeamten als nothwendig bezeichneten Instandsetzungen (No. 3.) ohne Verzug und in untadelhafter Weise ausgeführt werden.
6. Von dem Zustande der Dienstwohnungen ist bei Justiz-Visitationen und sonst gelegentlich bei Anwesenheit eines Mitgliedes des Kollegiums am Sitze des Justiz-Amts Kenntniß zu nehmen, und wenn sich findet, daß solche nicht in einer brauchbaren und dem Anstande entsprechenden Beschaffenheit sind, wegen der erforderlichen Instandsetzung die nöthige Einleitung zu treffen.

Berlin, den 8. Januar 1836.

Der Justiz-Minister
v. Kamptz.

An
den Königl. Justiz-Senat
zu Coblenz.

E. 33.

1489.

Bestrafung der bei Holzdiebstählen begangenen Widersetzlichkeiten.

Rep. Rh. Crim. No. 7.

Extract.

Ew. Hochwohlgeboren empfangen die, mittelst Berichts vom 22. v. M. eingereichten, Untersuchung-Akten gegen den L. beikommend zurück.

rc. rc.

Nachdem der Friedensrichter sich für incompetent erklärt und die Sache an das Königl. Landgericht verwiesen hatte, war es die Pflicht des Letzteren, den Holzdiebstahl und die Widersetzlichkeit des rc. L. zugleich zu untersuchen und über beide Vergehen zu erkennen. Denn die §§. 31. und 33. des Gesetzes vom 7. Juni

1821 *) verordnen ausdrücklich, daß, wenn bei einem Holzdiebstahle Gewaltthätigkeiten verübt worden, das gewöhnliche peinliche Verfahren eintreten und die Sache an das gewöhnliche Gericht abgegeben werden soll; daraus aber folgt, daß nun dieser Richter nicht blos über die Gewaltthätigkeit, sondern auch über den Holzdiebstahl zu erkennen hat, weil letzterer sonst ungestraft bleiben würde. Das öffentliche Ministerium hat daher einen Mißgriff gethan, wenn es bei dem Königlichen Landgerichte zu Coblenz nur auf Untersuchung wegen der Widersetzlichkeit angetragen, das Landgericht selbst aber hat ein Versehen begangen, wenn es bei der Untersuchung und bei dem Erkenntnisse den Holzdiebstahl ganz unbeachtet gelassen hat. Jener Mißgriff und dieses Versehen hätte nur verbessert werden können, wenn das Landgericht, wie das Rescript vom 30. Oktober v. J. **) angeordnet, nachträglich noch über den Holzdiebstahl erkannt hätte. Die statt eines solchen nachträglichen Erkenntnisses erfolgte Incompetenz-Erklärung und die dafür angeführten Gründe lassen sich nicht rechtfertigen. Denn es ist allerdings eine objective Concurrenz der Verbrechen vorhanden gewesen und es hätten allerdings für die verschiedenen Vergehen, nämlich für den Holzdiebstahl und die Widersetzlichkeit, verschiedene Strafen, nämlich Geldbuße und Freiheitsstrafe, eintreten müssen; daraus folgt aber nicht, daß diese verschiedenen Strafen nicht durch ein und dasselbe Erkenntniß, oder, wenn in dem ersten Erkenntniß übersehen worden, über das andere Vergehen mit zu erkennen, durch ein zweites Erkenntniß festgestellt werden könnten; die Appellationskammer des Landgerichts zu Coblenz ist allerdings im Allgemeinen incompetent, über Holzdiebstähle zu erkennen; daraus folgt aber nicht, daß sie auch dann incompetent sei, über den Holzdiebstahl zu erkennen, sobald dieser mit einer Widersetzlichkeit verbunden ist, die §§. 31. und 33. des Gesetzes vom 7. Juni 1821 erklären vielmehr den Richter, der über die Widersetzlichkeit zu erkennen hat, auch für den Holzdiebstahl competent; die Appellationskammer hat allerdings schon über das Haupt-Vergehen erkannt gehabt, daraus folgt aber nicht, daß sie nun nicht noch über den Holzdiebstahl erkennen könne, indem sie befugt gewesen, über denselben schon in dem ersten Erkenntnisse zu urtheilen, und nur in den Gränzen ihrer Competenz geblieben wäre, wenn sie nun noch durch ein Erkenntniß über den Holzdiebstahl nachgeholt hätte, was sie früher versäumt hatte; durch ein nachträgliches Erkenntniß über den Holzdiebstahl endlich wäre allerdings dem früheren Urtheile etwas hinzugefügt wor-

*) Band 2. pag. 117.
**) Band 5. pag. 248.

den, ein solches nachträgliches Erkenntniß würde aber keine Abänderung des früheren Urtheils dargestellt haben, indem dieses in seiner ganzen Kraft geblieben und durch das neue Erkenntniß nur noch die Strafe für das zweite Vergehen, über welches noch gar nicht erkannt war, verhängt worden sein würde, was um so unbedenklicher hätte geschehen können und müssen, als die Widersetzlichkeit mit Freiheitsstrafe, der Holzdiebstahl aber nur mit Geldbuße bedroht ist, nach §. 55. Tit. 20. Thl. II. Allgem. Landr. aber Freiheitsstrafe und Geldbuße stets neben einander verhängt und exequirt werden müssen. Abgesehen aber von allen diesen Gründen hätte die Appellationskammer schon deshalb sich dem Erkenntnisse über den Holzdiebstahl nicht entziehen dürfen, weil es nach §. 94. der Criminal-Ordnung dem Obergerichte, selbstredend also auch dem Justiz-Minister, freisteht, dem competenten Untergerichte jede Untersuchung abzunehmen und sie dem Obergerichte zu übertragen, so daß also, wenn man auch annehmen wollte, daß das Friedensgericht allein competent gewesen sei, über den fraglichen Holzdiebstahl zu erkennen, dennoch die Appellationskammer der Anweisung des Justiz-Ministers, durch welche ihr die Entscheidung aufgetragen worden, hätte Genüge leisten müssen. Der Königl. Ober-Procurator ist anzuweisen, die Sache nunmehr an das Friedensgericht zu bringen, damit von demselben nun noch über den Holzdiebstahl erkannt werde. Ew. Hochwohlgeboren haben das Königl. Landgericht zu Coblenz von dieser Verfügung in Kenntniß zu setzen und sämmtliche Ober-Procuratoren nach derselben zu instruiren.

Berlin, den 8. Januar 1836.

Der Justiz-Minister
v. Kamptz.

An
den Königl. General-Procurator
Herrn Geheimen Ober-Justizrath
Biergans zu Cöln.
E. 4073.

1490.

Ueber den Verlust der National-Cocarde.

Lit. N. No. 2.

a.

Das Königliche General-Commando des 7. Armee-Corps hat Ihr, an das Commando der 14. Landwehrbrigade gerichtetes, die wegen Diebstahls zu mehrjähriger Freiheitsstrafe Verurtheilten L. und Consorten betreffendes Schreiben vom 30. November v. J. zur Kenntniß des Militair-Justiz-Departements gebracht. In jenem Schreiben äußern Ew. Wohlgeboren die Ansicht, daß nach der bei den rheinischen Gerichten bestehenden Praxis, außer in den nach der Allgemeinen Preußischen Criminal-Ordnung geführten Untersuchungen, auf den Verlust der National-Cocarde nur gegen solche Individuen, welche bereits in Militairverhältnissen stehen, erkannt werde, nicht aber gegen Civilpersonen, und also auch nicht gegen Militairpflichtige, welche noch nicht eingestellt worden sind.

Dieses Verfahren ist den gesetzlichen Vorschriften nicht gemäß, auch keinesweges in der Rheinprovinz allgemein. Die Befugniß, die National-Cocarde zu tragen, ist ein Ehrenrecht aller Preußischen Unterthanen, und es leidet daher keinen Zweifel, daß die Bestimmungen der, durch die Gesetz-Sammlung von 1833 S. 22 bekannt gemachten, Allerhöchsten Cabinets-Ordre vom 22. Februar 1813 durch die Vereinigung der Rheinprovinz mit der Monarchie auf erstere sofort übergegangen sind. Außerdem ist aber auch diese Allerhöchste Cabinets-Ordre in den, zum General-Gouvernement vom Nieder und Mittel-Rhein gehörigen, Landestheilen durch die General-Gouvernements-Verfügung vom 17. April 1815 (Lottner Bd. I. S. 205 bis 207) noch besonders publizirt, und nebst den Allerhöchsten Cabinets-Ordres vom 30. September 1813 und 28. März 1816 durch die Circular-Verfügung vom 20. August 1819 (ibid. S. 587 — 589) sämmtlichen Rheinischen Gerichten zur Nachachtung bekannt gemacht. Das an den General-Procurator zu Cöln erlassene Rescript vom 11. Juni 1830 (Lottner Bd. III. S. 348) geht ferner ebenfalls von dem Grundsatze aus, daß hinsichtlich des Verlustes der National-Cocarde in den ältern Provinzen und in der Rheinprovinz gleiche gesetzliche Vorschriften gelten.

Ew. Wohlgeboren veranlasse ich daher, für die Zukunft sowohl in den nach der Allgemeinen Preußischen Criminal-Ordnung, als in den nach der Französischen Straf-Prozeß-Ordnung geführten Untersuchungen die Vorschriften der gedachten Allerhöchsten Cabinets-Ordres vom 22. Februar 1813, 30. September 1813 und 28. März 1816 sich zur Richtschnur dienen zu lassen und auf die Anwendung dieser Vorschriften bei den Gerichten zu halten.

Berlin, den 13. Januar 1836.

Der Justiz-Minister
v. Kamptz.

An
den Königl. Ober-Procurator
Herrn Schnaase
zu Düsseldorf.

b.

Abschrift dieser Verfügung dem Königlichen General-Procurator zur Kenntnißnahme, so wie zur gleichmäßigen Nachachtung und Benachrichtigung der übrigen Ober-Procuratoren.

Berlin, den 13. Januar 1836.

Der Justiz-Minister
v. Kamptz.

An
den Königl. General-Procurator
Hrn. Biergans zu Cöln.
R. 64.

1491.

Verfahren bei Gesuchen um Zulassung zum Armenrechte.

Rheinpr. Gener. 115.

Ew. Hochwohlgeboren erhalten hierbei die Vorstellung des M. und des H. vom 28. Dezember v. J. nebst Anlagen, zufolge welcher der Erstere mit seinem Gesuche um Verstattung zum Armenrecht Behufs einer gegen den N. anzustellenden Klage nur deshalb zurückgewiesen ist, weil, wie es in dem Beschlusse des Königlichen Landgerichts vom 19. Mai v. J. heißt, derselbe nichts zur Begründung der beabsichtigten Klage dargethan habe.

Durch diese Bemerkung ist der Beschluß nicht hinreichend motivirt; es hätten vielmehr diejenigen Gründe speciell angegeben werden müssen, aus welchen das Königliche Landgericht die Klage für unzulässig erachtet hat, damit der Implorant in den Stand gesetzt werden konnte, seine Klage besser zu begründen, und die vorhandenen Mängel zu beseitigen. Schon in der Verfügung vom 9. Dezember 1831 (Jahrbücher Bd. 38 Seite 471. — Lottner's Sammlung Bd. 3 S. 417) habe ich die Ober-Procuratoren darauf aufmerksam gemacht, daß sie, wenn bei ihnen Gesuche um Verstattung zum Armenrechte eingehen, welche nicht gehörig begründet erscheinen, die Supplikanten durch die Referendarien, Auskultatoren oder Friedensrichter Behufs Substantiirung ihres Gesuchs ausführlich zum Protocolle vernehmen zu lassen haben, damit die Gerichte das Materielle des Anspruchs vollständig zu prüfen im Stande sind.

Ew. Hochwohlgeboren veranlasse ich daher, sofern die Vernehmung der Bittsteller nicht schon geschehen sein sollte, dieselbe nachträglich zu verfügen, und das Gesuch derselben demnächst der Rathskammer zur abermaligen Entscheidung vorzulegen, welche alsdann die etwanige wiederholte Zurückweisung durch specielle Gründe zu motiviren hat.

Ew. Hochwohlgeboren Bericht sehe ich demnächst entgegen.

Berlin, den 16. Januar 1836.

Der Justiz-Minister
v. Kamptz.

An
den Königlichen Ober-Procurator
Herrn v. Olfers zu Coblenz.
E. 101.

1492.

Wegen des Voti der Assessoren.

Landgerichte Gen. 1.

Auf Ew. Hochwohlgeboren Berichte vom 2. Dezember v. J. wird zur näheren Bestimmung der, wegen des Votums der nicht etatsmäßigen Assessoren ergangenen, Rescripte vom 8. März *) und 4. April 1834 **) hiermit festgesetzt,

1. daß jeder etatsmäßige Assessor, er mag bei dem Landgericht, auf dessen Etat er steht, oder bei einem anderen commissarisch beschäftigt sein, stets das votum illimitatum hat,
2. daß jeder nicht etatsmäßige Assessor, selbst wenn er auch Diäten bezieht, nur das votum limitatum hat, falls ihm nicht das votum illimitatum ausdrücklich beigelegt worden,
3. daß jeder nicht etatsmäßige Assessor, welcher bisher nur ein votum limitatum gehabt hat, durch die Beförderung zum etatsmäßigen von selbst auch das votum illimitatum erlangt.

Zugleich wird nach Ihrem Antrage das Rescript vom 4. April 1834 dahin modificirt, daß die Assessoren cum voto limitato auch bei Collokationen und Distributionen zu Commissarien ernannt werden können und denselben in diesen, so wie in allen anderen Civilsachen, worin sie zu Commissarien bestellt worden sind, bei der Entscheidung auf die von ihnen zu erstattenden Vorträge ein volles Votum zustehen soll. Im übrigen muß es bei den gedachten Rescripten verbleiben; insonderheit kann ich die Ausschließung der, nur mit einem votum li-

*) Band 4. pag. 40.
**) Band 4. pag. 50.

mitatum versehenen Assessoren von der Befugniß, in Vertretungsfällen an den Audienzen der Civilkammern mit Stimmrecht Theil zu nehmen, nicht genehmigen, da die Beschränkung des Stimmrechts der gedachten Assessoren nicht wegen Mangels gehöriger Ausbildung, sondern nur aus der Rücksicht verordnet worden ist, damit nicht bei einer großen Anzahl solcher Assessoren die Stimmen der ordentlichen Mitglieder des Kollegiums in den Hintergrund treten und ihr Gewicht verlieren.

Ew. Hochwohlgeboren überlasse ich, diese Verfügung zur Kenntniß des Appellationsgerichtshofes zu bringen, auch darnach die Landgerichts-Präsidenten und Ober-Procuratoren mit weiterer Anweisung zu versehen.

Berlin, den 19. Januar 1836.

Der Justiz-Minister
v. Kamptz.

An
den Königlichen Ersten Präsidenten des Appellationsgerichtshofes Hrn. Schwarz und den Königl. General-Procurator Herrn Biergans zu Cöln.

E. 3971.

1493.

Wiederherstellung der, von der Rheinischen Ritterschaft früher ausgeübten Befugniß, die Erbfolge in ihren Nachlaß unter ihren Kindern durch Verträge oder Testamente zu ordnen.

Prov. Ges. R. 1. Vol. 2.

a.

Die Mitglieder der ritterbürtigen Ritterschaft in der Rheinprovinz haben bekanntlich seit mehreren Jahren die landesherrliche Anerkennung und Wiederherstellung der, in ihren Familien vor Einführung der fremdherrlichen Gesetzgebung ausgeübten Befugniß, die Erbfolge in ihren Nachlaß unter ihren Kindern durch Verträge und gegenseitige oder einfache Testamente, abweichend vom gemeinen Rechte und insonderheit ohne Rücksicht auf den Pflichttheil nach bestem, das Wohl und die Erhaltung ihrer Geschlechter berücksichtigenden Gewissem zu ordnen, nachgesucht. Des Königs Majestät haben darauf von denselben den näheren Nachweis dieser Dispositions-Befugniß erfordert, und nachdem dieser Nachweis urkundlich auf das vollständigste beigebracht worden, auf den Antrag des Königlichen Staats-Ministeriums keinen Anstand genommen, gedachte Dispositions-Befugniß in Ansehung der, mit einem landtagsfähigen Rittergute angesessenen Mitglieder der Rheinischen Ritterschaft, in deren Familie diese Befugniß vor der fremden Gesetzgebung ausgeübt worden, anzuerkennen und wiederherzustellen, und die Gerichtshöfe anzuweisen, die hiernach gemachten Aenderungen in allen, für jetzt noch nicht wirklich eröffneten, Erbschaftsfällen als rechtsbeständig anzuerkennen.

Ew. Hochwohlgeboren übersende ich hierbei Abschrift sowohl der deshalb unterm 16. d. M. an das Königl. Staats-Ministerium, als an die Freiherren v. Mirbach und v. Loe erlassenen Allerhöchsten Cabinetsordren. Wenn gleich nach denselben die Entscheidung der, über die Abfindung der nicht succedirenden Kinder ꝛc. etwa entstehenden, Streitigkeiten einem schiedsrichterlichen Ausspruch übertragen worden, so sehe ich mich dennoch durch die Wichtigkeit dieser Angelegenheit für den Wohlstand der Familien um so mehr veranlaßt, Ew. Hochwohlgeboren aufzufordern, in denjenigen Fällen, welche dennoch die ordentlichen Gerichte berühren möchten, auch Ihrerseits auf die genaueste Befolgung und Aufrechthaltung dieser Allerhöchsten Vorschrift und den landesväterlichen Befehl Sr. Majestät zu halten, als die von den Gerichtshöfen früher geäußerten Zweifel über die frühere Statthaftigkeit dieser Dispositions-Befugniß durch den geführten urkundlichen Nachweis derselben völlig widerlegt und entkräftet sind. Diese Dispositions-Befugniß ist rein deutschen und Landes-Rechtens, und kann daher eben so wenig nach den Grundsätzen einer später eingeführten Gesetzgebung beurtheilt werden, als in den dem Römischen Recht unterworfenen Ländern Gesetze und Jurisprudenz die Anwendung römischer Rechtsprinzipien auf solche eigenthümliche Landesrechte gestatten.

Ew. Hochwohlgeboren veranlasse ich, über die, bei Ausübung dieser wiederhergestellten, autonomischen Dispositions-Befugniß etwa noch zu nehmenden, Rücksichten baldmöglichst gutachtlich sich zu äußern.

Berlin, den 22. Januar 1836.

Der Justiz-Minister
v. Kamptz.

An
den Herrn ersten Präsidenten des Königl. Appellationshofes und an den Herrn General-Procurator zu Cöln.

D. 102.

b.

Aus dem Berichte des Staats-Ministeriums über die Anträge der Freiherren v. Mirbach und v. Loe für sich und andere Mitglieder des rheinischen Ritterstandes, auf Herstellung der in ihren Familien vor Einführung der fremden Gesetzgebung ausgeübten Befugnisse bei der Bestimmung über ihren Nachlaß, habe Ich ersehen, sowohl, daß diese Befugniß von dem ritterbürtigen Rheinischen Adel in Successionsfällen ausgeübt worden ist, als auch, daß die Miglieder des Rheinischen Ritterstandes für den Fall der Herstellung ihrer Befugniß eine besondere Stiftung zum Besten und im Interesse der von der Succession in das Grundeigenthum ausgeschlossenen Söhne und der Töchter ihrer Familien zu errichten beschlossen haben. Ich habe daher in der Ueberzeugung, daß dieses Dispositionsrecht in Erbschaftsfällen eine wesentliche Bedingung zur Erhaltung des Grundeigenthums in den Familien sei, um so mehr beschlossen, dasselbe in denjenigen Familien des Rheinischen Ritterstandes, welche es vor der Einführung der fremden Gesetzgebung ausgeübt haben, wieder herzustellen, als Ich in gleichem Maaße landesväterlich geneigt bin, jedem Stande diejenigen Einrichtungen zu bewilligen, wodurch die Erhaltung des Grundeigenthums in den Familien und dadurch der Wohlstand und Flor aller Klassen Meiner Unterthanen befördert und gesichert werden kann. Die Familienhäupter, welche darauf antragen, haben gebührend nachzuweisen, daß sie zu den früher berechtigten Geschlechtern gehören, daß sie ein landtagsfähiges Rittergut besitzen und daß sie der gedachten Stiftung bis zum 1. Januar 1837 beigetreten sind. In diesen Familien soll jedem Familienhaupte, wenn nicht Verträge oder anderweitige beschränkende Familien-Einrichtungen entgegenstehen, die Befugniß beigelegt sein, durch Eheberedungen, durch Verfügungen unter Lebenden oder auf den Todesfall, mit Abweichung vom gemeinen Rechte, ohne durch einen Pflichttheil beschränkt zu sein, die Erbfolge unter den Kindern, die Bevorzugung eines derselben vor den andern, Substitutionen, Abfindung und Aussteuer der Söhne und Töchter, die Verhältnisse der Ehegatten und überhaupt alles, was auf die Erbfolge in ihren Nachlaß Bezug hat, nach freiem Gutbefinden festzusetzen. Diese Anordnungen sollen, wenn sie übrigens in rechtlicher Form abgefaßt sind, in allen für jetzt noch nicht wirklich eröffneten Erbschaftsfällen von den Gerichtshöfen als rechtsbeständig anerkannt werden, ihre Gültigkeit aber erlöschen, wenn der Beitritt zur vorerwähnten Stiftung bis zum Schlusse dieses Jahres nicht erfolgt ist.

Diejenigen Familienhäupter, welche von dieser Befugniß Gebrauch machen wollen, sind jedoch verpflichtet, für die standesmäßige Erziehung, für die Abfindung oder Aussteuer sämmtlicher Kinder und für die Versorgung des überlebenden Ehegatten nach dem früheren Familien-Herkommen, nach der

Zahl der Kinder und nach den Vermögens=Verhältnissen Sorge zu tragen. Im Falle Streitigkeiten hierüber entstehen, sollen sie von einem näher zu bestimmenden, standesmäßigen Schiedsgericht mit Ausschluß der ordentlichen Gerichtshöfe entschieden werden. Den zur vorgedachten Disposition berechtigten Familienhäuptern ist auch bei Fideikommißstiftungen die Ausübung derselben gestattet, doch verbleibt es rücksichtlich der Bestätigung bei den bestehenden Vorschriften. Das Staats=Ministerium hat diesen Erlaß durch die sämmtlichen Amtsblätter *) der Rheinprovinz bekannt zu machen.

Berlin, den 16. Februar 1836.

Friedrich Wilhelm.

An
das Staats=Ministerium.

c.

Nachdem Ich aus dem Bericht des Staats=Ministeriums ersehen habe, daß die mit dem Namen der Autonomie bezeichnete Dispositions=Befugniß, auf deren Anerkennung und Bestätigung Sie in Ihrem und anderer, zur Rheinischen Ritterschaft gehörigen Familien, Namen angetragen haben, vor der Einführung der fremden Gesetzgebung im ritterbürtigen Adel bestanden hat, diese Befugniß aber zur Erhaltung des Flors und Wohlstandes Meiner Rheinischen Ritterschaft beiträgt, so habe Ich keinen Anstand genommen, diesem Antrage zu willfahren, und demgemäß die abschriftlich anliegende Ordre an das Staats=Ministerium erlassen. In späteren Zeiten sind allerdings mehrere vormals bestandene Quellen der Versorgung der Nachgeborenen, wenigstens in ihrer früheren Gestalt, in politischen Veränderungen untergegangen. Ich habe daher aus dem Berichte des Staats=Ministeriums mit Wohlgefallen ersehen, daß Sie und Ihre Committenten in richtiger Würdigung des eigenen Interesses Ihrer Familien auf das Wohl der Nachgeborenen Rücksicht genommen, und bereits den Grund zu einer diesem Zweck gewidmeten Stiftung gelegt haben. Um diese beifallswerthe Absicht zu befördern, habe Ich, wie Sie aus Meiner Ordre an das Staats=Ministerium ersehen, die Anerkennung der freien Dispositions=Befugniß der Mitglieder derjenigen Familien, welche sie früher ausgeübt haben, an die Voraussetzung geknüpft, daß sie jener Stiftung beitreten. Ich überlasse Ihnen, denselben dieses zu eröffnen, und die darüber bei Ihnen eingehenden Erklärungen einzureichen. Wegen der

*) cf. Cölner Amtsblatt pag. 11.

Organisation sowohl der beabsichtigten Stiftung, als des Schiedsgerichts, sehe Ich Ihren näheren Vorträgen entgegen, und genehmige im Allgemeinen die vorgeschlagenen Grundzüge der Verfassung des letztern.

Berlin, den 16. Jauuar 1836.

Friedrich Wilhelm.

An
die Freiherren v. Mirbach und v. Loe,
jetzt hier.

1494.

Verfahren, wenn zu einer ordentlichen Assisensitzung keine Sachen vorliegen.

Rheinpr. Crim. No. 21.

a.

Der Herr General-Prokurator hat mir einen von dem Königl. Ober-Prokurator zu Coblenz erstatteten Bericht zur Einsicht und Berücksichtigung mitgetheilt, worin letzterer mit der Anzeige: daß während der letzten, im Dezember daselbst stattgehabten Assise, die vorräthig gewesenen Criminalsachen abgemacht worden, den Wunsch verbindet, daß wegen Mangel an Stoff für das erste Quartal dieses Jahres die nächsten Assisen (welche sonst der Ordnung nach im März stattfinden würden) nicht vor dem Monat April anberaumt werden möchten, und seiner Meinung nach alsdann drei Assisen für das laufende Jahr in Coblenz vollkommen genügen würden.

Strenge genommen würde nun dieser Antrag gegen die gesetzliche Bestimmung des Art. 259. der Criminal-Prozeß-Ordnung angehen, wonach in jedem Departement (jetzt Landgerichtsbezirk) alle 3 Monate Assisen stattfinden sollen. Es ist bei diesem Artikel auf eine Vermehrung der Assisen im Fall des Bedürfnisses Bedacht genommen worden, nicht aber darauf, was geschehen soll, wenn keine Sachen vorräthig sind. — Vielleicht hat man bei der Redaction den letzten Fall als gar nicht oder doch selten vorkommend unterstellt, und deshalb darüber nichts bestimmt; — und da durch das spätere Decret vom 6. Juli 1810 Art. 80. verordnet worden ist, daß die Ordonanz für die Eröffnung der folgenden Assise 10 Tage nach dem Schluß der vorhergehenden erlassen werden und darin der Tag der Eröffnung bestimmt werden soll, so kann es in der Regel nicht in Betracht kommen, ob für die nächste Assise Sachen vorräthig sind oder nicht, weil deren noch immer zwischen der Ordonanz und dem Tage der Eröffnung der Assisen beikommen können. — Es kann freilich der Fall sich ereignen, der sich auch wirklich einmal ereignet hat, daß bei der Eröffnung der Assisen wirklich keine Sache vorhanden ist, und die Geschworenen und der Präsident wieder abreisen.

Der Hauptzweck der Verfügung des Artikels 259. scheint übrigens der zu sein, daß die vom Anklage-Senate den Assisen überwiesenen Inculpaten nicht länger als höchstens drei Monate in Verhaft zubringen müssen, ehe ihre Sache zur Verhandlung kommt, und diese auf Humanität beruhende Rücksicht ist auch unbezweifelt von solcher Bedeutung, daß dadurch die Regel im Allgemeinen festgehalten werden muß, wonach die Assisen überall von 3 Monaten zu 3 Monaten stattfinden sollen.

Für den Antrag des Königl. Ober-Prokurators zu Coblenz möchte indessen in dem besonderen Fall der Umstand sprechen, daß wirklich keine Sachen bei dem Schlusse der, im December gehaltenen, Assisen übrig geblieben und auch sonst keine vorräthig waren, und daß seitdem, wie ich mich heute auf dem Secretariate überzeugt habe, nur ein einziges, eines qualificirten Diebstahls beschuldigtes Individuum zu den Assisen von Coblenz verwiesen worden ist, in Bezug dessen der so unbedeutende Unterschied, ob die Aburtheilung dieser Sache gegen Ende März oder aber in der ersten Hälfte des Monats April erfolgt, nicht von wesentlichem Einfluß ist, und dagegen vielleicht durch den Vortheil aufgewogen wird, daß andere Inculpaten, welche etwa noch bis in den Monat März in Anklagestand versetzt werden dürften, in die nächste Assise im April schon mit aufgenommen werden können, statt daß sie sonst noch mehrere Monate und bis zum Juni hätten im Vorarrest abwarten müssen, und glaube ich demnach, daß dem Antrag meinerseits in so weit deferirt werden kann, daß die Eröffnung der nächsten Assisen in Coblenz für diesmal mit Uebergehung des ersten Quartals gleich in den Anfang des zweiten und zwar in die erste Hälfte des Monats April bestimmt werde.

Daß übrigens dadurch, wenn bei einem sehr unbedeutenden Vorrath von Kriminalsachen die gewöhnlichen Assisen in concreten Fällen um etwa 14 bis 20 Tage in das folgende Quartal verschoben werden dürften, ein reeller Vortheil theils für den Dienst der immer sehr bedeutenden Civil- und sonstigen Sachen an den Landgerichten, besonders bei dem Appellationshofe, erreicht werden würde, ist nicht zu verkennen; es würden dann öfter nur 3 statt 4 Assisen an einigen Landgerichten, wo das Bedürfniß wirklich nicht größer ist, abgehalten und dadurch nicht unbedeutende Kosten erspart werden. Für

Düsseldorf, Cöln, Elberfeld und Aachen ist immer der Vorrath an Kriminalsachen so groß, daß jedesmal von 3 zu 3 Monaten eine Assise ganz ausgefüllt werden kann. Dagegen liefert Coblenz im Verhältniß weniger Sachen, und im Laufe der letzten 8 Jahre hat es sich ergeben, daß dort die Assisen oft nur 8 Tage dauern. In Cleve ist dies noch in stärkerem Grade der Fall, und die Assisen sind dort oft in wenigen Tagen beendet. — Der Bezirk von Trier, welcher überhaupt im Verhältniß zu den andern Bezirken wenig Kriminalsachen lieferte, ist dermalen zwischen Trier und Saarbrücken auch in Bezug auf die Assisen vertheilt, und es ist mit Gewißheit vorauszusehen, daß beide Orte nicht hinlängliche Kriminalsachen haben werden, um in jedem Quartal eine Assise auszufüllen.

Die Präsidenten der Assisen, welche ohnehin die gesetzliche Verpflichtung haben, jedesmal die Arresthäuser zu besuchen, würden am besten im Stande sein, mir in ihrem Berichte über den Schluß der jedesmaligen Assisen auch zugleich, wenn ich sie hierzu anweise, anzugeben, ob irgend noch ein oder anderer noch nicht abgeurtheilter Angeklagter im Arresthause und ob überhaupt nach den Notizen, welche sie an Ort und Stelle einholen können, die Verschiebung der nächsten Assise um 2 bis 3 Wochen räthlich oder gar nothwendig sei, wonach ich mich dann bei der Bestimmung der Eröffnung richten könnte.

Es müßte dann, wie sich von selbst versteht, darauf Bedacht genommen werden, daß die anzuordnende Assise jedenfalls dem übergangenen Quartal so nahe als möglich angerückt werde.

So viel ist gewiß, daß durch ein solches Moderamen im Sprengel des Appellationshofes wenigstens vier Assisen im Jahre weniger stattfinden könnten als sonst, und an Kosten für die Geschworenen, für die Entschädigungen und Reisekosten der Assisen-Präsidenten ꝛc. ein bedeutendes erspart und der gewöhnliche Dienst am Appellationshofe selbst weniger gestört würde.

Ew. Excellenz habe ich es für meine Pflicht gehalten, diese gehorsamsten Bemerkungen, welche durch jenen Bericht des Ober-Prokurators zu Coblenz zunächst veranlaßt wurden, gehorsamst vorzutragen und das Ganze hochgeneigter Prüfung und Vorbescheidung ehrerbietigst zu unterwerfen.

Cöln, den 9. Januar 1838.

Der Erste Präsident des Königl. Rheinischen Appellationshofes
Schwarz.

An
des Königl. Wirkl. Geheimen Staats- und Justiz-Ministers Hrn. v. Kamptz
Excellenz zu Berlin.

b.

Auf Ew. Hochwohlgeboren Bericht vom 9. d. M. genehmige ich die Verlegung der ersten diesjährigen Assise zu Coblenz in den Monat April, und authorisire Sie, hiernach das Weitere zu veranlassen. Da bei den von Ew. Hochwohlgeboren angeführten Verhältnissen der Fall, daß zu einer ordentlichen Assise keine Sachen vorliegen, öfters entstehen kann, so werden Sie authorisirt, in diesem, bei der Größe der französischen Gerichtssprengel fast unmöglichen, von dem Gesetze noch nicht vorgesehenen Falle nach Ihren sehr zweckmäßigen Vorschlägen ebenfalls in vorgedachter Art zu verfahren, und daher die Assisen-Präsidenten zu der vorgeschlagenen Anzeige anzuweisen.

Berlin, den 23. Januar 1836.

Der Justiz-Minister
v. Kamptz.

An
den Königl. Ersten Präsidenten des Appellationsgerichtshofes Herrn Schwarz zu Cöln.

E. 194.

1495.

Niederschlagung der Kosten in Untersuchungssachen wider Kriegs-Reservisten. — Die solidarische Verpflichtung der Mitverurtheilten zur Kostentragung erstreckt sich auf diese Kosten nicht.

Rhnpr. Criminalia No. 8.

Ew. Wohlgeboren eröffne ich unter Zurücksendung des mittelst Berichts vom 24. November v. J. wieder eingereichten Begnadigungsgesuchs des ꝛc. U., daß da Inculpat zur Zeit seiner Verurtheilung Kriegs-Reservist gewesen und das Erkenntniß vor Erlaß der Allerhöchsten Cabinetsordre vom 16. April 1834 *) ergangen ist, die auf seinen Theil fallenden Untersuchungskosten, Ihrem Antrage gemäß, niederzuschlagen sind. Dagegen können dieselben dem Bruder des Bittstellers als Coinculpaten nicht mit zur Last gelegt werden, obwohl beide event. in solidum zur Tragung der Kosten verurtheilt worden sind. Denn die solidarische Verpflichtung kann nur stattfinden, wenn die Kosten von einem der Inculpaten nicht beigetrieben werden können, nicht aber, wenn, wie hier, ein Inculpat zur

*) Band 4. pag. 60.

Tragung der Kosten überhaupt gesetzlich nicht verpflichtet ist. Auch ist bereits früher in den, in dieser Beziehung ergangenen Verordnungen bestimmt worden, daß die auf das Antheil der Militairpersonen fallenden Kosten niederzuschlagen und nicht den andern Complicen zur Last zu legen sind. (Rescript vom 1. September 1800. Edictensammlung von 1800 S. 3051. Neues Archiv Thl. I. Seite 313.)

Sie haben hiernach das Weitere zu veranlassen und den Bittsteller zu bescheiden.

Berlin, den 23. Januar 1836.

Der Justiz-Minister
v. Kamptz.

An
den Königl. Ober-Procurator
Hrn. Packenius zu Aachen.

F. 2956.

1496.

Befugniß des Richter-Commissars, Verhandlungen in Fallitsachen außerhalb des Sitzes des Handelsgerichts vorzunehmen.

Rh. Gen. No. 151.

a.

Der Ergänzungsrichter B. zu G. hat aus Veranlassung einer zwischen ihm und dem Königlichen Handelsgericht in der Fallitsache des N. eingetretenen Meinungs-Verschiedenheit über die Befugniß des Richter-Commissars, die Verhandlungen in Fallitsachen außerhalb des Sitzes des Handelsgerichts vorzunehmen, eine Belehrung über den Sinn des Art. 478. des Handelsgesetzbuchs in Antrag gebracht.

Dem Richter-Commissar steht es frei, die ihm überwiesenen Verhandlungen an der gewöhnlichen Gerichtsstelle, in seiner Wohnung, in dem Hause des Falliten, oder an irgend einem andern Orte vorzunehmen, insofern das Gesetz die Bestimmung des Ortes dem ernannten Commissar überlassen hat. Dies aber ist namentlich in Bezug auf die Zusammenberufung der Gläubiger durch die Art. 478. und 515. des Handelsgesetzbuchs geschehen, indem beide Gesetzesstellen unzweifelhaft die Bestimmung des Ortes, wie des Tages und der Stunde der Verhandlung, dem Commissar überlassen. Eben so unzweideutig geht dies auch aus den, bei der Abfassung des Art. 478. stattgefundenen Verhandlungen hervor. (Locré esprit du code de commerce, tom. 6. p. 53.)

Dem steht der Art. 1040. der Civil-Prozeß-Ordnung nicht entgegen, indem die hierin aufgestellte **Regel** die durch specielle Gesetze sanctionirten **Ausnahmen** nicht ausschließt, überdem aber auch das erst im Jahre 1807 publicirte Handelsgesetzbuch als jüngeres Gesetz der ältern Prozeßordnung vorgehen würde.

Hiernach war der rc. B. als Richter-Commissar in der N.'schen Fallitsache allerdings befugt, die Gläubiger in seine Wohnung vorzuladen, und ist mithin nach diesen Grundsätzen zu verfahren.

Berlin, den 23. Januar 1836.

Der Justiz-Minister
v. Kamptz.

An
das Königl. Handelsgericht
zu Crefeld.

b.

Abschrift vorstehender Verfügung dem Königl. General-Procurator auf den Bericht vom 26. v. M., um die übrigen Handelsgerichte davon in Kenntniß zu setzen.

Berlin, den 23. Januar 1836.

Der Justiz-Minister
v. Kamptz.

An
den Königl. General-Procurator
Herrn Biergans zu Cöln.

E. 137.

1497.

Verfahren, wenn ein Rechtscandidat das Examen nicht bestanden, und sich demselben bei einem anderen Gerichte nochmals unterzieht.

Rh. Offic.-S. No. 7.

a.

Ew. Hochwohlgeboren erhalten in der Anlage Abschrift der heute an den dortigen Landesgerichts-Präsidenten und Ober-Procurator erlassenen Verfügung, um von deren Inhalt sämmtliche übrige Gerichte in Kenntniß zu setzen.

Berlin, den 5. Februar 1836.

Der Justiz-Minister
v. Kamptz.

An
den Königl. General-Procurator
Herrn Geheimen Ober-Justizrath
Biergans zu Cöln.

b.

Ew. Hochwohlgeboren erhalten beikommend die unterm 20. v. M. eingereichten, den Rechtscandidaten H. betreffenden Verhandlungen mit dem Eröffnen zurück, daß derselbe als Auskultator bestellt werden kann. Es kann übrigens, so viel die allgemeine Anfrage betrifft, den Candidaten nicht gewährt werden, wenn sie das Examen bei einem Gerichte nicht bestanden, demnächst bei einem anderen Gerichte sich demselben nochmals zu unterziehen. Damit davon aber kein Mißbrauch gemacht werde, hat das erstere Gericht bei Rückgabe der Zeugnisse an den Candidaten darauf zu vermerken, daß derselbe einem Examen unterzogen gewesen und nicht bestanden ist, so wie, welche Frist zum anderweiten Examen ihm gesetzt worden, welche jedoch ohne Zustimmung des Candidaten, und bei deren Ermangelung ohne vorgängige Genehmigung des Justiz-Ministerii nicht über sechs Monate hinauszusetzen ist.

Berlin, den 5. Februar 1836.

Der Justiz-Minister
v. Kamptz.

An
den Königl. Landgerichts-Präsidenten
Herrn v. Oppen
und den Königlichen Ober-Procurator
Herrn v. Collenbach in Cöln.
E. 336.

1498.

Wegen der gerichtlichen Verhandlungen an den, durch die Festordnung von 1829 eingeführten, in der Allerhöchsten Cabinetsordre vom 5. Juli 1832 unberücksichtigt gebliebenen katholischen Festtagen.

Rh. Gen. No. 112.

Auf den Bericht vom 24. Januar a. c., worin Ew. Hochwohlgeboren um einen bestimmten Befehl — hinsichtlich der durch die Festordnung von 1829 *) eingeführten, in der Allerhöchsten Cabinetsordre vom 5. Juli 1832 **) unberücksichtigt gebliebenen katholischen Festtage — bitten, lasse ich Ihnen hierneben Abschrift der dieserhalb unter dem 30. Januar v. J. ***) an den Appellationsgerichts-Präsidenten und General-Procu-

*) Band 3. pag. 285.
**) Band 3. pag. 515.
***) Band 5. pag. 57.

rator zu Cöln, so wie an den Landgerichts-Präsidenten und Ober-Procurator zu Düsseldorf ergangenen Rescripte zur Nachachtung zufertigen. Es ist in diesen Rescripten (sofern man nicht den Schlußsatz des an den Landgerichts-Präsidenten und Ober-Procurator zu Düsseldorf erlassenen Rescripts darauf beziehen will) der Civilsachen nicht gedacht worden, sondern nur der Sitzungen für die Strafsachen, weil der Fall, daß einzelne Advokat-Anwälte gegen die Abhaltung der Sitzungen an den in Rede stehenden Feiertagen protestirt hätten, noch nicht vorgekommen, und eine Berücksichtigung von Amtswegen, nach Inhalt der Cabinetsordre vom 5. Juli 1832, keineswegs geboten war. Nachdem aber jetzt der Fall eingetreten, daß drei Advokat-Anwälte um Entbindung von ihren Amtsverrichtungen an den, in der Cabinetsordre vom 5. Juli 1832 nicht gedachten, Festtagen bitten, so ist ihnen darin zu willfahren, da es nicht consequent sein würde, Feiertage einzuführen, wie durch die Festordnung von 1829 geschehen ist, und andererseits die Unterthanen zu zwingen, an diesen Feiertagen Geschäfte vorzunehmen, die man sonst an Sonn- und Festtagen aussetzt.

Berlin, den 5. Februar 1836.

Der Justiz-Minister
v. Kamptz.

An
den Königl. Landgerichts-Präsidenten
Herrn Wurzer Hochwohlgeboren
zu Coblenz.

E. 306.

1499.

Anordnung beständiger Taxatoren bei Aufnahme der Inventarien und Privatvermögens-Verzeichnisse in Vormundschaftssachen.

Rheinpr. Gener. No. 72. Vol. II.

a.

Ew. Hochwohlgeboren veranlasse ich auf den Bericht vom 19. v. M.,

die Anordnung beständiger Taxatoren bei Aufnahme der Inventarien und Privatvermögens-Verzeichnisse in Vormundschaftssachen betreffend,

sämmtliche Friedensrichter durch die Königlichen Ober-Procuratoren anweisen zu lassen, die Sachverständigen in der vorgeschlagenen Art ein für allemal zu vereiden. Dieselben müssen sich aber anheischig machen, in den unvermögenden Vormundschaften unentgeldlich zu taxiren. Ew. Hochwohlgeboren überlasse ich hiernach, das Nähere zu verfügen, und sehe einer Abschrift dessen, was Sie darüber erlassen haben, entgegen.

Berlin, den 5. Februar 1836.

Der Justiz-Minister
v. Kamptz.

An
den Königlichen General-Procurator
und Geheimen Ober-Justizrath
Herrn Biergans zu Cöln.

E. 323.

b.

Zur Verminderung der Kosten, welche durch die jedesmalige Vereidung der Taxatoren bei Aufnahme eines Inventariums oder Privatvermögens-Verzeichnisses in Vormundschaftssachen herbeigeführt werden, haben des Herrn Justiz-Ministers Excellenz mittelst Rescripts vom 5. v. M. zu bestimmen geruhet, daß für den Bereich eines jeden Bürgermeister-Amtes Sachverständige, welche das Mobiliar-Vermögen der Minderjährigen abschätzen, von den Friedensrichtern angeordnet und ein für allemal vereidet werden sollen, wobei dieselben sich jedoch anheischig machen müssen, in unvermögenden Vormundschaftssachen dergleichen Abschätzungen unentgeldlich vorzunehmen.

Bei der Auswahl der, solchergestalt ein für allemal zu vereidenden, Sachverständigen muß darauf Bedacht genommen werden, daß dieselben die Fähigkeit besitzen, den Werth der zu inventarisirenden Gegenstände richtig zu beurtheilen, daß sie der Feder hinreichend gewachsen sind, und daß sie mit diesen Eigenschaften zugleich den erforderlichen Grad von Rechtlichkeit verbinden, sohin auf das Zutrauen des Publikums einen gegründeten Anspruch haben. Den Friedensrichtern wird es bei einiger Personalkenntniß ein Leichtes sein, die hiezu geeigneten Personen zu ermitteln, und wenn sie es für nothwendig erachten, mögen sie sich desfalls mit dem betreffenden Bürgermeister benehmen.

Die Vortheile, die durch diese Einrichtung herbeigeführt werden, sind, abgesehen von dem damit verbundenen Kostenersparnisse, unverkennbar. Es wird dadurch die Anlage einer richtigen Taxe und eine genauere Feststellung des Werthes des, den Minderjährigen gehörigen, Vermögens in einem höheren Grade gesichert, der Zeitverlust, welcher mit dem Heranziehen entfernterer Sachverständigen verbunden ist, vermieden und indirect zugleich jede Einmischung unberufener Zwischentreter beseitigt, indem zu erwarten steht, daß man sich jener, ein für allemal vereideten, Taxatoren zur Aufstellung der Privatvermögens-Verzeichnisse bedienen wird, wenn der Vormund persönlich sich hiezu nicht im Stande fühlt. Die Winkelkonsulenten werden alsdann auch in diesem Zweige keine Nahrung mehr finden und die Vermögensverzeichnisse eine größere Gleichförmigkeit erhalten, wodurch die Verwaltung des Vormundschaftswesens wirklich erleichtert wird.

Den Friedensrichtern bleibt es indessen vorbehalten, die solchergestalt getroffene Anordnung einzelner Sachverständigen zu jeder Zeit nach Willkühr zurückzunehmen, und steht sohin nichts entgegen, andere Taxatoren zu ernennen, wenn sich ergiebt, daß die Angeordneten den Anforderungen des vormundschaftlichen Gerichts oder jenen der Partheien nicht gehörig entsprechen, in Erledigung der erhaltenen Aufträge säumig oder durch Krankheiten rc. verhindert sind, die vorkommenden Abschätzungen zu bewirken.

Eben so sind aber auch die Vormünder nicht verpflichtet, bei Aufnahme von Inventarien oder Privatvermögens-Verzeichnissen der, solchergestalt ein für allemal vereideten, Sachverständigen sich nothwendig zu bedienen, und wird denselben die Befugniß nicht entzogen, unter Berücksichtigung der, in jedem einzelnen Falle obwaltenden, Verhältnisse, die Abschätzung auch durch andere Sachverständige vornehmen zu lassen, vorausgesetzt, daß diese von dem vormundschaftlichen Gericht hiezu vorschriftsmäßig vereidet sind, und dürfte in manchen Fällen hiezu sogar ein oder anderes Mitglied des Familienrathes geeignet erscheinen, dessen Vereidung alsdann gleich nach Beendigung der ersten Familienraths-Versammlung vorgenommen werden könnte.

Daß übrigens den, solchergestalt ein für allemal zu vereidenden, Sachverständigen für die Abwartung des Vereidigungstermins keine Entschädigung bewilligt werden kann, bedarf wohl keiner nähern Erwähnung, indem jene Vereidigung nicht im Interesse einer einzelnen Vormundschaft geschieht.

Ew. Hochwohlgeboren ersuche ich, die Friedensrichter Ihres Amtsbereiches hievon in Kenntniß zu setzen und dieselben aufzufordern, nach dem Inhalte dieser Verfügung zu verfahren.

Cöln, den 8. März 1836.

Der General-Procurator
Biergans.

An
sämmtliche Königl. Ober-Procuratoren
der Rheinprovinz.

E. 824.

1500.

Verzichtleistung auf Bestrafung in Injuriensachen. Unterschied zwischen Realinjurien und Thätlichkeit oder Mißhandlung.

Rh. Crim. 52.

Ew. Hochwohlgeboren erhalten beigehend die Acten in den Untersuchungs-Sachen wider B. und Consorten, und die in diesen Sachen vom Königlichen Revisions- und Kassationshofe erlassenen Urtheile, zur weiteren Veranlassung.

Ew. Hochwohlgeboren werden aus den beiden kassirenden Erkenntnissen in Sachen wider B. und N. ersehen, daß der Königliche Revisions- und Kassationshof ganz die nämlichen Grundsätze ausgesprochen hat, welche in den Rescripten vom 20. Februar *) und 15. März v. J. **) entwickelt worden. Sie haben daher die Gerichte durch die Ober-Procuratoren von diesen beiden Urtheilen in Kenntniß zu setzen und den Abdruck derselben in dem Archiv zu veranlassen, damit den sich einander widersprechenden Erkenntnissen der Gerichtshöfe endlich ein Ziel gesetzt werde.

Wenn übrigens in der Untersuchungssache wider P. die correctionelle Appellationskammer des Landgerichts zu C. in dem Urtheile vom 11. September v. J. angenommen hat, daß „jede unerlaubte Thätlichkeit an dem Körper eines Menschen „ausgeübt, eine Kränkung und Verletzung der schuldigen Ach„tung involvire und in so weit jeder Zeit Realinjurie sei" — so kann diese Ansicht nicht gebilliget werden, da zwischen Realinjurie und Thätlichkeit oder Mißhandlung allerdings ein Unterschied besteht, welcher durch den animus gebildet wird, indem diejenige Thätlichkeit oder Mißhandlung, welche animo injuriandi geschieht, Realinjurie ist, wohingegen diejenige Thätlichkeit oder Mißhandlung, welche nicht animo injuriandi, sondern nur animo nocendi geschieht, zu den Mißhandlungen oder Körperverletzungen gezählt wird.

Hierauf werden Ew. Hochwohlgeboren das Landgericht zu C. durch den Ober-Procurator aufmerksam machen.

Berlin, den 7. Februar 1836.

Der Justiz-Minister
v. Kamptz.

An
den Königlichen General-Procurator
Herrn Biergans zu Cöln.

F. 220.

---

*) Band 5. pag. 75
**) Band 5. pag. 127.

1501.

Stempelpflichtigkeit der vormundschaftlichen Verhandlungen in den Fällen, in welchen ein überlebender Ehegatte vorhanden ist.

Rh. Gen. 62. Vol. III.

Der Ober-Procurator von Collenbach hat in einem Berichte vom 26. October v. J. über die Stempelpflichtigkeit der vormundschaftlichen Verhandlungen in den Fällen, in welchen ein überlebender Ehegatte vorhanden ist, angefragt. Ich bin dieserhalb mit dem Königlichen Finanz-Ministerium durch das abschriftlich angeschlossene Schreiben vom 23. November v. J. in Communikation getreten, worauf das in Abschrift beigefügte Rückschreiben vom 28. v. M. ergangen ist. Ew. Hochwohlgeboren werden hiernach veranlaßt, die Bestimmung Ihrer Bekanntmachung vom 10. Oktober v. J. *) §. 24. durch eine mittelst Einrückung in die Amtsblätter **) zu veröffentlichende Verfügung dahin zu erläutern, daß in den Fällen, in denen nach jenem §. die vormundschaftlichen Verhandlungen die Sportelfreiheit genießen, denselben auch die Befreiung vom Stempel zukommt.

Berlin, den 9. Februar 1836.

Der Justiz-Minister
v. Kamptz.

An
den Königl. General-Procurator
und Geheimen Ober-Justizrath
Herrn Biergans zu Cöln.
E. 382.

1502.

Oeffentliche Waagen.

(Cölner Amtsblatt pag. 52.)

Mit Rücksicht darauf, daß die Richtigkeit einer Waage nicht bloß von der richtigen Eintheilung des Balkens und dem Gleichgewichte der Schaalen, sondern überhaupt von der ganzen Einrichtung der Waage abhängt, daß also die in der Instruktion für die Eichungs-Commissionen vom 14. Dezember 1816 vorgeschriebene Stempelung der Waage-Balken und Schaalen

*) Band 5. No. 1437.
**) Cölner Amtsblatt pag. 55.

für die fortdauernde Richtigkeit der Waagen keine zureichende Sicherheit gewährt, ist es angemessen befunden, von dem Erfordernisse der Stempelung der Waagen, nach denen öffentlich verkauft oder gewogen wird, abzustehen.

Dagegen kommt es wesentlich darauf an, daß auf die Richtigkeit derselben strenge gehalten werde, indem die Ueberlieferung nach richtigem Gewichte durch Anwendung einer richtigen Waage nothwendig bedingt wird, und das Verbot des Führens und Gebrauches unrichtigen Gewichtes auch das Verbot des Führens und Gebrauches unrichtiger Waagen nothwendig voraussetzt und in sich schließt.

Demgemäß wird hierdurch bestimmt:

daß bei den, in der Maaß- und Gewichts-Ordnung vom 16. Mai 1816 vorgeschriebenen, polizeilichen Revisionen der Maaße und Gewichte von dem Erfordernisse der Stempelung der Waagen abzustehen, dagegen aber die Richtigkeit der Waagen sorgfältig zu prüfen ist, und daß gegen die, in den §§. 12. und 13. der Maaß- und Gewichtsordnung bezeichneten, Personen, wenn die in ihrem Verkaufs- oder Geschäfts-Lokale vorhandenen Waagen unrichtig befunden werden, eine Polizei-Strafe von Einem Thaler bis zu Fünf Thalern eintreten soll, vorbehaltlich der, nach den bestehenden Gesetzen, sonst etwa noch verwirkten Strafe.

Berlin, den 12. Februar 1836.

Rother.

B. 2775.

1503.

Befugniß zur Tragung der, in der Allerhöchsten Ordre vom 17. März 1809 näher beschriebenen, Säbeltroddel bei der Civil-Uniform.

Rh. Off. S. No. 50.

Auf den beigehenden Bericht des Ministers des Innern und der Polizei vom 11. v. M. habe Ich bewilligt, daß diejenigen, zur Tragung einer Civil-Uniform berechtigten, Beamten, welche zu denjenigen Unteroffizieren und Soldaten gehören, denen durch Meine, an das allgemeine Kriegs-Departement ergangene, Ordre vom 17. März 1809 *) die darin näher beschriebene Säbeltroddel als besondere Auszeichnung verliehen

---

*) Im Anhange zur Gesetz-Sammlung S. 540 abgedruckt.

worden, diese Säbeltroddel auch zu ihrer gegenwärtigen Civil-Uniform zu tragen befugt sein sollen. Die betreffenden Verwaltungs-Chefs haben hiernach weiter zu verfügen, aber auch darauf gehörig sehen zu lassen, daß der Civilbeamte, der von dieser Erlaubniß Gebrauch machen will, sein Recht zur Tragung der am 17. März 1809 verliehenen Säbeltroddel glaubhaft nachweise.

Berlin, den 14. Februar 1836.

Friedrich Wilhelm.

An
das Staats-Ministerium.

D. 260.

1504.

Von der Vorladung eines Offiziers, Unteroffiziers oder Soldaten in Polizei-Contraventionssachen ist entweder dem Vorgesetzten desselben Nachricht zu geben oder solche durch den Vorgesetzten zu bewirken.

Rh. Crim. 10.

a.

Mittelst abschriftlich anliegenden Rescripts vom 24. Dezember v. J. hat der Herr Minister des Innern und der Polizei sämmtliche Provinzial-Regierungen beauftragt, die Polizei-Behörden dahin anzuweisen,

daß sie von jeder Vorladung eines Offiziers, Unteroffiziers oder Soldaten in Polizei-Contraventionssachen entweder dem Vorgesetzten desselben Nachricht geben, oder solche durch den Vorgesetzten bewirken.

Mit Rücksicht auf diese Verfügung veranlasse ich Ew. Hochwohlgeboren, die rheinischen Polizei-Gerichte mit gleicher Instruction zu versehen.

Berlin, den 15. Februar 1836.

Der Justiz-Minister
v. Kamptz.

An
den Königlichen General-Procurator
Herrn Geheimen Ober-Justizrath
Biergans in Cöln.

E. 444 und 476.

b.

In Folge einer Mittheilung des Königlichen Kriegsministerii, nach welcher von einer Militair-Behörde der Wunsch geäußert worden, daß Vorladungen und Verfügungen der Polizei-Behörden in Polizei-Contraventionssachen der Offiziere den Vorgesetzten der letztern mitgetheilt werden möchten, veranlaßt das Ministerium des Innern und der Polizei die Königliche Regierung, die Polizei-Behörden Ihres Bezirks dahin anzuweisen,

daß sie von jeder Vorladung eines Offiziers, Unteroffiziers oder Soldaten entweder dem Vorgesetzten desselben Nachricht geben, oder solche durch den letzteren bewirken,

indem solches hinsichtlich der Unteroffiziere und Soldaten aus den Bestimmungen der §§ 54. und 244. zu No. 4. des Anhanges zur Gerichtsordnung folgt, die Nothwendigkeit einer solchen Benachrichtigung hinsichtlich der Officiere aber sich aus den, im §. 55. des gedachten Anhanges in Betreff der Vorladungen im Civil-Prozeß angenommenen Gründen ergiebt.

Was dagegen die Mittheilung der weitern Verfügungen, namentlich der Strafresolute der Polizei-Behörden gegen Offiziere betrifft, so kann das Ministerium des Innern und der Polizei solche weder als gesetzlich begründet, noch als überhaupt nothwendig anerkennen, indem es theils der Militair-Behörde selbst überlassen werden muß, das Disciplinar-Interesse durch die erforderliche Anweisung der etwa in dieser Hinsicht Betheiligten wahrzunehmen, theils für das Interesse des Dienstes durch die gesetzlichen Bestimmungen der Allerhöchsten Ordres vom 4. Juni 1822 und vom 9. Januar 1823 hinlänglich gesorgt ist.

Berlin, den 24. Dezember 1835.

Ministerium des Innern und der Polizei.
(gez.) Köhler.

An
sämmtliche Königliche Regierungen und das hiesige Königliche Polizei-Präsidium.

1505.

Regulativ über das Ausweichen der Schiffe auf der Mosel.

Rh. Gener. 150.

Wir Friedrich Wilhelm, von Gottes Gnaden, König von Preußen rc. rc.

Um den bisher oft vorgekommenen Streitigkeiten über das Ausweichen der Schiffe auf der Mosel vorzubeugen, haben

Wir für nöthig erachtet, für den Theil des gedachten Flusses, dessen beide Ufer zu Unserem Staatsgebiete gehören, mit Rücksicht auf die bisherige Observanz bis auf Weiteres folgende Vorschriften zu erlassen.

§. 1. Wenn ein zu Thal gehendes Schiff einem zu Berge fahrenden begegnet, und wegen der Lage des Flußbettes oder wegen seichten Wassers beide nicht neben einander fahren können, so muß, wenn eins dieser Schiffe sich schon in der engen Fahrstelle befindet, das andere so lange beilegen und abwarten, bis das erstere diese Stelle verlassen hat; wenn sich aber die Schiffsführer ansichtig werden, ehe eins der beiden Schiffe sich innerhalb der engen Fahrstelle befindet, so muß das zu Thal gehende so lange beilegen und abwarten, bis das entgegenkommende aus dieser Stelle gelangt ist.

Die Regierungen zu Coblenz und Trier haben mittelst Bekanntmachung durch die Amtsblätter unverzüglich diejenigen Stromstellen der Mosel namhaft zu machen, für welche diese Bestimmung in Wirksamkeit treten soll. In gleicher Art haben dieselben alljährlich vor der Eröffnung der Schifffahrt etwanige Ergänzungen und Abänderungen des ersten Verzeichnisses zur allgemeinen Kenntniß zu bringen.

§. 2. Der Führer eines Schiffs, welches schneller stromaufwärts fährt, als das ihm vorangehende, hat das Recht, von dem Führer des letzteren, wenn er es erreicht hat, zu verlangen, daß dieser auf ein gegebenes Zeichen das Nöthige veranstaltet, damit das schneller fahrende Schiff neben ihm vorbeigezogen werden könne, namentlich die Leinen fallen lasse, und die vom Ufer entferntere Bahn suche.

Der Führer des schnelleren Schiffs darf jedoch dieses Recht nicht an solchen Stellen in Ausübung bringen, wo das Flußbett, in welchem sich das langsamer fahrende Schiff befindet, zu enge, oder die Trift zu stark ist, und das Ausweichen weder ohne Gefahr, noch ohne einen bedeutenden Zeitverlust bewerkstelligt werden kann. In diesem Falle hat der vorfahrende Schiffer sich zu beeilen, die enge Stelle zu passiren und das stille Wasser zu gewinnen.

§. 3. Wenn stromabwärtsfahrende Schiffe in die Lage kommen, sich ausweichen zu müssen, weil das eine schneller geht als das andere, so ist der Führer des langsamer fahrenden Schiffs verbunden, Platz zu machen, es sei denn, daß das Flußbett zu enge, oder sonst eine Gefahr zu besorgen ist, welchenfalls der Führer des geschwinder gehenden Schiffs gehalten ist, dessen Lauf aufzuhalten und die Gelegenheit zum gefahrvollen Vorbeifahren abzuwarten.

§. 4. Für die Krümmung bei Senhals wird besonders festgesetzt, daß bevor ein Bergschiffer in dieselbe einfährt, er einen zuverlässigen Boten zeitig voranschicken muß, um das jenseits der Krümmung etwa ankommende Thalschiff zu benachrichtigen. Dieses ist gehalten, sogleich und so lange am Ufer anzulegen, bis das zu Berg fahrende Schiff vorüber ist.

§. 5. Was vorstehend für fahrende Schiffe angeordnet worden, gilt auch für stillliegende, dergestalt, daß es keinem Schiffe gestattet ist, im Schiffswege so, daß die vorüberfahrenden dadurch behindert werden können, zu halten. Ausgenommen sind Schiffe, welche im Begriffe sind, Ladung einzunehmen oder zu löschen. Diese müssen aber, je nachdem es die Umstände erfordern, entweder den Mast zeitig niederlegen oder vom Ufer weit genug abstehen, oder solche Anstalten treffen, daß die Leinen des Bergschiffes ohne Schwierigkeit fortgezogen werden können.

§. 6. Kleinere Fahrzeuge, Fischer- und Fährnachen, in deren Nähe der Schiffsweg vorbeiführt, müssen am Ufer so befestigt sein, daß sie stromrecht liegen. Auch müssen die Eigenthümer Abweiser setzen, damit die Leinen der Bergschiffe nicht hängen bleiben. Ueberhaupt liegt es dem Eigenthümer festliegender Schiffe ob, Vorkehrungen zu treffen, um sich vor Beschädigungen durch die Leinen der aufwärts fahrenden Schiffe sicher zu stellen, indem dafür der Schiffer bei regelmäßigem Gebrauch der Leinen nicht verantwortlich ist.

§. 7. Derjenige Schiffer oder Besitzer eines Fahrzeuges, welcher vorstehende Vorschriften nicht befolgt, verfällt in eine Polizeistrafe von zwei bis fünf Thalern, die im Wiederholungsfalle verdoppelt werden kann, vorbehaltlich etwanigen Schadenersatzes.

§. 8. Das Straferkenntniß gebührt demjenigen Friedensgerichte, in dessen Bezirke die Stromstrecke, woselbst die Contravention begangen worden ist, liegt. Gehören die gegenüberliegenden Ufer zu verschiedenen Friedensgerichten, so wird durch eine Bekanntmachung Unsers Justiz-Ministers bestimmt werden, welches von ihnen ausschließlich berufen sein soll, wegen Uebertretung dieser Verordnung das Urtheil zu sprechen.

§. 9. Das gegenwärtige Regulativ ist durch die Amtsblätter der Regierungen zu Coblenz und Trier bekannt zu machen.

Gegeben Berlin, den 18. Februar 1836.

(L. S.) Friedrich Wilhelm.

v. Kamptz. Ancillon. Rother.

Regulativ
über das Ausweichen der Schiffe
auf der Mosel.

cf. Coblenzer Amtsblatt pag. 152.
„ Trier „ „ pag. 143.

1506.

Gewerbebetrieb durch emancipirte Minderjährige.

(Aachener Amtsblatt pag. 72)

Die unter No. 36. unseres vorjährigen Amtsblatts St. 6, S. 122 enthaltene Verordnung vom 23. Januar 1835 *), den Gewerbebetrieb durch emancipirte Minderjährige betreffend, wird hierdurch dahin modificirt, daß wenn gleich das dort eingeschärfte Verbot dieses Betriebs vor dem vollendeten 18ten Lebensjahre auf Grund des Art. 2. des Handelsgesetzbuches in Kraft bleibt, doch eine Strafe mit dessen Uebertretung nicht verbunden sein soll.

Sämmtliche Polizeibehörden und Verwaltungsbeamte haben sich hiernach zu achten.

Aachen, den 20. Februar 1836.

Königliche Regierung, Abtheilung des Innern.

1507.

Verfahren bei der Prüfung zur Auscultatur.

Rh. Offic. = Sachen No. 7.

Extract.

Es sind künftig in den Protokollen über die erste juristische Prüfung die Materien anzugeben, aus welchen die Candidaten geprüft worden, und die Stellen des corpus juris zu bezeichnen, welche zur Interpretation vorgelegt worden sind.

Berlin, den 24. Februar 1836.

Der Justiz = Minister
v. Kamptz.

An
den Königlichen Justiz = Senat
zu Coblenz.

E. 535.

---

*) Bd. 5. pag. 52.

1508.

Ob bei Subhastion von Grundstücken, welche in den Bürgermeistereien eines Friedensgerichts-Bezirkes liegen, für welche periodische Gerichtssitzungen bestehen, der Lizitationstermin an dem Orte dieser Sitzungen oder an dem Hauptsitze des Friedensgerichts abzuhalten sei.

Gener. No. 33.

a.

Auf Ew. Hochwohlgeboren Anfrage vom 9. d. M.
ob bei einer Subhastion von Grundstücken, welche in den Bürgermeistereien eines Friedensgerichts-Bezirkes liegen, für welche periodische Gerichtssitzungen bestehen, der Lizitationstermin an dem Orte dieser Sitzungen oder an dem Hauptsitze des Friedensgerichts abzuhalten sei?
kann ich mich nur für die letztere Meinung erklären.

Nach §. 18. der Subhastions-Ordnung vom 1. August 1822 *) soll die Lizitation an ordentlicher Gerichtsstelle geschehen, was nichts anders heißen kann und soll, als daß die Lizitation an dem Orte geschehe, wo den bestehenden Vorschriften gemäß das Gericht gewöhnlich seine Sitzungen hält. Der Ort aber, wo das Friedensgericht gewöhnlich seine Sitzungen hält, ist das Gerichtslocal des Hauptsitzes desselben, indem hier der Regel nach alle gerichtlichen Verhandlungen vorgenommen werden, so weit nicht durch besondere Verfügung des Richters oder durch bestehende allgemeine Bestimmungen hierunter eine Ausnahme gemacht ist. Nur als eine solche Ausnahme können Inhalts der Bekanntmachungen vom 25. Juli 1821 **) und 16. April 1822 ***) die Anordnung periodischer Sitzungen für einzelne Theile des Bezirks an einem andern Orte angesehen werden, und die ordentliche Gerichtsstelle wird mithin dadurch nicht verändert. Hierzu kommt, daß der §. 3. der Bekanntmachung vom 16. April 1822 nur die zur friedensrichterlichen Competenz gehörigen Sachen zur Verhandlung in den periodischen Gerichtssitzungen verweist, daß aber an sich Subhastionssachen keineswegs zur friedensrichterlichen Competenz gehören, vielmehr nach der ausdrücklichen Be-

---

*) Bd. 2. pag. 280.
**) Bd. 2. pag. 136.
***) Bd. 2. pag. 243.

stimmung des §. 1. der Subhastations-Ordnung den Friedensrichtern nur als ständige Commissarien der Landgerichte, die also in soweit nicht eigene Gerichtsbarkeit ausüben, übertragen sind, so daß sie nicht unter die Bestimmung jener Bekanntmachung fallen.

Richtig ist es zwar, daß der Zweck der ständigen Commitirung der Friedensrichter zu Subhastionssachen der gewesen ist, durch näheres Zusammenbringen des Richters mit den Partheien und Kauflustigen Zeit- und Kosten-Ersparniß herbeizuführen; indessen ist dieser Zweck auch schon dadurch vollkommen erreicht, daß überhaupt die Friedensrichter das Commissorium zur Leitung der Subhastationssachen erhalten haben. Nachtheilig würde es gewesen sein, wenn die Bestimmung getroffen wäre, den Lizitationstermin in einem entfernten Theile des Friedensgerichtsbezirks, in welchem periodische Sitzungen Statt finden, abzuhalten, theils, weil alsdann die Reisegebühren des Friedensrichters und Gerichtsschreibers bedeutend die Kosten vermehrt haben würden, theils und vorzüglich, weil alsdann Kauflustige aus entfernteren Theilen des Friedensgerichtsbezirks, die wohl zu dem, im Mittelpunkte desselben belegenen, Hauptsitze zum Zwecke des Mitbietens gereist sein würden, der weiten Entfernung wegen dem Mitbieten entsagen würden, während die in der Nähe der Grundstücke wohnenden Kauflustigen, bei dem größeren Interesse zu kaufen, sich durch die Entfernung von wenigen Stunden bis zum Hauptgerichtsorte nie abhalten lassen werden, eine Reise dorthin zu machen und an der Lizitation Theil zu nehmen, so daß es im Interesse des Schuldners und Gläubigers, welches immer dahin geht, durch eine größere Zahl der Mitbietenden einen höheren Preis zu erlangen, liegen muß, daß die Lizitation am Hauptsitze des Gerichts geschehe.

Die Anlagen des Berichts vom 9. d. M. erfolgen hierbei zurück.

Berlin, den 25. Februar 1836.

An den Königlichen Ober-Procurator Herrn v. Collenbach zu Cöln.

Der Justiz-Minister v. Kamptz.

b.

Abschrift dieser Verfügung dem Königl. General-Procurator Herrn Biergans zur Nachricht.

Berlin, den 25. Februar 1836.

An den Königl. General-Procurator Herrn Biergans zu Cöln.

Der Justiz-Minister v. Kamptz.

E. 520.

1509.

Verfahren bei Executionsvollstreckungen gegen Militair-Personen.

Rh. Gen. No. 102.

Das (Tit. — Ew. Hochwohlgeboren) wird (werden) davon in Kenntniß gesetzt, daß Seine Majestät mittelst Allerhöchster Ordre vom 6. d. M. die Allerhöchste Ordre vom 4. Juni 1822*) dahin näher zu erklären geruhet haben, daß die den Militairpersonen zu ertheilende Weisung, sich bei Vermeidung der gesetzlichen Folgen nach der Verfügung des Civilgerichts zu achten, bei Executionsvollstreckungen wider Generale, Commandeure von Brigaden und Regimentern oder mit denselben in gleichen Verhältnissen stehende Befehlshaber, Commandanten und Offiziere, welche bei dem Kriegs-Ministerium oder dem großen Generalstabe angestellt sind, von der ihnen unmittelbar vorgesetzten Militairbehörde, bei Executionsvollstreckungen wider pensionirte Offiziere aller Grade von dem commandirenden General, in dessen Bezirk sie wohnen, zu erlassen ist. Für den Fall, daß auch wider active Offiziere, welche in disciplinarischer Beziehung keiner höheren Militairbehörde unterworfen sind, insbesondere wider commandirende Generale und denselben gleichgestellte Militairbefehlshaber, die General- und Flügel-Adjudanten Seiner Majestät des Königs und Gouverneure der Prinzen des Königlichen Hauses, Executionsvollstreckungen eintreten sollten, wird das Kriegs-Ministerium denselben die vorgedachte Weisung ertheilen.

Hiernach hat das (Tit.) haben (Ew. Hochwohlgeboren) sowohl selbst sich zu achten, als auch die ihnen untergebenen Gerichte mit Anweisung zu versehen.

Berlin, den 25. Februar 1836.

Das Justiz-Ministerium.
v. Kamptz. Mühler.

An
sämmtliche Königl. Landes-Justiz-Collegien, an den Herrn Ersten Appellationsgerichts-Präsidenten Schwarz u. den Herrn General-Procurator Biergans, so wie an sämmtliche Herrn Landgerichts-Präsidenten und Ober-Procuratoren in der Rheinprovinz.

E. 717.

---

*) Bd. 2. pag. 310.

1510.

Voraussendung zweier Exemplare der einzelnen Nummern der Gesetzsammlung mit der Briefpost an sämmtliche Königliche Landesgerichte.

Rh. Gener. 9.

Ew. Hochwohlgeboren benachrichtige ich, daß des Herrn Geheimen Staats-Ministers und General-Postmeisters von Nagler Excellenz auf meine Veranlassung die jedesmalige Voraussendung zweier Exemplare der einzelnen Nummern der Gesetzsammlung mit der Briefpost auch an sämmtliche Königliche Landesgerichte zu Cöln, Aachen, Cleve, Coblenz, Düsseldorf, Elberfeld, Trier und Saarbrücken angeordnet und die Postanstalten in den obgedachten Orten der Rheinprovinz demgemäß ausdrücklich angewiesen hat.

Hiervon haben Sie die betreffenden Ober-Procuratoren in Kenntniß zu setzen.

Berlin, den 29. Februar 1836.

Der Justiz-Minister
v. Kamptz.

An
den Königlichen General-Procurator
Herrn Biergans zu Cöln.

E. 569.

1511.

Verpflichtung der Amtsdiener bei den ostrheinischen Justiz-Aemtern für ihre Functionen in Rheinzollsachen. — Gebühren in Rheinzollsachen.

Rh. Gener. No. 142.

Auf den Bericht vom 5. d. M. wird der Königl. Justiz-Senat veranlaßt, eine Uebersicht der bei den Justiz-Aemtern zu Ehrenbreitstein und Linz im vorigen Jahre vorgekommenen rheinzollgerichtlichen Geschäfte und der in Rheinzollsachen erkannten Geldbußen einzusenden. Was die gleichzeitig von diesen Gerichten vorgelegten Anfragen betrifft, so ist denselben zu eröffnen,

1) daß es einer besondern Verpflichtung des Amtsdieners für dessen Functionen in Rheinzollsachen nicht bedarf,

2) daß derselbe für Vorladungen, Insinuationen und Executionen die Gebühren nach den, für diese Geschäfte bei dem Justiz-Amte zu Neuwied bestehenden, Sätzen liquidiren kann, und

3) daß für die Urtheils-Ausfertigungen und für die Mittheilung der Schrift oder des Protokolls, worin der Appellant die Appellationsbeschwerden ausführt, die Berechnung von Copial-Gebühren nach den sonst bei dem Justiz-Amte statt findenden Sätzen zulässig ist. ꝛc.

Berlin, den 1. März 1836.

Der Justiz-Minister
v. Kamptz.

An
den Königlichen Justiz-Senat
zu Coblenz.

E. 516.

1512.

Den Proberelationen der Referendarien für die dritte Prüfung sind die schriftlichen Vorträge der Referenten und die darauf ergangenen Urtheile beizulegen.

Rh. Offic.-Sach. No. 7.

Extract.

Ew. Hochwohlgeboren veranlasse ich zugleich, in ähnlichen Fällen die schriftlichen Vorträge des Referenten und die abgefaßten Urtheile in den Sachen, in welchen der betreffende Candidat zur Probe referirt hat, künftighin mit einzusenden.

Berlin, den 5. März 1836.

Der Justiz-Minister
v. Kamptz.

An
den ersten Präsidenten des Königlichen Appellationsgerichtshofes Hrn. Schwarz und an den Königlichen General-Procurator Hrn. Biergans zu Cöln.

E. 616.

1513.

Ueber die Höhe der Gewerbesteuer=Quote, welche zur Wahl der Mitglieder der Handelskammern berechtigt.

Rep. Rh. Gen. No. 52.

a.

Ew. Hochwohlgeboren erhalten anliegend Abschrift der Allerhöchsten Cabinets=Ordre vom 21. v. M.,

die Höhe der zur Wahl der Mitglieder der Handelskammer berechtigenden Gewerbesteuer=Quote betreffend,

wodurch die in den Jahrbüchern Bd. 37. S. 428 abgedruckte Allerhöchste Cabinets=Ordre vom 16. Juni 1831 *) modifizirt worden, zur weiteren Verfügung.

Berlin, den 5. März 1836.

Der Justiz=Minister
v. Kamptz.

An
den Königlichen General=Procurator
und Geheimen Ober=Justizrath
Herrn Biergans zu Cöln.

E. 644.

b.

Ich will aus den, in Ihrem Berichte vom 29. v. M. angeführten Gründen nach Ihrem Antrage Meine auf Anlaß der Bestätigung des Statuts der Düsseldorfschen Handelskammer erlassene Ordre vom 16. Juni 1831 dahin modifiziren, daß die Gewerbesteuer=Quote, an welche das Recht, die Mitglieder der Handelskammer zu wählen, geknüpft ist, in den Städten der ersten Gewerbesteuer=Klasse mindestens zwanzig Thaler betragen muß, wogegen es in den Städten zweiter Klasse bei dem bisherigen Satze von zwölf Thalern sein Bewenden hat.

Berlin, den 21. Februar 1836.

Friedrich Wilhelm.

An
den wirklichen Geheimen Rath
Rother.

---

*) Band 5. pag. 19.

1514.

Verfahren bei Vollstreckung der in correctionellen Untersuchungssachen ergangenen Contumacial-Urtel.

Rh. Crim. 56.

Ew. Hochwohlgeboren veranlasse ich hierdurch, Verfügung zu treffen, daß die Königlichen Ober-Procuratoren die in den correctionellen Untersuchungssachen in Gemäßheit des Artikels 186. der Strafprozeßordnung ergangenen Contumacial-Urtheile nicht ohne Weiteres zur Vollstreckung bringen, sondern darüber unter Beifügung der Acten an den Justiz-Minister berichten und dessen Vorbescheidung erwarten.

Zur Vorbeuge dieses wird es beitragen, wenn in den Fällen, in welchen der Angeschuldigte nicht persönlich zur Verantwortung vorgeladen oder mit seiner Verantwortung bereits vernommen worden, das gegen ihn erlassene Contumacial-Erkenntniß ihm persönlich insinuirt wird. Ew. Hochwohlgeboren veranlasse ich, auch hiernach das Weitere zu erlassen.

Berlin, den 11. März 1836.

Der Justiz-Minister
v. Kamptz.

An
den Königl. General-Procurator
Herrn Biergans, zu Cöln.
E. 572.

cf. Rescr. vom 11. Juni 1836.

1515.

Bestrafung der Contraventionen gegen die Vorschriften über den Gebrauch gestempelter Maaße und Gewichte.

Rh. Gen. No. 133.

Extract.

Abschrift dieser Verfügung dem Königlichen Ober-Procurator Herrn von Olfers bei Rücksendung der Anlagen des Berichts vom 10. v. M., mit Ausschluß der Eingabe des ꝛc. V. und Consorten zur Nachricht und mit dem Auftrage, dem Polizeigerichte zu S. bemerklich zu machen, daß bei Bestrafung der Contraventionen gegen die Vorschriften über den Gebrauch von gestempelten Maaßen und Gewichten, nicht die Bestimmungen des rheinischen Strafgesetzbuchs Art. 479. No. 5. und 6., sondern zunächst die Bestimmungen der Maaß- und Gewicht-Ordnung vom 16. Mai 1816 und die, in Bezug auf dieselbe nachher ergangenen Gesetze zum Grunde zu legen sind.

Berlin, den 11. März 1836.

Der Justiz-Minister
v. Kamptz.

An
den Königl. Ober-Procurator
Herrn v. Olfers zu Coblenz.
F. 518.

1516.

Feldhüter, wenn sie als Beamte der gerichtlichen Polizei handeln, stehen unter der Aufsicht der Ober-Procuratoren; die Verzichtleistung derselben auf die Strafe der Injurien, welche ihnen in der Eigenschaft als gerichtliche Polizei-Beamte widerfahren sind, bedarf der Genehmigung der Ober-Procuratoren.

Rh. Criminalia No. 52.

Unter Rücksendung der mittelst Berichts vom 26. Januar d. J. eingereichten Untersuchungs-Akten eröffne ich Ew. Hochwohlgeboren, daß ich mich mit Ihrer Ansicht nur dahin einverstanden erklären kann, daß die Feldhüter, wenn sie als Beamte der gerichtlichen Polizei handeln, unter der Aufsicht des Ober-Procurators stehen, folglich deren Verzichtleistung auf die Strafe der Injurien, welche ihnen in der Eigenschaft als gerichtliche Polizeibeamte widerfahren sind, der Genehmigung der Ober-Procuratoren bedarf.

In sofern Ew. Hochwohlgeboren daher nicht etwa Grund finden, die Verzichtleistung des Feldhüters P. wegen Bestrafung des Ackersmanns B. zu genehmigen, so haben Sie mit Vorlegung dieses Rescripts bei dem Königl. Landgerichte auf Fortsetzung der Untersuchung anzutragen, welches hierdurch angewiesen wird, sich dem Erkenntnisse in dieser Sache zu unterziehen.

Berlin, den 18. März 1836.

Der Justiz-Minister
v. Kamptz.

An
den Königlichen Ober-Procurator
Herrn Geheimen Justizrath
Heintzmann zu Trier.
E. 728.

1517.

Wiedereinziehung der in Armen=Vormundschafts=sachen aus dem Criminal=Justizfonds bezahlten Reisekosten der friedensgerichtlichen Beamten und Niederschlagung derselben, wenn dadurch die Subsistenz der Minderjährigen gefährdet werden sollte.

Rh. Gen. No. 72.

Die Wiedereinziehung der in Armen=Vormundschaftssachen aus dem Criminal=Justizfonds bezahlten Reisekosten der friedensrichterlichen Beamten, worüber Ew. Hochwohlgeboren unterm 7. d. M. berichtet haben, kann nicht bis zu Ende der Vormundschaft ausgesetzt, auch können diese vorgeschossenen Kosten nicht aus den 1 1/2 Procent Geldern entnommen werden; es ist vielmehr zu ihrer sofortigen Wiedereinziehung erforderlich, daß die Präsidenten der Königlichen Landgerichte, welche die friedensrichterliche Liquidation auf den Criminal=Justizfonds anweisen, für den Betrag der solchergestalt angewiesenen Reisekosten zugleich nach Anleitung des Decrets vom 18. Juni 1811 Art. 163, ein Executorium gegen die Vormundschaft erlassen, daß dieses Executorium sodann von dem Ober=Procurator der Königlichen Regierung mitgetheilt und Seitens der letztern auf den Grund eines solchen Executoriums die Wiedereinziehung verfügt werde. Die Königlichen Landgerichts=Präsidenten sind übrigens ermächtigt, in den Fällen, in welchen den Minderjährigen durch die Wiedereinziehung der Kosten die Subsistenz gefährdet würde, die Kosten niederzuschlagen.

Ew. Hochwohlgeboren veranlasse ich hierdurch, hiernach das Weitere zu verfügen.

Berlin, den 18. März 1836.

Der Justiz=Minister
v. Kamptz.

An
den Königlichen General=Procurator
Herrn Biergans zu Cöln.

E. 779.

1518.

Den Titel des Großherzogs von Hessen und der Mitglieder des Großherzoglichen Hauses betreffend.

Lit. T. No. 1.

a.

Ew. Hochwohlgeboren erhalten anliegend Abschrift des Schreibens des Herrn Ministers der auswärtigen Angelegenheiten vom 19. d. M.,

den Titel des Großherzogs von Hessen und der Mitglieder des Großherzoglichen Hauses betreffend,

um sich danach zu achten und die Unterbehörden demgemäß mit Instruction zu versehen.

Berlin, den 22. März 1836.

Der Justiz-Minister
v. Kamptz.

An
den Ersten Präsidenten des Königlichen Appellationsgerichtshofes Hrn. Schwarz und den Königl. General-Procurator Herrn Biergans zu Cöln.

E. 816.

b.

Der am hiesigen Königlichen Hofe beglaubigte Großherzoglich Hessische Geschäftsträger hat darauf aufmerksam gemacht, daß von einigen Königlichen Behörden bei Bezeichnung des Großherzoglichen Hauses und der Prinzen und Prinzessinnen desselben noch zuweilen die Benennung Hessen-Darmstadt gebraucht wird, obwohl diese Benennung den, seit einer Reihe von Jahren allein geführten, Titulaturen Sr. K. H. des Großherzogs nicht gemäß ist. Allerdings führt dieser Souverain schon längst ausschließlich den Titel Großherzog von Hessen und bei Rhein, und wie der Großherzogliche Geschäftsträger bevorwortet, werden die Prinzen und Prinzessinnen des Großherzoglichen Hauses nur mit dem Titel als Prinzen und Prinzessinnen von Hessen bezeichnet. Jedoch ist zur Vermeidung von Verwechselungen mit gleichbenannten Gliedern des Kurfürstlichen und des Landgräflich Hessischen Hauses die Bezeichnung als Prinz und Prinzessin von Hessen und bei Rhein zulässig.

Indem ich mich beehre, Ew. Excellenz hiervon Mittheilung zu machen, ersuche ich Dieselben ergebenst, die Behörden

Ihres Ressorts auf die genaue Beobachtung der obigen Titulatur aufmerksam machen zu wollen.

Berlin, den 19. März 1836.

Ancillon.

An
des Königlichen Geheimen Staats- und Justiz-Ministers ꝛc. ꝛc. Herrn v. Kamptz
Excellenz.

E. 816.

1519.

Regulirung der Pensions-Verhältnisse der Wittwen und Waisen der vormaligen Herzoglich Sachsen-Koburgschen, im Fürstenthume Lichtenberg angestellten Staatsdiener.

Offic.-S. No. 52.

Einem Königlichen Hochlöblichen Kriegs-Ministerio, Abtheilung für das Invaliden-Wesen, verfehle ich nicht auf das geehrte Schreiben vom 17. d. M. (No 35 $^{9}/_{3}$ A. f. J.) anliegend mit der Bitte um Rückgabe nach gemachtem Gebrauche den Jahrgang 1832 des Lichtenbergischen Amtsblatts ganz ergebenst zu überschicken, in dessen No. 19. die Verordnung vom 30. April 1832 wegen Regulirung der Pensions-Verhältnisse der Wittwen und Waisen der vormaligen Herzoglich Sachsen-Koburgschen, im Fürstenthume Lichtenberg angestellten, Staatsdiener publizirt worden ist. Ueber die bei Pensionirung der Beamten selbst zu beobachtenden Grundsätze ist, nach einer unterm 3. v. M. von dem Königlichen Ministerium der auswärtigen Angelegenheiten erhaltenen Auskunft, eine Herzoglich Sächsische Verordnung wohl bezweckt, aber nicht erlassen worden.

Berlin, den 23. März 1836.

v. Kamptz.

An
Ein Königliches Hochlöbliches Kriegs-Ministerium, Abtheilung für das Invaliden-Wesen.

E. 834.

1520.

Die Gerichte haben sich der näheren Erörterung der von den Stempel-Fiscalen bei Revision ihrer Registraturen gemachten Erinnerungen zu unterziehen. — Verfahren bei Einziehung der vom Richter in Prozessen zu niedrig angesetzten Stempel.

Rh. Gen. 62.

a.

In dem abschriftlich anliegenden Schreiben vom 22. d. M. beschwert sich der Herr Chef des Finanz-Ministeriums über den Beschluß des Königlichen Landgerichts vom 19. August v. J. auf die Mittheilung der Erinnerungen, welche der Stempel-Fiscal bei Revision der Landgerichts-Registratur gemacht hat. In Uebereinstimmung mit dem Wirklichen Geheimen Rath, Herrn Grafen v. Alvensleben, kann ich das Verfahren des Königlichen Landgerichts nicht für gerechtfertigt halten. Da die Stempel-Fiscale nach §. 34. des Stempel-Gesetzes vom 7. März 1822 zur näheren Aufsicht über die gehörige Beobachtung dieses Gesetzes bestellt sind, so sind dieselben eben so befugt, gegen die Art, wie die Stempel-Vorschriften von den Gerichten in Anwendung gebracht werden, Erinnerungen zu machen, als die Gerichte verpflichtet, auf die Erinnerungen sich einzulassen, und soweit dieselben für begründet anzuerkennen sind, zu deren Erledigung das Erforderliche zu veranlassen, in den übrigen Fällen aber ihre abweichende Ansicht, unter Anführung der Gründe, den Stempel-Fiscalen mitzutheilen. Die Stellung des Gerichts kann hierin keinen Unterschied machen, und die Landgerichte sind zur Befolgung dieser Grundsätze nicht minder verpflichtet, wie die Friedensgerichte, welche dazu, in Veranlassung der Stempel-Revision bei dem Friedensgerichte zu St. Goar, von dem General-Procurator zu Cöln in meinem Auftrage durch die Verfügung vom 22. Juni 1834 besonders angewiesen worden sind.

Ew. Hochwohlgeboren werden beauftragt, das Königliche Landgericht hiervon in Kenntniß zu setzen, mit der Aufforderung, sich der näheren Erörterung der, von dem Stempel-Fiscale gemachten, sowohl allgemeinen als speciellen, Erinnerungen zu unterziehen und darüber eine motivirte Erklärung abzugeben. Wenn hierbei, wie in mehreren Sachen der Fall sein dürfte, anerkannt wird, daß der Stempel zu niedrig festgesetzt worden, so ist wegen Nachbringung des fehlenden Betrags von der Partei eine Ordonnanz zu erlassen, und Behufs der Einziehung dem Steueramte zuzufertigen.

Berlin, den 25. März 1836.

Der Justiz-Minister
v. Kamptz.

An
den Königlichen Ober-Procurator
Herrn v. Olfers zu Coblenz.

b.

Ew. Excellenz verfehle ich nicht, die mit dem geehrten Schreiben vom 22. d. M. (III. 1071.) mir mitgetheilten Akten und den Bericht des Provinzial-Steuer-Directors zu Cöln vom 6. Januar d. J.,

die Registratur-Revision bei dem Landgerichte zu Coblenz betreffend,

anliegend ganz ergebenst zu remittiren, und die in dieser Angelegenheit heute an den Ober-Procurator zu Coblenz erlassene Verfügung abschriftlich beizufügen. Hierbei erlaube ich mir zu bemerken, daß die von dem Provinzial-Steuer-Director in Bezug genommene Allerhöchste Cabinetsordre vom 19. Juni 1834 nur die Stempelverwendung bei Verträgen zum Gegenstande hat, und die darin unter 4. getroffene Bestimmung auf den Fall, wo in Prozessen irrthümlich der Stempel zu niedrig vom Richter angesetzt worden, nicht angewendet werden kann. In diesem Falle kann der fehlende Stempelbetrag nur auf dem, in dem anliegenden Erlasse an den Ober-Procurator v. Olfers bezeichneten Wege eingezogen werden. Ew. Excellenz stelle ich ganz ergebenst anheim, den Provinzial-Steuer-Director zur Vermeidung von Mißverständnissen geneigtest hierauf aufmerksam machen und zugleich die Stempel-Fiscale anweisen lassen zu wollen, die Mittheilungen, welche sie in Stempelsachen den Landgerichten zu machen haben, an die Ober-Procuratoren, und nicht, wie im vorliegenden Falle geschehen, an die Präsidenten zu richten.

Berlin, den 25. März 1836.

v. Kamptz.

An
des Königl. Wirklichen Geheimen Raths
und Chefs des Finanz-Ministeriums
Herrn Grafen v. Alvensleben
Excellenz.

E. 846.

1521.

Aussetzung der öffentlichen Verhandlungen bei den Friedensgerichten an den, durch die Festordnung vom Jahre 1829 eingeführten, katholischen Feiertagen.

Rh. Gen. 112.

Der Herr Bischof von Trier hat in dem abschriftlich anliegenden Schreiben darauf angetragen, in ähnlicher Weise, wie in Folge Rescripts vom 30. Januar 1835 *) nach Ew. Hochwohlgeboren Berichte vom 6. Februar c. bei den Landgerichten zu Trier und Coblenz geschehen, auch bei den Friedensgerichten anzuordnen, daß an den, durch die Festordnung von 1829 **) eingeführten, katholischen Feiertagen keine öffentlichen Sitzungen gehalten werden. Da dies bei den Friedensgerichten, welche unmittelbar mit dem Volke verkehren, von noch größerer Wichtigkeit ist, als bei den öffentlichen Sitzungen der Civil- und correctionellen Kammern der Landgerichte, so haben Ew. Hochwohlgeboren nach dem Antrage des Herrn Bischofs von Trier die Friedensrichter durch die betreffenden Ober-Procuratoren mit der erforderlichen Weisung zu versehen.

Ew. Hochwohlgeboren Bericht vom 6. Februar c. beschränkt sich übrigens auf die Landgerichtsbezirke Trier und Coblenz und den Appellationshof. Da aus den übrigen Theilen der Rheinprovinz — mit Ausnahme des Landgerichtsbezirks Düsseldorf, wo bereits von hier aus unter dem 30. Januar 1835 die erforderliche Remedur getroffen ist — keine Anträge oder Beschwerden eingegangen sind, so muß ich voraussetzen, daß sich die Sache bei den übrigen Gerichts-Behörden von selbst gemacht hat. Sollte in dieser Beziehung noch irgend ein abweichendes Verfahren existiren, so ist an Orten, wo die Bevölkerung zum überwiegenden Theile katholisch ist, sowohl hinsichtlich der Civil- und correctionellen Sitzungen der Landgerichte, als bei den Friedensgerichten dieselbe Einrichtung zu treffen.

Berlin, den 25. März 1836.

Der Justiz-Minister
v. Kamptz.

An
den Königl. General-Procurator
Herrn Biergans zu Cöln.
F. 827.

---

*) Band 5. pag. 57.
**) Band 3. pag. 285.

1522.

Verwandlung der, wegen Contraventionen gegen das Hausir-Regulativ vom 28. April 1824 erkannten, nicht einziehbaren Geldbuße in Gefängnißstrafe.

Rh. Gen. No. 134.

a.

Auf Ew. Hochwohlgeboren Bericht vom 23sten April v. J. ist wegen der Verwandlung der, wegen Contraventionen gegen das Hausir-Regulativ vom 28. April 1824 erkannten, nicht einziehbaren Geldbuße in Gefängnißstrafe nach dem in diesem Regulativ §. 31. bestimmten Maaßstabe mit dem Chef des Königl. Finanz-Ministeriums correspondirt und hierbei gegen die stricte Anwendung dieses Maaßstabes die allgemeine Bestimmung der Allerhöchsten Cabinetsordre vom 5. April 1831 *) (Jahrbücher Bd. 37. S. 396—398), wonach bei größeren Geldbußen die Verwandlung in Gefängnißstrafe nach einem abnehmenden Verhältnisse erfolgen soll, geltend gemacht worden. — Durch eine, das angeführte Regulativ modificirende, Verordnung wird dieser Gegenstand seine Erledigung finden. In wie fern bis dahin bei der gedachten Strafverwandlung die Allerhöchste Cabinetsordre vom 5. April 1831 unter Mitberücksichtigung der Vorschriften des Allgem. Landrechts Th. II. Tit. 20. §. 35. und der Criminal-Ordnung §§. 19. und 513. über das Verhältniß einer Geldbuße von 50 Rthlrn. zur Gefängnißstrafe in Anwendung zu bringen sei, muß zwar dem richterlichen Ermessen überlassen bleiben; es ist aber bei der Allgemeinheit der neuern Bestimmung die Anwendung derselben allerdings vorzuziehen.

Berlin, den 25. März 1836.

Der Justiz-Minister
v. Kamptz

An
den Königl. Ober-Procurator Herrn
Geheimen Justizrath Heintzmann
zu Trier.

---

*) Band 5. pag. 16.

b.

Abschrift zur Nachricht.
Berlin, den 25. März 1836.

An
den Königl. General-Procurator
und Geheimen Ober-Justizrath
Herrn Biergans zu Cöln.

Der Justiz-Minister
v. Kamptz.

E. 835.

1523.

Von der in Zoll- und Steuer-Untersuchungen an Offiziere, Unteroffiziere und Soldaten ergehenden Vorladung ist den betreffenden Vorgesetzten Nachricht zu geben, oder solche durch letztere zu bewirken.

Rh. Gen. 134.

Nachdem von dem Königl. Ministerium des Innern und der Polizei in der Circular-Verfügung vom 24. Dezember v. J. (5598. P A.) *) die sämmtlichen Regierungen veranlaßt worden sind, die Polizei-Behörden ihres Bezirks dahin anzuweisen, daß sie von jeder Vorladung eines Offiziers, Unteroffiziers oder Soldaten, entweder dem Vorgesetzten desselben Nachricht geben, oder solche durch den letztern bewirken, hat das Königl. Ministerium den Wunsch ausgesprochen, daß in Zoll- und Steuer-Untersuchungen auf gleiche Weise verfahren werden möge.

Da der Antrag in den §§. 54., 55. und 244. des Anhangs zur allgemeinen Gerichtsordnung Rechtfertigung findet, so ist

auch von den in Zoll- und Steuer-Untersuchungen erfolgenden Vorladungen der Offiziere, Unteroffiziere und Soldaten den betreffenden Vorgesetzten Nachricht zu geben, oder eine jede solche Vorladung durch letztere zu bewirken,

wonach die Unterbehörden mit Anweisung zu versehen sind.

Berlin, den 27. März 1836.

Finanz-Ministerium.

An
sämmtliche Provinzial-Steuer-Directoren
und
sämmtliche Königliche Regierungen rc.

III. 7344. E. 1053.

---

*) Bd. 5. pag. 332.

1524.

Anweisung der Reparaturkosten an Justiz-Gebäuden im ostrheinischen Theile des Landgerichts-Bezirks Coblenz bis zu 20 Rthlr. durch den Justiz-Senat zu Coblenz.

Localien No. 6.

Um bei geringeren Reparaturen an Justizgebäuden die Weiterungen zu beseitigen, welche durch die Einholung der Ministerial-Authorisation zur Anweisung der Kosten auf den Fonds zu kleinen Ausgaben der Gerichte zeither veranlaßt worden sind, wird der Königliche Justizsenat in Verfolg der Verfügung vom 20. September 1833*) ermächtigt, die Kosten zu solchen Reparaturen, wenn sie den Betrag von 20 Rthlr. nicht übersteigen, auf den Grund gehörig justificirter Liquidationen ohne vorgängige Berichtserstattung auf den gedachten Fonds zur Zahlung anzuweisen. Es wird aber erwartet, daß die Nothwendigkeit der vorzunehmenden Reparaturen sorgfältig geprüft und bei deren Ausführung eine strenge Oekonomie beobachtet werde, damit keine Ueberschreitung des obigen Fonds entstehe.

Die dortige Königliche Regierung ist hiervon in Kenntniß gesetzt worden.

Berlin, den 28. März 1836.

Der Justiz-Minister
v. Kamptz.

An
den Königl. Justiz-Senat
zu Coblenz.
E. 870.

1525.

Bei Versetzung eines Landwehrmanns in die zweite Klasse des Soldatenstandes ist auf Verlust des Landwehrkreuzes oder des National-Militair-Abzeichens mitzuerkennen.

Gen. L. 6.

In dem, von dem General-Auditeur Friccius im vorigen Jahre herausgegebenen, Werke „das Preußische Militair-Strafrecht" ist Seite 230 angeführt:

---

*) Bd. 3. pag. 670.

daß bei Versetzung eines Landwehrmannes in die zweite Klasse des Soldatenstandes sowohl der Verlust des National-Militair-Abzeichens, als auch der des Landwehrkreuzes im Erkenntnisse auszusprechen sei.

Der Verfasser hat hierbei die Vorschrift der Allerhöchsten Cabinetsordre vom 27. Dezember 1824 *) (Jahrbücher Bd. 24. Seite 335, 336) nicht berücksichtiget, nach welcher bei allen Vergehen, die den Verlust des Landwehrkreuzes nach sich ziehen, die Gerichte nicht blos auf den Verlust des letzteren, sondern allgemein

„auf den Verlust des Landwehrkreuzes oder des National-Militair-Abzeichens"

erkennen, mithin stets alternativ den Verlust beider militairischen Ehrenzeichen aussprechen sollen.

Zur Vermeidung einer Mißdeutung jener Stelle in dem fraglichen Werke wird dies den Gerichtsbehörden bekannt gemacht.

Berlin, den 29. März 1836.

Der Justiz-Minister
v. Kamptz.

An
sämmtliche Gerichts-Behörden.

1526.

Zur Grubenarbeit unter Tage dürfen Knaben vor zurückgelegtem dreizehnten Lebensjahre nicht zugelassen werden.

Rh. Gen. No. 119.

a.

Wir haben uns auf den Antrag der Provinzialbehörde veranlaßt gefunden, bei des Königs Majestät auf Abänderung des Artikels 29. des französischen Polizeidecrets vom 3. Januar 1813 dahin anzutragen, daß in demjenigen Theile der Rheinprovinz, in welchem dieses Decret noch gültig ist, kein Knabe vor zurückgelegtem dreizehnten Lebensjahre zur Grubenarbeit unter Tage zugelassen werden dürfe. Seine Königl. Majestät haben hierauf durch die in beglaubter Abschrift beiliegende Allerhöchste Ordre vom 9. d. M. diesen Antrag zu genehmigen geruhet, und veranlassen wir Ew. Hochwohlgeboren, diese Ordre

*) Band 2. pag. 548.

durch die Amtsblätter *) der Rheinprovinz bekannt machen zu lassen.

Berlin, den 30. März 1836.

Der Justiz-Minister v. Kamptz. Der Chef des Finanz-Ministeriums Graf v. Alvensleben.

An
den Königl. General-Procurator
Herrn Biergans zu Cöln.
E. 716.

b.

Nach Ihrem Antrage vom 16. v. M. setze Ich mit Abänderung des Art. 29. des französischen Polizeidecrets vom 3. Januar 1813 hierdurch fest, daß in demjenigen Theile der Rheinprovinz, in welchem dieses Decret noch gültig ist, kein Knabe vor zurückgelegtem dreizehnten Lebensjahre zur Grubenarbeit unter Tage zugelassen werden darf. Etwanige Contraventionen der Concessionare oder Gruben-Vorgesetzten gegen diese Bestimmung sollen nach erfolgter Ermittelung, wie alle andere Bergwerks-Contraventionen, dem Bergwerksgesetze vom 21. April 1810 und dem Polizeidecret vom 3. Januar 1813 gemäß bestraft werden. Sie haben diesen Erlaß durch die Amtsblätter der betreffenden Regierungen bekannt zu machen und auf dessen Ausführung gehörig Acht zu haben.

Berlin, den 9. März 1836.

Friedrich Wilhelm.

An
den Staats- und Justiz-Minister v. Kamptz
und den Wirklichen Geheimen Rath
Grafen v. Alvensleben.

1527.

Eltern sind zur Entrichtung der Geldstrafe und Pfandgebühr für ihre Kinder in Holzdiebstahlssachen subsidiarisch nicht verpflichtet.

Rh. Crimin. No. 55.

a.

Ew. Hochwohlgeboren erhalten die sämmtlichen Anlagen des, über das Immediatgesuch des W. und der Wittwe L. unterm 16. v. M. erstatteten Berichts beikommend zurück.

---

*) cf. Cölner Amtsblatt pag. 99.

Da durch die Aussage des Feld- und Waldschützen S. die von dem Friedensrichter zu Simmern gegen den L. und W. wegen Holzdiebstahls erkannte Geld- und subsidiarische Gefängnißstrafe gerechtfertigt wird, so hat es bei derselben sein Bewenden. Dagegen wird die gegen die Eltern der beiden Frevler, die Wittwe L. und den Vater W., für die Geldstrafe und Pfandgebühr ausgesprochene subsidiarische Verbindlichkeit durch die Gesetze nicht begründet. Das Holzdiebstahlsgesetz vom 7. Juni 1821 *) verordnet eine solche subsidiarische Verbindlichkeit der Eltern für ihre Kinder nicht, und auf die frühern Verordnungen, das französische Decret vom 28. September 1791 Tit. 2. Art. 7., so wie die General-Gouvernements-Verordnung der Oesterreichischen und Baierischen Administrations-Kommission zu Kreuznach vom 30. Juli 1814 **) §. 98., auf welche sich das Friedensgericht zu Simmern bezieht, **kann in Betreff des Holzdiebstahls** nicht zurückgegangen werden, da das Holzdiebstahlsgesetz vom 7. Juni 1821 im Eingange alle frühern über diesen Gegenstand ergangenen Bestimmungen aufgehoben hat. Nur in Betreff der Forstfrevel, welche nicht nach dem Holzdiebstahlsgesetze zu beurtheilen sind, kommen die früheren Gesetze noch zur Anwendung. Aus diesen Gründen wird die gegen die Wittwe L. und den Vater W. erkannte subsidiarische Verbindlichkeit für die, von ihren Kindern verwirkte, Geldstrafe und Pfandgebühr denselben erlassen, dagegen behält es bei der gegen sie erkannten subsidiarischen Verbindlichkeit zum Ersatze des Schadens, welche durch den Art. 1384. des bürgerlichen Gesetzbuchs gerechtfertigt wird, sein Bewenden. Hiernach haben Ew. Hochwohlgeboren die Bittsteller auf ihr Immediatgesuch vom 5. Dezember v. J. zu bescheiden und das Weitere zu veranlassen.

Berlin, den 2. April 1836.

An den Königlichen Ober-Procurator Herrn v. Olfers zu Coblenz.

Der Justiz-Minister
v. Kamptz.

b.

Abschrift vorstehender Verfügung dem Königl. Herrn General-Procurator zu Cöln zur Nachricht.

Berlin, den 2. April 1836.

An den Königl. Herrn General-Procurator zu Cöln.

Der Justiz-Minister
v. Kamptz.

F. 820.

---

*) Band 2. pag. 117.

**) Bd. 1. pag. 247.

1528.

Die Strafe des zum dritten Male wiederholten unbefugten Laubsammelns betreffend.

Rep. Rheinprov. Crim. No. 7.

Nachdem ich aus Ew. Wohlgeboren Berichte vom 13. v. M., „die Strafe des zum dritten Male wiederholten Laubsammelns betreffend," entnommen, daß die früher geltend gemachte Ansicht, als ob noch jetzt auf „bannissement des forêts, même du ressort de la maîtrise" zu erkennen sei, für unrichtig anerkannt ist, habe ich die in dem gedachten Berichte entwickelte Ansicht nur noch in einem Punkte zu berichtigen, nämlich darin: „daß nunmehr der dritte Contraventionsfall ganz straflos bleiben müsse." Wenn die auf den dritten Uebertretungsfall gesetzte Strafe obsolet geworden, so folgt von selbst, daß die Strafe der einfachen Recidive eintritt, da es ein Wiederholungsfall immer bleibt, und wenn die Strafe des einfachen Wiederholungsfalles ebenfalls obsolet geworden wäre, ebenso unbedenklich die Strafe des ersten Frevels wiederholt zu erkennen sein würde.

Sie haben daher zu veranlassen, daß hienach in vorkommenden Fällen die Anträge auf Bestrafung gestellt werden, uud wenn wider Erwarten irgendwo die Ansicht aufgestellt werden sollte, daß der dritte Wiederholungsfall nicht zugleich ein zweiter sei, gegen die auf diese Ansicht gegründeten Aussprüche die geeigneten Rechtsmittel zu ergreifen und darüber an mich zu berichten.

Berlin, den 2. April 1836.

Der Justiz-Minister
v. Kamptz.

An
den Königlichen Ober-Procurator
Herrn Bessel Wohlgeboren
zu Cleve.

E. 842.

1529.

Ressortbestimmungen wegen Entlassung der, zur Detention bis zum Nachweise des ehrlichen Erwerbes oder zur Detention bis zur Besserung Verurtheilten, und wegen Begnadigung der, von den Militairgerichten aus dem Soldatenstande ausgestoßenen, zur Festungsbaugefangenschaft verurtheilten Individuen.

Milit. Justiz-Dept. Gen. 4.

Ew. Hochwohlgeboren erhalten beigehend das Immediat-Begnadigungsgesuch des W. vom 2. Januar d. J. für den durch kriegsrechtliches Erkenntniß wegen dritter Desertion unter Ausstoßung aus dem Soldatenstande zu lebenswieriger Festungsbaugefangenschaft verurtheilten A. S., um dem Bittsteller zu eröffnen, daß das Gesuch von des Königs Majestät nicht gewährt worden sei.

Zugleich benachrichtige ich Sie, daß nach einer mit dem Königl. Krieges-Ministerium und dem Königl. Ministerium des Innern und der Polizei getroffenen Vereinbarung

1. hinsichtlich der, in die Strafsection einer Garnison-Compagnie eingestellten, Sträflinge und der Festungsbaugefangenen, welche, sei es von einem Civil- oder von einem Militairgerichte, zugleich zur Detention bis zum Nachweise des ehrlichen Erwerbes oder zur Detention bis zur Besserung verurtheilt worden, die Bestimmung darüber, ob der Nachweis des ehrlichen Erwerbes oder der Besserung für geführt zu achten, und demzufolge die Entlassung zu verfügen sei, lediglich mit Rücksicht auf die, den §. 570. der Allgemeinen Kriminal-Ordnung abändernde, Allerhöchste Cabinetsordre vom 4. Dezember 1824 No. 4. (Gesetzsammlung S. 221) den Königlichen Festungs-Kommandanten überlassen worden ist,
2. daß bei der Begnadigung der, von den Militairgerichten aus dem Soldatenstande ausgestoßenen, zur Festungsbaugefangenschaft entweder auf bestimmte Zeit oder bis zur Begnadigung oder auf Lebenszeit verurtheilten Individuen, da deren Militairverhältniß gänzlich aufgehört hat, eine Mitwirkung der Militairbehörden außer der betreffenden Festungs-Kommandantur nicht stattfindet, vielmehr die weitere Verfügung über Begnadigungsgesuche zum Ressort des Justiz-Ministe-

riums, an welches die Kommandanturen ihre desfallsigen Anträge unmittelbar zu richten haben, gehört.

Ew. Hochwohlgeboren veranlasse ich, diese Verfügung zur Kenntniß der Königl. Ober-Procuratoren zu bringen.

Berlin, den 4. April 1836.

Der Justiz-Minister
v. Kamptz.

An
den Königl. General-Procurator
Herrn Biergans zu Cöln.

1530.

Verfahren bei Veranschlagung und Revision der für Königliche Rechnung auszuführenden Bauten und Reparaturen.

Localien No. 26.

Zur Abkürzung des Verfahrens bei Veranschlagung und Revision der für Königliche Rechnung auszuführenden Bauten und Reparaturen und um den Königlichen Baubeamten in ihren Arbeiten und Reisen die nothwendige Erleichterung zu gewähren, ist von den betreffenden Königlichen Ministerien nachgelassen worden, daß

1. Reparaturen u. s. w. für Königliche Rechnung, deren Kosten noch nicht 50 Rthlr betragen, ohne vorgängige Veranschlagung auf Rechnung ausgeführt und nachher durch den betreffenden Bezirks-Baubeamten abgenommen werden, und daß
2. größere Reparaturen und Bauten, deren Kosten jedoch noch nicht 100 Rthlr. betragen, nicht durch die Königl. Baubeamten, sondern durch approbirte Bauhandwerker veranschlagt werden, wogegen die Königl. Baubeamten die Abnahme dergleichen Bauten und Reparaturen zu bewirken haben.

Außerdem ist bestimmt worden, daß die Bezirks-Baubeamten alljährlich im Monat März einen Plan über die, im Sommer-Semester zu bewirkenden Dienstreisen bei den Königlichen Regierungen zur Genehmigung einreichen sollen, und daß von diesen, durch die Regierungen genehmigten, Reiseplänen nur in äußerst dringenden Fällen abgewichen werden darf.

Ew. Hochwohlgeboren werden von diesen Bestimmungen in Kenntniß gesetzt, mit der Aufforderung, solche bei den vorkommenden Bauten und Reparaturen an Justiz-Gebäuden zu beachten und insbesondere dafür zu sorgen, daß alle Baufälle, bei welchen eine Untersuchung und Veranschlagung durch den Kreis-Baubeamten, oder eine Abnahme der bereits ausgeführten Bauten und Reparaturen durch denselben erforderlich ist, jedesmal im Laufe des Monats Februar jeden Jahres zur Kenntniß der betreffenden Königlichen Regierung gelangen, damit die deshalb nothwendigen Reisen des betreffenden Baubeamten auf dessen Reiseplan gebracht werden können.

Sollten außerordentliche Fälle eine besondere Reise des Baubeamten nothwendig machen, so ist darüber in jedem besonderen Falle mit der Königl. Regierung zu kommuniciren. Hiernach wollen Ew. Hochwohlgeboren die Königlichen Ober-Procuratoren mit weiterer Anweisung versehen.

Berlin, den 6. April 1836.

Der Justiz-Minister
v. Kamptz.

An
den Königl. General-Procurator
Hrn. Geheimen Ober-Justizrath
Biergans zu Cöln.

E. 936.

1531.

Wegen der von den Gefängnißaufsehern gegen Gefangene verhängten Disciplinarstrafen.

Rh. Crim. No. 53.

Bei dem Gefangen-Inspector zu Düsseldorf ist das Rescript vom 25. August v. J. *) irrthümlich dahin ausgelegt worden, als ob nach demselben auch über die gegen Gefangene von den Gefängniß-Aufsehern verhängten Disciplinar-Strafen eine Controlle geführt werden solle.

Ew. Hochwohlgeboren haben die Assisen-Präsidenten und Ober-Prokuratoren auf diesen Irrthum aufmerksam zu machen.

Berlin, den 8. April 1836.

Der Justiz-Minister
v. Kamptz.

An
den Königlichen Ersten Präsidenten des
Appellationshofes Herrn Schwarz
und an den Königl. General-Procurator
Herrn Biergans zu Cöln.

F. 707.

---

*) Band 5. pag. 193.

1532.

Modification der Vorschrift der Subhastations-Ordnung für die Rheinprovinz vom 1. August 1822 §. 4. No. 5.

Gener. No. 35.

a.

Mit Bezug auf den Bericht vom 13. Februar d. J. erhalten Ew. Hochwohlgeboren anliegend Abschrift der Allerhöchsten Kabinets-Ordre vom 9. d. M.,

die Modification der Vorschrift der Subhastions-Ordnung für die Rheinprovinz vom 1. August 1822 *) §. 4. No. 5. betreffend,

mit dem Auftrage, dieselbe nach deren Erscheinen in der Gesetzsammlung durch die sämmtlichen Amtsblätter der Rheinprovinz vollständig bekannt machen zu lassen.

Berlin, den 12. April 1836.

Der Justiz-Minister
v. Kamptz.

An
den Königl. General-Procurator
Hrn. Biergans zu Cöln.

E. 999.

cf. Cölner Amtsblatt pag. 125.

b.

Auf Ihren Bericht vom 22. v. M. bestimme Ich, daß gegen die Kaufbedingungen, welche nach der Subhastations-Ordnung für die Rheinprovinz vom 1. August 1822 §. 4. No. 5. durch den Extrahenten der Subhastation zu entwerfen sind, sowohl von dem Schuldner als von den Hypothekengläubigern, es sei persönlich oder durch einen Spezial-Bevollmächtigten, bei dem, mit der Subhastion beauftragten, Friedensrichter oder dem, sonst dazu ernannten, Deputirten Erinnerungen angebracht werden dürfen, über welche der Richter im Licitationstermine, noch vor dem Ausgebote, durch einen, in das Protokoll aufzunehmenden, Beschluß zu entscheiden hat, der die Kaufbedingungen definitiv feststellt, und weder der Berufung noch dem Kassations-Recurse unterworfen ist. Sie haben

*) Bd. 2. pag. 500.

diese Modification der Rheinischen Subhastations-Ordnung durch die Gesetzsammlung zur öffentlichen Kenntniß zu bringen.

Berlin, den 9. April 1836.

Friedrich Wilhelm.

An
die Staats- und Justiz-Minister
v. Kamptz und Mühler.

1533.

Die mit Vorbehalt der definitiven Anstellung, zur Ausübung eines Amtes provisorisch bestellten Individuen sind rücksichtlich der, in Ausübung ihrer Amtsfunctionen, oder aus Veranlassung derselben begangenen Handlungen nach den, wegen der definitiv angestellten Beamten statt findenden Grundsätzen zu behandeln.

Rh. Crim. No. 19.

Ew. Wohlgeboren übersende ich die gestern eingegangene Vorstellung des Lehrers W. hierbei urschriftlich sub lege remissionis und mit dem Bemerken, daß diejenigen, von einer Behörde mit Vorbehalt der definitiven Anstellung, zur Ausübung eines Amtes provisorisch bestellten Individuen rücksichtlich der, in Ausübung ihrer Amtsfunctionen, oder aus Veranlassung derselben begangenen Handlungen allerdings nach den, wegen definitiv angestellter Beamten statt findenden Grundsätzen zu behandeln sind, und daß das Interesse des öffentlichen Dienstes erfordert, daß hierauf streng gehalten werde. Ew. Wohlgeboren beauftrage ich daher, hiernach zu verfahren und den Supplikanten zu bescheiden.

Berlin, den 14. April 1836.

Der Justiz-Minister
v. Kamptz.

An
den Königlichen Ober-Procurator
Herrn Wingender zu Elberfeld.

F. 942.

1534.

Instruction über das Verfahren bei Competenz-Conflicten.

Rh. Gener. 132.

a.

Ew. Hochwohlgeboren erhalten anliegend beglaubte Abschrift einer Instruction über das Verfahren bei Competenz-Conflicten vom 30. v. M. um dieselbe durch die rheinischen Amtsblätter zur allgemeinen Kenntniß zu bringen.

Berlin, den 15. April 1836.

Der Justiz-Minister
v. Kamptz.

An
den Königlichen General-Prokurator
Herrn Biergans zu Cöln.

E. 847.

cf. Cölner Amtsblatt pag. 111.

b.

Instruction
über das Verfahren bei Competenz-Conflicten zwischen den Gerichten und den Verwaltungsbehörden in der Rheinprovinz soweit daselbst noch das französische Recht gilt.

Da das, durch die Allerhöchste Cabinets-Ordre vom 30. Juni 1828 *) (Gesetzsammlung S. 86) bei Competenz-Conflicten zwischen den Gerichten und den Verwaltungsbehörden angeordnete Verfahren nicht immer gehörig beobachtet wird, indem einerseits die Verwaltungsbehörden keinen bestimmten, auf Einleitung des Conflictverfahrens ausdrücklich gerichteten, Antrag aufstellen und denselben in der Regel nicht zeitig genug, oft erst in der letzten Instanz anbringen, andererseits auch die Gerichte die Entscheidung des Conflicts, in der vorgeschriebenen Art, nicht sofort einholen, so finden sich die unterzeichneten Ministerien zur Abhülfe der hierdurch herbeigeführten Uebelstände veranlaßt, Folgendes für diejenigen Landestheile der Rheinprovinz, in welchen das französische Recht noch gilt, zu verordnen:

§. 1. Die Gerichte sind schuldig, beim ersten Vortrage einer Klage zunächst zu prüfen, ob die darin angeregte Streit-

*) Bd. 3. No. 853.

sache zum Rechtswege geeignet, oder nach den gesetzlichen Vorschriften davon ausgeschlossen sei.

§. 2. Findet der Rechtsweg nicht Statt, so muß der Kläger durch Erkenntniß, wogegen die gesetzlichen Rechtsmittel zülässig bleiben, zurückgewiesen werden.

Hält das Gericht den Rechtsweg für zulässig, so muß der Betrieb des Prozesses so lange fortgesetzt werden, bis die Verwaltungs- oder fiskalische Behörde oen Conflict (§§. 3. und 4.) erhebt.

§. 3. Die Verwaltungs- oder fiskalische Behörde hat ihrerseits, sobald sie durch die Vorladung zur Beantwortung der Klage, durch Litisdenunciation, Adcitation, oder sonst Kenntniß von einem, ihr Ressort betreffenden, Prozeß erhält, ebenfalls zu prüfen, ob nach den bestehenden gesetzlichen Vorschriften der Rechtsweg zulässig oder ausgeschlossen sei.

Im letztern Falle hat sie ohne Verzug und, wo möglich, noch vor der nächsten Prozeßverhandlung den Conflict zu erheben, und hierüber einen motivirten Beschluß abzufassen.

§. 4. Die Verwaltungs- oder fiskalische Behörde zeigt darauf den eingelegten Conflict, unter Anführung der Gründe desselben, oder unter abschriftlicher Beifügung des, darüber gefaßten, Beschlusses dem öffentlichen Ministerio desjenigen Gerichts an, vor welchem der Prozeß schwebt, mit dem Ersuchen, das Gericht von dem eingelegten Conflict in Kenntniß zu setzen.

§. 5. Die Verwaltungs- oder fiskalische Behörde darf, nachdem sie den Conflict auf die, in den §§. 3. und 4. bezeichnete, Weise erhebt, bis zur Entscheidung desselben sich auch nicht eventuell auf die Klage einlassen.

§. 6 Wenn die, bei dem Prozeß betheiligte, Verwaltungs- oder fiskalische Behörde eine Unterbehörde ist, so hat dieselbe zuvor die Ermächtigung zur Erhebung des Conflicts bei der ihr vorgesetzten Verwaltungsbehörde nachzusuchen.

§. 7. Sobald der Conflict auf die vorbeschriebene Art erhoben worden, muß das betreffende Gericht das Rechtsverfahren einstweilen durch Vorbescheid, wogegen kein Rechtsmittel zulässig ist, einstellen, das öffentliche Ministerium aber sogleich über den erhobenen Conflict an den Justiz-Minister unter Beifügung der Klage, der Conflicts-Einlegung und des darauf erfolgten gerichtlichen Vorbescheides berichten.

§. 8. Schwebt der Prozeß bei einem Friedensgerichte, so erstattet dasselbe den Bericht an den Ober-Procurator des betreffenden Landgerichts, welcher ihn unter Beifügung seines Gutachtens dem Justiz-Minister überreicht.

§. 9. Die Verwaltungs- oder fiskalische Behörde erstattet, nachdem sie den Conflict erhoben hat (§§. 3. 4. 7.), ihrerseits Bericht an das vorgesetzte Verwaltungs-Ministerium mit Einreichung der Klage und ihrer Beilagen.

Berlin, den 30. März 1836.

v. Altenstein, v. Brenn, v. Kamptz, v. Witzleben, v. Rochow, v. Ladenberg, Rother, v. Alvensleben.

1535.

Incompetenz der Untergerichte in Untersuchungssachen wegen Widersetzlichkeit gegen Militairpersonen. — Strafe der wörtlichen Beleidigung der Gensdarmen.

Coblenz. Dep. No. 20.

a.

Dem Königlichen Justiz-Senat wird der, mittelst Berichts vom 15. v. M. zurückgereichte, Bericht des Fürstlichen Justiz-Amts zu Neuwied vom 31. Januar d. J., nebst den Untersuchungs-Akten gegen L. und S. anliegend wieder zugefertigt.

Da der §. 16. der Criminal-Ordnung und das, damit übereinstimmende, Rescript vom 5. August 1822 (Jahrbücher Bd. 20. S. 75) ganz allgemein von Widersetzlichkeiten gegen Militairpersonen sprechen, so können dieselben auch nicht auf thätliche Widersetzlichkeiten beschränkt werden, vielmehr haben die Untergerichte bei jeder Widersetzlichkeit, wenn sie auch nur eine wörtliche ist, sich der Abfassung des Erkenntnisses zu enthalten und die geschlossenen Akten an das Obergericht zum Spruch einzusenden. In den meisten Fällen wird auch bei einer, gegen eine im Dienste begriffene Militairperson verübten, wörtlichen Widersetzlichkeit mit Rücksicht auf die Vorschriften des Allgemeinen Landrechts Th. II. Tit. 20. §§. 580. und 581. eine schwere Injurie konkurriren, und die dieserhalb nach §§. 644. und 646. zu erkennende Strafe, welche in Festungs- oder Zuchthausstrafe besteht, die Competenz der Untergerichte überschreiten. Wenn übrigens der Königliche Justiz-Senat der Ansicht ist, das wörtliche Beleidigungen der Gensdarmen nach §. 209. Tit. 20. Thl. II. des Allgemeinen Landrechts zu ahnden sind, so steht dieser Annahme die Verordnung über die Organisation der Gensdarmerie vom 30. Dezember 1820 §. 14.

(Gesetz-Sammlung von 1821 S. 6) entgegen, wonach die Gensdarmen in Rücksicht auf die Bestrafung der ihnen widerfahrenen Widersetzlichkeit und Beleidigungen zu Jedermann in dem Verhältnisse des commandirten Militairs und der Schildwachen stehen. Beleidigungen gegen Gensdarmen sind daher nach den, durch die Allerhöchste Cabinets-Ordre vom 25. Oktober 1835 *) (Gesetz-Sammlung S. 227) in der Rheinprovinz publizirten, §§. 646.—648. Tit. 20. Th. II. des Allgemeinen Landrechts zu beurtheilen.

Schließlich trete ich der Ansicht des Königlichen Justiz-Senats darin bei, daß der §. 16. der Criminal-Ordnung durch die besonderen Bestimmungen über die Competenz der standesherrlichen Gerichte in der Grafschaft Wied keine Modifikation erleidet, vielmehr auch in der Grafschaft Wied die Abfassung des Erkenntnisses in den, durch den §. 16. bestimmten Fällen, der Fürstlichen Regierung zu Neuwied obliegt.

Hiernach ist sowohl das Fürstliche Justiz-Amt zu Neuwied auf den Bericht vom 31. Januar d. J. zu bescheiden, als die Fürstliche Regierung mit Anweisung zu versehen.

Berlin, den 16. April 1836.

Der Justiz-Minister
v. Kamptz.

An
den Königl. Justiz-Senat
zu Coblenz.

E. 877.

b.

Die häufig vorfallenden, mit Beleidigungen verbundenen Widersetzlichkeiten gegen die in ihrem Dienst begriffenen Militairpersonen und besonders gegen die Gensdarmen, machen es dringend nothwendig, daß die Untersuchungen wegen solcher, die innere Sicherheit und Ruhe gefährdenden Excesse auf das äußerste beschleunigt und die Schuldigen von der ganzen Strenge des Gesetzes betroffen werden. Um diesen Zweck desto sicherer zu erreichen, wird hierdurch festgesetzt, daß, wenn auch die Untersuchung von dem Unter-Gericht geführt worden, doch die geschlossenen Akten jederzeit und ohne Rücksicht auf die etwa verwirkte Strafe an das Königliche Kammergericht (Königliche Ober-Landesgericht) zur schleunigen Abfassung des Erkenntnisses eingesendet werden sollen.

---

*) Band 5. No. 1440.

Demgemäß sind die Unter-Gerichte im Bezirk des Collegii ꝛc. mit der nöthigen Anweisung zu versehen.

Berlin, den 5. August 1822.

Der Justiz-Minister.
v. Kircheisen.

An
das Königliche Kammergericht und die Königlichen Ober-Landesgerichte.
C. 3042.

1536.

Die von den Gerichtsschreibern in der Rheinprovinz aus den Emolumenten zu bestreitenden Dienstabgaben betreffend.

Rh. Offic.-Sach. No. 59.

a.

Mit Bezug auf den Bericht vom 7. v. M. erhalten Ew. Hochwohlgeboren anliegend Abschrift der Allerhöchsten Cabinets-Ordre vom 16. d. M.

die von den Gerichtsschreibern in der Rheinprovinz aus den Emolumenten zu bestreitenden Dienstausgaben betreffend,

zur Nachachtung und weiteren Bekanntmachung an den Königlichen Appellationsgerichtshof und an sämmtliche übrige Gerichte.

Berlin, den 19. April 1836.

Der Justiz-Minister
v. Kamptz.

An
den Königl. General-Procurator Herrn Geheimen Ober-Justizrath Biergans zu Cöln.
E. 1070.

b.

Ich bin mit den in Ihrem Bericht vom 30. v. M., gemachten Vorschlägen, wegen der von den Gerichtsschreibern in der Rheinprovinz aus den Emolumenten zu bestreitenden Dienstausgaben, einverstanden, und genehmige dem Antrage gemäß, daß bei den Sekretarien des Appellationsgerichtshofes und der Landgerichte von den Emolumenten, welche sie außer dem fixirten Gehalte beziehen, zwei Fünftheile, bei den Gerichtsschreibern der Handels- und Friedensgerichte aber ein Drittheil für Dienstunkosten in Abzug gebracht, und darnach bei den, vor dem 31. August 1824 angestellten, Gerichtsschreibern der Pensionsbeitrag berechnet und künftig die Pension bestimmt werde, in der Höhe des auf die Dienstunkosten zu berechnenden Emolumenten-Antheils jedoch mit Ihrer Genehmigung eine Modifikation eintreten kann, wenn nachgewiesen wird, daß die zeither von den Gerichtsschreibern gezahlten Dienstunkosten erheblich geringer sind, als der obige Emolumenten-Antheil. Zur gehörigen Uebersicht wird aber nöthig sein, die Abzüge von den Emolumenten in den Etats als Dienstausgaben besonders nachzuweisen.

Berlin, den 15. April 1836.

Friedrich Wilhelm.

An
den Staats- und Justiz-Minister
v. Kamptz.

E. 1070.

1537.

Aufgebot der Kriegsreservisten Behufs ihrer Verheirathung.

Rheinpr. Gener. 32.

Der Königl. Ober-Procurator Geheime Justizrath Heintzmann zu Trier hat mich von der, von Ew. Hochwohlgeboren unterm 26. Januar d. J. an ihn über das Aufgebot des Kriegsreservisten G. zu R. Behufs dessen Verheirathung mit der K. zu F. erlassenen Verfügung in Kenntniß gesetzt. In dieser Verfügung nehmen Ew. Hochwohlgeboren an, daß es des Aufgebots des G., welcher sich nach seiner Entlassung aus dem Militairdienste erst seit drei Monaten in R. wiederum aufhielt, an seinem letzten Wohnorte nach der Allerhöchsten Cabinets-Ordre vom 28. August 1820 (Lottners Sammlung B. 2. S. 61) nicht bedürfe, es vielmehr genüge, wenn er in Gemäßheit derselben nachweise, daß er sich seit den 6 Monaten vor seiner Entlassung ununterbrochen beim Regimente oder Bataillon aufgehalten habe, und, wenn er ein Attest des Regiments beibringe, daß der Ehe von Seiten des Bräutigams kein bekanntes Ehehinderniß entgegenstehe.

Durch die Allerhöchste Cabinets-Ordre vom 28. August 1820 ist jedoch in Absicht der Militairpersonen blos die Vorschrift des Art. 74. des bürgerlichen Gesetzbuchs, durch welche die Competenz des Civilstandsbeamten zum Aufgebote und zur

Trauung durch einen ununterbrochenen sechsmonatlichen Aufenthalt der Brautleute bedingt wird, aufgehoben. An die Stelle dieses sechsmonatlichen Aufenthalts des Bräutigams an demselben Orte ist der sechsmonatliche Aufenthalt bei dem Corps, Regimente oder Bataillon und das vorhergedachte Attest der Militair-Behörde getreten. Dagegen ist die Vorschrift des Art. 167. des Code civil, wonach in dem Falle, wenn der Wohnsitz nur durch einen sechsmonatlichen Aufenthalt begründet ist, das Aufgebot auch an dem letzvorhergehenden Wohnsitze geschehen soll, durch die Allerhöchste Cabinets-Ordre nicht verändert. Dies ergiebt sich sowohl aus den Worten der Allerhöchsten Cabinets-Ordre, welche ausdrücklich voraussetzt, daß das Aufgebot gehörig geschehen sei, als auch aus dem, von dem ersten General-Advokaten Bölling über diesen Gegenstand unterm 24. März 1820 erstatteten Berichte, auf welchen, ganz in Uebereinstimmung mit dessen Antrage, die Allerhöchste Cabinets-Ordre ergangen ist.

Ferner kann die Allerhöchste Cabinets-Ordre nur auf die, zur Zeit des Aufgebots im activen Militairdienste befindlichen, Militairpersonen, nicht aber auf die, aus dem Militairdienste bereits Entlassenen bezogen werden; in Betreff der Letzteren kommen lediglich die Vorschriften des Code civil in ihrem ganzen Umfange zur Anwendung. Ew. Hochwohlgeb. eröffne ich diese Ansicht und sehe, falls Sie mit derselben nicht übereinstimmen sollten, der Darlegung Ihrer entgegenstehenden Gründe entgegen, so wie ich Sie entgegengesetztenfalls auffordere, nach dieser Ansicht die sämmtlichen Ober-Procuratoren mit Anweisung zu versehen, und die Abschrift derselben einzusenden.

Berlin, den 22. April 1836.

Der Justiz-Minister
v. Kamptz.

An
den Königlichen General-Procurator am rheinischen Appellationsgerichtshofe und Geheimen Ober-Justizrath Herrn Biergans zu Cöln.

E. 1329.

cf. Cölner Amtsblatt pag. 140.

1538.

Beim Erlaß der Citation ausgetretener Militairpflichtiger ist wegen Sicherstellung des Vermögens derselben das Erforderliche von Amts wegen zu verfügen.

Rh. Crim. No. 3.

Es ist zur Sprache gekommen, daß bei dem Verfahren gegen ausgetretene Militairpflichtige das Vermögen derselben nicht sicher gestellt und auf diese Weise der Fiscus gefährdet werde. Ich sehe mich dadurch veranlaßt, auf die Vorschrift des §. 29. Tit. 36. Th. I. der Allgem. Gerichtsordnung aufmerksam zu machen, nach welcher von Amts wegen sogleich bei Erlassung der Citation das deshalb Erforderliche verfügt werden muß. Ew. Hochwohlgeboren haben daher die Königl. Ober-Procuratoren anzuweisen, daß sie diese, von Amts wegen vorzunehmende Sicherstellung zu extrahiren, nicht unterlassen.

Berlin, den 30. April 1836.

Der Justiz-Minister
v. Kamptz.

An
den Königlichen General-Procurator
und Geheimen Ober-Justizrath
Herrn Biergans zu Cöln.

E. 1059.

1539.

Stempelpflichtigkeit der Erkenntnisse in den wegen Injurien angestellten Civil-Prozessen.

Rh. Crim. No. 52.

Es ist zur Sprache gekommen, daß die rheinischen Gerichte hinsichtlich der Stempelpflichtigkeit der Erkenntnisse in den wegen Injurien angestellten Civil-Prozessen nach verschiedenen Grundsätzen verfahren, indem einige Gerichte, wie in gewöhnlichen Civil-Prozessen nur dann, wenn die Entschädigungssumme 50 Rthlr. oder mehr beträgt, zu den Erkenntnissen einen Stempel und zwar nach Maaßgabe der Tarif-Position „Erkenntnisse A. a." verwenden, andere Gerichte dagegen die, in jener Tarif-Position unter litt. A. e. für Straf- und Injuriensachen getroffenen, Bestimmungen zur Richtschnur nehmen und daher zu den Erkenntnissen stets einen Stempel von 5 bis 50 Rthl. resp. 15 Sgr. ohne Rücksicht auf die Höhe der Entschädigungssumme verbrauchen.

Die in Rede stehenden Prozesse sind jedoch den Injurien-Prozessen der altländischen Gesetzgebung nicht gleich zu achten, indem letztere zugleich das Strafverfahren vertreten, was bei den ersteren, welche nur auf Schadenersatz und nicht auf Zuerkennung einer Strafe gerichtet werden können, nicht der Fall ist. Die Verfolgung eines Injurianten zum Zwecke seiner Bestrafung kann nach dem rheinischen Gesetze nur im Untersuchungsverfahren, und, wenn auch auf den Betrieb des Beleidigten, doch nur unter Mitwirkung des öffentlichen Ministeriums statt finden; die Civilklage wegen Injurien ist davon eben so unabhängig, als nach den altländischen Gesetzen der Prozeß, welcher gegen einen Verbrecher auf Schadenersatz angestellt wird.

(conf. Pailliet Manuel du Droit Français Not. 5. zu Art. 139. No. 5. des Code d'instruct. crim. S. 829.)

Hiernach kann ich, in Uebereinstimmung mit dem Königlichen Finanz-Ministerium, die Anwendung der Stempel-Tarif-Position „Erkenntnisse A. e.," in welcher bei den Injuriensachen der Charakter von Straf-Sachen vorausgesetzt ist, auf Civil-Prozesse wegen Injurien nicht für begründet halten; die entgegengesetzte Ansicht würde dahin führen, daß der in jener Tarif-Position vorgeschriebene Stempel doppelt entrichtet werden müßte, wenn das öffentliche Ministerium nach Entscheidung der Civil-Klage sich veranlaßt finden sollte, den Beleidiger nachträglich vor dem Strafgerichte zu verfolgen.

Auch bin ich mit dem Königlichen Finanz-Ministerium darin einverstanden, daß das Rescript vom 4. Juni 1824 *) auf Erkenntnisse der Polizeigerichte in den als Polizei-Contraventionen verfolgten Injurien-Sachen nicht zu beziehen ist. Es ist kein Grund vorhanden, bei diesen Sachen, wie bei den übrigen einfachen Polizei-Sachen, eine Erleichterung in der Stempel-Steuer eintreten zu lassen, durch welche die Einwohner der Rheinprovinz gegen die Unterthanen in den andern Provinzen, wo die Injuriensachen jederzeit stempelpflichtig sind, begünstigt werden würden.

Ew. Hochwohlgeboren wollen diese Verfügung zur Kenntniß des Königl. Appellationsgerichtshofes und durch die Ober-Procuratoren zur Kenntniß der übrigen Gerichte bringen.

Berlin, den 4. Mai 1836.

An den Königl. General-Procurator und Geheimen Ober-Justizrath, Herrn Biergans zu Cöln.

Der Justiz-Minister
v. Kamptz.

F. 1220.

*) Band 5. pag. 11.

1540.

Verfahren, wenn gegen Mitglieder ehemals reichsunmittelbarer, jetzt mediatisirter Fürstenhäuser auf Personalarrest in Schuldsachen gerichtlich angetragen werden sollte.

Standesherrn Spec. 28.

Des Königs Majestät haben mittelst Allerhöchster Ordre vom 16. v. M. zu befehlen geruhet, daß, wenn gegen Mitglieder ehemals reichsunmittelbarer, jetzt mediatisirter Fürstenhäuser auf Personalarrest in Schuldsachen gerichtlich angetragen werden sollte, dieserhalb an Seine Königliche Majestät Selbst zur Allerhöchsten Entschließung berichtet werden soll. — Wenn daher ein solcher Fall vorkommen möchte, so ist derselbe vor jeder weiteren Verfügung mir anzuzeigen und die nähere Bestimmung zu erwarten.

Berlin, den 6. Mai 1836.

Der Justiz-Minister
v. Kamptz.

An
den Königlichen Justiz-Senat
zu Coblenz.
D. 615.

1541.

Von wem die Urtel in Untersuchungssachen wider Gerichtsvollzieher Behufs der Einlegung des Aggravations-Rechtsmittels beim Justiz-Ministerio einzureichen sind.

Rh. Offic.-Sachen No. 41.

Der Instructionsrichter Landgerichtsrath S. hat mir das Urtheil der dortigen correctionellen Appellationskammer vom 5. März d. J. wider den Gerichtsvollzieher P. wegen etwaiger Einlegung eines Aggravationsmittels eingereicht. Zu dieser scheint keine genügende Veranlassung vorzuliegen, und wird daher davon abstrahirt. Indessen kann ich nicht unterlassen, darauf aufmerksam zu machen, daß dieser Bericht entweder von der correctionellen Appellationskammer selbst hätte erstattet werden müssen, oder was noch angemessener ist, durch Ew. Hochwohlgeboren selbst, da Sie als nächst vorgesetzte Dienstbehörde des Gerichtsvollziehers Ihre etwanigen Gründe zur Einlegung des Rechtsmittels gleichzeitig mitzutheilen gehabt haben würden. Letzteres ist daher für künftige Fälle zu beobachten und haben Sie zugleich den Instructionsrichtern zu Cöln hiervon zur Nachachtung Kenntniß zu geben.

Berlin, den 6. Mai 1836.

Der Justiz=Minister
v. Kamptz.

An
den Königl. Ober=Procurator
Herrn v. Collenbach zu Cöln.
E. 1076.

1542.

Die Friedensrichter oder deren Gerichtsschreiber haben die Inscriptionen auf die Immobilien der Vormünder unentgeldlich zu besorgen.

Gen. 72. Vol. II.

a.

Ew. Hochwohlgeboren wird auf den Bericht vom 22. März d. J. eröffnet, daß, da die Ober=Procuratoren die Inscriptionen auf die Immobilien der Vormünder unentgeldlich besorgen müssen, auch den damit beauftragten Friedensrichtern oder deren Gerichtsschreibern eine Gebühr dafür nicht bewilligt werden kann.

Berlin, den 13. Mai 1836.

Der Justiz=Minister
v. Kamptz.

An
den Königl. Ober=Procurator
Herrn v. Collenbach zu Cöln.

b.

Abschrift dieser Verfügung dem Königl. General=Procurator Herrn Biergans auf den Bericht vom 26. v. M. zur Nachricht.

Berlin, den 13. Mai 1836.

Der Justiz=Minister
v. Kamptz.

An
den Königlichen General=Procurator
Herrn Biergans zu Cöln.
F. 1290.

1543.

Die Anstellung der versorgungsberechtigten Unteroffiziere im Subalternendienste erfolgt alternirend mit solchen Candidaten, die keine Ansprüche aus dem Militairstande haben.

Rh Offic. = S. No. 13.

Decret

auf das Gesuch des Aktuar J. d. d. Elberfeld den 2. Mai 1836 um Anstellung als Gerichtsschreiber.

An den Königlichen Herrn General-Procurator zu Cöln mit Bezug auf das Rescript vom 18. Juni 1835 zur weitern Veranlassung. Allerdings gebührt den neun Jahre im Dienst gestandenen Unteroffizieren bei gleicher Qualifikation ein Vorzugsrecht in der Anstellung im Subalternendienste vor nicht gedienten Candidaten. Jedoch bestimmen die Allerhöchsten Cabinetsordres vom 31. Oktober 1827 *) und 19. Oktober 1828 **) namentlich die letztere sub No. 4., daß es zulässig sei, auch, und zwar alternirend, solche Candidaten zur Anstellung zu bringen, die ohne Versorgungs-Ansprüche aus dem Militairstande zu haben, doch zum Subalternendienste ausgebildet sind, so daß in so weit also der Vorzug der anstellungsberechtigten Unteroffiziere beschränkt ist. Es wird daher hierauf bei den Anstellungsvorschlägen künftig Rücksicht zu nehmen sein.

Berlin, den 13. Mai 1836.

Der Justiz-Minister
v. Kamptz.

F. 1284.

1544.

Gerichtliche Verfolgung der Civilstands-Beamten wegen Contraventionen gegen den Art. 43. des Civilgesetzbuches.

Rh. Gen. No. 36.

Auf den Bericht vom 28. v. M. werden Ew. Hochwohlgeboren hierdurch autorisirt, auch wegen Contraventionen gegen den Artikel 43. des Civilgesetzbuches die gerichtliche Verfolgung

---

*) Band 3. pag. 253.
**) Band 3. pag. 256.

wider die Civilstandsbeamten eintreten zu lassen und dazu die Autorisation zu ertheilen.

Berlin, den 13. Mai 1836.

Der Justiz-Minister
v. Kamptz.

An
den Königlichen General-Procurator
Herrn Biergans zu Cöln.

E. 1286.

1545.

Form der gerichtlichen, an Niederländische Unterthanen zu insinuirenden, Urkunden, wenn dabei gleichzeitig Belgische Unterthanen betheiligt sind.

Lit. N. No. 4.

Nach dem abschriftlich anliegenden Schreiben des Königl. Ministeriums der auswärtigen Angelegenheiten vom 12. d. M. hat das Königl. Niederländische Ministerium die Insinuation einer, der Königl. Gesandtschaft im Haag von Ew. Hochwohlgeboren überschickten, für M. und B. zu Luxemburg bestimmten gerichtlichen Urkunde deshalb abgelehnt, weil darin auch zweier Betheiligten, als in Belgien wohnhaft, Erwähnung geschehen. Zur Vermeidung ähnlicher Ausstellungen ist es, nach dem Ermessen des Königl. Ministeriums der auswärtigen Angelegenheiten, bis zur definitiven Regulirung der dermaligen politischen Verhältnisse zwischen Holland und Belgien erforderlich, daß in allen, diesseits zur Verhandlung kommenden, Rechtssachen, bei welchen gleichzeitig Niederländische und Belgische Unterthanen betheiligt sind, in den, zur Insinuation an Niederländische Unterthanen bestimmten, Exemplaren gerichtlicher Urkunden jede Bezugnahme auf Belgische Behörden, Unterthanen und Orte als solche sorgfältig vermieden werden. Ew. Hochwohlgeboren haben hiervon die Gerichte und Anwälte durch die Ober-Procuratoren in Kenntniß zu setzen.

Berlin, den 21. Mai 1836.

Der Justiz-Minister
v. Kamptz.

An
den Königl. General-Procurator
und Geheimen Ober-Justizrath
Herrn Biergans zu Cöln.

E. 1317.

1546.

Erkenntnisse, in welchen der Verlust der Offizier-Charge ausgesprochen worden, sind Behufs der Allerhöchsten Bestätigung dem Justiz-Minister einzureichen.

Rh. Gener. No. 51.

a.

Ew. Hochwohlgeboren erhalten die, mittelst Berichts vom 6. Januar d. J. eingereichten Untersuchungs-Akten gegen den vormaligen Steuer-Einnehmer v. B. zu B. hierbei mit dem Eröffnen zurück, daß, da derselbe bereits durch die abschriftlich beigefügte Allerhöchste Cabinets-Ordre vom 16. August 1833 aus dem Militairdienste entlassen worden, des Königs Majestät durch die Allerhöchste Cabinets-Ordre vom 15. d. M. zu erklären geruhet haben, daß das neuerdings wider den ꝛc. v. B. ergangene Urtheil, wodurch er der Landwehr-Offizier-Charge verlustig erklärt worden, der Allerhöchsten Bestätigung nicht bedürfe. Sie haben daher nunmehr die sofortige Vollstreckung des Erkenntnisses zu veranlassen. Zugleich werden Ew. Hochwohlgeboren benachrichtigt, daß Erkenntnisse, in welchen der Verlust der Offizier-Charge ausgesprochen worden, zur Herbeiführung der Allerhöchsten Bestätigung dem Justiz-Minister einzureichen sind.

Berlin, den 21. Mai 1836.

An den Königl. Ober-Procurator Herrn v. Collenbach zu Cöln.
F. 1275.

Der Justiz-Minister
v. Kamptz.

b.

Ich eröffne Ihnen auf den Bericht vom 16. März d. J., daß, da Meine Ordre vom 14. Mai 1830 nur bestimmt, daß die Erkenntnisse gegen beurlaubte Landwehr-Offiziere, wenn auf den Verlust der Charge als Offizier erkannt worden, Mir zur Bestätigung vorgelegt werden sollen, der Seconde-Lieutenant v. B. aber schon durch die Ordre vom 16. August 1833 aus dem Dienst entlassen ist, das gegen ihn neuerdings ergangene hierbei zurückerfolgende Erkenntniß Meiner Bestätigung nicht bedarf.

Berlin, den 15. Mai 1836.

An den Justiz-Minister v. Kamptz.

Friedrich Wilhelm.

1547.

Einziehung des Werthstempels in contradictorischen Prozessen.

Rh. Gener. No. 62.

a.

Der Herr Chef des Königlichen Finanz-Ministeriums hat sich mit der von Ew. Hochwohlgeboren in dem Berichte vom 4. v. M. entwickelten und von mir bevorworteten Ansicht,

> daß der Werthstempel in contradictorischen Prozessen nach Maaßgabe der Entscheidung über den Kostenpunkt von den Partheien einzuziehen und der Extrahent der Urtheils-Ausfertigung, wenn derselbe in dem Prozesse obgesiegt hat und der Gegentheil in die Kosten verurtheilt worden, den gedachten Stempel vorzuschießen nicht verpflichtet sei, sondern ihm die Urtheils-Ausfertigung ohne vorgängige Berichtigung des Stempels verabfolgt werden müsse,

in dem abschriftlich anliegenden Votum vom 11. d. M. einverstanden erklärt.

Ew. Hochwohlgeboren wollen hiervon den Königl. Appellationsgerichtshof, sowie durch die Ober-Procuratoren die übrigen Gerichte zur Nachachtung in Kenntniß setzen und zugleich zur Erledigung der, in Abschrift zurückerfolgenden, Beschwerde des Kaufmanns M. zu Düsseldorf vom 19. Februar d. J. das Erforderliche veranlassen.

Berlin, den 23. Mai 1836.

An
den Königl. General-Procurator
und Geheimen Ober-Justizrath
Herrn Biergans zu Cöln.

Der Justiz-Minister
v. Kamptz.

b.

Abschrift der vorstehenden Verfügung erhält der Herr General-Procurator Eichhorn mit dem Auftrage, dieselbe zur Kenntniß des Königlichen Revisions- und Kassationshofes zu bringen.

Berlin, den 23. Mai 1836.

An
den Königl. General-Procurator
am Rheinischen Revisions- und
Cassationshofe Hrn. Eichhorn hier.
E. 1336.

Der Justiz-Minister
v. Kamptz.

1548.

Remuneration der Friedensrichter für Bearbeitung der Holzdiebstahlssachen in Bezug auf Gemeine- und Privatwaldungen.

Rep. Rheinprov. Crimin. No. 7.

Auf die Eingabe vom $\frac{\text{31. März}}{\text{9. April}}$ d. J. wird Ihnen eröffnet, daß die Ausdehnung der Allerhöchsten Cabinetsordre vom 15. August 1829 *) wegen der den Forstrichtern aus den Königl. Kassen bewilligten Remuneration für die Bearbeitung der Forstdefraudations-Prozesse auf Untersuchungen wegen Holzdiebstahls in Gemeine- und Privat-Waldungen, in welchen die Geldbußen nicht zur Staatskasse fließen, sondern den Gemeinen und Privat-Waldeigenthümern zukommen, bereits Allerhöchsten Orts zur Sprache gebracht, jedoch nicht zulässig befunden worden ist, weil den Gemeinen und Privat-Waldeigenthümern die Zahlung jener Remuneration nur dann angesonnen werden könne, wenn ihnen die Wiedereinziehung derselben von den, in die Kosten verurtheilten, Denunziaten gestattet würde, dieses aber mit dem §. 34. des Gesetzes vom 7. Juni 1821 **) nicht verträglich ist. — Hiernach sehe ich mich außer Stande, Ihrem Antrage zu entsprechen.

Berlin, den 23. Mai 1836.

Der Justiz-Minister
v. Kamptz.

An
den Hrn. Justiz-Amtmann v. Lassaulx zu Dierdorf und den Herrn Justiz-Amtmann Meder zu Altenkirchen (Reg.-Bez. Coblenz).

E. 1312.

1549.

Ueber die Veröffentlichung der Assisen-Verhandlungen durch die Zeitungen.

Rh. Crim. 15.

a.

In Verfolg der Mittheilungen †) über die Veröffentlichung der Assisen-Verhandlungen benachrichtige ich Ew. Hoch-

*) Band 3. pag. 307.
**) Band 2. pag. 117.
†) Band 5. pag. 279. und 303.

wohlgeboren, daß ich über diesen Gegenstand mit den Königl. Ministerien des öffentlichen Unterrichts, der auswärtigen Angelegenheiten und des Innern und der Polizei in Communication getreten bin und darauf angetragen habe, daß dem aufgekommenen Mißbrauch der öffentlichen Gerichts-Verhandlungen auch von ihrer Seite gesteuert werde. Es liegt der bedeutende Unterschied zwischen der, auf ein geringeres Publikum beschränkten Oeffentlichkeit der gerichtlichen Verhandlungen und der durch den Druck erfolgten Propalation derselben durch die Zeitungen und andere öffentliche Blätter, besonders in Rücksicht auf die freigesprochenen Personen, so von selbst vor, daß es darüber einer Bemerkung weiter nicht bedarf. Ew. Hochwohlgeboren ersehen aus der abschriftlichen Anlage, daß die gedachten, mit der Aufsicht über das Censurwesen beauftragten Ministerien unterm 12. d. M. verfügt haben, daß in jenen Zeitungs- und andern öffentlichen Blättern nicht allein alle diejenigen Verhandlungen, welche von der Oeffentlichkeit ausgeschlossen sind, und überhaupt alles, was sich auf Verletzung der Schamhaftigkeit, Abtreibung der Leibesfrucht und ähnliche, dem Sittlichkeitsgefühl zu nahe tretende Vorfälle bezieht, sondern außerdem noch die Namen der Angeschuldigten, sobald sich dieserhalb, den Umständen und Verhältnissen nach, ein Bedenken ergeben möchte, vor Allen aber die der freigesprochenen Personen von der Censur nicht geduldet, sondern gestrichen werden sollen.

Ew. Hochwohlgeboren beauftrage ich, dies dem Königl. Appellationshof und den Landgerichten und dem öffentlichen Ministerium bekannt zu machen, und letzteres anzuweisen, in Ansehung etwaniger Contraventionen sein Amt wahrzunehmen.

Berlin, den 24. Mai 1836.

Der Justiz-Minister
v. Kamptz.

An
den Königl. General-Procurator
Herrn Biergans zu Cöln.

E. 1429.

b.

Indem wir Ew. Hochwohlgeboren auf Ihren Bericht vom 16. December v. J., die Veröffentlichung der Assisen-Verhandlungen betreffend, den damit eingereichten diesfälligen Erlaß des Herrn Justiz-Ministers v. Kamptz vom 4. December v. J. *) und die zugleich vorgelegten Blätter der Düsseldorfer Zeitung hierneben zurücksenden, können wir das bisher von Ew. Hochwohlgeboren zur Verhütung unangemessener oder

*) Bd. 5. pag. 279.

unerlaubter Mittheilungen über die Assisen-Verhandlungen in öffentlichen Blättern beobachtete Verfahren, und insonderheit die am 16. Dezember v. J. den Censoren der Zeitschriften in dieser Hinsicht ertheilte Anweisung zwar nur billigen; in Folge des wiederholt ausgesprochenen Wunsches des gedachten Herrn Justiz-Ministers finden wir uns indessen veranlaßt, Ew. Hochwohlgeboren zu ersuchen, die betreffenden Censoren noch besonders anzuweisen, daß sie nicht allein nach Ew. Hochwohlgeboren Anordnung auch in Ansehung aller derjenigen Verhandlungen sich achten, welche nach der, durch die Amtsblätter der rheinischen Regierungen bekannt gemachten, Allerhöchsten Bestimmung vom 4. Januar d. J. *) von der Oeffentlichkeit ausgeschlossen sind, sondern auch überhaupt in den Mittheilungen über die Assisen-Verhandlungen Alles streichen, was sich auf Verletzung der Schamhaftigkeit, Abtreibung der Leibesfrucht und ähnliche dem Sittlichkeitsgefühle zu nahe tretende Vorfälle beziehet, und außerdem die Namen der Angeschuldigten, sobald sich dieserhalb den Umständen und Verhältnissen nach ein Bedenken ergeben möchte, vor Allen aber die der Freigesprochenen nicht mit abdrucken lassen.

Berlin, den 12. Mai 1836.

Die Minister

der geistl., Unterrichts- 2c. Angelegenheiten,	der auswärtigen Angelegenheiten,	des Innern und der Polizei,
v. Altenstein.	Ancillon.	v. Rochow.

An
den Königlichen Ober-Präsidenten Herrn v. Bodelschwingh Hochwohlgeboren zu Coblenz.

1550.

Die Kanzleidiener und Kastellane beim Apellations-Gerichtshofe zu Cöln, bei den sämmtlichen Landgerichten und Untersuchungs-Aemtern sind von allen Kosten für Reparatur ihrer Dienstwohnungen entbunden.

Localien 24.

Auf Ew. Hochwohlgeboren Bericht vom 17. d. M wird es genehmigt, daß die Kanzleidiener und Kastellane in Ge-

---

*) Bd. 5. pag. 306.

mäßheit des §. 5. des Regulativs vom 18. October 1822 *) sowohl bei dem Königlichen Appellations-Gerichtshofe, als bei sämmtlichen Königl. Landgerichten und Untersuchungs-Aemtern von Tragung aller Kosten zu Reparaturen ihrer Dienstwohnungen entbunden, und diese Kosten aus den zur Unterhaltung der Dienstgebäude bestimmten Fonds bestritten werden.

Ew. Hochwohlgeboren wollen hiernach die Königl. Ober-Procuratoren mit der erforderlichen Anweisung versehen.

Berlin, den 31. Mai 1836.

Der Justiz-Minister
v. Kamptz.

An
den Königlichen General-Procurator
Herrn Geheimen Ober-Justizrath
Biergans in Cöln.

E. 1489.

1551.

Berechnung der Zeugengebühren in criminellen, correctionellen und einfachen Polizeisachen.

Rh. Gener. 69.

Da nach Ew. Hochwohlgeboren Berichte vom 16. v. M. bei den verschiedenen Landgerichten der Rheinprovinz die Berechnung der Zeugengebühren in criminellen, correctionellen uud einfachen Polizeisachen nicht nach einem Grundsatze erfolgt, vielmehr bei mehreren Landgerichten, der Bestimmung des Rescripts vom 18. August 1823 (Lottner Bd. II. S. 405) entgegen, die auf der Hin- und Rückreise durchlaufene Entfernung zur Bestimmung der Gebühren zusammengerechnet wird, statt daß für die Hinreise sowohl, als für die Rückkehr die Gebühren besonders berechnet werden, so veranlasse ich Ew. Hochwohlgeboren, die Bestimmung des allegirten Rescripts zur genauen Befolgung den betreffenden Gerichtsbehörden von Neuem in Erinnerung zu bringen.

Zugleich wird auf Grund der Allerhöchsten Cabinetsordre vom 9. September 1822 **) der §. 1. der Verfügung des Bergischen General-Gouvernements vom 10. Mai 1814 ***), nach welchem

in criminellen und correctionellen Sachen den Beamten, Kaufleuten, Künstlern, Pächtern ansehnlicher Güter,

*) Band 2. pag 336.
**) Band 2. pag. 322.
***) Band 1. pag. 64.

wenn sie als Zeugen vernommen werden, für jede Meile der Hin- und Herreise, so wie für jeden Tag des Aufenthalts, eine Entschädigung von 1 Fr. 50 Cent., den Bürgern, Handwerkern, gemeinen Landleuten, Hebammen, Flurschützen, Gensdarmen, Boten, Forstwärtern und ähnlichen geringeren Beamten aber nur die Hälfte des obigen Satzes für jede zurückgelegte Meile der Hin- und Herreise und für jeden Tag des Aufenthalts bewilligt worden,

hierdurch in der Art aufgehoben, daß fernerhin allein die Verfügungen der Decrete vom 18. Juni 1811 und 7. April 1813 der Liquidation der Zeugengebühren auch im Bergischen zum Grunde zu legen sind.

Diese Bestimmung ist durch die Amtsblätter der betreffenden Regierungen zur öffentlichen Kenntniß zu bringen und den Gerichtsbehörden der Landestheile, in welchen die Verfügung vom 10. Mai 1814 noch zur Anwendung kommt, besonders bekannt zu machen.

Berlin, den 3. Juni 1836.

Der Justiz-Minister
v. Kamptz.

An
den Königlichen General-Procurator
und Geheimen Ober-Justizrath
Herrn Biergans zu Cöln.

E. 1462.

conf. Cölner Amtsblatt pag. 171.
" Düsseldorfer Amtsbl. pag. 215.
" Trier Amtsblatt pag. 307.

1552.

Bestrafung unbedeutsamer Querulanten.

Gen. Q. 1.

a.

Ew. Hochwohlgeboren erhalten anliegend Abschrift der Allerhöchsten Cabinetsordre vom 25. v. M.,

betreffend die Erläuterung der Vorschriften der Bekanntmachung vom 14. Februar 1810 Art. IV. und des daraus entnommenen §. 442. des Anhangs zur Allgemeinen Gerichtsordnung wegen der Bestrafung unbedeutsamer Querulanten, zur Kenntnißnahme und Benachrichtigung der Ober-Procuratoren.

Berlin, den 3. Juni 1836.

Der Justiz-Minister
v. Kamptz.

An
den Königl General-Procurator
und Geheimen Ober-Justizrath
Herrn Biergans zu Cöln.
D. 850.

b.

Auf den Bericht des Staats-Ministeriums vom 28. v. M. will Ich die Vorschriften der Bekanntmachung vom 14. Februar 1810 Art. VI. und des daraus entnommenen §. 442. des Anhangs zur allgemeinen Gerichtsordnung, die Bestrafung unbedeutsamer Querulanten betreffend, dahin erläutern, daß nur die Ministerien befugt sein sollen, die den Uebertretern dieser Vorschriften angedroheten Strafen, welche durch eine unmittelbar an Mich gerichtete oder bei den Ministerien geführte unbegründete Beschwerde verwirkt werden, durch ein bloßes Decret zu verhängen, oder durch die ihnen untergeordneten Behörden verhängen zu lassen, wogegen die Provinzial-Behörden, wenn sie einen Querulanten aus den Bestimmungen der Bekanntmachung vom 14 Februar 1810 und der Gerichtsordnung Thl. III. Tit. 1 §§. 12—34. wegen einer an sie gebrachten Beschwerde strafbar erachten, nach den Vorschriften §§. 30. u. f. zu verfahren und eine förmliche Untersuchung einzuleiten haben, damit die gesetzliche Strafe durch ein Erkenntniß festgestellt werde. Ich beauftrage die betreffenden Minister und Verwaltungs-Chefs, hiernach die von ihnen ressortirenden Behörden, in so weit sie es mit Rücksicht auf die den administrativen Behörden bereits ertheilte Anweisung vom 23. Mai 1818 noch erforderlich finden, zu belehren und zu instruiren.

Berlin, den 25. Mai 1836.

Friedrich Wilhelm.

An das Staats-Ministerium.

1553.

Urtheile in Untersuchungssachen wider Beamte sind durch das öffentliche Ministerium einzureichen.

Rh. Offic.-S. No. 41.

Der Instructionsrichter L. daselbst hat das, von der correctionellen Appellkammer des Königlichen Landgerichts gegen den Notar B. erlassene, Erkenntniß eingereicht. Ich nehme hiervon Veranlassung, Ew. Hochwohlgeboren zu eröffnen, daß die Urtheile in Untersuchungssachen wider Beamte künftig durch das öffentliche Ministerium einzusenden sind. Den rc. L. haben Sie von dieser Verfügung in Kenntniß zu setzen.

Berlin, den 3. Juni 1836.

An den Königlichen Ober=Procurator Herrn v. Collenbach zu Cöln.

Der Justiz=Minister v. Kamptz.

E. 1470.

1554.

Vorschriften wegen Zulassung angeschuldigter Personen zum Gegenbeweise.

Rh. Crim. 8.

Ew. Wohlgeboren wird das mittelst Berichts vom 25. v. M. zurückgereichte Gesuch des dortigen Handelsmanns B. nebst Anlagen hierbei mit dem Eröffnen wieder zugefertiget, daß das Verfahren des Polizeigerichts daselbst, welches den Bittsteller, ohne auf dessen Erbieten zum Gegenbeweise der Anschuldigung Rücksicht zu nehmen, lediglich auf den Grund der Aussage des K. verurtheilt hat, nicht gebilligt werden kann. — Die ersten Grundsätze der Gerechtigkeit erfordern, daß dem Angeschuldigten in der Führung seiner Vertheidigung die möglichste Freiheit gestattet werde. Vorschriften, welche diese Freiheit beschränken, dürfen daher nur streng innerhalb der festgesetzten Grenzen angewandt werden; so weit der Ausspruch des Gesetzes nicht ganz klar entgegenstehet, ist der Richter schuldig, den Angeklagten mit seinen Vertheidigungsmitteln vollständig zu hören. Die Bestimmung im Art. 153. der rheinischen Straf=Prozeßordnung, welche dahin lautet:

> „La personne citée proposera sa defense, et fera entendre ses témoins, si elle en a amené ou fait citer, et si, aux termes de l'article suivant, elle est recevable a les produire.“

kann demnach nicht in der Art erklärt werden, daß Zeugen, welche der Angeschuldigte weder gestellt hat, noch hat vorladen lassen, überhaupt nicht vernommen werden sollen, indem die Zulässigkeit einer nachträglichen Vernehmung überall nicht ausgeschlossen, sondern nur verordnet worden ist, daß die Zeugen, wenn sie vom Angeschuldigten gestellt oder auf dessen Betrieb vorgeladen worden, sogleich zu vernehmen sind. Der Richter hat daher, wenn der Angeschuldigte, welcher häufig erst durch die Verhandlung selbst auf die Nothwendigkeit zur näheren

Ausführung seiner Vertheidigung hingeleitet wird, zur Entkräftung der Anschuldigung sich auf Zeugen beruft, im Allgemeinen eben so sehr die Befugniß als die Verpflichtung, die Sache zu vertagen und die Vernehmung der Defensional-Zeugen zu verordnen.

Eine Ausnahme hiervon findet nach Art. 154. der rheinischen Straf-Prozeßordnung statt, wenn die Anschuldigung auf einem amtlichen Protocolle oder Berichte beruhet, welcher bis zur inscription de faux Beweiskraft hat; dagegen muß es, wenn dem Protocolle und Berichte nur bis zum Beweise des Gegentheils gerichtlicher Glaube beigelegt ist, bei obiger Regel verbleiben, und von der am Schlusse des angeführten Art. 154. dem Richter ertheilten Ermächtigung, über die Aufnahme des Gegenbeweises nach Befinden hinwegzugehen, ist mit besonderer Behutsamkeit und nur in solchen Fällen, in welchen die Unerheblichkeit der Gegenbeweismittel klar vorliegt, Gebrauch zu machen. Am wenigsten ist es zu rechtfertigen, wenn in den Fällen, in welchen die Anschuldigung nicht einmal auf einem Protocolle oder Berichte dieser letzteren Art, sondern, wie in der Untersuchungssache wider den rc. B., lediglich auf einem gewöhnlichen Zeugnisse und zwar nur einer einzigen Person beruhet, das Erbieten des Angeschuldigten zum Gegenbeweis nicht berücksichtiget wird. Ew. Wohlgeboren haben daher die Vernehmung der von dem rc. B. schon benannten oder noch zu benennenden Defensional-Zeugen zu veranlassen und die Verhandlungen zur weiteren Entschließung einzureichen, zugleich aber das dortige Polizeigericht wegen seines Verfahrens zu berichtigen.

Berlin, den 4. Juni 1836.

Der Justiz-Minister
v. Kamptz.

An
den Königl. Herrn Ober-Procurator
zu Aachen.

F. 1367.

1555.

Strafbarkeit der Aufbewahrung größerer Quantitäten von Schießpulver in Privat-Wohnungen.

Rh. Crim. No. 58.

a.

Extract.

Ew. Wohlgeboren erhalten die mittelst Berichts vom 16. Februar d. J. eingereichten Untersuchungs-Akten gegen den dortigen Krämer R. beikommend zurück.

Auf Ihren Bericht bin ich zur Beseitigung der Zweifel, welche in Bezug auf die Vorschriften des Gesetzes vom 13. Ventose VII. Art. 24. und 28. wegen der Strafbarkeit der Aufbewahrung größerer Quantitäten von Schießpulver in Privat-Wohnungen entstanden sind, mit dem Herrn Minister des Innern und der Polizei wegen Erlassung eines allgemeinen Strafverbots über diesen Gegenstand für die Rheinprovinz in Correspondenz getreten. Der gedachte Herr Minister hat hierauf unterm 6. v. M. die rheinischen Regierungen angewiesen, auf den Grund des Art. 5. Tit. XI des Gesetzes vom 24. August 1790 ein solches Verbot unter Androhung einer Strafe von 5 Rthlr. zu erlassen. Diesem gemäß ist bei der gerichtlichen Verfolgung des Vergehens der unvorsichtigen Aufbewahrung von Schießpulver künftig zu verfahren, und von den angeführten Bestimmungen des Gesetzes vom 13. Ventose VII., dessen Unanwendbarkeit von selbst vorliegt und auch judicando vom Königl. Revisions- und Cassationshof anerkannt ist, zu abstrahiren. Ew. Wohlgeboren wollen hiernach die Beamten des öffentlichen Ministeriums bei den Polizeigerichten mit Instruction versehen und strenge darauf halten, daß diesen Vorschriften des Königlichen Ministeriums des Innern und der Polizei nachgegangen werde.

Berlin, den 5. Juni 1836.

Der Justiz-Minister
v. Kamptz.

An
den Königlichen Ober-Procurator
Herrn Deuster zu Saarbrücken.

b.

Abschrift der vorstehenden Verfügung, des Berichts des Ober-Procurators zu Saarbrücken vom 16. Februar d. J. und des Schreibens des Herrn Ministers des Innern und der Polizei vom 6. v. M. dem Herrn General-Procurator zur Nachricht und weiteren Anweisung der übrigen Ober-Procuratoren.

Berlin, den 5. Juni 1836.

Der Justiz-Minister
v. Kamptz.

An
den Königlichen General-Procurator
und Geheimen Ober-Justizrath
Herrn Biergans zu Cöln.

E. 1399.

1556.

Controllirung der Geschäfte der Gerichtsvollzieher und Gebühren derselben bei Verhaftung eines Fallirten, bei freiwilligen Möbelverkäufen, bei Pfändungen und Exmissionen.

Offic.-S. No. 27.

Da in den Justiz-Jahresberichten pro 1835 in Bezug auf die Instruction und Taxe für die Gerichtsvollzieher der Rheinprovinz vom 10. Juni 1833 *) mehrere Zweifel angeregt und Vorschläge gemacht worden, so wird über dieselben hiedurch Nachstehendes bestimmt:

1. Um die durch die vorgeschriebenen Repertorien, resp. Journale der Gerichtsvollzieher beabsichtigte Controlle ihrer Geschäftsführung und Gebührenerhebung wirksamer zu machen, wird denselben bei Disciplinarahndung zur Pflicht gemacht, auf den Originalen und Abschriften ihrer Akte bei deren Zustellung die Nummern, unter welchen dieselben in das Repertorium eingetragen sind, so wie bei Aufträgen von Privatpersonen die Nummer zu vermerken, unter welcher der Auftrag in das Journal eingetragen ist.

2. Verhaftet der Gerichtsvollzieher einen Fallirten auf Grund eines, nach Art. 455. des Handelsgesetzbuches erlassenen, Handelsgerichts-Urtheils, so darf er dafür nur die, im 5ten Abschnitte des Tarifs vom 10. Juni 1833 No. 4. bestimmten, Gebühren zum Ansatz bringen.

3. Bei freiwilligen Möbelverkäufen, welche der Gerichtsvollzieher außer seinem Wohnorte abhalten muß, erhält derselbe, außer den in No. 77. des Tarifs Abschn. 4. bestimmten Gebühren, auch noch die gesetzlichen Reisekosten nach Maaßgabe der No. 73. daselbst, so wie er denn bei allen freiwilligen Möbelverkäufen die nach der Taxordnung für die Notarien zu liquidirenden, Gebühren für die, nach Vorschrift der Gesetze zuzuziehenden, Zeugen anzusetzen berechtigt ist.

4. Der Gerichtsvollzieher hat die, durch No. 15. des 2ten Abschnitts des Tarifs bestimmten, Pfändungsgebühren auch in den Fällen zu beziehen, wenn er mit den Zeugen an den Ort der vorzunehmenden Pfändung sich begeben und dies, so wie einen der folgenden Umstände, durch einen Act constatirt hat,

a) daß der Schuldner bei der Pfändung gegen das zu vollstreckende Urtheil, weil es Contumazial-Urtheil gegen eine

---

*) Band 3. No. 1106.

Parthei war, Opposition einlegte, und deshalb der Gerichtsvollzieher die Execution suspendiren mußte (Art. 158. 162. der Prozeßordnung), oder

b) daß bei dem Schuldner keine pfändbaren Objecte vorgefunden wurden, oder

c) daß der Schuldner bei der Pfändung selbst Zahlung leistete.

5. Dieselben Gebühren (No. 15. des Tarifs) finden bei der Exmission (expulsion des lieux) Statt.

Diese Bestimmungen sind durch die Amtsblätter der rheinischen Regierungen zur öffentlichen Kenntniß zu bringen und zugleich von Ew. Hochwohlgeboren den sämmtlichen Ober-Procuratoren zur Instruction der Gerichtsvollzieher und zur genauen Achtung auf deren Befolgung, namentlich der No. 1. und 2. besonders mitzutheilen.

Berlin, den 9. Juni 1836.

Der Justiz-Minister
v. Kamptz.

An
den Königl. General-Procurator
und Geheimen Ober-Justizrath
Herrn Biergans zu Cöln.
E. 1382.

cf. Cölner Amtsblatt pag. 185.

1557.

Verfahren, wenn Zweifel darüber entstehen, ob eine Untersuchung nach den Preußischen oder den rheinischen Gesetzen einzuleiten und zu entscheiden sei. — Entlassung freigesprochener Personen aus der Haft während der Verhandlungen über das Rechtsmittel der Aggravation.

Rh. Crim. 19.

Ew. Hochwohlgeboren berühren in dem Jahresberichte pro $18^{34}/_{35}$, wie in dessen Anlagen mehrere Ober-Procuratoren, die Allerhöchste Cabinetsordre vom 6. März 1821 *) und 2. August 1834 **), so wie diejenige vom 25. März 1834 ***).

---

*) Bd. 2. No. 404.
**) Bd. 4. No. 1228.
***) Bd. 4. No. 1170.

Was die, in dem Jahresberichte eines der Ober-Procuratoren erwähnten, Competenz-Conflicte betrifft, welche durch die Coexistenz zweier verschiedener Gesetzgebungen über die Untersuchungsform angeblich entstehen, so kann es zur Regulirung derselben nicht erst einer besonderen gesetzlichen Verfügung bedürfen, da die bestehenden Gesetze in dieser Beziehung ausreichend sind. Drei Fälle kommen hierbei besonders zur Sprache:

a) der: wenn vor der Spruchvorlegung Zweifel darüber entstehen, ob die Sache in dem Preußischen oder in dem Rheinischen Criminal-Verfahren zu bearbeiten sei? In diesem Falle muß, wie schon in dem Rescripte vom 27. Dezember 1834 *) bestimmt ist, die Rathskammer über die entstandenen Zweifel durch einen vorläufig regulirenden Beschluß entscheiden.

b) Der 2te Fall ist der: wenn die Sache im Rheinischen Strafverfahren zum Spruche eingeleitet ist, und nun der erkennende Richter, in erster oder in zweiter Instanz, sich incompetent erklärt, und die Sache zur Untersuchung im Preußischen Verfahren verweiset. Alsdann finden gegen diese Entscheidung, da es sich von Abänderung im Rheinischen Verfahren erlassener Urtheile handelt, die in diesem Verfahren zulässigen Rechtsmittel allein Anwendung.

c) Der 3te Fall endlich ist der: wenn die Sache im Preußischen Verfahren zum Spruche vorliegt, und nun der erkennende Richter dieselbe zum Rheinischen Verfahren verweiset. In diesem Falle muß im Wege des Rekurses resp. an den Appellationshof oder den Justiz-Minister das competente Gericht bestimmt werden.

Es kann mithin ein Conflict nicht füglich eintreten, und versteht es sich von selbst, daß, wenn einmal in einem der vorgeschriebenen Wege die Competenz definitiv bestimmt ist, alsdann nicht in dem, durch diese Bestimmung regulirten, Forum dieselbe Competenzfrage noch einmal erörtert werden kann.

Auf einem Mißverständnisse der Allerhöchsten Cabinetsordre vom 25. März 1834 muß es sodann wohl beruhen, wenn in dem Jahresberichte des Ober-Procurators zu Cöln gesagt wird, daß das Rechtsmittel der Aggravation für einen verhafteten und in dem Urtheile, gegen welches es stattfindet, freigesprochenen Inkulpaten furchtbar sei, da derselbe durch die langen, dabei eintretenden, Fristen, der Freisprechung ungeachtet, seiner Freiheit auf 5 bis 6 Monate beraubt bleibe. Denn die gedachte Allerhöchste Cabinetsordre erklärt im Eingange ausdrücklich den §. 100. Tit. 35. Th. I. der Allg. Gerichtsordnung,

---

*) Band 4. No. 1266.

soweit sie ihn nicht modificirt, auch für Criminal-Untersuchungen für anwendbar, und nach diesem §. sollen die, dem Beschuldigten günstigen, Bestimmungen des, durch das Rechtsmittel der Aggravation angefochtenen, Urtheils während der Instruction des Rechtsmittels vollzogen, mithin derselbe, wenn er in Haft ist, auf freien Fuß gesetzt werden u. s. w., sofern nicht die, in dem §. erwähnten, besonderen Umstände eine Ausnahme erheischen. Es ist also durch die bestehende Gesetzgebung hinreichend dafür gesorgt, daß das Rechtsmittel der Aggravation dem Beschuldigten diejenigen Nachtheile nicht zufüge, welche in dem gedachten Berichte angeführt sind, und haben Ew. Hochwohlgeboren auf die vorstehenden Bestimmungen die Gerichtsbehörden noch besonders aufmerksam zu machen. Alle Zweifel und Bedenken dieser Art werden mehrentheils vermieden werden, wenn die, für einzelne Gegenstände und Verhältnisse eingeführten, Bestimmungen der Preußischen Gesetzgebung ihrem Begriff und ihrer Bedeutung nach in dem Sinn und dem Verstande der Preußischen Gesetzgebung aufgefaßt und angewendet werden.

Berlin, den 9. Juni 1836.

Der Justiz-Minister
v. Kamptz.

An
den Königlichen General-Procurator
und Geheimen Ober-Justizrath
Herrn Biergans zu Cöln.
E. 1385.

1558.

Anwendung des Stempelgesetzes in Vormundschaftssachen. — Verpflichtung der Civilstands-Beamten zur Anzeige der, eine Bevormundung nöthig machenden, Sterbefälle. — Zusammenberufung des Familienraths. — Aufbewahrung der Vormundschaftsakten. — Bearbeitung des Vormundschaftswesens bei den periodischen Friedensgerichts-Sitzungen.

Gen. 72. Vol. II.

Extract.

Die unter No. 10. des Berichts erwähnte Frage wegen Anwendung des Stempelgesetzes in Vormundschaftssachen ist durch das Rescript vom 9. Februar d. J. *) bereits erledigt; der Inhalt der Rescripte vom 17.**) und 18. October 1834***) geht nur dahin, daß, wenn Zweifel über den Sinn der Bestimmungen der Allerhöchsten Ordre vom 4. Juli 1834 †) und der Instruction vom 16. August 1834 ††) entstehen, diese aus der altländischen Gesetzgebung erledigt werden müssen, weil jene Allerhöchste Ordre uud die Instruction die altländische Gesetzgebung vor Augen gehabt haben, daß hingegen alle sonst bei dem Vormundschaftswesen entstehenden Zweifel allerdings aus der rheinischen Gesetzgebung zu erledigen sind.

Wenn der Ober-Procurator zu Trier in dem Berichte vom 15. November v. J. noch das Bedenken geäußert hat, ob nach den §§. 1. und 2. der Instruction vom 16. August 1834 auch die Civilstands-Beamten zur Anzeige der, eine Bevormundung nothwendig machenden, Sterbefälle verpflichtet seien? so erledigt sich dieser Zweifel durch die Allerhöchste Ordre vom 4. Juli 1834, indem durch diese denselben diese Anzeige ganz unzweideutig zur Pflicht gemacht worden ist. — Eben so kann es nach §. 2. der Instruction nicht zweifelhaft erscheinen, daß der Friedensrichter innerhalb der bestimmten 8 Tage den Familienrath zusammenberufen muß, der Tag der Versammlung desselben aber nach jener Frist fallen kann; so wie es denn nach §. 7. der Instruction kein Bedenken hat, daß, wenn in der ersten Familienraths-Versammlung alles angeordnet werden kann, und in der zweiten deshalb nichts mehr zu thun sein würde, diese zweite unterbleiben kann.

Wenn der Ober-Procurator zu Cöln in dem Berichte vom 25. November v. J. angefragt hat, ob die Vormundschafts-Acten in den Localien der Friedensgerichte oder in dem Archive des Gemeinde-Hauptortes bis zur Beendigung der Vormundschaft aufzubewahren, und ob die Vormundschafts-Verhandlungen sämmtlich bei den, durch die Bekanntmachung vom 16. April 1822†††) angeordneten, periodischen Sitzungen abzumachen seien? so dient darauf zum Bescheide, daß die Vormundschafts-Acten bis zur Beendigung der Vormundschaft in den Localien der Friedensgerichte aufzubewahren, und daß bei den periodischen Sitzungen diejenigen Vormundschafts-Ver-

---

*) Band 5. pag. 329.
**) Band 4. pag. 162.
***) Band 4 pag. 169.
†) Band 4. pag. 130.
††) Band 4. pag. 131.
†††) Band 2. pag. 243.

handlungen vorzunehmen sind, welche dabei füglich erledigt werden können, wohingegen dem Friedensrichter unbenommen ist, die übrigen Vormundschafts-Verhandlungen am Sitze des Gerichts abzumachen.

Berlin, den 10. Juni 1836.

Der Justiz-Minister
v. Kamptz.

An
den Königlichen General-Procurator
Herrn Biergans zu Cöln.

E. 1372.

cf. Cölner Amtsblatt pag. 308.

1559.

Erweiterung der Bestimmungen für die Herausgabe von Karten und Plänen.

Gener. K. 9.

a.

Ew. Hochwohlgeboren erhalten anliegend Abschrift der Allerhöchsten Cabinetsordre vom 25. April d. J.,
die Erweiterung der bisherigen beschränkenden Bestimmungen für die Herausgabe von Karten und Plänen betreffend,
zur Kenntnißnahme.

Berlin, den 10. Juni 1836.

Der Justiz-Minister
v. Kamptz.

An
den Königlichen General-Procurator
und Geheimen Ober-Justizrath
Herrn Biergans zu Cöln.

D. 920.

b.

Auf den Bericht des Staats-Ministeriums vom 14. d. M. erkläre Ich Mich mit der Ansicht desselben, in Bezug auf die Herausgabe von Landkarten größerer Gebietstheile der Monarchie unter der Beschränkung auf den Maaßstab bis zur Größe von $1/_{200,000}$ einverstanden, und will mit Aufhebung meiner Bestimmung vom 25. Oktober 1820 die Geheimhaltung der zum militairischen Gebrauch geeigneten Karten betreffend, das Staats-Ministerium nach seinem Antrage authorisiren, die bisherigen besondern, die Herausgabe von Karten und Plänen beschränkenden Festsetzungen, jedoch unter Aufrechthaltung der gesetzlichen Censurvorschriften, namentlich der Bekanntmachung vom 16. Januar 1816 und mit Berücksichtigung der in Ansehung der Festungen von Ihnen, dem Kriegs-Minister, bevorworteten Modifikationen, nach welchen die bisher übliche Art der Einzeichnung der Festungen beibehalten wird, angemessen zu erweitern. Ich setze hierbei zugleich fest, daß die Aufnahme größerer Landestheile, z. B. der Kreise, der Regierungsbezirke rc. nur von den Staatsbehörden, es sei von dem Chef des Generalstabs der Armee allein, oder, unter seiner Concurrenz, von dem betreffenden Verwaltungs-Chef veranlaßt und ausgeführt werden dürfen, denen alsdann, wenn sie die Herausgabe von Karten des aufgenommenen Terrains beabsichtigen, die weitere Unterhandlung mit Privatunternehmern, Behufs des Verlages, überlassen bleibt.

Berlin, den 25. April 1836.

Friedrich Wilhelm.

An das Staats-Ministerium.

1560.

Ermächtigung des General-Procurators zu Cöln, wegen aller Contraventionen der Civilstandsbeamten gegen die gesetzlichen Vorschriften über die Civilstandssachen die Autorisation zur gerichtlichen Verfolgung der gedachten Beamten zu ertheilen.

Rh. Gen. No. 36.

Ew. Hochwohlgeboren erhalten in der urschriftlichen Anlage den Bericht des Ober-Procurators zu Trier vom 15. v. M.

betreffend die Autorisation zur Verfolgung des Bürgermeisters S. als Civilstandsbeamten für die Bürgermeistereien G. und R.

zur weiteren Veranlassung, indem Sie in Verfolg der Verfügung vom 13 v. M.*) hierdurch ermächtigt werden, wegen aller Contraventionen der Civilstandsbeamten gegen die gesetzlichen Vorschriften über die Civilstandssachen die Autorisation

*) Bd. 5. pag. 373.

zur gerichtlichen Verfolgung der gedachten Beamten zu ertheilen. — Die Ober=Procuratoren sind hiernach mit weiterer Anweisung zu versehen.

Berlin, den 10. Juni 1836.

Der Justiz=Minister
v. Kamptz.

An
den Königl. General=Procurator
Herrn Biergans zu Cöln.
E. 1543.

1561.

Gebühren der Gerichtsvollzieher in Holzdiebstahls=Sachen.

Rh. Offic.=Sach. 27.

a.

Von mehreren Ober=Procuratoren ist in den Jahresberichten pro 1834 und 1835 der Antrag gemacht worden, in Holzdiebstahlssachen, wie es in den alten Provinzen und am Ostrhein hinsichtlich der Gerichtsboten geschehen ist, auch den Gerichtsvollziehern in den Landestheilen, in welchen die französische Gerichtsverfassung noch bestehet, die Kosten der Reisen und der Anfertigung mitzutheilender Abschriften, so weit dieselben in andern Strafsachen genommen werden können, für den Fall zu bewilligen, wenn die Holzdiebe zu deren Entrichtung im Stande sind. — Dieser Antrag ist mit Rücksicht darauf, daß das frühere Einkommen der Gerichtsvollzieher in Strafsachen seit 1825 sich bedeutend gemindert hat, daß ferner die Gerichtsvollzieher ohne Staatsgehalt sind, sowohl in der Billigkeit und in so fern im Gesetze gegründet, als jene Kosten wirkliche Auslagen sind, und daher nicht mit den übrigen, als Sporteln im Sinne des §. 34. des Holzdiebstahlgesetzes vom 7. Juni 1821 *) zu betrachtenden, Gebühren in eine Kategorie gestellt werden können. — Es werden daher die Rescripte vom 5. März **), 12. April ***) und 28. Mai †) 1824, und der 5te Abschnitt der Gebühren=Taxe vom 10. Juni ††) 1833, dem oben erwähnten Antrage gemäß, hierdurch modificirt, wo=

*) Band 2. No 420.
**) Band 5. No. 1274.
***) Band 2. No. 622.
†) Band 5. No. 1275.
††) Band 3. No. 1106.

gegen es in Ansehung der Gerichtsschreiber, der sonstigen Gebühren der Gerichtsvollzieher und der obigen Kosten, wenn sie nicht vermögenden Holzdieben zur Last fallen, bei den bestehenden Vorschriften sein Bewenden behält.

Ew. Hochwohlgeboren haben die zur Ausführung dieser Bestimmung erforderliche Anweisung an die Rheinischen Gerichtsbehörden zu erlassen.

Berlin, den 11. Juni 1836.

Der Justiz-Minister
v. Kamptz.

An
den Königlichen General-Procurator
und Geheimen Ober-Justizrath
Herrn Biergans zu Cöln.
E. 1383.

b.

Abschrift dieser Verfügung erhält der Herr General-Procurator Eichhorn zur Nachricht und Mittheilung an den Königlichen Revisions- und Cassationshof.

Berlin, den 11. Juni 1836.

Der Justiz-Minister
v. Kamptz.

An
den Königlichen General-Procurator
am Revisions- und Cassationshofe
Herrn Eichhorn hier.
E. 1383.

cf. Cölner Amtsblatt pag. 185.

1562.

Verfahren bei Insinuation von Vorladungen und Erkenntnissen an Abwesende und bei Vollstreckung der wider sie ergangenen Contumacialerkenntnisse.

Rh. Crim. No. 56.

a.

Um den häufig vorkommenden Nachtheilen vorzubeugen, welche in den correctionellen Untersuchungssachen aus den, in Gemäßheit des Art. 186. der Strafprozeßordnung erlassenen Contumacial-Urtheilen für die Verurtheilten entstehen, habe ich des Königs Majestät allerunterthänigsten Vortrag erstattet. Allerhöchstdieselben halten darüber eine gesetzliche Vorschrift nicht für nöthig, da gegen solche Nachtheile im administrativen

Wege eingeschritten werden könne. Um dem Falle einer solchen administrativen Einschreitung möglichst vorzubeugen, ist es nothwendig, auf die Insinuationen der Ladungen oder Contumacialerkenntnisse die bei andern Insinuationen erforderliche Vorsicht zu verwenden. Ew. Hochwohlgeboren veranlasse ich daher hierdurch, solche Urtheile, Falls sie eine Freiheitsstrafe verhängen und der Verurtheilte zur Untersuchung nicht persönlich vorgeladen worden ist, denjenigen Verurtheilten, welche abwesend sind und bei welchen nicht mit Sicherheit angenommen werden kann, daß die Insinuation, auch wenn sie einem Andern statt ihrer gemacht wird, ihnen bekannt werden wird, persönlich insinuiren zu lassen, damit sie Gelegenheit erhalten, von den ihnen gegen solche Contumacial-Urtheile zustehenden Rechtsmitteln innerhalb der gesetzlichen Frist Gebrauch zu machen. Je genauer hiernach verfahren werden wird, um so mehr wird der Nothwendigkeit, nachher auf administrativen Wege einzuschreiten, vorgebeugt werden. Hinsichtlich derjenigen Fälle, in denen nach den Vorschriften der Strafprozeßordnung die Contumacial-Urtheile bereits insinuirt worden sind, behält es bei den bisherigen gesetzlichen Bestimmungen sein Bewenden und ist abzuwarten, ob die Verurtheilten im Wege der Gnade die Zulassung zur Opposition oder Appellation nachsuchen.

Hierdurch ist das Rescript vom 11. März d. J.*) erledigt.

Berlin, den 11. Juni 1836.

Der Justiz-Minister
v. Kamptz.

An
sämmtliche Ober-Procuratoren.

b.

Ew. Hochwohlgeboren übersende ich hierbei Abschrift des, der Dringlichkeit wegen, heute unmittelbar an die Ober-Procuratoren erlassenen Rescripts.

Berlin, den 11. Juni 1836.

Der Justiz-Minister
v. Kamptz.

An
den Königl. General-Procurator
und Geheimen Ober-Justizrath
Herrn Biergans, zu Cöln.

ad E. 1536.

---

*) Band 5. pag. 342.

1563.

Gebühren der Friedensrichter und Gerichtsschreiber an den Orten, wo früher ein Tribunal erster Instanz bestanden hat.

Rh. Gen. 156.

Ich bin auf Ihren Bericht vom 20. v. M. damit einverstanden, daß der Civilkosten-Tarif für die Rheinprovinz vom 16. Februar 1807, wonach die von den Friedensrichtern und Gerichtsschreibern zu erhebenden Gebühren in den Städten, wo sich ein Tribunal erster Instanz befindet, auf 3 Francs 75 Centim. und in den anderen Städten und ländlichen Gemeinden auf 2 Francs 50 Centim. festgesetzt worden sind, nur auf den, zur Zeit der Vornahme der Akte bestehenden Zustand allein gedeutet werden kann, mithin die höheren Gebührensätze an den Orten aufhören müssen, denen das Instanzgericht entzogen worden ist. Da nun in Crefeld ein solches Gericht nicht mehr besteht, so kann auch der frühere höhere Gebührensatz daselbst nicht mehr Anwendung finden.

Berlin, den 12. Juni 1836.

Friedrich Wilhelm.

An
den Staats- und Justiz-Minister
v. Kamptz.

E. 1643.

1564.

Kostenfreie Genügung der Requisitionen Königlich Französischer Gerichte.

Rep. Rh. Gen. No. 116.

Mit Hinsicht auf die, von der Königlichen Französischen Regierung bezeigte Bereitwilligkeit zur kostenfreien Genügung diesseitiger gerichtlicher Requisitionen, und in der Voraussetzung fernerer Bethätigung derselben, werden sämmtliche Königliche Justiz-Behörden angewiesen, ein gleiches Verfahren in allen Fällen zu beobachten, wo von Französischen Gerichten Requisitionen um Aufnahme gerichtlicher Verhandlungen eingehen, und demgemäß die Ausfertigung derselben ohne Unterschied kostenfrei zu bewirken.

Berlin, den 13. Juni 1836.

Die Justiz-Minister
v. Kamptz. Mühler.

An
sämmtliche Königl. Justiz-Behörden.
E. 1487. I. 2064.

1565.

Competenz der Polizeigerichte bei Contraventionen gegen den Art. 68. der Rheinschifffahrts-Akte.

Rh. Gen. No. 89.

a.

Mit dem abschriftlich beigefügten Schreiben vom 9. d. M. hat das Königliche Finanz-Ministerium mir mehrere Urtheils-Auszüge mitgetheilt, nach welchen das Rheinzollgericht zu St. Goar über Contraventionen gegen die Bestimmung, daß nicht mehr als 3 Pferde bei dem Heraufziehen der Schiffe auf einem Stichseile gehen sollen, entschieden hat, obschon diese Fälle nach Art. 68. der Rheinschifffahrts-Akte von der gerichtlichen Ortsbehörde mit Polizeistrafen geahndet werden sollen.

Die Frage: in wie fern die gedachten Contraventionen zur Competenz der Rheinzollgerichte gehören? — ist bei der Berathung der Verordnung wegen Einrichtung der Rheinzollgerichte vom 30. Juni 1834 *) ausführlich zur Erörterung gekommen. — Die zur Entwerfung dieser Verordnung niedergesetzte Commission hat sich in dem auszugsweise anliegenden Berichte vom 31. Juli 1833 für die Verneinung jener Frage und für die Competenz der Ortsbehörden, welchen die Untersuchung und Entscheidung der Polizei-Contraventionssachen sonst zusteht, ausgesprochen. — Diese Ansicht ist genehmigt, demzufolge der qu. Artikel 68. in der angeführten Verordnung nicht erwähnt und hiernächst die abschriftlich beigefügte Verfügung der Ministerien der Justiz und der Finanzen an den Ober-Präsidenten der Rheinprovinz erlassen worden. Die Cognition über die Vergehen gegen den Art. 68. gebührt daher nicht den Rheinzollgerichten, sondern in denjenigen Theilen der Rheinprovinz, welche zum Bezirke des dortigen Appellations-

*) Band 4. No. 1204.

gerichtshofes gehören, den Polizeigerichten, und wenn das betreffende Gericht zugleich Rheinzollgericht und Polizeigericht ist, so hat es in letzterer Eigenschaft zu verfahren und zu entscheiden. Ew. Hochwohlgeboren wollen von dieser Verfügung den Königlichen Appellationsgerichtshof und durch die Ober-Procuratoren die übrigen Gerichte zur Nachachtung in Kenntniß setzen und zugleich die Berichtigung des Rheinzollgerichts zu St. Goar veranlassen.

Berlin, den 14. Juni 1836.

Der Justiz-Minister
v. Kamptz.

An
den Königl. General-Procurator
und Geheimen Ober-Justizrath
Herrn Biergans zu Cöln.

E. 1627.

b.

Extract
aus dem Bericht der zur Berathung über die Verordnung wegen Einrichtung der Rheinzollgerichte rc. ernannten Commissarien vom 31. Juli c. rc.

Bei Gelegenheit der commissarischen Berathung der zu erlassenden Verordnung ist noch zur Sprache gekommen, ob in derselben, wie es in der Großherzoglich Hessischen Verordnung vom 16. September 1831 Art. 34. ff. geschehen ist, eine weitere Bestimmung hinsichtlich des, im Art. 68. der Convention enthaltenen Verbotes, mehr als 3 Pferde auf einem Stichseile gehen zu lassen, zu treffen sein möchte. Der gedachte Artikel 68. schreibt nämlich vor, daß die Uebertretung „von der gerichtlichen Ortsbehörde mit einer Polizeistrafe" bestraft werden könne; es fragt sich daher, ob hinsichtlich der Höhe der Strafe und der Behörden, welche dieselbe festzusetzen haben, eine nähere Bestimmung erforderlich erscheine? Die Majorität der Commissarien hat indessen in beiderlei Beziehung diese Frage verneinen zu müssen geglaubt. Der Art. 68. bezeichnet die „gerichtliche Orts-Behörde" als diejenige, welche die Strafe festsetzen solle; in denjenigen Landestheilen, wo die Rheinische Gesetzgebung nicht gilt, erfolgt die Festsetzung von Polizeistrafen aber nicht bei den Gerichten, sondern bei den Polizeibehörden, und so ist das Bedenken entstanden, ob nicht für diejenigen Uferstrecken, wo die Rheinische Gesetzgebung nicht gilt, eine besondere Bestimmung zu treffen sei, daß die „polizeiliche Orts-Behörde" die Strafe festzusetzen habe. Die Majorität hat indessen eine solche Bestimmung nicht für erforderlich erachtet, und jedenfalls für ausreichend gehalten, wenn Seitens der betreffenden Regierungen auf diesen Umstand aufmerksam gemacht würde, da sich annehmen läßt, daß die Absicht der Convention nur dahin geht, die Orts-Behörde als competent zu bezeichnen, nicht aber hinsichtlich der bestehenden Ressort-Verhältnisse eine Aenderung zu treffen. Aus dieser Rücksicht scheint es auch nicht zulässig, die Entscheidung den Rheinzollgerichten zuzuweisen, da diese von dem Orte, wo die Contravention vorgeht, ziemlich entlegen sein können Was die Höhe der Strafe anlangt, welche in dem Art. 68. nicht bestimmt ist, so wird dieselbe nach den allgemeinen Vorschriften über die Strafen für Uebertretung von Polizeigesetzen zu bemessen sein, also da, wo die Rheinische Gesetzgebung gilt, nach §. 33. der Anweisung für die Gerichte und Regierungen in den Rheinprovinzen vom 20. Juli 1818*) auf 1 bis 5 Thaler; für die übrigen Landestheile sind die Regierungen nach §. 11. der Regierungs-Instruction vom 23. Oktober 1817 befugt, die Strafen innerhalb der Grenzen von 50 Rthlr. oder 6 wöchentlichen Gefängniß zu bestimmen, so daß es einer gesetzlichen Bestimmung nicht bedarf. Es ist zwar das Bedenken zur Sprache gekommen, ob nicht diese Vorschriften in der Anwendnng zu viel Spielraum lassen, auch selbst das niedrigste Strafmaaß, welches nach dem §. 33. cit. zur Anwendung kommt (1 Thaler), zu hoch sei, da ein durch verbotswidrige Anspannung verursachter Schade noch außerdem zu ersetzen ist. Die Bestimmung eines angemessenen Strafmaaßes, und nöthigenfalls auch die Ermäßigung des Satzes von 1 Thaler auf einen geringern scheint jedoch im administrativen Wege erfolgen zu können. In der Verordnung über die Rheinzollgerichte scheint dieser Gegenstand jedenfalls, als nicht zu deren Competenz gehörig, nicht füglich regulirt werden zu können. ꝛc.

c.

Ew. Hochwohlgeboren empfangen hierbei einen Auszug aus dem, von der Commission zur Ausarbeitung eines Reglements für die Rheinzollrichter unterm 31. Juli v. J. erstatteten Berichte, worin von derselben dafür gestimmt wird, daß das Strafmaaß für Uebertretung des Verbots,

an ein Stichseil mehr als 3 Pferde zu spannen,

durch administrative Verfügung festgesetzt werde.

Wir sind hiermit, und mit dem Inhalte des gutachtlichen Berichts der Commission überhaupt, einverstanden, und ersuchen Ew. Hochwohlgeboren daher, deshalb eine geeignete Bekannt-

*) Bd. 1. pag. 504.

machung zu erlassen, und dabei das Strafmaaß in den Grenzen von 10 Sgr. bis 5 Rthlr. anzunehmen.

Berlin, den 4. August 1836.

Der Finanz-Minister Maassen. Die Justiz-Minister v. Kamptz. Mühler.

An
den Königlichen Ober-Präsidenten Hrn. v. Bodelschwingh, Hochwohlgeboren zu Coblenz.
E. 1999. 1805.

1566.

Der Eintritt des bürgerlichen Todes, welcher Folge der Todesstrafe oder der lebenswierigen Zwangsarbeit ist, bleibt von der allerhöchsten Bestätigung des betreffenden Strafurtels abhängig.

Rh. Crim. No. 65.

Es ist hin und wieder in der Rheinprovinz darüber Zweifel entstanden,

> ob in denjenigen Criminalfällen, in welchen Todesstrafe oder lebenswierige Zwangsarbeit erkannt ist, — Strafen, die nach Art. 23. 24. des Civilgesetzbuchs und 18. des Strafgesetzbuchs den bürgerlichen Tod zur Folge haben, — diese Folge sogleich mit der Publikation des Urtheils oder von dem Zeitpunkte der Allerhöchstlandesherrlichen Bestätigung desselben eintritt?

Diese Frage kann einem begründeten Zweifel nicht unterworfen sein.

Es ist ein bekannter Grundsatz des innern Staatsrechts der Monarchie, daß Todesurtheile und Urtheile, welche auf lebenswierige Beraubung der Freiheit gehen, vor ihrer Vollziehung der ausdrücklichen Bestätigung Sr. Majestät des Königs bedürfen und daß, wie sich aus den §§. 512. und 515. der Criminalordnung vom 11. Dezember 1805 und aus der Allerhöchsten Cabinets-Ordre vom 18. März 1831 (Jahrbücher Bd. 37 S. 122) ergiebt, diese Bestätigung so essentiell zum Dasein eines solchen Urtheils an sich ist, daß dasselbe vor erfolgter landesherrlicher Bestätigung als Urtheil gar nicht angesehen wird, in den übrigen Provinzen der Monarchie, also ein solches Urtheil ohne vorgängige Königliche Bestätigung nicht einmal publizirt werden darf, und wenn dies dennoch geschehen, von gar keiner, selbst nicht in privatrechtlicher Beziehung, von Wirkung ist.

Wenn gleich des Königs Majestät in Rücksicht auf das dortige Criminalverfahren die vorgängige Bestätigung in Rheinischen Sachen nicht zu befehlen geruht haben, so hat dies doch auf das Wesen der Sache keinen Einfluß und kann noch weit weniger die Rheinischen Unterthanen Sr. Majestät darin hinter die übrigen Königlichen Unterthanen stellen, daß die Gerichtshöfe ohne Allerhöchste Prüfung und Bestätigung ihres Landesherrn so schwere Strafen gegen sie aussprechen können. Wie des Königs Majestät oftmals ausgesprochen haben, sollen die Grundsätze des innern Staatsrechts für alle Theile der Monarchie gleich sein, und somit ist auch obiger Grundsatz in der Rheinprovinz im Augenblicke der Vereinigung derselben mit dem Preußischen Staate von selbst wirksam geworden, wie des Königs Majestät dies noch fortdauernd dadurch bekräftigen, daß Allerhöchstdieselben die Bestätigung solcher Urtheile aus der Rheinprovinz ertheilen oder versagen.

Es ergiebt sich hieraus von selbst, daß nach dem, auch in der Rheinprovinz anwendbaren, innern Staatsrechte und überhaupt nach dem innern Staatsrecht in allen deutschen Ländern zum Rechtsstande eines solchen Urtheils eben sowohl die landesherrliche Bestätigung, als der richterliche Ausspruch, gehört, und daß daher der letztere, so lange überhaupt in keiner Beziehung Wirkung habe, als die Allerhöchste Bestätigung noch nicht ertheilt ist, und daß, wenn die Bestätigung auf ein geringeres Strafmaaß erfolgt, als dasjenige, welches nach der Rheinischen Gesetzgebung den bürgerlichen Tod zur Folge hat, dieser überhaupt gar nicht eintritt, sondern die Sache so zu betrachten ist, als ob nur diejenige Strafe ursprünglich erkannt wäre, welche des Königs Majestät zu bestimmen geruhet haben.

Für dritte Personen liegt darin durchaus nichts benachtheiligendes, da der bürgerliche Tod und die daraus für sie entspringenden Folgen gesetzlich erst dann eintreten, wenn die Strafe, an welcher sie geknüpft sind, rechtskräftig feststehet, und da sie kein Recht haben, sich darüber beschwert zu finden, daß die Verfassung im eigenen, so wie im Interesse des Verurtheilten den Rechtsbestand solcher Urtheile von der Allerhöchsten Bestätigung abhängig macht.

Hieraus ergiebt sich von selbst, daß man die Grundsätze des Französischen Strafrechts auf solche Fälle nicht zur Anwendung bringen kann, da dasselbe eine solche Bestätigung zur Wirksamkeit von Urtheilen der in Rede stehenden Art nicht erfordert, sondern vielmehr mit dem Augenblicke des Urtheils oder dem Ablaufe der Cassationsfrist die Strafe als rechtskräftig feststehend anzusehen gewesen ist, so daß der ganze oder theilweise Erlaß derselben die jura acquisita Dritter nicht hat schmälern können, von welchen bei uns vor der Bestätigung nicht die Rede sein kann.

Einer besondern gesetzlichen Bestimmung kann es über diesen von selbst vorliegenden Grundsatz überall nicht bedürfen, so wie ich denn auch in Ansehung der Anwendbarkeit des Art. 47. des Strafgesetzbuchs auf Verbrecher, deren Strafe im Wege der Gnade in temporaire Zwangsarbeits- oder Zuchthausstrafe verwandelt wird, mit Ew. Hochwohlgeboren einverstanden bin, daß es auch hierüber gar keiner gesetzlichen Bestimmung bedarf. Es kommt vielmehr nur darauf an, auf den angegebenen Stand der Gesetzgebung die betreffenden Gerichtsbehörden zu verweisen, wozu Sie hierdurch veranlaßt werden.

Berlin, den 14. Juni 1836.

Der Justiz-Minister
v. Kamptz.

An
den Königl. General-Procurator
und Geheimen Ober-Justizrath
Herrn Biergans zu Cöln.

E. 1622.

1567.

Wegen temporairer Stellvertretung der Friedensrichter.

Friedensger. Gen. 2.

Ew. Hochwohlgeboren erhalten den abschriftlich anliegenden Bericht des Landgerichts-Präsidenten und des Ober-Procurators daselbst vom 10. d. M. mit dem Bemerken, daß unter den darin vorgetragenen Umständen es genehmigt wird, daß während der Urlaubsreise des Friedensrichters zu Hennef der Friedensrichter zu Königswinter dessen Geschäfte wahrnimmt.

Zugleich wird für ähnliche Fälle Ew. Hochwohlgeboren die Authorisation ertheilt, bei eintretender Nothwendigkeit temporairer Vertretung eines Friedensrichters, statt des ein für allemal dazu bestimmten Friedensrichters, alsdann einen andern benachbarten mit dieser Vertretung zu beauftragen, wenn die Umstände dies erforderlich machen und haben Sie dies den betreffenden Rheinischen Gerichtsbehörden, so wie die wegen der Vertretung des ꝛc. D. getroffene Verfügung in specie dem dortigen Landgerichts-Präsidenten und dem Ober-Procurator bekannt zu machen.

Berlin, den 15. Juni 1836.

Der Justiz-Minister.
v. Kamptz.

An
den ersten Präsidenten des Königlichen Appellationsgerichtshofes Hrn. Schwarz und an den Königlichen General-Procurator Hrn. Biergans zu Cöln.
E. 1652.

1568.

Verfahren bei Münzverbrechen, über welche eine Untersuchung nicht hat eingeleitet werden können.

Rh. Crimin. No. 37.

Ew. Hochwohlgeboren eröffne ich auf den Bericht vom 14. v. M. unter Remission der Anlage desselben, daß nach einer Communication mit dem Geheimen Staats-Minister Herrn Grafen von Lottum in Fällen, wo wegen eines vorgekommenen Münzverbrechens eine Untersuchung nicht hat eingeleitet werden können, eine Anzeige an das Justiz-Ministerium nicht erforderlich, es vielmehr völlig genügend ist, wenn die in Beschlag genommenen falschen Münzen mit dem Bemerken, daß zur Einleitung einer Untersuchung keine Veranlassung vorhanden gewesen sei, an die betreffende Königliche Regierung Behufs der Anherobeförderung abgegeben werden.

Berlin, den 17. Juni 1836.

Der Justiz-Minister
v. Kamptz.

An
den Königl. General-Procurator Hrn. Geheimen Ober-Justizrath Biergans zu Cöln.
F. 1485.

1569.

Bestimmungen zur Vermeidung von Verzögerungen bei Vollstreckung gerichtlich erkannter Steuer-Strafen.

Rh. Gener. 117.

a.

Ew. Hochwohlgeboren erhalten in der abschriftlichen Anlage die, von dem Königl. Finanz-Ministerium zur Vermeidung von Verzögerungen bei der Vollstreckung gerichtlich erkannter Steuer-Strafen an die Regierungen und Provinzial-Steuer-Directoren unterm 4. d. M. erlassene Verfügung zur Kenntnißnahme.

Berlin, den 17. Juni 1836.

Der Justiz-Minister
v. Kamptz.

An
den Königlichen General-Procurator
und Geheimen Ober-Justizrath
Herrn Biergans zu Cöln.
E. 1594.

b.

Wenn die Absendung eines an des Königs Majestät gerichteten Gesuches wegen Erlasses oder Ermäßigung einer, wegen eines Vergehens gegen die Steuer-Gesetze gerichtlich erkannten, rechtskräftig feststehenden Strafe dem Gerichte in dem Gebiete des französischen Rechts dem Ober-Procurator bescheinigt wird, so darf die Strafe nicht eher vollstreckt werden, als bis eine definitive Verfügung auf das Gesuch ergangen und zur Kenntniß des Ober-Procurators gelangt ist.

Um einer Verzögerung der Vollstreckung der vorbezeichneten Strafen zu begegnen, werden die Königlichen Regierungen und Provinzial-Steuer-Directionen angewiesen, die von des Königs Majestät Allerhöchst Selbst oder von dem Justiz-Ministerium ausgegangene Entscheidung auf ein Gesuch der oben erwähnten Art, sobald dieselbe zugegangen sein wird, jedesmal ungesäumt zur Kenntniß des betreffenden Ober-Procurators zu bringen.

Berlin, den 4. Juni 1836.

Finanz-Ministerium.

An
sämmtliche Königliche Regierungen und
Provinzial-Steuer-Directionen.
ad E. 1594. III. 7323.

1570.

Verfahren, wenn ein Comparent, welcher der deutschen Sprache mächtig ist, eine Urkunde in einer fremden, ihm bekannten, dem Notar und den Zeugen aber unbekannten Sprache aufgenommen zu sehen wünscht.

Rh. Gen. No. 5.

In der Eingabe vom 10. d. M. tragen Sie darauf an, dem Comparenten, welcher der deutschen Sprache mächtig ist, jedoch eine Urkunde in fremder, zwar ihm bekannter, dem Notar und den Zeugen aber unbekannter Sprache aufgenommen zu sehen wünscht, zu gestatten, daß er selbst die Urkunde aus dem deutschen Original-Texte des Notars in die fremde Sprache übersetze und neben jenem Texte niederschreibe. — Dieser Vorschlag kann jedoch nicht genehmigt werden, indem er den §§. 34. und 35. der Notariats-Ordnung *) zuwider ist; vielmehr ist in dem von Ihnen unterstellten Falle die Uebersetzung der deutschen Verhandlung in die fremde Sprache durch einen Dollmetscher zu bewirken.

Berlin, den 17. Juni 1836.

Der Justiz-Minister
v. Kamptz.

An
den Notariats-Candidaten Herrn G.
zu Jülich.

E. 1687.

1571.

Bei den vor die correctionellen Gerichte gebrachten Anklagen, welche event. zur Competenz der Polizeigerichte gehört haben würden, ist von dem öffentlichen Ministerio auf Verweisung derselben an die Polizeigerichte subsidiarisch anzutragen.

Spec. Crim.

Ew. Hochwohlgeboren erhalten anliegend die Untersuchungsakten gegen den Bäcker und Wirth B., nebst der Entscheidung des Königl. Revisions- und Kassationshofes über den Kassationsrecurs des Verurtheilten zur weiteren Veranlassung.

Wenn auch gegen die Entscheidung gesetzlich nichts zu erinnern ist, so liegt doch eine große Härte für den rc. B. darin, daß er, obwohl die Anklage auf Calumnie für ungegründet erklärt worden und das denunciirte Vergehen nur zu einer polizeilichen Bestrafung geeignet gewesen ist, mit Ausnahme des Stempels die sämmtlichen Kosten des correctionellen Verfahrens, welche jene des Verfahrens vor dem Polizeigerichte bedeutend übersteigen, tragen muß. — Dieses Mißverhältniß wäre dadurch zu vermeiden gewesen, daß das öffentliche Ministerium auf Verweisung der Sache an das Polizeigericht subsidiarisch angetragen hätte. — Ew. Hochwohlgeboren wollen

*) Band 2. pag. 245.

hierauf die Ober-Procuratoren zur Berücksichtigung in künftigen ähnlichen Fällen aufmerksam machen.

Berlin, den 18. Juni 1836.

Der Justiz-Minister
v. Kamptz.

An
den Königl. General-Procurator
und Geheimen Ober-Justizrath
Herrn Biergans zu Cöln.
F. 1488.

1572.

Benachrichtigung der Militair-Behörden von den wider beurlaubte Landwehr-Offiziere eingeleiteten Untersuchungen und der wider sie erkannten Strafen.

Milit. Justiz-Dept. Gen. 13.

a.

In Veranlassung eines Schreibens des Königl. Kriegs-Ministeriums werden Ew. rc.

1. die Verfügung vom 24. Juni 1830 *) (Jahrbücher B. 35. S. 288) in Erinnerung gebracht, wonach von einer jeden wider einen beurlaubten Landwehr-Offizier eröffneten Untersuchung, unter Angabe der Verdachtsgründe, der vorgesetzten Königlichen Militair-Behörde Nachricht zu geben ist, auch
2. zugleich angewiesen, über die Lage der Untersuchungssache, sobald die im §. 218. der Criminal-Ordnung vorgeschriebenen Bedingungen vorhanden sind, dem Landwehr-Commandeur besondere Mittheilung zu machen, endlich
3. die Befolgung der auf dem §. 22. der Instruction für die Inspecteure und Commandeure der Landwehr vom 10. Dezember 1816 beruhenden Vorschrift der Verfügungen vom 6. Mai 1817 **) No. 2. und vom 2. August 1824 ***) No. I. 2. (Jahrbücher Band 9. S. 243 und Band 24. S. 160) empfohlen, wonach der betreffende Bataillons-Commandeur von allen gegen Lanwehr-Offiziere erkannten Strafen durch Mittheilung einer Ab-

*) Band 3. No 933.
**) Band 5. No. 1272.
***) Band 2. No. 651.

schrift des mit den Entscheidungsg ünden versehenen Erkenntnisses zu benachrichtigen ist.

Berlin, den 21. Juni 1836.

Das Justiz-Ministerium.

An
sämmtliche Königl. Ober-Procuratoren der Rheinprovinz, in sim. an den Justiz-Senat zu Coblenz.

b.

Abschrift der vorstehenden an sämmtliche Königl. Ober-Procuratoren der Rheinprovinz erlassenen Verfügung erhält der Herr General-Procurator Biergans zur Nachricht.

Berlin, den 21. Juni 1836.

Das Justiz-Ministerium.

An
den Königl. General-Prokurator am rheinischen Appellationshofe Herrn Biergans zu Cöln.
E. 1711.

1573.

Verfahren bei Insinuation diesseitiger gerichtlicher Verfügungen im Auslande, wo die Landesbehörden die Annahme und Beförderung solcher Verfügungen an die Interessenten ablehnen.

Rep. Rh. Gen. No. 116.

Auf Ihre Anträge vom 26. v. M. genehmige Ich, daß bei den Insinuationen diesseitiger gerichtlicher Verfügungen im Auslande überall, wo die Landesbehörden die Annahme und Beförderung solcher Verfügungen an die Interessenten ablehnen, nach der Bestimmung Meines gesetzlichen Erlasses vom 4. Juni 1828 *) unter II. verfahren, und falls Jemand die Annahme der an ihn gerichteten Verfügung oder die Ausstellung des Empfangscheins verweigert, die Bescheinigung der diesseitigen Mission oder des diesseitigen Consulats über die Insinuation oder über die Absendung der Verfügung durch die Post als gültig und genügend angesehen werde. In Beziehung auf die deutschen Bundesstaaten hat es bei der Be-

*) Bd. 5. pag. 14.

stimmung Meines Erlasses vom 4. Juni 1828 unter III. sein Verbleiben; in Ansehung des gesammten übrigen Auslandes, insofern daselbst die nämlichen Schwierigkeiten bei den Insinuationen eintreten, ist die Bestimmung unter III. durch Meine gegenwärtige Ordre, deren Aufnahme in die Gesetz-Sammlung Sie zu verfügen haben, hierdurch modificirt.

Berlin, den 21. Juni 1836.

Friedrich Wilhelm.

An
die Minister der Justiz und der auswärtigen Angelegenheiten.
E. 1752.

1574.

Verfahren bei Trauungen der Juden.

G. R. J. No. 1.

a.

Es war in Theilen der Monarchie von den Behörden Zweifel darüber erhoben worden, ob derjenige, welcher jüdische Trauungen verrichtet, auch darauf zu sehen habe, daß das Aufgebot in der Synagoge vorausgegangen, daß kein gesetzliches Ehehinderniß entgegenstehe, und daß die Auseinandersetzung mit den Kindern einer etwanigen früheren Ehe oder die Erlaubniß der vormundschaftlichen Behörde zur Eingehung der zweiten Ehe erfolgt sei.

Des Königs Majestät haben durch die, in beglaubigter Abschrift anliegende, Allerhöchste Cabinets-Ordre vom 29. März d. J. diesen Zweifel zu beseitigen und zugleich zu befehlen geruhet, daß auch in dem ostrheinischen Theile des Regierungsbezirks Coblenz bei den Trauungen der Juden die, in der Allerhöchsten Ordre erwähnten, Vorschriften des Allgemeinen Landrechts und der Verordnung vom 11. März 1812 beobachtet werden sollen, so daß also auch dort keine jüdische Trauung bei Vermeidung der in dem Allgemeinen Landrechte angedrohten Strafe vorgenommen werden darf, wenn nicht das Aufgebot in der Synagoge vorausgegangen ist und der Trauende sich vergewissert hat, daß kein gesetzliches Ehehinderniß entgegensteht, und daß bei etwa stattgefundener früheren Ehe die Auseinandersetzung des sich wieder Verheirathenden mit den Kindern der früheren Ehe erfolgt oder die Erlaubniß der vormundschaftlichen Behörde zur Eingehung der zweiten Ehe ertheilt ist.

Der Königliche Justiz-Senat wird daher hiermit beauftragt, die gedachte Allerhöchste Ordre vom 29. März d. J. mit dem gegenwärtigen Rescript durch das dortige Amtsblatt zur allgemeinen Kenntniß und Nachachtung zu bringen, und demselben zugleich überlassen, die betreffenden Vorschriften des Allmeinen Landrechts und der Verordnung vom 11. August 1812 ebenfalls zur allgemeinen Kenntniß zu bringen.

Berlin, den 24. Juni 1836.

Der Justiz-Minister
v. Kamptz.

An
den Königl. Justiz-Senat
zu Coblenz.

D. 988.

cf. Coblenzer Amtsblatt pag. 259.

b.

Aus dem Berichte des Staats-Ministeriums vom 16. d. M. habe Ich ersehen, welche Zweifel über die Anwendung der Vorschrift im §. 27. Tit. 11. Th. II. Landrecht, so weit sie die Erfordernisse bei den Trauungen jüdischer Religionsverwandten betrifft, von den Behörden in den Regierungsbezirken Oppeln und Posen erhoben worden sind. Mit Beziehung auf die Bestimmung im §. 137. Tit. I. Th. II. Landrecht, nach welcher die Vollziehung einer vollgültigen Ehe zwischen Personen fremder, im Staate geduldeter Religionsbekenntnisse lediglich nach den Gebräuchen ihrer Religion beurtheilt wird, verweise Ich zunächst, was das Erforderniß des Aufgebots (§. 138 l. c.) betrifft, auf den §. 25. der Verordnung vom 11. März 1812, und namentlich für die Provinz Posen auf den §. 15. der Verordnung vom 1. Juni 1833, wonach, statt des Aufgebots in der christlichen Kirche, die Bekanntmachung in der Synagoge geschehen muß. In Rücksicht auf die Nachweisungen, daß der Trauung kein gesetzliches Ehehinderniß entgegenstehe (§. 440. Tit. 11. Th. II. Landrecht), und daß entweder die Auseinandersetzung mit den Kindern aus einer frühern Ehe, oder die Erlaubniß der vormundschaftlichen Behörde zur Eingehung der zweiten Ehe (§. 18. Tit. 1. Th. II. Landrecht) erfolgt sei, kann die Anwendung des §. 27. Tit. 11. Th. II., Landrecht, kein Bedenken finden, und es wird dieserhalb, so wie wegen der Proclamation, nur der Belehrung der Behörden in den vorgedachten Regierungsbezirken bedürfen. Ich überlasse den betreffenden Ministerien, diese Belehrung zu verfügen. Damit jedoch die Vorschriften des Landrechts und der Verordnung vom 11. März 1812, als die öffentliche Ordnung bezweckend, auch in denjenigen Landestheilen befolgt werden, in welchen durch anderweite gesetzliche Anordnungen noch nicht dafür gesorgt worden, bestimme Ich zugleich, nach dem Antrage des

Staats-Ministeriums, daß auch in Neu-Vorpommern und im ostrheinischen Theile des Regierungsbezirks Coblenz die obgedachten Vorschriften bei den Trauungen der Juden beobachtet werden sollen, weshalb diese Ordre durch die Amtsblätter jener Landestheile bekannt zu machen ist. In wie weit es erforderlich, in denjenigen Landestheilen, in welchen zwar das Landrecht gesetzliche Kraft hat, aber die Verordnung vom 11. März 1812 nicht eingeführt ist, hinsichtlich der Proklamation in der Synagoge, eine besondere Bekanntmachung zu erlassen, gebe Ich der weitern Erwägung des Staats-Ministeriums anheim.

Ber in, den 29. März 1836.

Friedrich Wilhelm.

An
das Staats-Ministerium.

1575.

Befugniß der Landgerichts-Präsidenten geringere Dienstfehler der Gerichtsschreiber zu rügen.

Offic.-S. 41.

Ew. Hochwohlgeboren eröffne ich auf die Anfrage vom 16. d. M.

die Dienstverhältnisse des Sekretariats betreffend,

wie es allerdings richtig ist, daß die Allerhöchste Cabinets-Ordre vom 21. Juli 1826 *), wie es ihr Inhalt auch klar ergiebt, nur diejenigen Dienstvergehen der Gerichtsschreiber zum Gegenstande hat, welche eine strengere Rüge durch Erkenntniß nothwendig machen, während das den Präsidenten vermöge des Art. 62. des Gesetzes vom 20. April 1810 zustehende Recht, geringere ihnen vorkommende Dienstfehler der Gerichtsschreiber zu rügen, um so weniger abgeschafft sein kann, als es nach Art. 49. ibid. selbst noch in Ansehung der richterlichen Personen bestehet und auch mit der Preußischen Dienstverfassung übereinstimmt.

Berlin, den 28. Juni 1836.

Der Justiz-Minister
v. Kamptz.

An
den Königl. Landgerichts-Präsidenten
Herrn Bessel zu Saarbrücken.
E. 1797.

---

*) Band 3. No. 765.

1576.

Der Zollcartel vom 11. Mai 1833 ist auch in den Beziehungen zwischen Preußen und dem Herzogthum Nassau, wie der freien Stadt Frankfurt diesseits zur Ausführung zu bringen.

Gen. H. 1.

Nach Inhalt des Art. 16. der in No. 6. und 7. der diesjährigen Gesetzsammlung publizirten beiden Verträge vom 10. Dezember v. J. und 2 Januar d. J., wegen Anschließung des Herzogthums Nassau und der freien Stadt Frankfurt an den deutschen Zollverein, sind die Regierungen dieser beiden Staaten namentlich auch dem zwischen den bisherigen Vereinsgliedern unterm 11. Mai 1833 abgeschlossenen Zollcartel für die Dauer der gedachten Verträge beigetreten, und nach einer Mittheilung des Königl. Ministeriums der auswärtigen Angelegenheiten vom 28. d. M. sowohl von den genannten Regierungen, als von den andern Mitgliedern des Vereins die entsprechenden Anordnungen Behufs der vollständigen Anwendung des erwähnten Cartels in den gegenseitigen Verhältnissen sämmtlicher, den Verein nunmehr bildenden Staaten zugesagt worden. Demzufolge ist der Zollcartel vom 11. Mai 1833 nunmehr auch in den Beziehungen zwischen Preußen und dem Herzogthum Nassau, wie der freien Stadt Frankfurt diesseits zur Ausführung zu bringen. Indem ich Ew. Hochwohlgeboren hiervon zur Nachricht in Kenntniß setze, veranlasse ich Sie, davon dem Königlichen Appellations-Gerichtshofe und durch die Ober-Procuratoren den übrigen Gerichten Kenntniß zu geben.

Berlin, den 30. Juni 1836.

An den Königlichen General-Procurator und Geheimen Ober-Justizrath Hrn. Biergans zu Cöln.

Der Justiz-Minister
v. Kamptz.

E. 1818.

1577.

Vereidigung der Rheinzollgerichts-Beamten.

Rh. Gen. 142.

a.

Ew. Hochwohlgeboren eröffne ich auf den Bericht vom 20. v. M., die Vereidung mehrerer Beamten der Rheinzollgerichte zu Xanten und Rheinberg betreffend,

daß die Allerhöchste Cabinetsordre vom 10. Februar v. J. *) wegen Verpflichtung der Beamten bei Veränderung ihrer Dienststellung bei neuen Ernennungen zu Rheinzollgerichtsbeamten nicht angewandt werden kann, sondern letztere zur Genügung der Vorschrift des Art. 82. der Rheinschifffahrts-Convention vom 31. März 1831 bei ihrer ersten Anstellung jederzeit nach Vorschrift des Rescriptes vom 15. August 1834 **) besonders verpflichtet werden müssen. Die Verpflichtung kann hinsichtlich der Rheinzollgerichts-Fiscale und deren Stellvertreter bei dem betreffenden Rheinzollgerichte erfolgen; in Ansehung der Rheinzollrichter und Gerichtsschreiber aber ist dieselbe, der Bestimmung des obigen Rescripts gemäß, bei dem Landgerichte vorzunehmen. Ew Hochwohlgeboren gebe ich anheim, hiernach wegen der Verpflichtung des Friedensrichters Bücheler zu Rheinberg, als Rheinzollrichter, des provisorischen Bürgermeisters Martin zu Xanten, als Rheinzollgerichts-Fiscal, und der beiden ersten Beigeordneten an den genannten Orten, als Vertreter der Fiscale bei den dortigen Rheinzollgerichten das Weitere zu veranlassen. Die Anlagen erfolgen zurück.

Berlin, den 1. Juli 1836.

Der Justiz-Minister
v. Kamptz.

An
den Königl. Landgerichts-Präsidenten
Herrn Oppenhoff zu Cleve.

b.

Abschrift dieser Verfügung dem ersten Präsidenten des Königlichen Appellationsgerichtshofes Herrn Schwarz und dem Königl. General-Procurator Herrn Biergans zur Nachricht.

Berlin, den 1. Juli 1836.

Der Justiz-Minister
v. Kamptz.

An
den Königlichen Ersten Präsidenten des
Appellationshofes Herrn Schwarz
und an den Königl. General-Procurator
Herrn Biergans zu Cöln.

E. 1798.

---

*) Band 5. pag. 98.
**) Bd. 4. pag. 120.

1578.

Ueber die Strohbedachung der Gebäude.

Rh. Crim. No. 10.

Auf Ihren Bericht vom 7. v. M. will Ich nach Ihrem Antrage hierdurch bestimmen, daß es auch in der Rheinprovinz mit der Zulassung von Strohdächern dergestalt gehalten werden soll, wie dies in den übrigen Landestheilen geschiehet, indem die Herstellung einer feuersichern Bedachung von jedem verlangt werden muß, dem die zur Beschaffung derselben erforderlichen Mittel nicht fehlen, und verordne daher, unter Aufhebung der, über die Strohbedachung der Gebäude in der Rheinprovinz bisher in Anwendung gekommenen ältern Bestimmungen, hierdurch Folgendes:

1. Die Ortsbehörden dürfen in den Flecken, Dörfern, Weilern und überall, wo mehrere Häuser zusammenstehen, bei der Anlegung neuer Dächer nur Bedachungen von Metall, Schiefer oder Ziegeln und Lehmschindeldächer, nach der bekannt zu machenden Bereitungsart, gestatten.

2. Stroh- oder Rohrbedachungen und Holzschindeln sind nur erlaubt:

a) auf einzelnen Gebäuden und zusammenhangenden Gehöften eines und desselben Besitzers, welche mindestens 2000 preußische Fuß von andern entfernt stehen;

b) in den, der Ueberschwemmung ausgesetzten, Rhein-Niederungen, in sofern dieselben zur Sicherung der Bewohner bei Ueberschwemmungen für nothwendig erkannt worden sind.

In diesen Fällen muß jedoch von der Ortsbehörde eine ausdrückliche Erlaubniß schriftlich ertheilt und vom Landrathe genehmigt worden sein.

c) Auf einzelnen, nicht zu denen sub a. und b. gehörigen Gebäuden, dürfen sie nur alsdann gestattet werden, wenn die Vermögens-Umstände des Hausbesitzers demselben die Mittel, selbst zur Ausführung einer Lehmschindel-Bedachung, nicht gewähren. Die Erlaubniß dazu muß sodann durch die Ortsbehörde bei dem Landrathe nachgesucht werden.

3. Größere Reparaturen an schon vorhandenen Stroh-, Rohr- oder Holzschindel-Dächern mit Stroh oder Rohr auf Gebäuden, die nicht zu denen im §. 2. bezeichneten gehören, dürfen in der Regel nicht gestattet werden.

Nur in Fällen dringender Nothwendigkeit und bei mangelnden Mitteln zur Ausführung einer Stein- oder Lehmschindelbedachung kann der Landrath auf das Gutachten der Ortsbehörde solche gestatten.

4. Wer künftig, dieser Verordnung entgegen, ein neues Stroh- oder Rohrdach auflegen läßt, oder ein Stroh- oder Rohrdach mit Stroh oder Rohr ausbessert, ohne die im §. 2. und 3, gedachte Erlaubniß erhalten zu haben, wird mit einer Geldbuße von Ein bis Fünf Thalern, und im Falle des Neubaues mit Niederlegung des Stroh- oder Rohrdaches bestraft.

5. Uebertretungen der Ortsbehörden in der im §. 2. und 3. ihnen ertheilten Befugniß werden mit angemessenen Ordnungsstrafen, welche die Regierungen festsetzen, geahndet.

Sie haben diese Bestimmungen durch die Amtsblätter der Regierungen zur allgemeinen Kenntniß zu bringen.

Berlin, den 2. Juli 1836.

Friedrich Wilhelm.

An
den Staats-Minister v. Rochow.
E. 2818.

cf. Cölner Amtsblatt pag. 195.

1579.

Amtsentsetzung der Bürgermeister.

Rh. Crim. No. 10.

Extract.

Aus dem Urtheile des dortigen Königlichen Landgerichts, correctioneller Appellationskammer, vom 5. März d. J. haben wir ersehen, daß das Gericht den Bürgermeister B. wegen völlig erwiesener Verletzung seiner Amtspflicht aus grober Fahrlässigkeit nur von seiner Stelle als Beamter der gerichtlichen Polizei entsetzt, ihn mithin in seinen übrigen Functionen als Bürgermeister conservirt hat, und zwar deshalb, weil die Königliche Regierung nach Ihrem Schreiben vom 28. August v. J. einen Antrag zur Verfolgung des Bürgermeisters als solchen, da er nur als Beamter der gerichtlichen Polizei gefehlt habe, versagt hat. Ein solches Verfahren kann in keiner Art gebilligt werden.

Wenn auch die Functionen der Bürgermeister in ihrer Eigenschaft als administrative Beamten ganz von denjenigen getrennt sind, welche sie in ihrer Eigenschaft als Beamte der gerichtlichen Polizei und des Civilstandes versehen, wenn sie in jener Eigenschaft der höhern Verwaltungs-, in dieser der höhern Justiz-Behörde untergeordnet sind, wenn sie ferner in jener nur auf den Antrag ihrer vorgesetzten Verwaltungs-Behörde, in dieser ohne denselben zur Untersuchung und Strafe gezogen werden können, so ist doch das Amt, vermöge dessen sie die verschiedenen Functionen ausüben, dasselbe, nämlich das Bürgermeister-Amt; und wenn es sich davon handelt', ob ein Bürgermeister, weil er in einer seiner verschiedenen Functionen schwerere Dienstfehler begangen, seines Amtes zu entsetzen sei, so kann diese Frage nicht bloß so entschieden werden, daß er in derjenigen seiner Functionen zu entsetzen, in welcher er gefehlt hat, sondern so, daß er allgemein seines Amtes als Bürgermeister zu entsetzen sei, weil das Allgemeine Landrecht als Strafe nur die Amtsentsetzung kennt, nicht die Entsetzung von einzelnen, nothwendig mit dem Amte verbundenen Functionen, deren Complexus eben das Amt bildet. So wie daher ein Bürgermeister, der in seinen administrativen Functionen solche Dienstfehler begangen, die seine Entsetzung motiviren, nicht bloß als Verwaltungsbeamter entsetzt, in seinen Functionen als gerichtlicher Polizei- oder Civilstands-Beamter aber conservirt werden kann, so muß dasselbe auch gelten, wenn der Bürgermeister in seinen gerichtlich polizeilichen Functionen sich die Entsetzung zuziehet.

An und für sich schon liegt etwas Widersprechendes darin, daß ein Königl. Beamter, welcher des Königl. Dienstes unwürdig erklärt ist, dennoch in demselben conservirt werden soll. Insbesondere ergiebt sich aber auch, daß die französischen Verwaltungs-Grundsätze eine solche Anomalie nicht zulassen.

Durch Art. 13. des Gesetzes vom 28. Pluviose VIII. sind die Bürgermeister und Adjuncten neben ihren administrativen Functionen zugleich mit der ganzen Polizei (gerichtlichen und administrativen) und mit den Functionen der Civilstandsbeamten so beauftragt, wie diese Functionen früher den agens municipaux et adjoints zugestanden hatten. In dem Art. 2. des Gesetzes vom 21. Fructidor III. aber ist, nachdem im Art. 1. lediglich von den gerichtlichen und administrativen Polizeifunctionen, welche die agens municipaux neben ihren sonstigen Administrativfunctionen hätten, gesprochen worden, gesagt:

> En cas de maladie, d'absence ou de tout autre empêchement momentane de l'agent municipal, son adjoint le remplacera provisairement.

Es ergiebt sich also hieraus, daß nur momentan und provisorisch der Adjunct den Bürgermeister in irgend einer seiner Functionen vertreten kann, daß aber eine völlige dauernde Trennung irgend einer dieser Functionen von dem Amte des

Bürgermeisters — sofern nicht ein besonderes Gesetz sie in einzelnen Fällen verordnet — gesetzlich nicht zulässig ist, und daraus folgt also nothwendig, daß durch einen Urtheilsspruch eine solche Scheidung nicht erfolgen kann, daß mithin, wenn der Bürgermeister auch nur in Bezug auf eine seiner Functionen die Entsetzung verwirkt hat, sie für alle seine Functionen, also für das Amt im Ganzen genommen, ausgesprochen werden muß.

Im gegenwärtigen Falle hätte folglich der Bürgermeister B., der sich in der That eines solchen Mißbrauchs seines Amtes schuldig gemacht hat, daß die Cassation wider ihn hat erkannt werden müssen, nicht bloß seiner Stelle als Beamter der gerichtlichen Polizei, die abgesondert von der des Bürgermeisters nicht besteht, sondern seiner Stelle als Bürgermeister entsetzt werden müssen.

Berlin, den 2. Juli 1836.

Der Justiz-Minister v. Kamptz. Der Minister des Innern u. der Polizei v. Rochow.

An
den Königlichen Landgerichts-Präsidenten und Geheimen Justizrath Hrn Rive
und den Königl. Ober-Procurator und Geheimen Justizrath Hrn. Heintzmann
zu Trier.

E. 1506.

1580.

Ausschließung der Oeffentlichkeit des Verfahrens in Civilsachen, wenn durch sie die Sittlichkeit gefährdet und Aergerniß herbeigeführt werden kann.

Rh. Crim. No. 15.

Ew. Hochwohlgeboren erhalten die Anlagen des Berichts vom 22. v. M.,

die Anwendung der Allerhöchsten Cabinetsordre vom 4. Januar d. J. *) über die Ausschließung des öffentlichen Verfahrens betreffend,

beigehend zurück.

Wenn des Königs Majestät Sich bewogen gefunden haben, die Oeffentlichkeit der gerichtlichen Verhandlungen zu beschränken, so haben Allerhöchstdieselben dabei bezweckt, daß

*) Band 5. pag. 306.

durch diese Verhandlungen kein Aergerniß gegeben und daß durch sie nicht der erste Keim zu unsittlichen und verderblichen Richtungen gelegt werde, deren Ausbrüche demnächst selbst wieder Veranlassung und Gegenstand gerichtlicher Prozeduren werden müßten. Dieser landesväterliche Zweck ist aber offenbar nicht auf Strafsachen beschränkt, sondern betrifft alle gerichtliche Verhandlungen, deren Oeffentlichkeit sittenverderblich sein würde, ohne Unterschied der Prozeßform oder des Gegenstandes derselben. Die Oeffentlichkeit in den gerichtlichen Verhandlungen ist daher in allen Fällen, in welchen durch sie die Sittlichkeit gefährdet und Aergerniß herbeigeführt werden könnte, auszuschließen. Dies geht aber so unverkennbar aus der Veranlassung und Absicht, als aus dem sehr bestimmten Inhalte der Allerhöchsten Cabinetsordre vom 4. Januar d. J. hervor, indem dieselbe die, durch die Verordnung vom 31. Januar 1822 *) auf einzelne Gattungen von Fällen beschränkte, Aufhebung der Oeffentlichkeit auf „alle Fälle, in welchen die Oeffentlichkeit der Sittlichkeit nachtheilig werden könnte," erweitert. Dieser Grundsatz ist so bestimmt und erschöpfend vorgeschrieben, daß es einer nähern Aufzählung aller in dieser Allgemeinheit begriffenen Gattungen von Fällen eben so wenig bedurfte, als er einer beschränkenden Auslegung fähig ist, zumal des Königs Majestät zu Allerhöchst Ihren Gerichtshöfen das Vertrauen hegen, daß dieser allgemeine Grundsatz ihnen hinreichend zur Norm dienen werde, und sie selbst sich bestreben werden, zu verhüten, daß in den Gerichtshöfen der Keim zu unsittlichen Richtungen erweckt werde. Da diese Gefahr in Civilsachen, besonders in Verhandlungen über Ehe- und andere Familienverhältnisse, eben sowohl als in Strafsachen eintreten kann, so leidet es gar keinen Zweifel, daß in solchen Fällen auch in Civilsachen die Oeffentlichkeit der Verhandlungen ausgeschlossen, und dies durch vorgängigen oder bei sich ergebender Besorgniß zu fassenden Beschluß bestimmt werden muß.

Ew. Hochwohlgeboren beauftrage ich, hiernach sämmtliche Ober-Procuratoren anzuweisen und sie aufzufordern, dies zur Kenntniß des Collegiums zu bringen.

Berlin, den 2. Juli 1836.

Der Justiz-Minister
v. Kamptz.

An
den Königlichen General-Procurator
Herrn Geheimen Ober-Justizrath
Biergans in Cöln.

E. 1854.

---

*) Bd. 2. No. 473.

1581.

Urlaubsbewilligung an die Landgerichts-Secretaire durch die Landgerichts-Präsidenten.

Rh. Offic.-Sach. No. 37.

Auf die Anfrage vom 16. v. M. eröffne ich Ew. Hochwohlgeboren, daß nach Art. 2. des Gesetzes vom $\frac{\text{29. März}}{\text{12. Septb.}}$ 1791 (Rudler Heft 9. §. 30.) der unmittelbare Vorgesetzte des, nicht in einem Collegium stehenden, Beamten es ist, welcher von vorübergehender Verlassung des Residenzortes dispensirt, oder mit andern Worten Urlaub ertheilt. Da nun in Bezug auf das Landgerichts-Secretariat der Landgerichts-Präsident der nächste Vorgesetzte ist, so steht diesem auch die Befugniß zur Urlaubsertheilung an den Ober-Secretair und die Secretarien zu.

Berlin, den 2. Juli 1836.

Der Justiz-Minister
v. Kamptz.

An
den Königl. Landgerichts-Präsidenten
Herrn Bessel zu Saarbrücken.

E. 1788.

1582.

In den Besoldungs-Etats soll die Goldkolonne wegfallen.

a.

Ew. Hochwohlgeboren erhalten anliegend Abschrift der unterm 19. v. M. wegen des, zur Vereinfachung des Rechnungswesens genehmigten, Wegfalls der Goldkolonne in den Besoldungsetats ergangenen Allerhöchsten Cabinetsordre, um den Königl. Appellationsgerichtshof und durch die Ober-Procuratoren die Landgerichte davon in Kenntniß zu setzen.

Berlin, den 6. Juli 1836.

Der Justiz-Minister
v. Kamptz.

An
den Königl. General-Procurator
und Geheimen Ober-Justizrath,
Herrn Biergans zu Cöln.

E. 1873.

b.

Um das Rechnungswesen zu vereinfachen, will Ich auf Ihren Bericht vom 23. v. M. nach dem darin enthaltenen Vorschlage gestatten, daß vom 1. Januar k. J. ab in allen Etats bei den Besoldungen die Goldkolonne ganz weggelassen und die Besoldungen, von welchen bisher 1/5 in Golde zu berechnen war, mit Zurechnung von 3 1/3 Prozent von dem 1/5 Goldantheil, oder von 2/3 Prozent von der ganzen Besoldung in Silbergeld zum Ansatz gebracht werden. Da es indessen nicht die Absicht sein kann, durch dieseu veränderten Ansatz der Besoldungen in den Etats, die Pensions-Beiträge und die Pensions-Ansprüche abzuändern, so wird es dieserhalb noch eines besondern Vermerks in den Etat bedürfen.

Berlin, den 19. Juni 1836.

Friedrich Wilhelm.

An
den wirklichen Geheimen Rath
Grafen v. Alvensleben.

1583.

Aufhebung der Vorschriften wegen vorzugsweiser Zulassung derjenigen Gerichtsvollzieher-Amts-Aspiranten, welche ihrer Militairpflicht genügt haben, zur Prüfung; Zulassung der Aspiranten zur Stage.

Rh. Offic.-S. No. 27.

a.

Da aus der strengen Beobachtung der Verfügung vom 14. August 1832 (Lottner Bd. III. S. 496), betreffend die vorzugsweise Zulassung der Gerichtsvollzieher-Aspiranten, welche ihrer Militairpflicht genügt haben, zur Prüfung, — mancherlei Inconvenienzen entstanden sind, und es billig ist, diejenigen, welche aus einem gesetzlichen Grunde durch die betreffende Behörde vom Militairdienste entbunden worden, nicht noch besonders zu benachtheiligen, so wird von der gedachten Verfügung hiermit abstrahirt, wovon Ew. Hochwohlgeboren die Gerichtsbehörden in Kenntniß zu setzen haben.

Berlin, den 7. Juli 1836.

Der Justiz-Minister
v. Kamptz.

An
den Königlichen General-Procurator
und Geheimen Ober-Justizrath
Herrn Biergans zu Cöln.

b.

Ew. Hochwohlgeboren benachrichtige ich auf den Bericht vom 16. v. M., daß die Verfügung vom 14. August 1832 (Lottner Bd. III. S. 496), betreffend die vorzugsweise Zulassung der Gerichtsvollzieher-Aspiranten, welche ihrer Militairpflicht genügt haben, zur Prüfung, — aufgehoben worden ist. Zugleich eröffne ich Ihnen, daß Ihnen allerdings in Bezug auf die Admission von Candidaten zur Stage auf dem Secretariate die Prüfung zusteht und obliegt, ob die vorgeschriebenen Bedingungen dazu vorhanden sind? — wie der Ober-Procurator hinsichtlich der Zulassung der Candidaten zur Stage auf dem Parket gleiche Befugniß und Verpflichtung hat. So weit indessen gegenwärtig die Admission zur Stage nach dem Rescripte vom 26. Juni 1832 (Lottner Bd. III S. 479, 480) noch beschränkt ist, ist natürlich darauf bei der Verfügung auf Zulassungsgesuche Rücksicht zu nehmen.

Berlin, den 7. Juli 1836.

Der Justiz-Minister
v. Kamptz.

An
den Königl. Landgerichts-Präsidenten
Herrn Bessel zu Saarbrücken.

E. 1786.

1584.

Die Gerichte haben von der Vollstreckung einer Gefängnißstrafe, in welche eine, von der Verwaltungsbehörde wegen Gewerbesteuer-Contravention festgesetzte Geldbuße von ihnen verwandelt worden, abzustehen, wenn die Geldbuße später entrichtet wird.

Rh. Kassensachen No. 10.

Der dortige Ober-Procurator hat nach einer Mittheilung des Königl. Finanz-Ministeriums vom 26. v. M. in der Untersuchungssache wider den S. Anstand genommen, nach dem Antrage der Königl. Regierung von der Vollstreckung einer Gefängnißstrafe abzustehen, in welche eine von der Verwaltungsbehörde wegen Gewerbesteuer-Contravention festgesetzte Geldstrafe verwandelt worden war, indem er der Meinung ist, daß eine, im Wege der Verwandlung, gerichtlich festgesetzte Gefängnißstrafe jeder andern gerichtlich erkannten Gefängnißstrafe gleichstehe und nicht als eine subsidiarische zu betrachten sei, und daß deshalb auch Seitens der Verwaltungsbehörde die

Vollstreckung dieser Strafe durch Annahme der ursprünglich festgesetzten Geldbuße nicht abgewendet werden könne.

Diese Ansicht ist aber nach der Allerhöchsten Declaration vom 20. Januar 1820 (Gesetzsammlung S. 33 und 34) und nach §. 42. des Gewerbesteuer-Gesetzes, in Verbindung mit §. 95. der Steuer-Ordnung vom 8. Februar 1819 (Gesetzsammlung S. 117), nicht für richtig, vielmehr die Gefängnißstrafe, in welche eine Geldbuße zufolge Rescripts vom 2. Februar 1827 (Lottner Sammlung Bd. III. Seite 93) umgewandt worden, einer subsidiarischen Gefängnißstrafe völlig gleich zu achten. In dem Rescripte vom 12. Januar 1827 (S. 92. l. c.) ist eine Unterscheidung zwischen diesen beiden Gefängnißstrafen gar nicht beabsichtigt worden. Das letztere Rescript ist auf eine Anfrage Ihres Amtsvorgängers, welche eine im Wege der Verwandluug festgesetzte Gefängnißstrafe zum Gegenstande gehabt hat, ergangen, und hat das nämliche Bedenken entscheiden sollen, welches jetzt von dem dortigen Ober-Procurator erhoben wird. Ew. Hochwohlgeboren wollen demgemäß den letzteren, so wie die Ober-Procuratoren bei den übrigen Landgerichten, mit Anweisung versehen.

Berlin, den 8. Juli 1836.

Der Justiz-Minister
v. Kamptz.

An
den Königlichen General-Procurator
Herrn Biergans zu Cöln.
E. 1874.

1585.

Wer darauf zu sehen hat, daß ein sich verheirathender Justizbeamter den gesetzlich erforderlichen Heirathsconsens erwirkt habe.

Rh. Off. S. No. 51.

Extract.

Was Ew. Hochwohlgeboren allgemeine Anfrage vom 16. d. M. betrifft,

wem die wegen Erwirkung der Heirathsconsense richterlicher Beamten erforderliche Aufsicht zustehe und obliege?

so beantwortet sich diese selbstredend dahin, daß diejenigen, welche überhaupt ein Recht der Controlle richterlicher Beamten in Bezug auf ihre Amtsführnng haben, imgleichen diejenigen, welche im Allgemeinen auf Befolgung der Gesetze und der Instructionen der vorgesetzten Behörde zu sehen haben, befugt sind, davon Notiz zu nehmen, ob ein sich verheirathender

Justizbeamter den gesetzlich erforderlichen Heirathsconsens erwirkt hat, bei dessen Ermangelung dem General-Procurator von der Sache Anzeige zu machen ist.

Dieses Recht stehet also dem Ober-Procurator eben so gut, als dem Landgerichts-Präsidenten zu.

Berlin, den 11. Juli 1836.

Der Justiz-Minister
v. Kamptz.

An
den Königl. Landgerichts-Präsidenten
Herrn Bessel zu Saarbrücken.
E. 1774.

1586.

Verfahren gegen Bettler und Landstreicher im ostrheinischen Theile des Regierungsbezirks Coblenz.

Rh. Crim. No. 17.

a.

Der Königliche Justiz-Senat erhält beiliegend in Bezug auf den Bericht vom 9. October v. J. eine beglaubte Abschrift der Allerhöchsten Cabinetsordre vom 13. d. M. wegen des Verfahrens gegen Bettler und Landstreicher. — In Gemäßheit dieser Allerhöchsten Cabinetsordre gehört die Untersuchung und Bestrafung der Bettler und Landstreicher künftig vor die Polizeibehörden, und den Gerichten verbleibt solche nur in Ansehung der ausländischen Landstreicher, welche zufolge §§. 191. u. f. Titel 20. Thl. 2. des Allgem. Landrechts über die Grenze gebracht worden, und, dem Verbot zuwider, zurückgekehrt sind. — In Untersuchungen gegen ausländische Landstreicher wegen anderweitiger Verbrechen ist in dem Straferkenntnisse zugleich die Fortschaffung über die Grenze und das Verbot der Rückkehr, unter Androhung der, in den §§. 192. 193. und 194. l. c. und in der Allerhöchsten Cabinetsordre vom 28. Februar 1817 *) bestimmten Strafe, auszusprechen. — Das Verbot der Rückkehr wird in den Fällen, wenn gegen den ausländischen Landstreicher keine gerichtliche Untersuchung eingeleitet gewesen ist, oder die gerichtliche Untersuchung kein verurtheilendes Erkenntniß zur Folge gehabt hat, dem Landstreicher durch die Polizeibehörde zu Protocoll bekannt gemacht; an diese ist daher derselbe in dem letzten Falle nach beendigter Untersuchung abzuliefern. — Die gegen Bettler und Landstreicher bei den Gerichten anhängigen Untersuchungen sind, so

*) Band 5. No. 1271.

weit sie nach Vorstehendem nicht der richterlichen Cognition verbleiben, an die betreffende Polizeibehörde abzugeben, welcher die Entscheidung zu überlassen ist.

Der Königl. Justiz-Senat hat demgemäß nach der Publication der gedachten Allerhöchsten Cabinetsordre durch das Amtsblatt, welche von Seiten der Provinzial-Verwaltungsbehörde veranlaßt werden wird, die Gerichte seines Bezirks mit näherer Anweisung zu versehen.

Berlin, den 19. Juli 1836.

In Abwesenheit des Herrn Justiz-Ministers v. Kamptz der Justiz-Minister Mühler.

An den Königl. Justiz-Senat zu Coblenz.

E. 1988.

cf. Coblenzer Amtsblatt pag. 284.

b.

Da es in dem ostrheinischen Theile des Regierungs-Bezirks Coblenz, so weit in demselben noch das gemeine deutsche Recht gilt, an festen Strafbestimmungen gegen die Bettelei und Landstreicherei mangelt, so verordne Ich hierdurch auf Ihren Bericht vom 15. v. M. für den gedachten Bezirk Folgendes:

I. Wer sich, sei es mündlich oder schriftlich, außerhalb oder innerhalb der Häuser, der Bettelei schuldig macht, ist von Polizeiwegen vor der Wiederholung dieses Unfugs zu verwarnen, und es ist darüber eine schriftliche Verhandlung aufzunehmen.

II. Wer nach vorheriger Verwarnung bettelnd betroffen wird, soll als Bettler aus Gewohnheit angesehen und mit Einsperrung auf acht Tage bis auf vier Wochen, nach Maaßgabe der ihm mehr oder minder zu Statten kommenden Entschuldigungsgründe, bestraft werden.

III. Eine verschärfte Strafe mittelst zwei- bis sechsmonatlicher Einsperrung im Land-Arbeitshause der Provinz trifft denjenigen, welcher, nachdem er bereits wegen Bettelei bestraft worden ist, dennoch wieder bettelnd betroffen wird.

IV. Landstreicher, d. h. diejenigen, welche weder eine bestimmte Wohnung, noch Mittel zum Lebensunterhalte haben, und ein zweckloses Umhertreiben ohne Ausübung eines Gewerbes sich haben zur Gewohnheit werden lassen, werden mit Einsperrung im Land-Arbeitshause auf drei bis sechs Monate bestraft.

V. Die Strafen gegen Bettler im ersten Falle ihrer Betretung werden von den Local-Polizeibehörden festgesetzt. Die

Festsetzung der Strafen gegen rückfällige Bettler, so wie gegen Landstreicher, bleibt dagegen den Provinzial=Polizei=Behörden vorbehalten.

VI. Gegen ausländische Landstreicher kommen die Vorschriften des allgemeinen Landrechts Th. II. Tit. 20. §§. 191. bis 195. und Meiner Ordre vom 28. Februar 1817 zur Anwendung.

Sie haben diese Bestimmung unter Beifügung der in Bezug genommenen landesherrlichen Vorschriften durch die betreffenden Amtsblätter bekannt machen zu lassen und die Behörden mit näherer Instruction zu versehen.

Berlin, den 13. Juli 1836.

Friedrich Wilhelm.

An
die Staats=Minister v. Kamptz und v. Rochow.

1587.

Ankauf von Privatgrundstücken zum Bau der Staatsstraßen.

Rh. Gen. No. 111.

a.

Ew. Hochwohlgeboren erhalten beigehend Abschrift der Allerhöchsten Cabinets=Ordre vom 5. April d. J.,

nach welcher zum Zweck der Herstellung einer, dem Verkehr angemessenen, Breite der bestehenden, an einzelnen Stellen sehr beengten Staatsstraßen in den Rheinprovinzen Privat=Grundstücke erforderlichenfalls im Wege des Expropriations=Verfahrens angekauft werden sollen,

mit dem Auftrage, dieselbe zur Kenntniß des Appellationsgerichtshofes und durch die Ober=Procuratoren zur Kenntniß der Landgerichte zu bringen.

Berlin, den 20. Juli 1836.

In Abwesenheit des Justiz=Ministers v. Kamptz.
Der Justiz=Minister
Mühler.

An
den Königl. General=Procurator
Herrn Biergans zu Cöln.
E. 2009.

b.

Ich finde aus den in Ihrem Berichte vom 18. v. M. angeführten Gründen im öffentlichen Interesse nothwendig, daß auf Herstellung einer, dem Verkehr angemessenen, Breite der bestehenden, an einzelnen Stellen sehr beengten Staatsstraßen in den Rheinprovinzen Bedacht genommen werde, und will deshalb den Ankauf der zur Ausführung dieser Maaßregel erforderlichen Privat-Grundstücke im Wege des Expropriations-Verfahrens nach Maaßgabe des Gesetzes vom 8. März 1810 da autorisiren, wo eine gütliche Uebereinkunft nicht vermittelt werden kann.

Berlin, den 5. April 1836.

Friedrich Wilhelm.

An
den Wirklichen Geheimen Rath Rother.

cf. Cölner Amtsblatt pag. 195.

1588.

Die Regierung ist befugt, die auf einer Straße sich vorfindenden Hindernisse im administrativen Wege wegzuräumen.

Rheinprovinz No. 40.

a.

In Sachen des Rothgerbers P. wider den Wegewärter S. theilen wir Ew. Hochwohlgeboren Abschrift der an die Königliche Regierung zu Coblenz heut erlassenen Verfügung zur Nachricht und weiteren Veranlassung mit.

Die Anlagen Ihres Berichts vom 15. Januar d. J. erfolgen gleichfalls zurück.

Berlin, den 22. Juli 1836.

In Abwesenheit des Hrn. Justiz-Ministers v. Kamptz.
Der Justiz-Minister, Mühler.

Der Chef der Verwaltung für Handel, Fabrikation und Bauwesen, Rother.

An
den Königlichen Ober-Procurator Herrn v. Olfers, Hochwohlgeboren zu Coblenz.

E. 2031.

b.

Der von der Königlichen Regierung in Sachen des Rothgerbers P. wider den Wegewärter S. erhobene Competenz-Conflict muß für begründet erachtet werden. Schon an und für sich konnte nicht füglich in Zweifel gezogen werden, daß, wenn ein Wegewärter die Zweige einer, die Passage auf der

Chaussee hemmenden, Hecke aushaut, dies von ihm in Ausübung seines Amts gethan wird; außerdem aber hatte der Beklagte sich auch im ersten Termin ausdrücklich darauf bezogen, daß er auf Befehl seines Vorgesetzten gehandelt habe. Daß der Beklagte seine Amtsbefugnisse überschritten habe, und um deswillen dem Kläger verhaftet sei, ist von dem letzteren nirgends behauptet, und sonach erscheint die Klage lediglich gegen die Befugnisse der Polizeibehörde gerichtet, die auf einer Straße sich vorfindenden Hindernisse im administrativen Wege wegzuräumen. Daß indessen der Polizeibehörde eine solche Befugniß zusteht, ist wohl noch nie in Frage gestellt worden, übrigens aber auch im Gesetz vom 29. Floréal X. Art. 1. und 3. ausdrücklich ausgesprochen. Daß der auf den Schutz im Besitz gerichtete Theil der Klage unzulässig sei, scheint Seitens des Gerichts selbst anerkannt zu werden, indem auf diesen Antrag im ferneren Laufe des Prozesses keine Rücksicht weiter genommen ist. Der zweite Theil der Klage, die Entschädigungsforderung, wird lediglich auf die Besitzesstörung gegründet, und es ist nicht abzusehen, wie über diesen Anspruch vom Richter ein Urtheil gefällt werden kann, wenn derselbe anerkennt, daß die Frage über die Besitzesstörung selbst nicht zu seiner Cognition gehöre. Hierdurch erledigt sich der in dem Competenz-Urtheil des Königlichen Landgerichts angeführte Entscheidungsgrund, der Richter habe, ohne den possessorischen Theil der Klage zu berücksichtigen, lediglich über die geforderte Entschädigung erkannt.

Das von der Königlichen Regierung unter dem 8. Februar c. eingereichte Aktenheft erfolgt anliegend zurück.

Berlin, den 22. Juli 1836.

In Abwesenheit des Hrn. Justiz-Ministers v. Kamptz.
Der Justiz-Minister, Mühler.

Der Chef der Verwaltung für Handel, Fabrikation und Bauwesen, Rother.

An
die Königl. Regierung zu Coblenz.

1589.

Stundung der Insertionskosten für Subhastations-Patente, wenn die Subhastation von einer zum Armenrechte zugelassenen Parthei betrieben worden.

Rh. Gener. No. 115.

a.

Ew. Hochwohlgeboren erhalten beigehend Abschrift eines Schreibens des Königlichen Ministeriums des Innern und der Polizei vom 15. d. M. nebst Anlage, nach welchen die fünf rheinischen Regierungen angewiesen worden sind, die Stundung der Insertionskosten für Subhastations-Patente bei Subhastationen, welche von einer, durch Landgerichtsbeschluß zum Armenrechte zugelassenen, Parthei betrieben worden, eintreten zu lassen. Sie haben nunmehr sämmtlichen Friedensrichtern der Provinz von dem Verfügten Nachricht zu geben, und dieselben anzuweisen, sobald denselben eine Nachricht über erfolgte Stundung der Insertionskosten zugeht, auf die erfolgte Entrichtung derselben, vor Ertheilung der Ausfertigung des Adjudikations-Protokolls in Gemäßheit der §§. 21. und 33. der Subhastations-Ordnung *) genau zu wachen.

In welcher Weise dieses geschehen, darüber erwarte ich Ew. Hochwohlgeboren ferneren Bericht.

Berlin, den 26. Juli 1836.

In Abwesenheit des Justiz-Ministers v. Kamptz.
Der Justiz-Minister
Mühler.

An
den Königl. General-Procurator
Herrn Biergans zu Cöln.
E. 2077.

b.

Ew. Excellenz beehre ich mich auf das gefällige Schreiben vom 21. Mai c. ganz ergebenst zu benachrichtigen, daß ich nunmehr die fünf rheinischen Regierungen nach Maaßgabe Dero geehrter Schreiben vom 4. April und 21. Mai c. angewiesen habe, die Stundung der Insertionskosten für Subhastations-Patente bei Subhastationen, welche von einer, durch Landgerichtsbeschluß zum Armenrechte zugelassenen, Parthei betrieben worden, eintreten zu lassen.

Indem ich Ew. Excellenz eine Abschrift der desfallsigen Verfügung mitzutheilen nicht verfehle, ersuche ich Dieselben ganz ergebenst, die erforderliche Anweisung an die Friedensgerichte der Rheinprovinz, insbesondere wegen Erstattung etwaniger Ausfälle an Insertionskosten, gefälligst erlassen, und das Ministerium des Innern und der Polizei von dem Verfügten geneigtest in Kenntniß setzen zu wollen.

Berlin, den 15. Juli 1836.

In Vertretung Sr. Excellenz rc. v. Rochow.
gez. Köhler.

An
den Königlichen Wirklichen Geheimen Staats- und Justiz-Minister Herrn v. Kamptz, Excellenz.
E. 2077.

---

*) Band 2. No. 280.

c.

Die Königliche Regierung wirt nunmehr auf den Bericht vom (resp. 25. 29. Februar und 2. März d. J.) hierdurch angewiesen von jetzt ab (bei Coblenz wird für vorstehende unterstrichene Stelle gesetzt: vom 1. Januar k. J. ab) in den Fällen, in welchen ein Gläubiger Behufs Subhastation der Immobilien seines Schuldners zum Armenrechte zugelassen worden, die Kosten der Insertion des Subhastations-Patents in den öffentlichen Anzeiger zu stunden, sobald der, zum Armenrechte admittirende, Landgerichtsbeschluß nebst einem diesfälligen Gesuche von der armen Parthei vorgelegt wird. Zur Vermeidung von Ausfällen an Insertionskosten hat die Königl. Regierung nach erfolgter Stundung sodann sogleich dem betreffenden Friedensgerichte davon und von dem Betrage der Kosten Nachricht zu geben, damit dieses vor Ertheilung der Ausfertigung des Adjudikations-Protokolls sich vergewissere, daß die Kosten vom Käufer bezahlt worden sind.

Alle dennoch etwa eintretenden Ausfälle an gestundeten Insertionskosten für, zum Armenrechte zugelassene, Extrahenten werden, zufolge einer Erklärung des Herrn Geheimen Staats- und Justiz-Ministers v. Kamptz vom 21. Mai c. aus Justiz-Fonds erstattet werden.

Berlin, den 15. Juli 1836.

Ministerium des Innern und der Polizei.
gez. Köhler.

An
die Königl. Regierung zu Coblenz.
Cöln.
Düsseldorf.
(an jede besonders) Aachen.
Trier.

E. 2077.

d.

Nach einem Rescripte des Herrn Justiz-Ministers Excellenz vom 26. v. M. sind von dem Königlichen Ministerium des Innern und der Polizei die Regierungen angewiesen worden, von jetzt ab, für den Regierungsbezirk Coblenz aber vom 1. Januar k. J. an gerechnet, in den Fallen, in welchen ein Gläubiger Behufs Subhastation der Immobilien seines Schuldners durch einen Beschluß des betreffenden Landgerichts zum Armenrechte zugelassen worden ist, die Kosten der Insertion des Subhastations-Patents in den öffentlichen Anzeiger zu stunden, sobald der zum Armenrechte admittirende Landgerichtsbeschluß nebst einem diesfälligen Gesuche von der armen Parthei vorgelegt wird.

Zur Vermeidung von Ausfällen an Insertionskosten sind die Königlichen Regierungen zugleich angewiesen, nach erfolgter Stundung sogleich dem betreffenden Friedensgerichte hiervon, so wie von dem Betrage der Kosten Nachricht zu geben, damit dieses vor Ertheilung der Ausfertigung des Adjudikations-Protokolls sich vergewissere, daß die Kosten vom Ansteigerer bezahlt worden sind.

Alle dennoch eintretenden Ausfälle an gestundeten Insertionskosten für zum Armenrechte zugelassene Extrahenten werden aus dem Justizfonds erstattet werden. Es ist daher nothwendig, daß die Friedensrichter, sobald denselben eine Nachricht über erfolgte Stundung der Insertionskosten zugeht, auf die erfolgte Entrichtung derselben vor Ertheilung der Ausfertigung des Adjudikations-Protokolls in Gemäßheit der §§. 21. u. 33. der Subhastations-Ordnung genau wachen, und werden Ew. Hochwohlgeboren demnach veranlaßt, den Friedensrichtern eine Abschrift der gegenwärtigen Verfügung zur Nachricht und sorgfältigen Beachtung mitzutheilen, zugleich aber auch darauf zu halten, daß in vorkommenden Fällen hiernach verfahren werde.

Cöln, den 16. August 1836.

Der General-Procurator
Biergans.

An
sämmtliche Herrn Ober-Procuratoren.
E. 2320.

1590.

Vertrag zwischen Sr. Majestät dem Könige von Preußen und Sr. Majestät dem Könige der Belgier, wegen gegenseitiger Auslieferung der Verbrecher.

(Gesetz-Sammlung pag. 221.)

Nachdem Se. Majestät der König von Preußen und Se. Majestät der König der Belgier übereingekommen sind, eine Convention wegen gegenseitiger Auslieferung der Verbrecher abzuschließen, haben Allerhöchdieselben zu diesem Behufe mit Vollmacht versehen und zwar:

Se. Majestät der König von Preußen: Allerhöchst-Ihren Staats- und Cabinets-Minister Friedrich Ancillon, Ritter des Rothen Adler-Ordens 1ster Klasse und des Eisernen Kreuzes 2ter Klasse, Großkreuz des Badischen Ordens der Treue, des Baierschen Ordens der Krone, des Französischen Ordens der Ehrenlegion, des Kur-Hessischen

Löwen-Ordens, des Großherzoglich-Hessischen Ludwig-Ordens, und des Ungarischen St. Stephan-Ordens, Ritter des Russischen St. Alexander-Newsky-Ordens, Großkreuz des Russischen St. Annen- und des St. Stanislaus-Ordens, Großkreuz des Sächsischen Verdienst-Ordens, des Ordens der Sächsischen Häuser Ernestinischer Linie und des Sardinischen St. Moritz- und Lazarus-Ordens, Kommandeur des Schwedischen Nordstern-Ordens; und

Se. Majestät der König der Belgier: den Kapitain 1ster Klasse im Genie-Corps, Napoleon Alcindor Beaulieu, Allerhöchst-Ihren Geschäftsträger am Preußischen Hofe, Ritter des Leopold-Ordens 2c.

welche, nach vorheriger Mittheilung ihrer gegenseitigen Vollmachten, über folgende Artikel übereingekommen sind.

Artikel 1.

Das Preußische und das Belgische Gouvernement verpflichtet sich durch gegenwärtige Convention, sich, mit Ausnahme ihrer Nationalen, die von Preußen nach Belgien und von Belgien nach Preußen flüchtig gewordenen, durch die competenten Gerichtshöfe wegen der nachbenannten Verbrechen zur Untersuchung gezogenen oder verurtheilten Individuen gegenseitig auszuliefern, nämlich wegen:

1) Meuchelmord, Giftmischerei, Vatermord, Kindermord, Todtschlag, Nothzucht;
2) Brandstiftung;
3) Schriftfälschung, mit Inbegriff der Nachmachung von Bankbillets und öffentlichen Papieren;
4) Falschmünzerei;
5) falschen Zeugnisses;
6) Diebstahl, Prellerei, Erpressung, Unterschlagung Seitens öffentlicher Kassen-Beamten;
7) betrüglichen Bankerott.

Artikel 2.

Wenn das reklamirte Individuum in dem Lande, wohin es sich geflüchtet, bereits wegen eines daselbst begangenen Verbrechens oder Vergehens verfolgt oder gefangen gehalten wird, so kann dessen Auslieferung bis dahin, daß es seine Strafe abgebüßt hat, ausgesetzt werden.

Artikel 3.

Die Auslieferung wird nur gegen Vorzeigung eines condemnatorischen oder die Versetzung in den Anklagestand feststellenden Urtheils, bewilligt, welches im Original oder in beglaubigter Abschrift durch die competenten Gerichtshöfe, in den durch die Gesetzgebung des, die Auslieferung begehrenden, Gouvernements vorgeschriebenen Formen auszufertigen ist.

Artikel 4.

Wegen der im Art. 1. bezeichneten Handlungen kann der Fremde in beiden Ländern vorläufig gegen Vorzeigung eines Arrestbefehls, welchen die competente Behörde des reklamirenden Gouvernements in den, durch dessen Gesetze vorgeschriebenen, Formen erlassen hat, verhaftet werden.

Diese Verhaftung wird nach den, durch die Gesetzgebung des requirirten Gouvernements bestimmten, Formen und Vorschriften erfolgen.

Der vorläufig verhaftete Fremde wird in Freiheit gesetzt, wenn ihm nicht binnen der, von den Gesetzen des requirirten Gouvernements bestimmten, Frist — das die Versetzung in den Anklagestand feststellende oder das condemnatorische Urtheil bekannt gemacht wird.

Artikel 5.

Die Auslieferung kann nicht Statt finden, wenn seit den angeschuldigten Thatsachen, seit dem Prozeßverfahren oder der Verurtheilung, die Klage oder die Strafe nach den Gesetzen des Landes, worin der Fremde sich befindet, verjährt ist.

Artikel 6.

Die durch die Arretirung und Haft der auszuliefernden Individuen, so wie die durch den Transport derselben bis zur Grenze, erwachsenden Kosten werden gegenseitig nach den in beiden Ländern bestehenden gesetzlichen Verordnungen und Tarifen erstattet.

Artikel 7.

Die Bestimmungen der gegenwärtigen Convention können nicht auf Individuen Anwendung finden, die sich irgend ein politisches Verbrechen haben zu Schulden kommen lassen.

Sollte es sich finden, daß eines der im Art. 1. erwähnten Verbrechen mit einem politischen Vergehen verbunden ist, so kann die Auslieferung nicht eher erfolgen, als bis Seitens der contrahirenden Gouvernements besondere, der Gesetzgebung beider Länder angemessene Bestimmungen getroffen worden sind.

Artikel 8.

Die gegenwärtige Convention wird erst zehn Tage nach ihrer in Gemäßheit der durch die Gesetzgebung beider Länder vorgeschriebenen Formen erfolgten Publikation zur Ausführung gebracht.

Artikel 9.

Die gegenwärtige Convention bleibt auch nach erfolgter Aufkündigung derselben von einem der beiden contrahirenden Gouvernements noch sechs Monate lang in Kraft.

Sie wird ratifizirt und die Ratifikationen werden binnen sechs Wochen oder wo möglich früher, ausgewechselt werden.

Deß zu Urkund haben die respectiven Bevollmächtigten solche unterschrieben und derselben ihre Wappen beigedruckt.

Geschehen zu Berlin, den 29. Juli 1836.

Ancillon. Beaulieu.
(L. S.) L. S.)

Déclaration.

Da die hohen contrahirenden Theile für angemessen erachtet haben, Special=Deklarationen in Betreff einiger Bestimmungen auszuwechseln, welche in die Convention nicht aufgenommen worden sind, die aber dieselbe Wirkung haben sollen, als wenn sie einen integrirenden Bestandtheil derselben ausmachten, so sind die Unterzeichneten über folgende Punkte übereingekommen:

1) Derjenige Verbrecher, welcher keines der beiden contrahirenden Staaten Unterthan ist, soll demjenigen derselben, wo er in Anklagestand versetzt worden, nur in dem Falle ausgeliefert werden, wenn der Staat, welchem dieser Verbrecher angehört, ihn nicht selbst reklamirt, nachdem ihm von dessen erfolgter Verhaftung, durch den Staat, von welchem die Auslieferung begehrt wird, Kenntniß gegeben worden ist.

Um jeder Ungewißheit vorzubeugen, zu welcher die Bedeutung des im Art. 1. der Convention gebrauchten Ausdrucks: Nationalen Anlaß geben könnte, wird erklärt, daß von der Auslieferung jedes Individuum ausgenommen ist, welches, bevor es sich in den Staat, den es zuletzt verlassen, begeben hat, ein Unterthan desjenigen Staates gewesen ist, wohin es auf seiner Flucht gekommen ist, und dessen frühere Verhältnisse nicht nach den Gesetzen dieses Staates aufgelöst worden sind.

2) Obgleich in dem Art. 1. unter denjenigen Verbrechen, welche die Auslieferung nach sich ziehen sollen, nicht der Nachmachung des Papiergeldes Erwähnung geschieht, so sollen dennoch die dieses Verbrechens schuldigen Individuen gegenseitig ausgeliefert werden, indem, da die Nachmachung des Papiergeldes nach Preußischen Gesetzen ein Verbrechen der Falschmünzerei, und nach Belgischen Gesetzen ein Verbrechen der Verfälschung öffentlicher Effekten ist, selbige unter die Bestimmungen Nr. 3. und 4. des besagten Artikels begriffen wird.

3) Wenn ein reklamirtes Individuum Verbindlichkeiten gegen Privatpersonen eingegangen ist, an deren Erfüllung es durch seine Auslieferung verhindert wird, so soll dasselbe dennoch ausgeliefert werden und bleibt dem dadurch beeinträchtigten Theile überlassen, seine Rechte vor der competenten Behörde geltend zu machen.

4) Die in Art. 6. gebrauchten Ausdrücke „nach den in beiden Ländern bestehenden gesetzlichen Verordnungen und Tarifen" sind so zu verstehen, daß bei dem Ersatze der Kosten, welche die Auslieferung veranlaßt hat, diejenigen Verordnungen und Tarife zum Grunde gelegt werden sollen, welche in dem Lande bestehen, wohin der Verbrecher geflüchtet war.

Deß zu Urkund haben die Bevollmächtigten Sr. Majestät des Königs von Preußen und Sr. Majestät des Königs der Belgier die gegenwärtige Deklaration unterzeichnet und ihre Wappen beigedruckt.

Geschehen zu Berlin, den 29. Juli 1836.

Ancillon. (L. S.)
Beaulieu. (L. S.)

Der vorstehende Vertrag und die dazu gehörige Deklaration sind ratifizirt, und die Ratifikations-Urkunden am 27. August 1836 zu Berlin ausgewechselt worden.

1591.

Sportel- und Stempel-Ansatz in den vor obersten Gerichten deutscher Bundesstaaten anhängigen Austrägal und Compromißsachen ꝛc.

Gen. Lit. A. No. 2.

a.

Der Königl. Revisions- und Cassationshof erhält beigehend Abschrift eines Schreibens des Herrn Ministers der auswärtigen Angelegenheiten von 27. v. M. nebst Anlage, um aus der letztern zu ersehen, was von der deutschen Bundesversammlung in ihrer zehnten diesjährigen Sitzung vom 23. Juni wegen Anwendung von Stempelpapier und Entrichtung von Sporteln in den, auf den Grund der Artikel 21. 24. und 30. der Wiener Schluß-Akte vor obersten Gerichten deutscher Bundesstaaten anhängigen Austrägal und Compromißsachen ꝛc. beschlossen worden ist, und sich nach diesen Bestimmungen selbst zu achten.

Berlin, den 6. August 1836.

In Abwesenheit des Herrn Justiz-Ministers v. Kamptz.
Der Justiz-Minister
Mühler.

An
den Königl. Revisions- und Kassationshof.
E. 2121.

b.

Was von der deutschen Bundes-Versammlung in ihrer 10. diesjährigen Sitzung vom 23. v. M.

wegen Anwendung von Stempelpapier und Entrichtung von Sporteln in den, auf den Grund der Art. 21. 24. und 30. der Wiener Schluß-Akte vor obersten Gerichten deutscher Bundes-Staaten anhängigen Austrägal- und Compromißsachen ꝛc.

beschlossen worden ist, wollen Ew. Excellenzien aus dem, unter Zurückerbittung beigefügten besonderen Abdrucke der, im §. 171. des Protokolls jener Sitzung enthaltenen diesfälligen Verhandlung zur näheren Kenntnißnehmung geneigtest ersehen.

In Folge des (nach No. 2. ebendaselbst) an sämmtliche Bundes-Regierungen zugleich gerichteten Ersuchens, die obersten Gerichtshöfe von diesem Beschlusse zu ihrer Nachachtung in Kenntniß zu setzen, erlaube ich mir mit Bezugnahme auf die, mir unterm 23. August 1834 *) gefälligst mitgetheilte Cabinets-Ordre vom 19. desselben Monats und Jahres ganz ergebenst zu bevorworten, daß sowohl dem Königl. Geheimen Ober-Tribunale, als dem Rheinischen Revisions- und Cassationshofe die entsprechende Eröffnung hierüber von Ew. Excellenzien gefälligst gemacht werden wolle.

Berlin, den 27. Juli 1836.

Ancillon.

An
die Königl. Geheimen Staats- und Justiz-Minister
Herrn v. Kamptz und Herrn Mühler
E. 2121. Excellenzien.

c.

10. Sitz. §. 171. 23/6 1836.

§. 171.

Die Anwendung von Stempelpapier und die Entrichtung von Sporteln in den, auf den Grund der Art. 21. 24. und 30. der Wiener Schlußakte vor obersten Gerichten deutscher Bundesstaaten anhängigen Austrägal- und Compromißsachen betreffend:

(16. Sitz. §. 225; 17 Sitz. § 258; 20. Sitz. §. 330; 23. Sitz. §. 371; 24. Sitz. §. 386; 26. Sitz. §. 412; 27. Sitz. §. 443; 28. Sitz. §. 460; 30. Sitz. §. 497 und 31. Sitz. §. 512 v. J. 1835 — 2. Sitz. §. 42 v. J. 1836.)

Präsidium trägt vor: über den Antrag wegen Befreiung der Austrägal- und Compromißsachen von der Stempelabgabe

*) Band 4. No 1224.

und der Sportelentrichtung seien sämmtliche Abstimmungen erfolgt und hätten sich einhellig für dieselbe sowohl bei den, nach den Art. 21. und 30. als bei den, nach dem Art. 24. der Wiener Schluß-Akte vorkommenden Austrägal- und Compromiß-Verhandlungen ausgesprochen, nur mit dem Unterschiede, daß die Festsetznng dieser Befreiung bei den Verhandlungen nach dem Art. 24. von der Mehrheit als Gegenstand einer Vereinbarung angesehen werde. Dieser Umstand scheine jedoch nicht zu hindern, daß, nachdem jedenfalls für die fragliche Befreiung in allen Austrägal- und Compromißsachen, sowohl nach den Art. 21. und 30. als nach dem Art. 24 Stimmeneinhelligkeit vorliege, diese Befreiung auch in einem und demselben Satze des zu fassenden Beschlusses in gleicher Art ausgesprochen werde.

Die Bundesversammlung fand hierbei in Rücksicht auf die vorliegende Stimmeneinhelligkeit nichts zu erinnern. Präsidium stellte sodann ferner in Umfrage, ob die in Rede stehende Befreiung nicht auch nach der, in der Abstimmung der Königlich Würtembergischen Gesandtschaft geäußerten Ansicht, auf das, nach Art. 20. der Schlußakte bei Streitigkeiten über den jüngsten Besitz einzuleitende Verfahren auszudehnen sei?

Sämmtliche Gesandtschaften erklärten sich hiermit ebenfalls einverstanden und es erfolgte hiernach, in Uebereinstimmung mit dem, vom Präsidio vorgelegten Entwurf einhellig der:

Beschluß:

1. In Erwägung, der im Bundesbeschlusse vom 3. August 1820, das bei Aufstellung der Austrägal-Instanzen zu beobachtende Verfahren betreffend, Artikel 5. enthaltenen Bestimmung, welche folgendermaßen lautet:

„über den Kostenpunkt soll das erwählte Austrägalgericht nach gemeinrechtlichen Grundsätzen erkennen, und bei deren Bestimmung die ihm vorgeschriebene Taxordnung befolgen, ohne weitere Gebühren in Ansatz zu bringen,"

wird festgesetzt, daß der Anwendung des Stempelpapiers, so wie der Erhebung von Sporteln, sowohl bei den, auf den Grund der Art. 21. 24. und 30. der Wiener Schluß-Akte vorkommenden Austrägal- und Compromiß-Verhandlungen, als nach dem Artikel 20. der Wiener Schluß-Akte in Streitigkeiten über den jüngsten Besitz eingeleiteten Verfahren, nicht statt zu geben sei.

2. Die höchsten und hohen Regierungen werden ersucht, die obersten Gerichtshöfe von diesem Beschlusse zu ihrer Nachachtung in Kenntniß zu setzen.

1592.

Verfahren bei Verzichtleistung der Gensdarmen auf die Bestrafung der ihnen im Dienste zugefügten Beleidigungen.

Rh. Crim. No. 52.

a.

Ew. Hochwohlgeboren erhaltend beigehend eine Abschrift des von dem Königlichen Ministerium des Innern und der Polizei im Einverständnisse mit dem Königlichen Kriegs-Ministerium an sämmtliche Königliche Regierungen unterm 19. v. M. erlassenen Cirkulars, über das Verfahren bei Verzichtleistung der Gensdarmen auf die Bestrafung der ihnen im Dienste zugefügten Beleidigungen, um danach in vorkommenden Fällen sich zu achten.

Die Ober-Procuratoren sind von dieser Verfügung unmittelbar in Kenntniß gesetzt worden.

Berlin, den 16. August 1836.

Das Justiz-Ministerium.
Mühler.

An
den Königlichen General-Procurator
Herrn Biergans zu Cöln.
E. 2127.

b.

Um die, hinsichtlich des nach der Allerhöchsten Verordnung vom 20. Dezember 1834*) zu beobachtenden Verfahrens bei Verzichtleistung der Gensdarmen auf die Bestrafung der ihnen im Dienste zugefügten Beleidigungen, angeregten Zweifel zu heben, ist im Einverständnisse des Königlichen Kriegs-Ministeriums beschlossen worden, daß bei dem gleichzeitigen Verhältnisse der Gensdarmen als öffentliche Beamte und als Militair-Personen, in jedem Falle vor weiterer Beschlußnahme über eine solche Verzichtleistung, eine wechselseitige Berathung zwischen der betreffenden Civil- und Militair-Behörde statt finden soll, und daß demgemäß diesfällige Anträge, wenn sie bei dem Brigadier der Gensdarmerie eingehen, der betreffenden Provinzial-Regierung, und wenn sie bei dieser eingehen, dem Gensdarmerie-Brigadier zur Erklärung mitzutheilen sind; möchte sich darüber eine durch wechselseitige Aeußerung nicht zu hebende Meinungsverschiedenheit ergeben, so ist darüber an

---

*) Band 4. No. 1264.

die Ministerien des Krieges und des Innern und der Polizei zur Entscheidung zu berichten. Gehen Anträge auf Genehmigung der in Rede stehenden Verzichtleistung bei untergeordneten Behörden ein, so sind dieselben, wie sie von Seiten der Gensdarmerie-Offiziere dem vorgesetzten Brigadier vorgelegt werden, von Seiten der Civil-Beamten der vorgesetzten Regierung zur weitern Veranlassung zu überweisen.

Mit dem Bemerken, daß gegenwärtiger Erlaß der Königlichen Ministerien des Krieges und der Justiz Behufs der weiteren Veranlassung respective an die Brigadiers der Gensdarmerie und an die Gerichtsbehörden mitgetheilt ist, wird die Königliche Regierung aufgefordert, in Gemäßheit desselben zu verfahren, und die betreffenden Behörden mit der erforderlichen Anweisung zu versehen.

Berlin, den 19. Juli 1836.

Ministerium des Innern und der Polizei.
gez. Köhler.

An
sämmtliche Königl. Regierungen.

3684. P. A.

1593.

Verfahren, wenn ein in Untersuchung befindlicher Militairpflichtiger als Militair eingestellt worden ist.

Milit. Justiz-Dept. Gen. 30.

Auf den Bericht des Staats-Ministeriums vom 25. v. M. und nach dessen Antrage bestimme Ich, daß die Civilgerichte, sobald sie die Einstellung eines in Untersuchung befindlichen Militairpflichtigen in Erfahrung bringen, und das Erkenntniß erster Instanz noch nicht publizirt ist, die Akten an das Militairgericht abzugeben haben, damit dasselbe die Untersuchung abschließe und mit Berücksichtigung der Strafgesetze, welchen der Angeschuldigte zur Zeit der verübten That unterworfen war, unter Anwendung der militairischen Strafarten, das Urtheil abfasse. War dagegen das Erkenntniß erster Instanz bereits publizirt, so verbleibt die fernere Verhandlung und die Entscheidung in zweiter Instanz dem Civilgerichte, von welchem das Urtheil, sobald es die Rechtskraft erlangt hat, nach Vorschrift der Criminal-Ordnung §. 575. dem Militairgericht zur Umwandlung der erkannten Strafe in eine militairische und zur Vollstreckung zuzufertigen ist. Die Vorschrift des §. 30. der Ersatz-Aushebungs-Instruction vom 13. April 1825 nach welcher ein in Untersuchung stehendes Individuum vor der Vollstreckung der Strafe nicht eingestellt werden darf, wird hierdurch nicht aufgehoben.

Diese Bestimmung ist durch die Gesetz-Sammlung bekannt zu machen.

Berlin, den 20. August 1836.

Friedrich Wilhelm.

An
das Staats-Ministerium.
D. 1340.

1594.

Die Unteroffiziere erhalten erst nach zwölfjähriger Dienstzeit, welche eine neunjährige als Unteroffizier enthalten muß, Ansprüche auf Versorgung.

Rh. Offic.-Sachen No. 54.

a.

Ew. Hochwohlgeboren erhalten unter Bezugnahme auf die, wegen der Civilversorgung der neun Jahr gedienten Unteroffiziere, unterm 7. August 1820 erlassene Allerhöchste Cabinetsordre und das Rescript vom 11. August ej. (Jahrbücher Bd. 16. S. 11, Lottner's Sammlung Bd. 2. S. 58) beigehend Abschrift der über diesen Gegenstand unterm 7. November v. J. und 22. Mai d. J. an das Königliche Kriegsministerium erlassenen Allerhöchsten Cabinets-Ordres zur Kenntnißnahme und Nachachtung. Zugleich benachrichtige ich Sie, daß diese Allerhöchsten Bestimmungen, nach dem Beschlusse des Königl. Staatsministeriums, auf diejenigen Unteroffiziere, welche bei Verkündigung derselben von den Militairbehörden wegen neunjähriger Dienstzeit schon als anstellungsfähig anerkannt und den Civilbehörden empfohlen sind, keine rückwirkende Kraft ausüben, es vielmehr hinsichtlich solcher Individuen bei den früher ergangenen Allerhöchsten Anordnungen sein Bewenden behält.

Berlin, den 20. August 1836.

In Abwesenheit des Herrn Justiz-Ministers v. Kamptz
der Justiz-Minister
Mühler.

An
den Königlichen General-Procurator
Herrn Biergans zu Cöln.
D. 1216.

b.

Die Erfahrung hat gelehrt, daß die in Meiner Ordre vom 7. August 1820 den 9 Jahre gedienten Unteroffizieren verheißene Versorgung, wegen des Mißverhältnisses zwischen den erledigten Stellen und der Anzahl der Anwärter, von keinem sonderlichen Erfolge gewesen, für die Armee aber der Nachtheil daraus erwachsen ist, daß Unteroffiziere nach 9 Jahren Dienstzeit, wegen ihrer Zukunft besorgt, ihrem Militairdienst entfremdet worden sind und das Interesse an demselben verloren haben. Unter diesen Umständen will Ich daher jene Ordre dahin modificiren, daß die, jedem Preußischen Unterthan obliegende, allgemeine Militairpflicht mit hinzugerechnet und der Anspruch auf Versorgung für die Unteroffiziere erst nach zwölfjähriger Dienstzeit erlangt werden kann. Dagegen will Ich genehmigen, daß auch ein Theil der, in den Straf- und Corrections-Anstalten erledigten Aufseherstellen mit solchen Subjecten besetzt werden kann.

Ich trage dem Kriegsministerium auf, diese Bestimmung der Armee bekannt zu machen.

Berlin, den 7. November 1835.

Friedrich Wilhelm.

An das Kriegsministerium.

c.

In Verfolg Meiner Ordre vom 7. November v. J. bestimme Ich, daß in der zwölfjährigen Dienstzeit, welche in Gemäßheit derselben den Anspruch zur Civil-Anstellung nunmehr giebt, mindestens eine neunjährige Dienstzeit als Unteroffizier enthalten sein muß. Ich trage dem Kriegsministerium auf, darnach das weiter Erforderliche zu veranlassen.

Berlin, den 22. Mai 1836.

Friedrich Wilhelm.

An das Kriegsministerium.

1595.

Ueber die Frage, ob eine Sache von der öffentlichen Verhandlung auszuschließen sei, hat die betreffende Kammer des Gerichts, bei welcher die Sache anhängig ist, zu beschließen.

Rh. Crim. 15.

Ew. Hochwohlgeboren erhalten hiebei Abschrift einer Eingabe des Landgerichts-Präsidenten zu N. vom 6. c., um dem

Referenten, so wie dem Ober-Procurator zu N. über den Gegenstand der Anfrage die erforderliche Belehrung zu ertheilen.

Zur Sache selbst darf wohl kaum hinzugefügt werden, daß durch die Allerhöchste Cabinetsordre vom 4. Januar 1836 *) die Ausschließung der Oeffentlichkeit nicht hat erschwert, sondern erleichtert werden sollen, und daß also, wenn nach Art. 87. des code de proc. civil die Kammer, bei welcher die Sache anhängig ist, den Beschluß zu fassen hat, nicht für die Zukunft ein Plenar-Beschluß erforderlich sein kann, wie dies in der Allerhöchsten Ordre vom 31. Januar 1822 **) für die dort bezeichneten Criminalfälle bestimmt worden. Ueberdies aber heißt es in dem Rescripte vom 2. Juli c. ***) ausdrücklich, daß über die Ausschließung der Oeffentlichkeit durch einen vorgängigen, oder bei sich ergebender Besorgniß zu fassenden Beschluß bestimmt werden müsse.

Berlin, den 22. August 1836.

In Abwesenheit des Herrn Justiz-Ministers v. Kamptz
der Justiz-Minister
Mühler.

An
den Königl. General-Procurator
und Geheimen Ober-Justizrath
Herrn Biergans zu Cöln.

E. 2294.

1596.

Insinuation von Vorladungen der Gerichte aus den alten Provinzen an Bewohner der Rheinprovinz in Schwängerungs- und Alimentations-Sachen.

Rh. Gener. No. 76.

a.

Das Königl. Oberlandesgericht zu Hamm hat dem Justizminister die, bei dem Königl. Land- und Stadtgerichte zu Duisburg verhandelten Prozeßacten in Sachen der Wittwe K. und des Vormundes deren unehelichen Kindes wider den Tagelöhner K. im dortigen Landgerichtsbezirke, in puncto stupri et alimentorum, so wie das, auf die Requisition des Land- und

---

*) Bd. 5. No. 1487.
**) Bd. 2. No. 473.
***) Bd. 5. No. 1580.

Stadtgerichts von Ew. Wohlgeboren an das letztere unterm 11. Juni d. J. erlassene Antwortschreiben eingereicht. In demselben verweigern Ew. Wohlgeboren die Insinuation der Klage an den Verklagten, weil das Königl. Land- und Stadtgericht zu Duisburg zur Verhandlung der Sache nicht competent sei, und wenn auch eine Competenz begründet wäre, doch der, unter der rheinischen Gesetzgebung lebende Unterthan nicht verpflichtet sei, ein von einer andern Gesetzgebung bestimmtes Forum anzuerkennen, derselbe vielmehr nur nach den, an seinem Wohnorte geltenden Gesetzen beurtheilt, und nach diesen wegen eines rein persönlichen Anspruchs seinem ordentlichen Richter nicht entzogen werden könne.

Die Gründe für die Nicht-Competenz des Land- und Stadtgerichts zu Duisburg nehmen Ew. Wohlgeboren aus der Preußischen Gesetzgebung, und finden dieselben darin, daß der Aufenthalt des Verklagten in dem Jurisdictions-Bezirke des Land- und Stadtgerichts zu Duisburg ein blos momentaner gewesen zu sein scheine, und jedenfalls der §. 1087. des Allgemeinen Landrechts Theil 2. Titel 1. nur ein Forum für den Entschädigungs-Anspruch der Geschwängerten, nicht aber auch für die Ansprüche des unehelichen Kindes und dessen Vormundes auf Anerkennung der Vaterschaft und auf Alimentirung constituire. Die Beurtheilung hierüber steht jedoch lediglich dem Land- und Stadtgerichte zu Duisburg zu, welches seine eigene Competenz zu prüfen und darüber zu entscheiden, so wie dem Verklagten, welcher, wenn er das Gericht zu Duisburg nicht für competent hält, die exceptio fori einzulegen hat. In denjenigen Provinzen, in welchen die Allgemeine Gerichtsordnung gilt, haben zwar die Gerichte nach §. 6. Titel 7. der Prozeßordnung die Befugniß und die Verpflichtung, die an sie ergehenden Requisitionen einer Prüfung zu unterwerfen und sich zu überzeugen, daß in ihre Jurisdiction kein Eingriff geschehe. Diese Befugniß fließt aus der, den Gerichten zustehenden Gerichtsbarkeit; den rheinischen Ober-Procuratoren aber steht eine Gerichtsbarkeit nicht zu, sie können daher auch über die Competenz eines Gerichts nicht entscheiden, wie dies Ew. Wohlgeboren bereits mehrere Male durch die Rescripte vom 10. Dezember 1832, 9. September und 20. Dezember 1833 eröffnet worden ist.

Was den zweiten, gegen die Requisition angeführten, Grund betrifft, daß die Zuständigkeit des Gerichts nach der, an dem Wohnorte des Verklagten geltenden, Gesetzgebung beurtheilt werden müsse, so ist dieser Grund dem Auslande gegenüber allerdings richtig, nicht aber in dem Verhältnisse zweier Provinzen desselben Staats unter einander, deren verschiedene Gesetzgebungen gegenseitig anerkannt werden. Hiernach kommt es im vorliegenden Falle durchaus nicht auf die französische, sondern lediglich auf die preußische Gesetzgebung an. Die Allerhöchste Cabinetsordre vom 30. September 1835 (Gesetzsammlung S. 216) hat sogar die Bestimmung des §. 1087. des Allgemeinen Landrechts Theil 2. Tit. 1. wegen des Fori in Schwängerungssachen ausdrücklich nur gegen Ausländer ausgeschlossen, und dadurch indirect angedeutet, daß preußische Unterthanen dem dort bestimmten Foro, sofern sie nur früher in den alten Provinzen ihren Wohnsitz gehabt haben, unbedingt unterworfen sind.

Ew. Wohlgeboren haben daher den Requisitionen des Königlichen Land- und Stadtgerichts zu Duisburg wegen Insinuation der Klage und sonstiger Verfügungen an den Tagelöhner K. zu genügen.

Berlin, den 24. August 1836.

In Abwesenheit des Herrn Justiz-Ministers v. Kamptz
der Justiz-Minister
Mühler.

An
den Königlichen Ober-Procurator
Herrn Bessel zu Cleve.

b.

Abschrift vorstehender Verfügung vn den Königl. General-Peocurator Herrn Biergans zur Nachricht.

Berlin, den 24. August 1836.

In Abwesenheit des Herrn Justiz-Ministers v. Kamptz
der Justiz-Minister
Mühler.

An
den Königl. General-Procurator
Herrn Biergans zu Cöln.

E. 2260.

1597.

Die Anordnung der Ferienkammern geht von den Landgerichts-Präsidenten aus.

Landger. Saarbrücken No. 3.

Seine Excellenz der Herr Justizminister haben uns mittelst Rescripts vom 8. d. M. die Acten über die, zwischen dem Königl. Landgerichts-Präsidenten und dem Ober-Procurator zu Saarbrücken entstandene Differenz, „die Anordnung der Ferienkammer betreffend," zur Verfügung über diesen Gegenstand mitzutheilen geruht.

Wir können die Ansicht: daß die Anordnung der Ferienkammer von dem gesammten Landgerichte ausgehen soll, als die richtige nicht anerkennen. Sie hat im Wesentlichen die Bestimmung der Audienztage und der Räthe und Assessoren, welche den Dienst dabei zu verrichten haben, zum Gegenstande, und beides gehört in die Attributionen der Präsidenten der Gerichte, und weder das Decret vom 30. März 1808, noch das Decret vom 18. August 1810 enthalten eine Ausnahme von dieser Regel.

Nach diesem Grundsatze ist auch, so lange der Königliche Appellationshof besteht, fortwährend verfahren worden, und so wird auch bei anderen Landgerichten, und namentlich bei dem von Cöln, verfahren, und es kann nur auf einem Mißverständniß beruhen, wenn irgendwo ein solcher Gegenstand zur Berathung an das Plenum des Gerichts gebracht worden sein sollte. Es wird also dem Präsidium des Königl. Landgerichts zu Saarbrücken lediglich überlassen, die gewöhnliche Ordonnanz, „die Ferienkammer betreffend," unter Beobachtung der gesetzlichen Vorschriften zu erlassen.

Cöln, den 25. August 1836.

Der Erste Präsident Schwarz. | Der General-Procurator Biergans.

An
die Herren Präsident und Ober-Procurator des Königlichen Landgerichts zu Saarbrücken.

E. 2390.

1598.

In fiscalischen Untersuchungssachen wegen Widersetzlichkeit gegen Beamte ist Abschrift des Erkenntnisses der vorgesetzten Behörde des Beamten, wegen Einlegung des Aggravations-Rechtsmittels, mitzutheilen.

Landger. Saarbrücken No. 3.

Was Ihre Anfrage über die Anwendbarkeit des §. 98. der Allgemeinen Gerichtsordnung Thl. 1. Tit. 35. auf fiscalische Untersuchungen wegen Widersetzlichkeit gegen Beamte im Dienste betrifft, so ist schon durch die, dem General-Procurator unterm 28. September 1833 *) mitgetheilte Allerhöchste

*) Bd. 3. No. 1129.

Cabinetsordre vom 10. April ej. (Jahrbücher Bd. 41. S. 585) anerkannt, daß bei solchen Untersuchungen der vorgesetzten Behörde des Beamten, gegen welchen die Widersetzlichkeit verübt worden, das im §. 98. a. a. O. bestimmte Aggravations-Rechtsmittel zustehe. Es leidet daher keinen Zweifel, daß in dergleichen Untersuchungen der betreffenden Dienstbehörde eine Abschrift des Erkenntnisses mitgetheilt werden muß.

Berlin, den 25. August 1836.

In Abwesenheit des Herrn Justiz-Ministers v. Kamptz
der Justiz-Minister
Mühler.

An
den Königlichen Ober-Procurator
Herrn Deuster zu Saarbrücken.

F. 2216.

1599.

Die Kosten der vom öffentlichen Ministerio in Untersuchungssachen eingelegten, aber verworfenen, Appellation müssen niedergeschlagen werden.

Rh. Crim. No. 52.

Durch den Bericht vom 6. v. M. hat die korrectionelle Appellationskammer des Königl. Landgerichts ihre Entscheidung hinsichtlich des Kostenpunkts zweiter Instanz in Untersuchungssachen wider W. und F. nicht gerechtfertigt.

Da die von dem öffentlichen Ministerium eingelegte Appellation in der Hauptsache verworfen wurde, so konnten die Kosten zweiter Instanz nicht den Appellaten auferlegt, sondern mußten niedergeschlagen werden. Wenn die Appellationskammer anführt, daß in allen Untersuchungen, in welchen die von dem öffentlichen Ministerium eingelegte Appellation zurückgewiesen wird, die Kosten der Appellations-Instanz zufolge des Art. 194. der Straf-Prozeßordnung dem Angeschuldigten, welcher in erster Instanz zu den Kosten verurtheilt ist, zur Last gelegt werden müssen, so ist dieses Verfahren den gesetzlichen Bestimmungen geradezu entgegen. Der Art. 194. handelt nur von dem Erkenntnisse erster Instanz, und bestimmt, daß jedes gegen den Angeklagten erlassene verurtheilende Erkenntniß die Verurtheilung desselben in die Kosten enthalten müsse. Von den Kosten der Appellations-Instanz ist in dem Art. 211. die Rede, und hier wird gesagt, daß die Vorschriften der vorhergehenden Artikel über die Verurtheilung in die Kosten auch auf die, in der Appellations-Instanz ergehenden Entscheidungen Anwendung finde. Die Kosten der Appellations-Instanz können also dem Angeschuldigten nur dann auferlegt werden, wenn er auch in der Appellations-Instanz verurtheilt, wenn das von ihm eingelegte Rechtsmittel verworfen wird, nicht aber, wenn der Gegner ein Rechtsmittel eingewandt und dieses zurückgewiesen wird. In diesem Falle muß der Appellant in die Kosten der Appellations-Instanz verurtheilt, oder es müssen dieselben, wenn Fiscus die Appellation ergriffen hat, dem Kriminalfond zur Last bleiben. Wäre der von der Appellationskammer aufgestellte Grundsatz richtig, so müßten auch die Kosten eines, vom öffentlichen Ministerium eingelegten Kassations-Rekurses, wenn dieser verworfen wird, dem in früherer Instanz verurtheilten Kassations-Beklagten auferlegt werden, was, wie viele Erkenntnisse des Revisions- und Kassationshofes ergeben, niemals geschieht.

Die ferner von der Appellationskammer für die getroffene Entscheidung aus der Preußischen Gesetzgebung, namentlich aus der Allerhöchsten Cabinetsordre vom 6. October 1831, entnommene Analogie paßt nicht. Letztere Allerhöchste Ordre verordnet, daß, wenn der in erster Instanz wegen Injurien Verurtheilte in zweiter Instanz freigesprochen werde, er doch jedenfalls die Kosten des von ihm eingelegten Rechtsmittels tragen solle. Dies stimmt mit dem allgemeinen Grundsatze des §. 621. der Kriminalordnung überein. Im vorliegenden Falle aber hat nicht der Verurtheilte, sondern ein Dritter die Appellation eingelegt, und nirgends in der preußischen Gesetzgebung ist der Satz ausgesprochen, daß der Angeschuldigte die Kosten des, von dem Gegner eingelegten verworfenen Rechtsmittels tragen müsse.

Endlich kann auch daraus, daß die Angeschuldigten im vorliegenden Falle während des Verfahrens in erster Instanz die Kosten zu übernehmen sich bereit erklärt hatten, deren Verpflichtung zur Tragung der Kosten eines, künftig von dem Gegner einzulegenden unbegründeten Rechtsmittels nicht gefolgert werden. Zufolge dieser Erklärung durfte vielmehr nur deren Verurtheilung in die Kosten erster Instanz erfolgen.

In wie fern übrigens eine Einigung der Betheiligten über die Verpflichtung zur Tragung der Kosten statthaft sei, darüber wird nächstens eine allgemeine Bestimmuug ergehen.

Von dieser Verfügung ist dem General-Procurator zu Cöln Nachricht gegeben, um demnach den Ober-Procurator mit Anweisung zu versehen, und wegen der dem W.

und F. auferlegten Kosten der Appellations-Instanz, welche hierdurch niedergeschlagen werden, das Weitere zu veranlassen.

Berlin, den 25. August 1836.

In Abwesenheit des Herrn Justiz-Ministers v. Kamptz
der Justiz-Minister
Mühler.

An
die korrectionelle Appellations-Kammer
des Königl. Landgerichts zu N.

E. 2060.

1600.

Allerhöchste Bestimmung, wonach zu allen, von den Regierungen zu veranschlagenden und auszuführenden Neubauten über 500 Rthlr. und Reparaturen über 1000 Rthlr., ohne Unterschied des Ressorts, höhere Genehmigung nachgesucht werden, und die Anschläge dazu der Revision durch die Ober-Baudeputation unterliegen sollen.

Auf Ihren Bericht vom 5. d. M. bestimme Ich nach dem Antrage, mit Berücksichtigung der Vorschrift des §. 21. No. 9. der Instruction zur Geschäftsführung der Regierungen vom 23. October 1817, daß Letztere gehalten sein sollen, zu allen Neu- und Reparaturbauten von dem dort bezeichneten Umfange, welche von ihnen veranschlagt und ausgeführt werden, ohne Unterschied des Ressorts, höhere Genehmigung nachzusuchen, und daß die Anschläge zu solchen Bauten der Revision durch die Ober-Baudeputation unterliegen sollen. Rücksichtlich der bei der General-Verwaltung für Domainen und Forsten vorkommenden Bauten behält es bei den, in der Geschäftsanweisung für die Regierungen vom 31. Dezember 1825 enthaltenen Bestimmungen sein Bewenden. Ich überlasse Ihnen, diese nähere Anordnung durch die Gesetzsammlung zur öffentlichen Kenntniß zu bringen.

Berlin, den 28. August 1836.

Friedrich Wilhelm.

An
den wirklichen Geheimen Rath
Rother.

1601.

Auslieferungen diesseitiger Postillone, welche im Auslande Verbrechen begangen haben.

Rh. Gen. No. 10.

Ew. Excellenz beehre ich mich, auf das verehrliche Schreiben vom 22. d. M., unter Rücksendung des Berichts des Justizsenats zu Coblenz vom 7. v. M., ganz ergebenst zu erwiedern, wie ich mit Denenselben völlig einverstanden bin, daß Postillone, da sie dem Staate eidlich verpflichtet sind, als im diesseitigen Königlichen Dienste stehend angesehen werden müssen, und sonach die Ansicht des Justizsenats, daß der im Großherzogthum Hessen geborne Postillon A. zu Wetzlar aus dem Hessischen Unterthanen-Verbande nicht herausgetreten sei, nicht richtig ist. Den angenommenen Grundsätzen zufolge wird daher in der Regel die Auslieferung diesseitiger Postillone, welche im Auslande Verbrechen begangen haben, abzulehnen sein, und somit es auf die in Ew. Excellenz verehrlichem Schreiben bemerkten Reservalien nicht ankommen.

Berlin, den 30. August 1836.

Für den Justizminister v. Kamptz
(gez.) Mühler.

An
des Königl. Geheimen Staatsministers
und General-Postmeisters Herrn
v. Nagler Excellenz.

E. 2314.

1602.

Der Vater eines unehelichen Kindes kann demselben den Adel nicht beilegen.

Rh. Gen. No. 54.

Bei Gelegenheit einer Beschwerde des Premier-Lieutenant a. D. N. N. zu T. in der Prozeßsache der N. N. wider ihn, ist zur Kenntniß des Justiz-Ministeriums gekommen, daß letztere am 21. October 1826 von einem unehelichen Kinde entbunden worden, welches der ꝛc. N. N. in einem Notariatsacte vom 27. Mai 1826 vor dessen Geburt als das seinige anerkannt hat, und welches mit Genehmigung des letzteren als N. N. in die Civilstands-Register eingetragen worden ist. Da anerkannte natürliche Kinder die Rechte der ehelichen Kinder nicht haben, und der Vater eines unehelichen Kindes demselben den Adel nicht beilegen kann, so haben Ew. Hochwohlgeboren die Berichtigung der Civilstands-Register zu veranlassen.

Berlin, den 30. August 1836.

In Abwesenheit des Herrn Justiz-Ministers v. Kamptz
der Justiz-Minister
Mühler.

An
den Königlichen Ober-Procurator und Geheimen Justizrath Herrn Heintzmann zu Trier.
E. 2335.

1603.

Ob bei der Aufnahme von Heiraths-Urkunden die Beibringung förmlicher Auszüge von Civilstandsakten, die als Belege jenen Urkunden beigeheftet bleiben sollen, in den Fällen erlassen werden dürfe, in welchen diese Akts in den auf der Bürgermeisterei beruhenden frühern Civilstands-Registern enthalten sind.

(Cölner Amtsblatt pag. 238.)

Es sind neuerdings von Seiten eines Herrn Civilstands-Beamten Zweifel darüber erhoben worden, ob bei der Aufnahme von Heiraths-Urkunden die Beibringung förmlicher Auszüge von Civilstandsakten, die als Belege jenen Urkunden beigeheftet bleiben sollen, in den Fällen erlassen werden dürfe, in welchen diese Akte in den auf der Bürgermeisterei beruhenden frühern Civilstands-Registern enthalten sind.

Nach einer Verfügung der Königlichen General-Procuratur vom 2. September 1836 bedarf es in dem untergebenen Falle der Beibringung von Auszügen aus den Civilstands-Urkunden nicht, sondern reicht es hin, wenn der Civilstands-Beamte durch die Vorlegung und Einsicht jener Register die erforderliche Ueberzeugung hinsichtlich des Alters und der Sterbefälle schöpft und in der Heiraths-Urkunde von der geschehenen Vorlegung der Register Erwähnung thut.

Die Herrn Civilstands-Beamten haben sich daher in vorkommenden Fällen nach diesen Bestimmungen zu richten.

Cöln, den 3. September 1836.

Der Ober-Procurator
v. Collenbach.

1604.

Ermächtigung des Ministerii des Innern und der Polizei, die wegen der in Gemeindewaldungen vorgefallenen Forst-Contraventionen erkannten Strafen zu ermäßigen.

Crim. No. 7.

Ew. Hochwohlgeboren benachrichtige ich mit Bezug auf das Rescript vom 23. September 1831*) (Jahrb. Bd. 38. S. 170) daß des Königs Majestät durch die Allerhöchste Cabinets-Ordre vom 4. Dezember 1831 das Königliche Ministerium des Innern und der Polizei zu ermächtigen geruhet haben, die von den Forstpolizeigerichten auf den Grund der französischen Forstordnung von 1669 wegen der, in Gemeindewaldungen vorgefallenen Forst-Contraventionen erkannten Strafen, ohne in jedem speziellen Falle die Allerhöchste Genehmigung nachzusuchen, zu ermäßigen.

Berlin, den 5. September 1836.

In Abwesenheit des Herrn Justiz-Ministers v. Kamptz,
der Justiz-Minister
Mühler.

An
den Königl. General-Procurator
und Geheimen Ober-Justizrath
Herrn Biergans zu Cöln.
E. 2398.

1605.

Verfahren bei Cautions-Erhöhungen, welche ohne Beförderung eines Beamten zu einer höhern Stelle durch Vermehrung seines Diensteinkommens eintreten.

Offic.-S. 35.

a.

Ew. Hochwohlgeboren erhalten anliegend Abschrift der Allerhöchsten Cabinets-Ordre vom 5. v. M.

betreffend das Verfahren bei solchen Cautions-Erhöhungen, welche nach der Allerhöchsten Cabinets-Ordre vom

---

*) Band 3. No. 965.

11. Februar 1832*) ohne Beförderung eines Beamten zu einer höhern Stelle durch Vermehrung seines Diensteinkommens eintreten,

zur Kenntnißnahme.

Berlin, den 6. September 1836.

In Abwesenheit des Herrn Justiz-Ministers v. Kamptz,
der Justiz-Minister
Mühler.

An
den ersten Präsidenten des Königlichen Appellationsgerichtshofes Hrn. Schwarz und an den Königlichen General-Procurator Hrn. Biergans zu Cöln.
E. 2384.

b.

Ich gestatte auf Ihren Bericht vom 25. v. M., daß die Dienst-Caution des Haupt-Steueramts-Rendanten M. zu L. durch Innebehaltung der Erhöhung seines Gehalts von jährlich 120 Rthlr. auf dreitausend Thaler ergänzt werde, genehmige auch im Allgemeinen Ihrem Antrage gemäß, daß in den Fällen, wo nach den Bestimmungen Meiner Ordre vom 11. Februar 1832 ohne Beförderung eines Beamten zu einer höheren Stelle die Erhöhung seiner Caution durch Erhöhung des Diensteinkommens eintritt, die letztere zunächst dazu verwendet werde, wenn der Beamte den Zuschuß zur Caution auf andere Weise nicht zu beschaffen vermag. Außerdem muß aber auch im Allgemeinen darauf gesehen werden, ob in dem bisherigen Benehmen des Staatsdieners für seine Zukunft Bürgschaft liegt.

Teplitz, den 5. August 1836.

Friedrich Wilhelm.

An
den wirklichen Geheimenrath Grafen v. Alvensleben.

1606.

Gebühren der Gerichtsvollzieher bei Wechselprotesten.

(Cölner Amtsblatt pag. 244.)

Mehrere Gerichtsvollzieher im hiesigen Landgerichtsbezirk hielten sich für befugt:

*) Bd. 3. pag. 482.

1) für die Abschrift des Wechsels in der Copie des Protestakts die Gebühr einer Rolle,
2) für die Abschrift des Wechsels in dem Original-Protestakte eine gleiche Gebühr, und
3) für die Eintragung des ganzen Protestaktes in das Wechsel-Protest-Register die Gebühr von zwei Rollen

zu berechnen.

In Folge eines desfalls von der hiesigen Stelle eingeleiteten Verfahrens hat der Königliche Appellationshof unter dem 10. v. M. entschieden, daß in Gemäßheit der neuen Taxe für die Gerichtsvollzieher vom 9. Juni 1833*) dieselben die vorbezeichneten Rollgebühren zu erheben nicht ermächtigt sind.

Es wird dieses zur Kenntniß der sämmtlichen Gerichtsvollzieher des hiesigen Landgerichtsbezirks gebracht.

Cöln, den 14. September 1836.

Der Ober-Procurator
v. Collenbach.

1607.

Eidesleistung der souverainen Bundesfürsten vor diesseitigen Gerichten durch einen Bevollmächtigten.

Gen. E. 4.

Da das Staats-Ministerium nach dem Berichte vom 18. Juli d. J. kein Bedenken darüber hat, daß ein souverainer Bundesfürst vor den diesseitigen Gerichten einen Eid durch einen Bevollmächtigten ableisten lassen dürfe, ohne daß dazu die Einwilligung der Gegenparthei erforderlich ist, und Ich hiermit vollkommen einverstanden bin, so haben Sie, der Justiz-Minister Mühler, auf das wieder beigehende Gesuch des Fürsten Reuß-Ebersdorff, die Oberlandesgerichte zu Naumburg und Frankfurt sowohl wegen des Fürsten selbst, als wegen seiner Schwestern, auf welche Ich jedenfalls die nachgesuchte Befugniß erstrecken will, mit der erforderlichen Anweisung zu versehen.

Berlin, den 15. September 1836.

Friedrich Wilhelm.

An
das Staats-Ministerium.
D. 1369.

*) Band 3. No. 1106.

1608.

In welchen Fällen Beamte Bestallungen und in welchen Fällen nur Patente erhalten.

Lit. T. No. 1.

Bei der Einreichung von Bestallungen und Patenten, welche durch die Ministerien zu Meiner Vollziehung vorgelegt werden, wird nicht überall ein gleichmäßiges Verfahren beobachtet, und bestimme Ich hiermit, für die Zukunft, daß Bestallungen nur für wirkliche Aemter, Patente dagegen bei bloßen Titel-Verleihungen ausgefertigt werden sollen, wobei es gleichgültig ist, ob diese Verleihung sich auf einen noch fungirenden oder aus dem Dienst scheidenden Beamten oder auf ein Individuum bezieht, welches zur Klasse der letztern nicht zu zählen.

Berlin, den 17. September 1836.

Friedrich Wilhelm.

An
das Staats-Ministerium.
D. 1329.

1609.

Berechnung der Dienstjahre bei Pensionirung solcher Beamten, welche früher als Justiz-Commissarien Advokaten oder Notarien fungirt haben.

Gen. P. 16.

a.

Ew. Hochwohlgeboren erhalten anliegend Abschrift der Allerhöchsten Ordre vom 14. d. M.

wegen Berechnung der Dienstjahre solcher zu pensionirenden Beamten, welche früher als Justiz Commissarien, Advokaten oder Notarien fungirt haben,

zur Kenntnißnahme und Beachtung in vorkommenden Fällen.

Berlin, den 20. September 1836.

Der Justiz-Minister
v. Kamptz.

An
den Königlichen Ersten Präsidenten des Appellationsgerichtshofes Herrn Schwarz und an den Königl. General-Procurator Herrn Biergans zu Cöln.
D. 1299.

b.

Ich will aus den in dem Berichte vom 16. v. M. angeführten Gründen den von dem Staats-Ministerium gefaßten Beschluß, daß bei Berechnung der Dienstjahre eines zu pensionirenden Beamten die Zeit, die er als Justiz-Commissarius, Advokat oder Notar fungirt hat, nicht berücksichtiget werden darf, zwar genehmigen, zugleich aber, um den Uebertritt tüchtiger Geschäftsmänner in den unmittelbaren Staatsdienst zu erleichtern, dem Vorschlage gemäß ausnahmsweise gestatten, daß in solchen Fällen zur Anrechnung der Dienstzeit, in welcher der Beamte nicht im unmittelbaren Staatsdienste fungirt hat, Meine Genehmigung erwirkt, in den der Vergangenheit angehörigen Fällen aber, wenn ein Beamter, der in seinen früheren Amtsverhältnissen vorwurfsfrei gedient hat, jetzt pensionirt werden soll, Meine Zustimmung zur Anrechnung der nicht im Königlichen Dienste verbrachten Jahre in den geeigneten Fällen jedesmal besonders eingeholt werde.

Berlin, den 14. September 1836.

Friedrich Wilhelm.

An
das Staats-Ministerium.

1610.

Verfahren bei Vorladung der Regierungen als Verwalterinnen des Bezirks-Straßen-Baufonds.

Rh. Gen. 23.

Es ist zu meiner Kenntniß gelangt, daß Zweifel über die Frage erhoben sind:

ob Zustellungen, welche den Regierungen als Verwalterinnen des Bezirks-Straßen-Baufonds, in der Person des Regierungs-Präsidenten zugestellt werden sollen, direct oder durch Vermittelung des betreffenden Ober-Procurators zu insinuiren seien?

Diese Frage kann nur für die letztere Alternative entschieden werden, da die §§. 22. und 23. des Ressort-Reglements vom 20. Juli 1818 *) ihrer ausdrücklichen Disposition zufolge auf „alle das Interesse des Staats betreffende" zum Erkenntnisse der Gerichte gehörige Civilsachen Anwendung finden, in welchen die Regierung zu laden ist, die Verwaltung des Bezirks-Straßen-Bauwesens aber und die sie angehenden

*) Band 1. No. 298.

Prozesse das Interesse des Staats betreffende Angelegenheiten unzweifelhaft sind, wenn gleich der Fiscus nicht den Fonds zur Unterhaltung der Bezirksstraßen hergiebt, was die Natur dieser Angelegenheiten nicht verändern kann. Es ist diese Entscheidung auch um so unbedenklicher, als der Zweck der Disposition der allegirten Gesetzesstellen kein anderer ist, als der, die aus der directen Zustellung der Ladungen an die Regierungs-Präsidenten in Angelegenheiten ihres Amtes entstehenden Inconvenienzien zu verhüten, — ein Zweck, der jene Disposition von selbst auch auf die Bezirks-Straßenbau-Angeleheiten anwendbar macht.

Hiernach haben Ew. Hochwohlgeboren das Erforderliche zur Befolgung dieser Verfügung an die betreffenden Gerichtsbehörden und Beamten zu erlassen.

Berlin, den 21. September 1836.

An den ersten Präsidenten des Königlichen Appellationsgerichtshofes Hrn. Schwarz und den Königl. General-Procurator Herrn Biergans zu Cöln.

Der Justiz-Minister v. Kamptz.

E. 2419.

cf. Cölner Amtsblatt pag. 309.

1611.

Stempelpflichtigkeit der Todeserklärungs-Atteste der, aus den Kriegen von 1806—1815 nicht zurückgekehrten Personen.

Rheinpr. Gener. 62. Vol. 2.

a.

Ew. Hochwohlgeboren erhalten anliegend Abschrift der Verfügung des Königlichen Finanz-Ministeriums an den Provinzial-Steuer-Director v. Schütz daselbst vom 25. v. M.

betreffend die Stempelpflichtigkeit der Todeserklärungs-Atteste der, aus den Kriegen von 1806—1815 nicht zurückgekehrten Personen,

um dieselbe zur Kenntniß des Appellationsgerichtshofes und durch die Ober-Procuratoren zur Kenntniß der Landgerichte zu bringen.

Berlin, den 22. September 1836.

An den Königlichen General-Procurator Hrn. Biergans zu Cöln.

Der Justiz-Minister v. Kamptz.

E. 2460.

b.

Da das Gesetz vom 2. August 1828*) in dem Verfahren wegen Todeserklärungen der, aus den Kriegen von 1806—1815 nicht zurückgekehrten Personen nur anordnet, daß das Todeserklärungs-Erkenntniß kosten- also auch stempelfrei ist, so kann, wie ich Ew. Hochwohlgeboren auf die Anfrage vom 6. April c. erwiedere, streng genommen, diese Befteiung nur auf diejenigen Verhandlungen ausgedehnt werden, die nach der Stempeltarifposition „Prozesse" durch den Erkenntnißstempel im Prozeßverfahren von den einzelnen Stempeln entbunden sind, nicht aber auf solche, die im Prozesse, unbeschadet des Erkenntnißstempels, mit dem tarifmäßigen Stempel versehen sein müssen.

In Betracht jedoch, daß dergleichen Todeserklärungen nicht mehr häufig vorkommen, und dazu kein weiteres Attest gehört, als das im §. 33. erwähnte Zeugniß der Ortsobrigkeit, der Gegenstand also von keiner Bedeutung ist, hingegen, wenn Kirchen- oder Pfarr-Bescheinigungen vorkommen, dieselben dann wahrscheinlich einen andern Zweck, z. B. Erbes-Legitimation, haben, und dann unerläßlich stempelpflichtig sind, genehmige ich, daß darüber hinweggesehen werde, wenn in der obigen Beschränkung amtliche Atteste, welche ausschließlich die Todeserklärung nach dem oben genannten Gesetz betreffen, ungestempelt beigebracht werden.

Berlin, den 25. August 1836.

gez. v. Alvensleben.

An
den Königl. Geheimen Ober-Finanzrath
und Provinzial-Steuer-Director Herrn
v. Schütz, Hochwohlgeboren, in Cöln.

1612.

Ueber die Wichtigkeit und Heiligkeit des Eides, und das hiernach einzurichtende Verfahren der Gerichte bei Eidesabnahmen.

Rh. Gen. No. 131.

Wenn in Druckschriften und in einzelnen Vorstellungen die Nothwendigkeit, das Gefühl und die Ueberzeugung von

*) Band 3. No. 857.

der hohen Wichtigkeit und Heiligkeit des Eides lebendig zu erhalten und zu erregen, dringend in Anregung gebracht ist, so beweiset bedauerlich die Erfahrung, wie gegründet diese Aufforderung ist. Wenngleich Kirche und Schule diesem Bedürfnisse am zuverlässigsten abzuhelfen vermögen, so ist doch der Beruf der Gesetzgebung und der Rechtspflege, zu diesem in religiöser und in weltlicher Beziehung gleich wichtigen Zwecke zu wirken, nicht minder dringend. Bei der Revision der Gesetzgebung ist daher diesem Gegenstande die ernsthafteste Aufmerksamkeit gewidmet; allein eben diese Sorgfalt muß demselben auch von Seiten der richterlichen Behörden gewidmet werden, und habe ich es daher für Pflicht gehalten, sie auf die gewissenhafteste Erfüllung dieses Berufs mehrmals aufmerksam zu machen.

Mehrere Vorgänge bestimmen mich, das sorgfältigste Verfahren bei Abnahme von Eiden, sowohl in Vor- als gerichtlichen Untersuchungen den, zum Justiz-Ressort gehörigen Behörden und Personen in der Rheinprovinz auf das angelegentlichste an das Herz zu legen und auf das ernstlichste aufzugeben. Die äußere Würde und der Ernst bei dieser feierlichen Handlung und die eindringliche Vorhaltung der religiösen und bürgerlichen hohen Wichtigkeit derselben wird selten ihren Zweck verfehlen, und können daher die, zum Präsidium an den Assisenhöfen abgeordneten Appellationsräthe auch in dieser Beziehung ein großes, nicht genug zu erkennendes, Verdienst sich erwerben Mit recht großer Genugthuung und Anerkennung bin ich selbst in der letzten Assisen-Sitzung Zeuge einer von dem Assisen-Präsidenten, Appellationsrath Nicolovius gehaltenen Verwarnung vor dem Meineide gewesen, die in jeder Beziehung musterhaft war und nichts zu wünschen übrig ließ. Eben so wohlthätig wird der Vorgang der Landgerichts- und der Kammer-Präsidenten auf das übrige richterliche Personale wirken und hierdurch ein gleicher Ernst nach und nach auf alle übrigen gerichtlichen Beamten sich verbreiten. Ew. Hochwohlgeboren veranlasse ich, diesem Gegenstande nach wie vor Ihre unausgesetzteste und angelegentlichste Sorgfalt und Aufmerksamkeit zu widmen, und insonderheit Ew., des ersten Herrn Präsidenten Hochwohlgeboren, ihn den, zu Präsidenten der Assisenhöfe deputirten, Appellationsräthen recht angelegentlichst zu empfehlen, obwohl ich überzeugt bin, daß sie schon bisher ihm ihre volle Berücksichtigung zugewandt und gern diese Gelegenheit benutzt haben, um der Provinz den hohen Werth zu bethätigen, welchen auch der höchste Gerichtshof in derselben auf die religiöse und bürgerliche Heiligkeit und Wichtigkeit des Eides legt. Sollten wider alles Vermuthen Fälle sorgloser Eidesabnahmen zu Ihrer Kenntniß gelangen, so veranlasse ich Sie, dieselben nach voraufgegangener näheren Ermittelung zu meiner Kenntniß zu bringen.

Berlin, den 22. September 1836.

Der Justiz-Minister
v. Kamptz.

An
den ersten Präsidenten des Königlichen Appellationsgerichtshofes Hrn. Schwarz und den Königl. General-Procurator Hrn. Biergans zu Cöln.

E. 2592.

1613.

Trennung der Notariats- und Bürgermeisterstellen.

Offic.-S. No. 18.

Ew. Hochwohlgeboren erhalten in den abschriftlichen Anlagen die Verfügung des Herrn Ministers des Innern und der Polizei an den Herrn Ober-Präsidenten v. Bodelschwingh vom 18. Juli c. und den Bericht des letztern vom 7. August c., die Trennung der Notariats- und Bürgermeisterstellen betreffend. Die in jener Verfügung erwähnten Bedenken haben mich bewogen, auf diese Trennung, wo die gedachten Aemter sich noch in einer Person vereint finden, nur in so weit zu bringen, als durch die Vereinigung wirkliche Nachtheile schon fühlbar geworden sind. Ew. Hochwohlgeboren veranlasse ich daher, in Fällen, wo ein solches nachtheiliges Verhältniß obwaltet, darüber zu berichten, und bemerke zugleich, daß die Vereinigung der Stellen nur wenn sie schon besteht, ferner zu gestatten, dagegen eine erst zu bewirkende Vereinigung nie zuzugeben ist.

Berlin, den 24. September 1836.

Der Justiz-Minister
v. Kamptz.

An
den Königl. General-Procurator Herrn Biergans zu Cöln.

E. 2583.

1614.

Notarielle Aufnahme eines Inventars in den Fällen, wenn eine Handlung zum Nachlasse gehört. — Angabe des Vermögensbestandes in den Vormundschaftsregistern.

Gener. 72. Vol. II.

Ew. Hochwohlgeboren eröffne ich auf den Bericht vom 18. Juli c., daß ich Ihre darin entwickelte Ansicht nur billigen kann, wonach es nämlich bei der, durch die Allerhöchste Cabinets-Ordre vom 4. Juli 1834 *) neuerdings eingeschärften Vorschrift wegen der Nothwendigkeit der notariellen Aufnahme des Inventars, sofern ein überlebender Ehegatte nicht vorhanden und der Nachlaß die Summe von 100 Rthlr. übersteigt, auch in dem Falle zu belassen, wenn eine Handlung zum Nachlasse gehört.

In Betreff der in Antrag gebrachten Einrichtung der Vormundschaftsregister genehmige ich ebenfalls, daß darin der Vermögensbestand nicht weiter anzugeben ist, als die Beantwortung der Frage: ob ein Vermögen über 100 Rthlr. vorhanden sei? (Colonne 3. des Formulars **) solches erheischt. Die allgemeine Anordnung einer genauen Vermögensbestandsaufnahme in die Vormundschaftsregister, worauf das eingeführte Formular selbst nicht hinleitet, hat eigentlich nie in der Absicht des Justiz-Ministers gelegen. Es genügt zur Controllirung der vormundschaftlichen Verwaltung allerdings, wenn in dem Register die stattgehabte Anordnung besonderer Verwaltungs-Normen vermerkt, oder, sofern eine solche Anordnung nicht erfolgt ist, in der 9. Colonne des Formulars die Gründe, weshalb von der Anordnung besonderer Verwaltungs-Normen abstrahirt worden, angegeben werden. In den Fällen der letztern Art haben aber sodann die Ober-Procuratoren die Erheblichkeit der angegebenen Gründe einer sorgfältigen Prüfung zu unterwerfen und sich bei ihren Revisionen durch Einsicht der betreffenden Vormundschafts-Akten davon zu überzeugen, daß die Anordnung besonderer Verwaltungs-Normen unnöthig gewesen sei. Hiernach haben Sie den Ober-Procuratoren zur

*) Band 4. pag. 130.
**) Band 5. pag. 210.

weiteren Instruction der Friedensrichter, die erforderliche Mittheilung zu machen.

Berlin, den 24. September 1836.

Der Justiz-Minister
v. Kamptz.

An
den Königlichen General-Procurator
Herrn Biergans zu Cöln.
E. 2086.

1615.

Ob den Forst- und Feldhütern Versäumnißkosten bei ihrer Vernehmung als Zeugen in Criminalsachen bewilligt werden können?

Rh. Gen. No. 69.

Es ist durch die Königliche Regierung zu Aachen die Frage erhoben worden:

> ob den Forst- und Feldhütern auf Grund des Art. 3. des Decrets vom 7. April 1813 Versäumnißkosten in Gemäßheit der Art. 26. sqq. des Decrets vom 18. Juni 1811 bei ihrer Vernehmung als Zeugen in Criminalsachen bewilligt werden können?

Diese Frage kann nicht anders als verneinend beantwortet werden. Denn der Art. 32. des letztbezeichneten Decrets versagt einem Zeugen, welcher in öffentlichem Dienste Gehalt beziehet, dergleichen Gebühren. Das Decret vom 7. April 1813 hat nach seinem Zwecke — der Verminderung der Criminalkosten — nicht die Absicht haben können, gegen jene Verfügung den Forst- oder Feldhütern Versäumnißkosten zu bewilligen, und in der That ergiebt der Eingang des Art. 3., auf den man sich beziehet, daß darin bloß von Reisekosten die Rede ist, weshalb denn auch der Ausdruck: „ils auront droit aux mêmes taxes, que les témoins ordinaires," nur von diesen verstanden werden kann. Diese Auslegung ist um so weniger zweifelhaft, als der Grund des Art. 32. des Decrets von 1811 darin liegt, daß, wenn eine der dort bezeichneten Personen durch die Ablegung des Zeugnisses versäumt, diese Versäumniß den Dienst trifft, dem die Zeit derselben gewidmet ist, und daß jene Zeugnißablegung selbst eine Diensterfüllung ist, für welche der Zeuge persönlich keine Entschädigung fordern kann, ein Grund, der offenbar auch die Forst- und Feldhüter von jeder Entschädigung für Versäumniß von selbst ausschließen muß. Ew. Hochwohlgeboren haben daher von dieser Verfügung die betreffenden Gerichtsbehörden in Kenntniß zu setzen und auf deren Befolgung zu wachen.

Berlin, den 28. September 1836.

Der Justiz-Minister
v. Kamptz.

An
den ersten Präsidenten des Königlichen Appellationsgerichtshofes Hrn. Schwarz und den Königl. General-Procurator Herrn Biergans zu Cöln.

E. 2375.

1616.

Ob die Dienstbehörde befugt ist, bei Untersuchungen wider Beamte, die sich aus Veranlassung ihrer Amtswirksamkeit einer Ehrenkränkung schuldig gemacht haben, Zeugen eidlich zu vernehmen.

Gen. J. No. 6.

Das Gesetz vom 25. April v. J. *) (Gesetzsamml. S. 50) ertheilt den Dienstbehörden bei Beschwerden über Beamte, die sich aus Veranlassung ihrer Amtswirksamkeit einer Ehrenkränkung schuldig gemacht haben, die doppelte Befugniß:

a) über die Vorfrage zu entscheiden, ob der Beamte bei den angezeigten Handlungen oder Aeußerungen innerhalb seiner Amtsbefugnisse geblieben sei, oder dieselben überschritten habe? (cf. §. 2.)

b) wenn der Beamte hierbei wirklich straffällig befunden wird, in den §. 4. a. b. des Gesetzes näher bezeichneten Fällen die Strafe festzusetzen.

Gegen die Entscheidung der Dienstbehörde zu a. über die Vorfrage, ist nach §. 3. dem Kläger keine Berufung auf den Weg Rechtens, sondern nur der Rekurs an die höhere Dienstbehörde gestattet; dagegen kann derselbe

zu b., wenn er die von der Dienstbehörde festgesetzte Strafe für zu gelinde hält, nach § 5. allerdings auf gerichtliches Verfahren und Erkenntniß provociren.

---

*) Band 5. No. 1353.

Hiernach muß die neuerlich in Anregung gebrachte Frage:
ob die Dienstbehörden befugt sind, in solchen Untersuchungssachen Zeugen eidlich zu vernehmen?
in Gemäßheit der, in den Rescripten vom 29. October und 10. November 1821 und 21. October 1822 (Annalen Band 5. S. 899, Jahrbücher Bd. 20. S. 272) ausgesprochenen Grundsätze unbedenklich bejaht werden, da eine solche Vernehmung der Zeugen auch schon zur Entscheidung über die Vorfrage, bei welcher die Gerichte nicht concurriren, oft nothwendig sein wird.

Damit indessen in denjenigen Fällen, wo rücksichtlich der eventuellen Frage über das Maaß der von dem Beamten verwirkten Strafe eine fernere Untersuchung bei den Gerichten eintritt, nicht eine nochmalige Vernehmung der Zeugen geschehe, so wird hierdurch in Uebereinstimmung mit den Königl. Ministerien der geistlichen, Unterrichts- und Medicinal-Angelegenheiten, des Innern und der Finanzen Folgendes bestimmt:

1. Die Dienstbehörden haben die, bei Untersuchungen solcher Art von ihnen für erforderlich erachteten eidlichen Zeugen-Vernehmungen nicht selbst vorzunehmen, vielmehr die gerichtliche Vernehmung der Zeugen durch Requisition des Ober-Procurators bei demjenigen Gericht zu veranlassen, welches bei einer Provokation des Klägers auf richterliche Entscheidung über die eventuelle Frage das competente sein würde.

Den Dienstbehörden bleibt jedoch zur Vermeidung von Weiterungen vorbehalten, in solchen Fällen, in welchen die Ober-Procuratur des eventuell competenten Gerichts vom Sitze der Dienstbehörde entfernt ist, die Zeugen aber in der Nähe befindlich sind, die Vernehmung durch den Untersuchungs- oder Friedensrichter des Wohn- oder Aufenthaltsorts der Zeugen unmittelbar zu veranlassen.

2. Tritt späterhin der Fall der Provokation des Klägers auf den Rechtsweg ein, so haben die Gerichtsbehörden bei ihrer Untersuchung und Entscheidung jene, in den Vorverhandlungen der Dienstbehörde erfolgten Zeugenvernehmungen zum Grunde zu legen, es sei denn, daß eine Vervollständigung dieser Vernehmungen, die dann jedenfalls unter bloßer Hinweisung der Zeugen auf den schon geleisteten Eid geschehen kann, den Umständen nach als nothwendig sich darstellen sollte.

Ew. Hochwohlgeboren haben diese Bestimmungen, welche in gleicher Weise von dem Herrn Justizminister Mühler an die Gerichtsbehörden seines Departements und von den Königlichen Ministerien der geistlichen, Unterrichts- und Medicinal-Angelegenheiten, des Innern und der Finanzen an die

Regierungen erlassen sind, den betreffenden Unterbehörden zur Nachachtung mitzutheilen.

Berlin, den 30. September 1836.

An den ersten Präsidenten des Königlichen Appellationsgerichtshofes Hrn. Schwarz und den Königl. General-Procurator Herrn Biergans zu Cöln.

D. 1181.

Der Justiz-Minister v. Kamptz.

1617.

Verordnung über das Verfahren bei Untersuchungen wegen Aufruhr oder Tumults.

Gen. T. No. 5.

Wir Friedrich Wilhelm, von Gottes Gnaden, König von Preußen rc. rc.

verordnen in Verfolg Unserer Verorduung vom 17. August v. J. §. 12.*), nach welcher die Untersuchung wegen Aufruhrs oder Tumults in einem abgekürzten Verfahren erfolgen soll, nach dem Antrage Unseres Staatsministerii für den ganzen Umfang Unserer Monarchie, wie folgt:

§. 1. Die Polizeibehörde kann in der vorläufigen Untersuchung (§. 13. Abschnitt 1. der Verordnung vom 30. Dezember 1798), wo sie es zur Feststellung des Thatbestandes oder zur Vernehmung der Angeschuldigten oder Zeugen dienlich findet, einen richterlichen Beamten zuziehen. — Den, mit Zuziehung desselben von der Polizeibehörde aufgenommenen Verhandlungen wird eben diejenige Kraft und Glaubwürdigkeit beigelegt, welche den, nach Vorschrift der Kriminalordnung vor einem gehörig besetzten Kriminalgerichte aufgenommenen Verhandlungen zukommt.

§. 2. Von dem Aufruhre oder Tumulte hat die Polizeibehörde dem Obergerichte schleunigst Anzeige zu machen, welches hierauf eine, aus wenigstens drei richterlichen Beamten bestehende, Kommission zur Führung der Untersuchung abordnet.

§. 3. Der Vorsitzende der Kommission leitet die ganze Untersuchung und vertheilt die Geschäfte unter die Mitglieder, welche hierbei seinen Anweisungen Folge zu leisten schuldig sind.

§. 4. Die Zeugen können, wenn sie auf die erste Vorladung nicht erscheinen, durch den Gerichtsdiener persönlich vorgeführt werden.

---

*) Band 5. pag. 181.

§. 5. In Ansehung derjenigen Angeschuldigten, welche höchstens eine einjährige Freiheitsstrafe nebst körperlicher Züchtigung verwirkt haben, findet die Bestellung eines Vertheidigers nicht statt; dieselben werden mit ihren Vertheidigungsgründen nur mündlich zu Protokoll vernommen.

§. 6. Zur Einsicht der Untersuchungs-Akten im Dienstlokale wird den Vertheidigern ein Termin angesetzt, in welchem dieselben bei Vermeidung der persönlichen Vorführung sich einfinden müssen.

§. 7. Die Vertheidiger haben die Vertheidigungsgründe in einem, gleichfalls bei Vermeidung der persönlichen Vorführung zu beobachtenden Termine mündlich zum Protokolle vorzutragen; es steht ihnen jedoch frei, eine Vertheidigungsschrift vorher einzureichen.

§. 8. Die Untersuchungs-Kommission faßt gegen diejenigen Angeschuldigten, welche höchstens eine einjährige Freiheitsstrafe nebst körperlicher Züchtigung verwirkt haben, das Erkenntniß ab. — Mit der Abfassung des Erkenntnisses ist in der Regel abgesondert gegen jeden Angeschuldigten zu verfahren, sobald die Untersuchung gegen ihn spruchreif instruirt ist.

Der Polizeibehörde verbleibt jedoch die ihr im §. 13. Abschnitt 1. der Verordnung vom 30. Dezember 1798 beigelegte Strafbefugniß.

§. 9. Bei Einsendung der Akten an das Obergericht zur Fällung des Urtheils gegen die übrigen Angeschuldigten hat die Kommission einen vollständigen Bericht über die Untersuchung zu erstatten, welcher, außer einer allgemeinen Darstellung des Herganges der Sache, bei einem jeden Angeschuldigten eine Zusammenstellung der ihm zur Last gelegten Handlungen und des Ergebnisses der Ermittelungen, so wie ein Gutachten hinsichtlich seiner Schuld und der anzuwendenden Strafe enthalten muß.

§. 10. Es wird bei dem Obergerichte nur ein Referent ernannt, welcher den Vortrag als Korrelation zu dem im §. 9. erwähnten Berichte erstatten kann. Bei der Abfassung des Erkenntnisses ist jederzeit der Vorsitzende der Untersuchungs-Kommission zuzuziehen; demselben steht aber, insofern er nicht Mitglied des Obergerichts ist, keine Stimme zu.

§. 11. Das Rechtsmittel der weiteren Vertheidigung muß bei Verlust desselben binnen zehn Tagen nach Publikation des Erkenntnisses eingelegt werden; eine Zulassung desselben nach Ablauf dieser Frist findet nicht statt.

§. 12. Die Vertheidiger müssen zur Publikation des Erkenntnisses zugezogen werden; sind sie aber an dem Orte, wo die Publikation erfolgt, nicht anwesend, so hat das Obergericht ihnen gleich bei Absendung des Erkenntnisses zur Publikation Auszüge aus der Erkenntnißformel mitzutheilen, nach deren Empfang sie ihre Ansicht wegen Einlegung des Rechtsmittels dem Angeschuldigten sofort zu eröffnen verpflichtet sind.

§. 13. Bei dem Verfahren in zweiter Instanz kommen auch die Vorschriften der §§. 4. 5. 6. 7. und 9. zur Anwendung; die Instruction des Rechtsmittels erfolgt gleichfalls durch die, für die erste Instanz angeordnete Untersuchungs-Kommission.

§. 14. Das Erkenntniß ist nach Beschreitung der Rechtskraft in Ansehung derjenigen Angeschuldigten, welche zu einer Strafe verurtheilt worden sind, öffentlich bekannt zu machen.

§. 15. So weit nicht vorstehend eine Aenderung getroffen ist, verbleibt es bei den Vorschriften der Verordnung vom 30. Dezember 1798 Abschnitt 1. §§. 13—15. und der Kriminalordnung.

Urkundlich unter Unserer Allerhöchsteigenhändigen Unterschrift und beigedrucktem Königlichen Insiegel.

Gegeben Berlin, den 30. September 1836.

(L. S.) Friedrich Wilhelm.

Freih. v. Altenstein. Graf v. Lottum. Freih. v. Brenn. v. Kamptz. Mühler. Ancillon. Für den Kriegsminister: v. Schöler. v. Rochow. v. Nagler. Graf v. Alvensleben.

1618.

Rang und Uniform der Advocaten und Advocat-Anwälte, in spec. wenn sie mit dem Titel eines Justizraths begnadigt sind.

Rh. Offic.-Sach. 50.

a.

Ew. Wohlgeboren eröffne ich auf die Eingabe vom 19. v. M., daß nach der, durch die Jahrbücher Bd. 11. S. 235. bekannt gemachten Verordnung vom 27. März 1818 in den alten Provinzen die Justiz-Commissarien im Amte nach dem jüngsten Assessor des Gerichts, bei welchem sie die Praxis ausüben, in allen nicht amtlichen Beziehungen des bürgerlichen Lebens aber mit den Assessoren nach der Anciennetät ihrer Patente rangiren. Den Justiz-Commissarien in den alten Provinzen stehen die Advokaten und Advokat-Anwälte in der Rheinprovinz gleich. Die Assessoren tragen Uniform nach der 6ten Uniformsklasse, und da die mit dem Charakter eines Justizraths begnadigten Beamten nach der Rangordnung vom

7. Februar 1817 §§. 5. und 6. a. No. II. nicht zu einer höhern Rangklasse gehören, sondern zwischen den Oberlandesgerichts- (Appellationsgerichts-) Räthen und Assessoren rangiren, so sind dieselben gleichfalls nur zur 6ten Uniformsklasse berechtigt. Wenn den Landgerichts-Räthen und Staats-Procuratoren durch die Allerhöchste Kabinetsordre vom 12. Februar 1832 *) (Jahrbücher Bd. 39. S. 405) die Befugniß beigelegt ist, die Uniform nach der 5ten Klasse zu tragen, so ist dies eine specielle, den wirklichen Räthen bewilligte Auszeichnung, welche auf Titularräthe nicht Anwendung findet.

Berlin, den 1. October 1836.

Der Justiz-Minister
v. Kamptz.

An
den Königl. Justizrath und Advokat-Anwalt Herrn Friederichs zu Düsseldorf.

b.

Abschrift dieser Verfügung erhält der erste Herr Präsident und der Herr General-Procurator zur Nachricht.

Berlin, den 1. October 1836.

Der Justiz-Minister
v. Kamptz.

An
den ersten Präsidenten des Königlichen Appellationsgerichtshofes Hrn. Schwarz und den Königl. General-Procurator Herrn Biergans zu Cöln.

E. 2601.

1619.

Ueber das Paternitätswesen und den Stand der unehelichen Kinder in dem schweizerischen Kanton St. Gallen.

Rh. Gener. 93.

a.

In dem schweizerischen Kanton St. Gallen wird nach dem abschriftlich beigefügten Gesetze

über das Paternitätswesen und den Stand der unehelichen Kinder

vom 23. Juni 1832 Art. 8. den Ausländerinnen ein Klagerecht in Paternitätssachen nicht zugestanden.

*) Bd. 3. pag. 448.

Ew. Hochwohlgeboren veranlasse ich daher, die rheinischen Gerichtsbehörden vermittelst Bekanntmachung durch die Amtsblätter der Provinz anzuweisen, die Schweizerinnen aus dem Kanton St. Gallen in Sachen der benannten Art ebenfalls nicht zur Klage zu verstatten, vielmehr die vorkommenden Fälle anzuzeigen und die Vorbescheidung darauf zu erwarten.

Berlin, den 4. October 1836.

Der Justiz-Minister
v. Kamptz.

An
den Königlichen General-Procurator
Herrn Biergans zu Cöln.

D. 1426.

cf. Cölner Amtsblatt pag. 291.

b.

Gesetz
über das Paternitätswesen und den Stand der unehelichen Kinder.

(Vom 23. Juni 1832.)

Der große Rath des Kantons St. Gallen, in Revision der Gesetze und Vorschriften über das Paternitätswesen und den Stand der unehelichen Kinder, verordnet als

Gesetz:

Art. 1. Jede Weibsperson, die sich in einer unehelichen Schwangerschaft befindet, ist gehalten, vor Umlauf der ersten Hälfte des siebenten Monats der Schwangerschaft dem Gemeindamman ihres Aufenthaltsortes dieselbe zu eröffnen oder eröffnen zu lassen, und denjenigen namentlich anzuzeigen, den sie der Vaterschaft beklagt.

Art. 2. Der Gemeindamman soll, nebst Bezeichnung der Geschwängerten und des angegebenen Vaters nach Tauf- und Familiennamen, Alter, Konfession, Stand oder Beruf, ob verheirathet oder unverheirathet, diese Anzeige mit Umständen der Zeit und des Orts, unter denen die Schwängerung stattgefunden, genau zu Protokoll nehmen.

Art. 3. Wenn der Angeklagte ein Bewohner des Kantons ist, so ist ihm durch den betreffenden Gemeindamman unverzüglich Kenntniß von der nach Art. 2. geschehenen Anzeige zu geben.

Wohnt der Beklagte in einem andern Kantone der Schweiz oder im Auslande, so bleibt es der Klägerin anheimgestellt, ihn auf gutfindende Weise aufzusuchen.

Art. 4. Streitige Klagen gegen Schwängerer auf Wochenbett=Entschädigung und Alimentation sind, gleich andern Civilforderungen, auf dem bürgerlichen Rechtswege zu behandeln. Sie gelangen erstinstanzlich an das Bezirksgericht (Art. 256. des Organisationsgesetzes vom 27. Juli 1831).

Art. 5. Für Vaterschaftsklagen, welche nicht mit genauer Beobachtung des Art. 1. anhängig gemacht worden, dürfen keine Leitungsscheine ausgestellt werden, und ihre Behandlung vor den Gerichtsstellen ist ausdrücklich untersagt.

Art. 6. Das Klagerecht erlischt von Gesetzeswegen, wenn die Klage nicht innert 90 Tagen, vom Tage der Geburt des Kindes an gerechnet, bei dem Vermittleramt anhängig gemacht wird.

Art. 7. Der Vater hat der Klägerin eine Wochenbetts=Entschädigung von 22 Gulden, und einen jährlichen Alimentationsbeitrag von 25 Gulden für funfzehn Altersjahre zu entrichten.

Dieser Alimentationsbeitrag ist vierteljährig zu bezahlen und lastet auf dem Vermögen und dem Verdienst des Vaters. Die Heimathgemeinden desselben können zu der Leistung nicht angehalten werden.

Art. 8. Nichtkantonsbürgerinnen, sie mögen Schweizerbürgerinnen oder Ausländerinnen sein, insofern sie nicht entweder selbst oder als Glied einer Haushaltung in der vom Kleinen Rath ausgestellten Niederlassungsbewilligung begriffen sind, bleiben vom Klagrecht ganz ausgeschlossen.

Art. 9. Vaterschaftsklagen, die sich auf Schwängerung beziehen, welche unter Eheversprechen geschehen ist, werden in jeder Rücksicht ganz so behandelt, wie alle andern Vaterschaftsklagen.

Art. 10. Unehelich erzeugte Kinder folgen in jedem Fall, in Beziehung auf Bürgerrecht, Familiennamen und Konfession, der Mutter.

Eben so werden Kinder, welche unter Eheversprechen erzeugt wurden, in jeder Rücksicht denjenigen gleichgestellt, die außer der Ehe erzeugt sind, ausgenommen, die Ehe sei in den in diesem Artikel benannten Fällen nachgefolgt oder es trete Legitimation nach gesetzlichen Formen ein.

Art. 11. Diejenigen Paternitätsfälle, die, noch ehe das gegenwärtige Gesetz in Rechtskraft tritt, bei den betreffenden Gemeindammännern angezeigt wurden, sind nach früher bestandenen Gesetzen zu erledigen.

Art. 12. Alle seit dem Jahr 1803 über das Paternitätswesen und den Stand der unehelichen Kinder erlassene Gesetze, Beschlüsse, Weisungen und Bekanntmachungen sind hiermit aufgehoben und zurückgenommen.

Gegeben in der ordentlichen Versammlung des Großen Raths,

St. Gallen, den 23. Juni 1832.

Der Präsident des Großen Raths,
Karl Ganzenbach.
Die Secretaire, Mitglieder desselben,
Dr. Christian Friedrich Fels.
Steiger, Pfarrer.

c.

Wir Landamman und Kleiner Rath des Kantons St. Gallen,

beschließen:

vorstehendes, unterm 8. Juli d. J. bekannt gemachtes, Gesetz über das Paternitätswesen und den Stand der unehelichen Kinder, nachdem es, in Gemäßheit des Art. 136. der Verfassung, am 16. d. M. in Kraft getreten ist, solle der Sammlung der Gesetze, Dekrete und Beschlüsse einverleibt und seinem ganzen Inhalte nach vollzogen werden.

St. Gallen, den 20. August 1832.

Der Landammann
Dr. Stadler.
Im Namen des Kleinen Raths
der Rathsschreiber Müller.

1620.

Dem Präsidio des Justiz-Senats zu Coblenz wird die provisorische Besetzung der Amtsdienerstellen überlassen.

Coblenz Just.-S. No. 4.

Bei Rücksendung der Anlagen des Berichts vom 3. Juni und vom 11. Juli c.,

die Wiederbesetzung der erledigten Amtsdienerstelle zu Altenkirchen betreffend,

wird dem Präsidio des (Tit.) sowohl für den gegenwärtigen, als für künftige Fälle die provisorische Besetzung der Amtsdienerstellen delegirt. Dasselbe zeigt die anzustellenden Subjecte vor der Anstellung dem Collegium an, um dessen Aeußerungen darüber zu vernehmen, deren Würdigung dem Präsidio überlassen bleibt. Dasselbe hat bei seiner Auswahl sodann die wegen der Militair-Versorgungs-Berechtigungen geltenden Bestimmungen zu befolgen, und wegen Anweisung des Diensteinkommens sich an den bestehenden, im Auszuge beigefügten, Etat zu halten, dabei auch genau die Zeit, von welcher ab das Gehalt disponibel wird, zu berücksichtigen und den Angestellten jedesmal zu eröffnen, daß die feste Regulirung ihres Diensteinkommens erst bei ihrer künftigen definitiven Anstellung erfolgen werde.

Die Bestallungen sind im Namen des Collegiums und, weil die Amtsdiener stets aus der Zahl der Invaliden gewählt werden, gebührenfrei auszufertigen.

Berlin, den 7. October 1836.

Der Justiz-Minister
v. Kamptz.

An
den Königlichen Justiz-Senat
zu Coblenz.
E. 1654.

1621.

Zur Begründung der Pensionsgesuche ist das Attest des Kreisphysikus oder Districtsarztes erforderlich.

Rh. Off. S. No. 1.

Extract.

Uebrigens brmerke ich, daß zur Begründung der Pensionsgesuche überhaupt das Attest eines Privatarztes nie genügt, sondern das des Kreisphysikus oder Districtsarztes erforderlich ist.

Berlin, den 7. October 1836.

Der Justiz-Minister
v. Kamptz.

An
den Königl. General-Procurator
Herrn Biergans zu Cöln.
E. 2358.

1622.

Im Canton Graubünden bestehende gesetzliche Bestimmung wegen der Schließung von Ehen Seitens dortiger Angehöriger im Auslande.

Rh. Gener. No. 93.

Ew. Hochwohlgeboren erhalten anliegend Abschrift eines Schreibens des Königl. Ministeriums der auswärtigen Angelegenheiten vom 1. d. M.,

die im Canton Graubünden bestehende gesetzliche Bestimmung wegen der Schließung von Ehen Seitens dortiger Angehöriger im Auslande betreffend,
nebst dem darin bezogenen Berichte des Königl. Gesandten in der Schweiz, um durch die rheinischen Amtsblätter zur öffentlichen Kenntniß zu bringen: wie in dem Canton Graubünden die gesetzliche Bestimmung besteht, „daß keine im Auslande ohne Bewilligung der heimathlichen Regierung erfolgte Trauung Bündnerischer Angehöriger als gültig anzusehen sei, und daher die so geschlossenen Ehen nicht anerkannt werden."

Berlin, den 9. October 1836.

Der Justiz-Minister
v. Kamptz.

An
den Königl. General-Procurator
Herrn Biergans zu Cöln.
E. 2696.

cf. Cölner Amtsblatt pag. 291.

1623.

Den Kaufwerthstempel bei Erbtheilungen betreffend.

Gener. No. 11.

a.

Ew. Hochwohlgeboren theile ich in der abschriftlichen Anlage die von dem Königl. Finanz-Ministerium an den dortigen Provinzial-Steuer-Director erlassenen Verfügungen vom 6. October 1835 und vom 11. Mai d. J. wegen Anwendung der Allerhöchsten Cabinetsordre vom 24. Dezember 1834 *),
den Kaufwerthstempel bei Erbtheilungen betreffend,
in der Rheinprovinz mit, um dieselbe nach dem Antrage des Herrn Chefs des Finanz-Ministeriums zur Kenntniß der rheinischen Justizbehörden und insonderheit der Notarien zu bringen.

Berlin, den 10. October 1836.

Der Justiz-Minister
v. Kamptz.

An
den Königl. General-Procurator
Herrn Biergans zu Cöln.
D. 1305.

b.

Die in Ew. Hochwohlgeboren Bericht vom 3. d. M. vorgetragenen Bedenken des Regierungsraths und Stempelfiscals

*) Band 5. pag. 34.

Sack bei Anwendung der Allerhöchsten Cabinetsordre vom 24. Dezember 1834 entstehen größtentheils aus dem Bestreben desselben, die Bestimmungen der gedachten Allerhöchsten Ordre mit dem Inhalte des §. 10. des Gesetzes vom 7. März 1822 in Parallele zu stellen. Hiezu ist jedoch keine Veranlassung vorhanden, nachdem gedachter §. 10. aufgehoben, und also bei Festsetzung des Kaufwerthstempels zu Erbtheilungen, welche seit dem Erscheinen der Allerhöchsten Cabinetsordre vom 24. Dezember v. J. abgeschlossen worden, so zu verfahren ist, als ob der §. 10. des Stempelgesetzes niemals existirt habe.

Es ist demnach auch müßig, Betrachtungen darüber anzustellen, ob Erbschaftstheilnehmer zu Erbtheilungsverhandlungen jetzt einen höheren oder geringeren Stempel zu verwenden haben, als ihnen nach den Bestimmungen des §. 10. des Stempelgesetzes obgelegen hätte.

Die mehrgedachte Allerhöchste Ordre geht von dem Gesichtspunkte aus, daß mit der Eröffnung einer Erbschaft der gesammte Nachlaß ungetheiltes Eigenthum der Erben werde, und dies so lange, bis die Erbtheilung erfolgt ist, bleibe.

Daß dieser Rechtszustand auch im Bereich des bürgerlichen Gesetzbuches bestehe, ergiebt sich aus dessen Artikel 724., und wird durch die Vorschriften in den Artikeln 815. seq. wegen Fortsetzung oder Auflösung der ungetheilten Erbschaft bestätigt. Es ist demnach nicht zu erkennen, wie in dem vorgelegten Berichte behauptet werden mag, daß nach dem bürgerlichen Gesetzbuche kein gemeinschaftliches Eigenthum existiren soll, und wie dies, somit aber auch die Unanwendbarkeit der Allerhöchsten Cabinetsordre vom 24. Dezember 1834 aus dem Artikel 833 darzuthun sei, da dieser doch nur das nach der bewirkten Erbtheilung eintretende Rechtsverhältniß in Bezug auf das Eigenthum der durch die Erbtheilung dem einzelnen Erbtheilnehmer überwiesenen Erbschaftsgegenstände feststellt.

Nach Beseitigung dieser irrigen Ansichten tritt die Bestimmung der Allerhöchsten Ordre unzweifelhaft dahin hervor: Gegenstand, worüber dieselbe disponirt, sind die zu einer Erbschaft gehörigen unbeweglichen Gegenstände und Mobilien, also ausgeschlossen von ihren Anordnungen, — Schuldforderungen und Geld, — da deren Eigenthums-Uebertragung nicht durch Kauf geschieht. Bei jenen, dem Kauf unterliegenden Sachen, ist angenommen, daß jedem Erben ein, seiner Erbquote gleicher Antheil durch Erbrecht zugefallen sei, und die Allerhöchste Cabinetsordre bestimmt, daß von dem Annahmepreise der hiernach verbleibenden übrigen Antheile der Kaufwerthstempel entrichtet werden soll. Auf Erbschaftsschulden kann es dabei nicht ankommen, und eben so wenig ist in Betracht zu ziehen, auf welche Weise die Miterben für die, dem Annehmer nicht durch Erbrecht zugefallenen Antheile an der, bei der Erbtheilung angenommenen Sache entschädigt werden.

Die in dem Berichte unter A. B. C. und D. angelegte Stempelberechnung ist demnach in den Summen richtig, und weicht nur darin von der Allerhöchsten Cabinetsordre ab, daß von den ausgeworfenen Beträgen der Stempel nicht zu 1/2 Prozent zu bestimmen, sondern auf 1 Prozent zu berechnen, und dann die darstellbare Hälfte zu erheben ist, was jedoch gleiche Beträge ergiebt.

Wenn in der Erbtheilungs-Verhandlung die Annahme-Preise nicht angegeben sind, so kommt die Vorschrift im §. 4. Buchstabe f. des Stempelgesetzes zur Anwendung.

Berlin, den 6. October 1835.

Der General-Director der Steuern
Kuhlmeyer.

An
den Königl. Geheimen Ober-Finanzrath
und Provinzial-Steuer-Director Herrn
v. Schütz Hochwohlgeboren, zu Cöln.

c.

Ew. Hochwohlgeboren erwiedere ich auf die Berichte vom 31. Dezember v. J. und 18. März d. J., daß die in deren Anlagen hervorgehobenen Bestimmungen des bürgerlichen Gesetzbuchs über das Rechtsverhältniß, welches durch eine Erbtheilung zwischen den einzelnen Erben und gegen den Erblasser, oder gegen die durch seinen Tod eröffnete Erbschaft begründet ist, kein Hinderniß abgeben kann, die Allerhöchste Cabinetsordre vom 24. Dezember 1834 wegen Erhebung eines Werthstempels zu Erbtheilungs-Verhandlungen so anzuwenden, wie die unterm 6. October v. J. an Sie ergangene Verfügung dies näher erläutert.

Es wird durch jene Ausführungen im Wesentlichen nichts weiter dargethan, als daß die Annahme einzelner Erbschaftsgegenstände bei der Erbtheilung nicht in einem Kauf- oder Tauschgeschäft zwischen dem Annehmer und seinen Miterben beruhe. Dies gilt aber auch von Erbtheilungen im Bereiche des altpreußischen Rechts; hier wie dort sind sie ein eigenthümliches, vom Kauf und Tausch verschiedenes Rechtsgeschäft.

Einer Beweisführung also darüber, daß derjenige, der bei der Erbtheilung einen Erbschaftsgegenstand zum alleinigen Eigenthum annimmt, hierin keinen Kauf- oder Tauschvertrag mit seinen Miterben abschließe, bedarf es nicht. Ein positives Abgabengesetz fordert aber den tarifmäßigen Kaufwerthstempel zu einer Erbtheilungsverhandlung, mithin stellt sich die Frage nicht dahin: in wiefern ist durch die Verhandlung über Erbtheilung ein Kauf- oder Tauschgeschäft abgeschlossen? sondern es tritt allein in Erwägung:

welches sind die Bedingungen, unter denen das Gesetz den tarifmäßigen Kaufwerthstempel zu einer Erbtheilungsverhandlung verlangt?

Diese sind in der Verfügung vom 6. Oktober v. J., der Allerhöchsten Bestimmung entsprechend, dargelegt, und danach muß also bis zu etwanigen anderweitigen Vorschriften verfahren werden.

Einer öffentlichen Bekanntmachung wird es hierüber nicht bedürfen, da sie nur eine Verweisung auf das Gesetz enthalten könnte.

Berlin, den 11. Mai 1836.

Finanz-Ministerium.
gez. Graf v. Alvensleben.

An
den Königl. Geheimen Ober-Finanzrath und Provinzial-Steuer-Director Herrn v. Schütz Hochwohlgeboren, zu Cöln.

1624.

Die im Friedensgerichtsbezirk Bittburg anzustellenden Notarien brauchen der französischen Sprache nicht mächtig zu sein.

Rh. Gen. No. 5.

Ew. Hochwohlgeboren benachrichtige ich auf Ihren Bericht vom 30. v. M., daß der Notariats-Kandidat Jakob Ed. Zell nach Ausweis der abschriftlich beiliegenden Bestallung zum Notar in Bittburg, Landgerichtsbezirk Trier, mit Anweisung seines Wohnsitzes in Bittburg ernannt worden ist und es der Berücksichtigung der französischen Sprache bei Anstellung von Notarien in diesem Kanton nicht bedarf.

Berlin, den 10. Oktober 1836.

Der Justiz-Minister
v. Kamptz.

An
den Königlichen General-Procurator Herrn Biergans zu Cöln.

E. 2761.

1625.

Die Gerichte haben sich der möglichsten Präcision in Angabe der Namen und Adressen der Personen, an welche im Auslande eine Insinuation geschehen soll, zu befleißigen.

Rep. Rheinpr. Gener. No. 116.

Ew. Hochwohlgeboren erhalten anliegend Abschrift eines Schreibens des Königlichen Ministeriums der auswärtigen Angelegenheiten vom heutigen Tage und der Anlage desselben, um in Gemäßheit des darin enthaltenen Antrages den dortigen Gerichten die möglichste Präcision in Angabe der Namen und Adressen der Personen, an welche im Auslande eine Insinuation geschehen soll, anzuempfehlen.

Berlin, den 10. Oktober 1836.

Der Justiz-Minister
v. Kamptz.

An
den Königl. General-Procurator
Herrn Biergans zu Cöln.
E. 2769.

1626.

Wegen der Regulative über die Verwandlung der in Holzdiebstahlssachen erkannten Gefängnißstrafen in Forst- oder sonstige Straf-Arbeiten.

Rep. Rh. Crim. No. 7.

Ew. Hochwohlgeboren eröffne ich auf den Bericht vom 3. d. M., daß ich damit völlig einverstanden bin, daß die Berathung des Regulativs wegen Verwandlung der in Holzdiebstahlssachen erkannten Gefängnißstrafe in Forst- oder sonstige Straf-Arbeiten vor die Plenar-Versammlung des Landgerichts und etwanige Differenzen zwischen dem Landgerichte und der Regierung in Betreff des gedachten Regulativs zur Entscheidung der Ministerien gehören. Ew. Hochwohlgeboren gebe ich hiernach die weitere Veranlassung anheim.

Berlin, den 13. Oktober 1836.

Der Justiz-Minister
v. Kamptz.

An
den Königl. General-Procurator
Herrn Biergans zu Cöln.
E. 2777.

cf. Rescript vom 12. April 1822. Bd. 2. pag. 240.

1627.

Verschiedene Vorschriften über das Vormundschaftswesen.

Gener. 72. Vol. II.

Extract.

Was sodann die einzelnen Vorschläge des ersten General-Advokaten, Geh. Justizrath Berghaus (zu V. No. 1. bis 10. des Revisionsberichts) betrifft, so genehmige ich

1) daß es den Friedensrichtern zur Pflicht gemacht werde, die Namen der bereits angeordneten Dativ-Vormünder, so wie der Nebenvormünder, dem Personenstandsbeamten des Wohnortes mitzutheilen und künftighin vierteljährlich die desfalsigen Verzeichnisse denselben zu übermachen, — daß dagegen den Personenstandsbeamten auch aufgegeben werde, das Absterben solcher Dativ-Vormünder, so wie der Nebenvormünder, dem betreffenden Friedensrichter binnen acht Tagen nach erfolgtem Ableben anzuzeigen.

2) Daß den Friedensrichtern gestattet werde, die Verhandlungen über Vormundschaften ohne Anlegung besonderer Akten nach Jahrgängen, jedoch mit gleichzeitiger Führung eines übersichtlichen Verzeichnisses, zu sammeln, wenn die Minderjährigen kein Vermögen oder nur ein Vermögen von 50 Rthlr. besitzen.

3) Daß den Friedensgerichten aufgegeben werde, über die Einreichung der notariellen Inventarien, wenn die Ausfertigungen nicht zu den Akten genommen werden, ein Protokoll aufzunehmen, worin der Bestand des Vermögens und der darauf lastenden Schulden vermerkt werde, so daß hieraus die Vermögensverhältnisse wenigstens im Allgemeinen jedesmal zu ersehen sind.

Den Friedensrichtern wird aber in den wichtigeren Vormundschaften immer überlassen bleiben müssen, vollständige Abschriften der Inventarien zu den Akten zu erfordern oder nehmen zu lassen.

Die Vorschläge zu

4) und

5) wegen Einrichtung der Vermögens-Uebersichten und Einführung der Erziehungsberichte werden als zweckmäßig gebilligt.

6) Da nach der bestehenden Gesetzgebung die Vormundschafts-Verwaltung, als solche, kein eigentliches Interesse dabei hat, daß gegen den Vormund die Inscription der gesetzlichen Hypothek genommen werde, so ist auch von ihr, strenge genommen, nicht zu verlangen, daß sie sich die erfolgte Inscription nachweisen lasse; sie wird vielmehr ihre Pflicht erfüllen, wenn sie den Vormund, Gegenvormund und Familienrath auf

die gesetzlichen Vorschriften der Art. 2136. bis 2143. des Civilgesetzbuchs aufmerksam macht, und, wie letzteres geschehen, zum Protokoll verzeichnet. Im Interesse des Publikums und zur Beihülfe der Ober-Procuratoren ist es jedoch zweckmäßig, wenn der Friedensrichter in den geeigneten Fällen, deren Bestimmung seiner Beurtheilung allerdings überlassen bleibt, sich auch den Nachweis der genommenen Inscription liefern läßt und in dessen Ermangelung den Ober-Procurator auf die Zweckmäßigkeit der von Amtswegen zu bewirkenden Eintragung durch Bericht oder Vermerk zu den Vormundschaftsregistern aufmerksam macht. Hiernach ist denn auch gegen diesen Vorschlag nichts zu erinnern. Demnächst genehmige ich

7) daß Seitens der Friedensgerichte erst nach eingereichtem Inventar oder Vermögensverzeichnisse Gebühren, wo solche zulässig, berechnet und erhoben werden dürfen,

8) daß den Gerichtsschreibern für die dem Nebenvormunde zu ertheilende Abschrift der Verwaltungs-Uebersicht in allen Vormundschaften, wo das Vermögen die Summe von 50 Rthl. übersteigt, die gewöhnlichen Copialgebühren bewilligt werden, selbst wenn sonstige Gebühren nicht berechnet werden dürfen oder gestundet werden müssen, und

9) daß die Friedensrichter angewiesen werden, die Aufforderung der Vormünder zur Einreichung der Inventarien oder Vermögensverzeichnisse jedesmal in dem Protokolle über die Vormundschafts-Anordnung zu notiren, daß spätere Aufforderungen aber stets ihrem ganzen Inhalte nach den Vormundschafts-Akten beigefügt und für die Reinschrift, so wie für die Expedition sonstiger, im Laufe der Vormundschaft vorkommenden Verfügungen, dem Gerichtsschreiber ebenfalls die gewöhnlichen Copialgebühren bewilligt werden, sobald nur ein Vermögen von 50 Rthlr. vorhanden ist.

Berlin, den 15. Oktober 1836.

Der Justiz-Minister
v. Kamptz.

An
den Königlichen General-Procurator
Herrn Biergans zu Cöln.
E. 1961.

1628.

Anwendung der Hengstköhrordnung vom 20. Dezember 1832.

Crim. 54.

Es sind Fälle vorgekommen, in welchen Rheinische Gerichte Anstand genommen haben, auf die, in der Hengstköhrordnung vom 20. Dezember 1832 festgesetzten Strafen zu erkennen, weil das Königliche Ministerium des Innern zur Erlassung derartiger Strafverfügungen nicht ermächtigt sei.

Dieser Ansicht liegt ein doppelter Irrthum zum Grunde, indem einestheils zu dieser Köhrordnung die Allerhöchste Autorisation in dem Landtagsabschiede vom 30. Oktober 1832 wirklich ertheilt worden ist, anderentheils die Erlassung von Verfügungen solcher Art allerdings zu den Attributionen des Königlichen Ministerii des Innern gehört.

Nach dem ersten Absatze des §. 11. der Regierungs-Instruction vom 23. Oktober 1817 steht es den Regierungen zu, über Gegenstände, welche an sich zum Polizei-Ressort gehören (§. 10. Tit. 17. Thl. II. des allgemeinen Landrechts, §. 26. des Ressort-Reglements vom 20. Juli 1818 *), allgemeine Verbote und Strafbestimmungen, die sich nicht an ein bestehendes Verbotsgesetz anschließen, dann zu erlassen, wenn sie die höhere Genehmigung, d. i. nach §. 40. des Anhanges zur Regierungs-Instruction, die Genehmigung der höhern Polizeibehörde dazu erhalten haben, und sie können alsdann eine Strafe bis zu sechs Wochen Gefängniß oder 50 Rthlr. Geldbuße bestimmen. Diese höhere Polizeibehörde, d. h. das betreffende Polizei-Ministerium, ist daher recht eigentlich die, zur Erlassung allgemeiner Polizei-Strafvorschriften befugte Behörde, und die Gerichte sind verpflichtet, die von ihm erlassenen derartigen Verfügungen in judicando so weit zu befolgen, als die festgesetzte Strafe das eben angegebene Polizeistrafmaaß nicht übersteigt. Dies folgt auch aus der, im §. 32. des Ressort-Reglements vom 20. Juli 1818 enthaltenen Bestimmung, indem der darin enthaltene Satz:

„als darin keine härtere Strafe, wie in den Gesetzen „festgestellt ist“

nur auf das, bereits durch die Regierungs-Instruction von 1817 gesetzlich festgestellte Polizeistrafmaaß zu beziehen ist.

Da nun die in der Köhrordnung festgesetzten Strafen dieses Maaß nicht übersteigen, dieselbe aber über einen Gegenstand erlassen worden ist, der zum Polizei-Ressort unzweifelhaft gehört, so durfte auch aus diesem Grunde die Anwendung der Köhrordnung nicht unterbleiben.

Ew. Hochwohlgeboren haben von dieser Verfügung die Rheinischen Gerichtsbehörden in Kenntniß zu setzen und auf

*) Band 1. No. 298.

deren Befolgung zu wachen, damit so unangemessene Entscheidungen nicht weiter vorkommen.

Berlin, den 19. Oktober 1836.

Der Justiz-Minister
v. Kamptz.

An
den Königlichen General-Procurator
Herrn Geheimen Ober-Justizrath
Biergans in Cöln.

E. 2619.

1629.

Die doppelte Vereidigung der Forstbeamten wird aufgehoben, und deren Vereidigung den Friedensgerichten übertragen.

Rh. Gen. 99.

Mit Bezug auf das Schreiben des Herrn Ministers des Innern und der Polizei, und des Herrn Chefs der Verwaltung der Domainen und Forsten vom 21. Februar d. J., so wie auf den Bericht der dortigen Königl. Regierung vom 9. Dezember v. J. und den Bericht des General-Procurators zu Cöln vom 30. v. M., welche sämmtlich abschriftlich beigefügt sind, eröffne ich Ew. Hochwohlgeboren, daß ich mich, in Uebereinstimmung mit dem Herrn Staats-Minister v. Rochow und dem Herrn Wirklichen Geheimen Rathe v. Ladenberg dahin entschieden habe, daß es der doppelten Vereidigung der Forstbeamten nicht mehr bedarf. Vielmehr wird deren Vereidung, insofern darüber nach den bestehenden Gesetzen irgend ein Zweifel sein könnte, hiermit ein für allemal den Friedensgerichten delegirt, so daß die Verpflichtung vor den Landgerichten in Zukunft wegfällt. Ew. Hochwohlgeboren haben hiernach das Weitere zu veranlassen.

Berlin, den 20. Oktober 1836.

Der Justiz-Minister
v. Kamptz.

An
den Königl. Landgerichts-Präsidenten
Herrn Wurzer,
und den Königl. Ober-Procurator
Herrn v. Olfers zu Coblenz.

E. 2808.

1630.

In welchen Fällen auf Festungsarbeit und in welchen auf Festungsarrest zu erkennen ist.

Rh. Crim. 44.

Die im allgemeinen Landrechte vorgeschriebene Festungsstrafe begreift sowohl die Festungsarbeit, als den Festungsarrest unter sich; das Gesetzbuch enthält darüber, welche dieser beiden Strafarten in einzelnen Fällen in Anwendung zu bringen sei, keine Bestimmung, weil Jurisprudenz und Gerichtsgebrauch darüber keinen Zweifel gestatten, und mit Recht es für eine rechtswidrige und ganz unzulässige Strafverschärfung angesehen wird, zur Festungsarbeit einen Mann zu verurtheilen, dessen physische und moralische Kräfte schon mit der Arbeit selbst unverträglich sind. Die Gesetzgebung hatte damals nicht nöthig, die Gerichtshöfe darauf hinzuweisen, daß Gleichheit der Strafe sehr verschieden von der Gleichheit der Art ihrer Vollziehung, und vielmehr Gleichheit der letzteren, Ungerechtigkeit sei. Erst nachdem eine Verwechselung dieser Begriffe hin und wieder in den Gerichtshöfen bemerkt worden, fanden des Königs Majestät Sich veranlaßt, diesem Uebelstande durch die Bestimmung vorzubeugen, daß der Richter in jedem einzelnen Falle nach der Herkunft, der Erziehung, der sittlichen Bildung und dem Stande, so wie den bürgerlichen Verhältnissen des Angeschuldigten zu ermessen habe, auf welche Arten der Festungsstrafe zu erkennen sei (Rescript v. 31. Mai 1802). Das unbefangene Urtheil des Richters kann darüber nie in Zweifel sein; es ist aber rathsam, daß er bei der wesentlichen Verschiedenheit zwischen Festungsarbeit und Festungsarrest die eine oder die andere Art in dem Urtheile ausdrücklich bestimmt, dabei aber alle individuellen Verhältnisse des Angeschuldigten sehr sorgsam erwäge. In mehreren, hier zur Sprache gekommenen Fällen ist jedoch dies nicht geschehen, sondern ohne nähere Bestimmung auf Festungsstrafe erkannt worden. Um den hieraus bei der Strafvollstreckung entstehenden Verlegenheiten und Weiterungen für die Zukunft vorzubeugen, finde ich mich veranlaßt, die Beachtung des Unterschiedes zwischen Festungsarbeit und Festungsarrest den Beamten des öffentlichen Ministeriums bei ihren Anträgen und den Gerichten bei Abfassung der Urtheile zu empfehlen. Die Präsidenten haben besonders darauf zu achten, daß in dem Erkenntnisse jederzeit bestimmt festgesetzt werde, ob auf Festungsarbeit oder Festungsarrest erkannt sei. Zugleich mache ich auf die Vorschrift der Allerhöchsten Cabinets-Ordre vom

8. September 1821 (Gesetz=Sammlung S. 158) aufmerksam, wonach statt des Festungsarrestes auch auf Festungsarbeit oder Zuchthausstrafe erkannt werden kann, und die Wahl zwischen diesen Strafen nach dem Stande und den sonstigen Verhältnissen des Angeschuldigten geleitet werden muß. Sollten wider Erwarten noch Fälle vorkommen, in denen unbestimmt auf Festungsstrafe erkannt worden, so ist darüber, ob diese Strafe als Festungsarbeit oder als Festungsarrest zu vollstrekken sei, von den Ober=Procuratoren zur Entscheidung des Justiz=Ministers zu berichten.

Ew. Hochwohlgeboren veranlasse ich, diese Verfügung zur Kenntniß des Appellationsgerichtshofes und der Landgerichte zu bringen.

Berlin, den 21. Oktober 1836.

Der Justiz=Minister
v. Kamptz.

An
den Königlichen General=Procurator
Herrn Biergans zu Cöln.

F. 2725.

1631.

Abänderung des §. 22. des Stempelgesetzes vom 7. März 1822.

Gen. S. No. 5.

Auf den Bericht des Staatsministeriums vom 30. v. M. bestimme Ich unter Modifikation des §. 22. des Stempelgesetzes vom 7. März 1822 Folgendes:

1. Die Strafen, welche unmittelbar oder mittelbar Staatsbeamte durch unterlassene Verwendung des tarifmäßigen Stempels zu Amtsverhandlungen verwirken, sind nicht von dem Besitzer oder Producenten der Verhandlung, woran die Contravention begangen, mit Vorbehalt des Regresses an den Beamten, zu fordern, sondern von dem Letzteren selbst einzuziehen.
2. Beamte, welche bei ihren amtlichen Verhandlungen die tarifmäßigen Stempel nicht verwenden, werden von der ordentlichen Stempelstrafe nicht betroffen, sondern sind, sofern nicht nach der Art des Vergehens, wegen verletzter Amtspflicht, eine höhere Strafe eintritt, nur mit einer Ordnungsstrafe zu belegen.
3. Die Strafe ist auf den einfachen Betrag des nicht verwendeten Stempels, für den Fall jedoch, daß derselbe

die Summe von 50 Rthlrn. übersteigt, auf letzteren Betrag festzusetzen. Ermäßigung oder Niederschlagung der Strafe ist von dem Ministerium, zu dessen Verwaltung der Beamte gehört, zu verfügen, und durch Beibringung der Verfügung zu den Stempelstraflisten, bei denen die Strafen zu verrechnen sind, nachzuweisen.

4. Notarien sind von den Bestimmungen zu 2. und 3. ausgeschlossen.

5. Hinsichts der Verhaftung der Beamten für die Stempel, deren Verwendung sie bei ihren amtlichen Verrichtungen verabsäumen, verbleibt es bei den bestehenden Vorschriften.

Diese Bestimmungen sind durch die Gesetzsammlung zur öffentlichen Kenntniß zu bringen.

Berlin, den 28. October 1836.

Friedrich Wilhelm.

An das Staatsministerium.

1632.

Von welchem Gerichte die Contraventionen gegen das Regulativ vom 18. Februar d. J., über das Ausweichen der Schiffe auf der Mosel, zu untersuchen und zu bestrafen sind.

Gener. 150.

a.

Ew. Hochwohlgeboren erhalten beifolgend auf den Bericht vom 17. August d. J. die von mir, in Vollziehung des §. 8. des Regulativs vom 18. Februar d. J. *) über das Ausweichen der Schiffe auf der Mosel, erlassene Verfügung, um die Publication derselben durch die Amtsblätter zu veranlassen und die betreffenden Gerichtsbehörden davon zur Nachachtung in Kenntniß zu setzen.

Berlin, den 28. October 1836.

Der Justiz-Minister
v. Kamptz.

An
den Königlichen General-Procurator
Herrn Biergans zu Cöln.
E. 2907.

cf. Coblenzer Amtsblatt pag. 379.
" Trier Amtsblatt pag. 476.

*) Band 5. No. 1505.

b.

In Gefolge des §. 8. des Allerhöchst vollzogenen Regulativs vom 18. Februar d. J., betreffend das Ausweichen der Schiffe auf der Mosel, wird hierdurch festgesetzt, daß Contraventionen gegen das gedachte Regulativ, welche auf Stromstrecken begangen werden, deren Ufer zu verschiedenen Friedensgerichten gehören, von demjenigen dieser Friedens- und Polizeigerichte untersucht und abgeurtheilt werden sollen, bei welchem die Sache zuerst anhängig gemacht werden wird.

Ausgeschlossen von dieser Bestimmung bleiben jedoch die Contraventionen, welche auf derjenigen Stromstrecke verübt werden, deren rechtes Ufer zum Kanton Boppard, und deren linkes zum Kanton Münstermaifeld gehört, und soll in Ansehung dieser das Friedens- und Polizeigericht zu Münstermaifeld ausschließlich competent sein.

Berlin, den 28. October 1836.

Der Justiz-Minister
v. Kamptz.

Bekanntmachung,
betreffend die Regulirung der Competenz bei Contraventionen gegen das Allerhöchste Regulativ vom 18. Februar d. J. auf den Strecken der Mosel, deren Ufer zu verschiedenen Friedens- und Polizeigerichten gehören.

1633.

Ob die Strafe der Brandmarkung, des Prangers rc. auch in den, erst im Jahre 1815 von Frankreich abgetretenen Landestheilen des Landgerichts-Bezirks Saarbrücken zur Anwendung kommen könne.

Rh. Crim. No. 64.

Es sind Zweifel darüber erhoben worden, ob die Verordnung des General-Gouvernements vom Mittelrhein d. d. 31. März 1814 *) über den Eintritt der Strafe der Brandmarkung, des Prangers rc. auch in den, erst im Jahre 1815 von Frankreich abgetretenen Landestheilen des Landgerichts-Bezirks Saarbrücken zur Anwendung kommen könne. Da dieselbe jedoch seit der Installation des Landgerichts zu Trier von den

*) Band 1. No. 76.

dortigen Assisen stets auch in solchen Sachen, die aus jenen Landestheilen herrühren, zur Anwendung gebracht ist, und dies Verfahren Genehmigung gefunden hat, so kann es keinen Anstand finden, dasselbe auch bei den Assisen zu Saarbrücken eintreten zu lassen.

Berlin, den 29. October 1836.

Der Justiz-Minister
v. Kamptz.

An
den Königlichen Ersten Präsidenten des Appellationsgerichtshofes Hrn. Schwarz und den Königl. General-Procurator Herrn Biergans zu Cöln.
F. 2784.

1634.

Nicht nur die zu einer Assise verwiesenen und dazu gesetzlich vorbereiteten Sachen, sondern auch, so viel möglich, alle zur Assisenverhandlung gereiften Sachen sind zu derselben zu verweisen und in derselben abzumachen, wenn dadurch auch die gewöhnliche Dauer derselben (14 Tage bis 3 Wochen) verlängert wird.

Rh. Crim. No. 21. Vol. II.

Es sind verschiedentlich Fälle vorgekommen, in welchen einzelne, zu einer Assise verwiesene Sachen, obgleich zur sofortigen Verhandlung gehörig vorbereitet, dennoch nicht zu derselben gelangt, sondern lediglich um deswillen zur nächstfolgenden Assisensitzung ausgesetzt sind, weil die wirklich abgemachten Sachen schon einige Tage mehr als vierzehn absorbirt hatten. Dieses Verfahren scheint auf dem Rescripte vom 17. November 1823*) zu beruhen. Dies Verfahren enthält indessen eben sowohl eine ganz unzulässige und überdem dem Artikel 260. der Criminal-Prozeßordnung entgegenlaufende Härte gegen die verhafteten Angeklagten, als es zugleich eine Vermehrung der Criminalkosten herbeiführt, und darf daher aus beiden Rücksichten nicht ferner stattfinden. Es wird vielmehr unter Aufhebung des entgegenstehenden Theils des Rescripts vom 17. November 1823 hierdurch festgesetzt, daß zwar die Präsidenten dahin zu sehen haben, daß in der Regel nicht mehr Sachen zu einer Assise verwiesen werden, als sich in einem Zeitraume

*) Bd. 2. No. 597.

von vierzehn Tagen bis drei Wochen erledigen lassen, daß aber nicht allein die einmal zu einer Assise verwiesenen und dazu gesetzlich vorbereteten Sachen immer auch vor derselben zu verhandeln sind, sondern auch, so viel möglich, alle zur Assisenverhandlung gereiften Sachen, auch wenn deren Untersuchung und Entscheidung den gedachten Zeitraum überschreiten sollte, zu der Assisensitzung verwiesen und in derselben abgemacht werden.

Hiernach haben Ew. Hochwohlgeboren die Präsidenten anzuweisen und zugleich die Ober-Procuratoren zu benachrichtigen.

Berlin, den 29. October 1836.

Der Justiz-Minister
v. Kamptz.

An
den Königlichen Ersten Präsidenten des Appellationsgerichtshofes Hrn. Schwarz und den Königl. General-Procurator Herrn Biergans zu Cöln.

F. 2790.

1635.

Bei wem der Consens zur Verheirathung Seitens der Beamten nachzusuchen ist.

Rh. Offic.-S. No. 51.

Auf den Bericht vom 12. d. M. bestimme ich, unter Aufhebung der Nummer 4. des General-Rescripts vom 30. October 1824 (Lottner Band 2. Seite 531), daß die Heiraths-Consense

1. für die Präsidenten und Räthe des Appellationsgerichtshofes, für die Beamten des öffentlichen Ministerii an demselben, mit Ausschluß jedoch der Procuratoren, für die Landgerichts-Präsidenten, Kammerpräsidenten und für die Ober-Procuratoren bei mir nachzusuchen, die Anträge auf Heiraths-Consense jedoch an resp. den Herrn ersten Präsidenten und den Herrn General-Procurator zur Begutachtung und weiteren Beförderung einzusenden sind;
2. daß in Ansehung aller übrigen richterlichen Personen der Rheinprovinz die Ertheilung der Heirathsconsense von Ihnen, dem Herrn ersten Präsidenten, und
3. in Ansehung aller übrigen Beamten des öffentlichen Ministerii, so wie der Gerichtsschreiber, von Ihnen, dem Herrn General-Procurator, erfolgen soll.

Ew. Hochwohlgeboren haben hiervon die Rheinischen Gerichtsbehörden zur Nachachtung in Kenntniß zu setzen und Ihrerseits darnach zu verfahren.

Berlin, den 29. October 1836.

An
den Königlichen Ersten Präsidenten des Appellationsgerichtshofes Hrn. Schwarz und den Königlichen General-Procurator Herrn Geheimen Ober-Justizrath Biergans zu Cöln.

Der Justiz-Minister
v. Kamptz.

E. 2913.

1636.

Festsetzung der Notarien-Gebühren durch die Landgerichts-Präsidenten in den Fällen, wo sie dem Fiscus zur Last fallen.

Rh. Gener. No. 81.

Da die Festsetzung der Notarien-Gebühren durch eine öffentliche Behörde in den Fällen, wo solche dem Königlichen Fiscus zur Last fallen, und deshalb aus öffentlichen Kassen bezahlt werden müssen, eben so wie der Mandatarien-Gebühren in Prozeß-Angelegenheiten zur formellen Justifikation erfordert wird, so bin ich mit der in dem Berichte Ew. Hochwohlgeboren vom 14. v. M. geäußerten Ansicht einverstanden, daß diese Festsetzung am zweckmäßigsten durch die Präsidenten der Königl. Landgerichte bewirkt werden könne, wie denn auch schon früher nach der Bestimmung des Decrets vom 16. Februar 1807 Art. 173. jene Festsetzung in gewissen Fällen durch die Präsidenten der Tribunäle erfolgte.

Ew. Hochwohlgeboren veranlasse ich, hiernach das Weitere an die Präsidenten der Königl. Landgerichte zu erlassen und ihnen zu eröffnen, daß es dabei nur der einfachen, auf die Liquidation zu setzenden und durch ihre Unterschrift zu beglaubigenden Erklärung bedürfe: „festgestellt zu dem Betrage von ...." Zugleich aber werden Sie die Ober-Procuratoren der Landgerichte beauftragen, die Notarien der betreffenden Gerichtsbezirke durch Circulare von jener Anordnung in Kenntniß zu setzen.

Es versteht sich von selbst, daß es dabei den Notarien, so wie den betreffenden Verwaltungs-Behörden unbenommen bleibt, gegen die Festsetzung der Präsidenten auf richterliche Entscheidung zu provociren, wenn dem Einen oder Andern der zugebilligte Betrag zu gering, oder aber zu hoch zu sein scheint.

Auch genehmige ich Ihren Antrag hinsichtlich der Art, wie jene Feststellung zu extrahiren ist, daß nämlich entweder die Notarien die Urschriften den Landgerichts-Präsidenten einzusenden, oder die Verwaltungsbehörden die von den Notarien erhaltenen Ausfertigungen, welchen die Kosten-Rechnung aufgeschrieben sein muß, den Präsidenten zum Zwecke der Festsetzung der Gebühren vorzulegen haben.

Berlin, den 1. November 1836.

Der Justiz-Minister
v. Kamptz.

An
den Herrn Ersten Präsidenten und den Herrn General-Procurator am Rheinischen Appellhofe zu Cöln.
E. 2950.

1637.

Wegen vermeintlicher Ansprüche an den Staat aus militairischen Dienstverhältnissen wegen Gehalts und anderweitiger Dienstcompetenzen oder Pensionen ist der Rechtsweg nicht zulässig.

Gen. G. 1.

a.

Ew. Hochwohlgeboren erhalten hierbei, mit Bezug auf die durch die Circular-Verfügung vom 12. November 1830 *) (Jahrbücher Bd. 36. S. 294) mitgetheilte Allerhöchste Cabinetsordre vom 7. Juli 1830 Abschrift der Allerhöchsten Cabinetsordre vom 28. v. M., durch welche des Königs Majestät zu befehlen geruhet haben, daß Ansprüche an den Staat aus militairischen Dienstverhältnissen wegen Gehalts und anderweitiger Dienstcompetenzen oder Pensionen im gerichtlichen Wege nicht verfolgt werden dürfen.

Ew. Hochwohlgeboren haben diese Allerhöchste Entscheidung zur Kenntniß der rheinischen Gerichtsbehörden und der Ober-Procuratoren zu bringen.

Berlin, den 2. November 1836.

Das Justiz-Ministerium.
gez. v. Kamptz.

An
den Königl. General-Procurator Herrn Biergans zu Cöln.
D. 1472.

---

*) Band 3. No. 943.

b.

Auf Ihren Bericht vom 1. d. M. erkläre Ich Mich damit einverstanden, daß Ansprüche an den Staat aus militairischen Dienstverhältnissen wegen Gehalts und anderweitiger Dienstcompetenzen, oder Pensionen, im gerichtlichen Wege nicht verfolgt werden dürfen, vielmehr in Gemäßheit der bestehenden Militair-Verfassung alle Reklamationen, welche wegen solcher Ansprüche von den unter den Kriegsgesetzen und Kriegsartikeln stehenden, oder denselben vor ihrem Ausscheiden aus dem Militairdienst unterworfen gewesenen Offizieren und Soldaten erhoben werden, nur im Wege der Beschwerdeführung bei den kompetenten Militairbehörden zu erledigen, und wenn der Reclamant durch deren Verfügung sich nicht zufriedengestellt findet, durch das Kriegs-Ministerium zu Meiner unmittelbaren Entscheidung zu befördern sind. In Ansehung der nicht zum Soldatenstande gehörenden Militairbeamten ist bei solchen Reklamationen nach den Vorschriften zu verfahren, welche Ich in Meiner Ordre vom 7. Juli 1830 für die Civilbeamten ertheilt habe.

Das Kriegs-Ministerium hat die Armee und das Justiz-Ministerium die Gerichte hiernach mit den erforderlichen Anweisungen zu versehen.

Berlin, den 28. October 1836.

Friedrich Wilhelm.

An
die Staats- und Justiz-Minister
v. Kamptz und Mühler
und den Staats- und Kriegs-Minister
General-Lieutenant v. Witzleben.

1638.

Notarien, Gerichtsschreiber und Gerichtsvollzieher unterliegen wegen Uebernahme freiwilliger Versteigerungen von beweglichen Sachen keiner Gewerbesteuer.

Rh. Offic.-Sach. No. 30.

a.

Ew. Hochwohlgeboren erhalten anliegend Abschrift der unterm 27. v. M. von dem Herrn Minister des Innern für Gewerbe-Angelegenheiten und dem Herrn Finanzminister an die Regierung zu Düsselborf erlassenen Verfügung, wonach Notarien, Gerichtsschreiber und Gerichtsvollzieher in dem Gebiete, worin das französische Recht noch gilt, für Abhaltung freiwilliger Versteigerungen von beweglichen Sachen nicht zur Gewerbesteuer heranzuziehen sind,

um dieselbe zur Kenntniß der Ober-Procuratoren zu bringen.

Berlin, den 4. November 1836.

Der Justiz-Minister
v. Kamptz.

An
den Königl. General-Procurator
Herrn Biergans zu Cöln.

E. 3048.

b.

In Verfolg der Verfügung vom 31. August d. J. geben wir der Königl. Regierung die früher zurückbehaltenen Anlagen des Berichts vom 22. Januar d. J. mit dem Bemerken zurück, daß nach der bestehenden Verfassung die Abhaltung freiwilliger Versteigerungen von allen beweglichen Sachen (Mobilien, Effecten, Waaren, Holz und Früchten, sowohl eingescheuerten als auf dem Halm stehenden) zu den Amtsverrichtungen der Notarien, Gerichtsschreiber und Gerichtsvollzieher im Gebiete des französischen Rechts gehört, und daß diese Beamten sich jener Abhaltung auf Ersuchen der Betheiligten nicht entziehen können. Die gedachten Beamten unterliegen daher wegen Uebernahme der erwähnten Versteigerungen keiner Gewerbesteuer, wie dies auch bereits in der Verfügung vom 3. Juni v. J. *) erklärt worden. Demgemäß kann der Gerichtsschreiber P. zu K. als Gewerbesteuer-Contravenient deshalb nicht in Anspruch genommen werden, weil er für den Juden M. Waaren und Mobilien versteigert hat.

Was übrigens den Begriff von Commissions-Geschäften im Allgemeinen betrifft, so müssen wir die Königl. Regierung deshalb auf die Allerhöchste Cabinetsordre vom 11. Juni 1826 verweisen.

Berlin, den 27. October 1836.

Freih. v. Brenn. Graf v. Alvensleben.

An
die Königliche Regierung
zu Düsseldorf.

III. 25,576.

---

*) Band 5. pag. 144.

1639.

Abtretung von Domanial-Eigenthum für Betriebszwecke der Post- und Bergwerks-Verwaltung.

Rh. Gen. No. 149.

a.

Ew. Hochwohlgeboren erhalten anliegend Abschrift der Allerhöchsten Cabinetsordre vom 30. September d. J.,

wonach Abtretungen von Domanial-Eigenthum für Betriebszwecke der Post- und Bergwerks-Verwaltung, wenn solches dem Domainen-Fiscus keine Einnahme gewährt hat, ohne Entschädigung des Domainen-Veräußerungs-Fonds stattfinden können, dagegen bei definitiver Ueberlassung nutztragender Objecte der Werth der Grundstücke von den vorgedachten Behörden jedesmal bezahlt werden muß,

zur Kenntnißnahme.

Berlin, den 4. November 1836.

Der Justiz-Minister
v. Kamptz.

An
den Königlichen General-Procurator
Herrn Biergans zu Cöln.

D. 1467.

b.

In Meiner unterm 17. Juni 1826 über die, bei Veräußerung von Domainen und Staatsgütern vorgekommenen, Zweifel an das Staatsministerium erlassenen Ordre habe Ich sub IV. bestimmt, daß die Staatsschulden-Tilgungs-Kasse keines Ersatzes bedürfe, wenn der Staat in einzelnen Fällen, mittelst Ausübung seiner, nach staatsrechtlichen Bestimmungen der Monarchie gestatteten Befugniß, für das Bedürfniß anderweiter Staatszwecke, zu deren Erreichung die angemessensten Mittel gewährt werden müssen, über die Substanz eines Domainen-Grundstücks auch in der Art verfügt, daß ein Theil der bisherigen Einkünfte vom Domainen-Etat abgesetzt wird, z. B. bei Errichtung neuer Militair-Etablissements, oder wenn bei der Anlage neuer Schulen, entweder aus domanialgrundherrlicher Verpflichtung oder zum Besten einer dürftigen Gemeine, die Baustellen und die zur Ausstattung der Schullehrer bestimmten Ländereien vom Domainen-Grunde genommen werden. Der Wirkliche Geheime Rath v. Ladenberg ist jedoch durch einen jetzt vorgekommenen Fall zu dem Zweifel veranlaßt worden, ob die obige gesetzliche Bestimmung sich auch auf Fälle beziehen lasse, wo Abtretungen der gedachten Art an solche Verwaltungszweige erfolgen, welche, wie die Post- und Bergwerks-Administration, hauptsächlich gewerbliche Zwecke und deshalb ein besonderes Interesse haben, über das Verhältniß ihrer Ausgaben zu den Einnahmen eine genaue Uebersicht zu behalten, und welche zur Beschaffung aller ihrer Bedürfnisse, also auch der Locale, über besondere dazu bestimmte Fonds disponiren können. Es wird hiebei ein Unterschied zu machen sein zwischen Abtretungen von Objecten, welche dem Domainen-Fiscus eine Einnahme gewährt haben, und solchen, welche keinen Ertrag geliefert haben. Demgemäß bestimme Ich, daß Abtretungen von Domanial-Eigenthum für Betriebszwecke der Post- und Bergwerks-Verwaltung, wenn solches dem Domainen-Fiscus keine Einnahme gewährt hat, ohne Entschädigung des Domainen-Veräußerungs-Fonds stattfinden können, daß dagegen bei definitiver Ueberlassung nutztragender Objecte der Werth der Grundstücke von den vorgedachten Behörden jedesmal bezahlt werden muß.

Berlin, den 30. September 1836.

Friedrich Wilhelm.

An
das Staats-Ministerium.

1640.

Controllirung der Succumbenzstrafen.

Rh. Kassen-Sachen No. 2.

Auf den Bericht vom 6. v. M.,
die Controllirung der Succumbenzstrafen betreffend,
erhalten Ew. Hochwohlgeboren in der abschriftlichen Anlage das in dieser Angelegenheit unterm 30. v. M. an mich ergangene Schreiben des Herrn Finanzministers.

Da derselbe die Regierungen autorisirt hat, für jede Position der Verzeichnisse der zur Rolle gebrachten Appellationen den, bei den Regierungen in Cöln und Trier bisher schon angewendeten, Vergütigungssatz von 10 Centimes aus dem Geldstrafen-Verwaltungs-Fonds an die betreffenden Secretariate zahlen zu lassen, so veranlasse ich Ew. Hochwohlgeboren, nunmehr sämmtliche Secretariate zur Anfertigung der fraglichen Verzeichnisse und deren periodischen Einsendung an die

Regierungen, Behufs Controllirung der Succumbenzgebühren-Einnahme anzuweisen.

Berlin, den 5. November 1836.

Der Justiz-Minister
v. Kamptz.

An
den Königlichen General-Procurator
Herrn Viergans zu Cöln.
E. 3065.

1641.

Wenn die Allerhöchste Bestätigung eines Straferkenntnisses auf eine geringere Strafe erfolgt, als diejenige ist, welche nach der Rheinischen Gesetzgebung den bürgerlichen Tod zur Folge hat, und in dem zur Bestätigung vorgelegten Strafurtheile verhängt war, so tritt der bürgerliche Tod gar nicht ein.

Rh. Crim. No. 65.

Ew. Hochwohlgeboren machen in Ihrem Berichte vom 23. Juli d. J., mit Bezug auf das Rescript vom 14. Juni d. J.*), betreffend den Eintritt des bürgerliches Todes, darauf aufmerksam, daß nach den Art. 26. und 27. des Civilgesetzbuchs der letztere erst vom Tage der Vollstreckung des ihn begründenden Strafurtheils, resp. nach Ablauf von fünf Jahren seit der Vollstreckung in effigie, zur Wirklichkeit gelange. Und allerdings dienen auch diese Gesetzesstellen dazu, den in dem Rescripte ausgesprochenen Satz zu bekräftigen:

> daß, wenn die Allerhöchste Bestätigung auf ein geringeres Strafmaaß erfolgt, als dasjenige, welches nach der Rheinischen Gesetzgebung den bürgerlichen Tod zur Folge hat, und in dem zur Bestätigung vorgelegten Strafurtheile verhängt war, der bürgerliche Tod gar nicht eintritt.

Indessen war es um deswillen erforderlich, in dem angeführten Rescripte auch auf die Natur und Wirkung der Allerhöchsten Bestätigung einzugehen, weil die Berichte eines der Ober-Procuratoren und des General-Procurators, welche dasselbe veranlaßten, von der in Frankreich nicht ohne Vertheidiger gebliebenen Ansicht ausgingen, daß eine Herabsetzung der erkannten Strafe, wenn diese den bürgerlichen Tod an sich zur Folge

*) Band 5. pag. 400.

hätte, den Eintritt desselben nicht hindere, sobald überhaupt das Urtheil, sei es auch nur in einer geringern, an sich den bürgerlichen Tod nicht erzeugenden Strafe, zum Vollzug kommt, weil auch in einem solchen Falle die Vollstreckung der Strafe auf die Verurtheilung sich gründe, und letztere bei eintretendem Vollzuge den bürgerlichen Tod herbeiführe, eine Ansicht, die, wie in Frankreich bekämpft, aus den in dem Rescripte angeführten Gründen noch weniger bei uns Platz greifen kann.

Berlin, den 11. November 1836.

Der Justiz-Minister
v. Kamptz.

An
den Königlichen Chef-Präsidenten des Rheinischen Revisions- und Cassationshofes Herrn Sethe, hier.

E. 2110.

1642.

Verlust der auf den Militair-Pensionsfonds angewiesenen Pensionen der Offiziere und Militairbeamten.

Milit. Justiz-Dept. Gen. 18.

Da Meine Ordre vom 21. Mai 1825 *), die Pensionirung der Beamten und die gerichtliche Entscheidung über den zeitigen oder gänzlichen Verlust der Pension betreffend, sich nur auf solche Beamte bezieht, welche ihre Pension aus dem Civil-Pensionsfonds erheben, es aber nothwendig erscheint, diejenigen Grundsätze gleichfalls gesetzlich auszusprechen, welche von den Gerichten wegen Aberkennung oder Aussetzung der auf den Militair-Pensionsfonds angewiesenen Pensionen der Offiziere und Militairbeamten zu befolgen sind, so bestimme Ich wegen dieser Militair-Pensionen:

1. Wenn der Pensionair zu einer Kriminalstrafe wegen Vergehen verurtheilt wird, welche während seiner Dienstzeit verübt worden sind, und, wenn sie damals zur Sprache gekommen wären, die Kassation desselben zur Folge gehabt haben würden, so ist in dem Straferkenntnisse der gänzliche Verlust der Pension auszusprechen.

2. Wenn der Pensionair im Pensionsstande ein gemeines Vergehen verübt, wofür er im Dienst die Kassation verwirkt hätte, so ist auf den Verlust der Pension, nach der

*) Bd. 5. pag. 12.

Größe des Vergehens, für immer oder für die Dauer der Strafe zu erkennen.

Diese Bestimmungen sind durch die Gesetzsammlung zur öffentlichen Kenntniß zu bringen.

Berlin, den 12. November 1836.

Friedrich Wilhelm.

An
die Minister der Justiz und des Krieges.

1643.

Verfahren bei Aufnahme gerichtlicher Verhandlungen in Civilsachen vor den Gouvernements-Gerichten in den Bundesfestungen Mainz und Luxemburg.

Lit. B. No. 4.

Dem Königl. Ober-Landesgericht wird auf die beiden an den Herrn Justizminister Mühler erstatteten und von demselben an das Militair-Justiz-Departement, als zu dessen Ressort gehörig, abgegebenen Berichte vom 28. Juni und 13. September d. J., unter Rücksendung des, von dem Auditeur S. aufgenommenen Schenkungs-Aktes, eröffnet, daß, da die Verwaltung der Civil-Justiz in den Bundesfestungen Mainz und Luxemburg nicht den daselbst angestellten Auditeuren als selbstständigen Gerichtsverwaltern, sondern den dortigen Gouvernements-Gerichten übertragen ist, der Auditeur selbstständig und für sich allein zur Aufnahme gerichtlicher Verhandlungen nicht befugt, sondern dazu nur als Deputirter des Gouvernements-Gerichts und mithin nur dann befugt ist, wenn er in jedem einzelnen Falle von dem Gouverneur oder dessen Stellvertreter, als dem Vorstande des Gerichts, einen bestimmten Auftrag erhalten hat, event. aber die Verhandlung nur durch nachträgliche Genehmigung des Gouverneurs oder dessen Stellvertreters legalisirt werden kann.

Verschieden hiervon ist die Frage, ob der Gouverneur die Aufnahme eines gerichtlichen Aktes dem Auditeur allein übertragen könne, oder ob er außer dem Auditeur noch eine Militairperson als Beisitzer hiezu kommandiren müsse?

Diese Frage kann nicht anders als dahin beantwortet werden, daß die Gegenwart einer andern kommandirten Militairperson zur Gültigkeit der Verhandlung nur dann nothwendig ist, wenn die Verhandlung nach den allgemeinen Gesetzen nicht von Einem Gerichtsdeputirten allein gültigerweise aufgenommen werden kann, sondern die Zuziehung eines Aktuarius erfordert, ein solcher aber entweder bei dem Gouvernements-Gerichte nicht vorhanden, oder verhindert sein sollte. Denn da die Allerhöchste Cabinetsordre vom 19. Juli 1834 *) No. 1. verordnet, daß die Gouvernements-Gerichte bei Ausübung der ihnen übertragenen Civil-Gerichtsbarkeit sich lediglich nach den Vorschriften des Allgemeinen Landrechts und der Allgemeinen Gerichtsordnung und den späteren gesetzlichen Bestimmungen zu achten haben, so können auch nur diese Vorschriften über die Frage entscheiden: wie das Gericht besetzt sein müsse.

Von diesen Grundsätzen ausgegangen, würde die Gültigkeit der von dem Auditeur S. ohne Concurrenz eines militairischen Beisitzers aufgenommenen Verhandlung keinem Bedenken unterliegen, wenn aus derselben hervorginge, daß er von dem Stellvertreter des Vice-Gouverneurs dazu deputirt worden wäre. Dies ist aber nicht der Fall. Die Requisition des Vice-Gouverneurs selbst reicht nicht hin, da dieser im vorliegenden Falle Parthei war. Eben so wenig kann aus der Vollziehung der Verhandlung durch den Stellvertreter desselben die nachträgliche Genehmigung gefolgert werden, da jene, wie es in der Verhandlung heißt, nur zu mehrerer Beglaubigung geschehen ist. Das hieraus gegen die Gültigkeit der Verhandlung entstehende Bedenken wird jedoch dadurch gehoben werden, wenn der General N. N. nachträglich unter der Verhandlung attestirt:

daß er als Stellvertreter des bei diesem Akte persönlich betheiligten Vice-Gouverneurs den Auditeur S. zur Aufnahme der Verhandlung beauftragt habe,

oder

daß er dieselbe nachträglich genehmige und zum Zeichen der Genehmigung vollzogen habe.

Hiernach hat das Königliche Ober-Landesgericht zu verfahren.

Berlin, den 14. November 1836.

Militair-Justiz-Departement.
v. Kamptz. v. Witzleben.

An
das Königl. Ober-Landesgericht
zu Hamm.

E. 3012.

---

*) Bd. 4. No. 1210.

1644.

Bei Anzeigen über das Ableben von Beamten, welche Staatsgehalt beziehen, ist gleichzeitig zu bemerken, ob dieselben solche Angehörige hinterlassen haben, welche auf das Gehalt des Sterbemonats und Gnadenquartals gesetzlich Anspruch haben.

Offic.=S. No. 67.

Extract.

Es ist neuerlich mehrmals bei Anzeige des Todes von Beamten, welche Staatsgehalt beziehen, unterlassen, gleichzeitig zu bemerken, ob dieselben solche Angehörige hinterlassen haben, welche auf das Gehalt des Sterbemonats und Gnadenquartals gesetzlich Anspruch haben. Da es nun wegen Wiederbesetzung der Stellen solcher Beamten nothwendig ist, von jenem Umstande sogleich Kenntniß zu erlangen, so veranlasse ich Ew. Hochwohlgeboren, davon bei den Todesanzeigen sogleich Anzeige zu machen, und demgemäß die betreffenden Gerichtspersonen anzuweisen.

Berlin, den 15. November 1836.

Der Justiz=Minister
v. Kamptz.

An
den ersten Präsidenten des Königlichen Appellationsgerichtshofes Hrn. Schwarz und an den Königlichen General=Procurator Hrn. Biergans zu Cöln.
E. 3185.

1645.

Ob gegen Personen, welche noch nicht 20 Jahre alt sind, auf den Verlust der National=Cocarde erkannt werden dürfe.

Gen. N. No. 2.

Der Tischlergeselle E. zu N. ist von dem Königlichen Assisenhofe daselbst in der Sitzung vom 11. April d. J. nach Fol. 64 der anliegenden Akten für schuldig erklärt, in der Nacht vom 6. auf den 7. Januar d. J. aus dem Wohnhause des Gastwirths S. zu N. mittelst innern Einbruchs eine Summe Geldes entwendet zu haben und ist demzufolge zu einer Zwangsarbeitsstrafe von fünf Jahren und lebenslänglicher Polizeiaufsicht verurtheilt worden. Dagegen ist auf den Verlust der

National-Cocarde nicht erkannt, indem man, wie der Königliche Ober-Procurator zu N. auf diesseitige Veranlassung, berichtet hat, in einer, bei den Akten nicht befindlichen, Ausfertigung des Urtheils als Grund dafür angeführt hat, daß das Verbrechen, dessen der Angeschuldigte für überführt erklärt worden, in Gemäßheit der Verordnung vom 22. Februar 1813*) zwar den Verlust des Rechts zur Tragung der National-Cocarde nach sich ziehe, der Verlust dieses Rechts gegen den Angeschuldigten aber nicht ausgesprochen werden könne, weil derselbe erst 18 Jahr alt sei und daher überhaupt noch nicht das Recht habe, die National-Cocarde zu tragen.

Es bedarf indeß keiner weiteren Ausführung, daß diese Ansicht nicht die richtige ist, da abgesehen davon, daß der §. 1. der erwähnten Allerhöchsten Verordnung nur bestimmt, daß diejenigen, welche das 20ste Jahr zurückgelegt haben, die National-Cocarde tragen sollen, nicht aber, daß sie ausschließlich zur Tragung derselben berechtigt seien, dies Recht auch ein dauerndes ist und der Grund des Gesetzes kein anderer sein kann, als diejenigen, welche früher oder später entehrender Verbrechen sich schuldig gemacht, von diesem Rechte auszuschließen.

Ew. Hochwohlgeboren werden daher veranlaßt, die Königlichen Ober-Procuratoren hiernach zu instruiren und die anliegenden Untersuchungsakten an den Königl. Ober-Procurator zu N. zurückgehen zu lassen.

Berlin, den 16. November 1836.

Der Justiz-Minister
v. Kamptz.

An
den Königl. General-Procurator
Herrn Biergans zu Cöln.
F. 2681.

1646.

Aufbewahrung der Notarialversteigerungsprotokolle und Ertheilung executorischer Ausfertigungen davon durch denjenigen Notar, welcher sie aufgenommen hat und später Cessionar des Erlöses geworden ist.

Rheinpr. Offic.-S. 30.

a.

Auf den Bericht vom 29. Juli c. betreffend
die Aufbewahrung von Notarialversteigerungsprotokollen und Ertheilung executorischer Ausfertigungen durch den-

*) Bd. 1. pag. 207.

jenigen Notar, welcher sie aufgenommen und später Cessionar des Erlöses geworden ist,

eröffne ich Ew. Hochwohlgeboren, daß wenn es auch zweifelhaft sein mag, ob mit Rücksicht auf den, blos von streitigen Rechten und Ansprüchen handelnden Art. 1597. des Civilgesetzbuchs, die Cession solcher nicht streitigen Forderungen, welche auf einem Notarialakte beruhen, an denjenigen Notar, welcher diesen Akt aufgenommen, nichtig sei oder nicht, der Satz doch nicht zu bezweifeln ist, daß ein solcher Notar nach erfolgter Cession nicht ferner Depositar des Aktes bleiben kann. Mit dem Eintritte der Cession wird der Cessionar Interessent bei dem Akte, und der Art. 37. der Notariatsordnung *) bestimmt ausdrücklich, daß von keiner Urkunde die Urschrift an die Interessenten abgegeben werden, oder mit andern Worten, daß sie nicht in den Händen eines der Interessenten sein dürfe, woraus denn offenbar folgt, daß sobald, sei es durch Erbfall oder Cession oder auf andere Weise, der Depositar Interessent bei einem von ihm aufbewahrten Akte wird, er aufhören müsse, Depositar zu sein.

Es folgt dies eben so aus der Verfügung der Art. 19. und 39. ibid., indem aus dem erstern die sich ohnehin von selbst verstehende Regel ergiebt, daß kein Notar in eigener Sache Amtshandlungen vornehmen darf, indem ferner die Ertheilung von Ausfertigungen Amtshandlung ist und nach der letztern Gesetzesstelle das Recht, Ausfertigungen oder Auszüge zu ertheilen, nur dem Notar zustehet, welcher im Besitze der Urschrift ist. Denn da die Interessenten gesetzlich befugt sind, Ausfertigungen ihrer Akte zu fordern, und dies ihnen nicht entzogen werden kann, so muß derjenige Notar, welcher, weil er selbst Interessent bei einem Akte ist, Ausfertigungen davon nicht mehr ertheilen kann, die Urschrift an einen nicht betheiligten Notar abgeben, damit jenes Recht den übrigen Interessenten gesichert bleibe.

Wie dies geschehen müsse, ergiebt die Analogie der Artikel 54. seq. der Notariats-Ordnung, die hier um so mehr Platz greift, als der Notar, der sich zum Interessenten an einer Urkunde macht, in Bezug auf diese freiwillig sein Amt aufgiebt.

Sobald nämlich der Notar bei einer der von ihm aufgenommenen und bewahrten Urkunden Interessent wird, muß er, vermöge seiner Amtspflicht, deren Verletzung im Wege der

*) Bd. 2. pag. 245.

Disciplin zu ahnden ist, hiervon dem Ober-Procurator Anzeige machen, und dabei angeben, an welchen andern Notar er die Urschrift zur Aufbewahrung abgeben wolle. Erfolgt diese letztere Angabe nicht freiwillig oder auf Erfordern des Ober-Procurators, wenn dieser die Existenz des in Rede stehenden Falles in Erfahrung bringt, so muß durch das Landgericht ein vorläufiger Verwahrer, auf Antrag des Ober-Procurators, bestimmt, und die Urkunde an denselben abgegeben werden. Ebenso erfolgt nach Art. 55. u. f. die Ernennung des definitiven Verwahrers. Doch bedarf es in einem solchen Falle der in diesem Art. verordneten Bekanntmachung durch das Amtsblatt nicht; es wird vielmehr genügen, den im Akte bezeichneten Interessenten von dem Geschehenen Nachricht zu geben. Die erfolgte Abgabe des Aktes ist im Repertorium des abgebenden Notars zu vermerken, und es sind die darüber sprechenden Urkunden, nebst einer beglaubten Abschrift des Aktes, zu den Urschriften dieses Notars zu bringen.

Berlin, den 17. November 1836.

Der Justiz-Minister
v. Kamptz.

An
den Königl. Ober-Procurator
Herrn Geheimen Justizrath
Heintzmann zu Trier.

b.

Ew. Hochwohlgeboren erhalten beifolgend Abschrift einer unter heutigem Datum an den Ober-Procurator zu Trier erlassenen Verfügung zur Nachricht, Nachachtung und um danach die betreffenden Justizbehörden und Beamten zu instruiren.

Berlin, den 17. November 1836.

Der Justiz-Minister
v. Kamptz.

An
den Königl. General-Procurator
und Geheimen Ober-Justizrath
Herrn Biergans zu Cöln.

K. 2269.

cf. Düsseldorfer Amtsbl. 1836. pag. 434.

1647.

Erfordernisse, welchen die Gerichtsbehörden im ostrheinischen Theile des Regierungsbezirks Coblenz bei ihren Requisitionen auf Verhaftung und Auslieferung flüchtiger Verbrecher aus den Niederlanden und Belgien zu genügen haben.

Auslieferungen No. 1.

a.

Ew. Hochwohlgeboren erhalten das nebst seinen Anlagen abschriftlich beigefügte Schreiben des Königl. Ministeriums der auswärtigen Angelegenheiten vom 4. d. M.,

betreffend die Erfordernisse, welchen die Preußischen Gerichtsbehörden, bei denen das französische Gerichtsverfahren nicht Anwendung findet, bei ihren nach den Niederlanden zu erlassenden Requisitionen auf Verhaftung und Auslieferung flüchtiger Verbrecher zu genügen haben,

zur Nachricht.

In dem beiliegenden Formulare ist vorkommenden Falls dort das geltende Criminalrecht im Allgemeinen, oder, wenn die Umstände dies zulassen, ein specielles Gesetz, resp. in den, nach dem A. L. R. zu beurtheilenden, Sachen die betreffende Stelle dieses Gesetzbuches zu allegiren.

Berlin, den 18. November 1836.

Der Justiz-Minister
v. Kamptz.

An
den Königl. Justiz-Senat
zu Coblenz.

E. 3075.

b.

Ew. Excellenz beehrt sich das unterzeichnete Ministerium im Verfolg seines Schreibens vom 16. v. M. ganz ergebenst davon Mittheilung zu machen, daß sich das Königliche Niederländische Gouvernement gegenwärtig auch Hinsichts der Erfordernisse schließlich geäußert hat, welchen diejenigen Preußischen Gerichtsbehörden, bei denen das Französische Gerichtsverfahren nicht Anwendung findet, bei ihren nach den Niederlanden zu erlassenden Requisitionen auf Verhaftung und Auslieferung flüchtiger Verbrecher zu genügen haben.

Nach vorgängiger Communication mit des Herrn Justizministers Mühler Excellenz war nämlich dem Niederländischen

Gouvernement das in Abschrift hier anliegende Formular nebst französischer Uebersetzung durch den Königlichen Gesandten im Haag diesseits mit der Anfrage mitgetheilt worden: ob man dortseits in den Fällen, wo die Auslieferung eines diesseitigen Verbrechers materiell keinem Bedenken unterliegen würde, die Beibringung einer Verfügung des diesseitigen betreffenden Gerichts in der Fassung, wie solche das gedachte Formular ergiebt, für genügend erachten würde, um auf Grund derselben die betreffenden dortseitigen Behörden, mit Rücksicht auf den Stand der jenseitigen Gesetzgebung in dieser Hinsicht, zur Genügung der Requisition auf Verhaftung und Auslieferung des Angeschuldigten anweisen zu können.

In Folge dessen hat das Niederländische Ministerium gegenwärtig erklärt, daß das gedachte Formular den dortigen gesetzlichen Erfordernissen vollkommen Genüge leiste. Es ist indessen dabei als nothwendige Bedingung hervorgehoben worden, daß die zu erlassenden Requisitions-Verfügungen stets mit dem Siegel der Gerichtsbehörde, von welcher sie ausgehen, versehen seien, und daß die Uebersendung dieser Documente, so wie jeder Auslieferungs-Antrag, immer auf diplomatischem Wege erfolge.

Der ersteren dieser Bedingungen ist bereits durch das Formular selbst vorgesehen, in welchem das Erforderliche wegen Hinzufügung des Siegels der requirirenden Gerichtsbehörde schon angedeutet ist. Was ferner die Beförderung der Requisitionen im gesandtschaftlichen Wege betrifft, so hatte das unterzeichnete Ministerium sich schon vor Mittheilung jenes Formulars, dessen sich diejenigen der diesseitigen Gerichte, bei welchen das Französische Recht nicht gilt, künftig in allen derartigen Fällen bedienen sollen, mit des Herrn Justizministers Mühlers Excellenz darüber verständigt: daß, der Regel nach, die Obergerichte ihre eignen diesfälligen Requisitions-Verfügungen, so wie die ihrer Untergerichte hierher einzusenden haben, damit sie, durch Vermittelung des unterzeichneten Ministeriums, an die Königliche Gesandtschaft im Haag zur weiteren Beförderung übermacht würden, daß dagegen die jenseits der Elbe belegenen Obergerichte in besonders schleunigen Fällen ausnahmsweise befugt sein sollen, ihre Requisitionen unmittelbar an die Königliche Gesandtschaft im Haag zu übersenden.

Mit Rücksicht auf diese, schon früher mit des Herrn Justizministers Mühler Excellenz getroffenen Verabredungen, entspricht daher die Rückäußerung des Niederländischen Gouvernements überall den diesseitigen Wünschen, wovon das unterzeichnete Ministerium heut den ebengedachten Herrn Minister mit dem Ersuchen in Kenntniß gesetzt hat, nunmehr die betreffenden Gerichtsbehörden seines Ressorts mit der erforderlichen Anweisung zu versehen.

Indem das unterzeichnete Ministerium Ew. Excellenz ganz ergebenst anheimstellt, auch den betreffenden Gerichtsbehörden Dero Ressorts, insbesondere auf der rechten Rheinseite, die hierunter etwa erforderlich scheinenden Anweisungen geneigt zugehen lassen zu wollen, bemerkt es zugleich, daß in eben der Art, wie mit der Niederländischen Regierung, auch Verhandlungen mit dem Königlichen Französischen und dem Belgischen Gouvernement stattgefunden haben. Das Letztere hat, mit Rücksicht auf die unter dem 29. Juli d. J. *) abgeschlossene Convention wegen gegenseitiger Auslieferung flüchtiger Verbrecher, ebenfalls das gedachte Formular als genügend anerkannt, insofern nur in der gesandtschaftlichen Note, wodurch die Extradition nachgesucht wird, die Erklärung enthalten sei: daß die beigehende Requisition von der competenten Gerichtsbehörde und in den gesetzlichen Formen erlassen sei. Von der Königlichen Französischen Regierung ist dagegen zur Zeit noch keine Rückäußerung erfolgt. In dieser Beziehung behält sich daher das unterzeichnete Ministerium eine weitere Mittheilung ganz ergebenst vor.

Berlin, den 4. November 1836.

Ministerium der auswärtigen Angelegenheiten.
gez. Eichhorn.

An
des Königl. Geheimen Staats- und Justiz-Ministers Herrn v. Kamptz
Excellenz.

c.

Formulare.

Der unten näher bezeichnete Johann Friedrich S. ist dringend verdächtig (überführt, geständig), das ꝛc. Verbrechen ꝛc. verübt

(z. B. eine in der Nacht vom 1. zum 2. Januar d. J. im Dorfe Schöneberg stattgehabte Feuersbrunst, wodurch 6 Gehöfte in Asche gelegt sind, und ein Schade von 9000 Rthlr. Preußisch Courant entstanden ist, vorsätzlich verursacht)

zu haben.

Wegen dieses Verbrechens, welches der §. . . . des Allgemeinen Landrechts für die Preußischen Staaten (des Gesetzes vom . . ten . . . .) mit der Todesstrafe des . . . . (lebenswieri-

*) Bd. 5. pag. 429.

ger, ...jähriger ....Strafe) ahndet, ist in Folge Decrets vom ..... die Eröffnung der Criminal-Untersuchung gegen den Johann Friedrich S. beschlossen, und auf den Grund des §. . . . der Criminal-Ordnung für die Preußischen Staaten dessen Verhaftung und Einbringung zum Untersuchungs-Arreste verfügt worden;

(oder: und der Angeschuldigte auf den Grund des §.... rc. zum Untersuchungs-Arreste gebracht worden)

da derselbe sich jedoch der Verhaftung durch die Flucht entzogen hat,

(oder: da derselbe jedoch im Laufe der Untersuchung aus dem Gefängnisse entsprungen ist, und sich der Wiederverhaftuug durch die Flucht entzogen hat)

so ersucht das unterzeichnete Gericht, als das zur Führung der Untersuchung competente Criminalgericht, alle in- und ausländische Gerichts- und Polizei-Behörden, auf den Johann Friedrich S. zu vigiliren, ihn im Betretungsfalle zu verhaften und hieher abliefern zu lassen. Der rc. S. ist

(hier folgt die Personsbeschreibung.)

Vorstehende Requisition ist unter Amtssiegel und geordneter Unterschrift ausgefertigt.

Berlin, den .....

(L. S.) (Unterschrift des betreffenden Criminalgerichts.)

(Legalisations-Attest des Obergerichts.

Desgl. des Königl. Justiz-Ministerii.

Desgl. des Ministeriums der auswärtigen Angelegenheiten.

Desgl. des Französischen, Niederländischen oder Belgischen Gesandten hierselbst.)

1648.

Wegen der den Subalternen-Beamten als Auszeichnung zu verleihenden Rathstitel.

Lit. T. No. 1.

Ich bin mit den in Ihrem Berichte vom 20. v. M. vorgetragenen Grundsätzen einverstanden und bestimme daher, daß die Vorschläge zur Verleihung des Justizraths-Titels an Subalternen-Beamte künftig auf die expedirenden Secretarien des Justiz-Ministeriums, des Geheimen Ober-Tribunals, des Revisions- und Kassationshofes, ferner auf die Sekretarien des Kammergerichts und des Churmärkschen Pupillen-Collegiums, welche

Referendarien gewesen sind, so wie auf solche Subaltern-Beamte der Obergerichte, welche früher Richterstellen bekleideten und ihr Richteramt gegen die Stelle eines Secretairs ꝛc. bei einem Oberlandesgerichte vertauscht haben, beschränkt werden sollen. Für die übrigen Subaltern-Beamten der Justiz-Verwaltung bleibt, nach ihren Verhältniss.n, der Hofraths- und resp. Rechnungsraths-Titel vorbehalten.

Berlin, den 19. November 1836.

Friedrich Wilhelm.

An
die Staats- und Justiz-Minister
v. Kamptz und Mühler.

K. 3234.

1649.

Wenn völlig instruirte Sachen wegen Mangels an Zeit vor die Assisen nicht haben gebracht werden können, so ist die bis zur nächsten Assise verflossene Zeit den Verurtheilten auf die Strafe anzurechnen.

Rh. Crim. No. 21. Vol. II.

Ew. Wohlgeboren erhalten beigehend die Untersuchungs-Akten gegen den Dienstknecht W. und das Urtheil des Königlichen Revisions- und Cassationshofes über das Cassationsgesuch des Verurtheilten zur weiteren Veranlassung und mit dem Bemerken, daß, da diese völlig instruirte Sache wegen Mangel an Zeit nicht in der im Frühjahr abgehaltenen Assise hat verhandelt werden können, die bis zur nächsten Assise verflossenen drei Monate dem W. auf dessen Strafzeit angerechnet werden müssen.

Berlin, den 19. November 1836.

Der Justiz-Minister
v. Kamptz.

An
den Königlichen Ober-Procurator
Herrn Grundschöttel zu Cöln.

F. 3013.

1650.

Aufhebung des unbedingten Verbots des Besuchs der Universitäten zu Erlangen, Würzburg und Heidelberg.

Gen. Lit. U. No. 1.

Durch Meine an das Staatsministerium heut ergangene Ordre habe Ich Meinen Erlaß vom 20. Mai 1833 *), das Verbot des Besuchs fremder Universitäten enthaltend, modifizirt und das unbedingte Verbot des Studirens der Inländer auf den Universitäten zu Erlangen, Würzburg und Heidelberg außer Kraft gesetzt, indem Ich Sie autorisirt habe, auch zum Besuche dieser drei Universitäten Ihre Erlaubniß zu ertheilen. Sie haben diesem gemäß in vorkommenden Fällen zu verfahren und den gegenwärtigen Erlaß durch die Gesetzsammlung bekannt zu machen.

Berlin, den 21. November 1836.

Friedrich Wilhelm.

An
den Staats-Minister Freih. v. Altenstein.

1651.

Receptionsfähigkeit der Beamten in die Allgemeine Wittwen-Verpflegungs-Anstalt.

(Düsseldorfer Amtsblatt pag. 442.)

Da das Königliche Ministerium des Innern für Gewerbe-Angelegenheiten uns neuerlich zur Pflicht gemacht hat, bei eigener Verantwortlichkeit die Receptionsfähigkeit der zur Aufnahme in unsere Anstalt sich meldenden Beamten aufs sorgfältigste zu prüfen, und nur denjenigen, welche nach der Allerhöchsten Cabinetsordre vom 27. Februar 1831 noch receptionsfähig sind, den Beitritt zn gestatten, so finden wir uns veranlaßt, mit Bezugnahme auf die, unterm 18. Mai 1835 **) von uns bekannt gemachten neuesten Bestimmungen festzusetzen, daß künftig

ad 1. a. nur diejenigen Staatsbeamten, welche bei den Regierungen und Ober-Landesgerichten, oder anderen höhern

*) Band 5. pag. 23.
**) Band 5. pag. 132.

Landes-Collegien, als wirkliche Räthe angestellt sind, ohne Beibringung von Gehalts-Attesten recipirt werden können, alle andern aber dergleichen Atteste über die Höhe ihres Gehalts und ihre definitive Anstellung beizubringen haben;

ad 1. c. die Schullehrer sich durch Atteste der ihnen vorgesetzten Königlichen Regierungen darüber auszuweisen haben, daß sie an einer höhern oder allgemeinen Stadtschule im Sinne der Allerhöchsten Cabinetsordre vom 17. April 1820, und zwar nicht bei einer Elementarklasse derselben angestellt sind.

Es hat daher ein Jeder, welcher unserer Anstalt beitreten will, seinem diesfälligen Antrage, außer den reglementsmäßigen Bescheinigungen, auch das nach vorstehenden Bestimmungen erforderliche Attest beizufügen.

Uebrigens aber müssen die Anträge nebst den vollständigen Documenten in jedem Termine bis spätestens den 1. April und 1. October bei uns eingehen, weil wir die Aufnahme-Termine mit dem 20sten Tage der gedachten Monate unbedingt schließen, daher später oder mangelhaft eingehende Anmeldungen nicht mehr berücksichtigen, sondern zum nächsten Termine verweisen werden.

Berlin, den 24. November 1836.

General-Direction der Königlichen allgemeinen Wittwen-Verpflegungs-Anstalt.

Graf v. d. Schulenburg. Freih. v. Monteton.

1652.

Genehmigung der Verzichtleistung der Forstbeamten, Feldhüter rc. auf Bestrafung der ihnen als gerichtliche Polizeibeamte zugefügten Injurien.

Rh. Crim. No. 52.

a.

Mit Ew. Hochwohlgeboren bin ich, wie ich Ihnen auf den Bericht vom 31. v. M. unter Rücksendung der Untersuchungs-Akten wider den rc. K. eröffne, einverstanden, daß die durch den Oberförster S. erfolgte Genehmigung der Verzichtleistung des Hülfsförsters R. auf die Bestrafung des K. wegen der dem R. in seiner Eigenschaft als gerichtlichen Polizeibeamten zugefügten Injurie nicht genügend ist, sondern die Verzichtleistung nach der Allerhöchsten Cabinetsordre vom 20.

Dezember 1834 *) und Artikel 17. des Code d'instr. crim. Ihrer Genehmigung bedarf. Ich autorisire Sie jedoch, diese nachträglich zu ertheilen, und von dieser Verfügung die korrectionelle Appellations-Kammer des Königlichen Landgerichts in Kenntniß zu setzen.

Zugleich übersende ich Ihnen nachträglich auf Ihren frühern Bericht vom 26. Januar d. J. in der Untersuchungssache wider B. Abschrift der über die in Anregung gebrachte Frage von dem General-Procurator Eichhorn am hiesigen Revisions- und Kassationshofe erforderten gutachtlichen Aeußerung vom 9. März d. J., um dieselbe gleichfalls dem dortigen Landgerichte mitzutheilen.

Berlin, den 25. November 1836.

Der Justiz-Minister
v. Kamptz.

An
den Königlichen Ober-Procurator
Herrn Geheimen Justizrath
Heintzmann zu Trier.

F. 3023.

b.

Hinsichtlich der Frage, worüber Ew. Excellenz durch hohes Rescript vom 16. vorigen Monats mich gutachtlich zu äußern mir befohlen haben,

„ob nämlich eine Königliche Regierung als die vorgesetzte Dienstbehörde eines Feldhüters zu betrachten sei?“

kann ich in Bezug auf den besondern Gegenstand, wovon es sich in dem Bericht des Königlichen Ober-Procurators bei dem Landgerichte zu Trier vom 26. Januar handelt, mit dessen Ansicht mich nur einverstanden erklären.

Die Feldhüter stehen als Beamte der gerichtlichen Polizei unter der Aufsicht (surveillance) des Ober-Procurators, — unbeschadet jedoch ihrer Subordination zu ihren Vorgesetzten in der Verwaltung, — sagt der Art. 17. der Criminal-Prozeßordnung.

Die allgemeine Regel der gerichtlichen Oberaufsicht leidet also keine Ausnahme, als in sofern von dem persönlichen Verhältniß jener Angestellten zu der Verwaltung, von ihrer Ernennung, Suspension oder Absetzung, von besondern administrativen Anordnungen in ihrer Hinsicht die Rede ist, und dem öffentlichen Ministerium bleibt es daher hauptsächlich vorbehalten, sowohl die Excesse derselben in und bei der Ausübung ih-

*) Band 4. No. 1264.

res Dienstes zu rügen, als auch ihre Autorität gegen fremde Angriffe und Frevel zu schützen.

Dieser letztere Theil der Oberaufsicht umfaßt nothwendig die Repression der Beleidigungen, die dem Feldhüter in seinen Verrichtungen zugefügt werden, und welche, da sie die ihm so nothwendige Achtung vermindern, auf die öffentliche Ordnung nachtheilig wirken.

In einem solchen Falle kann es wohl die Absicht der Allerhöchsten Cabinetsordre vom 20. Dezember 1834 nicht sein, daß es bloß einer Genehmigung von Seiten der Verwaltungsbehörde, die doch nur das persönliche Interesse zu prüfen hat, bedürfe, damit bei eintretendem Verzicht des beleidigten Feldhüters auf Bestrafung seines Beleidigers von aller ferneren Verfolgung abstrahirt werde; und wenn auch den Königlichen Regierungen die Befugniß zustehen mag, einem Feldhüter die Verzichtleistung zu untersagen, so scheint doch die entgegengesetzte Frage, nämlich ob sie stattfinden dürfe, der Prüfung jenes Beamten zu unterliegen, der mit der Handhabung der öffentlichen Ordnung beauftragt ist, und dem die oben angeführte Gesetzesstelle die Oberaufsicht über die Feldhüter ausdrücklich anvertraut.

Die mir hochgeneigtest mitgetheilten Piecen remittire ich andurch ganz gehorsamst.

Berlin, den 9. März 1836.

Der General-Procurator
Eichhorn.

An
des Königl. Wirklichen Geheimen Staats- und Justiz-Ministers Hrn. v. Kamptz
Excellenz.

E. 728.

1653.

Zulässigkeit der Aufnahme eines Inventars bei entgegenstehenden testamentarischen Verfügungen.

Gen. No. 72. Vol. II.

a.

Ew. Excellenz beehre ich mich, den anliegenden Bericht des Friedensgerichts zu Boppard vom 13. v. M. nebst sämmtlichen Anlagen mit dem ganz gehorsamsten Bemerken zurückzureichen, daß bereits bei Abfassung des Civilgesetzbuchs und bei den darüber stattgehabten Discussionen die Frage erhoben wurde:

ob ein Testator berechtigt sei, den Nießbraucher von der gesetzlichen Verpflichtung zur Anfertigung eines Inventars zu entbinden?

Sowohl der Consul Cambacères als auch der Staatsrath Treilhard nehmen keinen Anstand, die Frage bejahend zu beantworten, und zwar aus dem einfachen Grunde, weil dem Testator, welcher die Proprietät seines Vermögens dem instituirten Erben habe entziehen können, auch das Recht zustehen müsse, den Usufructuar von der gesetzlichen Verbindlichkeit zur Anfertigung eines Inventars zu befreien (Merlin rep. mot. usufruct. §. II.). Gegen die Richtigkeit dieser Ansicht finde ich nichts zu erinnern, wenn keine Pflichttheilsberechtigten vorhanden sind, sohin zur Ermittelung der denselben gebührenden Quote eine nähere Feststellung der Erbschaft nicht erforderlich ist.

Ob indessen die Entbindung des Usufructuars von der Errichtung eines Inventars auch die instituirten Erben von der Befugniß ausschließe, dasselbe auf ihre Kosten anfertigen zu lassen, ist eine andere Frage, welche von den Gerichtshöfen Frankreichs bald bejahend, bald verneinend entschieden worden ist. Meines Dafürhaltens kann in einem solchen Falle den instituirten Erben die Befugniß zur Aufnahme eines Inventars mit Grund nicht bestritten werden, weil eines Theils durch die Entbindung des Usufructuars von der Verbindlichkeit zur Anfertigung des Inventars das Recht des instituirten Erben zur Aufnahme desselben nicht ausgeschlossen wird und gesetzlich auch nicht ausgeschlossen werden kann, ohne die Bestimmungen zu verletzen, welche der Gesetzgeber selbst im Interesse der öffentlichen Ordnung zu treffen sich veranlaßt gefunden hat.

Zur näheren Rechtfertigung dieser Ansicht bemerke ich ganz gehorsamst, daß nach den Art. 793. u. f. die Rechtswohlthat des Inventars zu dem Ende eingeführt worden ist, damit der Erbe den Bestand der Erbschaft genau prüfen und hienach sich bestimmen könne, ob er die Erbschaft unbedingt oder nur sub beneficio inventarii antreten, oder aber auf dieselbe gänzlich verzichten wolle. Dieses Recht erhält der Erbe durch das Gesetz und nicht durch den Testator, und da Letzterer nicht die Befugniß hat, den eingesetzten Erben zu zwingen, die Erbschaft entweder unbedingt anzunehmen oder auszuschlagen, so folgt hieraus von selbst, daß er auch nicht befugt sein kann, dem instituirten Erben das Recht zu entziehen, durch Aufnahme eines Inventars den Bestand der Erbschaft zu ermitteln, um hiernach über die Annahme oder Entsagung derselben sich zu bestimmen. Die Rechte des Usufructuars werden hierdurch nicht verletzt, und hat derselbe daher auch keine Qualifikation, sich der Aufnahme eines Inventars zu widersetzen. Am allerwenigsten aber kann er ein solches Widerspruchsrecht ausüben, wenn die instituirten Erben oder einer derselben die Großjährigkeit noch nicht erreicht haben, indem in einem solchen Falle die anerfallene Erbschaft nach der klaren Bestimmung des Art. 461. des Civilgesetzbuchs selbst unter Autorisation des Familienraths nicht anders, als unter der gesetzlichen Rechtswohlthat, und unter der Bedingung, daß vorläufig ein Inventar errichtet werde, angenommen werden kann. — Diese Bestimmung gehört offenbar zur öffentlichen Ordnung und hat daher in jüngeren Zeiten die französische Jurisprudenz sich fast einstimmig, dahin ausgesprochen, daß die dem Usufructuar erlassene Verbindlichkeit zur Anfertigung eines Inventars das Recht der instituirten Erben zur Aufnahme desselben nicht ausschließe, und daß der Testator eine solche Aufnahme zu verbieten nicht befugt sei (Sirey receuil general tom. 32. II. p. 322. Duranton Cours de Droit francais Tom. IV. No. 599).

Wiewohl nun der rheinische Appellationsgerichtshof noch keine Veranlassung gehabt hat, über die vorgedachte Frage sich auszusprechen, so zweifle ich doch keinen Augenblick, daß er in vorkommenden Fällen keinen Anstand nehmen wird, nach den erwähnten Grundsätzen zu entscheiden, und steht es demnach sehr zu bedauern, daß W. als gesetzlicher Vormund seiner minderjährigen Tochter bei der Procedur über die Siegelanlegung als Intervenient aufgetreten ist, anstatt gegen den ꝛc. K. als Usufructuar auf die Gestattung der Aufnahme eines Inventars des zur Erbschaft gehörigen Vermögens zu klagen, insofern diese Aufnahme verweigert wurde.

Die unterm 10. September 1835 stattgehabte Siegelanlage auf das Vermögen der bereits im Jahre 1829 verstorbenen Testirerinn E. erscheint eben so zwecklos als unzulässig, indem auf diesem Wege der Bestand der Erbschaft nicht mehr ermittelt, sohin dasjenige, was unter Siegel gelegt werden sollte, nicht mehr festgestellt werden konnte, und nach Anleitung der Art. 451. und 795. des Civilgesetzbuchs und des Art. 913. der Civilprozeßordnung die Absicht des Gesetzgebers sich nicht verkennen läßt, daß dergleichen Versiegelungen entweder vor oder doch bald nach stattgehabter Beerdigung vorgenommen werden sollen.

Das Königliche Landgericht zu Coblenz hat daher durch Urtheil vom 4. Dezember v. J. meines Erachtens mit Recht die stattgehabte Siegelanlage vernichtet, und dürfte der ꝛc. W. daher zu veranlassen sein, den ꝛc. K. wegen Gestattung der Aufnahme eines Inventars gerichtlich zu belangen, insoweit er fernerhin die Errichtung desselben nicht bewilligen möchte. Wenn Ew. Excellenz es genehmigen, so werde ich den Friedensrichter zu B. hiernach bescheiden, und stelle daher ehrerbietigst anheim, dieserhalb das Geeignete hochgeneigtest beschließen zu wollen.

Cöln, den 13. November 1836.

Der General-Procurator
Biergans.

An
des Königlichen Wirklichen Geheimen
Staats- und Justiz-Ministers,
Herrn v. Kamptz, Excellenz.

b.

Ew. Hochwohlgeboren erhalten den mittelst Berichts vom 13. d. M. wieder eingereichten Bericht des Friedensrichters S. zu B. vom 13. v. M., die Errichtung der Inventarien und Vermögensverzeichnisse in Vormundschafts-Sachen betreffend, nebst dessen Anlagen beigehend zurück, um den Referenten nach den in Ihrem Berichte entwickelten Ansichten, welche ich nur billigen kann, zu bescheiden.

Berlin, den 25. November 1836.

Der Justiz-Minister
v. Kamptz.

An
den Königlichen General-Procurator
Herrn Biergans zu Cöln.

E. 3290.

1654.

Die von dem öffentlichen Ministerio zur Aufrechthaltung und Vollziehung der Gesetze verlangten Ausfertigungen und Abschriften müssen die Secretariate unentgeltlich ertheilen, wenn kein zur Tragung der Kosten Verpflichteter vorhanden ist.

Rh. Gen. No. 69.

a.

Auf den Bericht vom 7. Oktober d. J. erwiedere ich Einer Königlichen Hochlöblichen Regierung, daß die in der Liquidation der Gebühren des Secretariats des Landgerichts zu Cleve pro April bis Juli d. J. liquidirten Ausfertigungsgebühren betreffend die Protokolle über Vereidung von Justizbeamten, Anweisung der Wohnsitze derselben und Abschriften zu den General-Akten mit Recht aus dem Criminalfond nicht bewilligt worden sind, und nicht bewilligt werden können.

Der Art. 2. des Dekrets vom 18. Juni 1811 bezeichnet nämlich genau die Kosten, welche der Criminalfond zu tragen hat, und schließt im Art. 3. alle sonstigen Kosten davon aus. In jenem ist von den oben angegebenen Gebühren, welche das Sekretariat zu Cleve liquidirt hat, keine Rede, und mithin passiren sie aus dem Criminalfond nicht. Sie können auch aus einem andern Fond nicht gewähret werden, da zu solchen Ausgaben keiner bestimmt ist.

Der Art. 122. in Verbindung mit den Art. 121. und 120. des Dekrets vom 18. Juni 1811, schließt aber ausdrücklich dergleichen Gebühren von jeder Vergütung aus, indem er bestimmt, daß in allen Fällen, in welchen das öffentliche Ministerium um das Ansehen der Gesetze aufrecht zu erhalten und ihre Vollziehung zu sichern handelt, und kein zur Tragung der Kosten Verpflichteter vorhanden ist, keine andere Gebühren passiren sollen, als für Huissiers und Zeugen, mithin keine Gerichtsschreibergebühren.

Wenn also vom öffentlichen Ministerio die oben angegebenen Abschriften verlangt werden, um dadurch die erfolgte Befolgung der Gesetze in den Personal-Akten zu constatiren, oder das Ansehen bestehender Anordnungen aufrecht zu erhalten, so müssen sie unentgeltlich demselben ertheilt werden.

Berlin, den 25. November 1836.

Der Justiz-Minister
v. Kamptz.

An
Eine Königliche Hochlöbliche Regierung
zu Düsseldorf.

E. 3199.

b.

Ew. Hochwohlgeboren erhalten auf den Bericht vom 7. November d. J. beifolgend Abschrift der unter heutigem Tage an die Königliche Regierung zu Düsseldorf erlassenen Verfügung zur Nachricht und Nachachtung und um davon die betreffenden rheinischen Gerichtsbehörden in Kenntniß zu setzen.

Berlin, den 25. November 1836.

Der Justiz-Minister
v. Kamptz.

An
den Königlichen General-Procurator
und Geheimen Ober-Justizrath
Herrn Biergans zu Cöln.

1655.

Bei welchen Civilstellen, die mit 12 Jahr gedienten Unteroffizieren und versorgungsberechtigten Militair-Invaliden besetzt werden, eine Probedienstleistung erforderlich ist.

Rh. Offic.-Sachen No. 54.

Das Königliche Staats-Ministerium hat auf die Frage: bei welchen Civilstellen unter denen, die mit 12 Jahr gedienten Unteroffizieren und versorgungsberechtigten Militair-Invaliden besetzt werden, eine Probedienstleistung nicht für erforderlich zu achten sei?

den Beschluß gefaßt:

1) den Probedienst im Interesse der Staatsverwaltung bei allen denjenigen Kategorien subalterner Staatsämter für erforderlich zu erachten, deren Besetzung rücksichtlich der an die Qualification und die Persönlichkeit des Anzustellenden zu machenden Aufforderungen, eine besondere Vorsicht und Aufmerksamkeit erheische, und zwar:
   - bei allen Beamtenstellen, welche die Qualification zu Rechnungs-, Kanzlei- und andern nicht blos mechanischen Arbeiten erfordern;
   - bei allen Stellen, welche dem Dienste der executiven Polizei angehören;
   - bei sämmtlichen Beamtenstellen in den Straf- und Besserungs-Anstalten;
   - bei den Anstellungen in der Postverwaltung, der Gensdarmerie, der Steuer-, Forst- und Domainen-Verwaltung, bei den Chaussee-Aufsehern und Wegwärtern ꝛc.; dagegen
2) den Probedienst bei den Subalternstellen nicht für nothwendig zu erachten, wo es blos auf mechanische Dienstverrichtungen ankomme, z. B. Botenstellen ꝛc., jedoch mit Ausnahme der Botenstellen bei der Forst- und Domainen-Verwaltung, mit welchen hier und da noch andere, als blos mechanische Geschäfte, namentlich die Ausführung von Executionen verbunden sind; und
3) den Probedienst auch bei allen den Kommunalämtern zu gestatten, welche nicht unter dem Vorbehalte der Kündigung, sondern für die Lebenszeit der Anzustellenden zu besetzen sind.

Dieser Beschluß wird mit dem Bemerken zu Ew. Hochwohlgeboren Kenntniß gebracht, daß dadurch in Ansehung der Besetzung solcher Stellen, zu welchen in der Rheinprovinz durch ein vorgängiges Examen die Qualification besonders nachgewiesen werden muß, also namentlich in Ansehung der Gerichtsschreiber- und der Gerichtsvollzieherstellen, keine Aenderung des Best.henden hat herbeigeführt werden sollen.

Berlin, den 29. November 1836.

Der Justiz-Minister
v. Kamptz.

An
den ersten Präsidenten des Königlichen Appellationsgerichtshofes Hrn. Schwarz und den Königl. General-Procurator Herrn Biergans zu Cöln.

D. 1550.

1656.

Zulässigkeit der Confiskation des Vermögens eines, vor der Erlassung der Edictal-Citation verstorbenen, Deserteurs.

Gen. D. No. 1.

Das Königliche General-Auditoriat hat in mehreren an des Königs Majestät erstatteten Berichten und noch neuerdings bei Ueberreichung des, in der Untersuchungssache wider den Unteroffizier M. vom 30. Infanterie-Regimente und Genossen abgefaßten kriegsrechtlichen Erkenntnisses die Ansicht ausgesprochen, daß auf die Confiscation des Vermögens eines, vor der Erlassung der Edictal-Citation verstorbenen, Deserteurs nicht erkannt werden könne.

Diese Ansicht ist in den bestehenden Gesetzen nicht gegründet. Das Circulare des Ober-Kriegskollegiums vom 20. Juli 1792 erklärt die Vermögens-Confiskation in diesem Falle ausdrücklich für zulässig, und wenn auch diesem Circulare gesetzliche Kraft nicht beiwohnt, so beruhet der darin ausgesprochene Grundsatz doch auf gesetzlichen Vorschriften, indem nach dem, in dem Circulare in Bezug genommenen §. 1. des Edicts vom 17. November 1764, das Vermögen eines Deserteurs nach seiner Entweichung **sofort** der Invaliden Kasse anheim fällt. Hiermit stimmen die Vorschriften des allgemeinen Landrechts über den Zeitpunkt, in welchem der Staat das Eigenthum an confiscirten Gütern erwirbt, in den §. 364. Tit. 9. Thl. 1. und

§. 69. Tit. 14. Th. 2. und der §§. 297. und 470. Tit. 20. Th. 2. völlig überein, indem daselbst verordnet ist:

> daß das Eigenthum der Sachen, welche dem Fiscus wegen eines begangenen Verbrechens verfallen sind, auf den Staat sofort ohne Rücksicht auf die Zeit des Straferkenntnisses übergehet.

Der § 472. Tit. 20. Th. 2. des allgemeinen Landrechts und der §. 22. Tit. 36. Th. 1. der allgemeinen Gerichtsordnung setzen zwar in Betreff der Zulässigkeit der Confiscation des Vermögens der, vor Erlassung der Edictal-Citation verstorbenen, ausgetretenen Militairpflichtigen das Gegentheil fest; allein dies ist eine specielle Ausnahme, welche nicht erweitert, namentlich auf Soldaten des stehenden Heeres, werden darf, und als Ausnahme sogar die allgemeine Regel bestätigt.

Auch die Vorschrift des §. 363. Tit. 9. Th. 1. des allgemeinen Landrechts, wonach Geldstrafen aus einer Erbschaft nur in soweit zu entrichten sind, als die Untersuchung bei dem Tode des Angeschuldigten bereits abgeschlossen ist, steht der Ansicht des Königlichen General Auditoriats nicht zur Seite, da in den §§. 363. und 364 ib. Geldstrafen und Confiskate ausdrücklich neben einander genannt werden, und für beide besondere Vorschriften gegeben sind, so daß die über Geldstrafen gegebenen Bestimmungen auf Confiskate nicht bezogen werden können.

Mit diesen Grundsätzen hat das Königliche Staats-Ministerium, dessen Bericht Seine Majestät der König in der Untersuchungssache wider den Unteroffizier M. und Genossen zu erfordern geruhet haben, sich einverstanden erklärt, und Seine Königliche Majestät haben hierauf durch die abschriftlich beigefügten Allerhöchsten Cabinets-Ordres vom 15. v. M. an das Staats-Ministerium und an das General-Commando des 8ten Armeecorps Sich bewogen gefunden,

> in Rücksicht der besonderen Umstände das Erkenntniß, soweit es den Unteroffizier M. betrifft, aufzuheben, und für diesen Fall ausnahmsweise zu gestatten, daß von der gesetzlichen Vorschrift wegen Vermögens-Confiskation abgegangen werde.

Da hierdurch des Königs Majestät die Ansicht des Staats-Ministeriums zu billigen geruhet haben, so wird das Königliche General-Auditoriat in Gemäßheit der Allerhöchsten Cabinets-Ordre vom 22. März v. J. auf die richtige Auslegung der bestehenden gesetzlichen Vorschriften hierdurch aufmerksam gemacht.

Berlin, den 3. Dezember 1836.

Das Militair-Justiz-Departement.

An gez. v. Kamptz. v. Witzleben.

das Königl. General-Auditoriat, hier.

D. 1548. und 1683.

1657.

Aufhebung der mit Auflösung der reichshofräthlichen Akten beauftragten Kaiserlich Oesterreichschen Commission zu Wien.

Gen. W. No. 3.

Ew. Hochwohlgeboren erhalten anbei ein, von dem Königlichen Ministerium der auswärtigen Angelegenheiten mir mitgetheiltes, gedrucktes Exemplar der von des Kaisers von Oesterreich Majestät unterm 9. August d. J. erlassenen Verordnung,

wonach die, nach Auflösung des Deutschen Reichs von dem letztverstorbenen Kaiser bestellte, mit der Auflösung der reichshofräthlichen Akten beauftragte Commission mit dem Ablaufe des Jahres 1840 aufhören soll, bis dahin aber alle diejenigen, welche auf die Ablassung von Akten, insbesondere von Judicial- und Prozeß-Akten, Anspruch machen, ihr diesfälliges Ansuchen bei der gedachten Commission anzubringen haben,

um hiernach die geeignete Bekanntmachung zu erlassen.

Berlin, den 7. Dezember 1836.

Der Justiz-Minister
v. Kamptz.

An
den Königl. General-Procurator
Herrn Biergans zu Cöln.

E. 3357.

cf. Cölner Amtsblatt de 1837 pag. 7.

1658.

Vollstreckung Niederländischer Erkenntnisse gegen Preußische Unterthanen.

Lit. N. No. 4.

Auf den von Ew. Hochwohlgeboren in der H.'schen Erbschafts-Angelegenheit erstatteten Bericht vom 20. März c., womit Sie das nebst den eingereichten Akten hiebei wiederum zurückerfolgende Gesuch des Advokat-Anwaltes Justizraths S. zur weitern Beschlußnahme vorgelegt haben, bin ich mit dem Ministerium der Auswärtigen Angelegenheiten darüber in Communication getreten, ob es bei den Bestimmungen des Rescripts vom 6. Oktober 1828 *) ferner noch zu belassen sei. Das Ministerium der Auswärtigen Angelegenheiten hat hierauf nach vorgängigrr Verhandlung mit der Niederländischen Regierung eine Abänderung der Bestimmungen jenes Rescripts für jetzt nicht bevorworten können; indeß muß ich darauf aufmerksam machen, daß jenes Rescript dem, von dem Justizrath S. beabsichtigten, Verfahren gegen den, in hiesigen Landen wohnenden, Ferdinand Joseph Gottfried H., wenn nur die Klage ordnungsmäßig eingeleitet wird, gar nicht im Wege steht.

Das Rescript vom 6. Oktober 1828 bestimmt: „daß ein „Königlich Niederländisches Urtheil, auch wenn es von einer „Partei einem diesseitigen Gerichte vorgelegt werden sollte, um „entweder hier für exekutorisch erklärt, oder um, als res judi„cata, einer anzustellenden Klage zum Grunde gelegt zu wer„den, von den diesseitigen Gerichten nicht beachtet werden solle, „sofern darin über Rechtsverhältnisse eines Preußischen Unter„thans entschieden ist." Ein solches Urtheil kann mithin zwar nicht ohne weiteres als executorisch erklärt, noch daraus wie aus einer res judicata geklagt werden; des ungeachtet können unbedenklich, gleich wie aus jedem im Auslande geschlossenen Vertrage, Rechte und Verbindlichkeiten aus demselben entstanden sein. Es leuchtet ein, daß ein großer Unterschied obwaltet, ob ein Urtheil, bloß weil es vorhanden ist, sei es durch die executorische Klausel, sei es als res judicata, in diesseitigen Landen geltend gemacht werden soll, — oder ob es zur Begründung eines neuen, vielleicht eines ganz andern, Anspruchs von einem diesseitigen Gerichte benutzt werden soll. Ersteres ist unzulässig, Letzteres kann dagegen nicht ausgeschlossen sein; es genügt aber alsdann bei der, dem diesseitigen Gerichte obliegenden Beurtheilung der Sache nicht, daß ein Urtheil vorhanden, sondern es steht zu erwägen, ob aus dem Urtheile, wie es vorliegt, eine rechtliche Verbindlichkeit hervorgegangen. Dieses würde, um ein Beispiel anzuführen, unzweifelhaft nicht der Fall sein, wenn ein diesseitiger Unterthan imkompetenter Weise vor ein Niederländisches Gericht geladen und dort in irgend einer Weise verurtheilt wäre; es würde eben so unzweifelhaft der Fall sein, wenn ein vormaliger Niederländischer Unterthan dort zu irgend etwas von seinem ordentlichen Richter verurtheilt und jetzt seit Jahren ein diesseitiger Unterthan geworden wäre. Dieses Beispiel ergiebt zugleich, daß es nicht immer auf eine neue Erörterung der merita causae ankommen kann, sondern nur in sofern zu erwägen steht, ob aus dem Urtheile eine Verbindlichkeit hervorgegangen ist. Die Analogie eines im Auslande geschlossenen

*) Band 3. No. 862.

Vertrages, wobei ebenfalls zu beurtheilen steht, ob daraus nach der Individualität des Falles eine Verbindlichkeit hervorgegangen, bildet hiebei einen unfehlbar sichern Anhalt.

Hiernach hat der Justizrath S. seinen Antrag bloß unrichtig gestellt, wenn er bittet: „das in Luxemburg gesprochene schiedsrichterliche Urtheil für exekutorisch zu erklären, und demgemäß ꝛc." — Vielmehr muß demselben überlassen bleiben, seinen Antrag schlechthin auf dasjenige Petitum zu stellen, was von dem H. gefordert wird, und zur Begründung seiner Forderung mag er anführen, wie dieser Anspruch entstanden. Gegen das alsdann zu erwartende Erkenntniß aber bleiben ihm, wie sich von selbst versteht, die ordentlichen Rechtsmittel vorbehalten.

Sie haben hiernach den Justizrath S. zu bescheiden, und dem Königlichen Landgerichte daselbst von diesem Rescripte Kenntniß zu geben.

Berlin, den 9. Dezember 1836.

Der Justiz-Minister
v. Kamptz.

An
den Königlichen Ober-Procurator
Herrn Geheimen Justizrath
Heintzmann zu Trier.

E. 3369.

1659.

Befugniß der Militairpersonen, insbesondere der Militairwachen, zur Verhaftung von Civilpersonen.

Rh. Crim. No. 66.

Nach stattgefundener Communication mit des Herrn Kriegsministers Excellenz über die in Ew. Hochwohlgeboren Berichte vom 8 August d. J. in der Untersuchungssache wider den Wirth S. zu Saarlouis gerügten Excesse der Militairpersonen eröffne ich Ihnen in Verfolg der Verfügung vom 21. September d. J., daß über die Befugniß der Militairpersonen, insbesondere der Militairwachen, zur Verhaftung von Civilpersonen die früheren französischen Gesetze in keiner Beziehung mehr zur Anwendung kommen können, sondern die Rechte des preußischen Militairs lediglich nach der diesseitigen Gesetzgebung, den dem Militair gegebenen Instructionen und den hergebrachten Grundsätzen beurtheilt werden müssen. Nach denselben soll nun zwar die Militair-Behörde bei öffentlichen

Schlägereien, Tumulten und Auflaufen, bevor sie einschreitet, in der Regel die Requisition der Civilbehörde abwarten. Ausnahmsweise ist sie aber auch ohne eine solche Requisition der Civilbehörde zur Einschreitung nicht nur befugt, sondern sogar verpflichtet, wenn Gefahr im Verzuge obwaltet, und die Civilbehörde entweder nicht zur Stelle ist, oder mit der Requisition um militairische Hülfe zu lange zögert. Dies bestimmen die Allerhöchsten Cabinetsordres vom 29. Oktober 1819 und 17. Oktober 1820 (Militair-Gesetzsammlung Seite 161) ausdrücklich, und es liegt auch in der Natur der Sache, daß bei Schlägereien und Unordnungen, namentlich in der Nähe einer Wache, letztere dergleichen nicht ruhig ansehen darf, sondern, da sie gerade zur Aufrechthaltung der öffentlichen Ordnung hingestellt ist, geeignete Maaßregeln zur Herstellung der Ruhe treffen muß. (Rudloff Th. I. § 505. und Anmerkung zum § 144.)

Die Militairwache war daher in der St.'schen Sache, als sie sah, daß aus dem in ihrer Nähe befindlichen Wirthshause ein Mensch rücklings zur Thüre auf die Straße herausgeworfen und demselben Gläser nachgeschleudert wurden, so daß das Blut über dessen Gesicht strömte, zur Absendung einer Patrouille in das St.'sche Wirthshaus, um dem Unfug zu steuern, vollkommen befugt, ja sogar verpflichtet. Hier widersetzte sich der Wirth St. nach den Zeugenaussagen dem Anführer der Patrouille thätlich; natürliche Folgen dieser Widersetzlichkeit waren seine Arretirung (Instruction vom 17. Juli 1828 §. 6. Rudloff Bd. 3. S. 352), und da die Patrouille, bevor sie den St. in das Civilgefängniß ablieferte, Rapport erstatten und die weitern Befehle dessen, der die Patrouille abgesandt hatte, einholen mußte, die vorläufige Abführung des St. auf die Militairwache, von wo er nach Verlauf einer halben Stunde an die Civilbehörde abgeliefert worden ist.

Das Verfahren der Militairbehörde kann sonach im vorliegenden Falle nicht gemißbilligt werden. Die mittelst Berichts vom 8. August d. J. eingereichten Untersuchungs-Akten wider den Wirth St. erfolgen hierbei zurück.

Berlin, den 9. Dezember 1836.

Der Justiz-Minister
v. Kamptz.

An
den Königl. Landgerichts-Präsidenten
Herrn Bessel zu Saarbrücken.

F. 3162.

1660.

Reisekosten der Medicinalbeamten in Untersuchungssachen.

Rheinprov. Gen. No. 37.

Nach dem Berichte vom 8. v. M. hält Eine Königliche Hochlöbliche Regierung den Kreis-Physikus Dr. A. zu Zell, welcher am 4. September d. J. mit den Beamten des dortigen Friedensgerichts und dem Wundarzte L. zur Besichtigung einer Leiche nach dem Dorfe Brieden gereist ist, nicht für befugt, dafür besondere Fuhrkosten zu berechnen, weil derselbe die Reise nach §. 10. des Regulativs vom 28. Juni 1825 *) mit den Beamten des Friedensgerichts zusammen hätte zurücklegen müssen.

Der §. 10. setzt jedoch den Fall voraus, wo besondere Diäten und besondere Fuhrkosten, namentlich Extrapostfuhrgelder, zu berechnen sind, und bestimmt für diesen Fall, daß letztere nur einmal bei demselben Commissorium eintreten sollen. Wo dagegen, wie dies nach dem Decrete vom 18. Juli 1811, Art. 88. und 89. geschieht, jedem Beamten für das Commissorium nur ein Pauschquantum bewilligt wird, sind die in demselben begriffenen Reisekosten nur als Ersatz der Kosten der eigenen Fortschaffung allein anzusehen, und können also die Liquidation der übrigen Fuhrkosten Berechtigten nicht hindern, zumal da die in dem Decrete bewilligten Pauschquanta so gering sind, daß es unmöglich sein würde, daraus für 4 Beamte Reisekosten zu bestreiten, und dem, der das Pauschquantum bezieht, noch Diäten daraus zugehen zu lassen. Ueberdies ist auch bereits durch die Rescripte vom 2. Januar 1826 und vom 1. November 1832 (Lottner Band 3. S. 3 und 530) im entgegengesetzten Sinne das Nöthige angeordnet, und hat Eine Königliche Hochlöbliche Regierung daher dem Kreisphysikus Dr. A. für die amtliche Reise nach Brieden die taxmäßigen Fuhrkosten zu bewilligen.

Berlin, den 11. Dezember 1836.

Der Justiz-Minister
v. Kamptz.

An
Eine Königl. Hochlöbliche Regierung
zu Coblenz.

F. 3403.

---

*) Gesetz-Sammlung pag. 163.

1661.

Von Amtswegen auszufertigende Todtenscheine über Ausländer, welche in diesseitigen Militair- und Civil-Lazarethen, in Gefängnissen oder in einer andern Anstalt, ingleichem in einem Orte verstorben sind, wo sie keine Verwandte oder Bekannte haben.

Rh. Gener. No. 36.

Nach dem Antrage des Königl. Ministeriums der auswärtigen Angelegenheiten ist als allgemeine Einrichtung beschlossen worden:

daß künftig der Todtenschein eines jeden Ausländers, ohne Ausnahme, welcher in diesseitigen Militair- und Civil-Lazarethen, in Gefängnissen oder in einer andern Anstalt, ingleichem in einem Orte verstirbt, wo er keine Verwandte oder Bekannte hat, welche den Todtenschein einlösen und ihn an die heimathliche Familie senden können, stets von Amtswegen ausgefertigt und dem gedachten Ministerium zur weiteren Beförderung im gesandtschaftlichen Wege an die vaterländische Regierung des Verstorbenen eingereicht werde.

Indem ich Ew. Hochwohlgeboren hiervon zur weitern Veranlassung in Kenntniß setze, bemerke ich, daß die gedachten Todtenscheine gebühren- und stempelfrei auszufertigen und unter portofreier Rubrik von den Civilstands-Beamten an die Ober-Procuratoren einzusenden und durch letztere an das Königl. Ministerium der auswärtigen Angelegenheiten zu befördern sind.

Berlin, den 12. Dezember 1836.

Der Justiz-Minister
v. Kamptz.

An
den Königl. General-Procurator
Herrn Biergans zu Cöln.

D. 1631.

1662.

Gebühren der Landgerichts-Secretaire betreffend.

Rh. Gen. No. 69.

Einer Königlichen Hochlöblichen Regierung eröffne ich auf den Bericht vom 23. v. M., daß in Bezug auf die, in der

Liquidation des Secretariats des Landgerichts zu Cleve für die Monate August und September d. J. liquidirten Ausfertigungs-Gebühren, die Geschäftsordnung pro $18^{36}/_{37}$ und die Einsendung eines Verzeichnisses von Experten betreffend, dasjenige gilt, was in dem Rescripte vom 25. v. M. *) bestimmt worden ist. Dagegen können dem Secretariate die liquidirten Gebühren fur Urtheilsauszüge zur Einziehung rückständiger Erkenntnißstempel nicht versagt werden, da der Art. 7. des Decrets vom 8. April 1813 wirklich darauf Anwendung findet.

Berlin, den 16. Dezember 1836.

Der Justiz-Minister
v. Kamptz.

An
Eine Königl. Hochlöbliche Regierung
zu Düsseldorf.

E. 3392.

1663.

Die dem öffentlichen Ministerio zur Aushülfe überwiesenen Assessoren betreffend.

Landgericht Saarbrücken No. 3.

Ew. Hochwohlgeboren eröffne ich auf Ihren, des Herrn Landgerichts-Präsidenten Bericht vom 2. d. M., daß der Landgerichts-Assessor B. zwar seinem Wunsch gemäß dem öffentlichen Ministerio zu Saarbrücken überwiesen worden ist, er indessen, da er als Assessor hauptsächlich richterliche Qualität hat, dieselbe durch jene Ueberweisung nicht verlieren kann. Er darf daher, insoweit es die ihm beim öffentlichen Ministerio übertragenen Geschäfte gestatten, annoch zu richterlichen Functionen und insbesondere zur Aushülfe für andere Richter designirt werden.

Berlin, den 18. Dezember 1836.

Der Justiz-Minister
v. Kamptz.

An
den Königl. Landgerichts-Präsidenten
Herrn Bessel
und den Königlichen Ober-Procurator
Herrn Deuster zu Saarbrücken.

E. 3453.

---

*) Bd. 5. No. 1654.

1664.

Auszahlung von Activ-Kapitalien und Kaufgeldern, welche Pflegebefohlenen gehören, an deren Vormünder; Bewilligung von Hypotheken-Löschungen Seitens derselben; Außer- und Incourssetzung der auf jeden Inhaber lautenden Papiere der Pflegebefohlenen.

Gen. 72. Vol. II.

Auf Ihren Bericht vom 23. v. M. setze Ich für diejenigen Theile der Rheinprovinz, in welchen die französische Gerichtsverfassung noch Anwendung findet, zum Schutze des Vermögens der Pflegebefohlenen fest, daß Activ-Kapitalien der Pflegebefohlenen, wohin auch der Betrag aus abgelösten Renten zu zählen ist, Kaufgelder aus Veräußerungen von Immobilien und Partikular-Vermächtnisse, mit rechtlicher Wirkung nur unter Zuziehung und in Gegenwart des Nebenvormundes an den Vormund ausgezahlt, so wie von dem Vormunde auch nur mit Zuziehung des Nebenvormundes Hypotheken-Löschungen bewilligt werden können. Ferner bestimme Ich, daß alle auf jeden Inhaber lautende Papiere der Pflegebefohlnen durch das, die Vormundschaft leitende, Friedensgericht außer Cours gesetzt, und demselben zu diesem Zwecke durch den Notar, der das Inventarium über das Vermögen der Pflegebefohlenen aufnimmt, ungesäumt vorgelegt werden sollen. Wenn sie demnächst auf Ansuchen des Vormundes wieder in Cours zu setzen sind, darf es nur in Gegenwart oder mit Vorwissen des Nebenvormundes, wovon das Friedensgericht sich glaubwürdig zu versichern hat, geschehen. Auf die Vormundschaft des Vaters oder der Mutter finden diese Bestimmungen keine Anwendung. Ich beauftrage Sie, Meinen Erlaß durch die Gesetzsammlung bekannt zu machen.

Berlin, den 18. Dezember 1836.

Friedrich Wilhelm.

An
den Staats- und Justizminister
v. Kamptz.

E. 3554.

1665.

Stempel zu den in den Akten liegenden, aber nicht publicirten Erkenntnissen der Gerichte im Bezirk des Justiz-Senats zu Coblenz.

Rh. Gener. No. 62.

a.

Der Königliche Justiz-Senat erhält in den abschriftlichen Anlagen das von mir wegen einiger, bei dem Justiz-Amte zu Atzbach von dem Provinzial-Stempel-Fiskal nachträglich monirter, Stempel unterm 26. v. M. an das Königl. Finanz-Ministerium gerichtete Schreiben und die darauf von dem letztern unterm 16. d. M. an den Provinzial-Steuer-Director zu Cöln erlassene Verfügung zur Nachricht.

Berlin, den 21. Dezember 1836.

Der Justiz-Minister
v. Kamptz.

An
den Königlichen Justiz-Senat
zu Coblenz.
E. 2558.

b.

Ew. Excellenz geneigen aus dem mit der Bitte um gefällige Rückgabe urschriftlich beigefügten Berichte des Justiz-Amtes zu Atzbach vom 6. d. M. zu ersehen, daß der Stempel-Fiskal zu Coblenz in vier verschiedenen Sachen zu den in den Akten liegenden, aber nicht publizirten Erkenntnissen die Nachbringung des gesetzlichen Erkenntniß-Stempels verlangt, und der Provinzial-Steuer-Director zu Cöln, so wie der Justiz-Senat zu Coblenz diese Ansicht gebilligt hat. — Ich kann der Ansicht des Justizamtes zu Atzbach nur beipflichten, welches zu den fraglichen Urtheilen die Verwendung des Erkenntnißstempels nicht für begründet hält. Die gedachten Urtheile sind nach den Grundsätzen des gemeinen Prozesses nur als Entwürfe anzusehen, welche in Bezug auf die Parteien keine rechtliche Bedeutung haben und nur aus Rücksichten der äußeren Dienstordnung zu den Akten gelegt werden. In der Vorschrift des Stempel-Gesetzes vom 7. März 1822 §. 19., so wie in der Tarif-Position „Erkenntnisse," werden wirkliche Urtheile vorausgesetzt; diese Eigenschaft fehlt aber den fraglichen Urtheilen. In Bezug auf den Verbrauch des Stempelpapiers ist in dem ersten Absatze des angeführten §. 19. das, nach der Allgemeinen Gerichtsordnung stattfindende Verfahren vorausgesetzt, wonach die Erkenntnisse auch ohne Antrag der Parteien zur Publication gelangen; diese Voraussetzung tritt aber bei dem gemeinen Prozesse nicht ein. Es sind hiernach die Bestimmungen des mehr erwähnten §. 19. und der Tarif-Position „Erkenntnisse" auf die fraglichen Urtheile nicht für anwendbar zu halten, sondern nur die Bestimmungen der Tarif-Position „Prozeß." In den beiden letzten von dem Justizamte angeführten Sachen kann dies um so weniger einem Bedenken unterliegen, als die Parteien sich vor der Urtels-Publication verglichen haben, mithin der in der zuletzt angeführten Tarif-Position vorgesehene Fall buchstäblich vorhanden ist Ew. Excellenz ersuche ich ganz ergebenst, den Provinzial-Steuer-Director zu Cöln hiernach mit einer berichtigenden Anweisung versehen und mir davon gefällige Mittheilung machen zu wollen.

Berlin, den 26. November 1836.

v. Kamptz.

An
des Königl. Wirklichen Geheimen Staats- und Finanzministers Herrn Grafen v. Alvensleben Excellenz.
E. 3223.

c.

Ew. Hochwohlgeboren erhalten beikommend Abschrift eines von dem Königl Justiz-Ministerio mitgetheilten Berichtes des Justizamtes zu Atzbach vom 6. v. M. wegen mehrerer nachträglich von dem Stempel-Fiskal monirter Stempel.

In der Voraussetzung, daß der darin angeführte Vortrag richtig, daß also die Prozesse sub 1. und 2., ohne daß die Publication der entworfenen Urtheile erfolgt, liegen geblieben und die Prozesse sub 3. und 4. mit Verzichtleistung der Parteien auf Publication der entworfenen Urtheile verglichen worden, werden Ew. Hochwohlgeboren aus dem, in dem abschriftlich beifolgenden Schreiben des Herrn Justizministers v. Kamptz Excellenz vom 26. v. M. angeführten Gründen angewiesen, es bei den, von dem Gerichte in besagten vier Fällen angewandten, halben Prozeßstempeln bewenden zu lassen, und die bei der Stempel-Revision nachliquidirten Ergänzungsstempel als niedergeschlagen zu verrechnen.

Berlin, den 16. Dezember 1836.

Der Finanz-Minister.
In dessen Abwesenheit und Auftrage
gez. Kuhlmeyer.

An
den Königl. Geheimen Ober-Finanzrath und Provinzial-Steuer-Director Herrn v. Schütz Hochwohlgeboren, zu Cöln.

1666.

Instruction für die Vormünder bei Verwaltung der Vormundschaften in der Rheinprovinz, mit Ausschluß der ostrheinischen Landestheile des Regierungs-Departements Coblenz.

Rh. Gen. No. 72.

Die von des Königs Majestät über das Vormundschafts-Wesen in der Rheinprovinz kürzlich erlassenen Bestimmungen und die zu deren Ausführung ergangenen Ministerial-Vorschriften sind von den Beamten und Vormündern mit eben so beifallswürdigem Eifer aufgefaßt und ausgeführt, als sie ihren Nutzen bereits bewährt haben. Damit den Vormündern die Erfüllung der ihnen in der vormundschaftlichen Verwaltung obliegenden Pflichten erleichtert werde, hat das Justiz-Ministerium die wesentlichen Vorschriften über diese Verwaltung in die gegenwärtige Instruction für Vormünder zu ihrer Belehrung zusammenfassen lassen, und macht dieselbe ihnen zu ihrer Nachachtung mit dem Vertrauen bekannt, daß sie dieser, für das Wohl des Staats und insonderheit der Familien so wichtigen Angelegenheit, ihre volle Aufmerksamkeit gewissenhaft widmen werden.

Erster Abschnitt.

Von den Pflichten des Vormundes.

I. Pflichten des Vormundes überhaupt.

§. 1. Jeder Vormund ist verpflichtet, mit väterlicher Sorgfalt, so wie er wünschen muß, daß nach seinem Tode seine minderjährigen Kinder von ihrem Vormunde behandelt werden mögen, für die Erziehung und das persönliche Wohl seines Pflegebefohlenen zu sorgen, dessen Vermögen als ein guter Hausvater zu beschützen und zu verwalten, mithin auf die Sicherstellung, Erhaltung und Verbesserung desselben möglichst Bedacht zu nehmen. Mit dem Augenblicke, wo der Vormund die erforderliche Kenntniß davon erhält, daß ihm eine Vormundschaft anerfallen oder übertragen worden ist, nehmen seine Verpflichtungen ihren Anfang, und selbst dann, wenn er hinreichende Befreiungsgründe zu haben vermeint, ist er gehalten, die Vormundschaft provisorisch zu führen, wenn der Familienrath seine Entschuldigungen nicht angenommen hat.

Erst durch die rechtskräftige Entscheidung in dem hierüber einzuleitenden Rechtsstreite, daß er von der Vormundschaft befreit werde, wird er von seinen Pflichten und deren Erfüllung entbunden.

Die Nichterfüllung seiner Obliegenheiten hat nicht allein die Verbindlichkeit zum vollständigen Schadensersatze zur Folge, sondern ermächtigt auch das vormundschaftliche Gericht, angemessene Geldstrafen gegen ihn zur Anwendung zu bringen, oder, wenn die Umstände dazu geeignet sind, seine Entsetzung zu veranlassen. — (Civilgesetzbuch Art. 440, 450. Allerhöchste Cabinetsordre vom 5. April 1835) *).

II. Pflichten in Ansehung der Personen der Pflegebefohlenen.

§. 2. In Ansehnng der Person des Pflegebefohlenen bestehen die wesentlichen Pflichten des Vormundes überhaupt in der Sorge für dessen angemessene tüchtige Bildung zu einem religiösen, sittlichen, treuen und brauchbaren Mitgliede der bürgerlichen Gesellschaft und seiner künftigen Bestimmung in derselben. Es hat daher der Vormund

1) für die dem Stande und dem Vermögen des Pflegebefohlenen angemessene Erziehung und den Unterhalt, mithin dafür zu sorgen, daß sein Mündel in den Vorschriften und Lehren der Religion, und in den für seinen künftigen Beruf erforderlichen Gegenständen gehörig und hinreichend unterrichtet werde;

2) die Wahl der künftigen Bestimmung desselben so zu leiten, daß er in reiferen Jahren seinem Stande gemäß sich ernähren, und sein Fortkommen zu begründen im Stande ist;

3) dem vormundschaftlichen Gerichte wenigstens einmal im Jahre über Aufenthalt, Verpflegung, Unterricht und Erziehung seines Pflegebefohlenen entweder schriftlich oder mündlich zum Protokoll die erforderliche Auskunft zu ertheilen, und

4) bei dem Familienrathe die geeigneten Maßregeln in Antrag zu bringen, wenn er erhebliche Gründe hat, mit der Führung des elternlosen Minderjährigen unzufrieden zu sein.

Beabsichtigt der minderjährige Pflegebefohlene sich zu verehelichen, so muß hierzu die Einwilligung des Familienrathes eingeholt werden, wenn keiner der Eltern oder Großeltern mehr am Leben ist, oder wenn sie sich alle in einem Zustande befinden, der es ihnen unmöglich macht, ihren Willen zu äußern. (Bürgerliches Gesetzbuch Art. 160.)

---

*) Band 5. pag. 102.

III. Pflichten in Ansehung des Vermögens des Pflegebefohlenen.

1. Ermittelung und Feststellung desselben.

§. 3. Zur gehörigen Ermittelung und Feststellung der Vermögensverhältnisse des Pflegebefohlenen ist der Vormund verpflichtet,

1) binnen den ersten zehn Tagen nach dem Anfall oder der Uebertragung der Vormundschaft die Abnahme der Siegel, wenn solche angelegt waren, zu veranlassen. (Bürgerl. Gesetzbuch Art. 451.)

2) Die sofortige Aufnahme eines vollständigen, das ganze Mo- und Immobiliarvermögen umfassenden Inventars zu bewirken.

3) In der Regel muß die Aufnahme eines solchen Inventars durch einen Notar geschehen. Wenn jedoch der Vater oder die Mutter des Pflegebefohlenen noch am Leben ist, oder das Vermögen, nach Abzug aller Schulden, nach einem ungefähren Ueberschlage die Summe von einhundert Thalern nicht übersteigt, so genügt es, wenn von dem Vormunde ein Privatvermögens-Verzeichniß in Gegenwart des Nebenvormundes angefertigt und von beiden unterzeichnet wird. (Allerhöchste Cabinetsordre vom 4. Juli 1834.) *)

4) Zur Feststellung des Werthes der **Mobilien** müssen zur Aufnahme des Inventars oder Vermögensverzeichnisses ein oder mehrere vereidete Taxatoren zugezogen werden, und ist der Werth der **Immobilien** nach den Erwerbungspreisen, der Pacht und den sonstigen Erträgen, nach dem Kataster, und in Ermangelung dieser oder ähnlicher Werthbestimmungen nach einer, durch Sachverständige vorzunehmenden Abschätzung anzunehmen. (Ministerial-Instruction vom 16. August 1834.) **)

5) Forderungen des Vormundes an den Pflegebefohlenen sind in dem Inventar oder Privatvermögens-Verzeichnisse genau anzugeben, und zwar, wenn der betreffende Beamte ihn zu dieser Angabe aufgefordert hat, bei Strafe des Verlustes der nicht angegebenen Forderungen. (Bürgerliches Gesetzbuch Art. 451.)

6) Nach erfolgter Aufnahme des Inventars oder Privatvermögens-Verzeichnisses, bei dessen Anfertigung die in der Preußischen Allgemeinen Gerichtsordnung vorgeschriebene Form möglichst zu beobachten ist, hat der Vormund solches dem Friedensrichter unverzüglich einzureichen, und das Privatvermögens-

---

*) Band 4. pag. 130.

**) Band 4. pag. 134.

Verzeichniß auf Erfordern eidlich zu bekräftigen. (Allerhöchste Cabinetsordre vom 4. Juli 1834.)

7) In Monatsfrist nach erfolgter Aufnahme des Inventars oder des Privatvermögens-Verzeichnisses hat der Vormund in Gegenwart des Nebenvormundes sämmtliche Mobilien durch einen Notar, Gerichtsschreiber oder Gerichtsvollzieher öffentlich versteigern zu lassen, mit Ausnahme jedoch derjenigen, welche nach dem Beschlusse des Familienraths in Natur aufbewahrt, oder noch zur Zeit von der Versteigerung ausbeschieden werden sollen. (Bürgerl. Gesetzbuch Art. 452.)

8) Die Eltern des Pflegebefohlenen sind jedoch zu einer solchen Versteigerung nicht verpflichtet, wenn sie die Aufbewahrung derselben vorziehen, in welchem Falle sie den Werth nach der aufgenommenen Taxe seiner Zeit zu erstatten haben, insofern diese Mobilien in Natur nicht zurückgegeben werden können. (Bürgerl. Gesetzbuch Art. 453.)

9) Wird wegen Absterbens oder Entlassung des bisherigen Vormundes ein neuer Vormund bestellt, so hat dieser von seinem Vorgänger oder dessen Erben sich das Vermögen des Pflegebefohlenen ausantworten und vollständige Rechnung über die Vormundschafts-Verwaltung ablegen zu lassen. (Bürgerl. Gesetzbuch Art. 451. und 469.)

2. Verwaltung des Vermögens.

§. 4. Anlangend die Vermögens-Administration, so hat, wenn die Vormundschaft nicht von dem Vater oder der Mutter geführt wird, der Vormund

1) die Verwaltungsregeln durch den Familienrath feststellen und den jährlichen Betrag der Ausgaben für die Erziehung des Pflegebefohlenen, so wie für die Administration, wie nicht minder die Summe bestimmen zu lassen, mit welcher die Verbindlichkeit eintritt, den Ueberschuß der Einnahme aber zinsbar anzulegen. (Bürgerl. Gesetzbuch Art. 454. und 455.)

2) Ist diese Anlegung binnen sechs Monate nicht geschehen, oder ist die Bestimmung der solchergestalt zinsbar anzulegenden Summe nicht erwirkt worden, so ist der Vormund nach Ablauf dieser sechsmonatlichen Frist von dem Ueberschusse Zinsen zu zahlen verpflichtet. (Bürgerl. Gesetzbuch Art. 456.)

3) Zur nähern Controllirung der Vermögens-Verwaltung hat der Vormund dem Nebenvormunde in Gegenwart des Friedensrichters von Zeit zu Zeit eine Vermögens-Uebersicht vorzulegen. Die Zeit der Vorlegung dieser Vermögens-Uebersicht wird von dem Familienrathe bestimmt, und muß diese Uebersicht die Angabe des Vermögens, der Schulden, der Einnahme, der Ausgabe und des Betrages des etwanigen Ueber-

schusses unter Beifügung der Beläge enthalten. (Bürgerliches Gesetzbuch Art. 470. und Ministerial-Instruction vom 16. August 1834.)

4) Aktiv-Kapitalien der Pflegebefohlenen, wohin auch der Betrag aus abgelösten Renten gehört, Kaufgelder aus Veräußerungen von Immobilien und Partikular-Vermächtnisse, können mit rechtlicher Wirkung nur unter Zuziehung und in Gegenwart des Nebenvormundes an den Vormund ausgezahlt, so wie auch von dem Vormunde nur mit Zuziehung des Nebenvormundes Hypothekenlöschungen bewilligt werden können.

Alle, auf jeden Inhaber lautende, Papiere der Pflegebefohlenen können nur durch das, die Vormundschaft leitende, Friedensgericht mit rechtlichem Bestande außer Cours gesetzt werden, und müssen daher demselben zu diesem Zwecke durch den Notar, welcher das Inventarium über das Vermögen der Pflegebefohlenen aufnimmt, ungesäumt vorgelegt werden. Der Vormund selbst ist jedoch ebenfalls verpflichtet, die in seinen Gewahrsam gelangten, noch nicht außer Cours gesetzten Papiere solcher Art zu demselben Zwecke dem Friedensgerichte ungesäumt vorzulegen. Wenn diese Papiere demnächst auf Ansuchen des Vormundes oder aus einer andern Veranlassung wieder in Cours zu setzen sind, so darf dies nur in Gegenwart oder mit Vorwissen des Nebenvormundes, wovon das Friedensgericht sich glaubwürdig versichern muß, geschehen. (Allerhöchste Cabinetsordre vom 18. Dezember 1836.) *)

5) Die Immobilien des Pflegebefohlenen können von dem Vormunde niemals länger, als auf neun Jahre vermiethet oder verpachtet werden, und ist derselbe nicht berechtigt, eine neue Vermiethung oder Verpachtung vorzunehmen, wenn die laufende Miethe bei Häusern nach zwei Jahren, die laufende Pachtung ländlicher Grundstücke aber noch drei Jahre fortbesteht. (Bürgerl. Gesetzbuch Art. 1429, 1430 und 1718.)

6) Bei hypothekarischen Kapitalanlegungen hat der Vormund die Sicherheit der Hypothek sorgfältig zu prüfen, und darauf zu sehen, daß der schuldenfreie Werth des zur Hypothek gestellten Grundstücks wenigstens um ein Drittel den Betrag der darauf haftenden Schulden an Kapital und zweijährigen Zinsen übersteigt. (Bürgerl. Gesetzbuch Art. 2162.)

7) Die dem Pflegebefohlenen zugehörigen Gebäulichkeiten hat der Vormund in einem guten Zustande zu erhalten, und dieselben gegen etwanige Brandschäden gehörig assekuriren zu lassen. (Bürgerliches Gesetzbuch Art. 450.)

---

*) Band 5. pag. 522.

8) Sollen bedeutende Bauten vorgenommen, Passivkapitalien abgelegt, oder sonstige außerordentliche Ausgaben bestritten werden, so kann der Vormund die Gefahr, die Grenzen der Verwaltung zu überschreiten, nur dadurch von sich abwenden, daß er zu dergleichen Ausgaben die Autorisation des Familienraths sich ertheilen läßt.

3. Dispositionsrecht über das Vermögen.

§. 5. Ein eigentliches Dispositionsrecht steht dem Vormunde über das Vermögen des Pflegebefohlenen nicht zu, und ist derselbe daher ohne Autorisation des Familienraths nicht befugt:

1) Darlehne für den Pflegebefohlenen aufzunehmen, die Immobilien desselben zu veräußern oder zur Hypothek zu stellen. (Bürgerl. Gesetzbuch Art. 457.)

2) Erbschaften, wozu auch Universallegate und Vermächtnisse unter einem Universaltitel zu rechnen sind, für den Pflegebefohlenen anzutreten, anzunehmen oder auszuschlagen.

3) Schenkungen für denselben anzunehmen. (Bürgerl. Gesetzbuch Art. 463.)

4) Klagen, welche Immobiliarrechte des Pflegebefohlenen betreffen, anzustellen, oder einen desfalls gegen denselben erhobenen Anspruch als richtig anzuerkennen. (Bürgerl. Gesetzbuch Art. 464.)

5) Theilungsklagen für denselben zu erheben. (Bürgerl. Gesetzbuch Art. 465.)

6) Vergleiche Namens des Pflegebefohlenen abzuschließen.

Der desfalls einzuholende Familienrathsbeschluß bedarf jedoch noch der Bestätigung des betreffenden Landgerichts, wenn der Vormund dadurch zur Aufnahme eines Darlehns, zu Veräußerungen von Immobilien, zur Bestellung einer Hypothek, oder zur Abschließung eines Vergleichs autorisirt werden soll, und ist ein solcher Beschluß erst nach dieser Bestätigung vollziehbar. (Ebendaselbst Art. 467.)

4. Gerichtliche Vertretung des Pflegebefohlenen.

§. 6. In gerichtlichen Angelegenheiten hat der Vormund den Pflegebefohlenen zu vertreten, und bedarf es hierzu nur in den Ausnahmsfällen, welche der vorhergehende Paragraph bezeichnet, einer Autorisation des Familienrathes. (Bürgerl. Gesetzbuch Art. 450. und 465.)

IV. Sicherung des Interesses des Pflegebefohlenen.

§. 7. Das zwischen dem Vormunde und dem Pflegebefohlenen bestehende Rechtsverhältniß hat den Gesetzgeber bestimmt, den erstern von dem Erwerbe des dem Bevormundeten zugehörigen Vermögens auszuschließen und die Befugniß zur Benutzung desselben zu beschränken, und ist daher dem Vormunde nicht gestattet:

1) Mo- oder Immobilien des Pflegebefohlenen an sich zu kaufen. (Bürgerliches Gesetzbuch Art. 450. und 1596.)

2) Die Güter desselben in Pachtung zu nehmen, es sei denn, daß der Nebenvormund von dem Familienrathe ermächtigt wäre, einen solchen Pachtkontrakt mit dem Vormunde abzuschließen. (Ebendaselbst Art. 450.)

3) Sich Rechte oder Forderungen abtreten zu lassen, welche einem Dritten gegen den Pflegebefohlenen zustehen. (Ebendaselbst Art. 450.)

§. 8. Zur Sicherstellung der Rechte des Pflegebefohlenen ist demselben eine gesetzliche Hypothek auf das Vermögen des Vormundes eingeräumt, und letzterer verpflichtet, solche in das Hypothekenbuch auf sein gegenwärtiges und künftiges Vermögen eintragen zu lassen. (Bürgerliches Gesetzbuch Art. 2121 und 2136.)

V. Rechnungs-Ablegung.

§. 9. Nach beendigter Vormundschaft hat der Vormund über die geführte Verwaltung vollständige Rechnung abzulegen, und jeder Vertrag, der zwischen ihm und dem frühern Pflegebefohlenen abgeschlossen wird, ist ungültig, wenn nicht wenigstens zehn Tage vorher die Rechnungsablage stattgefunden hat, die hierauf sich beziehenden Beläge ausgeliefert sind, und dieses Alles durch einen Empfangsschein des Rechnungsnehmers nachgewiesen ist. (Bürgerl. Gesetzbuch Art. 471 und 472.)

Zweiter Abschnitt.

Von den Pflichten des Nebenvormundes.

§. 10. Der Beruf des Nebenvormundes besteht im Allgemeinen darin, für das Interesse des Pflegebefohlenen zu sorgen, wenn es mit jenem des Vormundes in Widerspruch steht. (Bürgerliches Gesetzbuch Art. 420.)

Der Nebenvormund ist daher verpflichtet:

1) Bei der Aufnahme des Inventars oder Vermögensverzeichnisses gegenwärtig zu sein. (Allerhöchste Cabinetsordre vom 4. August 1834 und Bürgerl. Gesetzbuch Art. 451.)

2) Die von dem Vormunde zu legenden Verwaltungs-Uebersichten sorgfältig zu prüfen, und seine Erinnerungen dagegen vorzubringen. (Bürgerl. Gesetzbuch Art. 470. und Ministerial-Instruction vom 16. August 1834.)

3) Der Versteigerung der Mo- oder Immobilien des Pflegebefohlenen beizuwohnen. (Bürgerl. Gesetzbuch Art. 452 und 459.)

4) Von den Gelderhebungen des Vormundes aus Aktivkapitalien, abgelösten Renten, Immobiliarverkäufen, Partikularvermächtnissen, von den bewilligten Hypothekenlöschungen und von den wieder in Cours gesetzten, auf jeden Inhaber lautenden, Papieren der Pflegebefohlenen, bei der nach §. 4. Nr. 4. angeordneten Zuziehung des Nebenvormundes die erforderliche Kenntniß zu nehmen.

5) Die Entsetzung oder Entlassung des Vormundes durch Beschluß des Familienraths, wenn solche im Interesse des Minderjährigen nothwendig erscheint, in Antrag zu bringen, und die Bestätigung des desfallsigen Beschlusses bei dem betreffenden Landgerichte nachzusuchen. (Bürgerliches Gesetzbuch Art. 446.)

6) Den Sachverständigen zur Abschätzung derjenigen Mobilien zu ernennen, welche die Eltern des Pflegebefohlenen, so lange der ihnen zustehende gesetzliche Nießbrauch dauert, in Natur aufbewahren wollen. (Daselbst Art. 453.)

7) In den Rechtsstreiten zwischen dem Vormunde und dem Pflegebefohlenen letzteren zu vertreten (daselbst Art. 420) und

8) die Eintragung der gesetzlichen Hypothek des Pflegebefohlenen gegen den Vormund zu bewirken. (Ebendaselbst Art. 2137.)

Dritter Abschnitt.

Gemeinschaftliche Pflichten des Vormundes und Nebenvormundes.

§. 11. Sowohl der Vormund als der Nebenvormund sind verpflichtet, darauf zu wachen, daß die Vormundschaft vollständig besetzt sei, und jeder derselben ist daher gehalten, dem Friedensrichter davon Anzeige zu machen, wenn wegen erfolgten Absterbens, oder aus einem sonstigen Grunde, ein neuer Vormund oder Nebenvormund angeordnet werden muß. (Bürgerl. Gesetzbuch Art. 421 und 424.)

Dieses sind im Wesentlichen die Obliegenheiten, welche die Haupt- und Nebenvormünder zu erfüllen haben.

Wenn die gegenwärtige Instruction diese besonders angeführt hat, so werden doch dadurch die denselben sonst obliegenden Pflichten keineswegs aufgehoben oder geschwächt.

Berlin, den 22. Dezember 1836.

Der Justiz-Minister
v. Kamptz.

E. 2997.

1667.

Der Vormundschaftsrichter hat in vormundschaftlichen Prozessen keine Kosten zu tragen.

Rh. Gen. 72.

Ew. Hochwohlgeboren eröffne ich auf den Bericht vom 11. Juli d. J.

die Anordnung eines Kurators über den emancipirten N. betreffend,

daß, da nach der Allerhöchsten Cabinets-Ordre vom 4. Juli 1834 *) die Vormundschaftsachen auch in der Rheinprovinz von den Königlichen Gerichten in eben der Art sportelpflichtig oder frei bearbeitet werden sollen, wie dies in den älteren Provinzen der Fall ist, nach den Gesetzen der älteren Provinzen aber der Vormundschaftsrichter auch in vormundschaftlichen Prozessen keine Kosten zu tragen hat, diese vielmehr im Falle der Succumbenz desselben niederzuschlagen sind, sich auch hier selbst in dem Falle, wenn der Antrag des Friedensrichters zu Cleve auf Aufhebung des Beschlusses des Familienraths wider Erwarten verworfen werden möchte, nur eine Niederschlagung der Kosten gewärtigen läßt. Eine Anweisung von Kosten auf den Staatsfond ist daher in dieser Offizialsache nicht erforderlich.

---

*) Band 4. No. 1221.

Sollten demungeachtet dem Friedensrichter zu Cleve in dem vorgedachten Falle baare Auslagen entstehen, so sind ihm solche aus dem Criminalfond zu erstatten.

Die Anlagen des Berichts erfolgen zurück.

Berlin, den 24. September 1836.

Der Justiz-Minister
v. Kamptz.

An
den Königl. General-Procurator
Herrn Biergans zu Cöln.

D. 2040.

1668.

Verfügungen des Justiz-Ministerii, durch welche Geldstrafen niedergeschlagen werden, sind den Regierungen vollständig mitzutheilen.

Rh. Kassen-Sachen No. 10.

Da die Königliche Regierung mir angezeigt hat, daß die wegen Niederschlagung von Geldstrafen an Ew. Wohlgeboren von mir erlassenen Verfügungen ihr nicht immer vollständig mitgetheilt werden, obwohl sie deren Behufs der Rechnungs-Justifikation bedarf, so veranlasse ich Ew. Wohlgeboren, alle derartige Ministerial-Verfügungen in beglaubten Abschriften der Königlichen Regierung künftig unmittelbar zugehen zu lassen.

Berlin, den 24. Dezember 1836.

Der Justiz-Minister
v. Kamptz.

An
den Königlichen Ober-Procurator
Herrn Packenius zu Aachen.

E. 3594.

1669.

Verlängerung der, zum Beitritt zu der von den ritterbürtigen Familien der rheinischen Ritterschaft zu begründenden Stiftung, bestimmten Frist.

Prov. Ges.=R. No. 1. Vol. 2.

Auf den von dem Staats=Ministerium unterm 20. d. M. erstatteten Bericht erstrecke Ich die durch Meine Ordre vom 16. Januar *) d. J. zum Beitritt zu der von den ritterbürtigen Familien der rheinischen Ritterschaft zu begründenden Stiftung bestimmte Frist hierdurch bis zum 1. Mai des künftigen Jahres und beauftrage das Staats=Ministerium, dies durch die rheinischen Amtsblätter zur öffentlichen Kenntniß zu bringen.

Berlin, den 29. Dezember 1836.

Friedrich Wilhelm.

An
das Staats=Ministerium.

D. No. de 1837.

cf. Cölner Amtsblatt de 1837 pag. 23.

1670.

Verpflichtung der von den Ober=Procuratoren zur Führung der Journale und Register, zum Mundiren resp. Expediren der Dienstsachen, für ihre Registraturen 2c., angenommenen ständigen Gehülfen.

Offic.=Sach. No. 38.

Es ist zu meiner Kenntniß gelangt, daß die ständigen Gehülfen, welche die Ober Procuratoren der Rheinprovinz zur Führung der Journale und Register, zum Mundiren resp. Expediren der Dienstsachen, für ihre Registraturen 2c., auf die ihnen zur Disposition gestellten Fonds annehmen, nicht überall in Eid und Pflicht genommen werden, obwohl die Natur des Dienstes dieser Gehülfen eben dieselbe erhöhete Glaubwürdigkeit nothwendig macht, zu deren Behufe andere Subalternen

*) Bd. 5. No. 1493.

verpflichtet werden müssen. Ew. Hochwohlgeboren veranlasse ich daher, dafür zu sorgen, daß diese Gehülfen, sowohl die bereits angenommenen, als die künftig anzunehmenden, den durch die Allerhöchste Cabinets-Ordre vom 5. November 1833 *) vorgeschriebenen Diensteid vor dem betreffenden Landgerichte ableisten. Es wird dieser Eid nur darin einer Modification bedürfen, daß statt der Worte „bestellt worden" die gebraucht werden: „angenommen worden," und statt der Worte „vermöge meines Amtes" die: „vermöge des mir aufgetragenen Dienstes."

Berlin, den 31. Dezember 1836.

Der Justiz-Minister
v. Kamptz.

An
den Königlichen General-Procurator
Herrn Biergans zu Cöln.

E. 3490.

---

*) Bd. 5 No. 1288.

Inhalts-Verzeichniß.

I. Nachtrag zu den Gesetzen, Verordnungen und Rescripten aus den Jahren 1817—1835.

II. Jahr 1835.

III. Jahr 1836.

No.	1836.	
		fentlichen Verhandlung auszuschließen sei, hat die betreffende Kammer des Gerichts, bei welcher die Sache anhängig ist, zu beschließen.
1596	24. August.	Insinuation von Vorladungen der Gerichte aus den alten Provinzen an Bewohner der Rheinprovinz in Schwängerungs- u. Alimentations-Sachen.
1597	25. August.	Die Anordnung der Ferienkammern geht von den Landgerichts-Präsidenten aus.
1598	25. August.	In fiscalischen Untersuchungssachen wegen Widersetzlichkeit gegen Beamte ist Abschrift des Erkenntnisses der vorgesetzten Behörde des Beamten, wegen Einlegung des Aggravations-Rechtsmittels, mitzutheilen.
1599	25. August.	Die Kosten der vom öffentlichen Ministerio in Untersuchungssachen eingelegten, aber verworfenen, Appellation müssen niedergeschlagen werden.
...	25. August.	Stempelpflichtigkeit der Todeserklärungs-Atteste der, aus den Kriegen von 1806 bis 1815 nicht zurückgekehrten Personen. — Siehe No. 1611.
1600	28. August.	Allerhöchste Bestimmung, wonach zu allen, von den Regierungen zu veranschlagenden und auszuführenden Neubauten über 500 Rthl. und Reparaturen über 1000 Rthl., ohne Unterschied des Ressorts, höhere Genehmigung nachgesucht werden, und die Anschläge dazu der Revision durch die Ober-Baudeputation unterliegen sollen.
1601	30. August.	Auslieferungen diesseitiger Postillone, welche im Auslande Verbrechen begangen haben.
1602	30. August.	Der Vater eines unehelichen Kindes kann demselben den Adel nicht beilegen.
1603	3. Septbr.	Ob bei der Aufnahme von Heiraths-Urkunden die Beibringung förmlicher Auszüge von Civilstandsakten, die als Belege jenen Urkunden beigeheftet bleiben sollen, in den Fällen erlassen werden dürfe, in welchen diese Akte in den auf der Bürgermeisterei beruhenden frühern Civilstands-Registern enthalten sind.
1604	5. Septbr.	Ermächtigung des Ministerii des Innern und der Polizei, die wegen der in Ge-

Sachregister

zum

fünften Bande

der

für die Rheinprovinz ergangenen

Gesetze, Verordnungen und Rescripte.

G. bedeutet Gesetz, V. Verordnung, C.-O. Cabinets-Ordre, B. Bekanntmachung, R. Rescript, die deutsche Zahl die Seite.

des, betreffend. C.=O. 25. April 1835. 112. — Strafresolute gegen Justizbeamte wegen der von ihnen bei ihrer Dienstverwaltung begangenen Stempel Contraventionen gehen von der vorgesetzten Dienstbehörde des Contravenienten aus. R. 28. April 1835. 113. — Verhalten der Gerichte bei Verbrechen und Vergehungen wider die Verfassung des Staats und wider die öffentliche Ordnung und Ruhe. R. 9. u. 23. Mai 1835. 126 u. 134. — Instruction über das Verfahren bei Competenz=Conflikten zwischen den Gerichten und Verwaltungs=Behörden in denjenigen Landestheilen, in welchen das Allgemeine Landrecht und das gemeine Recht gelten. Instr. 1. Juli 1835. 155. — Streitigkeiten bei Ausübung der, der rheinischen Ritterschaft zustehenden autonomischen Dispositionsbefugnisse werden von einem standesmäßigen Schiedsgerichte entschieden. — s. Ritterschaft. — Incompetenz der Untergerichte in Untersuchungssachen wegen Widersetzlichkeit gegen Militairpersonen. R. 16. April 1836. 364. — Die Gerichte haben von der Vollstreckung einer Gefängnißstrafe, in welche eine, von der Verwaltungsbehörde wegen Gewerbesteuer=Contravention festgesetzte Geldbuße von ihnen verwandelt worden, abzustehen, wenn die Geldbuße später entrichtet wird. R. 8. Juli 1836. 420. — Verfahren, wenn ein in Untersuchung befindlicher Militairpflichtiger als Militair eingestellt worden ist. C.=O. 20. Aug. 1836. 437. — Insinuation von Vorladungen der Gerichte aus den alten Provinzen an Bewohner der Rheinprovinz in Schwängerungs= und Alimentationssachen. R. 24. Aug. 1836. 440. — Von welchem Gerichte die Contraventionen gegen das Regulativ vom 18. Febr. 1836, über das Ausweichen der Schiffe auf der Mosel, zu untersuchen und zu bestrafen sind. R. 28. Okt. 1836. 481. — Wegen vermeintlicher Ansprüche an den Staat aus militairischen Dienstverhältnissen wegen Gehalts und anderweitiger Dienstcompetenzen oder Pensionen ist der Rechtsweg nicht zulässig. R. 2. Nov. 1836. 486. — s. auch Zuchtpolizeigerichte — Assisen — Competenz=Conflicte — Gouvernements=Gerichte.

Gerichtskosten.
Verfahren bei Requisitionen altländischer Gerichte um executivische Einziehung rückständiger Gerichtskosten; die damit beauftragten Gerichtsschreiber und Gerichtsvollzieher beziehen hierfür Gebühren. R. 7. Febr. 1835. 66. — Die in Strafsachen wegen excés de pouvoir ausgesprochene Kassation eines Urtels kömmt dem Verurtheilten sowohl in Bezug auf Strafe als Kosten zu Statten. R. 1. Okt. 1835. 225. — Berichtigung von Untersuchungskosten aus dem Nachlaß verstorbener Personen. R. 30. Dez. 1835. 296. — Niederschlagung

1836. 493. — Zulässigkeit der Confiskation des Vermögens eines, vor der Erlassung der Edictal-Citation verstorbenen, Deserteurs. R. 3. Dez. 1836. 515.

Gerichtsschreiber.

Gebühren in einfachen Holzdiebstahlssachen. R. 5. März u. 28. Mai 1824. 10. — Verfahren bei Requisitionen altländischer Gerichte um executivische Einziehung rückständiger Gerichtskosten; die damit beauftragten Gerichtsschreiber und Gerichtsvollzieher beziehen hierfür Gebühren. R. 7. Fbr. 1835. 66. — sie sind in fiscalischen Angelegenheiten die ausgesetzten Gebühren zu liquidiren befugt, ibid. — Die Gerichtsschreiber und Gerichtsvollzieher müssen über die von ihnen abgehaltenen Versteigerungen Repertorien führen. R. 6. März 1835. 87. — Wegen der Reisekosten in Vormundschaftssachen. R. 10. April 1835. 99. — Befreiung der Notarien, Gerichtsschreiber und Gerichtsvollzieher von der Gewerbesteuer für übernommene Versteigerungen und Commissionsgeschäfte. R. 10. Juni 1835. 144. — Gerichtsschreiber und Gerichtsvollzieher dürfen Verkäufe von Holz auf dem Stamme und von Frucht auf dem Halme nicht abhalten, erstere auch keine Verpachtungen oder Vermiethungen von Grundstücken öffentlich vornehmen. Publ. 18. Juni 1835. u. R. 3. Okt. 1835. 148 u. 244. — Wegen der, den Friedensgerichtsschreibern in Vormundschaftssachen obliegenden Geschäfte. R. 4. Sept. 1835. 204. — In wiefern dieselben bei Revision und Feststellung der periodischen Verwaltungsübersichten zuzuziehen sind, ibid. — Wegen der nach Beendigung einer Vormundschaft zu beziehenden Prozentgelder, ibid. — wie solche unter den Friedensrichter und Gerichtsschreiber zu vertheilen sind. R. 11. Sept. 1836. 215. — Gebühren für die auf Verlangen der Rheinzollgerichtsfiskale gefertigten Akte und ertheilten Urtels-Ausfertigungen. R. 16. Septbr. 1835. 219. — Reisekosten der friedensrichterlichen Beamten in Armen-Vormundschafts-Sachen sind aus dem Criminalfonds zu zahlen. R. 20. Nov. 1835. 258. — Wegen der von den Gerichtsschreibern und Gerichtsvollziehern bei ihren Criminal-Kosten-Liquidationen in Bezug auf die Gebühren in einfachen Holzdiebstahlssachen abzugebenden Erklärungen. R. 9. Dezbr. 1835. 286. — Die Advocat-Anwälte und das Friedensgericht zu Düsseldorf können die höhere Gebühren-Taxe im Sinne des Art. 2. des Decrets vom 16. Febr. 1807 anwenden. R. 10. Dez. 1835. 287. — Den Obergerichtsschreibern und Gerichtsschreibern bei den Landgerichten wird der Character als Ober-Secretaire und resp. Secretaire beigelegt. R. 17. Dez. 1835. 288. — Die von den Gerichtsschreibern in der Rheinprovinz aus den Emolumenten zu bestreitenden Dienstabga-

densrichter und Gerichtsschreiber zu vertheilen sind, ibid. — Die Gebühren der Anwälte, Notarien, Gerichtsvollzieher und sonstiger Personen sind außer den Procentgeldern zu berichtigen, ibid. — Wie die Einziehung der Kosten erfolgt, ibid. — Auch die vor der C.=O. vom 4. Juli 1834 eingeleiteten Vormundschaftssachen sind nach den jetzt bestehenden Vorschriften zu führen, ibid. — Der Friedensrichter hat sich von der Richtigkeit des bei Vormundschaften eingereichten Inventars oder Vermögensverzeichnisses event. durch Vernehmung des Familienraths zu überzeugen. R. 2. Okt. 1835. 226. — Regulirung des Vormundschaftswesens im Fürstenthum Lichtenberg. R. 2. Okt. 1835. 227. — Anweisung des General=Procurators zu Cöln vom 10 Okt. 1835 für die Friedensrichter über die Behandlung des Vormundschaftswesens in Folge der Allerhöchsten Cabinetsordre v. 4. Juli 1834. 234. — Ergänzungen dazu. R. 6. Nov. 1835. 252. — Ob dem General=Procurator mit den Vormundschaftstabellen die Revisions=Protocolle der Ober=Procuratoren jedesmal mit einzusenden sind, ibid. — Reisekosten der friedensrichterlichen Beamten in Armen=Vormundschaftssachen sind aus dem Criminalfonds zu zahlen. R. 20. Nov. 1835. 258. — Der überlebende Ehegatte, welcher sich unter dem Jülich=Bergschen Landrecht verheirathet hat, muß bei Inventarisirung des Vermögens seiner Kinder die Mobilien ins Inventar mit aufnehmen. R. 4. Dec. 1835. 277. — Anordnung beständiger Taxatoren bei Aufnahme der Inventarien und Privatvermögens=Verzeichnisse in Vormundschaftssachen. R. 5. Febr. 1836. 325. — Dieselben erhalten in unvermögenden Vormundschaftssachen keine Gebühren, ibid. — In wie fern statt der Taxatoren andere Sachverständige, ja selbst Mitglieder des Familienraths gewählt werden können, ibid. — Sie erhalten für die Abwartung des Termins zu ihrer Vereidigung keine Gebühren, ibid. — Stempelpflichtigkeit der vormundschaftlichen Verhandlungen in den Fällen, in welchen ein überlebender Ehegatte vorhanden ist. R. 9. Febr. 1836. 329. — Wiedereinziehung der in Armen=Vormundschaftssachen aus dem Criminal=Justizfonds bezahlten Reisekosten der friedensgerichtlichen Beamten und Niederschlagung derselben, wenn dadurch die Subsistenz der Minderjährigen gefährdet werden sollte. R. 18. März 1836. 344. — Die Friedensrichter oder deren Gerichtsschreiber haben die Inscriptionen auf die Immobilien der Vormünder unentgeldlich zu besorgen. R. 13. Mai 1836. 372. — Anwendung des Stempelgesetzes in Vormundschaftssachen. Verpflichtung der Civilstands=Beamten zur Anzeige der, eine

Gedruckt bei G. Reimer in Berlin.

Druckfehler und Berichtigungen.

No. 1355.	Seite 113	lies in der Ueberschrift statt „als Contravenienten" — der Contravenienten
— 1364.	— 127	lies in der Ueberschrift statt „Verzichtleistung von Injurien" — Verzichtleistung auf Bestrafung von Injurien.
— 1418.	— 206	fällt das Zeichen ** weg.
— 1437.	— 237	lies statt „geneigten" — geeigneten.
— —	— 242	lies §. 27. statt „Verlegung" — Vorlegung.
— 1493.	— 315	lies statt „Aenderungen" — Anordnungen.
— —	— 317	lies statt „Februar" — Januar.
— 1510.	— 339	lies überall statt „Landesgerichte" — Landgerichte.
— 1536.	— 366	lies in der Ueberschrift statt „Dienstabgaben" — Dienstausgaben.
— 1601.	— 447	lies statt „Reservalien" — Reversalien.
— 1666.	— 528	fällt §. 2. No. 1. am Schlusse das Wort „aber" weg

FSC
www.fsc.org
MIX
Papier | Fördert gute Waldnutzung
FSC® C083411

Kolibri 360 GmbH
Ferdinand-Jühlke-Straße 7
99095 Erfurt, Deutschland
produktsicherheit@kolibri360.de